ZHONG GUO JIN XIAN DAI SHI

中国近现代史

主　编　章开沅　朱　英

河南大学出版社
·郑州·

图书在版编目(CIP)数据

中国近现代史/章开沅,朱英主编 —开封:河南大学出版社,2009.8
(2024.10重印)

ISBN 978-7-81091-939-5

Ⅰ.中… Ⅱ.①章…②朱… Ⅲ.中国—近代史—高等学校—教材
Ⅳ.K25

中国版本图书馆 CIP 数据核字(2009)第 023088 号

责任编辑　纪庆芳
责任校对　辛　媛
封面设计　马　龙

出　版	河南大学出版社		
	地址:郑州市郑东新区商务外环中华大厦2401号　邮编:450046		
	电话:0371-86059750(高等教育与职业教育出版分社)		
	0371-86059701(营销部)　　网址:hupress.hedu.edu.cn		
排　版	郑州市今日文教印制有限公司		
印　刷	河南大美印刷有限公司		
版　次	2009年8月第1版	印　次	2024年10月第7次印刷
开　本	787mm×1092mm　1/16	印　张	44
字　数	739千字	定　价	98.00元

(本书如有印装质量问题,请与河南大学出版社营销部联系调换。)

目　录

第一章　前近代时期的中国社会：1500~1840 ……………………（1）
第一节　社会结构的基本状况……………………………………（2）
　　一、君权与官僚政治……………………………………………（2）
　　二、社会经济结构………………………………………………（8）
　　三、宗族与社会组织……………………………………………（20）
　　四、士绅与儒家文化……………………………………………（23）
第二节　16至19世纪前半期的中外关系…………………………（26）
　　一、朝贡体制和对外贸易………………………………………（26）
　　二、明清政府对外贸易体制的调整……………………………（29）
　　三、西方国家与中国的早期接触………………………………（33）
本章小结……………………………………………………………（38）
学术综述……………………………………………………………（40）
参考书目……………………………………………………………（44）
思考题………………………………………………………………（45）

第二章　近代中国社会的开始……………………………………（46）
第一节　第一次鸦片战争…………………………………………（46）
　　一、中外贸易格局的变化与鸦片输入…………………………（46）
　　二、禁烟运动……………………………………………………（52）
　　三、战争的起因与进程…………………………………………（55）
第二节　太平天国运动……………………………………………（63）
　　一、社会危机……………………………………………………（63）
　　二、太平天国运动的兴起………………………………………（66）
　　三、太平天国的政权与制度……………………………………（71）

四、太平天国的失败 ……………………………………（76）
　第三节　第二次鸦片战争 ………………………………（83）
　　一、"修约"交涉 …………………………………………（83）
　　二、英法联合发动侵略战争 ……………………………（85）
　第四节　两次鸦片战争时期的中国社会 ………………（91）
　　一、经世思潮 ……………………………………………（91）
　　二、通商口岸与租界 ……………………………………（93）
　　三、半殖民地型经济的端倪 ……………………………（96）
　　四、传统经济的缓慢变化 ………………………………（99）
本章小结 ……………………………………………………（103）
学术综述 ……………………………………………………（105）
参考书目 ……………………………………………………（108）
思考题 ………………………………………………………（109）

第三章　新社会结构的发生 ………………………………（111）
　第一节　清政府政治体制与政策的局部调整 …………（111）
　　一、辛酉政变与对内政策的调整 ………………………（111）
　　二、总理各国事务衙门 …………………………………（115）
　第二节　洋务运动的展开 ………………………………（118）
　　一、洋务派官僚的兴起与洋务思潮 ……………………（118）
　　二、军事工业 ……………………………………………（123）
　　三、民用工业 ……………………………………………（127）
　　四、练兵和近代海军 ……………………………………（133）
　第三节　私营资本企业的产生 …………………………（135）
　　一、私营资本企业的产生 ………………………………（135）
　　二、私营资本企业的经营与困境 ………………………（137）
　第四节　城乡社会的变化 ………………………………（139）
　　一、新的社会阶层 ………………………………………（139）
　　二、变法维新思想的出现 ………………………………（142）
　　三、近代文化教育事业的开始 …………………………（147）
本章小结 ……………………………………………………（154）
学术综述 ……………………………………………………（155）
参考书目 ……………………………………………………（160）

思考题 …………………………………………………………… (161)
第四章　民族危机的加深 ………………………………………… (162)
　第一节　边疆危机与中法战争 ………………………………… (162)
　　一、边疆危机 ………………………………………………… (162)
　　二、70至80年代的清政府及其对外部世界的认识 ………… (165)
　　三、左宗棠收复新疆 ………………………………………… (170)
　　四、中法战争 ………………………………………………… (173)
　第二节　中日甲午战争 ………………………………………… (179)
　　一、战前的国际关系 ………………………………………… (179)
　　二、战争的进程 ……………………………………………… (182)
　　三、《马关条约》的签订与反割台斗争 …………………… (187)
　　四、资本输出与瓜分狂潮 …………………………………… (191)
本章小结 …………………………………………………………… (196)
学术综述 …………………………………………………………… (197)
参考书目 …………………………………………………………… (198)
思考题 ……………………………………………………………… (199)
第五章　民族运动的递进 ………………………………………… (200)
　第一节　戊戌维新运动 ………………………………………… (200)
　　一、甲午战争后清政府挽救危机的举措 …………………… (200)
　　二、维新运动的兴起 ………………………………………… (202)
　　三、维新运动的高涨与百日维新 …………………………… (210)
　第二节　义和团运动 …………………………………………… (216)
　　一、义和团的兴起 …………………………………………… (216)
　　二、义和团运动的发展 ……………………………………… (220)
　　三、八国联军侵华战争 ……………………………………… (223)
　第三节　列强侵华的新形势与爱国运动的高涨 ……………… (228)
　　一、列强在华权益的扩张与收回利权运动 ………………… (228)
　　二、拒俄运动与日俄对东北的争夺 ………………………… (231)
　　三、华工问题与抵制美货运动 ……………………………… (232)
　第四节　共和革命的兴起 ……………………………………… (234)
　　一、孙中山的早期思想与活动 ……………………………… (234)
　　二、兴中会的成立和反清斗争的开始 ……………………… (236)

本章小结 ……………………………………………………………（239）
学术综述 ……………………………………………………………（239）
参考书目 ……………………………………………………………（242）
思考题 ………………………………………………………………（242）

第六章 清末新政和辛亥革命 ………………………………………（243）
 第一节 清政府谋求政治改革 ……………………………………（243）
  一、1901～1905 年的新政 ………………………………………（243）
  二、"预备仿行宪政" ………………………………………………（246）
 第二节 民主革命运动与立宪运动 ………………………………（251）
  一、民主共和思想的发展 …………………………………………（251）
  二、民主革命运动的高涨 …………………………………………（254）
  三、立宪运动的勃兴 ………………………………………………（268）
 第三节 清政府的覆亡与中华民国建立 …………………………（273）
  一、保路运动与武昌起义 …………………………………………（273）
  二、民主共和制度的创立 …………………………………………（279）
  三、政权北移 ………………………………………………………（282）

本章小结 ……………………………………………………………（285）
学术综述 ……………………………………………………………（285）
参考书目 ……………………………………………………………（288）
思考题 ………………………………………………………………（288）

第七章 社会与文化的新变化 ………………………………………（289）
 第一节 社会阶层的新变动 ………………………………………（289）
  一、资产阶级队伍的形成 …………………………………………（289）
  二、士的消亡和新知识阶层的崛起 ………………………………（294）
 第二节 城市化和社会风俗的变化 ………………………………（301）
  一、近代以来的城市化趋势 ………………………………………（301）
  二、社会风俗的变化 ………………………………………………（306）
 第三节 文化变革 …………………………………………………（314）
  一、文学革命与新文学 ……………………………………………（314）
  二、史学变革与新史学观 …………………………………………（324）
  三、近代科学与技术 ………………………………………………（328）

本章小结 ……………………………………………………………（334）

学术综述 …………………………………………………… (336)
参考书目 …………………………………………………… (341)
思考题 ……………………………………………………… (342)
第八章　民初的政治与社会 ……………………………… (343)
　第一节　袁世凯柄政下的民初政局 …………………… (343)
　　一、民初的党派林立局面与政党竞争态势 ………… (343)
　　二、民初共和民主制度的实践及失败 ……………… (347)
　　三、袁世凯独裁统治的建立与洪宪帝制的败亡 …… (356)
　第二节　军阀派系政争与护法运动 …………………… (365)
　　一、北洋集团之分化与南北军阀割据 ……………… (366)
　　二、军阀派系政争与北京政府之更迭 ……………… (368)
　　三、孙中山护卫民国共和制的努力 ………………… (375)
　第三节　社会动荡中的经济与教育发展 ……………… (382)
　　一、资本主义发展的黄金时期 ……………………… (382)
　　二、农村经济的嬗变及凋敝 ………………………… (388)
　　三、新式教育在转型中艰难地发展 ………………… (394)
本章小结 …………………………………………………… (398)
学术综述 …………………………………………………… (400)
参考书目 …………………………………………………… (403)
思考题 ……………………………………………………… (404)
第九章　社会转折的新取向 ……………………………… (405)
　第一节　新文化运动和五四运动 ……………………… (405)
　　一、各种新思潮 ……………………………………… (405)
　　二、新文化运动 ……………………………………… (411)
　　三、东西文化论争 …………………………………… (417)
　　四、五四爱国运动 …………………………………… (422)
　第二节　中国共产党的成立 …………………………… (427)
　　一、马克思主义的早期传播 ………………………… (427)
　　二、中国共产党的成立 ……………………………… (432)
　第三节　国民革命 ……………………………………… (436)
　　一、第一次国共合作的实现 ………………………… (436)
　　二、国民革命的勃兴 ………………………………… (443)

三、广州国民政府的北伐 …………………………………………… (451)
　　　四、第一次国共合作的破裂 ………………………………………… (459)
　本章小结 ………………………………………………………………… (468)
　学术综述 ………………………………………………………………… (470)
　参考书目 ………………………………………………………………… (472)
　思考题 …………………………………………………………………… (473)
第十章　南京国民政府初期的内政外交 ………………………………… (474)
　第一节　南京国民政府的建立 ………………………………………… (474)
　　　一、"宁汉合流"与国民政府改组 ………………………………… (474)
　　　二、训政体制的确立 ………………………………………………… (479)
　　　三、"党国"体制与五院制政府 …………………………………… (484)
　　　四、政治控制与内部纷争 …………………………………………… (487)
　第二节　经济改革与社会发展 ………………………………………… (495)
　　　一、财政金融政策调整与改革 ……………………………………… (495)
　　　二、经济建设成就 …………………………………………………… (503)
　　　三、农村政策与农业改革 …………………………………………… (512)
　第三节　重建中外关系 ………………………………………………… (520)
　　　一、外交政策及实务 ………………………………………………… (521)
　　　二、改订新约运动 …………………………………………………… (527)
　第四节　教育、科研与文化的发展 …………………………………… (530)
　　　一、现代教育发展 …………………………………………………… (530)
　　　二、学术研究体制建立 ……………………………………………… (534)
　　　三、社会科学与自然科学的成就 …………………………………… (535)
　　　四、近代文化的多元方向 …………………………………………… (540)
　　　五、三大宗教的发展 ………………………………………………… (544)
　本章小结 ………………………………………………………………… (547)
　学术综述 ………………………………………………………………… (548)
　参考书目 ………………………………………………………………… (551)
　思考题 …………………………………………………………………… (552)
第十一章　苏维埃革命的兴起与受挫 …………………………………… (553)
　第一节　中国共产党开创农村革命根据地 …………………………… (553)
　　　一、南昌起义、八七会议、秋收起义、广州起义 ………………… (553)

二、井冈山和各革命根据地的开创 …………………………… (557)
　第二节　根据地的政权建设 ………………………………………… (560)
　　一、中华苏维埃政府的建立 …………………………………… (560)
　　二、根据地的土地革命与经济建设 …………………………… (562)
　第三节　苏维埃革命的严重受挫与红军长征 ……………………… (566)
　　一、"围剿"与反"围剿" ………………………………………… (566)
　　二、党内的路线斗争 …………………………………………… (570)
　　三、反"围剿"失败和红军长征 ………………………………… (574)
　第四节　左翼文化运动 ……………………………………………… (580)
本章小结 …………………………………………………………………… (587)
学术综述 …………………………………………………………………… (588)
参考书目 …………………………………………………………………… (593)
思考题 ……………………………………………………………………… (594)

第十二章　抗日战争 ……………………………………………………… (595)
　第一节　日本入侵　抗日战争的开始 ……………………………… (595)
　　一、日本入侵的逐步扩大 ……………………………………… (595)
　　二、抗日救亡运动的起伏 ……………………………………… (601)
　　三、国共两党的抗战准备 ……………………………………… (603)
　第二节　全国抗战的实现 …………………………………………… (607)
　　一、国民政府宣布自卫抗战和抗日民族统一战线正式形成 … (607)
　　二、正面战场的全线抵抗和敌后游击战争的开展 …………… (609)
　　三、抗日救亡运动的高涨 ……………………………………… (612)
　第三节　抗战相持阶段的战局和政局 ……………………………… (614)
　　一、正面战场的持续作战和敌后战场的成长 ………………… (614)
　　二、西南大后方的奠定与营建 ………………………………… (619)
　　三、敌后抗日根据地的发展与建设 …………………………… (622)
　　四、国共两党的摩擦与调整 …………………………………… (628)
　　五、沦陷区的殖民地化 ………………………………………… (633)
　第四节　抗日战争的胜利 …………………………………………… (638)
　　一、抗日战争胜利的条件 ……………………………………… (638)
　　二、抗日战争的反攻和胜利 …………………………………… (642)
　　三、抗日战争胜利的意义 ……………………………………… (645)

本章小结 ……………………………………………………………（647）
学术综述 ……………………………………………………………（647）
参考书目 ……………………………………………………………（650）
思考题 ………………………………………………………………（651）
第十三章 历史的新转折 …………………………………………（653）
 第一节 战后的政治局势 …………………………………………（653）
  一、抗战胜利后国内各派政治力量的走向 ……………………（653）
  二、战后建立联合政府的努力和失败 …………………………（657）
 第二节 全面内战的演进 …………………………………………（665）
  一、内战爆发和政府军的战略进攻 ……………………………（665）
  二、人民解放军的战略进攻和政府军的分区防御 ……………（669）
 第三节 南京政府的败退 …………………………………………（672）
  一、国民大会的召开和国民政府区域的统治危机 ……………（672）
  二、国共军事决战和国民党退守台湾 …………………………（675）
  三、中国共产党建立新政权的准备 ……………………………（678）
 第四节 中华人民共和国成立 ……………………………………（681）
  一、各民主党派响应中国共产党召开新政协的号召 …………（681）
  二、中国人民政治协商会议的召开和新中国的建立 …………（684）
本章小结 ……………………………………………………………（685）
学术综述 ……………………………………………………………（686）
参考书目 ……………………………………………………………（690）
思考题 ………………………………………………………………（690）
后记 …………………………………………………………………（691）

第一章 前近代时期的中国社会：

1500～1840

　　1840年鸦片战争为界，中国历史进入近代。然而，中国近代历史不是一个孤立的时段，而是一个承前启后、绵延发展的历史过程，对中国近代史的考察，必须把它放入整个中国历史当中，特别是要对前近代历史进行研究，否则我们就无从知道在这段时间里中国经历了怎样深刻复杂的变化，甚至无法理解"近代"一词的含义及中国近代历史的特殊性。

　　日本学者沟口雄三关于中国"前近代"的研究颇有建树。他指出，"前近代"这一概念的意义是为了说明，中国的近代化不是从鸦片战争以后的西方挑战开始的，而是中国历史内部变迁的自然延续。中国近代的开端，始于明末清初一系列具有前近代性质观念的出现和制度的变迁。尽管它们后来受到了挫折，却为19世纪中叶以后大的变迁作了历史的铺垫，而且深刻影响了中国近代化的进程，形成了中国近代思想的特殊性。①

　　沟口雄三是从思想史的角度解读前近代的，但前近代中国社会的转型和变迁却涉及各个层面，这种变化在16世纪后尤为明显。因而，在时段上，本章所论及的"前近代"主要是1500～1840年间。但由于明初规制对后世的深远影响，以及明清历史的连贯性，因此，在叙述史事时仍涉及1500年前的明代史，在概念上，"前近代"与"明清时期"也往往交互使用。

---

　　① 参见沟口雄三：《中国的思想》13～15章，《中国前近代思想之曲折与展开》序章，上海人民出版社1997年版。还可参阅其《中国前近代思想的演变》（中华书局1997年版）等著述。

第一节 社会结构的基本状况

一、君权与官僚政治

1. 高度强化的皇权

历史步入明清时期,专制皇权在前代的基础上进一步强化,并达到登峰造极的地步。明代专制皇权的空前强化局面,主要由明朝开国皇帝朱元璋所确立。为了集权,洪武九年(1376),朱元璋下令撤销行中书省;洪武十三年,朱元璋又借口左丞相胡惟庸谋反,罢中书省,分权于吏、户、礼、兵、刑、工六部,六部尚书执行皇帝的命令,直接对皇帝负责。其后,下令不许再议置丞相,如有敢奏请者,处以重刑。由此秦汉以来推行一千多年的宰相制度终被废除,皇权高度膨胀。

为进一步强化君权,在军事上,朱元璋把大都督府分为中、左、右、前、后五军都督府,与兵部互相牵制,使军权集于皇帝一人。在监察、刑狱方面,设置都察院、通政司、大理寺,以加强皇帝的耳目监察和对刑狱的控制。此外还以锦衣卫、镇抚司实行特务统治;颁布《大明律》、《大诰》等,以法律的形式肯定皇权的至高无上。在思想文化上实行"文字狱",加强对文化思想的控制,并大杀功臣宿将,以消除对皇权的隐患。

通过上述种种措施,明代皇权空前高涨,朝仪时山呼万岁,再山呼万万岁,已成定例。皇帝如此威严崇高,以致在君臣隔阂的明中后期,臣子"一逢召对,遂有手足茫茫之感",不是只会叩头呼万岁,就是"口噤不复出声"[①],臣子的地位进一步下降。

然而,尽管皇帝可以被神化,却无法改变其精力有限的凡夫俗子的躯体,面对纷繁的国事,干练的朱元璋父子已是疲于应付,以至到了长于深宫、耽于逸乐的皇太子继位或幼主登基时,皇帝本人已无法挑起或不愿挑起如此重大的权力担子。由于明朝皇位的承袭实行嫡长制,这种只问嫡长,不分贤愚、大小的规定,使皇帝的素质无法保证,于是逐步产生了皇权的转换形式,宣德年间出现了"票拟",继有"朱批"。这样,皇权逐渐异化,出现了权臣擅权或宦官专权的情况。

---

① 陈登原:《国史旧闻》卷49,中华书局2002年版。

较之明初,16世纪以后的明代,皇权或有削弱,这与明中后期皇帝的素质有很大的关系。明武宗嬉玩怠政,是明代最怪诞荒淫的君主;明世宗溺于斋醮,宠信道士,重用奸佞,残杀忠良;明神宗"好货成癖",并长期怠政,与廷臣悬隔;明熹宗溺于木工好玩,弃国是而不顾。诸如此类由皇帝个人素质低下造成的腐朽表现,加剧了明代政治的腐败,导致了皇权的削弱。天启以后宦官专权误国积重难返,廷臣党争势如水火,政治更趋腐败,终于激成了明末农民大起义,朱明王朝因此覆亡。

明朝灭亡的切肤之痛,触发了明清之际如黄宗羲、唐甄等启蒙思想家对君权的猛烈抨击。然而,理性的批判代替不了现实经验的选择。代明而起的清朝,在君主集权方面,比明朝有过之而无不及。清朝处于古代社会的末期,同时又是近代历史的开始。作为前一种情况,它把中国古代政治制度推向最后的终极阶段。随着专制主义的发展,皇帝的权力也越来越大,到清朝达到最高水平,无论是机构的设置,还是规章制度的建立,无不是围绕加强皇权而进行的。

清朝的中央行政管理机关在承继明制的基础上又有所发展。由内阁到议政王大臣会议,再到南书房以及军机处,清代皇权逐步加强。皇帝通过军机处,完全摆脱了内阁和满族贵族的束缚,把一切大权集中在自己手中,从而使皇权达到顶峰。

清朝在加强君主集权制的过程中,除将政权、兵权进一步集中外,在意识形态领域的控制也空前加强。一方面实行"文字狱"政策,另一方面大倡程朱理学和八股取士,将对意识形态的控制,推行到一个前所未有的高效、严酷的时期。

明清强大的中央集权帝国具有积极的国家职能,在防止边疆民族侵掠,加强对边境的开发和管理,维护国家领土完整和国内社会经济发展,积极开展外交活动等方面,起过很大的作用,使中国在19世纪前仍处在世界先进国家行列之中,尤其是17、18世纪,在康熙、雍正、乾隆等有作为的君主统治下,清朝在奠定中国近代疆域、巩固统一多民族国家中作出了杰出贡献。

尽管如此,作为加强专制主义集权而建立起来的那套制度,在中国经历了将近两千年的历史,毕竟已走向没落。明清强大的皇权同历代皇权一样,既不能解决社会矛盾,也不能消除体制中的种种痼疾。与此相反,传统政治制度的烂熟,社会各个领域的矛盾弊陋,都更迅速、更强烈地暴露出来。16世纪后,随着皇庄、王庄的扩展,贵族大地主疯狂兼并土地,失去土地的农民大批转化为流民,流民、农民起义日益频繁。膨大的皇权也使其衍生物——宦官制度发展到前所未有的高度,宦官专权为祸甚烈。这一切互相影响,使官僚政治日益严重,贪污成风,党派固结,矛盾日益复杂,危机日趋深重。新兴的清王朝虽在17、18世纪处于勃兴、进取阶段,但在其皇权高度集中中所带有的原始野蛮的专制残暴和排他性的窒息封闭局面,以及由此导致的官场欺瞒腐败、保守僵化之风,也在不断发展孳繁。

更严重的问题还在于从世界范围看,专制主义的政治体制已明显落伍了。当中国处于由专制皇权的腐败所导致的波澜壮阔的明末农民战争之中的时候,在西方,英国资产阶级革命取得了胜利,世界步入了近代历程。西欧各国在资产阶级领导下,建立民主共和政体的时候,中国却仍在奢谈君君臣臣、父父子子,更加强化和突出专制主义的地位;当西方的政治制度在为保证资产阶级工业化开辟广阔道路的时候,中国却仍致力于维护行将灭亡的剥削秩序,把如何使农民附着于小块土地之上,作为政府治绩的重要考核标准。正是这种差距,中国传统的弓箭长矛,终于抵挡不住西方资产阶级的战舰大炮,败下阵来。这既是双方经济力量和观念文化的较量,同时也反映了前近代时期空前强化的专制皇权,对中国步入近代的严重束缚和影响。①

2. 日趋成熟的官僚政治

与君权的高度强化相适应,前近代时期的官僚政治处于高度发展与不断完善之中。毫无疑问,皇帝是一切官僚政治的主宰,在树立与维护皇帝绝对权威的前提下,明清中央与地方官僚的行政管理,官员的选用黜退与考课监察以及官场上公文与行政权力运作日趋成熟。

在中央官僚的行政管理方面,明清分别以内阁和军机处作为朝廷行政中枢。内阁的职司主要是草拟诏旨和奏章"票拟"。② 16世纪的嘉靖朝以后,内阁的权力有所加强,但仍受司礼监的制约。内阁势重后,六部往往承奉内阁旨意办事,某种程度上退居从属地位。

清代沿用明代内阁辅政制,但内阁始终不是完全的朝廷行政中枢。雍正时设立的军机处,作为御用秘书班子的内廷部分,充当了事实上的朝廷中枢组织,始终听命和附属于皇帝,无甚独立性。这就使得中央官僚机构对皇

---

① 白纲主编:《中国政治制度史(下卷)》,天津人民出版社2002年版,第790、871页。

② 《明史》卷72《职官一》,中华书局1974年版。

帝独裁的限制越来越难,只能顺从和隶属于皇权。①

在朝廷政务管理方面,吏、户、礼、兵、刑、工六部处于核心地位。明代六部独立地行使本部门权力,并直接对皇帝负责。明中后期,内阁充任中枢组织,六部施政事权稍有削弱。清代六部建置,大体与明朝相同,并略有发展与变迁,六部与军机处、内阁的关系保持着一种微妙的状态。

在地方官僚的行政管理方面,明清设三司、巡抚、总督。明初,朱元璋废行中书省,将原行中书省事权一分为三,设三司。② 明中后期又不断派遣巡抚和总督等大员掌管一省或数省的军政事务,使地方权力相对集中于督抚,增强了行政效率与应变能力。此外,御史巡按的监察,以及督抚只给关防,不给正式印信,始终保留差遣形式等,均从不同层次牵制、分割了督抚权力,使之不易形成地方割据。

清代的直省扩充为 18 个,总督、巡抚全面掌管一省或数省的军政,成为定制。督抚皆有定员和固定的管辖区域,其封疆大吏的性质更为突出。清朝对督抚的控制,也有相应的制度和办法,主要是重大政务须奏报皇帝听候批示、省内大员密折上奏制以及督抚多用满人和汉军旗人等。因此,清代督抚虽为控制一方的封疆大吏,却很少有尾大不掉和对抗朝廷的情形发生。③

在官吏的选拔方面,明清皆以科举作为主要途径,其内容有很大变化,主要考经义,专用四书五经命题,并采用八股文的形式。八股文内容空洞,形式呆板,严重束缚人们的思想,是统治者用来控制思想、钳制学术自由的手段。

为笼络汉族士大夫,扩大统治基础,清代在科举制度方面增设新科,吸纳了一些有真才实学的士人。除科举制度外,清代还实行捐纳制度,即允许捐款纳资,购买官衔。捐纳制度开辟了地主、商人当官的捷径,使封建官僚机构进一步恶性膨胀。这也是清代吏治趋于腐败的原因之一。

在官吏的考核方面,明清有一套成熟的制度。明代文官考核分考满、考

---

① 李治安、杜家骥:《中国古代官僚政治——古代行政管理及官僚病剖析》,书目文献出版社 1993 年版,第 33、34 页。

② 指布政使司、按察使司和都指挥使司,分掌民政、司法、军事。

③ 李治安、杜家骥:《中国古代官僚政治——古代行政管理及官僚病剖析》,书目文献出版社 1993 年版,第 128 页。

察两种,相辅而行。① 16世纪以后,明代官吏考核百弊丛生,包揽、徇私、朋党、互相报复的情况,至明亡不绝。清代对官员的考核,除平时由上级或监察官员实行监督纠察外,还确立了定期的考核制度。考察京官的叫"京察",考核结果定为称职、勤职、供职三等。得到京察一等或大计卓异者,可加级记名。另有八法以纠劾不称职的官员。

　　明清以皇权为中心的官僚政治,在维护社会稳定,保障政府机构正常运转等方面曾起了十分重要的作用,这一点令一些西方学者惊讶与钦羡不已。② 许多学者(尤其是国外汉学家)的研究表明,16~18世纪的中国,无论是政治,还是经济,在世界范围内尚处于领先地位,直到18世纪末19世纪初,国家的能力才显露出衰落的迹象。法国学者魏丕信(Pierre Etienne Will)以1743~1744年直隶救灾为个案,考察了18世纪中国的官僚制度和荒政,认为与前近代的欧洲相比,明清中国有一个显著特点,即拥有一个中央集权的国家以及一个成熟和稳定的官僚制度。这一点,正是中国具有比欧洲更强的救灾能力的关键所在。由此可见,明清国家在社会经济生活中所能够起的作用非常重大,远非近代以前的欧洲国家所能及。③

　　运用政治学原理分析前近代中国的官僚政治,其框架确实具有一定的理性色彩。在皇帝之下,从内阁到省、县的垂直行政系统实行专门化和职能区分。垂直的监察系统直接受命于皇帝,负责监督各级官吏以保证政令的执行。不受阶级和财产限制,在科举制度基础上建立的官员升迁系统,体现了中国社会的流动性和开放性,并对维系中国官僚制度的稳定发挥了积极作用。然而,由于这一套早熟而又步履蹒跚的官僚政治具有先天的缺陷和弊端,使前近代中国并不能顺利地步入近代化。④

---

　　①　考满是对管理全面的考核,决定其升、留、降。考察又称"大计",是对官吏的行政审查与处理,分京察、外察两种,分别为贪、酷、浮躁、不及、老、病、罢、不谨八项内容。

　　②　如美国学者吉尔伯特·罗兹曼认为,"在称得上现代化的社会变革发生之前,中国长期以来就存在的以高度中央集权化官僚制度为其特征的政治结构……中国的政治制度具有精密的专门化和职能区分,并由职业官僚遵照高度理性化并有案可稽的成规及先例进行管理",认为"中国很早就具备了政治现代化的某些最'现代'的因素"。参见吉尔伯特·罗兹曼:《中国的现代化》,江苏人民出版社1988年版,第59页。

　　③　[法]魏丕信著,徐建青译:《18世纪中国的官僚制度与荒政》,中文版序,江苏人民出版社2003年版,第9、12页。

　　④　周积明:《最初的纪元:中国早期现代化研究》,高等教育出版社1996年版,第22~25页。

首先,前近代中国的集权官僚制虽然表现出一种少有的严密性,但物质生产的低水平、通讯手段的落后、自然屏障的阻碍,使这一体制缺乏足够的力量拓展自己的覆盖面和承受力,实现高效率的行政管理。它虽然建立起全国性的行政管理体制,但并没有能力使这一体制深入县以下的社会基层,而只能依靠地方上的乡绅和宗教组织以自己的逻辑执行社会体制的部分意志。因此,中国前近代社会的政治结构是畸形的:一方面,整个社会保持高度的统一和极端专政;另一方面,皇权缺乏高度的社会控制与动员能力。

其次,中国的官僚体系实行皇权至上的严密控制。"干纲独断"的君主集权体制,如前所述,虽有其合理性和必要性,但是这种君主高度集权的体制在客观上将国家的兴衰完全系于帝王的个人意志,则无疑是危险的和难以通过制度控制的。虽然明清政治体制中包含有制约君主权力的机制,但在明清皇权日益膨胀、强化的情况下,这些制约机制十分微弱。君主意志终究是强大的,不可抗逆的。而君主权力的不可控性必然严重破坏中央集权官僚制的合理化因素。

再次,为了在建立庞大的官僚网的同时,不致造成国家过重负担,同时也为了体现以道德立国的伦理精神,前近代中国官僚政治采取了两种看似互相矛盾的政策,即按官僚等级划分的特权制和普遍的低薪制,由此造成一个使官僚机构趋于腐化的巨大势垒:特权的存在使高层官僚地位成为各级官吏刻意追逐的目标,贿赂迎奉,拉关系,说假话,在官场中盛行不衰;微薄的俸禄则引动官员利用一切机会以权谋私,贪赃枉法。两种趋向的合流,使前近代官场贪污腐败成风。

前近代官僚政治的腐化,造成行政效率越来越低;行政效率低下,又要达到强控制的目的,就不得不增加机构和人员,从而又造成官僚机构的恶性膨胀。在如此这般的恶性循环中,官僚体制成为政治系统乃至社会系统的高度危机源。

中国传统官僚政治固有的脆弱性以及前近代时期因极端专制皇权、文化专制主义、官僚机构严重老化、贪污腐败盛行等因素造成的政治衰退,使清朝统治者在进入 19 世纪以后,面对外部世界的挑战,迟钝僵硬,穷于应付。"政治结构成了一堆废物。对于现代化道路上任何有意义的行动,它都毫无作用。政治上的失败乃是解释中国现代化起步缓慢的一个最重要的原因"①,也是鸦片战争后近代中国失败和苦难的总根源。

二、社会经济结构

对于前近代的社会经济结构的研究,诸如人口、区域经济、农业、手工业及商品经济等,学术界近二十年来取得了丰硕的成果,在理论、观点、视角等方面均有很多突破和创新。尽管在一些问题的探讨上尚未形成定论,但通过争鸣,前近代中国社会经济的真实面貌逐渐凸显。

1. 人口

要准确了解16世纪以后中国人口的数字,是一件很困难的事情,这不仅因为明清和近代一系列人口数据中,"没有一项是基于真正的人口普查"②,而且出自官方的人口数据变化很多,不准确且不可信。美国学者何炳棣(Ho Ping-ti)在研究大量明清方志的基础上,在明清人口研究方面取得重大突破。他认为,"至14世纪末,中国的实际人口大致至少超过了6 500万","此后的15世纪前半期人口略有下降,以后大致在6 000万上下波动";至明后期,中国人口已经达到1.3亿~1.5亿。关于清代的人口数量,何炳棣认为,大致在康熙三十九年(1700)或稍后,中国人口达到了1.5亿,乾隆五十九年(1794)达到3.1亿,道光三十年达到了4.3亿。③

何炳棣对明清人口研究的贡献,还突出表现在他揭示了"丁"的实质,澄清了学术界关于"丁"的模糊认识。国内许多学者将"丁"当做承担赋役的人口,企图据此求得真实的人口数。这一设想为何炳棣所否认。何炳棣认为,明清时期的"丁统计数既不是人口数,也不是户数或纳税的成年男子数,而只不过是赋税单位"④。自从何炳棣在20世纪50年代厘清"丁"的实质后,其观点便为国际学术界的同行所认可,视之为权威的解释。

---

① [美]吉尔伯特·罗兹曼:《中国的现代化》,江苏人民出版社1988年版,第276页。
② [美]何炳棣著,葛剑雄译:《明初以降人口及其相关问题:1368~1953》,生活·读书·新知三联书店2000年版,第302页。
③ [美]何炳棣著,葛剑雄译:《明初以降人口及其相关问题:1368~1953》,生活·读书·新知三联书店2000年版,第10~11页,第308~310页,第75页。
④ [美]何炳棣著,葛剑雄译:《明初以降人口及其相关问题:1368~1953》,生活·读书·新知三联书店2000年版,第41页。

从何炳棣以及其他一些学者①的研究可以看出,前近代中国的人口数持稳定增长状态,从17世纪末18世纪初的约1.5亿到18世纪末的3.1亿,再到19世纪中期的4亿多。其中18世纪中国人口几乎增长1倍。清代人口高速增长的原因,概括说有以下几种因素:首先,有一个大一统的、长时期的和平安定环境,这是清代人口飞速发展的前提条件。其次,农业生产的发展,特别是高产农作物的推广,使清代的粮食产量有了极大的提高,加之商品经济的进一步发展,这就为清朝人口的大发展提供了物质基础。再次,清朝所实行的"滋生人丁永不加赋"和"摊丁入亩"的赋役政策,一方面刺激了人口的自然繁衍,同时也使百姓不再刻意隐匿户口,这是清代人口数额大发展的促进因素。

人口因素在清朝前中期历史发展中,起到了双重的社会作用。在清初土地荒芜,人丁逃亡,生产力遭到极大破坏之时,招集流亡,发展生产,是兵火甫息之后的头等要务。人口的增长,在清初社会是必要的。因为人口是生产力的要素,一定数量的人口是社会大规模分工的主要条件,而分工又是社会生产力发展的重要前提。在某种程度上,一定数量的人口正是清中叶社会繁荣的重要原因。但是人口的增长必须与物质资料的增长同步发展,否则,人口因素对社会发展的推动作用就走向了它的反面。清代人口在大量增长,而垦田数额并没有相应地增加,从而出现了人多地少的矛盾,给社会造成了巨大的压力。此种情况在康熙晚年即已出现。迨至乾隆年间,人口过多带给社会的压力更为严重,它不仅给当时的社会造成了沉重的负担,而且也对后世社会经济等的发展,产生了巨大的影响。

面对清中叶以来人多地少的严重社会问题,清朝最高统治者曾试图以奖励农业的办法,"使人力无遗,而地力始尽",但无效果。在此情况下,人口再生产和物质资料再生产的严重矛盾,便往往通过极端的方式爆发出来。清中期爆发的以白莲教起义为中心的各族大起义,与当时沉重的人口压力及规模宏大的移民浪潮就有着密不可分的联系。② 而这些又对清朝的由盛

---

① 如美国学者德·希·珀金斯在其著作《中国农业的发展(1368～1968)》(上海译文出版社1984年)中认为,17世纪初中国人口在1.2亿～2亿之间;经过明清之际的混乱,至17世纪中期,中国人口有1亿～1.5亿。葛剑雄、曹树基则认为,明末时人口已突破2亿大关是毫无疑义的(见葛剑雄、曹树基:《对明代人口总数的新估计》,《中国史研究》1995年第1期)。

② 行龙:《人口压力与清中期社会矛盾》,载《中国史研究》1992年第4期。

转衰产生了极大的影响。

2. 区域经济

近代中国区域辽阔,民族、宗教、语言、生活习惯等变易较大,各地社会经济发展的水平参差不齐。想了解明清时期中国城市、集镇、市场等领域的发展状况,以及不同地方的经济差异,分区域进行研究,是必要也是行之有效的手段。

在区域经济研究中,要特别提到美国学者施坚雅(G. William Skinner),他提出的宏观区域理论,对研究中国近代社会经济史产生了深远的影响。施坚雅打破传统上以行政边界划分的方法,依照河流系统、山形地貌和市场级序,把19世纪末中国划分为东北、华北、西北、长江上游、长江中游、长江下游、东南沿海、岭南和云贵九大宏观区域(macro—regions),每个宏观区域除东北、东南、云贵没有核心都会(central metropolis)外,分别由核心都会、区域性都会、区域城市、较大城市、地方城市、核心集镇、中心集镇、标准集镇八个金字塔式的市场层级组成,它们以地貌为特征,形成了一体化的都市体系。

施坚雅理论在国外汉学界影响至深,但对于经济区域的划分标准,学界尚未形成共识,有按行政区划、自然经济和多元标准来划分区域等多种主张。经过比较甄别,陈桦认为采用"综合经济区"划分法比较合理,即以生产力水平、产业部门种类、地区间经济联系、自然环境条件、民族状况及社会习俗、历史传承、政治因素七项要素为标准。按照这种标准,陈桦在其《清代区域经济研究》一书中,将清代寰宇划分为八个社会经济区,即东北、华北、华中、华南、蒙古、西北、青藏和西南经济区。各区域经济的特点如下:

(1) 东北经济区。包括盛京地区、吉林、黑龙江,以及内蒙古东部的部分地区。该区域与中原地区处于相对隔绝状态,农业种植技术落后,人口稀少,商业和手工业不发达,经济运行体系相对封闭,城镇一般带有比较浓厚的军事色彩,但也成为有着巨大潜力的粮食生产基地。

(2) 华北经济区。包括直隶和山西的长城以南地区,江苏、安徽两省的淮河以北地区,河南、陕西的全部。这里是历史悠久的传统农业耕作区,以种植旱田作物为主。商品经济主要表现为经济作物的种植,家庭手工业生产的扩大,以及地区间商品流通、经济往来的加强。在华北经济区内,还存在着北京地区经济圈。从整体上来讲,华北经济圈的生产水平明显高于边疆地区,但由于受到传统的政治中心地位、自然条件、墨守成规的生产心态等因素的制约,其经济水准仍落后于同为内地的长江以南地区,尤其是长江和珠江三角洲地区。

(3) 华中经济区。是人口稠密、商品经济发达的地区,包括湖北、湖南、浙江(南部的温州地区除外)、江西和江苏、安徽的淮河以南地区。长江中、下游平原是经济最发达的地区,是明清时期全国最重要的赋税之区。其农业生产非常突出,不论耕作技术还是粮食产量,都居全国前列。商品经济非常活跃,沿长江两岸排列着许多重要城市,中小城镇更是星罗棋布。华中地区市镇的发展很不平衡,处于领先地位的是长江三角洲一带。华中地区水患严重,明清政府很重视该地区农田水利工程的兴修。

(4) 华南经济区。是具有沿海特色的经济繁荣区,包括广东、福建以及广西的东部、浙江南部的部分地区。华南经济区具有明显的海疆特点:其一,海岸线长。其二,中国最大的两个岛屿——台湾岛和海南岛均位于该区域内。其三,该区域的经济发展极不平衡,明清时期,珠江三角洲地区的发展格外引人注目,一跃而成为与长江三角洲齐名的经济发达区。除珠江三角洲外,其他地区比起中原地区来,仍然显得落后得多。

(5) 蒙古经济区。包括清代的内、外蒙古(内蒙古东部的部分地区除外)地区,以及直隶、山西的长城以北地区。畜牧业在该区域经济中占主导地位,农业、手工业和商业只占很小比重。明清时期,蒙古社会经济始终处于落后状态。

(6) 西北经济区。包括新疆及甘肃的河西走廊地区。由于清朝在西北地区招民募垦,农业的发展成为新疆社会经济中最突出的成就。但新疆地区的农业耕作技术实行的是粗放型耕地,其发展水平无法与内地相比。畜牧业是为一项重要生产部门,手工业有自己的特点,棉纺织业是其中比较重要的一项。城镇及交通有了发展,一些新兴城市兴起,但具有浓厚的政治、军事色彩。

(7) 青藏经济区。包括今天的西藏、青海的主要地区。封闭性和隔绝性是该地区经济的一个突出特点。寺院经济成为最重要的经济成分。青藏地区是以牧业为主、农业为辅的农牧混合型经济。

(8) 西南经济区。相对落后的多民族地区,包括云南、贵州两省,及四川东部和广西西部地区。西南地区总的社会生产比较落后,经济水平普遍低于中原地区,特别是少数民族聚居的地区和边远山区,许多地方还停留在刀耕火种的原始耕作状态,产量极低。川东盆地地区是西南经济最发达和最富裕的地方。西南地区蕴藏着丰富的矿藏,因而形成以矿冶为特色的手工业。

对明清社会经济进行区域研究,是十分必要的,具有重要的学术价值和现实意义。我国幅员辽阔,由于地理环境的差异和历史上开发的先后,各个地区的情况千差万别,社会发展表现出明显的不平衡性。区域性研究不仅可以发现各地区发展的特殊性,通过对这些特殊性的研究,反过来也有助于认识整个中国社会发展的进程。而且,社会经济史的区域性研究有助于深化对各地区历史和现状的了解,为各地的现代化建设提供借鉴和启示。因而,近年来国内区域经济研究成果斐然①,区域经济成为社会经济史研究的热点。

3. 农业、手工业和商品经济

前近代的农业、手工业和商品经济均有不同程度的发展。对于这一时期的社会经济状况,国内外学术界有许多新的观点和理论,在研究方法和视野上也多种多样。

(1) 前近代农业、手工业和商品经济发展状况

农业方面,明清农民在耕耘、选种、施肥、灌溉等方面都积累了丰富的经验,生产中重视优良品种的培植,灌溉技术不断改进。由于生产技术的提高,土地单位面积产量有了增长。闽、浙等地普遍推广了双季稻,岭南出现了三季稻。

明清农业发展的另一个突出方面,表现在农作物新品种的引入和推广。明代开始大力引进高产或有经济价值的作物,如南洋的番薯(俗名地瓜)、南美洲的玉米、巴西的花生、吕宋(菲律宾)的烟草等。水稻逐渐推广到北方。清代,这种作物交流的势头有了进一步的发展。作为农民生活来源的重要组成部分,棉花的种植也进一步向北方推广,其收益已超过传统的桑麻作

---

① 仅就明清以来长江流域的研究,学界就取得了一系列成果,重要的著作如傅衣凌:《明代江南市民经济试探》(上海人民出版社 1957 年版);洪焕椿、罗仑主编:《长江三角洲地区社会经济史研究》(南京大学出版社 1989 年版);彭雨新、张建民:《明清长江流域农业水利研究》(武汉大学出版社 1993 年版);樊树志:《明清江南市镇探微》(复旦大学出版社 1990 年版);王迪:《跨出封闭的世界——长江上游区域社会研究(1644~1911)》(中华书局 1993 年版);吴量恺主编:《清代湖北农业经济研究》(华中理工大学出版社 1995 年版);范金民:《明清江南商业的发展》(南京大学出版社 1998 年版);李伯重:《江南的早期工业化(1550~1850)》(社会科学文献出版社 2000 年版)等。

物。优良棉花品种不断出现。许多地区棉花的种植已成为商品生产。

这一时期出现了一批指导农业生产的农书。徐光启编撰的《农政全书》是明代农学的最大成就,也是我国古代农书的集大成之作。《农政全书》与以前所有农书的最大不同之处在于它着重而系统地论述了屯垦、水利与备荒三项;另外还吸取了传教士带来的一些西方科学知识。清代的农书约一百多部,尤以康熙、雍正两朝为繁盛。其中出现了多种专论某种农作物、桑麻或兽医的专业农书。

在人身依附方面,明清时期,地主与佃户的关系呈现错综复杂的情况。但就总的趋势而言,大部分佃户对地主的人身依附关系有所松弛,国家对农民的人身束缚也在逐渐减弱。这种情况的出现与明清赋役制度的改革有很大关系。

手工业方面,明清手工业生产发展迅速。明代手工业发展有四个突出的成就:一、发展最显著;二、私营手工业日益超过官营手工业;三、发展了一些新的行业,如轧棉、暑袜等业;四、逐渐形成某些方面的地区分工。清代手工业生产水平在总体上超过了明代,其主要表现是:一、生产工具有了一定程度的进步与革新;二、地域性分工、行业性分工乃至生产过程中的分工有所发展;三、出现了一些新兴行业和新兴的手工业专业区。产品的品种更为丰富,产量增加。①

明清时期手工业者的人身依附状况逐渐削弱。明朝工匠基本分轮班和住坐两种。嘉靖四十一年(1562),明政府规定,班匠一律以银代役,称为"班匠银"。清代继承了明代的工匠籍制度,并在康熙以后,陆续把匠银摊进田赋之中,合并征收,从而废除了匠籍制度。作为力役制度的匠籍制度被取消了,手工业者基本摆脱了匠籍的人身控制,生产积极性大大提高,促进了明清手工业的发展。

商品经济方面,明清商业有了长足进步。明代商业的发展,首先表现在城镇的发展。明代经济职能比较显著的大城市多达40多个,许多手工业市镇的兴起和城镇居民脱离农业从事工商业,成为明代城市经济发展的显著特征。其次是商业资本活跃,随着商品经济的发展,全国出现了许多商业资

---

① 李春棠、侯力主编:《中国古代史教程》(第三分册),湖南出版社1992年版,第996、999页。

本集团①。再次是白银成为广泛流通的媒介。随着白银成为商业贸易中通行的货币,明中叶后,朝野皆用银,在市场上,一切商品都用银计价。随着对外贸易的发展,从外国流入不少银币。货币形态的变化反映了明代商业贸易的兴盛。

清代早期商业经历了一段萧条后,到乾隆时,许多城市的发展恢复并超越明中后期的水平。在频繁的商业交往中,清代也出现了许多富有的商人和商业资本集团,如票商(山西的票号商人)、盐商和行商(广东的十三行)。在镇集小市场的发展方面,清代超过了以往各代。另外,由于全国政治上的稳定与统一,清代边疆与内地、少数民族地区与发达地区的商业往来也空前频繁。

明清商品经济的发展,还表现在商路的拓展与大量商书的出现。明清以北京为中心向四方辐射,全国已形成一体,水路交通四通八达。陆路以驿道为干线,水路以长江、运河为中心。明代商路开辟的显著表现,是大运河的畅通及沿赣江南下过庾岭到两广一路的开通。清代东西商路有重大突破,尤其是长江上游和中游。清代东西商路最有发展的是珠江水系,东北的黑龙江、松花江也有商船来往。南北商路方面,清代大运河发展不大,但康熙时重辟的沿海北洋船线,由天津延至营口,与辽河联运,成为南北一大干线。

与商品经济的发展相适应,商书的印行成为明清时期特有的文化现象。商书类型多样,有标准商书、水路行程书、商业经营兼水路行程于一体的商书、商业道德与商业行为规范的商书以及防骗类书。商书内容丰富完备,包括水路行程、商品、市场、经商之道、商业职业道德以及防骗举措等,不仅是日用大全和生活教科书,更是商贾必读全书;既有理论说教,又有具体操作性的传授,很切实用。

(2) 学术界对前近代中国社会经济的研究

对明清社会经济状况,学术界一直存在着不同的看法。在过去的几百年中,西方学界对此发生了几次大的变化。大体而言,在16～18世纪中期,西方对于当时的中国所持的看法是颇为积极的。伏尔泰、魁奈、亚当·斯密

---

① 有"十大商帮"之说,即:山西商帮、陕西商帮、宁波商帮、洞庭商帮、广东商帮、福建商帮、徽州商帮、江右商帮、山东商帮、龙游商帮。

等,对中国的评价都很高。① 这种积极的看法在18世纪末开始转变。自黑格尔以来,西方学界的主流一直把中国看成是一个停滞的"木乃伊式的国家",而明清(特别是清代)则是最能体现这种停滞的时期。第二次世界大战以后,费正清提出了新的"冲击—回应"理论,即中国社会并非停滞,而是有变化的,但这种变化是在外力的影响下发生的,倘若没有外力介入,中国仍然不会发生重大变化。因此,这种理论的核心,仍然是前近代中国社会经济的自身停滞。这种理论后来又发展为"传统平衡"、"高度平衡机括"等理论。②

到了20世纪中期,中外学者对上述主流观点提出质疑和挑战,提出了一些新的看法。其中最重要的就是国内的"资本主义萌芽"论(后面详述)和西方的"近代中国"论。这两种观点颇为相近,都强调中国的社会经济在明清时期不仅有明显变化,而且这种变化与近代早期的西方出现的变化相当类似,倘若按其自身的轨迹发展,将会像西方国家那样走上资本主义发展道路。但是,中国终究未发展出西方式的资本主义,因此,这些看法不仅无法证实,而且在理论上也无法自圆其说。

到了最近十几年,西方学界对中国的看法又发生了巨大变化。③ 这些看法,姑且不论是否经得起仔细推敲,但都试图说明,清代中国经济出现了

---

① 其中亚当·斯密虽然指出了中国存在的问题,但是仍然把中国称为世界最富之国。

② 李伯重:《魏丕信:〈18世纪中国的官僚制度与荒政〉与国际中国社会经济史研究的新方向》,参见《18世纪中国的官僚制度与荒政》中文版序,江苏人民出版社2003年版,第14页。

③ 如20世纪80年代,政治学家肯尼迪(Paul Kennedy)曾估计说:乾隆十五年(1750)时,中国的工业产值是法国的8.2倍,英国的17.3倍。在1830年的时候,中国的工业产值是法国的5.7倍,英国的3倍。一直到第二次鸦片战争,英国的工业产值才刚刚赶上中国,而法国的工业产值只是中国的40%。参见[美]保罗·肯尼迪:《大国的兴衰》(中译本),中国经济出版社1989年版,第186页。再如20世纪末,经济学家麦迪森(Augus Maddison)运用实际购买力的计算方法,对过去两千年中世界主要经济体的GDP(国内生产总值)作了计算,得出的结论非常令人吃惊,根据他的计算,1700年时,整个欧洲的GDP和中国的GDP差不多相等。在1700~1820年的一个多世纪中,中国经济的年均增长速度4倍于欧洲。所以在鸦片战争前,中国不仅经济规模在世界上六大经济区中最大,而且增长速度也是第一。参见:其相关著作《中国经济的长远未来》(中译本),新华出版社1999年版;《中国经济的长期表现》(中译本),上海人民出版社2008年版。

迅速增长，这个增长所依靠的不是外力，所遵循的也不是近代早期西方的经济成长模式。

在重新认识前近代历史的过程中，20世纪最后10年，国际学界形成了一股以"加利福尼亚学派"(California School)①为代表的新潮流，该学派中彭慕兰的《大分流：欧洲、中国及现代世界经济的发展》②（以下简称《大分流》）对于重新评价18世纪中国具有典型意义。

"大分流"③一词近年来在史学界几乎无人不知。彭慕兰的核心观点是：18世纪以前，东西方处在同样的发展水平上，西方并没有任何明显的完全为西方自己独有的内生优势；18世纪末19世纪初，历史来到了一个岔路口，东西方之间开始逐渐背离，分道扬镳，距离越来越大。造成这种背离的原因，一是美洲新大陆的开放使土地的制约解除，二是英国煤矿优越的地理位置使蒸气为动力的大规模使用成为可能。相比较而言，中国不仅没有类似发现新大陆这个"意外之财"，而且中国煤矿也处在一个非常不利的位置（离核心区江南太远，运输成本昂贵）。彭慕兰把这个东西方分道扬镳的过程称之为"大分流"。

通过对英格兰和中国江南的比较，彭慕兰在《大分流》中力图证明，在现代早期的中国和欧洲都能看到动力与危机共存，因此需要避免片面的在欧洲只看到动力，在中国只看到内卷及发展中的危机；要看到中国和欧洲原始工业化中的共同因素，不能在世界的这一个部分只看到进步，而在另一部分只看到停滞。④ 由此可见，彭慕兰的《大分流》是对"西方中心论"的批判和挑战。自从马尔萨斯、黑格尔、马克思·韦伯等构建以"西方中心论"的理论体系后，这一体系便已根深蒂固。随着目前中国经济的迅速发展和国际影响的增大，越来越多的人对西方中心主义的传统观点产生质疑，有的学者反

---

① "加州学派"，是指美国学者彭慕兰（Kenneth Pomeranz）、王国斌（R. Bin Wong）、李中清、杰克·戈德斯通（Jack Goldstone）、安德烈·G·弗兰克及中国学者李伯重等人。他们尽管对很多问题有争议，但都同意18世纪的中国比老一辈学者所认为的更繁荣。

② 中译本由江苏人民出版社2003年出版。

③ Great Divergence，又曾译为"大分岔"、"大歧变"、"大裂变"等。

④ 仲伟民：《学术界对前近代中国研究的分歧——以彭慕兰、黄宗智的观点为中心》，载《河北学刊》2004年第2期。

过来以"中国中心论"的论点来探讨中西之间的差异①。其中有些结论虽然值得商榷,却反映了学术界研究前近代中国社会经济的新动向。

同样对摆脱"西方中心论"的影响作出可贵努力,但结论与彭慕兰不尽相同,甚至相反的学者不乏其人,其中典型者可以美国学者黄宗智(Philip Huang)的"内卷化"②理论为例。该理论的核心观点是,明清时期由于江南人口压力而导致资源紧张,因此人们只能依靠不断地增加生产要素(主要指劳动、资本、技术等,特别是劳动)的投入来提高产量,生产要素过分投入的结果是劳动密集化、劳动边际报酬递减、劳动生存率下降。但这并不是"内卷化"理论的全部。黄宗智进而认为,内卷及内卷型水平化并不意味着单位土地绝对产出的减少;正好相反,拥有一定土地的农户当然可以通过采用内卷的运作方式来提高农场总产量。因为这将意味着就家庭劳动而言有更多的"就业"和收入,尽管平日每天的劳动报酬减少了。这就是所谓"没有发展的增长"的著名论点(没有发展指劳动生产率,增长指总产量)。

黄宗智独特的方法和视角,曾经给中国史学工作者很大的启发。但随着明清社会经济史研究的深入,"内卷化"理论受到了各方面的挑战。李伯重曾对"内卷化"理论评价很高,但经过研究和思考,他改变了自己的观点,并撰写《"过密化增长理论"不适于明清江南农村经济史研究》③一文,对"内卷化"理论提出批评。他认为,"内卷化"理论很难有效地解释明清江南经济

---

① 最典型的例子,是贡德·弗兰克的《白银资本——重视经济全球化中的东方》一书。弗兰克在该书中断言:"如果说1800年以前有些地区在世界经济中占据支配地位,那么这些地区都在亚洲。如果说有一个经济体在世界经济及其'中心'等级体系中占有'中心'的位置和角色,那么这个经济体就是中国";"西方最初在亚洲经济列车上买了一个三等厢座位,然后包租了整整一个车厢,只是到19世纪才设法取代了亚洲在火车头的位置"。参见[德]贡德·弗兰克著,刘北成译:《白银资本——重视经济全球化中的东方》,中央编译出版社2001年版,第27、69页。

② 英文是involution,或译为"内卷型"、"过密型"、"过密化"等。

③ 载李伯重:《理论、方法、发展趋势:中国经济史研究新探》,清华大学出版社2002年版。

发展,也很难具体应用于明清江南经济史的研究中,其理论本身存在多种缺陷①。

尽管存在学术争论,但彭慕兰、黄宗智等国外学者努力采取客观的态度探讨中西之间的差异,所产生的学术反响是巨大的,他们的观点在中国学术界也得到众多学者的呼应,这对推动明清社会经济史的发展是极其有益的。

(3) "资本主义萌芽"问题

在明清社会经济发展的研究中,一个无法回避的问题,是所谓"资本主义萌芽"问题。

最早充分论述中国"资本主义萌芽"问题的是马克思主义理论家吕振羽②。他在20世纪30年代左右,提出明清之际已出现资本主义萌芽。1939年,毛泽东在著名的《中国革命和中国共产党》一文中指出:"中国封建社会内的商品经济的发展,已经孕育着资本主义的萌芽,如果没有外国资本主义的影响,中国也将缓慢地发展到资本主义社会。"从此,这一论断成为对中国资本主义萌芽的权威性表述。新中国成立后,从50年代中期讨论《红楼梦》时代背景起,逐渐形成明清资本主义萌芽研究的热潮,涌现出大量论著。80年代,在经历"文革"十年沉寂后,资本主义萌芽问题研究再次出现兴旺之势。围绕区域商品经济和资本主义萌芽、中国资本主义萌芽和明清社会经济结构等问题,发表了许多论文,出版了一些专著③。特别是许涤新、吴承明主编《中国资本主义萌芽》一书,对明清资本主义萌芽作了全面、

---

① 李伯重认为"内卷化"理论的缺陷主要表现在三个方面:其一,"内卷化"理论的理论基础其实依然是"近代经济成长道路是单一"的看法。在此方面,黄宗智以反对"西方中心论"的姿态出现,最终仍掉进"西方中心论"的陷阱。其二,"内卷化"理论赖以建立的若干依据非常薄弱,有的甚至有错误。其三,"内卷化"理论赖以建立的另一重要基础,是认为江南农村人口过剩,人口压力增大,以致经济"只有增长而无发展",但经过一些研究人口的学者的探讨,明清因人口爆炸导致经济发展停滞的观点受到越来越多的挑战,因而明清江南是否真正存在所谓的人口压力还是一个远远不能定论的问题。参见仲伟民:《学术界对前近代中国研究的分歧——以彭慕兰、黄宗智的观点为中心》,载《河北学刊》2004年第2期。

② 张显清:《近二十年来对国内关于明代社会变迁问题研究状况读书札记》,载《中国史研究动态》2003年第4期。

③ 如李文治、经君健、魏金玉著《明清时代的农业资本主义萌芽问题》,许涤新、吴承明主编《中国资本主义萌芽》,傅衣凌著《明清社会经济变迁论》,分别于1983年、1985年、1989年问世,成为学术界这个时期资本主义萌芽问题研究的代表性著作。

系统、深入的叙述和分析,是一部对20世纪50~80年代初中国资本主义萌芽问题研究的总结性著作。这部著作集中反映了我国学者多年来关于此问题研究的学术成果,既有理论的阐述,又有具体的实证。以此为标志,学术界关于资本主义萌芽问题的讨论开始明显降温。

进入20世纪90年代以后,随着我国提出建立社会主义市场经济体制及西方关于中国近代化研究的开展,学术界开始对资本主义萌芽问题进行反思。作为资本主义萌芽研究集大成者的吴承明,最终放弃了中国资本主义萌芽论,认为"在历史研究上,不要提研究资本主义萌芽,与其说资本主义萌芽,不如叫近代化萌芽,即市场经济的萌芽"[1]。由于在资本主义萌芽问题研究中存在许多问题,如对"资本主义"的概念始终模糊,各有各的"资本主义萌芽"的标准,在研究中自说自话等[2],因而不少学者提出了尖锐的批评意见,如李伯重称之为"资本主义萌芽情结"。他认为,从感情基础来说,这种"资本主义萌芽情结"是一种特定时期中国人民的民族心态的表现,是中国人与西方争平等的强烈愿望,这种愿望体现在史学研究中,就是"别人有,我们也要有"的"争气"心态;其次,从认识基础来说,"资本主义萌芽情结"是一种"单元—直线进化"史观的产物,按照这种史观,世界民族都必须遵循一套共同的道路,也就是说资本主义是不可逾越的一个阶段,所以中国也必然要经历它。[3] 王家范认为资本主义萌芽问题的研究是一个"死结",因为"资本主义"一词在"西方早不再用作社会形态的指称","资本主义萌芽"一说在中国被灌输且随处应用,误人非浅。王学典更是把资本主义萌芽看做一个"假问题",他认为包括资本主义萌芽问题在内的"五朵金花"的纷争产生于浓厚的意识形态话语背景下,在既定话语背景下,这些命题都是有意义的,"因为这些命题背后都有明确的非学术追求",而今随着话语系统的根本转换和语境的巨大变迁,这些命题本身能否成立早已成为问题,也就是说它已成为"假问题"[4]。

---

[1] 吴承明:《要重视商品流通在传统经济向市场经济转换中的作用》,载《中国经济史研究》1995年第2期。
[2] 仲伟民:《资本主义萌芽问题研究的学术史回顾与反思》,载《学术界》2003年第4期。
[3] 李伯重:《理论、方法、发展趋势:中国经济史研究新探》,清华大学出版社2002年版,第11~13页。
[4] 王学典:《20世纪中国史学评论》,山东人民出版社2002年版,第168页。

三、宗族与社会组织

1. 宗族

前近代中国,专制皇权极度膨胀,君主集各种权力于一身,但是宗法关系仍然被作为维系社会的纽带被继承下来,并得到巩固发扬。宗族组织成为明清政权的基础,作为具有法权性质的家规族法,能够起到一般政府机构所起不到的作用,因此,族权与政权相互补充、相互倚重的局面,至前近代时期依然存在,并具有十分强大的力量。

明清时期,宗族往往成为官府控制百姓的手段。通过官府委任"族正"及"家长",由他们充当官府与宗族间的合法联系人,或将族长等当做乡村管理人,代官府行事。通过扶植族权,惩恶扬善,调解族内婚田争执,以祠产赈济族内鳏寡孤独,组织宗族武装,防范盗贼等。经过一番改造或利用,宗族组织多半被纳入听命于官府的轨道,发挥了完善政权、支持政权的效能。

明清宗族是和小农经济紧密结合在一起的,整个社会以乡村为主体,家族是乡村社会的基础,乡村的大多数政治、经济、教育、宗教等功能都是以家族为中心而得到实现的。一般人的主要活动范围都以家族或村落为中心,村民的生活圈子封闭而保守。对于家族或村落外的事务,只有少数士绅才会参与关心。在多数中国人心目中,所谓国家实际上是"家"的放大,家国一体,形成"天下一家",人们对家族或村落的认同与忠诚远高于对国家的认同

祠堂是宗族崇宗祀祖、处理族务的重要场所,图为位于江西婺源的俞氏宗祠

与忠诚,先"修身齐家"后"治国平天下"是几乎所有人的选择。在这种情况下,中国社会很难在基层形成一个政治共同体。① 因此,尽管明清宗族对稳定社会结构和规范社会秩序的作用不可低估,凝聚和巩固的作用依旧,但其保守性日益加强,对中国近代化的转型形成一种强固有力的掣肘力量。它使得中国近代化的社会动员难以进行,各个层面的近代化进程阻力重重。

宗族对前近代商品经济的影响也十分突出。宗族制对商品经济的消极影响,首先表现于对劳动力人身自由的束缚。商品经济要得到充分发展,自由劳动力的存在是必要的前提,但宗族制却顽强地束缚着人身自由,阻止劳动力进一步流动。其次,宗族制干涉商品生产市场。强宗大姓依靠其势力,划分特定的势力范围,立某种契约垄断生产市场,限制粮食和经济作物及生产资料的生产。这种干涉,不仅在农村,而且发展到市镇。在市镇手工业生产中,宗族势力把持从原料来源到产品制作的整个过程,行业间的非公平竞争使商品生产规模难以扩大。再次,宗族制还干涉商品流通市场,使商品性农业和经济作物种植很难形成规模经营。另外,宗族制还阻碍商业资本的积累,干涉新的商品经济经营方式等。②

当然,宗族制在经济领域中对商品生产和商品流通的发展也有一定积极的作用,如徽商经营成功,便得到宗族的大力帮助和支持。但这种积极作用是有限度的,被严格限制在传统经济的框架之内,一旦超越其限制,便会遭到扼杀。徽商曾称雄商界,显赫一时,在晚清时却很快衰落,说明以传统社会背景下发展起来的商业资本,在宗族制盛行的环境下,不可能获得长久发展。

2. 其他社会组织

除宗族外,乡里保甲也是前近代基本的社会组织形式。乡里保甲既是古代基层行政组织,又是地域性社区的基本单位,其设置由来已久,秦统一全国便已出现,后来历朝皆有发展。明前期仍实行里甲制,明后期和清代虽仍有里甲制遗存,但主要实行保甲制。十户一牌,设牌头;十牌一甲,设甲长;十甲一保,设保长,主要用于缉盗。③

---

① 陈勤、李刚、齐佩芳:《中国现代化史纲(上卷):无法告别的革命》,广西人民出版社1998年版,第21页。

② 章有德:《试论清代宗族制对商品经济的影响》,载《华东师范大学学报》(哲学社会科学版)1995年第5期。

③ 《清朝文献通考》卷22《职役二》,中华书局1986年版。

乡里保甲作为前近代官府以下的社区组织,具有重要的政治功能,是官僚政治实现其社会化的基本手段。无论南北东西,遐迩荒郊,乡里保甲组织都星罗棋布,把士庶百姓一概网罗编制其中。这种分布的普遍性、广泛性,对州县官府辖治居住分散的众多百姓极其有利,很大程度上弥补了官府鞭长莫及、难治荒野之民的缺陷。乡里保甲组织把行政支配与土著自治糅合在一起,一方面,乡里保甲头目多以基层行政长官的身份出现,秉承官府的政令,负责地方事宜。另一方面,这些头目都是本乡土著,有时还代表乡民与官府交涉有关事情,带有部分社区自治色彩。因而,乡里保甲与乡民有一种亲和力,容易被乡民接受,这一点是州县官衙所无可比拟的。什伍连坐等超经济强制,也是乡里保甲组织经常使用的。什伍连坐等一旦由乡里保甲执行,可以收到一箭双雕之效。其一,它貌似一种自治性的防盗惩恶机制,可减轻乡民的不满及其与官府的对立;其二,虽然不是官府直接加于乡民之身,却又系官府支使所为。因此,不失为乡民领受和服从官府统治的一种经常性训练。乡里保甲还有一个重要职能,即以礼俗乡约教化民众,这种作用又是地方官府所不曾有的。这样,通过乡里保甲组织,州县官府空间上的政治空缺得到弥补,官府与乡民之间架起了桥梁,乡民世代安分守己地领受着来自天子及官府的行政支配。①

明清时期比较重要的社会组织,还有善会、善堂等民间济贫教化组织,以及会馆、公所等工商业组织。明代同善会纯粹由地方士人创办,没有任何官方参加,它体现了地方士绅对社会秩序的危机感和责任感。清中期以后的同善会是官方鼓励与推动的结果,具有较浓厚的官僚性质,其活动仅是刊印传布通俗的善书,帮助会员积阴德以得到利禄。② 会馆自明后期产生后,康熙年间逐渐增多,嘉道时期臻于极盛。公所产生于康熙年间,乾隆时稍有增加,其发展高峰在同治以后。会馆的存在有利于工商业者维护自身的利益,许多会馆都有资金互助、赈济贫困的条款,也可以通过集体的力量抵抗恶棍的勒索。不过会馆限于强固的地域观念,许多资金用在维护同乡关系上,并不利于扩大商业市场及提升生产技术,会馆对促进经济的贡献仍有其

---

① 李治安、杜家骥:《中国古代官僚政治——古代行政管理及官僚病剖析》,书目文献出版社 1993 年版,第 275~276 页。

② 梁其姿:《施善与教化——明清的慈善组织》,台湾联经出版事业公司 1997 年版,第 117~122 页。

局限。

四、士绅与儒家文化

1. 明清士绅

士绅是中国传统社会一个特殊的阶层,他们拥有特权,享有特殊的生活方式。历来学术界对于"士绅"的定义有各种不同看法,与之相近的概念有"乡绅"、"绅士"等。明清时期,"乡绅"主要是指居乡或在任的本籍官员,后来扩大到进士、举人。而"绅士"一词在明代主要还是分指"乡绅"与"士人",到晚清则演变为对所有"绅衿"的尊称和泛称。"士绅"一词出现较晚,但内涵较宽,主要指在野的并享有一定政治和经济特权的知识群体,它包括科举功名之士和退居乡里的官员。① 为方便起见,在下面的叙述中,"绅士"与"士绅"往往互用。

对明清士绅的研究,日本起步较早,对明清绅士的考察范围逐渐从宏观走向微观。其为学旨趣大体相同,力图说明绅士的本质,并进而揭示中国传统社会的特点。当日本掀起绅士研究热时,欧美汉学界也不甘寂寞,陆续推出一系列引人注目的成果,其中尤以张仲礼、萧公权、何炳棣、费正清等人的研究成果影响力大。国内绅士研究虽然相对薄弱,但起步并不晚,早在20世纪40年代,吴晗、费孝通、潘光旦等人已着重围绕绅士的流动、绅权与皇权的关系探讨了这一问题。近年来,王先明、马敏、贺跃夫、郑振满等人的研究,具有一定的分量。

在明清绅士的构成方面,张仲礼把中国绅士分为上层集团与下层集团。许多通过初级考试的生员、捐监生以及其他一些有较低功名的人都属于下层集团。上层集团则由学衔较高的以及拥有官职的绅士组成。同时,张仲礼还根据绅士身份获得的途径分绅士为"正途"和"异途"两种。"正途"就是考试途径,"异途"则是捐纳途径。② 在整个绅士阶层中,下层绅士所占比例远大于上层绅士,并且上层绅士也来自下层绅士。

明清绅士享有许多特权,这使他们不同于社会的其他阶层。绅士一般

---

① 徐茂明:《明清以来乡绅、绅士与士绅诸概念辨析》,载《苏州大学学报》(哲学社会科学版)2003年第1期。

② 张仲礼著,李荣昌译:《中国绅士:关于其在十九世纪中国社会中作用的研究》,上海社会科学院出版社1991年版,第1~5页。

被视为与地方官平起平坐,可自由见官。在礼仪方面,绅士同官吏一样,其特殊的称呼、饰物、顶戴、服装都不同于平民百姓。在家族祭祖时,身为绅士的家族成员往往被推崇为族中领袖人物;在地方上的各种节庆和典礼中绅士也承担了特别的作用。在法律上,绅士所享有的势力和威望也得到保护。在经济上,绅士也享有免缴某些赋税、徭役以及享有例银或其他津贴的特权。①

在社会职责方面,绅士"视自己家乡的福利增进和利益保护为己任。在政府官员面前,他们代表了本地的利益。他们承担了诸如公益活动、排解纠纷、兴修公共工程,有时还组织团练和征税等许多事务。他们在文化上的领袖作用包括弘扬儒学社会所有的价值观念以及这些观念的物质表现,诸如维护寺院、学校和贡院等"。由于大量地方事务的实际管理都操纵在绅士手中,因而绅士往往充当了政府官员与当地百姓之间的中介人。②

在经济收入方面,绅士身份是富贵利禄的保证。绅士们通常能够有效地开展和参与某些取得报酬和争得收入的活动,从而获得较高的收入。张仲礼在他的另一本研究绅士的书《中国绅士的收入》中,详细地研究了中国绅士的收入问题。他指出:"在19世纪的中国,绅士最重要的收入来自为国家和社会服务的补偿",具体包括担任官职、处理地方事务、充当幕僚、教学、当医生、帮人撰写等。另外,"绅士从他们拥有的财产中获得的收入也是很重要的。此种收入主要有两类:得自土地的收入和来自经商的收入"。在经商办企业中,由于"绅士在积累资本和影响官府两个方面都处在最有利的地位,因此能最成功地经营大企业的人是绅士"③。

由于绅士拥有诸多特权,因而在前近代社会中是一支不容忽视的社会群体,尤其在社会变革和社会动荡时期,其地位和作用更为显著。

2. 明清儒家文化

文化方面,明清时期以程朱理学为主导的儒家文化在国家政治生活中占重要地位。明初,在统治者支持下,程朱理学成为统治思想,终明一世,这

---

① 张仲礼著,李荣昌译:《中国绅士:关于其在十九世纪中国社会中作用的研究》,第32~40页。

② 张仲礼著,李荣昌译:《中国绅士:关于其在十九世纪中国社会中作用的研究》,第54、58页。

③ 张仲礼:《中国绅士的收入——〈中国绅士〉续编》,上海社会科学院出版社2001年版,第1页、第115~116页。

种状况都没有改变。但 16 世纪以后,明代思想文化领域中最引人注目的现象,则是王阳明心学的出现及盛行。王阳明心学是明中后期理学发展的主要内容,标志着理学向心学转变的完成。朱熹哲学经过长期演变,到王阳明时终于自成一派,这既是理学演变的结果,也是时代发展的产物,使繁琐的理学转变为简易的心学,适应了社会对思想观念的需要。王阳明心学包括三个重点:一曰"心即理";二曰"知行合一";三曰"致良知"。王阳明对人的主体作了细致的分析,特别强调个体意识的重要,其思想一方面片面夸大了主观意识的作用,另一方面又包含有独立思考和个性解放的若干因素,很适合士人的口味,因而很快风行。王学的兴起传播,是 16 世纪后思想文化不拘一格的表现,它打破了程朱理学日趋僵化的局面,动摇了朱学的正统地位,促进了学术思想上某种相对自由的气氛。王阳明之后,王学后学特别是王学左派对心学的进一步发展,使得心学在 16、17 世纪的影响更为深远,促进了晚明时期思想文化的多元化。

清初,由于统治者的大力提倡以及对王学流弊的反思和清算,出现了程朱理学复兴的局面,并且影响日益扩大,使程朱理学成为占统治地位的思想意识形态。直到清末,统治者仍把理学奉为救命符。

明清时期,程朱理学被确立为官方哲学,儒学通过程朱理学而实现了对思想的全面控制,这对整个统治格局的维系产生了一定的积极作用。就清代而言,程朱理学不但在理论上比较彻底地解决了清代政治发展方向问题,以最权威的方式确立了儒家学说的统治地位,从而从意识形态的角度为休养生息、重用汉官、隆重师儒等政策的实施创造了条件;而且在文化上为其他满洲贵族和平民树立了无可非议的榜样,许多人亦步亦趋,留心学问,儒学逐渐成为满汉民族共同的文化信仰,以前激烈的民族矛盾随之趋于缓和。由于中央政权儒学化程度加深,一些落后的政策措施得到纠正,这在客观上使汉族产生了强烈的文化认同感,满汉间民族隔阂缩小,民族关系趋于融洽。

然而,以程朱理学为主的儒家文化虽然成为 16 世纪后统治者维系政局、人心的最好工具,并具有一些促进社会发展的合理内核,但它在促进前近代中国向近代化迈进的过程中,却起着不小的阻碍作用。这种阻碍作用表现在儒家文化与中国近代化进程必然从本质上发生各种深刻而尖锐的冲突,这些冲突在基本层面上主要表现为:尊卑贵贱等级与现代平等原则的冲突;人治传统与法制社会的冲突;宗法忠孝观念与民主意识的冲突;共性至上的群体原则与个性全面发展的冲突;保守心理与创造需求的冲突、封闭意识与开放观念的冲突;中庸信条与竞争意识的冲突;物质利益与伦理中心原则的冲突等。① 儒家文化中蕴含的封闭守旧因素,成为中国步入近代社会的巨大壁垒。

第二节 16至19世纪前半期的中外关系

当15世纪前期郑和率领庞大的船队,浩浩荡荡七下西洋,开始走向海洋的时候,欧洲类似的尝试在15世纪后期也蓬勃兴起。这一时期,哥伦布发现了美洲新大陆,迪亚士和达伽马等葡萄牙人开辟了抵达亚洲的海上航线,麦哲伦率船队完成了环球航行,东西半球相互隔绝的历史结束,世界各大洲和各国之间的经济联系大大加强。因此,进入16世纪后,中外关系在一种全球化初露端倪的背景下展开,具有与以往不同的内容和特征。至鸦片战争以前,传统的朝贡体制依然是中国官方贸易的一种重要形式,但随着国际国内形势的变化,朝贡体制日渐式微。明清政府在对外贸易体制方面,根据形势进行了一系列调整,但至鸦片战争前,清政府的海外政策显得封闭、保守和退缩,明显跟不上时代发展的步伐。同时,为了解中国情况,开辟中国市场,西方传教士纷至沓来,西学东渐,中西文化在这一时期进行了早期的接触、交流和撞击。西方殖民者在这一时期开展了一系列侵华活动。

一、朝贡体制和对外贸易

朝贡天子而纳其土贡,在中国历史上自古已然。儒家传统天下观所形成的一整套对外关系的理论和体系,其核心便是以中国为中心,帝王临御天下,居内以制夷狄。在这一理论架构上建立起来的中国古代王朝与其他国家之间的关系,是各国向中国君主称臣纳贡的朝贡关系。这是一种形式上的宗藩关系,各国依然保留自己完整的国家机构,在内政上也一般不会受到中国的干预。作为一种政治外交和一种变相的贸易关系,朝贡体系成为中

---

① 周积明:《最初的纪元:中国早期现代化研究》,高等教育出版社1996年版,第39页。

国古代传统的理想国际体系。①

明朝沿袭了历代朝贡方式,谋求建立朝贡体系,要求海外各国一如既往,入明朝贡。明初的朝贡贸易有了极大发展,特别是永乐时派遣郑和七下西洋,更使朝贡贸易达于极盛。作为古代东西方海上交往史上规模最大、影响最广的事件,郑和下西洋是古代中国主动经略海洋、认识世界、走向世界的一项突破性的重大尝试,开辟了中外关系新时期。不过,就性质而言,它仍是一次旨在扩大官方朝贡贸易的规模巨大的航海活动。它成功地实现了明初对外贸易政策目标,增强和扩展了以中国明王朝为中心的朝贡体系,也使朝贡贸易这一官方垄断的海外贸易发展到鼎盛。

郑和下西洋不仅将中国商品远销海外,开拓了海外市场,而且扩大了海外商品在中国的销售市场,刺激了国内市场的需求。在此情况下,作为当时海外贸易唯一孔道的朝贡贸易,已远远不能满足国内外贸易市场日益增长的需求。要求打破官方垄断,进一步发展海外贸易的民间呼声日益高涨,民间私人海外贸易蓬勃兴起,强烈冲击并动摇了明朝官方垄断和控制海外贸易的朝贡制度的根基。因此,作为明初朝贡贸易发展到顶峰的标志,郑和下西洋却又恰恰促成了朝贡贸易的衰落和民间私人海上贸易的兴起。②

明朝的朝贡贸易与以往有很大的不同。历代除有朝贡形式的官方贸易外,还允许非官方的中外商人进行贸易交往,由国家设立市舶司征取税收,进行管理。明代则不同,推行以朝贡为唯一形式的海外贸易政策,不允许中外商人随便进行贸易交往,除在明初短暂的一段时间里允许中外民间商贸往来外,对内实行海禁,严禁商民出海贸易,对外强调外国入贡使团的外交文书,即国书表文,并进一步推行勘合制③,堵住外国商民来明朝贸易的途径,从而使朝贡贸易成为明朝中外贸易的唯一形式和途径。

清朝建国以后,承继了明朝的朝贡模式和体制,建立起与海外的传统朝贡关系,但是与清朝正式建立朝贡关系的国家只有朝鲜、安南、缅甸等七国,

---

① 万明:《中国融入世界的步履:明与清前期海外政策比较研究》,社会科学文献出版社 2000 年版,第 38、39 页。

② 万明:《中国融入世界的步履:明与清前期海外政策比较研究》,社会科学文献出版社 2000 年版,第 150 页。

③ 勘合,是明王朝为了辨别朝贡使团官方性质的凭证。明代在朝贡贸易中实行勘合制度,凡允许派遣贡舶来华贸易的海外国家,由明朝颁发勘合,以供贡舶到来时查辨真伪之用。

与明初的盛况已不可同日而语。由于西方对东方的历史性冲击,国际环境和形势出现重大变迁,西方国家在亚洲的势力增长,已经制约了中国在亚洲国际事务中的重要地位和作用,这在明后期已是不争的事实。明初强盛的中国以朝贡模式为依托建立的国际威望、地位和影响已一去不返,清朝恢复建立的朝贡体制已缩至很小范围,反映出中国与亚洲国家的传统关系在国际变迁下削弱的现实。亚洲的和平环境已经遭受西方冲击,清廷实际上已不可能给贡国以政治保护,亚洲弱小国家在西方冲击下逐渐走向主权旁落,此时建立一个以中国为中心的朝贡模式,只能是过往的梦幻。然而,清朝统治者昧于大势,仍以天朝自居,照搬前朝的朝贡体制,其海外政策从一开始就有着明显的保守性,并在后来日益被动。①

朝贡贸易作为亚洲所特有的以中国为中心的国家间的政治经济关系,其中也蕴含着商业贸易行为,并以此为基础形成了"亚洲经济圈",或称之为"前近代亚洲市场",对近代亚洲地区的经贸关系及政治历史都有很大的影响。② 但是,明清两朝朝贡贸易在经营目的上主要是为了在政治上怀柔远人,确立宗主国的地位;在商品构成上,主要是满足统治者奢侈生活所需的香料、奇珍异兽;在管理体系上则由国家严格控制,入贡的国家、时间、规模有限,不追求商业利润,不讲求经济效益,这种管理模式难以适应新兴的航海经济发展的要求。

另外,以现代商品经济的眼光,仅仅从商品的价值来分析,明朝政府实行的朝贡贸易对中国商品开拓国际市场难以起到积极的效果,因为在朝贡贸易中,明廷对朝贡国的赏赐之厚令人吃惊,在价值上,赏赐之物是所贡之物的多倍。明清政府之所以热衷于这种显然并不平等的经济贸易,主要是因为"朝贡能够产生权威",外国统治者的贡品能够增加皇帝所需的权威,换言之,外国统治者的臣服使其合法化。这样,朝贡贸易体制便成为明清政府维护其统治的一个"巧妙的工具",其中的政治意义远大于经济贸易本身。

与朝贡贸易的局限性相比,16世纪后勃兴的私人海上贸易更显活力和生机。随着西方殖民活动的日益加强,中国与菲律宾、葡萄牙、西班牙、日本

---

① 万明:《中国融入世界的步履:明与清前期海外政策比较研究》,社会科学文献出版社2000年版,第316、323页。

② [日]滨下武志著,朱荫贵、欧阳菲译,虞和平审校:《近代中国的国际契机:朝贡贸易体系与近代亚洲经济圈》,中国社会科学出版社1999年版,第56页。

等国的贸易频繁。在对外贸易中,中国以出口生丝、丝织品、瓷器等为主,进口少量土特产,明显的出超。葡、西、日等国商人不得不以大量白银支付贸易逆差。中国官、私夹杂的对外贸易,把遥远的欧洲国家、美洲国家都卷入了与中国的远程贸易之中,使以丝绸为主的中国商品遍及全世界。作为支付手段的占世界产量1/3或1/4的白银源源不断地流入中国。①

中国16~19世纪对外贸易的成就,吸引了众多学者的关注。德裔美国学者贡德·弗兰克在其引起国际学术界震动的著作《白银资本——重视经济全球化中的东方》一书中,批判了沃勒斯坦、布罗代尔的"世界体系"、"世界经济"的欧洲中心论,特别强调了1500~1800年"整个世界经济秩序当时名副其实地是以中国为中心的",因为"外国人,包括欧洲人,为了与中国人做生意,不得不向中国支付白银,这也确实表现为商业的'纳贡'"。"'中国贸易'造成的经济和金融后果是,中国凭借着在丝绸、瓷器等方面无可匹敌的制造业和出口,与任何国家进行贸易都是顺差。因此,正如印度总是短缺白银,中国则是最重要的白银净进口国,用进口美洲白银来满足它的通货要求。美洲白银或者通过欧洲、西亚、印度、东南亚输入中国,或者用从阿卡普尔科出发的马尼拉大帆船直接运往中国。"②

对弗兰克的结论,学术界尽管争论不一,但19世纪前中国在对外贸易中处于领先、有利的地位,则是不争的事实。然而,由于清政府专制政体的保守性,对外贸易政策的封闭性以及封建政治的腐朽性,极大地消耗了它的国力,使中国在19世纪后在经济全球化中的优势逐渐丧失。

二、明清政府对外贸易体制的调整

明清政府在对外贸易政策方面,以海禁为主导,但屡有更张。面对西方殖民者咄咄逼人的气势,清政府在加强防范的同时,进一步走向收缩封闭,实行口岸限制和公行制度等。

明代海禁非常森严,至有"寸板片帆不许下海"之说,并以法律形式定为明王朝的基本国策。有明一代,自始至终,海禁之令没有废除,只在执行中有严宽之别。论时期,洪武、嘉靖两朝最严,而嘉靖时期也是反海禁斗争最

---

① 樊树志:《晚明史(上)》,复旦大学出版社2002年版,第5页。
② [德]贡德·弗兰克著,刘北成译:《白银资本——重视经济全球化中的东方》,中央编译出版社2001年版,第166、167、169页。

激烈的时期;论地域,沿海三省,福建、浙江两省最严,广东一向较宽,由此入海者较多。

明代实施海禁政策,出于多方面的考虑:社会经济方面,明初社会经济虽得到恢复和发展,但基本上是自给自足的自然经济,商品经济的成分非常微弱,因而没有强烈的对外贸易要求。政治形势方面:首先是为了防备张士诚、方国珍的海上残余势力卷土重来。其次是为了解决倭寇问题,元朝时,倭寇就不断到中国沿海骚扰,入明后,为祸更烈,这成了明王朝推行海禁的最重要也是最直接的原因。

永乐时期修正了明初的海上禁令,锐意通四夷,奉行积极的沟通海外关系的开海政策。明成祖、仁宗、宣宗之后,明室承平,海防不修,海禁的执行不如以往缜密,闽粤商民结党下海,官商勾结之事层出不穷,外人私自来华贸易趋繁。在此情形下,闽广地方官建议开禁通商。武宗时开始对来港贸易者征税,迈出调整对外贸易政策的重要一步。嘉靖时因倭患日烈而严申海禁。随着倭乱平定,明廷调整海外政策的条件趋于成熟,因而先在福建漳州月港开放海禁,允许中国商民出海贸易;继之,由默许到承认葡萄牙人租居澳门,使澳门成为中外贸易的一大商埠。在广州则变贡舶贸易为商舶贸易。至隆庆初,明穆宗下令开放海禁,"准贩东西二洋"和开放商舶来华贸易。由此,明朝完成了对外贸易政策的重大调整。这一政策实施几至明亡,仅在崇祯朝末年因外来因素侵扰出现过短暂反复。

清朝入关后,全面承继了明朝后期已经遭到破坏的朝贡体制,推行朝贡贸易和海禁政策。清代严格实行海禁政策的时间,是从顺治十三年(1656)至康熙二十二年(1683)。主要原因,除了抵制台湾的郑成功政权外,主要是对汉人的猜忌防患心理。顺治十三年规定了海禁令,不准航海贸易。顺治十八年又颁布迁界令,将闽、粤、江、浙沿海居民迁徙至离海岸三十里至百里不等的内地,隔出一道坚壁清野的防线。

清初正当西方列强争夺海上霸权,激烈展开国际贸易之时,清朝却不惜一切代价自我封闭,极度发挥了对内控制的力度,遂使完全意义的海禁政策于清初出台。通过全面海禁和大规模迁海,扼杀了明末新兴的中国海商力量以及沿海海上贸易的一派生机。同时,为了消灭抗清力量,实行民族高压政策,持续推行海禁、迁海政策,给东南沿海一带带来深重灾难,也给社会经济带来了严重的阻滞,促使明末社会发生的趋向型变化转变为循环型变化。①

广州十三行

清初禁海、迁海政策实施长达40年,经济恶果直接反馈到朝廷。鉴于长期推行禁海、迁海政策带来的财政经济危机,在朝野不断出现开海之议的催发下,清朝终于在平定了沿海抗清势力以后,宣布解除海禁。但海禁虽弛,对商业贸易仍有诸多限制。第一,限制闽粤人民往南洋发展,乾隆十九年(1754),虽取消了上述限制,但对海外贸易的商民和华侨,始终加以歧视。第二,限制货物(产品)出口。第三,限制商船(海船)建造,并规定商船不得租与他人,华商也不得在海外打造船只带回中国。第四,限制他国来华贸易。中国与四周藩属国以册封、朝贡方式维持关系,对于远自欧洲东来的"番人"与华贸易皆视为"朝贡贸易"性质。

清政府还实行口岸限制。广州十三行形成于清初,康熙二十四年(1685),清政府允许发展对外贸易,指定广州、漳州、宁波、云台山四个地方为通商口岸。但到了乾隆二十四年(1759),清政府又限定只开放广州一地通商口岸。清政府在对外贸易中,设置了行商和粤海关,总揽对外贸易、承保缴纳外商船货关税,并负责转达官府与外商的一切交涉。外国商人到广

---

① 万明:《中国融入世界的步履:明与清前期海外政策比较研究》,社会科学文献出版社2000年版,第467页。

州之后，买卖由清政府特许的行商负责，外国商人在广州的起居行动亦要由行商负责，在广州只能在行商修建的"夷馆"中居住。

清廷还在广州实施公行制度，由行商经理对外贸易。组织公行的目的，首先在经济方面，公行可掌控市场机制，独占商务，划一市价；在进出口货物时，一切外洋进口货物，由其承销，内地出口货物，由其代办，不许竞争，平均支配，但亦不许经售劣货，拖欠货款；此外为了官厅的便利，货物进出税饷，由其承保缴纳。其次，在政治方面，一则外人居住行动，由其照料约束；二则中外交涉事件，由其居间经办，为外国商人与本国政府之唯一媒介。鸦片战争后，广州成为约定通商口岸，公行制度被迫取消。

19世纪后，西方资本主义强国更加频繁地在中国沿海进行侵略和骚扰活动。为防范夷人，清廷采取了许多措施，并对居于京师的外人作了种种限制和规定。这种对夷人特别是英国的警惕和防范，在对英使团的接待中表现得尤为充分。嘉庆二十一年（1816），英国再次向中国派遣了以阿美士德为首的使团，企图通过谈判使清廷同意英国提出的建立外交关系、开辟天津、浙江为通商口岸、割让浙江沿海岛屿等要求。嘉庆帝对乾隆五十八年（1793）英使马戛尔尼使团来华提一系列无理要求之事记忆犹新，英国兵船逐年在广东沿海变本加厉的骚扰活动，更使他对这个使团的来意充满疑虑。因此，对该使团实行了严密的防范隔离措施。后来，阿美士德使团因拒绝以跪拜礼节觐见嘉庆帝，被驱逐出京。在阿美士德使团问题上，嘉庆帝的防范意识是无可厚非的，然而，其中对外使觐见礼节的斤斤计较，将来自国外负有交涉使命的使节称为"贡使"，携带礼品作为"贡物"，以及在给英王文书中充满以"天朝"、"上国"自居的傲慢态度，这一切，则不能不是中国统治者故步自封、夜郎自大的表现。

总之，明清政府的对外贸易政策，在封闭—开放—封闭的圈子内游动。在郑和下西洋迈出中国走向海洋的宏伟步履后，官方朝贡贸易趋于消沉，私人海上贸易崛起。政府面对这种社会变化却显得被动、不安，对私人海上贸易或武装镇压，或采取禁海、迁海之策，使海外贸易长期处于困厄之境。由于朝贡贸易的局限性和海禁政策的影响，对经济发展最具活力的海外私人贸易，不得不以走私的形式去实现，而这最终导致其海外贸易基础的脆弱与不稳定性,使其最终无法与西方殖民者匹敌并竞争。①

直到鸦片战争前,清王朝仍以"天朝上国"自居,把对外贸易看做朝贡。从朝贡贸易中所体现的天朝拥有"溥天之下"的夜郎自大的心态,到对私人贸易的扼制和对外交流的封闭,中国一次次地与世界交往的各种机遇失之交臂。直到鸦片战争以后,国门被强行打开,中国被动地纳入了世界政治经济发展的体系之中。

三、西方国家与中国的早期接触

15、16世纪,伴随着"地理大发现"和工业革命的进程,西欧殖民者开始了大规模的航海探险和殖民扩张。它彻底打破了古代农业社会人类文明区域分割、孤立发展的状态,使世界各区域文明之间的交往联系成为可能,也由此揭开了东西方文明冲突与融合的序幕。

1. 西教与西学东渐

随着西方殖民者的东来,传教士的足迹也开始进入东方。16世纪欧洲宗教改革以后,西班牙、葡萄牙等欧洲仅有的几个旧教国家与罗马教会形成旧教同盟,并于1540年成立了耶稣会,致力于复兴罗马教廷势力,于是耶稣会努力向海外发展。

耶稣会士来华始于嘉靖三十一年(1552)。此后,随着葡萄牙人占据澳门岛,耶稣会士随之而来,澳门不仅成为商业贸易的基地,也是欧洲传教士来华的前站。② 万历时期,耶稣会士范礼安、罗明坚、利玛窦等相继来华传教。他们通过调查,认为到中国传教,要适应中国的习惯,掌握中国的语言文字,因而苦学汉文。特别是利玛窦,他在中国传教适应中国的国情及各阶层的爱好,因而受到礼遇,给传教带来方便。利玛窦在中国28年,研习中国儒学,与明朝官员和士大夫交往,先后撰写、翻译天文、数学、地理、语言、美术、音乐等方面的著述多种,为在中国传播西方的科学知识作出了贡献。利玛窦死后,传教士庞迪我、毕方济、艾儒略、邓玉涵、汤若望、南怀仁都坚持利玛窦的传教思想,将传教与传播科学知识结合起来,将天主教义与中国儒学思想融和起来,因而取得很大成功。

---

① 罗荣渠:《现代化新论——世界与中国的现代化进程》,北京大学出版社1997年版,第248页。

② 蔡美彪等:《中国通史》第八册,人民出版社1993年版,第343页。

清初，基督教仍持续其传教工作，传教士也多有在政府任职者，且多受皇帝的宠信。此时的传教士以汤若望为代表，深受顺治帝信赖。但在康熙三年（1664），由于杨光先上疏控告传教士阴谋造反、邪说惑众、历法荒谬等三大罪状，汤若望被捕下狱，是为"历案"。后因北京地震，汤若望被释放平反，翌年病逝。汤若望死后，比利时传教士南怀仁接替其位置，西教进一步在中国传播。

康熙帝喜好西学，因而与传教士十分亲近，但传教活动并非因此不受限制，这与传教士对中国文化的认同各异有关。由于耶稣会士和多明尼会（Dominicians）及方济会（Franciscans）的修士对中国礼仪文化的看法不同，并将矛盾上达教宗，引起一场长达七十多年的"礼仪之争"。争论初期的几个教宗基本上同意耶稣会士的做法，但反对的言论越来越激烈，也就逐渐使后来的教宗改变了立场。1704年，教宗格来孟十一世禁止耶稣会在中国传教活动中的变通办法。康熙四十五年（1706），康熙帝下旨，宣布凡传教士必须持有朝廷准许传教的印票，并且使用中国礼仪才准传教。传教士的活动受到严格限制。

雍正元年（1723），雍正帝下令全面禁教，天主教被严厉禁止。个中原因有三：一是担心民众若信奉天主教，国家命令将无法贯彻执行，中国人将成为欧洲天主教国家的人民；二是天主教国家不断向东方进行侵略，占据中国邻近岛屿为殖民地，而北方的俄国又早已虎视眈眈，若让西方传教士大量进入中国，自然不能阻止其入侵行为，届时国内骚动将无宁日；三是传教士曾介入雍正与其兄弟的帝位继承之争。雍正十三年（1735），教廷禁止耶稣会士在华工作。乾隆年间对于教士、教徒更是严加控制，传教活动几乎消失。传教禁令直至道光二十四年（1844）始告解除。

清廷的禁教令有防止西方殖民者侵略的合理性，但它使中西文化交流从此中断，彼此隔阂日益加深。此后百多年间为欧洲历史进步最快的时代，工业革命、交通革命、美国和法国革命先后发生，哲学、经济、政治思想的发展把西方世界推送到一个新时代。而中国在同一时期内，国人的知识与观念，因缺乏外来因素刺激，趋于保守与顽固，以致昧然不知世界大势。同时由于清廷大兴文字狱，摧残知识分子，加上乾隆以后政局日趋败坏，中国开始变得落伍和衰弱。19世纪以后，西方列强不断入侵，皆无力抵抗。所以，清廷的禁教，对中国国运影响至为深远。

与传教相比，西方科学技术知识传播更快。"西学东渐"是指西方学术思想向中国传播的历史过程,它虽然可以泛指自上古以来一直到当代的各种西方事物传入中国,但通常而言是指明末清初以及晚清民初两个时期欧美等地学术思想的传入。

明末清初,出现了大量的学术著作,介绍西方的科学知识,一些西方科学技术也开始在国内传播并得到初步实践。

天文历法方面,利玛窦、汤若望等人帮助徐光启、李之藻等人修改历法,完成《崇祯历书》,这是当时较准确的历法。传教士在华期间,还更新了中国的天文仪器。与此同时,他们还与中国天文学家一起编撰了一大批天文历法书籍。数学方面,来华传教士多精通西方数学,利玛窦数学造诣较深,是介绍西方数学的第一个传教士。他介绍到中国的第一本数学著作是《几何原本》,此书自万历年间刊行后,至清代多次出版,影响极大。继利玛窦之后,其他传教士也不断介绍西方数学,涉及几何学、三角学、算学等方面的内容。地理学方面,利玛窦的《坤舆万国图》成为第一部让中国人了解世界地理的较为准确的地图,在当时影响极大。不过,其中也有很多谬误。艾儒略的《职方外纪》分叙五洲各国,开阔了国人对边界地理认识的视野。物理、机械方面,西方物理学在明末开始传入中国。汤若望的《远镜图说》,介绍望远镜的制法及原理。瑞士人邓玉涵与儒生王征共译《远西奇器图说》和王征撰《诸器图说》,论述了各种机械的制造方法,也对许多机械原理作了介绍。意大利人熊三拔与徐光启合译《泰西水法》一书,介绍西方的农田水利,讲述了水利知识及水利器械的构造、图示和原理。在兵器制造方面,徐光启曾向利玛窦学习西洋火器的制法。明末,因辽事紧急,明朝令传教士罗明坚、龙华民等制造铳炮。崇祯时还设制炮厂。随着火器的制造,介绍西方火器的书籍也有刊印。

此外,传教士还将医学、建筑、音乐、绘画、语言、哲学等方面的知识传入中国。与此同时他们也将中国的传统思想文化介绍到西方,在西方社会也引起很大影响。①

西学的输入,对于突破中国专制制度下封闭的文化形态,开阔人们的视野,客观上起到了一定的积极作用。当然,西方传教士传播的科技知识有一定的局限性。传教士来华的目的是传播宗教,传播科学只是作为一种辅助

---

① 参考张维华主编:《中国古代对外关系史》中《西学东渐及其影响》一节,高等教育出版社 1993 年版。

手段，因而传播的知识具有很大的保守性，对于当时欧洲先进的科学成果如伽利略、哥白尼等人的伟大成就就不能也不敢毫无保留地介绍过来，因而也影响了西学在中国的深入和传播。

面对西学东渐的局面，明清知识界有不同的反映，其态度甚至截然相反。许多人对西学采取排拒态度，只要是西方传入的，一律拒绝，这部分人以明末的冷守中、清初的杨光先等人为代表。他们大都从维护传统的思想出发，反对传教士在中国的传教活动。另有一部分士大夫对西学采取全盘接受的态度，认为西方传入的科学知识都是好的，应该全盘接受，其中以明末的徐光启、李之藻为代表。他们崇信西学的同时，本人也多信奉天主教，参与传教士的某些政治活动，认为天主教可以"补益王化"。虽然他们的主张过于偏激，但是他们对于传入的科学知识有较透彻的了解，在介绍与翻译西学方面有开创性的贡献。在这两种绝对化的倾向中，一部分士人主张有选择地吸收西学，对传统科学知识也不放弃，其中以明末方以智和清初的王锡阐、梅文鼎为代表。他们大多是杰出的科学家，思想是"法不分中西"，主张对中国古法和西方学说扬长避短。虽然明清士大夫对西学的态度各异，但在总体上，上述第二、三类士人所占的比例只是少数，绝大多数封建士大夫仍以天朝上国自居，视西学为无用之物，"奇技淫巧"，可有可无。加上当时中国高度集权的专制制度和闭塞的小农经济，使西方科学知识在中国的吸收和推广受到局限，因而传教士所传播的科学知识，除了天文历法和武器制造因统治者的需要稍有发展外，其余的或昙花一现，或稍起波澜，但不久就湮没无闻了。因此，明末清初持续一百多年的西学东渐并未引起中国文化的重大变革，西学对于中国社会的冲击仍然有限。直到鸦片战争以后，西学东渐揭开新的一幕，西学对中国的影响才日益扩大。

2. 西方殖民者的早期侵华活动

15世纪末16世纪初，西欧进入资本主义原始积累时期。欧洲各国为了积累资本，迫切要求发展海外贸易，东方世界成了重要目标。地理大发现和新航路开辟后，葡萄牙人便来到南洋群岛一带，继之首先和中国发生接触。西班牙人、荷兰人和英国人紧随其后，亦纷纷来到东方，开始早期殖民侵华活动。与此同时，俄国也对中国虎视眈眈。

葡萄牙人于明正德九年（1514）首先抵达广州沿海的屯门岛。葡人来中国，主要目的是要发展和中国的贸易，而明朝一直推行海禁政策，对朝贡以外的私人贸易一概禁止，中葡之间的这种矛盾决定了冲突势难避免。经过多次冲突,葡萄牙人虽屡受重创并一再被明军驱逐,但在中国沿海占据一个通商据点的念头始终没有放弃,位于珠江口边的澳门成了他们觊觎的目标。嘉靖三十二年(1553),葡商向海道副使汪柏行贿,托言货船遇到大风浪,打湿了货物,请求在澳门晾晒。阴谋得逞后,便意欲长久居留。到万历时,葡人陆续在澳门扩展其势力,而明朝也向澳门的葡萄牙商船抽取舶税,每年得税银2万余两。明朝因有利可得,加上海禁政策松弛,遂听任澳门被葡人独占。但明廷对在澳门的葡人却一直戒备森严,因此终明之世,澳门未出现大的混乱局面。

紧随葡萄牙人之后来到中国的是西班牙人。隆庆五年(1571),西班牙人以武力征服吕宋(菲律宾),并以吕宋为基础,与中国进行交往。西班牙人在吕宋开展贸易活动,主要依靠中国商人提供的中国商品,西班牙人在中国—菲律宾—墨西哥的大三角贸易中获利丰厚。但西班牙人并不满足于此,企图在华"结屋群居",被明廷驱逐。但天启六年(1626),西班牙殖民者还是侵占了台湾北部的基隆和淡水。

17世纪初,荷兰以一个新兴的资本主义国家,继葡萄牙和西班牙之后称霸海上。万历二十九年(1601),荷兰商船首次来到中国活动。之后,侵占澎湖,但被福建军民驱逐。荷兰霸占澎湖的阴谋不能得逞,随即侵占了台湾,并趁明朝内外交困、无暇顾及之机,盘踞台湾,先后建立堡垒和城市。崇祯十五年(1642),荷兰打败西班牙,独占台湾。明廷在风雨飘摇中调整政策,招抚海盗集团首领郑芝龙,使郑氏海商集团的海上力量迅速壮大,成为独步远东海上的强大力量。郑芝龙之子郑成功在南明时期收复台湾,驱逐了荷兰人。

相对于葡萄牙和西班牙,英国是后起的殖民国家,来到东方较荷兰更晚。凭借迅速发展的实力,英国在1588年打败西班牙无敌舰队,接着就向东方发展,与其他西方殖民国家抢夺东方贸易,争霸海上。

英国同中国商业上的往来,开始于17世纪上半期。崇祯十年(1637),英国商船第一次来到广州海面。康熙五十四年(1715),英国在广州设立商馆,对华贸易额不断上升。18世纪中叶,英国对华贸易的总值已超过欧洲其他国家对华贸易的总和。18世纪末和19世纪初,英国商船每年开到广州来的常达数十艘。尤其从嘉庆朝开始,英国兵船在中国东南沿海的活动更加猖獗,在外交谈判的努力失败后,英国企图用武力打开和控制中国市场,达到侵略中国的目的。

当西欧殖民者在我国东南沿海不断骚扰时,俄国也开始觊觎我国东北边疆。关于中国黑龙江流域的情况,直到 17 世纪 30 年代,俄国人还一无所知,甚至连黑龙江的名字也没有听说过。明清之际,由于清军主力进入关内,东北边界一度空虚。这时,欧洲的俄罗斯帝国已侵占了西伯利亚,并进一步垂涎我国东北领土。从崇祯十四年(1641)起,沙俄多次派匪帮侵扰黑龙江流域,虽受到重创,仍贼心不死。康熙二十五年(1686),沙俄侵略者在雅克萨遭到严重打击,不得不接受中国政府提出的通过谈判解决中俄边界问题的建议,双方于康熙二十八年(1689)签订了《尼布楚条约》。该条约签订后,沙俄丝毫没有放弃侵略中国的野心。由于当时外贝加尔地区的中俄边界尚未划定,沙俄便乘虚而入。通过斗争和谈判,中俄双方于雍正五年(1727)、六年(1728)分别签订了《布连斯奇条约》和《恰克图条约》。通过这两个条约,沙俄得到了巨大的利益,使沙俄侵略势力进一步渗入中国。但这两个条约正式规定了中俄中段边界(现为俄蒙边界),而当时中俄两国实力大体相当,沙俄不敢任意违反条约的规定,因而它对沙俄进一步侵占我国蒙古土地的野心起到了某种遏制作用。

本 章 小 结

明清两代作为前近代时期,既是中国古代的最后王朝,又是走向近代社会的开始。考察这一时期的历史,必须置于全球视野之下。15 世纪末 16 世纪初,随着地理大发现,全球各民族、国家之间的孤立隔绝状况被打破,彼此之间的政治、经济、文化的交流、冲突与融和加剧,中国也被卷入全球化的潮流之中,展开了一幕幕由前近代向近代社会转型的历史画卷。

16 至 19 世纪中期前的中国,在全球化的历史舞台上,其地位经历了一个由代表东方伟大文明的一流强国,在西方国家进入近代社会后日新月异的进步与赶超面前逐渐衰落的过程。作为世界文明中唯一长期延续、不曾中绝的中华文明,在其漫长的文明演进过程中,一直处于世界领先地位,直到 19 世纪前的三个世纪内,这种优势地位仍然存在。烂熟的官僚政治制度,众多的人口,发达的农业经济以及巨大的市场潜力,还有虽显沉暮但仍不乏开拓创新的思想文化,几乎使所有在 16~19 世纪与中国打交道的西方人,无法不感觉到中国这一东方大国的强大与魅力。

然而,1840 年以后中华民族百年的屈辱史所昭示的,却是中国的积贫积弱与腐朽衰败。19世纪前中国的强盛仿佛是遥远的过去。沉痛的耻辱使不少人激于义愤而全盘否定19世纪前中国在世界历史上的领先地位，视前近代社会为一抹黑，这种态度显然不可取。但在回顾前近代的历史之后，我们必须理性反思这样的问题：历史的反差何以如此巨大？导致前近代中国逐步衰落的根源何在？

从外部看，中国在19世纪后的衰败，是因为作为其竞争对手的西方国家在16世纪后纷纷步入近代化的门槛，工业革命迅猛发展。借助它的魔力，西方国家"在它的不到一百年的阶级统治中所创造的生产力，比过去一切世代创造的全部生产力还要多，还要大"[①]。据此，西方国家已具备了后来居上的强大实力。相比较之下，曾使中国维持东方大国地位的一整套政治、经济、文化体制，却日趋保守与落后。政治上，前近代君权极端膨胀，达于极致，专制独裁使民主政治难有生存空间。官僚政治越发展到后来，其腐朽性越日益显现。经济上，明清社会经济有了长足发展，但面临着许多制约因素。人口压力不断增大，特别是政府对商品经济的发展采取抑制政策，在对外贸易方面固守传统的朝贡贸易体制，推行闭关锁国政策，实行禁海、迁海，限制颇具活力的私人海外贸易。虽然在15世纪初曾有郑和下西洋的壮举，但其走向海洋和世界的努力只是浅尝辄止，显赫也是昙花一现，此后的三个半世纪里，中国错失了许多保持世界领先地位的契机。思想文化方面，适应君权强化的需要，思想禁锢进一步加强。尽管在明中后期因王学的影响，思想界渐趋活跃，明清鼎革之际的启蒙与经世思潮更是具有向近代化转型的意味，但入主中原的清王朝对君主专制政体的进一步强固，却中断了这种走向近代化的尝试，思想文化难有实质性的突破，19世纪后更是"万马齐喑"，日显沉暮。在这种文化氛围之下，中国人仍然沉浸在"天朝上国"的梦想之中，对急剧变化的世纪格局视而不见，即使是当时最先进的中国人如林则徐等，也昧于世界大势，传统的守旧、封闭思想依然顽强。

因此，一个在工业革命的威力下朝气蓬勃、突飞猛进，一个在专制体制的强化中暮气沉沉、故步自封。这种此消彼长的势头在18世纪末、19世纪初日益增长，双方的差距也越拉越大。垂涎于中国巨大市场的西方殖民者虽然在16、17世纪屡屡受挫，但后来居上的英国等资本主义国家在18世纪末尝试用外交途径打开中国国门的努力失败后，依恃其强大实力，于19世

[①]《马克思恩格斯选集》第1卷，人民出版社1972年版，第256页。

纪前期进一步加强对中国咄咄逼人的侵扰，甚至采用偷运鸦片的方式来扭转贸易逆差。当这些活动均告失败，以英国为首的西方国家，在摸清中国虚实后，终以武力强行敲开已风雨满楼的中国的大门，中国由此进入了苦难的百年史。

历史不是孤立的。前近代中国的由盛转衰，拉开了近代中国落后挨打的序幕。了解前近代中国的社会状况，有助于我们理解中国近代化转型的艰难以及中华民族复兴的任重道远。

学 术 综 述

作为中国传统社会向近代社会的转型时期，前近代明清历史的研究备受学术界关注，取得了丰硕成果。特别是近20多年来，学术界在前近代中国社会发展趋势及社会演变格局方面，打破传统的外力冲击论，探寻中国社会发展的内部驱动力，出现了许多新观点。

受西方中心论的影响，长期以来，国际学术界认为前近代中国处于停滞、静止状态①，中国社会内部不具备走向近代的动力，推动中国走向近代的是外部的动力。20世纪50~60年代，美国以费正清（J. K. Fairbank）为首的哈佛学派提出了西方冲击—中国反应的模式，将近代西方资本主义社会视为一个动态、发展的社会，而将中国社会看做长期处于基本停滞状态的传统社会，在19世纪中叶西方冲击之后，才有可能发生向近代社会的转

---

① 停滞论的本源，可追溯到18世纪英国经济学家亚当·斯密（Adam Smith），他认为："中国一向是世界上最富的国家，土地最肥沃，耕作最精细，人民最繁多而且最勤勉的国家。然而，许久以前，它似乎就停滞于静止状态了。今日旅行家关于中国耕作、勤劳及人口稠密状况的报告，与五百年前视察该国之马哥孛罗的记述比较，几乎没有什么区别。也许在马哥孛罗时代以前好久，中国的财富就已达到了该国法律制度所允许的发展程度。"见亚当·斯密著，郭大力、王亚南译：《国民财富的性质和原因的研究》上卷，商务印书馆1972年版，第165页。这种中国社会停滞的观点，在1840年鸦片战争以后，形成西方对中国社会发展看法的主流观点，一直持续。20世纪初，马克斯·韦伯（Max Weber）提出了中华帝国是"静止的社会"，除非受到外力冲击，自身难以转变为一个理性现代社会。参见马克斯·韦伯：《新教伦理与资本主义精神》，生活·读书·新知三联书店1987年版；《儒教与道教》，江苏人民出版社1995年版。

变。① 在世界经济发展水平方面,美国社会学家沃勒斯坦(Immanuel Wallerstein)提出了世界体系论,认为在 16 世纪以前,诸如中华帝国等"世界性帝国"只有单一的政治中心,而没有"世界性经济",即使有点也不稳定。到 16 世纪,随着资本主义生产方式的发展,才形成了"世界性经济体系"②。

为批判西方中心论的观点,20 世纪 70 年代,以美国学者柯文(Paul A. Cohen)为代表的美国第二代汉学家提出"中国中心观"③,以中国社会内部为出发点,探讨中国社会内部的变化动力和形态结构。这一观点和思路,对于海外汉学和国内学术界产生了巨大影响,由此引发中西方学者从不同层面展开相关研究,兹摘要介绍如下:

第一,资本主义萌芽问题。资本主义萌芽问题始于 1930 年前后的中国社会史大论战,是在对中国社会长期停滞论的质疑中出现的。20 世纪 50~60 年代,出现研究明清资本主义萌芽的热潮。至 80 年代,该问题研究再次出现兴旺之势,发表和出版了大量论著④。特别是许涤新、吴承明主编《中国资本主义萌芽》一书,代表了中国史学界对这一问题研究的最高水平。90 年代后,随着我国提出建立社会主义市场经济体制及西方关于中国近代化研究的开展,中国史学界对资本主义萌芽问题进行了反思。李伯重指出,资本主义萌芽研究是一种预设结论的研究,盲从于欧洲经验为基础的历史发展模式,是一种"资本主义萌芽情结",始终存在对"萌芽"乃至"资本主义"的概念不清和研究思想方法上的教条主义⑤等诸多问题,并以"早期工业化"的深入研究取而代之⑥。罗荣渠以生产力变革为标准为"现代"下定义,提

---

① J. K. Fairbank, Reischauer, Craige. *East Asia*: *the modern transformation*. Boston, Houghton Mifflin, 1965.
② [美]伊曼纽尔·沃勒斯坦著,尤来寅等译:《现代世界体系》第一卷,高等教育出版社 1997 年版,第 99 页。
③ [美]柯文著,林同奇译:《在中国发现历史——中国中心观在美国的兴起》,中华书局 1989 年版。
④ 如李文治、经君健、魏金玉著《明清时代的农业资本主义萌芽问题》(中国社会科学出版社 1983 年版),许涤新、吴承明主编《中国资本主义萌芽》(人民出版社 1985 年版),傅衣凌著《明清社会经济变迁论》(人民出版社 1989 年版),成为学术界这个时期资本主义萌芽问题研究的代表性著作。
⑤ 李伯重:《"资本主义萌芽情结"》,《读书》1996 年第 8 期。
⑥ 李伯重:《江南早期工业化:1550~1850》,社会科学文献出版社 2000 年版。

出了一元多线历史发展观,摆脱了与资本主义的必然联系。① 特别是作为资本主义萌芽研究集大成者的吴承明,最终放弃了中国资本主义萌芽论,主张以"近代化萌芽,即市场经济的萌芽"代之②,并进一步提出了"现代化因素"的看法③。学术界对资本主义萌芽讨论的转变在于:以前是力图发现哪些部门哪些地区存在萌芽,近年来则主要是对有无资本主义萌芽进行反思;以前是学术界研究的主要问题,而现在几乎成为学术史问题;以前以此为契机对社会经济的讨论主要是在生产关系,而现在则日益重视生产力与流通等领域。④

第二,前近代中国社会经济发展水平问题。在众多反对中国经济停滞不前学者中,贡德·弗兰克(Andre Gunder Frank)是最为突出的一位,在他的极具挑战性的著作⑤中,对1500年以来世界各地之间的经济联系作了宏观的论述,认为在现代早期历史的大部分时间里,处于中心地位的不是欧洲,而是亚洲。他阐述中国是亚洲的中心,并进一步说明中国在1500~1800年是整个世界经济秩序的中心,认为白银导致了全世界的商业扩张。另外,美国学者彭慕兰(Kenneth Pomeranz)在《大分流:欧洲、中国及现代世界经济的发展》⑥中,提出18世纪以前,东西方处在同样的发展水平上,直到18世纪末19世纪初,东西方开始逐渐背离,分道扬镳。黄宗智(Philip Huang)则以"内卷化"理论来解释明清江南经济发展⑦。李伯重则对黄宗智的"人口压力"等基本概念提出质疑,范金民亦提出反驳,他们均从总体上

---

① 参见罗荣渠:《现代化新论》,北京大学出版社1993年版。
② 吴承明:《要重视商品流通在传统经济向市场经济转换中的作用》,《中国经济史研究》1995年第2期。
③ 吴承明:《现代化与中国十六、十七世纪的现代化因素》,《中国经济史研究》1998年第4期。
④ 钞晓鸿、郑振满:《二十世纪的清史研究》,《历史研究》2003年第3期。
⑤ [德]贡德·弗兰克著,刘北成译:《白银资本——重视经济全球化中的东方》,中央编译出版社2001年版。按英文原书名 Andre Gunder Frank. *Reorient*: *Global Economy in the Asian Age* 直译为《重新东向定位:亚洲时代的全球经济》。
⑥ 中译本由江苏人民出版社2003年出版。
⑦ 黄宗智:《长江三角洲小农家庭与乡村发展》,中华书局1992年版。

肯定江南经济的发展①。

第三,区域经济与社会问题。美国学者施坚雅(G. William Skinner)提出的宏观区域理论,对研究中国近代社会经济史产生了深远的影响。学术界从区域史入手,探讨中国社会内部的发展变迁,从综合或专题的角度,对几乎所有的省区分别进行了考察,其中关于江南、徽州、东北、广东等地区的考察成果尤多。②

第四,士绅问题。对前近代士绅的研究,日本起步较早,考察范围逐渐从宏观走向微观,力图说明绅士的本质,并进而揭示中国传统社会的特点。欧美汉学界也陆续推出一系列引人注目的成果,其中尤以张仲礼、萧公权、何炳棣、费正清等人的研究成果影响力大。国内绅士研究虽然相对薄弱,但起步并不晚,早在20世纪40年代,吴晗、费孝通、潘光旦等人已着重围绕绅士的流动、绅权与皇权的关系探讨了这一问题。近年来,马敏、王先明、贺跃夫、郑振满等人的研究,具有一定的分量。这些研究表明,以绅士为主体的地方精英的兴起,对基层组织建设和公共事务管理起了重要作用,中央与地方权力发生转移,乡村权力结构发生变化,政府职能部分转移至民间社会。

第五,明清之际的启蒙思想。学术界普遍肯定明末清初三大思想家在反对君主专制、发展唯物主义思想等方面的成就,争议主要集中在这一思想所达到的高度、如何恰如其分评价方面。侯外庐曾认为,黄宗羲是中国早期启蒙思想的代表。李泽厚对黄宗羲"有治法而后有治人"的思想,冯天瑜、谢贵安对明末清初"新民本"思想等,也评价甚高。而嵇文甫则认为,黄宗羲主张的绅权政治与民权政治差距甚大。冯尔康认为黄宗羲的工商皆本思想具有明显的局限性。③

---

① 李伯重:《"最低生存水准"与"人口压力"质疑——对明清社会经济史研究中两个基本概念的再思考》,《中国社会经济史研究》1996年第1期;《清代前中期江南人口的低速增长及其原因》,《清史研究》1996年第2期;范金民:《明清江南商业的发展》,南京大学出版社1998年版,第327～340页。

② 详见南炳文:《二十世纪的中国明史研究》,《历史研究》1999年第2期。

③ 参见侯外庐:《中国早期启蒙思想史》,人民出版社1956年版,第155页;李泽厚:《中国古代思想史论》,人民出版社1985年版,第280～283页;冯天瑜、谢贵安:《解构专制——明末清初"新民本"思想研究》,湖北人民出版社2003年版;嵇文甫:《黄梨洲思想分析》,《新建设》1959年第12期;冯尔康:《关于黄宗羲工商"皆本"思想》,《清史研究通讯》1986年第3期。

此外,在家族宗法、社党运动、社会习俗、对外关系等方面的诸多研究,也都揭示出前近代中国社会内在发展变迁的迹象。

参 考 书 目

1. 白纲主编:《中国政治制度史(下卷)》,天津人民出版社 2002 年版。
2. [法]魏丕信著,徐建青译:《18 世纪中国的官僚制度与荒政》,江苏人民出版社 2003 年版。
3. [美]罗兹曼著:《中国的现代化》,江苏人民出版社 1988 年版。
4. 周积明:《最初的纪元:中国早期现代化研究》,高等教育出版社 1996 年版。
5. [美]何炳棣著,葛剑雄译:《明初以降人口及相关问题:1368～1953》,生活·读书·新知三联书店 2000 年版
6. 葛剑雄主编,曹树基著:《中国人口史》第四卷《明时期》、第五卷《清时期》,复旦大学出版社 2000、2001 年版。
7. [美]李中清、王丰著:《人类的四分之一:马尔萨斯的神话与中国的现实(1700～2000)》,生活·读书·新知三联书店 2000 年版。
8. [德]贡德·弗兰克著,刘北成译:《白银资本——重视经济全球化中的东方》,中央编译出版社 2001 年版。
9. [美]彭慕兰著:《大分流:欧洲、中国及现代世界经济的发展》,江苏人民出版社 2003 年版。
10. [美]黄宗智著:《长江三角洲小农家庭与乡村发展,1368～1988》,中华书局 1990 年版。
11. 李伯重著:《理论、方法、发展趋势:中国经济史研究新探》,清华大学出版社 2002 年版。
12. 李治安、杜家骥著:《中国古代官僚政治——古代行政管理及官僚病剖析》,书目文献出版社 1993 年版。
13. 梁其姿著:《施善与教化——明清的慈善组织》,台湾联经出版事业公司 1997 年版。
14. 张仲礼著,李荣昌译:《中国绅士:关于其在十九世纪中国社会中作用的研究》,上海社会科学院出版社 1991 年版。
15. 万明著:《中国融入世界的步履:明与清前期海外政策比较研究》,

社会科学文献出版社 2000 年版。

16. [日]滨下武志著,朱荫贵、欧阳菲译,虞和平审校:《近代中国的国际契机:朝贡贸易体系与近代亚洲经济圈》,中国社会科学出版社 1999 年版。

17. 樊树志著:《晚明史(上卷)》,复旦大学出版社 2002 年版。

18. 樊洪业著:《耶稣会士与中国科学》,中国人民大学出版社 1992 年版。

19. 张维华主编:《中国古代对外关系史》,高等教育出版社 1993 年版。

20. 罗荣渠著:《现代化新论——世界与中国的现代化进程》,北京大学出版社 1997 年版。

21. [美]何伟亚著,邓常春译:《怀柔远人:马戛尔尼使华的中英礼仪冲突》,社会科学文献出版社 2002 年版。

22. 李伯重著:《江南的早期工业化(1550～1850)》,社会科学文献出版社 2000 年版。

23. 李伯重著:《多视角看江南经济史》,生活·读书·新知三联书店 2003 年版。

24. [美]施坚雅主编,陈桥驿译:《中华帝国晚期的城市》,中华书局 2001 年版。

思 考 题

1. 简析前近代中国的政治格局。
2. 简析明清君主集权及官僚政治的利弊。
3. 评析前近代中国经济状况。
4. 评析明清政府对外贸易政策之弊。
5. 评析西学东渐及其影响。
6. 评析明清历史与中国近代化的关系。

第二章 近代中国社会的开始

第一节 第一次鸦片战争

一、中外贸易格局的变化与鸦片输入

1. 中英贸易的发展与变化

自从 16 世纪初葡萄牙人首次来华到 1840 年鸦片战争爆发,先后从海道来华的已有十多个欧美国家的商人或商团。俄国主要在北方从事陆路贸易,也曾一度从海道来华。从海道来华的国家中,英国是最主要的国家,美国次之。各国对华贸易额按银两计算,1830～1833 年间,除俄国外的欧美国家每年平均输华值为 9 192 608 两(鸦片除外),其中英国占 79.8%;每年平均从中国输出值为 13 443 641 两,其中英国占 74%。无论输出输入,英国均占三分之二以上。

当时英国是世界上唯一完成工业革命的国家。工业品迅速增长,旧的市场越来越无法容纳,扩展海外市场的要求日益迫切。拥有 4 亿人口的中国,自然成了它寻求的最主要目标。早期的中英贸易,主要是由伦敦商界组成的东印度公司垄断。公司职员及公司以外的散商须经公司同意,才允许经营茶、丝以外的小额商品。随着英国工业发展,工商资产阶级强烈要求废止公司垄断权。1820 年夏,兰开夏纺织中心曼彻斯特商会向英国国会提出,好望角以东各国,尤其是中国,如果能取消东印度公司的限制,"对于我们曼彻斯特地区的棉纺织业来说,将会成为重要的市场"①。1833 年 8 月,

---

① 《曼彻斯特信使报》,1820 年 6 月 27 日。

英王根据国会下院通过的提案发布敕令,从 1834 年 4 月 22 日起,停止东印度公司对华贸易垄断权。从此,任何英商都可以到中国自由贸易。

英国散商对华贸易始于 18 世纪中期,主要经营棉花、象牙和鸦片走私。初期数额不大,后来发展很快。1760~1764 年间,港脚商人(即自由贸易商)年平均输华额只有 37 920 两,1830~1833 年,年平均达 4 347 257 两。70 年间增长了 113 倍。同样,他们自华输出值也有很大发展。1760~1764 年间,港脚商自华输出值年平均只有 32 580 两,1830~1833 年间,增长到 3 965 559 两。70 年间增长了 120 倍。在中英贸易总额中,港脚贸易所占比重不断扩大。1760~1764 年,港脚商输华值仅占总额的 8%,1830~1834 年猛增到占总额的 59.3%。同期,自华输出值也由占 3.3%增到 39.9%。

伴随中英贸易发展,其商品结构也发生了变化。出口方面,茶叶出口进一步扩大,土布出口日益萎缩。茶叶一直是占出口总值 80%以上的主要商品。1760~1764 年,年平均输出为 5 607 264.5 磅,1834~1837 年,年平均增加到 37 827 774.25 磅。70 年间差不多增长 6 倍。土布出口则是另一种趋向。本来,直到 19 世纪初,土布依然是仅次于茶、丝的第三大出口产品,由于英国机器纺织业的发展,土布日渐失去外国市场。1820~1824 年,年平均出口尚有 1 328 227 匹,1830~1833 年,降到 420 522 匹,不及十年前的三分之一。进口方面,棉花和棉纺织物却增长很快。1800~1804 年,年平均进口棉花 194 485 担,1830~1833 年,增长到 453 814 担。30 年间增加一倍以上。棉纺织品增长更快。大约 1821 年前后,英国棉织品开始成批出现在中国市场。1829 年,英国输华棉布为 91 万匹,棉纱为 50 万磅。到了 1840 年,棉布增到 4 135 万匹,棉纱 342 万磅。如果和中国土布出口做一对比,则 1831 年前,中国土布一直出超。1832 年,英国棉纺织品输华值首次超过中国土布出口值 24 万多两。此后,中国土布出口日少,英国棉纺织品入口日增,中国手工纺织业日渐受到打击。

走私贸易的恶性发展,是鸦片战争前夕中外贸易的一个显著特色。除了鸦片全是走私交易外,其他商品也大量走私进口。珠江口的伶仃岛和金星门一带,不但是鸦片走私中心,同时也是其他商品走私的天堂。凡是中国政府限制出口的商品,在那里都可以买到。1833 年后,他们又把走私交易扩大到东南沿海的广大地区。1836 年,怡和洋行"已经有 12 艘各种类型的船所组成的一支船队"①,从事印度到中国沿海各地的走私贸易。其他外商也在东南沿海从事走私活动,和怡和洋行开展竞争。沿海走私贸易的大发展,不仅扩大了市场,而且逃避了关税,给以英国为首的外商带来了极为丰厚的利润。

2. 中英矛盾与冲突

由于中英实行完全不同的经济政治制度,文化理念也大不一样,在交往过程中自然要产生种种矛盾。特别是来华的英商,既继承了祖辈的海盗传统,又有新兴资产阶级强烈的发财欲望。他们无视中国的主权和法制,恣意妄为,蓄谋打破中国一切规章。由此造成冲突不断,矛盾日趋激化。

中英矛盾首先在法制上表露出来。杀人抵命,乃中国行之已久的刑法。英人初来尚能遵守,从18世纪末年起开始抵制。1810年,英国水手在广州十三行附近杀害黄亚胜。广东当局要求交出凶犯,英方矢口抵赖,拒不交凶。经过两年反复交涉,结果不了了之。1820～1821年,英人又连续在番禺官洲、珠江口伶仃岛逞凶杀死华人黄奕明等4名,打伤7人。广东当局一再要求交出凶犯,依法惩办。英方却以种种借口,拒不交凶。事情迁延七八年,最后仍是不了了之。

破除旧的交往体制,是中英矛盾又一重要方面。首先是1830年的盼师夫人事件。清朝为防止外人久留不去,一贯禁止外国女人进入广州。这年,英国东印度公司驻广州特派委员会主席盼师蓄意要破坏此项规定,于10月4日公开带着妻子在十三行外登岸,并且坐着轿子进入英国商馆。两广总督李鸿宾勒令其退回澳门,一再交涉没有结果,拟派兵驱逐。盼师居然调兵百余人进驻商馆,准备武力对抗。最后是行商出面,借口盼师有痰疾,需要照顾,待痰疾稍好,即令回澳。李鸿宾惧怕事态扩大,容忍居留50天。其次是1834年律劳卑的一系列违法行为。东印度公司贸易垄断权停止后,英国任命上议院议员、海军将官律劳卑为驻华商务总监督。英王和外交大臣在训令中,要求他抵达中国后要尽力用调停或劝说的方式处理各种纠纷,非到万不得已,不得用兵;遵守中国法律和习惯,不得将兵舰驶入虎门。② 可是,他于7月14日抵达澳门后,竟然于25日不先申报即闯入广州,住进英国商

---

① 格林堡:《鸦片战争前中英通商史》,商务印书馆1961年版,第128页。
② 胡滨译:《英国档案有关鸦片战争资料选译》上,中华书局1993年版,第1～4页。

馆。第二天,他又不遵守公文要由行商转递的旧制,直接派秘书阿斯迭赴城门口投递,过往官员拒绝接收。两广总督卢坤得知律劳卑已到广州,即于27日指责他违背定例,表示念其初来不加深究,希望处理贸易事毕即行回澳。8月26日,律劳卑在商馆附近贴出文告,攻击卢坤"固执不明",声称自己是"大英国王特命",因此文书不能由行商代递。卢坤不希望事态扩大,于28日再次派广州知府等前往劝告,希望他遵守中国定制。律劳卑故意刁难,不许通事(翻译)传话。卢坤忍无可忍,于9月2日颁发布告,历数律劳卑的违法行为,宣布"照例封舱,停其贸易",停止商馆一切供应。① 律劳卑命两艘军舰驶入珠江内河,开炮轰击虎门炮台,并驶入黄埔港,妄图凭借武力迫使广东当局屈服。卢坤不得不调兵增防,准备应战。同时再令行商和平调解。9月中旬,律劳卑疟疾发作,心力交瘁。他估量仅靠两艘军舰无法迫使对方屈服,更怕耽误贸易,引起英商反对,不得不接受和平解决的建议。21日,律劳卑及两艘军舰驶离黄埔,中英贸易随即恢复。10月11日,律劳卑在忧愤中死于澳门。

最后是为公文的平行往来而进行的反复交涉。两国之间公文平行往来,在今天是很平常的事,在那时却成了双方争执不下的焦点。律劳卑失败之后,继任者德庇时、罗宾逊,因为在东印度公司任职多年,熟悉中国情势,改行"沉默政策",尽量避免和广东官方交往。这种政策使双方两年内相安无事,却招致积极谋求扩张的英商不满。随同律劳卑来华的义律,向英国政府反映了这些意见。积极推行扩张政策的外交大臣巴麦尊于是将罗宾逊免职,任命义律为驻华商务监督。1836年12月14日,义律接到任命书,立刻向两广总督作了禀报,并请求赴广州供职。经总督邓廷桢奏准,义律于1837年4月12日带领随行人员进住广州英国商馆,并把它视为重大进步。不久,义律利用中国17名水手在海上遇难被英人救起的机会,直接致函两广总督,借以取得当局好感。邓廷桢责备他没有遵守旧章。义律作了申辩,并说为了便于行使职权,请允许用封口信件禀报。邓廷桢认为尚属恭顺,同意了他的请求,但此后遇到谕告之事,仍应通过行商转告。接着,停泊黄埔的英船上发生一次小骚乱。义律闻讯,即刻登船从主航道过虎门直达广州处理。同时向广东当局提出为了便于处理紧急事件,请求允诺随时驾驶舢板往来。邓廷桢觉得尚属实在情形,批示同意,但要通告澳门同知。义律在

---

① 佐佐木正哉:《鸦片战争前中英交涉文书》,文海出版社1977年版,第8页。

短期内取得进住广州、公文密封禀报、遇紧急事件随时可进广州等三项进展,认为是前所未有的成就。巴麦尊训令他利用一切机会,"继续迫切要求中国当局方面承认你有权直接从总督那里接受写给你本人的密封信件,而没有行商的介入"①。此后,巴麦尊要求义律争取文书平行往来,不用"禀"字。义律曾经多次尝试,要求不用"禀"字,但都没有成功。

  由律劳卑来华到义律任商务监督,为争取平等往来而发生了一系列事件。过去有一种很有影响的观点认为,这是"天朝定制"与"平等交涉权"之间的冲突。这样评论不无道理。因为从清朝官员来说,始终认为此乃"国体攸关,不容迁就"。而从英人来说,则强调商务监督乃英王任命,是官非商。公文用"禀"帖形式,还必须通过行商转呈,有违平等往来原则,乃是不愿与英国建立平等外交关系。这也可以上升到东方封建体制与西方资产阶级体制之间的冲突。按今天的眼光,清政府的坚持没有道理。不过问题的实质是,英国当年所争的,绝非只是形式上的平等外交,而是要迫使中国屈服。后来中国的领土主权受到严重破坏,无不导源于此。

  3. 鸦片输入与危害

  鸦片是英语 OPIUM 的音译,系由被子植物罂粟的汁液提炼而成,是一种使人慢性上瘾的毒品。大约在公元前 1600 年左右,罂粟由欧洲传播到地中海东部沿岸,人们用来止痛安眠、治腹泻、治咳嗽等病。约在唐朝时候传入中国。有米囊子、阿芙蓉、合浦融、阿扁、波毕、阿片等多种别名。宋朝编入《开宝本草》等医药著作,并将它当成补品食用。明代东南亚国家把它作为贡品进献,其价格"与黄金等"。鸦片虽可治病,却毒性很大,长期食用,常常使人上瘾中毒。

  欧美各国中,最早把鸦片运入中国的是葡萄牙人,后来荷兰人、法国人也做过这项生意。由于那时把鸦片当成药物,从明代起均可纳税进口。英人贩卖鸦片来华始于 1708 年。那时数量不多,每年约 200 箱。1757 年,英军战胜法军,占领了鸦片产地孟加拉。1767 年,鸦片进口达 1 000 箱。1773 年,英属东印度公司获得鸦片专卖权,不久又获得加工制造权。它一方面迫使印度农民种植罂粟,另一方面又把经过精心加工的鸦片批售给鸦片贩子。鸦片贸易在公司和鸦片贩子的积极推销下,很快发展起来。除英人外,美国来华商人的绝大多数也贩卖鸦片。到 18 世纪末,每年输华鸦片约 2 000 箱。

---

① 胡滨译:《英国档案有关鸦片战争资料选译》上,中华书局 1993 年版,第 189 页。

1801~1820年,平均每年输入约 4 000 箱。1821~1830 年,平均每年输华达 10 000 箱。1831~1839 年,平均每年输华达两万多箱。①

鸦片大量输入,给中国带来了无穷的祸害。

首先是严重摧残了吸烟者的身体健康。鸦片是含有吗啡等 20 多种生物碱的毒品。一般人如一次服用 2 克至 5 克,就会中毒致命。吸食久了,人体消瘦,精枯骨立,无复人形。因此,人们呼为"鸦片烟鬼"。鸦片输入中国后,初期吸食者一般是富贵人家。到了鸦片战争前夕,除了农民,社会各阶层人均有吸食。据估计,全国吸食者达 280 万人,占全国人口的千分之七。

其次为影响社会安定。吸食者多变成社会的寄生虫。他们既不从事生产事业,又要耗费大量财力物力。凡吸食成瘾的人,为了弄到吸食鸦片的钱,不惜倾家荡产,卖儿鬻女。破产之后,为了弄到吸食的钱,盗窃抢劫,无恶不作,对社会安定造成极大的危害。

第三是破坏了社会生产力。吸食鸦片摧残人体健康,使年富力强的劳动者成为废物。不少良田改种罂粟,排挤了正当生产。吸食鸦片耗费了大量银钱,使正当商业受到挤压,"各种货物销路皆疲,凡二三十年以前某货约有万金交易者,今只剩得半之数。问其一半售于何货?则一言以蔽之曰,鸦片烟而已矣"②。

第四是鸦片贸易掠走了无数白银,银贵钱贱日益严重,给民生国计造成无穷祸害。18 世纪,外国商船来华,常常载有 90% 以上金银来购买中国茶、丝等货物。自从鸦片盛行后,白银由大量输入转为大量流出。到了鸦片战争前,估计每年外流白银上千万两。由于白银大量外流,造成严重银荒。18 世纪末年,铜钱七八百文,可换纹银一两。到了鸦片战争之前,铜钱 1600 文才能换纹银一两。平民平常用铜钱,缴粮纳税却要纹银。老百姓的负担,无形中增加一倍。

最后是加深了清朝统治危机。吸食者主要是官僚地主阶级及其依附

---

① 由于鸦片系走私货,历年输华鸦片很难精确统计。过去多是依据马士的著作提供的数字。近年谭中、李伯祥、龚缨晏、吴义雄都作了认真考核,认为马士的记述不实,而且是印度出口的数字,有点偏高。19 世纪前 30 年输华的鸦片,谭中估计每年平均为 24 335 箱,龚缨晏估计不会超过 25 000 箱,吴义雄估算为 21 397 箱。所以,这里只笼统说,平均每年达两万多箱。

② 《林则徐全集》编委会:《林则徐全集》第 3 册,海峡文艺出版社 2002 年版,第 78 页。

者。衙门中的幕僚、官亲、长随、书办、差役,"嗜鸦片者十之八九"。军队里吸食鸦片也习以为常。负责缉私的水师官兵,不但吸食鸦片,而且从庇护走私中分肥。白银大量外流,又加深了清政府的财政危机。致使清政府既无可用之兵,又缺充饷之银。因此,鸦片输入不但加深了中华民族和西方侵略者的矛盾,而且加剧了劳动群众和统治者的矛盾。严禁鸦片一时成为全国上下的共同呼声。

二、禁烟运动

1. 清朝统治集团关于禁烟的争论

清代禁毒始于雍正帝。1729年,他颁发命令,禁止兴贩鸦片烟和开设烟馆。乾隆时期继续执行禁毒政策,但鸦片仍允许作为药品纳税入口。1796年,嘉庆帝继位,明令停征鸦片税,禁止鸦片进口。此后又多次发布禁种、禁贩、禁吸的命令,只是有令难行,收效甚微。1820年道光帝继任后,眼见鸦片走私猖獗,流毒日甚,从即位起,即三令五申,推行严禁政策。可是,整个统治阶级已经腐朽,鸦片非但没有得到遏制,反而日甚一日。全国各地,几乎都有吸食。

鸦片泛滥全国,一部分官绅提出弛禁主张。最早提议弛禁的是广东退职官员何太青,1834年,他向同年生、署广东按察使许乃济提出,现在纹银出洋难以数计,欲制止白银外流,"必先罢例禁,听民间得自种罂粟。内产既盛,食者转利值廉,销流自广。夷至者无所得利,招亦不来。来则竟弛官禁,而厚征其税。责商必与易货,严银买罪名。不出二十年,将不禁自绝"①。许乃济听了很赞赏。监课书院的教官吴兰修据此撰写《弭害》论,全面论述了弛禁主张。时任两广总督的卢坤等人赞同弛禁,但不敢公开上奏,于是将论述汇编成《粤士私议》附片奏报。道光帝未置可否。1836年6月10日,已升任太常寺少卿的许乃济,以吴兰修等人的论述为基础加以完善,正式奏请弛禁。他说:"今闭关不可,徒法不行,计唯仍用旧例,准令夷商照药材纳税,入关交行后,只准以货易货,不得用银购买。"②同日,他还附片建议弛内地人民栽种罂粟之禁。他说:"若弛内地民人栽种罂粟之禁,则烟性平淡,既无

---

① 梁廷楠:《夷氛闻记》,中华书局1959年版,第8页。
② 中国第一历史档案馆:《鸦片战争档案史料》第1册,天津古籍出版社1992年版,第202页。

大害,且内地之种日多,夷人之利日减,迨至无利可牟,外洋来者自不禁而绝。"①

道光帝收到许乃济的奏片后,没有立刻表态,只把奏片抄送新任两广总督邓廷桢等阅览,令他们会同妥议具奏。9月7日,邓廷桢等正式联衔复奏,同意弛禁。他们认为这是因时制宜之策。"由此实力遵行,递年可免中国千万余金之漏卮,洵属清源节流之急务"②,对国计民生均有裨益。广东与鸦片贸易有关的官绅,国内外鸦片贩子,无不为弛禁主张拍手叫好。大鸦片贩子查顿特准备了一条小轮船,一旦正式宣布弛禁,即驰赴印度报告消息。

可是,邓廷桢等的复奏尚未递到北京,道光帝已收到两篇反对弛禁的奏章。一篇是内阁学士朱樽的《申明例禁以彰国法而除民害折》,另一篇是兵科给事中许球的《洋夷牟利愈奸内地财源日耗敬陈管见折》。到了11月,江南道监察御使袁玉麟又上了《奏陈鸦片弛禁将有妨国计民生折》。三折从祖制、道德、民本、国防、财政等方面,有力地驳斥了弛禁论,深深地打动了道光帝。9月19日,他不等邓廷桢等的复奏,便发布决不开禁的谕旨,严令查拿"贩卖之奸民,说合之行商,包买之窑口,护送之蟹艇,贿纵之兵丁"③。道光帝坚持严禁,使一股刚刚兴起的弛禁逆潮,顿时销声匿迹。

2. 林则徐与禁烟运动

弛禁主张被否定后,朝廷内外再没有人公开鼓吹弛禁。可是,如何才能消除鸦片祸害,尚无切实可行办法。1838年6月2日,(道光十八年闰四月初十日),鸿胪寺卿黄爵滋上了《请严塞漏卮以培国本折》。他总结了过去禁烟失败的教训,建议由皇帝严颁谕旨,通告全国,在一年之内戒绝鸦片吸食;假若一年之后仍吸鸦片,就判处死刑;在职文武官员吸食,加等治罪,其子孙不许参加科举考试;衙门内的官亲幕友家丁吸食,除本犯外,本管官员也要严加议处。道光帝即位以来,一再呼吁严禁鸦片,结果却越禁越多,正感束手无策,乃将黄爵滋的奏折发给全国将军督抚,要求他们"各抒所见,妥议章

---

① 中国第一历史档案馆:《鸦片战争档案史料》第1册,天津古籍出版社1992年版,第203页。

② 中国第一历史档案馆:《鸦片战争档案史料》第1册,天津古籍出版社1992年版,第206页。

③ 中国第一历史档案馆:《鸦片战争档案史料》第1册,天津古籍出版社1992年版,第210页。

程,迅速具奏"①。

各地将军督抚纷纷复奏,就如何禁烟提出自己的意见。有的还草拟了禁烟规章,供皇帝采择。对于这次围绕如何禁烟的讨论,以往史学界以是否同意处死划线,把他们划为严禁派和弛禁派。并将这场讨论定性为严禁与弛禁之争。其实,人们只要仔细阅读这些奏折就不难发现,这不是严禁与弛禁之争,而是围绕如何禁绝鸦片而展开的一场大讨论。实际上,自许乃济的弛禁主张被驳斥后,各种禁烟措施从1836年秋冬起就在重新执行,并且收到一定成效。到黄爵滋上奏时,主要问题已不是严禁或弛禁,乃是以往禁烟办法失效,采取何种新措施以禁绝鸦片的问题。道光帝的批示,是要大家就禁烟章程各抒所见,尽快复奏。大家发表的意见,中心是如何才能严禁鸦片,不是弛禁或严禁。在29份复奏中,提出的各项禁烟措施,最多的是主张严禁海口。不久,道光帝钦派林则徐去广东查办海口事件,实是接受了大多数人的意见。至于吸食处死的主张,赞同的只有8人。那些不赞同吸食处死的人,主要理由是认为立法贵在持平。显然,把不赞成处死的人都说成为弛禁派,是不合适的。

通过这次大讨论,促使各地官员更加正视鸦片问题的严重性,为即将展开的严禁运动作了舆论准备。同年10月23日,道光帝正式下令,要大学士、军机大臣会同刑部草拟《严禁鸦片烟条例》。与此同时,道光帝还接连发布谕令,驱逐趸船,缉拿鸦片私贩,奖励缉拿有功人员,惩罚吸食鸦片烟的王公贵族。其中最重大的措施,就是任命林则徐为钦差大臣,赴广东查禁鸦片。

林则徐(1785～1850),字少穆,福建侯官(今福州)人,出生于一个清贫的知识分子家庭。1811年考中进士,选翰林院庶吉士。此后担任过江西、云南的副、正主考官,在浙江、江苏、陕西、湖北、河南等省做过道员、按察使、布政使、河东河道总督、江苏巡抚、湖广总督等职。他办事精明能干,廉洁公道,体恤人民疾苦,政绩卓著,被人们誉为"林青天"。1839年3月10日(道光十九年正月二十五日),林则徐到达广州。经过短期调查研究,于3月18日谕告各国商人,要求3天之内,将趸船上的鸦片全数缴官,不许丝毫藏匿。缴完烟后,要出具甘结(保证书),声明"嗣后来船,永不敢夹带鸦片。如有带

---

① 中国第一历史档案馆:《鸦片战争档案史料》第1册,天津古籍出版社1992年版,第258页。

第二章　近代中国社会的开始　　55

林则徐虎门销烟

来,一经查出,货尽没官,人即正法"。并郑重表示:"若鸦片一日未绝,本大臣一日不回,誓与此事相始终,断无中止之理。"①三天后,英美烟贩只答应缴出鸦片1 037箱应付。林则徐见与实际相差太远,决定采取断然措施,下令停止贸易,派兵监护商馆,撤出在馆内服役的工人,停止一切供应。义律原打算顽抗,后来迫不得已,于3月27日答应缴出全部鸦片。林则徐当即赏以牛羊等食物,以示鼓励。5月18日,鸦片收缴完毕,共计19 187箱,另2119袋。6月3日至23日,在林则徐亲自督察下,除了留存8箱作为样品,全部在虎门销毁,共计2 376 254斤。虎门销烟沉重打击了鸦片贩子的气焰,鼓舞了中国人民的禁烟决心,在世界禁毒史上树立起一块伟大的丰碑。

三、战争的起因与进程

1. 英国发动侵略战争

英国策动鸦片战争,实际存在两个利益集团。一是纺织利益集团。他们为迅猛增长的棉纺织物寻找销路,急于要开辟中国市场;二是鸦片利益集团。他们不愿大利所在的鸦片毁于禁烟,不惜诉诸武力寻求保护。战争正是在这两个集团的阴谋煽动下发动的。英国经历1793、1816年两次派遣使

---

①　《林则徐全集》第5册,海峡文艺出版社2002年版,第117页。

团,谋求外交解决失败之后,早就蓄谋使用武力。1830年,在广州经商的大卫荪接受英国下议院调查时就断言:"中英之间迟早会有一场战争。"①义律早在1837年,就主张用武力迫使中国屈服。林则徐严厉禁烟后,义律又于1839年4月3日致函外交大臣巴麦尊,鼓动对中国实行"迅速而沉重的打击,事先连一个字的照会都不用给"②。

在鸦片利益集团的一再鼓动下,1839年10月1日,英国召开内阁会议,决定"对三分之一的人类的主人作战"③。1840年2月,英王任命驻好望角舰队司令懿律和驻华商务监督义律为对华谈判的全权代表,懿律兼任英军总司令,调集军舰、武装汽船、运输船共48艘,陆军士兵4000人,开赴中国,以期实现他们的侵略要求。6月,英军陆续到达广东洋面。28日,懿律命令"都鲁壹"号等4艘军舰封锁珠江海口。

英国悍然发动战争,清政府毫无思想准备。沿海各省除粤、闽两地外,其他毫无戒备。7月2日,英舰"布朗底"号抵达厦门,与守军发生炮击,旋即退去。定海方面,早在6月30日,先遣的英舰已经抵达。定海镇总兵张朝发以为是"被风吹来"的夷船,毫不介意。7月5日,英舰首先发炮进攻。6日凌晨,英军向定海县城进攻,守军已乘黑夜溃逃。英军未费吹灰之力就占领了定海城。

定海失陷,江浙报警,引起清廷很大震动。如何应对英军入侵?当时清朝内部实际存在两种态度:一种以军机大臣穆彰阿与琦善为代表,认为英军船坚炮利,清军不是对手,主张妥协(当时曰"抚")了结;另一种以林则徐为代表,把民族利益放在首位,主张利用中国有利条件,与侵略者作坚决斗争。定海失守以后,两派斗争日趋表面化。当英军兵临天津海口时,身为直隶总督的琦善,心知天津防备薄弱,害怕承担失败责任,竭力主张妥协。道光帝在穆、琦的影响下,态度很快转变。8月9日,他密告琦善,英船抵达天津,不必开枪开炮,如有禀帖投递,即将原禀进呈。8月19日,他接到巴麦尊的信件,见大量篇幅为攻击林则徐禁烟,误认为只需允许英人通商和惩处林则徐便可了结。于是第二天即令琦善转告英方,允许英人通商和严办林则徐,

---

① 经君健编:《严中平文集》,中国社会科学出版社1996年版,第155页。
② 经君健编:《严中平文集》,第218页。
③ 经君健编:《严中平文集》,第170页。

希望英军退回广东,听候办理,"定能代伸冤抑"①。

琦善依据道光帝的旨意,通过信件和懿律作了多次交涉,并于8月30日和义律正式会晤。英方坚持巴麦尊信件中所有要求。琦善除答应惩办林则徐外,其余含糊其辞,反复声明只要回到广东,一切皆好商量。懿律等人对琦善的答复虽不满意,但北上军舰只有5艘,白河口又有拦江沙封堵,大型军舰无法驶入内河。而且秋冬将届,季候风转向,北方即将封冻,援军和运输船皆难于北上。因此,只得将计就计,同意南下。9月15日,英军起航南下。道光帝见英军退去,如释重负,赞扬琦善"片言片纸,远胜十万之师"②。17日即任命琦善为钦差大臣,赴广东查办。对于林则徐和邓廷桢,则先是申斥,随后革职查办。

英军北上期间,浙江人民自发开展反侵略斗争。定海乡民包祖才等俘获在城郊测绘地形的安妥德上尉。英军双桅武装船"风鸢"号驶入慈溪观海卫,连日登陆骚扰,被当地义勇刺死9人,活捉28人。懿律于9月底返回舟山,即向新任钦差大臣伊里布索要英俘。伊里布则拟利用英俘逼还定海。双方经过一个多月的交涉,最后以各发表布告形式达成"休战协议"。

11月下旬,懿律因病回国。12月初,琦善派遣鲍鹏与义律谈判,同时裁撤水勇,撤除海防,以表示和谈诚意。而义律则要求中方接受英国全部条件,言语倨傲,动辄以武力相威胁。琦善同意赔付部分烟价,公文平行往来,但拒绝给予海岛。经过数度交涉,未达成协议。义律决定战而后商。1841年1月7日,英军突袭沙角、大角炮台。守将陈连升率军英勇抵抗,伤亡700余人,炮台当天失守。琦善害怕战火扩大,立刻作出让步,只是对割地不敢做主,答应"代为奏恳"。义律以交还定海、沙角、大角作为条件,换取割让香港,并要求和琦善面晤,将所议各项订立条约。可是,义律不待面晤,即于1月20日单方面在澳门发表通告,声称双方已达成"初步协议":割让香港,赔款600万元,两国之间平等交往,中国春节后十天内开放广州贸易。③ 这就是马士等人所说的《穿鼻草约》。其实双方并未正式签字,毫无法律效力。1月26日,英军悍然占领香港岛。从此,香港被英国强占达150多年,直到

---

① 文庆等:《筹办夷务始末》道光朝一,中华书局1964年版,第392页。
② 中国第一历史档案馆:《鸦片战争档案史料》第2册,天津古籍出版社1992年版,第444页。
③ 胡滨译:《英国档案有关鸦片战争资料选译》下册,第836页。

1997年7月1日才重回祖国怀抱。

　　1841年1月27日,琦善与义律会晤。义律亮出《章程草底》(即条约草案)要求签字。琦善当场驳斥,指出香港只能租借寄居,不能割让。2月11日至12日,琦善与义律再次会晤密商,仍然没有结果。13日,义律把起草的《善定事宜》送交琦善,要求约定日期签字,否则开战。琦善见内容更加苛刻,又知道光帝态度已变,借病拖延。道光帝原以为只要惩办林则徐,允许通商即可了结。哪知琦善到达广东,义律坚持各项要求,殊出意料之外。当他得知沙角、大角失陷,态度又趋向主战。1月27日,他下诏对英宣战,并命四川、湖南、贵州、江西派兵赴援,将琦善交部议处,仍督促官兵堵剿。30日,又命皇侄奕山为靖逆将军,隆文、杨芳为参赞大臣,驰赴广东助剿。不久,又命裕谦为钦差大臣,赴浙江代替伊里布。接着又赏林则徐四品卿衔,赴浙江协助防剿。

　　义律决定先发制人,命令英军发动进攻。26日,英军攻打虎门,关天培率军奋勇抵抗,壮烈殉国,虎门失守。同日,道光帝将琦善革职,锁拿解京,抄没家产。27日,英军续陷乌涌,署提督祥福战死。

　　3月,英军逼近广州。新任参赞杨芳赶到,林则徐劝他停战布防。义律鉴于大量英国商船停泊外洋,急需交易,乃与杨芳达成协议,停战通商。4月,奕山、隆文及各省援军相继到达广州,道光帝一再催促进兵。奕山于5月21日发动夜袭,哪知英军先已获得消息,早已撤离。次日清晨,英军发动反攻,清军一触即溃,缩进城里。3天之内,广州城外要地皆被英军占领。27日,奕山的代表余保纯与义律签订《广州停战协定》:清军官兵在6天内全部撤离广州200里(实撤60里);7天之内交出赎城费600万元,赔偿英国商馆损失费30万元,交清后英军退出虎门。

　　占领广州城外的英军,到处掳掠财物,激起了各阶层群众的无比愤恨。5月29日,又有十多个英兵窜到广州北边三元里胡作非为。村民闻讯,拿着木棍刀矛当场打死英军多名,其余狼狈逃窜。事件发生后,村民齐集三元古庙,誓师抗敌。绅士何玉成等连夜柬传北郊90余乡,约请联合抗英。30日凌晨,各乡群众数千人齐集城北高地,敲锣打鼓,齐呼"杀番鬼"。驻守四方炮台的英军司令郭富(又译卧乌古)见状,即率领英兵1000多人走出炮台,扑向群众。乡民且战且退,将英军引到牛栏冈。附近的农民、手工业者、打石工人,以及水勇和乡绅等从四面八方涌来,将英军团团围住。英兵左冲右突,无奈人如山集,围开复合。正在紧急时刻,大雨倾盆而下,英兵弹药尽湿,"一枝毛瑟枪打不响了"①。群众乘机奋力拼杀,打死打伤英军少校毕秋等近百人。

5月31日,不少群众又从各地赶来,把四方炮台重重围困。英人眼见群众漫山遍野,胆战心惊,只得竖起白旗,请求休战。并且派人入城,向奕山恫吓,如不驱散群众,要对破坏和议负责。这时奕山正指挥清军外撤,忙派余保纯带领番禺、南海两县知县去向群众解劝。余保纯等指责群众"多事",对士绅进行威胁利诱。士绅先行散去,乡民纷纷解散。英军心知众怒难犯,而且赎城费也近缴清,乃于6月1日起悄悄撤出虎门。

三元里人民以原始的武器,利用天时、地利、人和,将凶恶的侵略者揍得抱头鼠窜,取得了"自从航海屡交锋,数万官军无此绩"②的重大胜利,为近代人民反侵略斗争树立了光辉的榜样。

英军退出虎门,奕山向朝廷谎报,讳"败"为"胜",把自己投降说成是居民恳求"保命",英人恳求通商;把缴纳赎城费说成是代还"商欠";把清军退出城外说成是"弹压土匪"。道光帝明知是假,但已无可奈何,只得谅解他的"苦衷",命令各地援军撤回,沿海防兵裁撤。林则徐被革去四品卿衔,与邓廷桢均遣戍伊犁。鸦片战争第一阶段至此结束。

2. 战争再起与清廷彻底屈服

1841年4月,巴麦尊收到义律在广东谈判的《初步协议》,认为远没有达到原先要求,指责他不遵训令,决定召回义律,改派璞鼎查继任,增派军队,扩大侵华战争。

璞鼎查(1789~1856)从14岁起,就来到印度参与殖民活动,是一个殖民老手。1841年8月10日,他和东印度海军总司令巴尔克(又译巴加)率领增派部队到达澳门,接替义律和伯麦。8月22日,璞鼎查亲率舰船47艘,载运英军2500名再次北犯,26至27日攻陷厦门,战争再次打响。

依照英国政府训令,璞鼎查此次北犯,首先要重占定海、宁波。9月26日,璞鼎查等闯入定海西南竹山门海面侦察,守军开炮击中英船,定海战幕拉开。10月1日,舟山大雾迷漫,英军兵分两翼:一路攻打土城和东边镇远

---

① 华生:《在华二年记》,广州文史研究馆:《三元里人民抗英斗争史料》,中华书局1978年版,第329页。
② 梁信芳:《牛栏冈》,广州文史研究馆:《三元里人民抗英斗争史料》,中华书局1978年版,第294页。

炮台,牵制总兵葛云飞所统守军;另一路在定海西边登陆,强攻晓峰岭。守军在总兵王锡朋的领导下,曾数次击退爬上山的敌人。王锡朋手刃数敌,被英军击断一条腿,壮烈牺牲。晓峰岭被攻占后,英军一队扑向定海县城,另一队直扑竹山门。守卫竹山门的郑国鸿面对水陆夹攻,沉着应战,"身被重创,犹挥刀力战,手刃悍贼数人而死"①。英军攻占竹山门后,沿着土城挥师东进,三面会攻土城和镇远炮台。定海镇总兵葛云飞统率部队与英军殊死搏斗,身中40余弹,最后壮烈牺牲。定海经过6天的战斗,再次沦陷。

1841年10月10日,英军进攻镇海。守卫镇海城的裕谦率军进行了殊死抵抗,终于无效,投泮池自尽,实践了他与镇海共存亡的诺言。镇海失守,相距60里的宁波人心惶惶,知府及其部属纷纷逃离。英军毫不费力即于13日占据宁波城。

厦门失守,浙江连失三城,这是中英军力的一次重大较量。这些城市都是经过清军认真布防,认为足以挫败敌人的,结果却败得很惨。特别是定海决战,一日之内,三总兵奋战牺牲。但是道光帝还不服输,决心再次迎战。他任命另一皇侄奕经为扬威将军,调集一万多官兵,另雇募义勇、水勇两万多人驰赴浙江,收复三城。可是,奕经和奕山一样愚昧无知,一路上勒索钱财,吃喝玩乐,过着荒淫无耻的生活。11月到达苏州后,直到1842年1月才从苏州移驻浙江嘉兴,却仍不认真作反攻准备。后来,奕经和参赞文蔚在同一夜间梦见英军纷纷登船,扬帆出海,才于2月移营杭州,准备反攻。3月初,兵分三路发起反攻,但均告失败。

清军反攻失败,英军紧接着疯狂反扑,于3月15日攻占慈溪。至此,清廷调兵3万多,耗银160多万两,历时5个月的收复浙江三城战役宣告失败。道光帝经过多次失败,完全失去了信心。在统治集团内部,抵抗派势力严重削弱,妥协派重新抬头。1842年5月,耆英赶到杭州。此时英军已从宁波撤退,正在攻打杭州湾北岸的乍浦。耆英忙派伊里布前去交涉。人未到而乍浦先陷。英军兽性大发,"杀掠之惨,积骼塞路,或弃尸河中,水为之不流"②。这是侵略者欠下的又一笔血债。

6月,英军向长江入海口吴淞发动进攻。年近七十的提督陈化成亲驻

---

① 王拯:《王刚节公家传跋尾》,中国第一档案馆等编:《鸦片战争在舟山史料选编》,浙江人民出版社1992年版,第582页。

② 朱翔清:《乍浦之变》,《埋忧集》卷十。

西炮台,指挥守军猛攻英舰。激战两个多小时,接连击中英舰多只,击毙英军多人,首战告捷。驻守宝山的两江总督牛鉴,先是主张向英求和,战斗中又坐山观战,不派兵支援,待得到捷报,居然带着浩大的仪仗队前来观赏。由于碰上英军炮击,又慌忙化妆逃跑,并三次要陈化成撤退。陈化成誓与阵地共存亡,跟随的亲兵80多人一起壮烈殉国。吴淞失陷,宝山、上海守军不战而逃。英军在上海大掠4天,向商民勒索了50万元的"赎城费"。

7月,英军集结舰船100多艘,海陆军一万多人,溯长江而上,直达镇江。守城旗兵和青州兵作了极其英勇的抵抗,城破后仍然与敌人奋力拼搏,"宁可自杀,决不投降"①。守将海龄在力战不支的情势下,与家人一起自杀殉国。是役共计打死英军185人。恩格斯盛赞:"驻防旗兵虽然不通兵法,可是决不缺乏勇敢和锐气。……如果这些侵略者到处都遭到同样的抵抗,他们绝对到不了南京。"②英军占领镇江后,一场大烧杀随即展开。镇江城里无家不破,无日不火,"妇女尸满道上,无不散发赤体",搜索"城内店铺典(当),富家现银,不下千余万,城内为之一空"。③

3. 南京城下之盟和第一批不平等条约

浙江战败之后,道光帝还在战、抚之间徘徊了一段时间,待到镇江失陷,漕运、盐务的枢纽已被英人控制,才下了彻底投降的决心,于7月底授予耆英、伊里布议抚全权,指示"有应便宜从事之处,即着从权办理。此事但期有成,朕亦不为遥制"④。

镇江失陷的第三天,耆英紧急照会璞鼎查,再次乞求议和。璞鼎查为了迫使清政府无条件屈服,仍然不予理会,指挥舰队西进南京。8月9日,璞鼎查、巴尔克、郭富均已到达南京城下,江面聚泊英舰40多艘,兵丁4500多人。就在南京朝不保夕之时,耆英和伊里布赶到,向英军头目表示将竭力使

---

① 上海历史所编:《鸦片战争末期英军在长江下游的侵略罪行》,上海人民出版社1958年版,第217页。

② 《英人对华的新远征》,《马克思恩格斯全集》第12卷,人民出版社1962年版,第189页。

③ 中国史学会主编:《鸦片战争》第3册,第162页。

④ 中国第一历史档案馆:《鸦片战争档案史料》第5册,天津古籍出版社1992年版,第742页。

英国代表"诸事合中,回得本国,见得国王,销得公差"①。12日,中英代表会晤于江边静海寺。英方提出条款8项。耆英等人希望免去商欠和战费。英方代表暴跳如雷,声明如不接受,将马上攻城。耆英等人即刻复书,"一切唯命"。8月29日,耆英和伊里布等登上英舰"皋华丽"号,一字不易地在英人提出的条约上签字。这就是中国近代史上第一个不平等条约——《南京条约》(当时南京名江宁,故又称《江宁条约》)。历时两年多的鸦片战争,至此宣告结束。

南京条约签订后,中英双方后又在广东谈判,于1843年相继签订了《五口通商章程》和《五口通商附粘善后条款》。这些约章,总括起来,包括下面主要内容:

(1) 割让香港。从此,香港长期成为英国侵华基地。

(2) 勒索赔款2100万元。加上广州赎城费600万元,实为2700万元。

(3) 开放广州、福州、厦门、宁波、上海为通商口岸,允许英商居住和设立领事馆。

(4) 协定关税。凡进出口货物税收,"均宜秉公议定则例"。从此中国丧失了关税自主权,税率一般只5%。

(5) 领事裁判权。中英民人之间犯罪,英人由英国领事依英国法律判决,中国无权过问。

(6) 片面最惠国待遇。中国将来如有新的利益给予他国,"应准英人一体均沾"。

(7) 领海权受到侵犯。英国官船可在五口停泊,"中国兵船不得阻拦"。

鸦片战争本由鸦片引起,可是在条约中,对鸦片贸易却一字未提,实际是默许鸦片贸易合法。

英国用大炮打开中国大门,美法等国纷起效尤。1844年,美国特使顾盛到达澳门,一方面以北上"面见皇帝"相要挟,另一方面进行武力恫吓。清政府惧怕再起战争,即刻任命耆英为两广总督,前去澳门与顾盛会谈。7月3日,在澳门望厦村和美国签订了《中美五口贸易章程》(又称《望厦条约》)。除了获得英国享有的全部权益外,又作了重要的补充和扩展。领事裁判权的适用范围由通商口岸扩大到中国各地,协定关税由秉公议定税则发展到

---

① 《伊里布照会》,佐佐木正哉:《鸦片战争的研究》资料篇,日本近代中国研究委员会1964年版,第189页。

"须与合众国领事等官议允"。此外,还进一步侵犯了中国的领海权,为美国从政治、文化等方面侵略中国提供了便利条件。

继美国之后,法国使臣拉鄂尼率领一支由 8 艘军舰组成的舰队抵达澳门。经过约半月的谈判,双方于 10 月 24 日在停泊黄埔的法舰上签订了中法《黄埔条约》。除获得了英美的权益外,并扩展了关于天主教弛禁的新规定。随后还迫使清政府颁发谕旨,允许学习天主教为善之人概免治罪,为侵略者通过天主教弛禁实行文化侵略开辟了道路。

第二节 太平天国运动

一、社会危机

1. 西方侵略与国内经济恶化

鸦片战争结束仅仅 8 年,全国就爆发了以太平天国为中心的各族人民大起义。这次规模空前的起义是各族人民和清朝封建统治者矛盾大爆发的产物。而西方的疯狂掠夺,则起了极大的催化作用。

鸦片战争的庞大耗费及战后赔款,是激化国内矛盾的一个重大因素。清政府的财政收入,来自地丁、漕粮、关税、盐课,每年额定为 4517 万多两。由于各种自然灾害,常年要豁免十分之二三,实际收入很少超过 4000 万两。鸦片战争期间,军费开支浩大,有人估算达 3000 万两,战时英军在各地的勒索与战后赔款,合计至少有 2000 多万两。这些额外开支如何解决?查 1841 年清政府的财政余额仅 680 多万两,动用余款远远不敷,于是就向商界摊派,向各省人民加征。而商界又把摊派款转嫁到消费者身上,从而大大加重了广大劳动人民的负担。为了解决这笔开支,各地"按户需索,计亩征求"。民众实缴钱粮,超过常年一倍以上。

战后英美等国商品大量输入,夺去了人民的生计。英国迫使清政府开放五口,并且掠得许多通商特权,使外国商品大量涌入中国。特别是英美棉纺织品的大量输入,使通商口岸附近的手工纺织业和棉农受到冲击。包世臣 1846 年说:"近日洋布大行,价才当梭布三分之一。吾村专以纺织为业,近闻已无纱可纺,松太布市,削减大半。去年棉花客大都折本,则木棉亦不可恃。"①外国商品的大量输入,传统商业同样受到打击。"富商大贾,倒罢一空,凡百贸易,十减五六。"②这样一来,破产的手工业者、棉农和商人,愤恨的矛头自然指向了不能保国卫民的清政府。

战后鸦片的大量输入,除毒害了更多人的健康之外,还使白银进一步外流,影响千百万人生计。《南京条约》对鸦片避而不提,使鸦片走私更加猖獗。据估计,1843~1850年,输入中国的鸦片共计278 698箱,平均每年34 837箱,按每箱500元计,每年要支付银元17 418 500元,折合白银12 541 320两。中国是个贫银国,每年产银只三四十万两。白银大量外流,必致银源枯竭。据1847年英国下议院调查报告:"现银差不多全部流出了这个国家(中国)。"③

由于白银大量外流,造成银贵钱贱,给整个社会都带来重大影响。1842年,白银一两,换铜钱1572文,1849年增到2355文。④ 农民出卖产品,收进的是铜钱,而交纳租税必须是白银,以钱换银,完纳粮税,负担暗增一倍多。小商小贩,本少利微,银贵钱贱使他们度日益窘。银贵钱贱,还造成农副产品价格下降,使农夫织妇,无法维持简单再生产。贫苦人民无法生活,逼不得已,只有造反。

银贵钱贱,还给清政府财政带来严重困难。由于银贵,钱粮赋税皆不能按时入库。以江苏为例,地丁银每年应征362万多两,1842年,实收只253万多两,减收30%以上。1849年实收187万多两,减少48%。⑤ 收入不断减少,支出却不断增加。1845年前,除按年份付赔款外,1841、1843年两次修复河堤也花去近2000万两。1845年后,灾荒连年,赈灾、河工等开支急剧增加,致使财政濒临崩溃。

西方资本主义的侵略,还加剧了农村的分化。土地进一步集中到地主官僚和高利贷者手中。占人口90%的农民,没有或很少有土地。不到10%的地主官僚,却占有80%以上的土地。金田村有田750亩,本村和外村地主拥有640亩,占85%。他们凭借土地残酷剥削农民。农民耕种地主的田地,要交50%~70%的地租和各种勒索。往往一年所获,无法维持最低生活。

---

① 包世臣:《答族子孟开书》,《安吴四种·齐民四术》,第34页。
② 冯桂芬:《校邠庐抗议》,中州古籍出版社1998年版,第220页。
③ 姚贤镐:《中国近代对外贸易史资料》第1册,中华书局1962年版,第519页。
④ 严中平:《中国近代经济史统计资料选辑》,科学出版社1955年版,第37页。
⑤ 王庆云:《石渠余纪》,北京古籍出版社1985年版,第130页。

2. 官吏腐化，灾荒遍地

清朝到了嘉庆道光时期，整个统治机器已经腐朽，吏治腐败到了无可救治的地步。经过鸦片战争，清政府受到进一步打击。"清王朝的声威一遇到不列颠的枪炮就扫地以尽，天朝帝国万世长存的迷信受到了致命的打击"①。当时民间流传的"官怕洋鬼，洋鬼怕百姓"，就是清朝权威受到沉重打击的反映。那时官场一片死寂，"和议之后，都门仍复恬嬉，大有雨过忘雷之意。海疆之事，转喉触讳，绝口不提"②。官吏只图苟且偷安，饱食终日。大吏"以苞苴之多寡，为课绩之重轻"，小吏"以货贿之盈虚，决讼事之曲直"。在这种风气影响下，官场黑暗不堪闻问。在民众眼里，"天下贪官，甚于强盗。衙门污吏，何异虎狼"，特别是道光帝为解决财政亏空，公开卖官鬻爵，进一步败坏了政治风气。1843～1850 年间，各省报捐人数共计 62 068 人，共收捐官银 6 734 874 两。这些靠捐资得官的人，做官之后，大肆搜刮民脂民膏，力求得到丰厚回报。那时通过捐钱得官的道府州县官，据说"已居天下十分之半"。官吏的婪索巧取，弄得"民之财尽矣，民之苦极矣！"政治更加黑暗腐败了。

19 世纪 40 年代的中国，人祸天灾，纷至沓来。据考查，1846～1850 年间，中国本部 18 省 1500 多个州县中，受到各种灾害的州县，累计达 3026 个，平均每年有 605 个州县受灾，超过三分之一。由于灾荒连年，除了造成大量人员死亡外，幸存者四出求食，游民大量增加。这些游民成群结队，为反清秘密会党的发展提供了机会。当时的会党无论是南方天地会系统，还是北方白莲教系统，都有彼此扶助、有无相济的传统。游民为了生存，纷纷投靠，形成会党的大发展。据记载，直隶（今河北）、山东、河南、皖北等地，捻党十分活跃。四川、湖南、湖北、江西、安徽等地，是天地会、斋教的活跃地区，"匪徒结党成群，几于所在皆有"③。尤其是广西，"拜台结党，旗帜各编堂名……几乎无地无之"④。

农民和地主阶级的矛盾，因为经济剥削和政治压迫，本来已很尖锐。加

---

① 马克思：《中国革命和欧洲革命》，《马克思恩格斯选集》第 2 卷，人民出版社 1972 年版，第 2 页。

② 佚名：《软尘私议》，中国史学会主编：《鸦片战争》第 5 册，第 529 页。

③ 《抄奉特旨交办事件》咸丰元年十二月十八日，《中国近代经济史》上册，第 465 页。严中平主编：《中国近代经济史》上册，人民出版社 1989 年版。

④ 《太平天国史料丛编简辑》第 2 册，中华书局 1962 年版，第 3 页。

上天灾连年,无异火上浇油,矛盾益趋白热化。鸦片战后,各种反抗斗争均呈激化趋势。首先是农民抗租斗争时有发生;其次是抗粮斗争,除农民外,一些中小地主、士绅也成为领头人;第三是会党领导的武装起义此起彼伏;最后是少数民族地区的民族矛盾也在激化。据《清宣宗实录》记载,1840～1850年间,各地反清暴动达110多次。全国各地的反抗斗争,为太平天国的兴起,提供了极为有利的社会环境。

二、太平天国运动的兴起

1. 洪秀全与上帝会

当国内矛盾激化之际,洪秀全领导的太平天国运动开始兴起。洪秀全(1814～1864)生于广东花县一个客家农民家庭。7岁入塾读书,16岁因家贫辍学,从事农业劳动,18岁聘任本村塾师。他本希望通过科举考试成就功名。可是,从16岁起应考,4次皆名落孙山。1837年第三次落第归家,得了一场大病,40多天昏迷不醒。病后自称天使接他到天堂,天父上帝赠他一把宝剑,命他斩除妖魔,拯救世人。1843年,他第四次应考落榜,时值鸦片战争结束不久。国家的危难,加上本人科考失败,使他对清政府腐败强烈不满。

广州是中西交往最早之地,洪秀全受西方的影响也较早。还在1836年,他曾在广州街头得到一本梁发编写的《劝世良言》,不过那时并未在意。直到1843年,他感到世事大变,才细读了此书,觉得书里所说敬拜上帝和七年前的梦幻十分相似,由此开始宣传崇拜上帝。他还附会古代经典,把上帝中国化,声言上帝才是世上真神,其他鬼神都是妖魔。他自称是上帝第二子,奉上帝之命来人间除妖,建设一个人人平等的幸福社会。他最先劝导堂弟洪仁玕(1822～1864)、表弟冯云山(1822～1852)受洗入教。1844年,他和冯云山捣毁塾师里的孔子牌位,被斥责为"大逆不道",失去了塾师职位。

这年,他和冯云山到了广西贵县,沿途劝人敬拜上帝,但信从者不多。后来,洪秀全返回花县,冯云山进入桂平紫荆山区活动。1845～1846年间,洪秀全在家乡一边教书,一边从事宗教政治著述,先后写成《原道救世歌》、《原道醒世训》等作品。这些文书把基督教的原始教义和儒家学说的理想糅合在一起,揭露"世道乖离,人心浇薄,所爱所憎,一出于私",提出建立"天下一家,共享太平"的和谐社会。① 1847年,洪秀全同洪仁玕曾找到美国传教士罗孝全,听取基督教义,请求受洗入教。在罗孝全处停留4个月,读了新旧《圣经》。当时广州人民正掀起浩大的反对英人入城斗争。他受到鼓舞,增强了反清信心。

当洪秀全潜心著述之际,冯云山在紫荆山区大力发展信徒,宣传上帝是"天下凡间大共之父",凡拜上帝的,"日日有衣有食,无灾无难",②经过冯云山的苦心劝导,紫荆山区已有信徒两千多人。1847年8月,洪秀全再次来到广西,亲见信教之人踊跃,深受鼓舞。于是在紫荆山区正式建立起上帝会,制定敬拜上帝的宗教仪式和《十款天条》,规定只拜上帝,不拜邪神,孝敬父母,不好杀人害人,不好奸邪淫乱,不好偷窃抢劫,不好讲谎话,不好起贪心。《十款天条》平时是会众共同遵守的生活准则,战时就是军事纪律。这年10月,他和冯云山率领会众,将象州甘王庙捣毁。洪秀全亲手持杖,历数甘王十大罪状,指责甘王是杀母、淫乱的凶神。接着又捣毁附近的庙宇神坛,给会众以很大鼓舞。

上帝会捣毁庙宇偶像的行动,沉重打击了封建神权。地主士绅惊恐万状,攻击上帝会"聚众谋反",派遣当地团练镇压。于是,上帝会与团练在各地形成对立局势。"拜上帝人与拜上帝人一伙,团练与团练一伙,各自争气,各自逞强。"③1847年和1848年之交,桂平劣绅王作新率领团练两次逮捕冯云山,捣毁偶像斗争发展为政治斗争。桂平县令在审判中抓不到冯云山"谋反"证据,乃将冯云山判为无业游民,押回花县原籍管教。在冯云山被捕期间,洪秀全想求外国教会势力营救,返回广东,在家中撰写了《原道觉世训》和《太平天日》两篇文献。在《原道觉世训》里,他把皇上帝打扮成农民利益的代表者,把统治者及其臣仆痛斥为"阎罗妖"和"妖徒鬼卒",号召大家击灭阎罗妖,为太平天国运动的兴起提供了理论武器。

洪秀全、冯云山离开紫荆山期间,上帝会一时主持无人,会众思想动摇。杨秀清、萧朝贵乃假托天父、天兄下凡传言,稳定人心。杨秀清是桂平平隘山人,种山烧炭为业,富有谋略,喜用权智,是群众中涌现出的杰出人物。萧朝贵与杨秀清为表兄弟,武宣东乡人,出身贫苦,勇敢第一。1849年,洪秀

---

① 洪秀全:《原道醒世训》,《洪秀全选集》,中华书局1976年版,第22~23页。
② 罗尔纲:《忠王李秀成自传原稿笺证》,中华书局1957年版,第135页。
③ 罗尔纲:《忠王李秀成自传原稿笺证》,中华书局1957年版,第142页。

全、冯云山再返紫荆山,得知杨秀清、萧朝贵借天父天兄下凡,对稳定人心、鼓舞斗志起了很大作用,便顺乎自然,承认了他们的传言是真。从此,杨秀清、萧朝贵在上帝会内取得了代天父天兄传言的合法地位,正式进入领导核心。随后进入领导核心的还有韦昌辉、石达开。韦昌辉是桂平金田村人,地主兼典当商,捐过监生,因受当地官绅欺压,愤而加入上帝会。石达开(1831~1863),广西贵县客家人,富有资财,喜读书,有大志,因受官绅欺压和土客斗争的影响,毅然参加上帝会。韦昌辉和石达开各拥有部分群众,并且入会时奉献了全部家财,对起义有重大贡献。领导集团的形成和群众斗争的广泛展开,为起义准备了较好的条件。

2. 金田起义及其前期斗争

1849~1850年间,广西连年饥荒,劳苦大众饥寒交迫,为了生存,纷纷投奔天地会。天地会的反抗斗争遍布广西七府一州。上帝会领导集团决定趁机起义,乃由萧朝贵以天兄下凡传言方式(当时杨秀清患病),于1850年10月9日发布"团方"(即"团营")令,号召会众变卖家产,换成银钱赶赴金田团营,定于11月4日(农历十月初一)正式起义①。会众到达金田,即分别男女,按照军事组织编制:五人为伍,五伍为两,四两为卒,五卒为旅,五旅为师,五师为军。分置伍长、两司马、卒长、旅帅、师帅、军帅。军帅以上设监军、总制、将军、指挥、检点、丞相、主将、军师。1851年1月1日,太平军大败清军于蔡江村,击毙清副将伊克坦布。1月11日(道光三十年十二月十日)是洪秀全38岁生辰,太平军在金田隆重聚会,恭贺洪秀全万岁。随后发布五条纪律:一遵天命,二别男行女行,三秋毫莫犯,四公心和傩,各遵头目约束,五同心合力,不得临阵退缩。此时团营会众万人左右,能战者约两三千。天地会首领罗大纲、苏三娘等相继投入太平军。

金田起义后,清廷派湖南提督向荣任广西提督,迅速调集湖南、贵州、云南、广东、四川、安徽等省军队赶赴广西,将太平军围困于紫荆山区。1851年2月,太平军大败向荣军。3月23日,洪秀全在武宣东乡即天王位,并设立百官,蓄发易服,以本年为太平天国辛开元年,决志推翻清朝统治。9月

---

① 关于团营日期,过去定为7月,起义日期定为1851年1月11日,即洪秀全生日。据茅家琦主编的《太平天国通史》依据《李秀成自述》真迹,道光三十年十月被传抄本误为六月。参照《天兄诏旨》和《天情道理书》论定,团营令于9月初发出,11月4日是正式起义日期。

25日,罗大纲统率的太平军攻克永安州城(今蒙山县)。这是太平军占据的第一座城池。此时太平军已扩充到了3万,能战之兵约有5000人。

太平军占据永安,即刻布告安民,并在城区和近郊严密布防。清军跟踪赶到,将永安四面包围,不敢进攻。太平军抓住时机,进行"永安建制"。首先是健全领导体制。1851年12月17日,洪秀全颁布封王诏令,封杨秀清为东王,萧朝贵为西王,冯云山为南王,韦昌辉为北王,石达开为翼王,各王均受东王节制。其次为严肃军纪。太平军在永安刊印了《太平条规》,其中包含《定营规条十要》与《行营规矩》两项。三是清除内奸,巩固了全军团结。四是健全圣库制度。太平军团营时就规定会众的财物一律交付圣库,大家的食用皆由公款开支。"凡一切杀妖取城,所得金宝绸帛宝物等项,不得私藏,尽缴归天朝圣库,逆者议罪"①。洪秀全为了严肃军纪,增强战斗力,还颁布了《严禁违犯第七天条诏》。第七天条规定"不好奸邪淫乱",不准"吹洋烟"(即吸鸦片烟),"一经查出,立即严拿斩首示众,决不宽赦"。② 最后是颁行冯云山在桂平监狱中编制的《太平天历》,定一年为366天,单月31日,双月30日,否定了清朝正朔。太平军在永安的政治军事建设,初步奠定了建国规模,在太平天国运动中具有重大意义。

清军长期包围永安,断绝了一切供应,造成太平军物资供应的极大困难。到1852年4月,永安城内"粮草殆尽,红粉(火药)亦无"。如果继续坚守,无异自取灭亡。4月5日深夜,太平军两万多人突出重围。杨秀清指挥大军直奔桂林,向荣率清军抢先入城,闭城死守。太平军围攻33天不能下,于5月21日主动撤兵,继续北上。6月3日占领全州,5日撤离,向湘南进军。

6月10日,太平军到达广西湖南交界的蓑衣渡,与江忠源的楚勇发生激战。南王冯云山中炮阵亡,兵将辎重受到很大损失。太平军进入湖南后,于1852年6月攻克道州,杨秀清、萧朝贵联名发布了《奉天讨胡檄》、《诰四民安居乐业谕》、《救一切天生天养中国人民谕》。这三篇文告深刻揭露了清政府的黑暗统治,宣布太平军起义是为了救世救民,"上为上帝报瞒天之仇,下为中国解下首之苦,务期肃清胡氛,同享太平之乐"③。不久攻克郴州,参

---

① 洪秀全:《缴获归圣库诏》,《洪秀全选集》,中华书局1976年版,第45页。
② 洪秀全:《严禁违犯第七天条诏》,《洪秀全选集》,中华书局1976年版,第48页。
③ 罗尔纲编注:《太平天国文选》,上海人民出版社1956年版,第77～79页。

加者又有 3 万之众。太平军为此专门成立土营,负责爆破和开挖地道,攻坚力量大为加强。同年 9 月,杨秀清命令西王萧朝贵率领两千精兵直袭长沙。萧朝贵在长沙城郊中炮阵亡,太平军又失去一位勇敢善战的领导人。后多次进攻长沙未果,乃于 11 月撤离北上,沿途缴获船只数千,占领益阳、岳州。然后水陆并进,向武汉进军。由于大量渔民船户参加,太平军又成立了水营。

1852 年 12 月 22 日,太平军到达武昌城外,此时已扩展到近 15 万人。于是分兵占领汉阳、汉口,并在职同监军的典水匠唐正才的指挥下,一夜之间在长江上搭起两座浮桥,使太平军履行长江如坦途。1853 年 1 月 12 日,太平军用火药炸开文昌门城墙 20 多丈,一拥而入。湖北巡抚常大淳、提督双福均被击毙。武昌乃湖北省会,也是太平军攻下的第一座省城。武汉人民踊跃加入太平军,队伍迅速扩大到 50 万人,能战之兵约有 10 万。

太平军进攻长沙时,清政府命徐广缙为钦差大臣,赴湖南会剿太平军。后来太平军进入湖北,复派两江总督陆建瀛及河南巡抚琦善为钦差大臣,督防长江中下游和豫鄂边境,妄图阻止太平军东下北上。1853 年 2 月 9 日,太平军放弃武汉,扬帆东下。清政府命陆建瀛严密防堵。3 月 15 日,太平军大败陆建瀛的江防军于广济。18 日,石达开督师攻克九江,陆建瀛弃城先遁。24 日,太平军攻克安徽省会安庆,击毙安徽巡抚蒋文庆。第二天,陆建瀛只身回到南京。3 月 8 日,太平军抵达南京城下。19 日,太平军以地雷轰塌南京仪凤门,攻破外城,斩杀陆建瀛。20 日,太平军猛攻内城,江宁将军祥厚、副都统霍隆武先后被杀。南京全城为太平军占领,取得了金田起义以来的最大胜利。南京攻克后,杨秀清一面在南京城外加强防务,抵抗向荣的尾追军;一面派遣林凤祥、李开芳、罗大纲率兵东进。3 月 31 日,林凤祥、李开芳攻占扬州。4 月 1 日,罗大纲攻克镇江,截断了清政府漕运的咽喉。太平军改南京为天京,正式建立起与清政府南北对立的太平天国。

关于太平天国建都南京的得失,史学界曾有不少评论。有人持否定态度,认为"定都南京,实是政策与军略上之绝大错误,终成为太平天国革命运动失败之一重要原因"①。也有人主张,占领南京以后,应当全力北伐,进攻北京。实际上,按照当时情势分析,太平军占领南京后,如果全力北伐,这支包括男女老少的浩大队伍,要向北方进军,组织管理,实有诸多不便。何况

---

① 简又文:《太平天国全史》(上),香港猛进书屋 1962 年版,第 513~514 页。

他们都生活于南方,对严寒的北方,生活不易适应。加上南北语言差别,要争取北方群众的支持,也不容易。他们从起义到南京,历时两年多,长期在流动作战中生活,急需一个相对安定的环境休整。如果继续采取历代流寇主义作战方式,最后仍难逃失败之命运。即便如明末李自成起义那样攻入北京,最后还是走上败逃道路。平心而论,建都南京,有得有失,不宜一概否定,也不应全盘肯定。

三、太平天国的政权与制度

1. 新王朝与天王制

太平天国与旧王朝的一个显著不同,就是上帝具有莫大的权威。洪秀全自称是天父上帝第二子,耶稣之弟,是上帝令他下凡来拯救世人苦难的人世间真主。他倡导的上帝教,不是正宗的西方基督教,乃是结合中国国情、经过改造中国化了的基督教。

上帝教的规矩异常严格。凡是信拜上帝者,必须向上帝悔罪,洗心革面,重新做人。十款天条必须熟记,违背者要处以死罪。平时要早晚向上帝祷告,每次吃饭要感谢上帝恩典。遇有灾病以及生辰、满月、嫁娶、作灶、做屋、堆石、动土等等,都要先祷告上帝。每逢礼拜日,都要赴礼拜堂礼拜。不到者,初次枷号7个星期,杖责一千;两次不到,斩首示众。礼拜时要颂扬上帝的恩德,唱赞美诗,还要赞美从天王、东王直到翼王的恩典。还要诵圣经,一人领读,众人随和。此外,还要朗诵悔罪的奏章,高呼"杀尽妖魔",以及诵读天条等。每25家设一礼拜堂。行军驻地,要择一座宽敞房屋,供做礼拜之用。凡是旧的庙宇偶像,一律捣毁。

太平天国的政体是君主制。天王是太平天国的最高主宰,军师是朝纲的首领。凡重大政事,皆由军师奏报天王。天王降旨,军师遵行。紧要奏章未经东王盖印,天王不阅。北王、翼王的奏章,也要由东王转呈。天王洪秀全建起庞大的天王府,府内主要负责礼仪、侍从、警卫和日常生活。东王、北王、翼王均有庞大府第。除了服务人员外,分别设有吏、户、礼、兵、刑、工等六部尚书及属员。由于东王掌管军政大权,东殿六部事实上成为总理内外政事的国务院。

太平天国的地方政权分省、郡、县三级。省级行政长官由中央任命丞相、检点、指挥等官员担任。郡设总制,县设监军,称为守土官。或由中央直接任命,或由统军将领随时委任,呈报中央批准。郡县官也有经过考试录取的知识分子和清朝降官充任。其职责：一是守地方，领兵杀敌；二是征收和解送各种赋税；三是审理民间诉讼；四是办理日常民政事务，如编造户口册，颁发门牌，维持社会秩序，督促各级乡官贯彻各项政策法令，发展生产等等。县以下的行政组织仿照军事组织编制，建立各级地方政权，实施军事、政治、经济、教育、社会一体化。以5家为伍，设伍长。以25家为一两，设两司马1人，总管行政、生产、分配、宗教、司法、教育、赏罚、保举、警卫等各方面事务。每两设一国库、一礼拜堂。两司马以上设卒、旅、师、军，分别由卒长、旅帅、师帅、

玉玺印文：太平玉玺，天父上帝，恩和辑睦，天王洪日，天兄基督，救世幼主，主王舆笃，八位万岁，真王贵福，永定乾坤，永锡天禄。

天王玉玺印文

军帅等官统领。各县乡受监军、总制领导。乡官由乡民公举或由上级委派。其职责：一是催征钱粮，供应军需；二是团结乡兵，协助作战；三是管理民事诉讼；四是编查户籍，维持地方治安。

太平天国建立的政权，是具有双重性质的政权。一方面代表和维护广大农民的利益，打击地主阶级统治，决心推翻代表地主利益的封建政权，建立一个有福同享的地上天国；另一方面又因袭了封建主义专制制度，无力改变封建主义的经济基础，建立新的生产方式。这样的政权，即便不被中外反动派联合剿灭，最后势必蜕化为封建性政权。

2. 天朝田亩制度

太平天国定都天京后，颁布了《天朝田亩制度》，勾画了一个建设地上天国的宏伟蓝图。这是一个以平分土地为核心的全面社会改革方案。其主旨是想建立一个"天下一家，共享太平"的社会，"务使天下共享天父上主皇上

帝大福,有田同耕,有饭同食,有衣同穿,有钱同使,无处不均匀,无人不饱暖也"①。

《天朝田亩制度》规定:"凡天下田,天下人同耕。"田分九等。"凡分田照人口,不论男妇,算其家口多寡,人多则多分,人寡则分寡,杂以九等",好丑各一半,15岁以下儿童减半。在平分土地耕种的基础上,还规定"树墙下以桑,凡妇蚕绩缝衣裳"。每家养五母鸡,二母彘。"凡当收成时,两司马督伍长,除足其二十五家每人所食可接新谷外,余则归国库。凡麦豆苎麻布帛鸡犬各物及银钱亦然。"这是以土地公有为基础构筑的一个通天下皆一式的、耕织结合的小农经济蓝图。在小农经济的基础上,又设计了一个以25家为单位的理想小农社会。凡25家中所有婚嫁弥月喜事,俱用国库。但有限制,不得多用一钱。

《天朝田亩制度》主张平分土地,充分反映了农民渴望获得土地的愿望,具有否定封建土地所有制的重大意义。《天朝田亩制度》提出要建立一个"有饭同食,有衣同穿",人人饱暖的社会,对动员群众投奔太平军,拥戴太平军,无疑具有重要作用。

学术界对《天朝田亩制度》的评价,有的持肯定态度,认为是进步的、革命的,"平分土地的方案,是对封建土地所有制的彻底否定"②。也有人持否定态度,认为是复古的方案,是完全反动的。"许多内容都是抄袭《周礼》",是"要彻底干净、毫无保留地消灭地主经济、小农经济等一切私有经济、私有财产,要代之以纯粹意义的封建国有制","完全违背了生产发展的客观规律"③。多数人则主张实事求是地给予评价,认为《天朝田亩制度》"表现了农业社会主义思想,即小农经济为基础的平均主义思想。这种思想在一定条件下,一方面有巨大的革命性,另一方面实质上又带有反动性"④。由于当时国内主要是农民和地主阶级的矛盾,在土地为天父所有的形式下废除封建土地制度,自然是革命性变革。这是《天朝田亩制度》的基本方面,因此,完全否定是不妥的。不过,在否定封建土地制度后,他们要建立的是一

---

① 《天朝田亩制度》,王重民等:《太平天国》资料丛刊,神州国光社1952年版,第321~326页,本节引文未注明者同此。

② 郭毅生:《是民主性的精华,还是封建性的糟粕》,《太平天国史新探》,江苏人民出版社1982年版。

③ 董楚平:《〈天朝田亩制度〉性质问题再评价》,《文史哲》1982年第3期。

④ 范文澜:《纪念太平天国一百零五周年》,《人民日报》1956年1月11日。

个"处处平均,人人饱暖"的小农社会,幻想每个农民在小农经济基础上永远有一份大家一样的财产,这种绝对平均主义事实上不可能做到。而且生产品除了自给外,剩余的一律交给圣库,不利于调动农民的积极性,将阻碍社会生产力的发展,只能是一种空想的社会主义。其实质是逆历史潮流的。

3. 经济、文化和对外政策

太平天国建立后,初期曾颁布过《待百姓条例》,宣布"不要钱漕,但百姓之田皆系天王之田,收取籽粒,全归天王,每年大口给米一石,小口减半,以作养生"①。由于实施困难,到1854年初,为了解决军需民食,就改为"照旧交粮纳税"②。所谓"照旧",即是按照清朝规章,要土地所有者交纳地丁钱粮。实际是以法令形式承认了封建土地制度。赋从租出,既然要地主缴纳钱粮,自然得承认地主向农民收租。太平天国前期占领较稳固地区主要是安徽、江西。从现存资料看,天朝并没有将土地分给农民,原有租佃关系大体未变,实行的是"照旧交粮纳税"政策。太平天国所到之处,镇压了一批反动的恶霸地主,还有一些地主豪绅逃亡他乡。也有些地方农民展开了抗租斗争,拒绝交租。对于这些逃亡人,太平天国自然无法征收钱粮。于是采取变通办法,"着佃交粮",由佃农直接向太平天国当局缴纳钱粮,不再向地主交租。这对于佃农来说,多少可以减轻一些负担。租田实际成为佃农自产。这是一种变通政策,一定程度上满足了部分农民的土地要求,打击了封建土地制度。

太平天国占领南京后,依据"人无私财,天下一家,共享太平"的原则,曾在《待百姓条例》中规定,"铺店照常买卖,但本利皆归天王,不许百姓使用"。并且在天京城内全面推行圣库制度、男营女馆及典官制度。手工业者按照行业和技能分别编入诸匠营与百工衙,设立典官管理。诸匠营分土营、木营、金匠营、织营、金靴营、绣锦营、镌刻营,按照军事制度编组。每营设一指挥统领,由总制、监军、军帅、师帅、旅帅、卒长、两司马负责领导。百工衙计有典炮衙、红粉衙、战船衙、典铁衙等等。百工衙的规模小于诸匠营。按其重要性分别设职同指挥、职同监军等职官管理,其下设卒长、两司马。诸匠

---

① 佚名:《金陵被难记》,向达等:《太平天国》资料丛刊第4册,上海人民出版社1957年版,第750页。

② 张德坚:《贼情汇纂》,向达等:《太平天国》资料丛刊第3册,上海人民出版社1957年版,第204页。

营和百工衙生产各种军民用产品,为保障各方面需求作出了重大贡献。

太平天国初期取消了商业,将货物归入圣库,统一调拨分发,但为时不久。为了保障供应,稳定人心,天朝领导人很快就将废除私营工商业变为保护和鼓励私营工商业。1853年6月,杨秀清重新颁布了《安抚四民诰谕》,要求"士农工商,各力其业。自谕之后,尔等务宜安居桑梓,乐守常业,圣兵不犯秋毫"①。这种保护私营工商业政策,后来在安庆、庐州、镇江等处皆次第推行。此外,太平天国为保障物资供应,还创办了公营商业,经营各种贸易。这种公营与私营并存政策对满足天国的各项需要起了重大作用。

太平天国对封建旧文化进行了大扫荡,把封建经典斥为"妖书",明令规定"凡一切孔孟诸子百家妖书邪说者尽行焚除,皆不准买卖藏读",否则问罪。在太平天国辖区内发动搜禁"妖书"运动,"搜得藏书论担挑,行过厕溷随手抛,抛之不及以火烧,烧之不及以水浇。读者斩,收者斩,买者卖者一同斩"。②

太平天国领导人很重视人才,注意吸纳知识分子。其招揽人才的办法:一是张贴招贤榜,招引人们投效,量才录用。二是开科取士,通过考试选拔人才。初期分县试、省试、天试三级,还有武科与东试、北试、翼试。后来改为乡试、县试、郡试、省试、天试五级,各设文武两科。应试者不受门第限制,不分性别,不论籍贯。标准是德才兼备,"揆文则足以辅国,奋武则足以诛妖"③。考试题目出自太平天国颁行的官书,录取后即授以官职。

太平天国提倡男女平权。政治上,妇女和男人一样供职做官;经济上,女的和男的一样分田;婚姻上不论财产多寡。此外还禁妇女裹足,禁止多妻,禁止娼妓淫邪。不过执法上没有认真做到,法令上禁止纳妾,而洪秀全与诸王的姬妾都不少。妇女对于男子仍须服从。

太平天国执行独立自主的对外政策,提倡平等来往,自由贸易。太平天国刚建都天京一个月,英使文翰就来天京访问,探测天国对外态度。他把《南京条约》的中文本抄送天国领导人,声称如果触动英国在华权益,英国

---

① 太平天国历史博物馆:《太平天国文书汇编》,中华书局1979年版,第111页。
② 马寿龄:《金陵癸甲新乐府》,向达等:《太平天国》资料丛刊第4册,上海人民出版社1957年版,第735页。
③ 《钦定士阶条例》,向达等:《太平天国》资料丛刊第2册,上海人民出版社1957年版,第553页。

"亦必采取与十年前抵拒各种侵害之同样手段,施以抵拒"①。天国领导人严正拒绝了英国的政治讹诈,警告他们不得助清,"如帮助满人,真是大错。但即令助之,亦是无用的"②。1854年6月,英国新任香港总督兼驻华代表包令派麦华佗等去天京访问,向太平天国提出一系列挑衅性问题。东王杨秀清以诰谕形式作了答复,严正宣告太平天国对外政策:"不惟英国通商,万国皆通商",只是"通商者务要凛准天遵","立埠之事,俟后定夺,害人之物(按:指鸦片)为禁",表示"凡事秉乎至公,视天下一家",但外人同样要"扶尔主,朝尔主,同尊上帝",不然"便是妖魔"。③ 经过这次探访,包令认为太平天国不会承认清政府与英国签订的条约,建议英国与清政府谈判,支持清政府绞杀太平天国。

四、太平天国的失败

1. 天京事变

太平天国政权,从政策方针来看,有别于封建政权;从组织形式看,则沿袭了以皇权为中心的职官体系和礼仪制度。它的基本任务是反抗清王朝,反抗地主阶级残酷的压迫和剥削,反映了广大农民的迫切希望与要求。可是,农民不是先进生产力的代表者,加上本身的局限性,使他们难以抵制封建思想的侵袭。因而历代农民起义建立的政权,不是被地主阶级镇压,就是最后蜕变为封建政权。太平天国领导人同样不能冲破这条历史法则。他们定都天京后,各种社会条件都发生了变化,生活供应比过去富足得多,权位观念与日俱增。天国内部,等级森严。领导人的权势欲恶性膨胀。以乘轿来说,法定天王轿夫为64人,东王48人,东王以下依次递减,即使乡官也有轿夫4人。每逢高官出行,下级官员和士兵必须回避,或者跪在路边迎送。东王仪仗队多达千数百人。天京事变正是天国领导人在封建思想的腐蚀下,为了争权夺利导致矛盾激化的结果。

太平天国定都天京后,洪秀全即动用上万军民,拆毁了大批民房,营造

---

① 《英国蓝皮书中之太平天国史料》,向达等:《太平天国》资料丛刊第6册,上海人民出版社1957年版,第908、910页。

② 《英国蓝皮书中之太平天国史料》,向达等:《太平天国》资料丛刊第6册,上海人民出版社1957年版,第903页。

③ 《1854年6月太平天国东王答复英人31条并责问50条诰谕》,《文史》第1辑(1962年)。

规模宏大的天王府。"城周围十余里,墙高数丈,内外两重,外曰太阳城,内曰金龙城,殿曰金龙殿,苑曰金龙苑,雕琢精巧,金碧辉煌"①。他深居宫中,养尊处优,不理政事。执掌军政大权的东王杨秀清,在天国里具有很高威望,洪秀全对他也很信任。他却"威风张扬,不知自忌"②。他的东王府,同样规模宏大,富丽堂皇。1853年12月,杨秀清假托天父附体,杖责洪秀全40大板。1856年8月,太平军攻破江南大营,天京解除围困。杨秀清以为时机已到,再次假托天父下凡,"逼天王亲到东王府封其万岁"。洪秀全见最高权位受到威胁,一方面伪为宣布:"嗣后均宜称东王万岁";另一方面分别密诏时在江西的韦昌辉和在武昌的石达开回京"勤王",自相残杀已如箭在弦。

韦昌辉与杨秀清之间也有矛盾。韦昌辉对杨秀清的策略是"阳下之而阴欲夺其权"。另外,韦昌辉对洪秀全也是竭力讨好,装出一片精诚。及至逼封万岁事件发生,韦昌辉接到密召,即于9月1日率领心腹从江西潜回天京,和秦日纲将队伍严密安置在城防要地,乘黑夜向东王府发动突然袭击。杨秀清毫无察觉,于2日凌晨被韦昌辉刺死。韦昌辉又设计诱杀东王余党,东王部下5000多人被骗解除武装,全部被害。太平军相互残杀,前后被害者计有两万多人。

石达开赶回天京,责备韦昌辉不该滥杀无辜。韦昌辉又要杀石达开。石达开闻讯连夜缒城逃走,韦昌辉于是把石达开全家杀害。石达开逃到安庆,上奏天王要求杀韦昌辉以平众愤,否则起兵攻灭天京。11月初,由于石达开率领大兵前来,朝内群起反韦昌辉。此时韦昌辉举兵围攻天王府,妄图杀洪秀全夺取最高统治权。洪秀全最终下令杀死韦昌辉与秦日纲,并把韦昌辉的首级专程送交石达开,斥为"北孽"。石达开奉命回到天京,合朝文武举他提理政务。但洪秀全经过这次残杀之后,心存戒备,虽然任命他提理政务,却不授予兵事。同时封他的长兄仁发为安王、次兄仁达为福王,借以牵制石达开。1857年6月,石达开沿途张贴告示,倾诉遭遇迫害,不得不飘然远引,要求军民在他和天王之间作出抉择。这篇布告曾博得不少人的同情与支持,因此有十余万精锐的太平军随石达开出走。

---

① 张德坚:《贼情汇纂》,向达等:《太平天国》资料丛刊第3册,上海人民出版社1957年版,第164页。

② 罗尔纲:《忠王李秀成自传原稿笺证》,中华书局1957年版,第159页。

1857年10月，石达开自安庆进入江西。洪秀全曾数次派人请石达开返京，石达开不答应。之后率军转战于浙江、福建、四川、江西、湖南、广西、贵州等省。1863年5月，大军准备渡过大渡河，遭到各路清军和地方武装围攻。经过多次激战，部下三四万人伤亡惨重。6月9日，突围失败，士兵饥疲难忍，"有相杀噬人肉者"。石达开无路可走，致函四川总督骆秉章，愿"舍命以安三军"。他的请求未能如愿，被人设计诱捕后，写了一篇不卑不亢的《自述》。敌人并未实践"待以不死"的诺言，于6月25日在成都把他凌迟处死。① 其部下两千多人惨遭毒手，有四千多人发给路票遣散，回归途中又多数被害。

天京事变给太平天国造成无法估量的损失。首先是严重摧残了领导核心。经过这次内部互相残杀，东王被害，北王处死，翼王出走，前期六王仅存天王洪秀全一人。由于辅佐无人，洪秀全又缺乏行政领导才能，已不可能重建一个得计便行、指挥统一的领导核心。其次，经过这次残杀，精兵强将损失殆尽，元气大伤。西线湘军立刻卷土重来，于1856年12月攻陷武昌、汉阳，顺江东下，进攻九江、安庆；东线则重建江南、江北大营，天京再次被围。最后，经过这次变乱，天国上帝主宰世界的信念破产。当洪秀全创立上帝教时，上帝在信徒中有无比崇高的威信。天京事变之后，天国上帝的信念被无情的现实粉碎了，信徒的信念彻底动摇。"天父杀天兄，江山打不通，回转故乡仍旧当长工。"②其思想影响，由此可见一斑。

2. 农民政权的演变和《资政新篇》

天京变乱之后，洪秀全的革新精神日益衰退，宗教迷信观念和封建思想迅速增长。洪秀全起用蒙得恩、陈玉成、李秀成等总理天国政务，并在天王府内设立六部，归洪秀全直接领导。由于陈玉成、李秀成长期在外作战，蒙得恩又欠缺行政管理才能，天国政治大不如前。1861年，洪秀全诏改太平天国为"上帝天国"。不久，又把"上帝天国"改为"天父天兄天王太平天国"，指望借助天父天兄权威，赋予自己有主宰一切的权力，却导致天国内部益发紊乱，众将官结党联盟，据地自雄，不听号令。

1859年5月，洪仁玕辗转来到天京。他是与洪秀全共高祖的兄弟，又是上帝会的最早信徒。正是天国需人之际，他的到来，令洪秀全喜出望外，

---

① 光绪《越巂厅全志》卷六，《武功》下，第4页。
② 袁飞等：《太平天国的歌谣和传说》，上海文艺出版社1959年版，第9页。

不到一月即封为干王,总理朝政。可是,因洪仁玕对天国并无建树,众心不服。为了平息众怒,又封陈玉成为英王,李秀成为忠王,蒙得恩为赞王。1860年,再封李世贤为侍王,杨辅清为辅王,林绍章为章王。后来,洪秀全见英王等人统兵太多,担心危及中央,于是大封王爵,以期相互牵制。1861年冬,陈玉成的部下已有多人封王。1862后,忠王、侍王、辅王的部下又有多人封王。此后封王日多,到1863年春,已封90多王。天国失败时,竟然封了2700多王。王以下的官爵可谓多如牛毛,造成军令不一,政治紊乱,进一步加剧了分散主义倾向。

洪仁玕总理朝政后,很快觉察到天国内部的种种问题,力求整顿,为此作了一些力所能及的改革。他利用在香港执教多年获得的西方资本主义国家知识,以振兴天国为目标,设计了一个具有远见卓识的改革方案——《资政新篇》,在立法方面提出三大内容:一是对于社会上的腐朽生活方式和不良习俗,要通过教育,诱导人们向善去恶,达到移风易俗的目标;二是国家纲常伦纪、教养大典,要明立法度,仿效西方国家,推行改革;三是采用新的刑法制度,废止酷刑,善待轻犯。

这三类立法中,重点在第二类,共计提出应兴应革的事物29项。政治方面的内容是:加强中央领导,由上而下,权归于一;兴乡官,设乡兵,加强基层建设与管理;创办报刊,沟通上下之情;设立不受各级官员节制的新闻官,专收各地新闻,呈送天王。事关经济建设的有:发展工业,开发矿藏,发展交通,开办银行,发行纸币,设立邮局、医院等等。为了发展经济,建议允许私人投资,奖励创造发明,允许发明者有专利权。事关社会风俗习惯的改革有:反对"不务实学,专事浮文";禁止妇女缠足、禁鸦片、禁酒、禁修斋建醮等封建迷信,禁私门请谒;兴办跛盲聋哑院、鳏寡孤独院等。① 其主旨是要通过各项改革,建设一个类似西方世界的新国家,不再走传统的老路。

洪秀全对《资政新篇》十分欣赏,逐一加了批示。其中有16处批"是",11处批"钦定此策是也"或"此策是也"。只有新闻方面条款批示:"此策现不可行,恐招妖魔乘机反间,俟杀绝残妖后行未迟也。"在"勿杀"条批示:"爷今圣旨斩邪留正,杀妖杀有罪,不能免也。"洪秀全赞同学习西方,反对放宽对敌人的镇压,在当时情况下是适合时宜的。

---

① 洪仁玕:《资政新篇》,向达等:《太平天国》资料丛刊第2册,上海人民出版社1957年版,第523～541页。

有人认为,洪仁玕作为一位农民领袖,在《资政新篇》里只字未提土地问题,没有涉及农民起义的现实斗争任务,因而对农民革命的发展没有起积极作用。这种观点值得商榷。首先,从中国当年发展的前途来说,中国当时只有发展资本主义生产,取代封建主义生产方式才有出路,才是正确的发展方向。其次,从太平天国本身来看,农民革命如不能把它引向资本主义生产,势必回到封建生产的老路上去。即使不被清朝打败,那也只能蜕变成另一个封建王朝。正当太平天国逐渐蜕变为一个封建王朝的时候,洪仁玕提出建立一个类似西方资本主义的国家,不失为拯救太平天国的高明方策。而且他在文中一再强调要"审时度势","因时制宜,审势而行","凡涉时势二字,极深思索",表明他是经过深思熟虑,为了拯救天国而提出这些改革主张的,怎能说没起积极作用呢?

3. 太平天国的失败

石达开出走后,太平军负责军事指挥的,主要是陈玉成和李秀成。陈玉成(1837—1862)出生于广西藤县一个贫农家庭,14岁参加太平军。由于英勇善战,逐渐升为统帅。天京事变后,安徽、湖北、苏北等长江以北的太平军,主要归他指挥。李秀成(1823～1864)也出身于藤县一个贫农家庭,战功卓著。石达开出走后,负责长江以南的军事指挥。

1858年,太平军面临的局势已十分严峻,天京遭受围困。但在陈玉成和李秀成的指挥下,与清军多次激战取胜,暂时扭转了败局。此后太平军与清军处于相持阶段。清镇压太平军的主力,一是原有绿营兵,再是曾国藩等人新练的湘军。及至江南大营再次被攻破,绿营已无战斗力,清廷才命曾国藩署理两江总督,并任钦差大臣,督办江南军务。所有长江南北水陆各军,皆归他指挥。至此,湘军名副其实地取代绿营,成为后期太平军的劲敌。清政府重用曾国藩及其湘军不久,中英、中法、中俄《北京条约》签订,第二次鸦片战争结束。他们为了实现掠得的权益,决定大力扶助清政府镇压太平军。中外反动势力的勾结使太平军陷入更加艰难的境地。

正当太平军集结力量解除天京围困之际,湘军曾国荃部加紧对安庆的围攻。安庆乃天京上游的屏障,天京钱粮的重要供应地。安庆得失,关系天京安危。太平军领导人决定再次西征,攻取武汉,以解安庆之围。陈玉成于1860年9月自天京渡江西上。1861年3月,他统率十万大军从安徽进入湖北,连克蕲水、黄州,神速地向武汉推进。湖北巡抚胡林翼得悉武汉告急,自叹"笨人下棋,死不顾家",为此急得吐血。武昌城防空虚,湖广总督官文束手无策。在这关键时刻,英国舰队司令贺布和参赞巴夏礼赶到黄州,对陈玉成软硬兼施,阻止太平军进攻武汉。陈玉成见李秀成未如期赶到,对英人干涉也有所顾虑,决定暂不攻打武汉,西上攻占德安、随州,失去了四克武汉的良好时机。

李秀成不顾大局,迷恋苏杭,不以西线为念。后经洪秀全一再催促,直到1860年11月才率兵西上,12月到达安徽黟县,离曾国藩驻地祁门仅60里。曾国藩惊恐万状,已写遗嘱,准备自杀。但李秀成绕道而过,致使曾国藩死里得生。1861年6月,李秀成由江西进入湖北,连克通城、兴国、大冶等地,前锋已抵武昌县。但李秀成在兴国得知陈玉成已经回师,在英国驻汉口领事金执尔的劝阻下,决定放弃攻打武汉,率军东返。太平军两路夹攻武汉以解安庆之危的计划失败。

曾国藩把安庆视为攻打天京的战略要地。从1861年4月起,战事日趋紧张。陈玉成急忙从湖北回师,全力救援安庆。洪秀全也派洪仁玕领军增援。曾国藩为方便指挥,将大本营由祁门移到东流。双方在安庆周围展开了激烈的争夺战。9月5日,安庆失守,太平军数千将士壮烈牺牲。

一城得失,牵动全局。安庆被陷,打乱了太平军的整个布局。陈玉成被迫退守庐州,派扶王陈得才、遵王赖文光远征河南陕西,扩充兵马,再图恢复。1862年5月,清军多隆阿部攻陷庐州。陈玉成率残部退到寿州,为两面派团练头子苗沛霖诱擒。清军胜保劝他投降。陈玉成坚强不屈,大义凛然地表示:"大丈夫死则死耳,何饶舌也。"①后在河南延津被害,年仅26岁。湘军攻克安庆后,稍事休整即沿江东下,进迫天京。太平天国在军事上陷入更危险的境地。

李秀成统率的太平军着力经营江浙,并数次向上海发动进攻。1862年5月,侵略军与淮军分路向太平军发动反攻,一直打到太仓。李秀成派大军增援,打得中外联军全线崩溃,攻破敌营160多座,法国海军提督在奉贤南桥战死,英军水师提督贺布被打伤,常胜军副统领法尔思德被活捉。常胜军连连受挫,变成常败军,困守上海,不敢再战。恰在此时,曾国荃连陷芜湖、太平,进围天京。洪秀全一日三诏,李秀成只得撤军回援。李秀成自上海撤兵后,分三路救援天京,但解围战受挫。洪秀全提出"进北攻南"战略,命李

---

① 佚名:《陈玉成被擒记》,罗尔纲:《太平天国史料考释集》,生活·读书·新知三联书店1956年版,第204页。

秀成率大队渡江，向江北各地进攻。可是，李秀成在江北征战也连连受挫，将士大量饥疲致死。待1863年6月返京，十几万大军仅剩四五万人。

浙江和苏南地区失守后，天京成为一座孤城。此时李世贤在江西，陈得才、赖文光在湖北均遭清军堵截，无法回援天京。1864年4月，天京外援完全断绝，城中无粮，局势空前恶化。李秀成见大势已去，建议"让城别走"。洪秀全不顾形势，一心坚守天京。没有粮食，他要大家以"甘露"（百草熬汁）为食。6月1日，洪秀全病逝，幼子洪天贵继位，称幼天王。7月3日，天京地堡城被湘军攻陷。7月19日，清军挖地道炸塌城墙20多丈。此时城内太平军包括老幼妇孺不足一万人，能作战的仅三四千人。血战到黄昏，天京失陷。湘军入城后兽性大作，见人即杀，见屋便烧，天京城里大火7日不灭。富丽堂皇的天王府化为灰尘，千年古都变成一片瓦砾。

天京陷落时，李秀成带着幼主和少数兵丁突出重围，因把坐骑让给幼主，在方山被俘。在敌人的囚笼里，他写了数万字的供词，叙述了太平天国历史，总结了失败教训——"天朝十误"。同时又提出"收齐章程"，表示愿意劝说太平军余部投降，希望"恩赦"活命，后被曾国藩处死于南京。幼天王出走后，和洪仁玕在安徽广德会合，转战于皖浙边境。10月，两人在江西被俘殉国。天京沦陷后，李世贤、汪海洋部于1864年10月由江西攻入福建，占领漳州等地，拥众号称20万。1865年5月，清军进攻漳州，李世贤败匿山中，余部投入驻广东镇平的汪海洋。8月，汪海洋欲吞并李世贤部，竟然派人刺死李世贤。1866年初，汪海洋部在嘉应州被包围，汪海洋突围战死，余部溃散。长江以南太平军至此结束。

长期活跃于黄淮一带的捻军，在张洛行领导下，一直配合太平军转战皖北各地。1862年8月，清廷任命僧格林沁统一指挥"剿捻"。1863年3月，清军攻占雉河集，张洛行被俘死难。赖文光、张宗禹率东西两路捻军余部一直坚持到1868年，先后溃败。

以太平天国为中心的农民起义，由于中外反动派的联合镇压最后失败了。这次起义规模之大，影响之广，在中外历史上都是空前的。起义对封建制度来了一次大扫荡，沉重打击了清王朝的专制统治，加速了封建统治的崩溃。同时抗击了西方资本主义的侵略，打破了西方资产阶级迅速把中国变成殖民地的企图，拉开了中国近代民主革命的序幕。这次起义还唤醒了中国和世界各国人民，为后来的反压迫、反侵略斗争提供了宝贵的经验教训，为新的斗争开辟了道路。因此，起义虽以失败结束，其意义是十分巨大的。

第三节 第二次鸦片战争

一、"修约"交涉

正当中国农民起义进入高潮之际,英国勾结法国,在美、俄的支持下,于1856年挑起了新的侵华战争。这次战争的主要目的是扩大侵华权益,乃是第一次鸦片战争的继续与发展,故称第二次鸦片战争,又称英法联军之役。

鸦片战争结束仅十多年,为什么英国又要发动第二次战争?最主要的原因是英国经济的迅速发展,急需扩大海外市场。自从《南京条约》签订后,英国工商界满以为已经开辟了一个无限广阔的市场,于是把大批工业品竞相运往中国,结果却大失所望。为什么一个占世界人口三分之一的大国,消费英国产品竟如此之少!英国商人归咎于通商口岸开放太少,内地税收阻碍等。1849年,英国驻上海领事阿礼国即上书香港总督文翰,鼓吹发动再一次战争来扩大中国市场。他说:"战争过去了,战争的时机又已到来。"①1850年,英国外交大臣也鼓吹说:"对中国实行另一次打击的时间就要到来。……这些像中国、拉丁美洲那样半开放的政府,为了使他们听话,需要每隔8年或10年就狠狠地揍一顿。"②

除了经济因素外,政治上要求中国完全屈服也是一个重要因素。通过第一次鸦片战争,尽管英国迫使中国签订了屈辱条约,但中国上下并未完全屈服。广大中国人民对英国侵略一直怀有抵制情绪,开展了火烧洋馆、反租地、反入城等一系列斗争。其中反对英军进入广州城的斗争,坚持7年之久,迫使英国侵略者不得不暂时放弃入城要求。恰在此时,道光帝于1850年初死去,新即位的咸丰帝重新起用林则徐等抵抗派官员,罢免了穆彰阿、耆英等妥协派,对外态度趋向强硬。另外,英国在战后一再要求派遣公使常驻北京,以便和清中央政府直接交涉。然而,咸丰帝却最怕公使入京,遭受外人控制。英国对此十分不满。

当英国成为世界工厂之际,法国工业也有了显著发展。为了满足银行

---

① 《阿礼国上香港总督文翰建议书》(1849年1月19日),《严中平文集》,第168页。经君健编:《严中平文集》,中国社会科学出版社1996年版。

② 丁名楠等:《帝国主义侵华史》第1卷,人民出版社1973年版,第80页。

家扩大投资和工业资本家开辟市场的要求,当权的拿破仑三世积极推行对外扩张政策,和英国结盟发动了一系列侵略战争。不过,19世纪50年代前期,英法联合侵华的时机尚不成熟。因为俄国当年正在为侵占克里米亚半岛,夺取黑海海峡作为出海口,而与土耳其、英、法作战。英法还无力在远东发动战争。加上当时太平军正在中国南方兴起,北伐西征,势如破竹。它们对清朝能否继续维持心存疑虑。经过一度观察之后,意识到不可能通过太平天国实现侵略要求,乃决定通过与清政府"修约"来达到侵华目的。待到"修约"不成,英法与俄国争夺土耳其的克里米亚战争也已结束,于是即刻把侵略矛头转向中国,企图以"打"为"拉",实现其侵华野心。

英法等国提出修改条约,完全是为了扩大侵略,指望不费一枪一弹,实现其侵略企图。中美《望厦条约》曾规定:"所有贸易及海面各款恐不无稍有变通之处,应俟十二年后,两国派员公平酌办。"这里指的仅是贸易及海面各款。而中法《黄埔条约》只规定日后"若有应行更易章程条款之处,当就互换章程年月满十二年之数,方可再行筹议",并非另行签订新约。至于中英《南京条约》则明文规定是"永久和约",不能更改。英国却沿用"一体均沾"条文肆意勒索。即便英政府中的法律官员也认为修约毫无法律依据。英国外交大臣克拉兰敦在致英使额尔金的秘密训令中说:"这里说的优惠和特权,是指外国个别人民的人身权利和享受的事情,并不包括政府之间涉及修改条约的规定。"①马士不顾法理,竟胡说:"依照与美国和法国订立的条约,国际协定于第十二年底,即1856年底得提出修改;英国根据最惠国条款也获得了此项权利,这就使他们能以要求在1854年修改条约。"②这完全是肆意曲解,为侵略者辩护。蒋廷黻在《近代中国外交史资料辑要》上卷中,把第二次鸦片战争标为"修约战争",实为荒谬。近来又有人说,第二次鸦片战争导源于中国不遵守条约,这更是对中国近代史的无知。

1854年,《南京条约》签订将满12年,英国即串联美法,发动了第一次"修约"活动。4月,英国驻华公使包令联合美国驻华公使麦莲、法国驻华公使布尔布隆到达广州,致函两广总督叶名琛,正式申请"修约"。英使共提出18条要求。主要有:中国沿海各城及整个内地全部开放;鸦片贸易合法化;

---

① 《克拉兰敦致额尔金的秘密训令》,转见蒋孟引:《第二次鸦片战争》,生活·读书·新知三联书店1965年版,第8页。

② 马士:《中华帝国对外关系史》第1卷,商务印书馆1957年版,第466页。

外国对华进出口货物免收内地税;公使常驻北京。美国提出 11 条要求,主要有:在通商口岸任意租赁或自行建造房屋;两国民人相争,必须会同审讯;货物纳税后,准其运往五港口内之别港销售,免其重征;前次所定税,必须重行订正;货物在上海纳税后,准其运入长江流域销售。① 法国除提出类似的要求外,还要求释放因非法潜入陕西从事间谍活动被捕的法籍传教士。这些要求远远超出了原约所说就一些细节"酌办"、"筹议"的范围,纯属无理勒索。实际上是想利用清政府处于危难之际,强迫签订一个范围更广、内容更多的新的不平等条约。叶名琛借口公务繁忙,拒不接见。6 月至 9 月,他们又到福州、上海等地与闽浙总督、两江总督、江苏巡抚交涉"修约",均无结果。

1856 年,中美《望厦条约》和中法《黄埔条约》皆将届满 12 年。美国侵略者野心不死,看到太平军势力正旺,决心利用清朝正需外援之机,再次提出修约要求。新任美国驻华公使伯驾,联合英法提出 4 项要求:一、三国使节常驻北京;二、中国全境开放,准许三国前往各地贸易;三、中国人民信教自由;四、改造中国司法机关。但最终仍未达目的。

二、英法联合发动侵略战争

1."亚罗"号事件、马神甫事件与广州之役

1856 年 3 月 30 日,克里米亚战争结束。英法乘战胜余威,即刻把矛头转向中国。这年发生的马神甫事件和"亚罗"号事件,正好为他们发动侵华战争提供了借口。

1853 年,法籍天主教传教士马赖非法进入广西的西林县进行活动,招引一些无赖作为教徒。林八、马了农等一批教徒仗势"抢掳奸淫",无恶不作。1856 年 2 月,新任知县张鸣凤逮捕了作恶多端的马神甫和 25 名教徒,并将马赖和两名教徒处死。法国政府抓住这个事件,决意挑起战争。9 月,法国通知英国政府,准备派一支远征军前往中国。

10 月,广州又发生"亚罗"号船事件。"亚罗"号本是中国船。这只船为了掩护走私,曾在香港领过一张通行证,但已经过期。广州水师在上船巡查时逮捕了船上两名中国海盗和 10 名嫌疑水手。这纯属中国内政,但英国驻广州代理领事巴夏礼为了制造战争借口,硬说"亚罗"号是条英国船。而且

---

① 《筹办夷务始末》(咸丰朝)第 1 册,中华书局 1979 年版,第 343~347 页。

无中生有，胡说广东水师曾扯下悬挂的英国国旗，是对英国的侮辱。21日，巴夏礼要求广东当局送回被捕人员，并赔礼道歉。总督叶名琛害怕事态扩大，将逮捕的水手送交英驻广州领事馆。巴夏礼又声言礼貌不周，拒绝接受，一心将事情闹大。

1856年10月23日，英舰3艘突入珠江口，连日攻占猎德、归江及凤凰冈、西固、海珠等炮台。当英军沿省河发动进攻时，昏庸的叶名琛闻警后不作应战准备，但说"必无事，日暮自走耳"。随后又下令省河中的红单船与巡船把旗帜收起，嘱咐敌船入内，"不可放炮迎击"。叶名琛的不抵抗主义助长了侵略者的气焰。27日，英军开始轰击广州城。29日，英军冲入城中，纵火烧毁靖海门、五仙门附近民房，将总督署劫掠一空，直到黄昏才退出城外。此后数日，不断向城中炮击。11月6日，又把十三行附近的民房全部毁坏。中国军民奋起反抗。他们利用一切机会，机智勇敢地打击敌人，向敌人多次发动火攻，打死打伤敌人无数。12月16日，又纵火烧毁了十三洋行。在爱国军民的反击下，英人"进退维谷"，不得不于1857年1月全部退出虎门，等待援军。

1857年10月，大批英国援军到达香港。葛罗率领的法军同时到达。12月，额尔金和葛罗分别向叶名琛发出最后通牒，要求允许进入广州城和赔偿损失，限十日内答复。战争一触即发，而叶名琛却仍然认为英法是"虚张声势"，还迷信乩语，一切军事决策均由扶乩决定。下属请求调兵设防，不许；请招集团练，又不许。24日，英法军队发出招降书，限48小时交出广州。28日，英法联军占据海珠炮台，猛攻广州城内督署。叶名琛逃往粤华书院。"千总邓安邦以东勇千人冒死血战，杀伤相当，孤军无援，遂不支。"①29日晨，广州失陷。叶名琛在城破后被俘，后来送往加尔各答，一年后无食而死。对于他的昏庸荒谬行径，当时就有人讥讽是："不战不和不守，不死不降不走，相臣度量，疆臣抱负，古之所无，今亦罕有。"②

2. 大沽失陷与天津条约

英法联军占领广州不久，又挥师北上。1858年4月，英法舰队抵达大

---

① 七弦河上钓叟：《英吉利广东入城始末》，齐思和等：《第二次鸦片战争》资料丛刊第1册，上海人民出版社1978年版，第216页。

② 薛福成：《书汉阳叶相广州之变》，齐思和等：《第二次鸦片战争》资料丛刊第1册，上海人民出版社1978年版，第233页。

沽口外。24日,英、法、美、俄四国公使分别照会清政府,要求派遣全权大臣前来海口谈判,借以拖延时间,进行战斗准备。咸丰帝对四国勾结联合侵华的阴谋认识不足,依然把镇压太平天国作为首要任务,对外交涉采取"怀柔"政策。28日,咸丰帝派遣直隶总督谭廷襄为钦差大臣,前往大沽交涉。英法借口他没有全权证书,拒不与他会谈。美俄公使则扮演"调停"角色,一面与清政府商谈修约,一面又与英法串通一气,共同压迫清政府就范。

5月18日,英法联军已作好进攻准备,美国公使列卫廉即刻通知正在和清方商量修约的美方代表卫三畏,不露声色地终止谈判。俄使普提雅廷则向额尔金保证,待联军进入白河,俄舰即随同前往。5月20日晨,英法联军向守台清军发出通牒,限令2小时内交出炮台。10时,联军向大沽炮台猛烈炮轰,大沽沦陷。英法联军沿白河西上。5月26日,联军进入天津近郊。29日,清政府派大学士桂良、吏部尚书花沙纳为全权大臣,前往天津议和。经过20天的谈判,6月26、27日,双方签订了《中英天津条约》和《中法天津条约》。美俄借口调解有"功",也与清政府签订了《中美天津条约》和《中俄天津条约》。11月,桂良等又分别与英法在上海签订了《通商章程善后条约》、《海关税则》各十款。上述条约主要内容有:一、外国公使进驻北京。以前,外国使节只能在通商口岸活动,公使驻京后即可直接向清政府中央施加压力,加强对清政府的控制。二、增开牛庄(后改营口)、登州(后改烟台)、台湾(后来定于台南)、淡水、潮州(后改汕头)、琼州、汉口、九江、南京、镇江为通商口岸。这样一来,沿海各个重要港口及长江汉口以下都对西方开放,几乎全国都变成西方资本主义的商品市场和原料供应地。三、外国人可以在各通商口岸自由居住,租赁房屋,购买土地,还可以进入内地游历、通商、传教。四、鸦片贸易合法化,每箱鸦片在通商口岸缴纳白银30两即可入口。五、海关对进口货物照时价抽取5％关税,再加征2.5％的子口税,即可运销全国;邀请外国人帮办海关税务。六、外国军舰商船,可驶入长江及各通商口岸,严重影响了沿海及长江流域防务。七、扩大了领事裁判权。外人之间的所有纠纷,中国无权过问;涉及中外两国人的民事纠纷,必须在外国人所属领事馆的监督下,由中外双方官员会审。八、赔偿英国银400万两,法国银200万两。

清政府害怕公使驻京影响朝廷尊严,曾力图取消。对外人入内地游历,也担心他们和反政府的太平军勾结,同样希望修改。当桂良等赴上海商谈通商善后条款时,咸丰帝希望桂良等人在谈判中,以全免关税为条件,取消公使驻京等款,但未能成功。

　　3. 英法扩大战争

　　《天津条约》签订后,英法联军陆续南撤。咸丰帝对条约的订立惶恐不安,一面命令桂良等人在上海谈判中争取修改,同时谕令僧格林沁负责修复大沽炮台,重新加强北洋防务。1859年6月中旬,英国公使普鲁斯、法国公使布尔布隆和美国公使华约翰各率领一支舰队到达大沽口,前来交换条约批准书。清政府派直隶总督恒福接待,要求他们从北塘登陆,然后经天津前去北京。英法公使却蓄意挑衅,坚持要经大沽口沿白河前往北京。6月25日,英法舰队猛轰大沽炮台。守将史荣春、龙汝元等奋勇反击,相继中炮牺牲。激战达数小时,清军击沉击毁英法兵舰十多艘,击毙击伤英法官兵502人。英军司令贺布也受重伤,法军司令同样受伤。

　　1860年2月,英法分别再度任命额尔金与葛罗为全权专使,率领军舰和运输船205艘、军队25 000人来华。美使华约翰、俄使伊格纳切夫也先后赶到上海,表面上担任"调人",暗中则与英法勾结,伺机牟利。俄使且将白河与北京的防务密告英法联军。7月底,英法舰队再次集结大沽口外。他们侦知僧格林沁专守大沽,北塘空虚。于是乘虚而入,在8月1日由"俄夷引路,占据北塘"①。14日攻占塘沽。21日,英法联军水陆夹击,大沽再次失守。24日,英法联军占领天津。

　　9月21日,联军向通往北京的要隘、通州城西八里桥发动进攻。副都统胜保率领官兵猛烈反击,"伤毙敌兵千余"。英法联军支持不住,"披靡却退"。可是,大学士瑞麟率领的一支清军未上阵即溃退;主帅僧格林沁也在双方酣战之际,"自乘骡车,撤队而逃"。敌势复振,"一鼓而回",八里桥遂失。② 不过,这一仗还是给予英法联军以沉重的打击,"使随军的军火储备销减到一种危险的程度"。为了补充兵员和军需品,英法联军在通州一直停留到10月15日。③

　　通州失陷,咸丰帝改派恭亲王奕䜣(1833~1898)为钦差大臣,继续与英法谈判,自己则带着后妃王子逃往承德。英法联军乘虚挺进,10月13日,

---

① 《筹办夷务始末》(咸丰朝)第6册,中华书局1979年版,第2078页。
② 赘漫野叟:《庚申夷氛纪略》,齐思和等:《第二次鸦片战争》资料丛刊第2册,上海人民出版社1978年版,第10、11页。
③ 马士:《中华帝国对外关系史》第1卷,商务印书馆1957年版,第680~681页。

英法联军进入北京安定门

联军逼迫清军交出安定门,从而直接控制了北京城。

英法联军进犯北京途中,烧杀抢劫,无所不为。占领北京后,又对北京进行洗劫。他们把圆明园的金银财宝全部抢光,把不易搬动的瓷器铜器打碎。为了消灭罪证,最后又纵火把圆明园烧毁。圆明园是当时最富丽的名园,周围 30 里,被誉为"中国的珍珠",里面珍藏着古今中外许多历史文物、孤本秘籍、名人字画、鼎彝礼器、珍珠宝贝、铜瓷古玩,实为当时世界上最壮丽的艺术馆和博物馆。这个前后经过 150 年营建,我国人民杰出的艺术创造,被侵略强盗放火烧了三天三夜还没有熄灭,"黑烟结成浓云,弥漫北京天空,向东南流动百余里"[①]。这个世界上独一无二的壮丽名园,从此化为灰尘。

奕䜣在英法的威胁和沙俄的诱劝下,代表清政府与英法交换了《天津条约》批准书,同时签订了中英、中法《北京条约》。《北京条约》除完全承认《天津条约》有效外,还增加了许多新内容。主要有:一、开天津为商埠;二、准许华人赴英法属地或外洋别处做工;三、割让九龙司给英国;四、交还以前没收的天主堂及其财产,传教士在各地租买田地,建造自便;五、赔偿英法兵费各增至 800 万两,恤金英国 50 万两,法国 20 万两。

4. 沙俄侵占中国大片领土

第二次鸦片战争爆发后,沙俄趁火打劫,开始大规模侵占我国领土。1858 年 5 月,英法联军攻占大沽,穆拉维约夫乘机向黑龙江将军奕山索要

---

① 英军书记官斯文侯记,转见《文物参考资料》1957 年版,第 29 页。

黑龙江以北领土,胡说只有把黑龙江以北割让俄国,才能阻止英国的侵犯,否则,沙俄将和英法联合攻打中国。奕山经不起俄人的威胁利诱,于5月28日与穆拉维约夫签订了中俄《瑷珲条约》。通过这个条约,沙俄强占了我国黑龙江以北、外兴安岭以南60万平方公里领土,同时将乌苏里江以东的我国领土划归中俄共管。不久普提雅廷又以"调停"有功为由,与清政府签订了中俄《天津条约》,沙俄取得了在上海等地的通商权。规定外国将来增开通商口岸,准俄国一律照办。此外还掠得了内地传教权、领事裁判权及片面最惠国待遇。条约还规定"中国与俄国将从前未经定明边界,由两国派出信任大员秉公查勘"。为此后沙俄以勘界为名吞并中国大片领土埋下了伏线。

中俄签订《天津条约》之际,沙俄还派兵占领了伯力,改名哈巴罗夫斯克。1860年再强占了我国东北的重要港口海参崴,改名为符拉迪沃斯托克(寓意"控制东方")。同年,通过威胁利诱签订了中俄《北京条约》,逼迫清政府承认《瑷珲条约》,又将该约规定由中俄共管的乌苏里江以东约40万平方公里的中国领土划归俄国。1864年10月,沙俄又强迫清政府签订了《中俄勘分西北界约记》,将巴尔喀什湖以东以南的44万平方公里的中国领土划归俄国。在19世纪中叶,沙俄通过武力强占与讹诈等多样手段,不但和英法一样掠得了许多特权,还共计强占了我国144万多平方公里领土,是在中国掠得权益最多的国家。

通过第二次鸦片战争和一系列不平等条约的签订,中国丧失了大量领土和主权,半殖民地化程度进一步加深了。

首先,领土方面:英国强占了香港和对岸的九龙司,沙俄更侵占了中国的东北和西北的广阔领土,致使中国的领土完整受到严重破坏。

其次,外国侵略者加强了对中国的控制。1861年,英、法、美等国相继在北京设立使馆,公使入驻北京,开始干预中国内政;海关直接归外人管理,控制了清政府的财政命脉;租界继设于上海之后,广州、厦门、天津、镇江、汉口、九江等地相继设立,成为"国中之国";条约规定允许华人出洋做工,实际是使贩卖华工合法化,严重破坏了中国人权。

再次,经济侵略深入全国。由于沿海沿江大量通商口岸的开辟,以及关税和子口税的规定,外国船只驶入内河,为外国商品输入中国大开方便之门,加速了中国自然经济的解体,使中国进一步沦为西方资本主义的商品市场和原料供应地。

最后,文化上,由于教会势力深入穷乡僻壤,加强了精神奴役。传教士在各地为非作歹,建房买地,压迫平民,引起了一连串民教冲突,使广大人民遭受的苦难益发深重。

第四节　两次鸦片战争时期的中国社会

一、经世思潮

经世思潮滥觞于明末清初,盛行于晚清时期。明朝末年,政治昏暗,土地集中,天灾连年,社会矛盾日趋尖锐。特别是满洲贵族入主中国后,阶级矛盾和民族矛盾交织,使社会矛盾更加复杂化。忧国忧民的有识之士,发表了大量关于经国济世的评论,抨击空谈心性的无用之学。这些文章于1638年由陈子龙等人汇编成《皇明经世文编》,内容包括军事、形势、时政、边防、赋役、财政等,宗旨在吸取教训,挽救明朝危亡。清初,顾炎武、黄宗羲、王夫之等著名学者痛感空谈亡国,大力倡导经世实学。然而,随着清朝统治稳定,思想控制加强,考据之风盛极一时,经世之学终被淹没。19世纪以后,随着清朝统治的衰落,在危机四伏的形势下,一部分有良知的文人,敏锐地意识到清王朝已步入了"日之将夕,悲风骤至"的衰世。他们呼吁"更法",发扬今文经学派微言大义的传统,"往往引公羊义讥切时政,诋诽专制"①。由此,沉寂多年的经世思潮又活跃起来,日渐发展为清末学术思潮的主流。

经世思潮的兴起,与道光帝的提倡和支持不无关系。道光帝即位时,面对的是一个破烂不堪的烂摊子。他认为:"通经致用,有治人而后有治功;课绩考勤,有实心而后有实政。"②从保存祖宗基业出发,他一方面起用一些敢言敢谏的人充当御史列卿,鼓励他们究心世务,直言时弊;另一方面提拔一批年富力强、敢于任事的官员,支持他们整顿吏治,改革弊政。在他的支持下,改革漕运、整顿盐政、肃清吏治、兴修水利,多有成就。影响所及,不少疆臣以经世济民为己任,经世思潮日盛一日。

1826年,魏源代江苏布政使贺长龄编辑的《皇朝经世文编》出版,是经世思潮复兴的重要标志。该书共计120卷,分为学术、治体、吏政、户政、礼政、兵政、刑政、工政八大类,选录自清初到道光五年(1825)的经世文2236

---

① 梁启超:《清代学术概论》,《饮冰室合集》(8),专集之34,第54页。
② 《清宣宗实录》卷351,中华书局1986年影印本,第20页。

篇。书中大量事关国计民生的议论，集中了两百年间经国济世的优秀学术成果。此书一问世，立刻风行全国，"凡讲求经济者，无不奉此书为矩矱，几于家有其书"。清末80年间仿照其体例编辑的，有张鹏飞的《皇朝经世文补编》120卷(1851年)、饶玉成的《皇朝经世文编续集》120卷(1882年)、葛士浚的《皇朝经世文续编》120卷(1888年)等共17种。这么多续编的出版，表明清末经世之学确已广受瞩目。

鸦片战争，堂堂中华败于"蕞尔岛国"，极大地震动了社会各界。注重现实的经世派，很快把注意力转向寻求抵抗西方侵略的方策。被誉为近代"开眼看世界第一人"的林则徐，组织人力翻译新书新报，刺探西方情况。在了解西方的基础上，提出"师敌之长技以制敌"的主张。魏源紧随其后，以林则徐主持编译的《四洲志》为主干，编成《海国图志》。他深刻总结了鸦片战争失败的教训，写成《筹海篇》4卷，提出了经过深思熟虑、具有深刻内涵的反侵略主张，把师夷与制夷统一起来，为中华民族救亡图强指明了方向。过去，一般人多把《海国图志》视为一部最早介绍世界各国史地的书籍。这种说法不无道理，但很不全面，主要是没有充分估计该书重大的政治价值和历史作用。其实，魏源编辑该书的主旨在《海国图志原叙》中即说得非常明确：是书"为以夷攻夷而作，为以夷款夷而作，为师夷之长技以制夷而作"①。因此，该书实际上是为抵抗英国侵略而编辑的一部海防全书。以《海国图志》为标志，开启了两次鸦片战争时期学习西方的新风。继魏源之后，梁廷楠的《海国四说》、徐继畬的《瀛环志略》、姚莹的《康輶纪行》等介绍世界情况的书，至少有十多种相继出版，使国人眼界大开。

与此同时，西学在中国也逐渐得到传播，其中西方来华的传教士起了重大作用。早在鸦片战争前，马礼逊等已在南洋传播西学。鸦片战争后，香港割让，五口开放，他们即以这些地方为基地，在出版宗教书籍的同时，开始和华人李善兰、徐寿、华蘅芳、王韬等合作，翻译出版西学著作，创办报刊，传播新知。据统计，1843~1860年间，香港与五个通商口岸共出版西书434种。其中科学和其他书籍105种，占24%以上。② 内容包括数学、物理学、天文学、地理学、地质学、博物学、植物学、医学等。这些西方科技知识的输入，为中国近代科学技术的诞生奠立了基础。

---

① 魏源：《海国图志原叙》，《海国图志》上，岳麓书社1998年版，第1页。
② 熊月之：《1842年至1860年西学在中国的传播》，《历史研究》1994年第4期。

然而，清朝统治阶级的决策层，对西方知识与科技并未予以足够重视。《海国图志》自1842年编成50卷出版后，长期没有受到当权者的青睐。直到1858年，兵部左侍郎王茂荫才向咸丰帝奏报，声称"见有《海国图志》一书，计五十卷，于海外诸国疆域形势、风土人情，详悉备载，而于英吉利为尤详"，请求重为刊印。① 此时离50卷本出版已16年，离60卷本出版已过10年，离100卷本出版也已6年，而王茂荫却还只看到50卷本，岂不令人震惊！至于徐继畬的《瀛环志略》，其命运则更可悲。1848年刊印后，"奉旨议处，书版饬令销毁"。直到19世纪60年代才重新受到重视，广为传播。

师法西方技术能否取得成效，与当时中国的整个社会心态也息息相关。中国是一个老大帝国，传统的优越感深深印在人们脑中。自古以来都是别国学习中国，哪有中国向别国学习之理！这类心态，非但在守旧派中存在，即使在一些赞同开眼看世界的人中，也不同程度地存在。比如梁廷楠，曾著有《粤海关志》等著作30多种，却不主张学习西方长技。他说："但能实事求是，先为不可胜，夷将如我何？不然而反求胜夷之道于夷也，古今无是理也。"② 又如《中西纪事》的作者夏燮，一方面承认船与炮是西方长技，一方面又认为"与其借资于外洋，不如讲求于内地"。按照他的设想，加强内河防御，专修内河之战船，即可"以静制动，可以转危为安，易败为胜"③。他们对学习西方长技尚持如此态度，其他人就可想而知了。两次鸦片战争时期，师法西方推动中国近代化无所成就，这也是一个重要因素。

二、通商口岸与租界

1. 通商口岸的开辟

鸦片战争前，西方各国对华通商限于广州一地。鸦片战争后，《南京条约》规定向英国开放广州、厦门、福州、宁波、上海五处为通商口岸。不久，清政府相继与美、法、瑞典、挪威等国订立条约或通商章程，上述五口同时对美、法、瑞典、挪威等国开放。从此，东南沿海五口就成为欧美廉价商品倾销的据点，也是他们掠夺中国农矿原料和手工业产品的聚集地，还是走私鸦片

---

① 《王茂荫奏治法治人之本在明德养气折》，《筹办夷务始末》（咸丰朝）第3册，中华书局1979年版，第220页。
② 梁廷楠：《夷氛闻记》卷5，中华书局1985年版，第172页。
③ 夏燮：《中西纪事》卷23，岳麓书社1988年版，第280～286页。

的窝点。

鸦片战争后,沙俄也力图向我新疆地区扩张。1851年8月6日,中俄签订了《伊犁塔尔巴哈台通商章程》,俄商获准赴伊犁和塔尔巴哈台通商,设立领事和商站,贸易免税,并攫得领事裁判权。[①] 1858年,沙俄通过《天津条约》,又取得由海路赴上海、宁波、福州、厦门、广州、台湾、琼州(海南岛)7处通商权。

1858年,中英、中法《天津条约》规定,中国增开沿海的牛庄(后改营口)、登州(后改烟台)、台湾(后改台南)、淡水、潮州(后改汕头)、琼州及长江沿岸的汉口、九江、南京、镇江为通商口岸,1860年中英《北京条约》又增开天津为通商口岸。中国被迫开放的地域由东南沿海延伸到北部沿海及长江中下游。此外,新疆的喀什、蒙古的库伦,根据中俄《北京续增条约》也于1861年4月和7月分别开放。

2. 租界的建立

在通商口岸建立外国租界,是西方侵略者逐步侵占中国领土主权的一个阴谋。按照《南京条约》等规定,中国只允许英国人带所属家眷,寄居广州等五处港口贸易通商,并无在通商口岸设立"租界"的权利。两次鸦片战争期间"租界"的建立,倡始者是英国,继之者是法、美等国。

《南京条约》签订后,璞鼎查曾赴上海实地查勘,确定了租地的初步意向。1843年11月上海开埠后,首任领事巴富尔即与苏松太道宫慕久会商租地事宜。1845年11月29日,宫慕久以告示方式公布了《上海租地章程》,"划定洋泾浜以北、李家庄以南之地,准租与英国商人,为建筑房舍及居住之用"[②]。1846年9月24日,巴富尔与宫慕久议定,租地东到黄浦江,西到界路(今河南中路),南到洋泾浜,北到李家庄。至此,英租地四至确定,面积为830亩。这年租地内的外人由初时25人增到120人。年底,租地外人开会,推举3人成立"道路码头委员会"。道路码头委员会有在租地内强制征收地方税特权,成为市政机构的雏形。而外国租地人会议则具有"市议会"性质。1848年,新任英国领事阿礼国借青浦教案大肆要挟,向上海当局提出扩界

[①] 《伊犁塔尔巴哈台通商章程》,王铁崖编:《中外旧约章汇编》第1册,生活·读书·新知三联书店1957年版,第78~80页。

[②] 《上海租地章程》,王铁崖编:《中外旧约章汇编》第1册,生活·读书·新知三联书店1957年版,第65页。

要求。11月,上海道台麟桂发布告示,宣布租地西界扩展至周泾浜(今西藏中路),北界从李家庄扩展到苏州河南岸,面积增到2820亩。

英人在上海租地划定不久,法人也开始了租地活动。1848年7月,法使敏体尼向上海官方提出,将县城以北,洋泾浜以南地区划为法人租地,享有与英租地同等权益。几经交涉,上海道台麟桂屈服于法人压力,于1849年4月6日发出告示,确定南到上海城北门外的城河,北到洋泾浜,西至关帝庙、褚家桥为法租地,面积986亩。1855年,法人乘小刀会起义之机,借口助清军攻打小刀会,又将县城东门外的土地划入法租地内,面积扩大到1200多亩。

与此同时,美国人也展开了租地活动。1848年,美国圣公会主教文惠廉,见苏州河北岸地价低廉,即以建造教堂为名,在虹口地区广置土地,建造房屋,同时与署上海道台吴健彰交涉,要求同意。吴健彰虽然口头答应,因文惠廉不是领事,没有正式签订协议,也未划定地界。直到1863年与英租地合并为公共租界,界址才正式确定。

1853年春,太平军占领南京、镇江,大有向东扩展之势。英国领事阿礼国即与各国领事、海军指挥官、侨民多次集会,成立"万国义勇队",修筑长期性的防御工事,并宣布外人租地是"中立区",禁止清军和太平军进入。同年9月,上海小刀会起义,占领上海县城,知县袁祖德被杀。上海道台吴健彰被美国人从县城救出后一度匿居租地内。此时,清朝当局无力过问租地内行政事务,界内华民转归外人管理。1854年7月,英法领事擅自召集49个外国租地人参加的会议通过新《上海租地章程》(又称《英法美租界租地章程》)。规定新的委员会推举7人组成,在汉语里名为"工部局",其实英文名称Municipal Committee就是"市政委员会",用来代替原来的"道路码头委员会"。7月17日,工部局第一次会议通过决议,正式请求英、美、法三国海军长官继续驻兵租界,接着分设各种委员会,分别掌管租界的一切事务。①工部局成立后设置的第一个分支机构是"防卫委员会",其任务是编练警察(即巡警)。新章程公布和工部局成立后,立即向租界内华人征收地租、码头税、房捐和巡捕捐,从而完全摆脱了中国政府的行政管制,成为中国领土内

---

① 参见《上海英法美租界租地章程》,王铁崖编:《中外旧约章汇编》第1册,生活·读书·新知三联书店1957年版,第80～83页;严中平主编:《中国近代经济史》上册,人民出版社1990年版,第294～297页。

的"国中之国"。这就是后来习称的"租界"。

上海三国租界实行统一管理后,由于法国与英美有矛盾,法租界于1862年5月成立"公董局",由此独立设置。1863年9月20日,英美租界合并为公共租界。于是,上海出现了公共租界与法租界并立的局面。

第二次鸦片战争后,英法美等国仿照上海办法,纷纷在通商口岸划定租界。短时期内,英国开辟了广州(1859年)、天津(1860年)、镇江(1861年)、汉口(1861年)、九江(1861年)、厦门(1862年)6处租界,法国也开辟了广州(1859年)、天津(1861年)两个租界,美国开辟了天津(1862年)租界。经过两次鸦片战争,外国人在中国土地上就建立了10个专管租界和1个公共租界,加上英国割香港,俄国侵占我东北和西北大片领土,中国领土主权遭到严重破坏。除租界外,英国等还借口小刀会起义捣毁江海关之机,逐步把海关行政权掠为己有,使中国海关大门的钥匙长期由外人控制。

三、半殖民地型经济的端倪

1. 进出口贸易

两次鸦片战争期间,西方国家商品输入总的形势虽在扩大,但还不能畅通无阻,中国经济还没有被大规模地卷入世界资本主义市场。英国仍然是主要的商品输入国。英国输华产品总值,1840年为524 198英镑,1845年增至2 394 827英镑,此后十多年,都没有超过这年的水平,直到1857年才达2 449 982英镑,首次超出1845年;1860年增至4 359 961英镑。[①] 20年间增加了7倍多。美国对华贸易仅次于英国,1845年至1860年,美国对华出口由230万元上升到890万元。15年间将近增加3倍。英美之外,其他国家仍然微不足道,总计只占6%左右。

两次鸦片战争期间,中西贸易最重大变化是贸易中心由广州移到上海。五口通商初期,广州仍然是中外贸易中心。1844年至1849年,从英国输入广州的货值,年平均占五口总额的78%以上;从广州输往英国的货值,年平均占81%以上。[②] 到了50年代,上海外贸迅速发展,广州日趋没落。1844

[①] 姚贤镐:《中国近代对外贸易史资料》第1册,中华书局1962年版,第637~638页。

[②] 黄苇:《上海开埠初期对外贸易研究》,上海人民出版社1961年版,第143~144页。

年英国对上海进出口贸易额为988 864英镑,1853年增至5 382 000英镑,增加了4倍半。这年英国对华进出口总值是10 005 212英镑,上海为5 382 000英镑,占53.8%。1855年,英国对华进出口总值为11 942 259英镑,上海为7 527 281英镑,占60%。① 这种变化仍如马克思指出的:"让出五个新口岸来开放,并没有造成五个新的商业中心,而是使贸易逐步由广州移到上海。"②

两次鸦片战争期间的中外贸易,从商品的品种来看,外国输华的,主要是机制棉纺织品,中国出口的,仍然为丝、茶等农产品。中国茶叶出口,1832年为40万担,1843年降到13万担,1844年增至53万担,1859年达83万担。东印度公司垄断时期,生丝出口不超过6 000包,五口开放之初,平均每年约12 推广 500包,至1858年,增至80 970包,十多年间,增加了4倍多。③ 英国输华的棉纺织品值,1841年为58万英镑,1857年上升至170万英镑,增加不足两倍。如与丝、茶出口比较,显然缓慢得多。美国到19世纪30年代,棉布才进入中国市场。1850年至1853年间,美国输华棉布增加一倍以上,但远不能与英国相比。

2. 鸦片贩卖

两次鸦片战争时期,鸦片是进口的最大宗商品。据马士估计,1843年至1860年,共消费鸦片844 780箱,平均每年消费46 931箱。④ 据有人核实后估算,1821年至1839年,共消费鸦片297 133箱,平均每年消费15 638箱。⑤ 这样,鸦片战后18年的消费量是鸦片战争前19年平均消费量的三倍多。

鸦片的大量输入,对改变中外贸易格局影响很大。据英国领事报告,

---

① 参见萧致治:《鸦片战争史》下,福建人民出版社1996年版,第668页。

② 马克思:《中国和英国的条约》,《马克思恩格斯选集》第2卷,人民出版社1972年版,第33页。

③ 姚贤镐:《中国近代对外贸易史资料》第1册,第527页;第3册,第1039页,中华书局1962年版。

④ 据马士:《中华帝国对外关系史》第1卷(商务印书馆1957年版),第626页,统计表所载数字统计。

⑤ 据龚缨晏在《浙江大学学报》1999年第4期发表的《1840年前输入中国的鸦片数量》一文考证;吴义雄在《近代史研究》2002年第2期发表的《鸦片战争前的鸦片贸易研究》一文,也认为1821年至1839年平均每年输入鸦片为1万多箱。

1846年,英国、美国、英属印度对华的合法商品输出共计1800万元,自华输入合计为3100万元,中国出超1300万元。如果加入印度输华的鸦片2300万元,则中国每年须以白银1000万元来填补逆差。① 因此,整个40年代,中国为了弥补对外贸易逆差,平均每年要输出白银1000万元左右,最高的一年达1700万元(1844年)。到了50年代,由于丝、茶出口大增,即使加上鸦片销值,中国仍然出超,白银才由外流变成流入。50年代后期,每年流入白银常达2000万元。② 鸦片走私的大发展,除了给中国经济、政治、社会造成严重祸害外,对中外正当贸易也产生重大影响。诚如马克思说的,"中国人不能同时既购买商品又购买毒品;在目前条件下,扩大对华贸易,就是扩大鸦片贸易;而增加鸦片贸易是和发展合法贸易不相容的"③。

3. 外国资本的早期侵入

除从事商品贸易外,西方各国还开展了初期的对华投资活动。这类投资集中在船舶修造、印刷、食品加工、制药等轻工业和金融业方面。据统计,到1860年止,外国在华设立船舶修造厂25家、印刷厂3家、面包厂和制冰厂各1家。其中英商办的23家,美商5家;1843年至1850年办的9家,1851年至1860年办的21家;办在香港的9家,上海的15家,其余设在广州、澳门、厦门、福州。

鸦片战争后,外国银行开始在华设立。1845年,丽如银行首先在香港和广州设立分支机构,到1849年又在上海设立分行。随之而来的是:1851年,汇隆银行在广州设立分行;1854年,呵加剌银行在上海设立分行,次年在广州设代理行,1858年,香港也有分行;有利银行的前身之一印度伦敦中国银行于1854年分别在上海、广州设立代理机构,合并后在上海、香港分别设立分行;1858年,麦加利银行在上海设立分行,同时在香港设立代理机构,汉口开埠后即在汉口设立代理处。两次鸦片战争期间,共计有5家外资银行在中国设立了13个分支机构。④

---

① 姚贤镐:《中国近代对外贸易史资料》第1册,中华书局1962年版,第522页。
② 转见汪敬虞:《十九世纪西方资本主义对中国的经济侵略》,人民出版社1983年版,第81~82页。
③ 马克思:《鸦片贸易史》(1858年),《马克思恩格斯选集》第2卷,人民出版社1972年版,第24页。
④ 转见汪敬虞:《十九世纪西方资本主义对中国的经济侵略》,人民出版社1983年版,第106~149页。

此外,外商还在航运业与保险业方面开始投资。1848 年,省港火轮船公司创办,在广州和香港之间从事航运。1855 年,旗昌洋行在福州开展了中国互助保险公司的代理业务。1857 年,怡和洋行在香港与上海设立了谏当保险公司分号,作为吸引华商货运主的手段。

随着英美资本家在五口地区设立码头,投资船舶修造业和印刷业等等,雇佣工人替他们卖力,中国出现了第一批产业工人。

本时期内,西方各国的在华投资,还不具备资本输出性质,主要是为了更方便的掠夺性贸易,是为商品输出服务的。

四、传统经济的缓慢变化

1. 农业和小农经济

两次鸦片战争和以太平天国为中心的各族人民大起义,时间延续 34 年,范围波及全国广大地区。在这段时间里,清政府为筹集军饷,交付赔款,对人民进行了敲骨吸髓的压榨;为招募兵力,又使大量劳动力脱离生产。战争给当时农业经济造成极大的破坏。

战争给农业带来的破坏,首先是农业劳动力受到巨大损害。太平军起义后,清政府原有的八旗绿营兵,已经失去了战斗力。为了挽救统治,清政府从 1852 年起,即通令各省在职官员和地方士绅,团练自卫。受命团练的大臣有 100 多人,团练队伍几乎遍及 18 行省。各州县的团练队伍少则数千,多达几万人。当时 18 省计 1500 多个州县,以每县 15000 人计,全国团练队伍人数估计在 2000 万以上。这些人多是精壮劳力,虽然一般不离乡井,但训练需时,作战需时,无疑会给农业生产带来重大影响。在团练基础上发展起来的湘淮军与蒙古骑兵,是一支脱产专门从事征战的新型队伍。湘军在 1853 年初练成军时,不过 15000 多人,后来发展到 20 万人。后起的淮军,1865 年时有六七万人。这些队伍到了哪里,哪里就得派夫派差,"贱者乃人儋一矛,其衣被履笠胥民夫肩运,稍贵者无论矣。军万人,役夫乃不啻数万"①。

战争给农业带来的另一灾难是对广大农民的生命财产造成极大的破坏。清政府在镇压各地起义中所进行的战争,最长的如江西、安徽、江苏、贵州、云南、新疆等地,都在十年以上;最短的湖南、湖北、浙江、陕西、福建等地

---

① 李馥纂:《祁阳县志》卷二,《军略志》,咸丰元年条;卷六,《官师志·任瑛》。

也有四五年;河南、山东、直隶、甘肃等地亦有七八年。在长期的战事中,人们不但无法正常生产,而且已有的财产也被抢掠一空。许多人不是惨遭杀害,就是辗转流亡,致使城乡受到严重破坏,土地荒芜,农业生产受到无情的摧残。例如在外国侵略者和湘淮军的联合摧残下,江浙皖及全国许多地区田地荒芜,生产受到毁灭性破坏。"皖南及江宁各属,市人肉以相食,或数十里野无耕种,村无炊烟。"①

由于战争连年,人民大量非正常死亡,致使人口锐减。太平军从起义起,大体遵守"不妄杀良民一人"的纪律,而清军则滥杀无辜,"专以杀戮为功",以致大量平民死于非命。据清朝官方统计,江苏全省人口1852年为4449万多,到1874年,人口下降到1982万多;浙江1852年人口为3017万多,到1874年仅1084万多。②江西沿长江一带数百里,"不闻鸡犬声,唯见饥民僵死于道"③。据粗略估计,在农民起义期间,全国人民因战乱直接间接丧生者达6500万至7000万人。④ 这是对社会生产力的严重破坏。

太平天国失败后,由于人口锐减,江浙地区土地大量荒芜。许多地区记载土地占有关系的鱼鳞册、黄册荡然无存,"即民间田产契据亦多半遗失"。在这种情况下,有些农民自耕自种,将田地占为己有,成为自耕农。还有一种情况是,当地政府眼见土地大量荒芜,为了发展生产,采取招垦政策,给予各种优惠条件,招募山区棚民或外地农民前来耕种,有些还给予永佃权。除了在上述情况下形成的自耕农外,还有太平天国前的自耕农,以及太平天国时期出现的自耕农中有相当一部分继续存在,这样一来,太平天国后就出现了大量的自耕农。据英国驻镇江领事阿克逊·汉姆报告:"镇江附近的农业面积人平均为20亩,大约在10至50亩之间。太平天国后,大地主已不复存在,仅剩下自耕农。在长江以南,十分之九的土地为耕者所有。"⑤这不免有些高估,但太平天国后自耕农的大量存在当是事实,不是空穴来风。这应

---

① 曾国藩:《江西牙厘请照旧经收折》,李文治编:《中国近代农业史资料》第1辑,生活·读书·新知三联书店1957年版,第157页。

② 李文治编:《中国近代农业史资料》第1辑,生活·读书·新知三联书店1957年版,第10~13页各表。

③ 简又文:《太平天国典制通考》,香港猛进书屋1958年版,第753页。

④ 严中平主编:《中国近代经济史》上,人民出版社1989年版,第649页。

⑤ 刘耀:《从长江中下游地区农村经济的变化看太平天国的历史作用》,《历史研究》1979年第1期。

是太平天国运动的一个重大成果。

2. 新式商业与市场

随着五口通商,进出口贸易发展,国内逐渐出现一批经营进出口商品的华商。其中经营进口商品的多称字号,如棉布字号、五金字号等;经营出口商品的多称行栈,如丝行、茶栈等。另外,在这个商业链上的,还有中间商、转运商、内地集散商以及零售商和土产收购商。这些经营者大部分是新入行的商人,仅有少数是从前资本主义商人转化而来。① 棉布是从国外进口的最大宗商品。鸦片战争后,英美把大量机织棉毛织品运到中国,由于种种条件限制,这些商品必须通过中国商人才能转销出去。适应这种需要,专营洋布的批发和零售店纷纷出现。1850年,上海大东门城外的同春洋货号是第一家经销洋布的商店,到1858年止,上海经销洋布店共有十五六家。另外,英国的棉布还经香港运销华南和台湾等地,这些地方也出现了不少经销英美棉布的商人和商店。

茶叶和生丝是中国主要出口商品。这两个行业在鸦片战争后的出口,曾经大幅增长。以茶来说,清代茶商分为三大体系,一是安徽、福建系,是主产区茶商,经营安徽祁门茶和福建武夷茶,实力最雄厚,行销各方;二是经营边茶的陕西、四川系,主要销行康藏;三是山西及江浙湖广,经营内地茶叶贸易。其中晋商实力最雄厚,经营内地与蒙古、新疆等地茶市,并将茶叶运往恰克图卖与俄国茶商。鸦片战争前,自中国广州输出的茶叶量约为58 981 000磅;鸦片战争后,外贸中心转移到上海,到了1850年,茶叶主要由上海、福州出口。1856年由广州运出的茶叶降至30 404 400磅,上海运出59 300 000磅,福州运出40 972 600磅。随着茶叶出口地的转移,从产地把茶叶运到福州、上海卖给外商,中间经营者如茶贩、茶行、茶栈以及运输商,便很快形成了一个新式商业集团。同样,生丝以前主要由广州出口,由行商和散商经营,鸦片战争后逐渐转为由上海出口。1834~1837年,广州每年平均出口丝12 497包。到1856年,由上海出口的丝已达79 196包,相当于鸦片战争前广州出口的6.3倍多。② 丝路的改变,中间又形成一批丝贩、丝庄、丝行、丝栈和商人。如九江,"城乡内外,往年茶庄林立,或五六十家,或

---

① 参见许涤新、吴承明主编:《中国资本主义发展史》第2卷,人民出版社1990年版,第181~258页。

② 马士:《中华帝国对外关系史》第1卷,商务印书馆1957年版,第413页。

三四十家不等"①。这些都是旧行当的新商业。

随着对外贸易的发展,还产生了一个买办阶层。鸦片战争前,买办是由行商派遣为外商办理驳运、伙食、银钱出纳及其他杂役的办事人员。鸦片战争后,行商制度被废除了,外商需要雇佣一些华人替他们推销商品,购买丝、茶,招揽华商,刺探商情,这些雇佣人员仍然被称为买办。以前的行商多半转为新的买办,不过,其性质已有重大变化。战前的行商,可代表当地政府与外商联系,带有半商半官性质。战后的买办则纯粹是外商差遣的走狗。这些人靠依附外人发财致富后,不但拥有大量钱财,甚至做了大官。如原同顺行的行商吴健彰,曾充当美国旗昌洋行买办,后来做了多年上海道台。又如英国怡和洋行买办杨坊,做过盐运使,死前曾被授予常镇通海道。这些人都沦为外国资本主义的附庸。

3. 传统手工业

鸦片战争后,随着外国工业品的输入,传统手工业不同程度地受到冲击。其中最先受到冲击的自然为五口开放地区及其周围,对于全国来说,外国商品对于传统手工业的破坏,至少在两次鸦片战争时期还是初步的、局部的,1860年以后才造成了严重的破坏。

在各种商品中,棉纺织品既是英美输入最多的产品,也是关系广大民众生活的重要手工业品。在中国,耕织结合的农业经济延续数千年,对大工业产品进行了最顽强的抵抗。在两次鸦片战争时期,西方资本主义国家对中国耕织结合的自然经济的破坏还是很有限的。据估计,1860年,土布消耗棉纱量应为628.6万担,同年进口的洋纱只有35 384担,仅占土布用纱量的0.56%。② 这就告诉我们,用来织布的棉纱99.44%是在耕织结合的农民手纺和城市专业纺纱中消耗的。这3.5万多担洋纱对广大农村手工纺纱业的影响还微不足道。再看洋布排挤土布的程度,据估计,全国土布的年产量应有6.2亿匹,而当年进口的棉布仍不过386万匹。由于进口的主要是英国细布,以平均每匹重5.7磅计,折合土布约1 988万匹,占全国的消费也不过3.2%。而且进口的洋布因为售价高,主要消费于城市,对城镇专业手织户

---

① 李文治编:《中国近代农业史资料》第1辑,生活·读书·新知三联书店1957年版,第450页。

② 许涤新、吴承明主编:《中国资本主义发展史》第2卷,人民出版社1990年版,第267、273页。

自然会产生影响，但还进不了农村市场，对农村手工业的破坏作用就可想而知了。

对中国自然经济的破坏，主要体现在棉与纺、纺与织、耕与织的分离。从上述情况看，两次鸦片战争期间，农民主要用自产棉花纺纱，江南和华北一带的纺纱专业户的棉花，仍然是国内的棉花。从印度进口的棉花，1860年仅52.6万担，主要是供应广州、汕头等地专业纺织户使用。① 因此还谈不上棉与纺的分离。至于纺与织，长期以来，农村几乎每户都有纺车，而织布机则不是每家必备。农民纺出棉纱以后，或以纱换布，或请专业织布匠织成布。从外国进口的洋纱，还只能影响五口地区，所以对纺与织的分离，并未造成重大影响。耕与织的分离也还离得很远，据估算，1860年，全国应有棉布量为62 459.5万匹，进口洋布只1 988.4万匹，仅占3.18%。② 因此，也不可能促成耕与织的分离。总之，这一时期外国进口的洋棉、洋纱、洋布，由于占的比重很小，对自然经济的分解作用不宜高估，但却是中国社会转型的重要征候，值得特别注意。

本 章 小 结

两次鸦片战争和太平天国运动，给中国社会的发展带来极大的影响。中国社会内部由此发生了重大的变化，形成了数千年以来未见之大变局。

鸦片战争之前，中国是一个领土主权完整的独立国家。经过两次鸦片战争和一系列不平等条约的签订，香港割让英国，通商口岸设立租界，中国东北和西北部的大片领土被沙俄侵占，领土完整受到严重破坏。关税要与外国协商确定，破坏了中国的关税自主权。外人在华犯法，由外国领事裁判，破坏了中国的司法独立权。外国军舰和商船，可以在各个通商口岸停泊和任意巡行，又破坏了中国的领海权。还有片面的最惠国待遇，使一国掠夺的特权，其他各国皆可分沾，无异让中国听任世界列强共同宰割。从此，中国政治上的独立主权，已经受到严重破坏。

---

① 广州市地方志编委会等：《近代广州口岸社会经济概况》，暨南大学出版社1996年版，第5页。

② 许涤新、吴承明主编：《中国资本主义发展史》第2卷，人民出版社1990年版，第277页。

战前,中国是一个自给自足的自然经济占统治地位的封建社会。经过两次鸦片战争,西方列强凭借不平等条约掠得的特权,向中国倾销商品,掠夺廉价原料,中国被纳入世界资本主义体系,开始沦为西方资本主义的商品市场与原料供应地,中国存在了千百年的自然经济开始受到破坏,社会性质开始发生质的变化,中国由独立的封建社会开始沦为半殖民地半封建社会。

与外国资本主义的侵入相伴随,国内阶级关系也发生了新的变化。适应外国资本主义侵略的需要,通商口岸产生了一批买办。这些人经济上充当外国经济侵略的掮客,政治上成为外国压迫中国的帮凶。后来发展为买办阶级,变成国际资产阶级的附庸。清朝统治阶级内部由于对外态度不同,也发生了分裂:一些人墨守成规,不顾形势变化,反对任何改革,成为顽固派;另一些人被西方列强吓破了胆,一心向列强屈服,变成投降派;还有一些人既看到西方凶恶侵略的一面,也重视西方技术先进的一面,因而主张学习西方先进技术,增强国力,借以抵抗西方侵略,成为与时俱进的改革派。此外,由于对外贸易的发展,通商口岸还产生了码头工人和船舶修造工人,以及在外轮上做工的船员,成为中国第一代产业工人。

随着政治、经济、阶级关系的变化,社会矛盾和历史任务也相应起了变化。鸦片战争前,中国社会的主要矛盾是农民和地主阶级的矛盾。战后,帝国主义和中华民族的矛盾、封建主义和人民大众的矛盾,同时成为中国社会的主要矛盾。由于帝国主义侵略威胁着中华民族的生存,又成为各类矛盾里最主要的矛盾。中国要谋求国家的独立和富强,对外必须反对帝国主义及其走狗在中国的统治,对内必须消灭封建主义,努力实现近代化。中国从此进入了民族民主革命的新时期。

两次鸦片战争之间发生的太平天国运动和各族人民大起义,是一次伟大的反封建主义运动,对封建主义的基础和上层建筑均给予了前所未有的沉重打击。在反封建的同时,为了维护国家主权和独立,同时进行了反对外国侵略的斗争。由于农民不是先进生产力的代表,最终未能建立新的生产方式以代替封建生产方式。后期洪仁玕的资本主义性质的改革方案,因为缺乏阶级基础,同时一直处于紧张的战斗环境,未能付诸实施。特别是定都天京后,太平天国领导人养尊处优,贪图享受,争名夺利,又不能正确解决土地问题,满足广大农民的土地愿望,致使政权逐渐脱离群众,最后走上败亡的道路。

学 术 综 述

一、中国近代史开始于何时

近年来,有学者提出了两种不同的观点:一种观点认为,"中国近代史的开端实为明万历九年"(1581年);另一种观点认为,中国近代史的上限应当是1911年的辛亥革命。前一种观点是南京大学许苏民提出的,他在检讨20世纪以来海内外对近代史研究的三种模式后,提出"从传统社会向近代社会转型的首要标志是资本主义萌芽的产生","在中国近代社会开始其转型过程中,1581年(明万历九年)具有关键性",因为该年确立了"一条鞭法"。所以,"将晚明中国改革开放史上具有意义的万历九年(1581年)作为中国近代史的开端"①。后一种观点是李殿元等提出的。他认为"历史学上公认近代史应当指资本主义时代","世界各国近代史的开始,如英法俄美日等,无不是以资产阶级性质的革命取得成功而作为开始时间的。""近代史必然以资产阶级作为主体"。因此,中国近代史的上限应当是1911年的辛亥革命。②

二、鸦片战争前的禁烟问题

传统的观点认为清朝统治集团在对待鸦片问题的态度上分为弛禁和严禁两派。有的论著指出,弛禁派的主张为外国烟贩以及在鸦片贸易中获利的官吏们所欢迎。严禁与弛禁两种主张的矛盾、分歧暴露了清政府内部在民族危机面前存在着矛盾、分歧,其实质是对鸦片侵略进行坚决抵抗还是妥协投降。③ 近些年来,史学界在这个问题上的研究中出现了一些争议,有的学者认为清朝统治集团对待禁烟的讨论不存在弛禁派与严禁派之争,而只有禁烟策略上的分歧。④ 也有学者仍坚持说确有弛禁与严禁之争,1838年

---

① 许苏民:《"内发原生"模式:中国近代史的开端实为明万历九年》,《河北学刊》2003年第2期。
② 李殿元:《中国近代史上下限新论》,《文史杂志》2005年第2期。
③ 中国社会科学院近代史研究所:《中国近代史稿》第1册,人民出版社1978年版,第34页。
④ 吴义雄:《关于1838年禁烟争论的再探》,《福建论坛》1985年第6期;朱金甫、郦永庆:《第一次鸦片战争期间禁烟问题初探》,《人民日报》1986年1月6日。

严禁论兴盛于一时,遂有禁烟运动的兴起。①

三、人物和思想的探讨

龚自珍的思想是属于封建性的还是早期维新思想的先驱,史学界存在着不同的观点。一种观点认为龚自珍的思想没有超出封建思想的范围。② 另一种观点则认为龚自珍是近代早期改良思想的化身,是资产阶级改良派的奠基者。③ 关于魏源的评价,分歧之处也在于魏源的思想与早期维新思想的关系。有学者指出,魏源的思想属于中国近代资产阶级前身的启蒙思想。④ 也有学者提出不同看法,认为魏源的"师夷长技"和建立近代工业的主张,都是以保存封建制度为前提的。⑤ 道光皇帝在鸦片战争中应不应划在投降派之列,史学界争论较为热烈。一种观点认为道光在鸦片战争中基本上是一个投降派。他在英军攻占定海,北迫天津之后,迅速从动摇转向妥协投降。另一种观点则认为道光在鸦片战争中不属于投降派之列。他是战争中"速胜论者"的突出代表,对"亡国论者"琦善等投降派有所抵制和惩治。他不是自觉的卖国之君,而是虚骄误国之主,不能列为投降派。⑥ 还有一种观点则认为,定海失陷以后,道光并没有迅速地转向妥协投降,而是对英国由主剿转为主抚。此时的"抚"虽是一种退让,具有软弱妥协的一面,但和我们现在所说的"投降"则完全是不同的概念。⑦

四、太平天国与中国传统文化

有关太平天国对中国传统文化,尤其是儒家文化的态度,传统的观点多侧重于摧毁和否定、敌对的一面,但近年来,更多的学者提出不同的看法。王庆成认为早年的洪秀全在太平天国革命初期,曾在一定程度上尊重儒学,表现为常引用儒学经典,以论证其宗教、社会和伦理思想。⑧ 崔之清、胡臣

---

① 孙占元:《鸦片战争史研究述评》,《东岳论丛》1994年第4期。
② 胡思庸:《龚自珍思想论略》,《河南师大学报》1981年第4期。
③ 林庆元:《近代爱国主义和维新思想的先驱龚自珍》,《福建师大学报》1982年第3期。
④ 李汉武:《论魏源经济思想中的近代因素》,《云南社会科学》1985年第3期。
⑤ 李侃:《论魏源》,《中国近代史散论》,人民出版社1982年版。
⑥ 宇文:《林则徐与鸦片战争学术讨论会综述》,《福建论坛》1982年第6期。
⑦ 郦永庆:《从档案看鸦片战争期间清政府的对外政策》,《历史研究》1990年第2期。
⑧ 王庆成:《儒学在太平天国》,《中国社科院研究生院学报》1992年第3期。

友指出,洪秀全对孔孟儒学的态度经历了推崇—怀疑—否定—推崇的回归历程。一般而言,当他要推翻清朝统治时,对儒学的批判多于继承;当他要自己"开创新朝"时,继承又多于批判。① 钟文典认为,洪秀全领导的太平天国革命,打的是上帝的旗号,用的是孔夫子的思想,干的是反对封建统治、抵制外国侵略的大事业。②

五、太平天国政权的性质

关于太平天国政权的性质,至今仍众说纷纭。有学者注意到太平天国政权虽是一个与封建政权有本质区别的农民革命政权,但又是一个过渡性的政权,在当时的历史条件下,虽然这个政权的封建因素在增长,但是其中资本主义因素或有利于发展资本主义的因素也日益增长,还存在着向资产阶级政权转化的可能性,而且这种可能性要大于向封建政权转化的可能性,但由于太平天国的失败,两种转化都没有完成。③ 对此,有学者提出截然不同的看法,认为太平天国没有给农民带来解放,只是换了某种名义把农民仍旧束缚在封建剥削制度之下;太平天国也没有使农民得到政治上的自由,没有建立起真正的农民政权。"这样一个标榜空想的平均主义的封建主义加神权主义的专制腐败政权如果统一了中国,难道能比腐败的清王朝好吧?谁好谁坏这要由历史来选择"④。还有学者提出洪秀全等人在定都南京之后的所作所为,表明"他们所营造的天国已经由一个农民政权逐渐转化成一个新式军功贵族政权,而且这个军功贵族政权还算不上一个开明的政权,只能算是一个吏治腐败较清朝尤甚的劣质政权"⑤。

六、太平天国的历史定位与失败原因

对太平天国的历史定位,近年来争论激烈,"新说"频出。20世纪80年代末曾有人认为太平天国搞的是"神权政治",退回到中世纪,闹了十几年只是"一个笑话",没有任何进步意义,只有曾国藩镇压太平天国的战争才是进

---

① 崔之清、胡臣友:《洪秀全评传》,南京大学出版社1994年版。
② 钟文典:《洪秀全与皇上帝、孔夫子》,《社会科学家》1991年第5期。
③ 林官、赵传:《试论太平天国政权性质及其演变趋势》,《广东社会科学》1994年第4期。
④ 徐泰来:《论曾国藩的历史作用和地位》,《湖南师大学报》1995年第5期。
⑤ 郭世佑:《曾国藩研究三题》,《史学集刊》1997年第3期。

步的。① 这一"新论"遭到多数学者否定。有学者从经济、政治、思想三个方面来认识太平天国的地位。经济上，太平天国建国后自耕农增加和永佃制盛行，有利于调动和发挥农民生产积极性，促进农业生产的恢复和发展；政治上，太平天国打乱了清王朝中央集权制，促使湘淮地方实力集团崛起；思想上，太平天国运动对后起的新的政治力量影响深远，孙中山把洪秀全称为"反清第一英雄"，自称为"洪秀全第二"，"可以说，没有太平天国失败的悲剧，就没有中华民国的成立"②。

有关太平天国的失败原因，传统的观点认为太平天国在中外反动势力的联合镇压下走向失败。1991 年出版的《太平天国通史》一书对此做出新的解释，认为其主要原因并不是中外反动势力的勾结与镇压，而是太平天国自身的失误和衰落。③ 近年来有的学者指出，太平天国对知识分子缺乏吸引力，是最终败在曾国藩手下的客观社会原因。④ 还有学者从社会史角度重点探讨太平天国的灾荒问题，认为太平天国辖区连年不断的灾荒，大大加重了太平天国政权所面临的粮食危机，而粮食的匮乏无疑是导致太平军一些战役失利的重要原因，而且严重的瘟疫、雪灾、水灾等灾害也是太平军几次重大战役失败的重要原因之一。⑤

参 考 书 目

1. 马士著：《中华帝国对外关系史》第 1 卷，商务印书馆 1957 年版。
2. 丁名楠等著：《帝国主义侵华史》第 1 卷，人民出版社 1973 年版。
3. 胡绳著：《从鸦片战争到五四运动》上册，人民出版社 1981 年版。
4. 茅海建著：《天朝的崩溃》，生活·读书·新知三联书店 1995 年版。
5. 牟安世著：《鸦片战争》，上海人民出版社 1982 年版。
6. 姚薇元著：《鸦片战争史实考》修订版，人民出版社 1984 年版。
7. 萧致治主编：《鸦片战争史》（上、下），福建人民出版社 1996 年版。

---

① 张海成：《近年来中国近代史研究中的若干原则性争论》，《马克思主义研究》1997 年第 3 期。
② 方之光：《论洪秀全反清革命思想与实践》，《安徽史学》1998 年第 1 期。
③ 茅家琦主编：《太平天国通史》下册，南京大学出版社 1991 年版。
④ 黎仁凯：《论太平天国时期的知识分子》，《河北学刊》1993 年第 1 期。
⑤ 康沛竹：《灾荒与太平天国革命的失败》，《北方论丛》1995 年第 6 期。

8. 列岛编:《鸦片战争史论文专集》,生活·读书·新知三联书店 1958 年版。

9. 宁静编:《鸦片战争史论文专集续编》,人民出版社 1984 年版。

10. 萧致治主编:《鸦片战争与林则徐研究备览》,湖北人民出版社 1995 年版。

11. 牟安世著:《太平天国》,上海人民出版社 1959 年版。

12. 罗尔纲著:《太平天国史》(全 4 册),中华书局 1991 年版。

13. 茅家琦主编:《太平天国通史》(上、中、下),南京大学出版社 1991 年版。

14. 北京太平天国史研究会编:《太平天国史论文选》,生活·读书·新知三联书店 1981 年版。

15. 姜秉正著:《研究太平天国史著述综目》,书目文献出版社 1985 年版。

16. 魏建猷著:《第二次鸦片战争》,上海人民出版社 1955 年版。

17. 蒋孟引著:《第二次鸦片战争》,生活·读书·新知三联书店 1965 年版。

思 考 题

1. 鸦片战争是否可以避免?有人说是林则徐坚持要英人具结交凶,因而逼出鸦片战争,你对此有何看法?

2. 鸦片战争中,中英军力悬殊,抵抗必然失败。有人说,林则徐等坚持抵抗是无用的,只会招致更大牺牲。你认为究竟应不应该坚持抵抗?

3. 鸦片战争是什么性质的战争?有人说是"通商战争",有人说是两种文化之战,你如何看?

4. 历史应以什么作为标准划分阶段?有人说中国近代史应从 1581 年实行"一条鞭法"开始,又有人说应从 1898 年戊戌变法开始,还有人说应从 1911 年辛亥革命开始,究竟应从何时开始?

5. 太平天国运动爆发有哪些必然因素与偶然因素?太平天国起义过程中,必然性怎样通过偶然性而发挥作用?

6. 新中国建立初期,对太平天国与洪秀全评价有些美化,近年来又存在丑化甚至"鬼化"倾向,究竟应该如何评价?

7. 太平天国领导人互相残杀,严重削弱了天国力量,这场内讧是什么性质?洪秀全、杨秀清、韦昌辉各应负何种责任?有哪些教训值得永远记取?

8. 太平天国失败的根本原因是什么?究竟内因起了决定作用,还是中外反动势力联合绞杀起了决定作用?

9. 第二次鸦片战争爆发的根本原因是什么?蒋廷黻把它称为"修约战争",近来又有人说,战争是由于中国不遵守条约,你对此有何看法?

10. 第二次鸦片战争的影响如何?为什么对第二次鸦片战争的研究相对薄弱?

第三章 新社会结构的发生

第一节 清政府政治体制与政策的局部调整

一、辛酉政变与对内政策的调整

第二次鸦片战争,中英、中法先后签订《北京条约》,英法联军撤出北京。在北京负责办理和局的奕䜣等人颇感欣慰,对外国人的态度也有转变。而外国人对于清廷的态度也与前不同,基本上确立了利用清政府的方针。

此时的清廷面临多种困难,一是国内太平天国的动乱尚未平定,二是清廷内部面临极其复杂的权谋争斗,三是财政面临困境。尤其是内部权力争端,当时已经形成了热河行宫与北京两个中心、两股政治势力。

咸丰皇帝在位 11 年政绩颇少,国家呈分崩离析之象。1860 年 8 月因英法联军侵入北京而避难热河,次年 8 月病死[①]。年仅六岁的载淳继位,改年号为"祺祥"。咸丰帝遗诏命载垣、端华、肃顺等八人为"赞襄政务大臣","赞襄一切政务",这引起载淳生母慈禧太后和在北京主持政务的奕䜣的强烈不满。

慈禧太后叶赫那拉氏(1835~1908),小名兰儿,最初是咸丰的贵妃,满洲镶黄旗人,安徽徽宁池广太道道员惠征的女儿,天生艳丽聪明,1852 年被选入宫,成为咸丰皇帝的"懿贵妃"。她所唱的吴歌及所扮演的汉女装束深

[①] 咸丰之死,一说死于肺结核,参见费正清主编的《剑桥中国晚清史》上册,中国社会科学出版社 1985 年版,第 469 页;一说因酒色过度伤身所致,参见苏同炳著:《中国近代史上的关键人物》上册,百花文艺出版社 2000 年版,第 224 页。

为咸丰所喜爱,但后来因咸丰宠爱圆明园四春(杏花春、海棠春、牡丹春和武陵春)而逐渐被冷落,便试图以习画、作文、学字等方法来排遣心中的寂寞,并通过代批阅奏章的办法来引起咸丰的注意,甚至有时故意顶撞和借事弄权。慈禧为人胸怀褊隘,心狠手辣,具有强烈的报复之心。她之所以敢借事弄权,是因为她为咸丰生了唯一的一个皇子载淳。

肃顺是平日陪侍咸丰帝的比较能干的宗人,1854年起开始出任御前侍卫和工部侍郎,1858年出任户部尚书。他对汉族文人虽有爱才好士之风,保举曾国藩出任两江总督,但为人骄横恣肆,一意孤行,作风严厉,颇像一个法家,曾以意志坚强和勤奋而著称。咸丰曾因那拉氏顶撞而谋于肃顺,肃顺请仿照汉武帝处置钩弋夫人的办法杀那拉氏而留其子,咸丰不忍。此事后来泄露风声,慈禧遂与肃顺结下冤仇。

慈禧是个野心家,她的权力欲望极强,有较高的政治手腕。载淳继位后,慈禧被尊为圣母皇太后,她住在西宫,又被称为西太后。她想利用载淳年幼夺得最高权力。据说,咸丰死前曾立下一道诏书给25岁的皇后钮祜禄氏(为人随和,没有野心)①,以防慈禧夺权,可见咸丰也对慈禧怀有戒心。咸丰死前授权载垣、端华、肃顺、景寿等八大臣"赞襄一切政务",也有防慈禧专权之意。

当时两派政治人物中,一方是咸丰遗命为嗣皇帝辅政的"顾命八大臣",另一方是慈禧和奕䜣。顾命八大臣对自己作为"顾命之臣"的身份信心十足,以幼主的监护人自居。其实咸丰皇帝并没有把权力全部授予他们,只是让他们"赞襄"而已,他们不能合法地启用通常代替"朱批"的御玺。肃顺在八大臣中最为机敏,才智最高,最为咸丰倚信,但又是地位较低的宗人,恃咸丰恩宠,与其兄郑王端华及怡王载垣相互结纳,揽权立威,数兴大狱,排斥异己,朝廷大臣多对他侧目。及辛酉政变后端华、载垣赐死,肃顺则被处斩,就刑时道旁者争掷瓦砾,都人称快,可见他并没有得到人心。

两个母后的地位却能合法地代表幼主使用御玺。顾命八大臣草拟的敕令、诏书、奏折及任何文书,必须先经过她们看过后才加盖御玺,八大臣提名的高级官员任命事项,也由她们批准。这是慈禧想出的对付顾命八大臣的

---

① 诏书内容为:"西宫援母以子贵之义,不得不并尊为太后,然其人绝非可倚信者,即不有事,汝亦当专决,彼果安分无过,当始终曲全恩礼,若其失行彰著,汝可召集廷臣,将朕此旨宣示,立即赐死,以杜后患。"

办法。

恭亲王奕䜣是咸丰的亲弟,与咸丰之间曾有嫌隙。英法联军入犯北京,咸丰北狩热河,却令奕䜣留在北京与英法议和。咸丰病重时,奕䜣曾具奏请到热河省疾,受到拒绝,可知咸丰并不亲信奕䜣。咸丰死后,奕䜣才得以奔丧为名,赶到热河。他暗中布置,和慈禧太后密谋政变,力言要发动政变就必须早日赶回北京,以便得到洋人的保护和声援,同时解除了两位太后对外国人的恐惧和担心。奕䜣还联络在北京握有重兵的兵部侍郎胜保。

肃顺等顾命八大臣可能认为他们立于不败之地,对于慈禧太后和奕䜣等人警惕性不够,或者过于听信胜保的一面之言。据说,在北京拥有重兵的胜保曾答应过支持八大臣,但最后又背叛了他们,是个两面派的阴险人物。①

1861年11月1日(农历9月30日),两宫皇太后和幼帝载淳从热河返回北京,召见恭亲王奕䜣及大学士桂良、周祖培、贾桢等一班留京大臣,历数肃顺等跋扈抗命诸罪状,即时决定罢免顾命八大臣的赞襄政务大臣职务。第二天,奕䜣即派兵将载垣、端华、肃顺等擒拿送交宗人府。不久即处死载垣、端华、肃顺等人,宣布两太后"垂帘听政",改"祺祥"年号为"同治",任命奕䜣为议政大臣、首席军机大臣,桂良、文祥等为军机大臣。这次政变称"辛酉政变"。从此,慈禧太后大权独揽,在此后四十七年中成为中国的实际统治者。

载淳即位后,两宫太后于12月2日初次"垂帘听政",在金銮宝殿内,下跪的官员可以看到幼主坐在高高的御座上,幼主左侧站着恭亲王奕䜣,右侧是醇亲王奕譞,两宫太后坐在御座的后面,中间隔着几乎是透明的黄色屏风,看起来特别令人生畏。

政变后,恭亲王奕䜣在处理内政和外交方面有了较大的行动权,虽然他为人腐化贪婪,曾经接受贿赂,但是年轻果断,乐于采纳满族政治家文祥的意见。文祥是一位忠于职守、勤劳正直的重要官员,政变后成为军机处举足轻重的人物,得到慈禧和奕䜣的高度器重。

这次政变实际上是新兴改革力量对顽固守旧力量的胜利,从此中国开始酝酿新的改革运动。辛酉政变后,清廷在对内对外政策方面均有了一些重大调整,以适应清朝所面临的军事威胁。

---

① 费正清主编:《剑桥中国晚清史》上册,中国社会科学出版社1985年版,471页。

首先,在政策和用人方面大唱道德高调,开始重用汉人,注重实用主义。政变后,中央方面先是提拔蒙古血统的著名理学家倭仁,先任都察院左都御史,再升为大学士,担任清帝老师。还提拔了李棠阶,出任都察院的都御史和军机大臣,李棠阶有较高的个人道德声望,有楷模之称。在地方行政方面,重用曾国藩、左宗棠、李鸿章等汉人,并赋予适当的权力。政变后不久,慈禧太后即授权曾国藩节制四省军务,四省巡抚和提督以下文武官员均受其统辖,曾国藩又保荐李鸿章为江苏巡抚,左宗棠为浙江巡抚。因为重用汉人,在同治一朝之间,太平天国、捻乱、陕甘回乱等内部起义叛乱都先后被削平,举国可望太平,一时颇有中兴之象。

其次,进一步放宽对外政策,开始引进外国先进武器,为了争取外国不帮助太平军作战,甚至在贸易和传教等方面对外国有所让步。

清廷对于外国人转为安抚的姿态。新开辟的通商口岸地方官员对外国人及其领事不友好或不合作,清廷就对他们施加压力。在沿海一些地方开始用外国军官训练士兵和使用外国先进武器。华北新通商大臣崇厚请英国军官对一些驻天津军队及一些旗兵进行训练,开始使用西方小型武器。奕䜣和文祥采纳李泰国和赫德的建议,用一百万两银子向英国购买12艘轮船,这一计划造成1863年著名的李泰国—阿思本小舰队事件①。

《天津条约》中规定,在开辟牛庄和芝罘条款中,禁止外国船只进行大豆和豆饼的贸易,辛酉政变后因为外国船主及其代理人坚持要参与这项贸易,总理衙门于1862年最终撤销了这一禁令。清政府对于外国人在中国传教方面也有所放宽,颁发了一些布告,要求国人公平对待外国传教士和那些皈依基督教的教徒,只是警戒外国传教士不得干预地方公事。②

第三,在经济政策方面,清政府开始进行重大调整和改革,开始意识到西方坚船利炮的先进和厉害,提出"师夷长技以制夷"和"自强"口号,有意识地学习西方先进技术,开始发动中国的工业化运动。

从1861年开始,清政府内部发出了"自强"的呼唤,这其实是一种新的政策导向,以应付中国在世界上的地位所发生的史无前例的变化,不管是"自强"还是"师夷长技以制夷",其实就是政府要发动一场学习西方的工业化运动。新政策必然会导致对传统的经世致用学说的背离,因为追求富强

---

① 费正清主编:《剑桥中国晚清史》上册,474页。
② 费正清主编:《剑桥中国晚清史》上册,475页。

的行动会逐渐压倒中国传统儒学中偏重德政的学说,使中国人对于富强有了新的理念。尽管清政府的政治制度没有发生实质性的变化,但是西方新的知识、新的思想不断涌进中国,实际赋予当时中国有初次"改革开放"的意义,中国社会经济也在逐渐处于转型之中。

发动工业化运动的代表人物就是所谓的洋务派,在北京主要是以恭亲王奕䜣和文祥为主,地方督抚则以曾国藩、李鸿章和左宗棠为主,他们是一批朝气蓬勃的督抚。他们认为,自强以练兵为主,练兵以制器为先,强调要充分利用外国的先进技术。李鸿章在江苏时不仅雇用外国军官训练其军队,还得到洋人帮助来制造西式弹药。奕䜣和文祥不断推荐李鸿章的新建事业,建议派八旗兵到江苏李鸿章的兵工厂见习。清廷为了顺应新形势的发展,在北京设立了总理各国事务衙门,作为对外交涉的总部。同时奏准设立同文馆,招收生徒,肄习西学,以为效法西人改革军备和提高战斗力的长远打算。而地方上,李鸿章、左宗棠等中兴名臣,先后在上海、福州等地设立机器制造厂和造船厂,竭力提倡西法。

二、总理各国事务衙门

随着中外联系的加强,中国需要一个专门处理中外关系的机构。1860年《北京条约》签订后不久,奕䜣、文祥、桂良等人奏请设立总理各国事务衙门(简称总理衙门)。1861年1月,获清帝批准,3月31日正式成立。奕䜣任领班大臣,直到1884年,一直支持清政府所推行的自强运动。

第一次鸦片战争前,清政府的外交事务在中央由礼部和理藩院负责,在地方由两广总督负责。战后,为了适应新形势的需要,清政府新设立"五口通商大臣",由两广总督兼任,负责管理对外交涉事务。第二次鸦片战争后,通商口岸增加到16个,外国公使进驻北京,清政府的内外政策有了新的调整,着手进行自强运动,总理各国事务衙门就是在这种背景下设立的,外国侵略者也需要中国有这样一个机构。

起初,总理各国事务衙门主要负责清政府有关与外国通商的事宜,后来逐渐成为清政府办理洋务的专门机构,职权相当广泛,包括一切对外事务、通商、海关、海防、订购军火、派遣留学生等等,凡是涉及西方事物的洋务新计划,如兵工厂、造船厂、海军、外语学堂、军队训练等事宜,都是总理衙门管理的范围。它有时负责制定一些计划,上奏皇帝积极提倡,因此它在某种程度上影响到清政府自强运动的成败。

总理衙门设立后,它与军机处的关系如何?有人把它视为军机处的一个机构①,这可能会引起争议。因为两者是独立的,从职责上看也是有所区别的,军机处是皇帝处理重大军事、政治等方面事务的重要机构,而总理衙门则主要负责外交事务和洋务新政事务,它们之间多少有些联系,只是在中央政府中的轻重地位有所区别罢了。总理衙门在清末政治中所扮演的角色和所处的地位在逐渐加强,其规模也在不断扩大,最初总理衙门大臣只有7人,其中有3人是军机大臣兼任,到1876年时已增加到12人,其中有5人是军机大臣兼任。可以知道总理衙门与军机处关系的密切以及总理衙门地位的重要性。

在总理衙门中起主要作用的是奕䜣和文祥。奕䜣在辛酉政变前有8年没有进入军机处,未能参加国家决策大计,政变后以议政王身份出任政府领袖,与文祥、宝鋆、沈桂芬等人同心辅政,朝局一新。总理衙门的所有提议,必须经过清帝、慈禧太后的同意和批准。奕䜣和文祥所能行使的权力大小,在某种程度上取决于慈禧太后个人心情的好坏,而慈禧太后是个缺乏经验的统治者,在重大决策方面她不得不依靠奕䜣等人,因此奕䜣确实具有相当大的权力。

但是因为奕䜣遇事好自作主张,不肯事事接受慈禧之意,或者行为不检点,引起慈禧内心的不满。1865年奕䜣被太监安得海所诓构,御史蔡寿祺也参劾他贪墨恣肆,触发慈禧对他的新仇旧恨,于是降旨罢免奕䜣的议政王和军机大臣职位。慈禧在朱谕中说奕䜣罪名有二:一是办事徇情,贪污恣肆;二是妄自尊大,狂傲挟制,目无君上,胡言乱语。在朝廷大臣的竭力谏诤下,慈禧太后才降旨宽免,奕䜣仍准管理总理衙门和在军机大臣上行走。从此以后,奕䜣凛然有所警惕,意识到慈禧手段之厉害,在应对和行事上不得不更加小心。

此后清廷内部的权力争斗日益复杂,慈禧太后培植了一些派系来对付奕䜣等人。其中一派是以李鸿藻为首,包括周祖培、倭仁、徐桐、翁同龢等人。内阁学士李鸿藻于1865年冬被任命为军机大臣兼户部右侍郎,此人性情骄横傲慢,政治圆滑狡诈,很快成为这一派的领袖。他们批评奕䜣对外国人的怀柔政策;批评洋务派,认为不需要采用西方的技术;在天津教案的处理问题上,他们极力反对奕䜣和曾国藩的那种迁就做法。另外,慈禧的妹

---

① 费正清主编:《剑桥中国晚清史》上册,558页。

夫、奕䜣的弟弟醇亲王奕譞也开始反对奕䜣。醇亲王原本就敌视西方,在如何处理天津教案问题上他极力反对奕䜣的做法。由于反对奕䜣的人增多,奕䜣的权力减弱,使得总理衙门的决策权也随之削弱。

这种局面对于当时中国的新政事业不能没有影响。由于不敢触犯慈禧之忌,奕䜣在新政问题上不敢大胆作为,遇事模棱,缺乏负责精神。1866年奕䜣奏请在同文馆内增设分馆,招收举人、贡生等较高级士人入学,肄习天文算学,作为学习制造外国枪炮轮船之本,但由于守旧派的全力反对,新成立的同文馆前来应考者只有寥寥数人。奕䜣深恐越权遭嫉,不肯多作主张,使总理衙门的决策权不能得到有效发挥。

1869年夏季,慈禧派太监安得海坐船从运河南下,想到江南织办龙衣锦缎。当时,山东巡抚丁宝桢是个硬直之人,他一面派兵严密监视安得海行踪,一面具折奏报。奏折到京时,慈禧正在观剧,不知有此事,奕䜣即请晋见慈安太后,力言太监不得出都门,违背祖训规定应立即正法,遂与慈安商定拟谕旨发往山东,命丁宝桢立即拿获,就地正法。安得海因此在山东被杀。奕䜣虽说报了当年一箭之仇,但他与慈禧的怨怼又加深了一层,慈禧因安得海之死而迁怒于奕䜣,这使奕䜣处境不利。

1873年,同治已成年并开始亲政,奕䜣反对皇帝重建圆明园的计划。奕䜣在奏言中说,内患虽平,外难日亟,国库不足,不应浪费,并规劝皇帝不要行为失慎,不要微服出游。此事为同治所恶,于是降诏:"跋扈弄权,欺朕年幼,著革去一切差使,降为庶人,交宗人府严行管束。"经文祥的努力帮助,在两宫太后面前叩诉,将降诏收去,才得免。可见奕䜣的权限和地位已经明显下降,其处境不断恶化。

同治十三年十二月,19岁的同治帝病死,没有儿子。慈禧选立醇亲王的儿子载湉(当时只有4岁)为新皇帝,年号为光绪。载湉是慈禧妹妹的儿子,两宫太后继续垂帘听政。两年后,文祥病死,奕䜣在宫廷中更加孤立。数年后,慈安太后暴死,奕䜣又失去一个比较同情支持他的人。1884年因左庶子宗室盛昱的奏劾,奕䜣被慈禧开去一切要差。

总理衙门从设立到1901年改为外务部,共存在了40年。这期间,因为国力太弱,总理衙门与外国签订了一系列不平等条约,出卖了大量国家主权,这虽说是弱国外交的必然结果,但与主其事者也不无关系,因为总理衙门所奉行的外交方针是:为了减少麻烦,尽量迁就了事,遇事不敢抗争。这种外交方针必然不利于中国的发展和主权的独立。

第二节　洋务运动的展开

一、洋务派官僚的兴起与洋务思潮

从 19 世 60 年代开始,在所谓的"自强"运动中,清政府统治阶级内部逐渐产生了一批新的洋务派官僚,这是针对当时的顽固派官僚而言的,有人认为洋务派是从顽固派中分化出来的具有买办倾向的地主、官僚、军阀,这种说法并不十分合乎情理。洋务派的形成主要是受到外国资本主义侵入中国的影响,与中国早期工业化运动相联系,是中国早期工业化运动的发动者和组织者。

洋务运动始于鸦片战争之后,它是在外国资本主义的刺激和影响下,在清廷内外交困的情况下产生的。鸦片战争前,中国社会内部虽然在资本、市场和技术等方面有了一定程度的积累发展,但这些要素的总量和总体水平距离工业化的产生还十分遥远。19 世纪 40 年代初,英国用大炮轰开了中国的大门,西方先进技术也随之涌入中国,外国人在沿海通商口岸开办了现代机器工厂,它们规模虽小,但意味着中国现代化工业的滥觞。60 年代前后,列强又通过第二次鸦片战争从中国掠夺大量政治经济利益和特权,英法联军攻占北京的耻辱,进一步激发民族危机意识;而太平天国起义又极大地打击了清王朝的统治,使其元气大伤。为了挽救清王朝的统治,清廷内部逐渐产生一批主张向西方学习的开明官僚,即所谓的洋务派。他们深感引进西方先进机器、自行设厂制造新式枪炮船舰的紧迫性,提出了"自强"和"师夷长技以制夷"的口号,企图利用西方先进技术来达到镇压国内农民起义和应付外国侵略的双重目的。因此从 60 年代起陆续开办了一批军用工业和民用工业。官办工业又进一步带动了民间商人投资设厂,从而使中国开始走上工业化的道路。①

洋务派的代表人物,在中央主要是主管总理衙门的奕䜣和文祥,在地方主要是一批湘淮系军阀督抚,如曾国藩、李鸿章、左宗棠等人。

奕䜣和文祥是在北京负责与外国交涉的主要满族官员,洋务运动的中

---

① 陈向阳:《晚清三次变革与中国现代化的产生》,《社会科学研究》1996 年第 1 期。

央主要负责人。他们认为,外国对华虽没有好意,但可以通过外交活动利用外国,得到好处,因此在1862年决定利用洋兵来帮助镇压太平军,扶持洋人率领的"常胜军";利用洋人来管理中国海关,以提高财政收入。但这种好处只是暂时的,必须有一种积极而长远的政策,寻求自强之术。中国军队问题不在军队质量,而在武器不精,所以要向西方学习其先进武器,培训中国军官和士兵学会运用西式武器。不光是学会使用,还要学会制造这些武器,所以鼓励地方汉族督抚去建立兵工厂,在外国人的帮助下制造枪炮和战舰。①他们的"自强"理论要点是:自强以练兵为要,练兵以制器为先;要学习外国,穷其取胜之术;只有自强,才能与外国彼此相安。基于此,他们不断推荐李鸿章等人在江苏等地创办兵工厂事业,建议派八旗兵到李鸿章的兵工厂见习。

奕䜣和文祥这种自强理念是在英法联军占领北京后与侵略者进行谈判交涉过程中逐渐形成的。通过交涉,他们得到一些宝贵教训:其一,西洋人武器和军队训练方法在中国之上,要想打败洋人,就得学习洋人长技;其二,洋人愿意将制造武器的秘密和军队训练方法教给我们,我们有机会师法洋人;其三,《北京条约》签订后,英法交还北京,并无占领之意,可以和平相处。他们认为这是中国欲图自强的绝好机会,所以在内政方面设法延聘外国教官训练中国军队,购买洋枪洋炮充实装备;在外交方面希望改变原先仇视洋人的态度,谨守和约,避免与外国开战,以求争取时间来实行自强。他们的这种理念与当时一批中兴名臣恰巧不谋而合。

曾国藩、李鸿章、左宗棠等人是在镇压太平天国农民起义过程中崛起的一批朝气蓬勃的汉族督抚,他们是洋务派的骨干,是清政府"自强"运动的具体执行者。

曾国藩率领湘军与太平军作战的过程中逐渐认识到洋枪洋炮的厉害,1861年安庆兵工厂的建立,体现了他"师夷长技"的伟大创举。曾国藩的自强理念比较深刻,因为它不光强调要学习西方的技术,而且还特别注重修政事、求贤才以及军队训练和军队组织建设。

李鸿章是清政府"自强"运动的得力干将,他经办的洋务最多,时间也比较长,是"以夷变夏"、讲求"自强"之术的积极倡导者。他在与洋人的接触交

---

① 《筹办夷务始末》(同治朝)第2卷,台湾文海出版社1971年影印本,第34~36页。

往中不断丰富其经验和阅历,是洋枪洋炮的最早受益者。通过比较,他充分认识到洋枪洋炮的神奇作用,痛感中国的贫困与武器的落后,认为自强运动是一项长期过程,不光是使用和制造西方武器,还要求调整中国的教育制度和文官录用制度,因为中国士大夫所学非所用,不重视技巧和军事知识训练,因此建议国家考试制度中为精于技术的考生另设新的科目,以适应新形势的需要。①

李鸿章的洋务计划并不完美。其自强运动的目的既为国防,也为内治,所以军事建设项目最多,如江南制造局、天津机器局、武备学堂、水师学堂、轮船局、造船厂、铁路、电信等的创办都是为此目的。这些计划中还缺乏相应配套的最基本的教育改革体系。这不是说李鸿章没有注意到,而是清廷没有进行教育改革的意图。

左宗棠是对于维护国家领土主权功劳较大的洋务派人物,性情刚烈,曾专注于经世致用之学,具有较高的军事才能,一生有四大功勋:平浙、平捻、平回、收复新疆。虽然在洋务方面不如李鸿章,但也是一个自强运动的倡导者。他认为,自强不光是要学习西方的先进技术,还要讲求政治方面的吏治改革和军事方面的军训制度改革等。由于他一生大部分时间用在平乱和征战上,因此所经办的洋务事业不是很多。

从19世纪60年代开始,在洋务派官僚的积极推动下,中国开始着手进行所谓的"自强"运动,即洋务运动,在运动中产生了一股强大的洋务思潮。

什么是洋务思潮?洋务思潮就是当权的洋务派官僚和不当权的地主阶级改革派共同参加、朝野呼应的学习西方、谋求富国强兵的社会思潮。② 洋务思潮的基本内容可以概括为四个字:"借法自强"。它是洋务运动的倡导者、执行者和支持者们所反映出来的共同思想倾向。③

洋务思潮的内容主要为:

1."古今之变局论",即变易进化历史观,提倡借法自强。

在中国传统文化中,信奉的是"天不变,道亦不变"的观念。鸦片战争后,中外关系与中国的社会性质发生了极大的变化,中国人在列强侵略之后面临着一场前所未有的大变局,当时洋务运动的倡导者已深深认识到这一

---

① 费正清主编:《剑桥中国晚清史》上册,第551~552页。
② 刘学照:《论洋务思潮》,《历史研究》1986年第3期。
③ 李时岳、胡滨:《从闭关到开放》第7章,人民出版社1988年版。

点。他们认为,中国历史自开辟以来经历了由洪荒之天下一变为文明之天下,再由封建之天下一变为郡县之天下,如今由华夷隔绝之天下一变为中外联属之天下,这种变化是中国数千年来未有的大变局。在这个大变局中,洋人的坚船利炮与争奇夺巧,为数千年来未有之强敌。如何应付这种变局? 洋务派主张采取因时变通、顺应世变的办法。他们认为,天下事穷则变,变则通;不变通则战守皆不足恃,而和亦不可久;中国不能闭门不纳,束手而不向;不患西人之日来,但患中国之自域。洋务派这种变易观,反映了他们已逐渐从世界发展变化的趋势来审视近代中国的发展,主张中国应顺应世界发展的潮流进行变革。

在传统中国人的观念中,特别强调"华夷之辨",认为除华夏之外其余都是"蛮夷"之邦,这实际是一种狭隘封闭的世界观,与现代开放意识格格不入。洋务运动打破了传统的"华夷之别"的世界观,承认"夷狄"确有许多比中国优越之处,中国"人无弃材不如夷,地无遗利不如夷,君民不隔不如夷,名实必符不如夷",中国不能拘泥于祖宗之成法,而应循用西洋之法以求逐渐富强,否则中国永远处于落后挨打的地步。这种变易进化的历史观,朦胧地看到世界历史的发展大势,洋溢着一种奋发上进的精神。

2. 从重义轻利的义利观逐渐转向具有现代色彩的义利观,冲击传统的"本末"观念,强调工商立国。

在中国传统的价值观念中,历来都是重道德而轻物质,重视"义理"而忽视物质生产,这就是所谓的"重义轻利"的义利观。从传统的价值标准来看,治国之根本在于尚礼义不尚权谋,在人心不在技艺,"欲求制胜,必求之忠信之人;欲谋自强,必谋之礼义之士"。在这种价值理念的支配下,人们普遍认为,中国的强弱在于政事之得失而不在于货财之多寡,世运之安危根于治理之纯驳而不在于兵力之盛衰,所谓的"政事"和"治理"不过是正学术、养人才、求直言、化畛域、裁冗食、警游惰、重本抑末之类的事情而已,而无须涉及天文、算数、轮船和机器。这种价值观念成了中国进步的巨大心理障碍。

洋务运动以新的义利观冲击着传统的陈腐观念。洋务思想家们认为,中国对外战争的几次失败,根源于这种重义轻利、重义理轻技艺的义利观。因为中国士大夫的聪明才智和主要精力多寄托在那些空谈无用的经注疏解上。因此,洋务派逐渐摒弃传统的义利观,主张既要修明礼义,讲究忠义之气,又要讲求战守,讲求外洋各种机利火器,探究其中的奥秘,举凡制造枪炮炸弹,与铸钱治水等,凡是有利于民生日用者均可次第兴办。在这种观念支配下,洋务派兴办了新式企业、学校,制造轮船,修建铁路,引进西方先进的科学技术,推动中国社会改革的进程。

洋务思想家们特别强调工商立国。王韬提出了恃商为国本、商富即国富的观点,郑观应呼吁以商为战,抵抗外国侵略。洋务派官僚更主张商战,强调以工商立国,以兵战为用。批驳顽固派的"重本抑末"的思想,批驳了顽固派反对发展近代工商业的言论,开始动摇了"重本抑末"及与之相联系的封建价值观念。

中国传统的本末观认为,立国之本在于"修道德、明政刑、正人心、厚风俗",而铁路、轮船、工商等不过是奇技淫巧,于国不补。这种价值观念根源于封闭的文化教育与自给自足的自然经济结构,并最终形成"重农抑商"的国策,这些严重阻碍了国家的开放与进步。洋务思想家们认为,中国积弱,由于患贫,而以贫交富,以弱敌强,未有不终受弊者。因此必须打破安贫乐道的观念,不拘于成法,以图自强。自强的根本在于工商,西洋国家之所以富强,原因在于以"商战"二字为国。中国要想自强,必须开关互市,要以商战为上策。在这种理念的指导下,他们要求清政府讲求商政,开办各种农、工、商业,同时极力驳斥封建顽固派的以"工商为本是舍本而务末"的言论。并且通过实践引进西方先进科学技术与铁路、工矿、轮船等物质文明,来冲击这种观念,建立一种推动现代物质文明建设的开放理念。

因此,洋务运动及其伴随而来的洋务思潮,对传统的变易观、夷夏观、义利观、本末观进行了冲击,并形成了一些有利于社会进步的新理念,使古老封闭的文化价值观念发生了动摇,同时它又对当时人的思想和行为准则发生影响,推进了社会物质文明的现代化进程。

3. 鼓吹"中学为体,西学为用"。

对于西方近代文化,顽固派采取了一概拒绝的态度,主张"夷夏之辨",洋务派则采取比较开放的态度,主张"中学为体,西学为用"。"中体西用"是洋务派处理中西文化关系的原则,也是洋务派回击顽固派进攻的武器。中学,即孔孟之道和以三纲五常为核心的封建伦理道德,是不可变的。西学,即西方的生产技艺,可以用来作为巩固封建统治的手段和工具。"中体西用"具有兴西学和保中学的双重性质。

1861年,洋务派思想家冯桂芬在《校邠庐抗议》一书中首先提出"中体西用"思想,他说:"以中国之伦常名教为原本,辅以诸国富强之术。"此后,李鸿章、郭嵩焘、薛福成、王韬、沈毓桂等留心时务、与洋人打交道的官员,都曾对此有所探讨。郑观应在《盛世危言》的《西学》篇中说:"中学其体也,西学其末也;主以中学,辅以西学。"较早一字不差地提出"中学为体,西学为用"的人是沈寿康。1896年4月,他发表了《匡时策》,其中有:"中西学问本自互有得失,为华人计,宜以中学为体,西学为用。"后来张之洞在其《劝学篇》中的《议学》篇中写道:"新旧兼学,四书五经、中国史事、政书、地图为旧学;西政、西艺、西史为新学,旧学为体,新学为用。"全书四万言,对"中体西用"进行了详尽的解释和发挥。

洋务运动时期,甚至到戊戌变法期间,"中学为体,西学为用"一直是当时的流行语,"举国以为至言"。这表明它在当时的受欢迎程度及社会指导意义。

中学与西学是一个含义广泛的概念,不能把"中学"简单地同封建政治制度等同起来。一般而言,文化可分为三个层面,外层是物的部分,中间层是心物结合的部分,包括关于自然和社会的理论、社会组织制度等,核心层是心的部分,即文化心理状态,包括价值观念、思维方式、审美观、道德情操、宗教情绪、民族性格等。这三个层面构成一个有机的整体。中西文化是两种不同类型的文化,其间的交流、融化是一个渐进的过程,并不以人们的意志为转移。"中学为体,西学为用"是当时中国文化对西方文化某些因素作出的初步选择。洋务派为了挽救中国、图谋富强而采取的"以制器为先"的策略符合当时的国情,满足了国人保疆卫国、抵御外侮的要求。

同时,"中体西用"也是洋务派同顽固派斗争的武器。洋务派为了能在中国顺利办洋务,打出"中体西用"旗帜,宣称他们引进西学并非要改变中国文化中基本的东西,而是洋为中用,强调中学为体,这样就堵住了顽固派以夷变夏的攻击,使西学得以在中国落户。

"中体西用"思想反映了当时中国的时代需求,比较符合当时中国的国情,但随着历史的发展,其局限性也日益显现出来,于是有更多的人怀疑"中体西用"的继续可行性与正确性。早期维新思想就是在这种怀疑与批评的基础上逐渐分离出来的。洋务运动开展后不久,郭嵩焘就认识到西方文化有本有末。到了后期,认识到西方文化有本有末的进步人士越来越多,王韬、郑观应等人批评洋务派办洋务是逐末忘本,遗体求用。这表明已经开始有越来越多的人对"中体西用"思想怀疑和批评。

二、军事工业

洋务运动是近代中国第一次社会变革。它始于19世纪60年代,止于

90年代。洋务运动导致了中国近代化的初步产生。现代化的过程就是工业化和民主化产生和发展的过程，也是社会形态从传统社会向现代社会逐渐转化的过程。由洋务运动发轫的早期现代化主要表现为工业化的兴起以及由此引发的社会的初步转型。

19世纪60年代到70年代，是中国近代洋务企业兴办的第一阶段，这一时期以建立军事工业为重点，70年代到90年代，是中国近代洋务企业兴办的第二阶级，这一时期以建立民用工业为重点。

洋务派兴办的近代中国军事工业，从1861年曾国藩创建"安庆内军械所"仿制洋枪洋炮开始①，到1890年创办湖北枪炮厂为止，先后创办了19个兵工厂。其中规模较大的有江南制造局、金陵制造局、天津机器局和福州船政局。

江南制造局：

1865年，李鸿章责成江海关道丁日昌出面，收买设立在上海虹口的美商旗记铁厂，并将上海、苏州两炮局和容闳订购的机器并入，成立江南机器制造总局，简称"江南制造局"或"沪局"。局址最初在上海虹口，1867年迁到城西南的高昌庙新址。它是洋务派举办的规模最大的近代军事企业。到1893年，共建成机器厂、汽炉厂、无烟火药厂等15个工厂，广方言馆、炮队营、工程处、翻译馆各一个，以及各种附设机构10多个。

作为一个综合性的近代军事企业，江南制造局不仅有制造各种枪炮、水雷、弹药的机器，而且设有轮船厂、船坞和炼钢厂，能制造兵轮和冶炼有关钢材，这是其他各制造局所不能相比的。当时外国人办的《北洋捷报》曾惊奇地指出："真没有预料到它（指沪局）后来在历任两江总督的培植下，竟会发展成为今天这样一座庞大的机器制造局。"②

金陵制造局：

1865年，李鸿章将苏州洋炮厂（1863年设立）迁往南京，成立金陵制造

---

① 安庆内军械所是我国最早生产近代武器的工厂。曾国藩委托著名的科学家徐寿、华蘅芳负责轮船的设计和制造工作。徐、华等人凭着广博的数、理、化知识，凭着在《博物新编》书上所看到的一张轮机简图以及对在长江边停泊的外国轮船上的汽轮机运转的印象，刻苦钻研，终于制造出我国第一台蒸汽机，并在此基础上制造出一艘轮船，曾国藩将它命名为"黄鹄"号。该所设备简陋，主要生产子弹、火药、炸炮等，是当时清军的一大火器供应中心。

② 《中国近代工业史资料》第1辑上册，科学出版社1957年版，第282页。

局,生产枪、炮、子弹、火药,供应淮军及本省各防营。该局虽然规模、经营上远不如沪局,但也是洋务派办得较早较大的近代军事企业。到1879年,它的规模计有机器厂三个,翻砂、熟铁、木作各二厂,还有火箭局、洋药局、水雷局及乌龙山暂设炮台机器等。后来又曾二次进行扩充,增设了一个洋火药局,并增购50多台制造枪炮子弹所必需的机器,该局常年经费由南北洋军需中拨给,后来由户部增拨江海、九江、江汉各关洋税作经费。

福州船政局:

1866年,左宗棠在福建马尾创办福州船政局,又叫马尾船政局,它是当时我国规模最大的船舶修造厂,专门制造和修理船舰。经费总额每5年300万两,后改为每年48万两,但前6年多时间已用费535万两,大大超支。①左宗棠调任陕甘总督后,由沈葆桢接办。福州船政局是继江南制造局之后我国又一个规模很大、设备比较完备的工厂,厂内有船台转锯厂、大机器厂、水缸厂、木模厂、铸铁厂、钟表厂、铜厂、储材厂等,经常雇佣工人约1700到2000人。初期聘用法国人日意格和德克碑为正副监督,还聘用了几十名法国技师和工头。为了培养本国的科技人才,该局附设了船政学堂(又称"求是堂艺局"),分前后两学堂,前学堂习法文,主要培养制造轮船的人才,后学堂习英文,主要培养驾轮船的人才,后来又添设"艺圃"以培养技工。

1875年,船政局按约辞退大批外国技师、工匠,技术设计改由船政局培养的技术人员主持后,情况逐渐有所好转,其所造轮船也由木壳船改为铁胁船,又由铁胁船进而改为穿甲船,最后于1887年制成一艘铁甲船,轮机也由旧式单机改为复合机(即所谓"康邦"式),马力由150匹增到2400匹。从1875~1895年,新造轮船计19只。

天津机器局:

1867年,清朝贵族、北方三口通商大臣崇厚在天津创办"天津军火机器局",1870年由直隶总督李鸿章接办,改名为"天津机器局",1895年后又改称"北洋机器局"。李鸿章接办后,陆续增建了铸铁厂、熟铁厂、锯木厂、碾药厂、洋枪厂、枪子厂、栗色火药厂和炼钢厂等,成为"洋军火之总汇"。除制造

---

① 法国雇员的薪水是最大开支项目,在每月5~8万两的经费中法国雇员薪水就占12 000两。2000名工人的工资总数为每月10 000两,而150名中国管理人员的薪水总共只有1200两。庞百腾:《从沈葆桢的经历看中国的现代化与政治》,第261页,转自费正清编的《剑桥中国晚清史》上册,579页。

新式军火外,还承修兵船、轮船与挖河机器船等,雇佣工人二千余人,规模仅次于江南制造局,是我国最初引进西方近代生产技术的重要基地之一。

除上述四大机器制造局外,19世纪70、80年代,一些省份也陆续建立兵工厂,如:兰州机器局、福州机器局、广州机器局、山东机器局、湖南机器局、四川机器局、吉林机器局、神机营机器局、云南机器局、浙江机器局、台湾机器局、汉阳枪炮厂、陕西机器局等。1895年中日战争以后,除广西外,各省都建立了机器局。

中国传统的军事工业及与军器原料有关的工业,如铜、铁、硝等均为国营。清政府这次兴办现代化军事工业的动机,主要是削平内乱和师夷长技以制夷。李鸿章的根本动机,仍在于抵抗日本侵略朝鲜和中国。

洋务派兴办的这些近代军事工业,采用近代机器生产,是中国最早出现的近代机器工业,它从国外购进机器设备,雇佣大量工人,按西方机器工厂的组织形式与生产方式进行生产,从其生产关系来看已带有某些资本主义性质,属于国家资本主义的范畴。同时,它引进了西方先进的科学技术和机器生产,培养了一批近代产业工人和少数科技人员,带有技术创新、模仿和扩散的意义①,在客观上促进了中国社会经济的发展与资本主义民营企业的产生,对中国历史的发展而言是一大进步。它打开了中国近代工业化的大门,是中国最早的工业化文明,具有里程碑的作用和意义。

由于这些军工企业官僚衙门习气严重,营私舞弊与贪污中饱的现象成风,致使这些企业经营管理落后,离资本主义经营原则尚远。加上当时整个愚昧落后的社会风气,以及技术、设备、原料等几乎全部依赖进口,显示出对外国的严重依赖性,使得军工企业的经营发展遇到重重困难和阻力。在当时社会条件下洋务军工企业设备陈旧,技术落后,生产的船只、枪械、弹药等质量不高,这是其不足之处。因此官办军事工业设立的目的,不在利润,而在国防。

这些军事工业组织不够企业化,主管人员多为官吏,没有专业知识,早期业务经营往往依赖外国雇员,所需技术也多仰赖外人。江南制造总局的

---

① 其技术的进步体现在两点:一是引进和模仿,通过引进外国先进设备,模仿和学习其技术,在国内扩散;二是任用科技人员自行研究和创新。但军事技术的扩散性较慢,与外国相比,中国明显落后一步,主要是缺乏基础科学研究,缺乏竞争机制。杨德才:《中国经济史新论》,经济科学出版社2004年版,第103~104页。

所有技术工作主要由外国人负责,如苏州机器局的马格里,福州船政局的德克碑、日意格,天津机器局的密妥士。另在设备与原料等方面也很大程度上依赖外国,且向外国所购买的器材多为外国旧货,如马尾船政局所制的十五艘船均由从法国买入的旧船机件装成。江南制造总局的经费中差不多50%用于购买材料,将近30%用于发薪水。加上经营管理腐败,封建衙门习气严重,营私舞弊、贪污中饱的现象成风。官办的军事工业并没有很大的成效。

但是,这些军事工业毕竟是中国最早出现的近代机器工业,它是中国现代工业的起步。其所训练的人才,如在兴办军事工业期间派往外国或在国内天津水师学堂等受训的军事工业人才,均为日后中国工业发展的生力军。而机器生产的示范效应在客观上刺激和带动了民族资本的产生和发展。

三、民用工业

从19世纪70年代开始,随着洋务运动的深入开展,近代中国民用工业也得以产生和发展。民用工业之所以产生和发展,主要有以下几个方面原因:

第一,由于军用工业发展的影响和需要。洋务派创办军用工业后,遇到了诸多实际问题。军工需要大量的原料和燃料,因此迫切需要相应的燃料工业、采掘工业和交通运输业。

第二,受到外资工业的刺激和影响。在外国资本主义的侵略下,维护民族利益,挽回利权,也是国人发展民用工业的动因之一。第二次鸦片战争以后,外国侵略者要求在中国开矿设厂,建铁路,架电线,引起国人的抗争,而各种外资企业侵蚀中国利权,对我国社会经济的影响日益显著,也引起清朝统治者的戒心,于是提出了"商战"、"稍分洋商之利"的口号。军用工业耗费了大量的资财,经费颇显困难,而当时在华各种外资企业获利又十分丰厚,生产效率较高,刺激了国人,激起某些官僚、买办和商人投资近代工业的兴趣。此时,洋务派也希望通过发展民用工业开利源,裕经费。

第三,洋务派通过多年对军工企业的苦心经营,已在经验、技术、人才等方面为发展民用企业提供了一定的基础。

洋务时期的民用工业,一般分为四种经营形式,即官办、官督商办、官商合办、商办,主要是依据经营管理权与资本所有权的不同来划分的。所谓官办与商办,就是分别由官或商出资经营。官督商办就是由商人出资认股,政府委派官员来经营管理,但在筹办时一般先由官方垫借部分官款作为资金,等商股募足后再陆续归还。官督商办企业享有减税、免税、贷款和专利等特权,其盈亏与官无涉,全归商认。所谓官商合办,就是由官、商各出部分资金,而企业的经营管理权由官方操纵。

70年代洋务派创办的新式企业,是以官督商办为主要形式。但军用工业与一些重要的工矿企业多采用官办形式,商办的企业一般集中在轻工纺织业,官商合办的企业在甲午战前极少。这些多种经营形式与当时国情较相适应,尤其是官督商办形式,其作用明显,郑观应曾充分肯定它的历史作用:"全恃官力,则巨资难筹;兼集商资,则众擎易举。然全归商办,则土棍或至阻挠;兼倚官威,则吏役又多需索。必官督商办,各有责成;商招股以兴工,不得有心隐漏;官稽查以征税,亦不得分外诛求;则上下相维,二弊俱去。"① 当时较重要的企业,如轮船招商局、开平矿务局、上海织布局、漠河金矿等,基本上是官督商办企业。

在洋务运动中产生发展起来的民用工业,包括交通运输业、通讯业、矿业、冶炼、轻工和机器修造业。据初步统计,洋务运动期间我国建立了167家近代民用企业。②

这里主要介绍洋务派创办的民用工业,即官督商办或官商合办工业。洋务派兴办民用企业开始于1872年的轮船招商局,截止到中日甲午战争,洋务派创办的民用企业共27家,比较重要的集中在交通运输业与通讯业(包括航运、铁路、电报与近代邮政)、矿业等方面,具有明显的"求富"性质。

轮船招商局的创办显示了洋务运动时期我国航运业的初步发展。第二次鸦片战争后,外国资本垄断了我国沿海和长江下游内河航运,我国旧式航运业面临破产。1872年,李鸿章令浙江漕运局总办海运委员朱其昂建立轮船招商局,这是由官办转向官督商办的第一个企业,也是规模最大的民用企业。朱其昂拟定章程,招集商股,并先借一部分官款,取得包运漕粮、空船减税等特权。先后借用官款190多万两,招得商股73万两,采用官督商办的经营方式,盈亏与官无关,全归商认。③

---

① 郑观应:《盛世危言》卷五,开矿。《郑观应集》上册,上海人民出版社1982年版,第704页。
② 徐泰来:《洋务运动新论》,湖南人民出版社1986年版,第76~84页。
③ 参见《李文忠公全书》,《奏稿》卷20,第33页。

招商局总局设在上海,在天津、牛庄、烟台、汉口、福州、广州、香港以及国外的横滨、神户、吕宋等地设有分局,其规模日渐扩大,从最初只有轮船3只发展到1877年有轮船30只。英商怡和、太古两行采取降低运费等方式进行排挤打击,企图挤垮招商局。招商局在洋务派支持下敢于同外轮公司进行竞争,曾把外国人在中国最早创办的美国旗昌公司挤垮,但也付出极大代价。由于外国轮船的不断竞争和排挤,招商局的业务曾一度停顿,中法战争期间经马建忠之手将招商局暂时售给旗昌洋行,1885年又收回局产,李鸿章委派盛宣怀为督办,马建忠、谢家福为会办,进行整顿经营。

铁路的建设也已初步开始,开平矿务局成立后,1881年,中国建成从唐山到胥各庄的铁路,全长18里,此是中国自己修建的第一条铁路,揭开了中国陆路交通的新时代。① 中法战争后,洋务派成立了开平铁路公司,这是我国第一个铁路公司。到1893年唐胥铁路扩建南到天津、北到山海关外的中后所。在台湾,刘铭传修建了基隆—台北—新竹铁路。1895年全国铁路长360多公里。

电报业也是洋务运动中较有成效的行业之一,1879年,李鸿章在天津鱼雷学堂教习贝德斯的协助下,架设了一条从大沽北塘海口炮台到天津之间长约40英里的电线,并于当年6月开始使用。1880年,李鸿章在天津设立电报学堂,培养电报专业人才,同时成立电报总局,由盛宣怀任总办,随后在江苏、上海、镇江、大沽、济宁、清江浦等处设立分局。从天津到上海的陆路电线架线工程于1881年4月开始,11月竣工,全长2500公里,共用资金湘平银17.87万两。1882年电报局又架设通往江苏、浙江、福建、广东等省的线路。1884年电报总局迁往上海,并从上海架线到武汉,从广东发展到广西,从天津发展到东北三省,到1885年沿江沿海各省都架设了电线,到1894年洋务派架设的电报线共44条。此后电报事业逐渐扩充,几乎遍及各重要城市,既有官督商办的,也有官办的。洋务派对电报的提倡和创办,促进了我国通讯事业的发展。

我国举办近代邮政始于1878年,当年3月9日,李鸿章派英人德璀琳以天津为中心,在天津、北京、上海、烟台、牛庄等地,仿照西法试办邮政,由

---

① 中国第一条铁路建成时,因为担心遭到顽固派的反对,不得不"用马在轨上拉车",这也是一大奇闻。参见《中国近代工业史资料》第1辑下册,科学出版社1957年版,第642页。

海关负责主持。当时我国民智未开，商民对此不大信任，大量的邮件还是通过民信局递送。1888年，台湾巡抚刘铭传在全省改驿站为邮政，建立台湾邮政总局。我国邮政逐渐向近代化方向发展。

矿业方面，我国近代矿业的开办是从机器采煤开始的，这主要是为了配合洋务派官办军火工业和轮船航运的需要，以摆脱原来对洋煤的依赖，杜绝洋人的觊觎，开辟利源。从1875年李鸿章筹划磁州煤矿开始到1895年中日战争时止，我国先后兴办了大小16座新式煤矿，其中官办的有6座，官督商办的有10座，较为重要的有台湾的基隆煤矿、直隶的开平煤矿等。

台湾的基隆煤矿是我国第一座近代煤矿，年产量达5400吨。1875年沈葆桢奏请开办，聘请英人翟萨等人充当工程师，从英国购入一批采掘机器，采用官办形式开办，产品除供福州船政局使用外，一部分还在市场上出售。次年成立台湾矿务局，派叶文澜为矿务督办，开办经费从闽浙总督饷项中筹拨，常年经费从台湾道批拨。中法战争期间，基隆煤矿遭到破坏，战后才得以恢复，但亏损也逐渐严重。1890年移交商办，二年后因亏损而停止生产。1894年台湾沦陷后为日本侵略者所攫夺。

开平煤矿是洋务派开办的煤矿中最有成绩的。轮船招商局成立后，需煤量大增，1876年，李鸿章派轮船招商局总办唐廷枢等筹建开平煤矿，规定为官督商办，拟募集股本80万两，但商人愿募者极少，结果还是借大量官款，买地建房，向外国订购机器，按新法开采，1878年正式成立开平矿务局。1881年开平煤矿开始产煤，日产量为五六百吨，到1894年增至1500吨，并迅速地占领天津煤炭市场，有力地抵制了洋煤的进口。唐廷枢死后，由张翼接任总办，矿务局经营日渐腐败，大借外债，到1900年，英国侵略者利用八国联军入侵的机会，勾结张翼，通过欺骗讹诈手段，攫取了开平矿务局的全部财产。

随着近代煤矿业的发展，机器开采也逐渐推广到其他金属矿业。洋务运动期间，我国先后组成金属矿公司或厂号达24家之多，其中铜矿8家，金矿6家，铅矿银矿各4家，铁矿2家。① 在当时官、商各金属矿中，规模最大、经营最成功的是漠河金矿。该矿在同治初年已被发现，由于俄国人不断越境偷挖金矿，引起清政府的重视，于是命李鸿章和黑龙江将军恭镗筹备开采。1888年开始用机器开采。开办初期，每年产量约值银12万两，到1897

---

① 徐泰来主编：《中国近代史记》中册，湖南人民出版社1989年版，第56页。

年达银30多万两,拥有2000多矿工。漠河金矿的创办带动了东北三省近代金矿的兴起。

冶炼业方面,随着近代军用企业和民用企业的发展以及海军的创办,钢铁及各种金属冶炼业也逐渐发展起来。洋务运动时期创办的冶炼业主要有贵州清溪铁厂和汉阳铁厂。

贵州清溪铁厂是1886年由贵州巡抚潘霨在贵州清溪县设立。它是中国最早的一个用近代方法冶炼钢铁的工厂。初由贵州候补知府曾彦铨督办,后来潘霨以其讲求西学30余年、洞悉洋务的胞弟潘露筹办,采购外国机器,建成八座高炉、两座炼钢炉,并有轧钢机设备。1890年正式投产,完全以西法冶炼,有盈无绌,颇有成效。直到潘露病故后才暂时停工。1893年完全停办。

汉阳铁厂是近代中国最大的炼铁厂,由湖广总督张之洞兴建。1890年,张之洞为了抵制洋铁入口,主张自炼内地钢铁以供应各省机器之需要,于是成立湖北铁政局,在汉阳大别山下设厂,1893年底全部竣工。铁厂包括6个大厂、4个小厂,雇佣外国技师40人,工人约3000人。铁厂于1894年投产,因燃料不足而不能全部开工,张之洞等人不甚知经营近代工业,经营成效不佳,刚开炉不到5个月,即停炉达10月之久。1896年改为官督商办,由盛宣怀接办。汉阳铁厂生产的铁除供应本国外,有时还供应美、日等国。

轻工业与机器修造业方面,晚清中国走了一条先发展重工业然后再发展轻工业的独特发展道路。洋务运动期间,我国创办的轻工业及机器制造的近代企业有131个①。这些近代企业,主要以商办为主,但也有少数为官办、官督商办与官商合办。官方参与的棉毛纺织业以上海机器织布局、兰州织呢局和湖北织布局影响较大。

兰州织呢局由陕甘总督左宗棠创办,1880年9月开始建厂,向德国泰来洋行订购成套机器设备400箱,次年3月开始投产,其经费全为官款,由于原料不足与销售困难,1884年5月为新任总督谭钟麟裁撤。兰州织呢局是我国近代第一家纺织工业企业,也是官办的最早一家轻工企业。

上海机器织布局是洋务派创办的第一个近代化棉纺织厂。1882年由李鸿章奏准创办,是一个官督商办企业。织布局招股银50万两,局址设在

---

① 徐泰来:《洋务运动新论》,湖南人民出版社1986年版,第69、70页。

上海杨树浦。1890年开始生产,每日夜出布600匹,销路较畅,营业兴盛,利润较好。其原因之一,是李鸿章在开办之前曾为织布局奏请了减税和十年专利权,这使其生产发展较快。不料在1893年10月织布局失火,厂房设备全部烧光。同年11月,李鸿章又令盛宣怀等人负责重建织布局,招徕商股,改名为华盛纺织总厂,仍为官督商办,另在上海、宁波、镇江等处设立10个分厂,计有纱锭6.5万枚,布机750架,1894年9月部分投入生产。湖北织布局为湖北总督张之洞创办。1893年在武昌门外临江地方建成厂房,开始投产。当时有纱锭3万枚、布机1000架,每天出纱100担。1894年生产本色市布70 288匹,斜纹布5 970匹,棉纱4 413担。

  洋务派创办的民用企业,虽然有不少完全由官方投资,但大部分兼募商股或全系商股,它们基本上是商品生产,产品除供应军事工业需要外,大部分都直接进入市场,以追逐市场利润为其根本目的,企业内部使用的主要是雇佣劳动,表明市场机制已经部分地被引入到洋务企业中,已属于资本主义性质的企业。这些企业一般规模都比较大,多数在中国属于首创,不仅为中国资本主义工业奠定了基础,而且进一步拓展了中国早期工业化的领域,使工业化建设全面展开,为抵制外货进入中国开创了良好的基础。

  与军工企业相比,洋务派的民用企业在企业经营、管理等制度方面有所创新,这对促进生产率的提高有积极作用。工资制度创新表现为吸取和应用计时工资制度,有激励性,可促进生产率的提高。企业运营制度的创新表现为从原来的官办转为官督商办,这是重大的制度变迁,它可引发商人的不断加入,为企业带来活力,因为官督商办企业一般采用股份制经营形式,虽然还没有实现资本所有权与经营权的分离,但为生产率的提高和企业绩效的改善创造了条件。①

  洋务派所创办的民用企业也有一些明显的缺陷。它与一般的资本主义企业不同,投资这些企业的除了洋务派官僚外,主要是与他们有联系的地主、商人和买办,垄断性强,具有明显的封建性,基本上是官绅包办,由官方垄断经营,把持一切,不许各商自行经理。官府派出的总办、帮办、坐办、提调等把持企业一切财政和用人大权,股商无权过问。企业的设备完全依赖进口,技术上依赖洋人,有的甚至于资金也靠借外债。加上企业经营管理腐败,官府任意侵蚀企业财产。这些缺陷,严重地束缚着民族资本主义的发

---

① 杨德才:《中国经济史新论》,经济科学出版社2004年版,第107~108页。

展,阻碍中国社会生产力的发展。而经办这些企业的洋务派大官僚、大买办,却成为中国早期的大资产阶级,他们既是清朝的官员,又是腰缠万贯的大资本家。

四、练兵和近代海军

洋务运动时期,中国的陆军逐渐向近代陆军过渡,这种过渡是缓慢进行的。

清朝的正规军主要是八旗兵和绿营兵两种,湘淮军是在镇压太平天国农民运动时期出现的新式军队,其近代化程度虽然高一些(基本上用西洋枪炮武装),但并不十分正统。

李鸿章出任直隶总督后着手整顿和训练直隶的防军,先选六千绿营军办起新式训练,然后任命淮军统领担任直隶绿营兵制中的高级军官,训练绿营。他在直隶建立庞大的防军,1871 年淮军达 45 000 人,其中 13 500 人驻在直隶。他先选派 7 名年少力壮的中下级军官到德国学习陆军,1879 年学成归国,以德国操法教练其亲军。1885 年又创办天津武备学堂,轮训淮军及北洋防练各军军官,聘请德国军官李宝等教习德操,以整顿北洋各军。他把崇厚的洋枪洋炮队接收过来,重新训练。

从 19 世纪 70 年代开始,洋务派开始筹建近代国防,海防与陆防相表里。1870 年李鸿章出任直隶总督后,即成为海防工作的主要倡导者。1875年,在洋务派主持下开始筹办海军,决定每年从关税和厘金项下拨款 400 万两,作为筹办经费。李鸿章从国外购买军舰,1875 年通过赫德向英国订购了四艘炮舰,1877 年又订购了四艘。随后,不光李鸿章向外国购买战舰,驻南京的南洋通商大臣以及福建和广东两省的官员也相继向外国购舰,结果造成混乱,建立起四支互不统属的舰队:北洋水师、南洋水师、福建水师和广东水师。它们各有军舰十多艘。此外还有长江水师等。这些海军几乎互不相关,其武器、船只和训练各不相同,其号令系统也不一致,缺乏中央政府的统一领导。

李鸿章的海军费用原定 400 万两,到 1877 年后期只收到总数不足 200 万两,因为清政府要各省给远征新疆的左宗棠提供军费。李鸿章幸好得到南洋通商大臣沈葆桢的合作,他向德国定造两艘斯特汀式铁甲舰和一艘钢甲巡洋舰。李鸿章还计划在旅顺口建造一个大型船舶修造厂,旅顺和大连成为北洋舰队的海军基地。

停泊在旅顺港的北洋舰队

中法战争前,清帝国已经拥有大约50艘战舰,其中有一半为中国自造,因为海军人才极为缺乏,李鸿章一方面派学生出国学习,于1877年派送30名福州学生到欧洲去深造;另一方面在国内设立海军学校。1880年,李鸿章奏请设立天津水师学堂,二年后又分设管轮学堂,专门培养海军人才。

但是在中法战争中,福建水师覆灭,南洋水师遭受损失,只有北洋水师保存了实力。李鸿章因此被指责负有责任,当时他专于北方防务,因为日本在朝鲜的活动日益加紧。这一战役暴露了中国海军的最大缺陷:缺乏统一指挥。

1885年10月,清政府在北京正式成立海军衙门,以醇亲王奕譞为总理,庆郡王奕劻和李鸿章为会办,并由李鸿章专司其事。到1888年,北洋海军正式成立,有大小舰艇27艘,以旅顺、威海卫两军港为基地,丁汝昌为海军提督。

北洋海军是李鸿章经营最久、费钱最多的一项洋务事业,北洋舰队是清政府最大的舰队,但是从1889年以后就不能进一步扩充其舰队。慈禧太后从海军经费中提取200万两用于建造颐和园,北洋海军每年的经费大约只有100多万两,无法购舰。其原有的军舰主要购自英国和德国,先后聘请英人朗威理,德人二百龄、汉纳根为海军教习,并雇用一些洋员。北洋舰队从不认真训练,纪律松弛,内部矛盾重重。

洋务派当时还建立了近代化的炮台、船坞和港口。当时沿海各省口岸的炮台和船坞基本上是按照西式建设的,比较重要的有旅顺口、大连湾、大沽、烟台、威海卫、吴淞、马尾、黄埔等,它们在近代海防中确实起到一定的作用。

第三节 私营资本企业的产生

一、私营资本企业的产生

19世纪70年代,中国社会已经初步具备了产生民族资本主义的条件。鸦片战争以后,外国资本主义商品的输入不断增加,自然经济开始遭到破坏,城乡商品经济有了较大发展,为中国民族工业的产生创造了商品市场。外国资本主义商品排挤和代替中国手工业产品,使大量农民和手工业者破产,被迫流入城市谋生,为民族工业的产生创造了劳动力市场。在外国资本主义侵略的刺激下,一部分商人、地主、官僚积蓄了一些财富,投资于新式工业。

根据《中国近代工业史资料》统计,私营资本经营的近代工业始于1872年,70年代创办的企业数目只有20个左右,80年代逐渐增多,大部分都是小型企业,到1894年前后私营资本经营的近代企业共有100多个。也有人认为有几百家之多,仅统计其兴办的工厂、矿厂和小火轮公司就有170家,其中工厂145家,投资额539万两,雇佣工人54 740人;矿厂22家,投资额280万两,雇佣工人7 800人;小火轮公司3家,投资额60万两,雇佣工人100人[①]。

私营资本经营的近代工业是从轻工业开始的,以机器缫丝业为最早和最盛,成效也较著。机器缫丝业从广东开始,接着在上海、江浙等地快速发展。最早创办起来的是陈启源的继昌隆缫丝厂。该厂1872年在广东南海县创设,有600余女工,使用蒸汽机生产,所产之丝精美,行销欧美,获利甚丰,带动了整个广东省缫丝业的发展。上海最早的华商缫丝厂是1882年浙江丝商黄宗宪(佐卿)创办的公和永丝厂。上海的缫丝厂除公和永丝厂外,还有坤记(1884年)、裕慎(1890年)、延昌(1893年)、正和(1894年)、纶华(1894年)等华商丝厂。

---

① 许涤新、吴承明主编:《中国资本主义发展史》第2卷,人民出版社1990年版,第452页。

在近代工业企业中,船舶机器修造业是发展最早的一个部门。鸦片战争结束后,广州即创办了以修理轮船为主的陈联泰机器厂,除修理轮船外,它还制造缫丝机器等。上海最早的一家中国船厂是1858年广东籍买办甘章创设的甘章船厂。当时民族工业中规模最大的一家是1866年广东香山人方举赞、孙英德创办于上海虹口的发昌机器厂,其主要业务是为美商经营的船坞加工、打制零件。当时的机器厂,其业务一般以修理船舶、修造小火轮、打制修理船用零件为主。除上海的船舶修造业较为发展外,天津、广州、武汉等地的船舶修造业也有一定程度的发展。

近代火柴业也开始逐渐兴起,厦门、上海、天津、广州、太原、福州等地相继创办了一些小规模的火柴厂。其中,兴办最早的是浙江慈溪火柴厂,规模较大的有1890年上海燮昌火柴公司,资本5万两,日产50大箱(每箱50大包)。

近代机器造纸业和印刷业也同时在广州、上海等地出现。1882年,广州商人钟星溪在南海县创办了机器造纸厂,资本15万两。上海第一家近代造纸厂是李鸿章发起建立的伦章造纸厂,资本30万两。1873年艾小梅在汉口创建昭文新报,为我国机器印刷业之始。1882年广东人徐鸿复在上海创办同文书局,采用机器石印技术,购备石印机12部,雇工500人,规模较大。它影印的《二十四史》、《古今图书集成》等古籍,印刷精美,流传至今。后来又有李木斋的蜚英馆石印局、罗海龄的机器印刷厂相继创办。

面粉业以天津贻来牟机器磨坊较为著名。该磨坊是1878年江苏宝山人朱其昂在天津创办,规模不大,但获利甚丰。上海、福州、北京等地也有机器面粉厂。

近代制药业也是在洋务运动时期开始,西药传入中国由来已久,但一直操之于外人之手。1887年,我国第一个中药房,即中西大药房在上海成立。此后其他药房也相继而兴,如中英大药房股份有限公司等。

公共事业中,有旧金山华侨黄秉常等人于1890年在广州开办的广州电灯公司,在广州装用近700盏电灯。1888年两广总督张之洞订购了一架电灯机器,办起电灯厂,在总督衙门安装了100盏电灯。上海、广州、汉口、沙市等地相继筹办自来水公司。

此外,洋务运动期间,机器修理业、机器五金工厂、机器制糖业、玻璃制造业以及机器制砖、制豆饼、制冰等行业,都先后在通商口岸建立起来。

从私营资本企业生产的途径来看,与西方国家完全不同。在一般资本主义国家,资本主义的发展经过简单协作、手工作坊和机器工业三个连续阶段。在中国,鸦片战争前已经出现了一些手工工场,但它们在手工业中只占很小的一部分,整个手工业还没有发展到手工工场时期。鸦片战争后出现的资本主义机器工业,基本上是积累了相当资金的部分官僚、地主、商人,在受到外商所办机器工业的刺激下,从国外输入机器创办起来的。民用工业的发展为我国近代工业的发展奠定了基础,是中国早期工业化扩展的一个重要标志。

二、私营资本企业的经营与困境

私营资本企业中,资金少、规模小是一种普遍现象。1894年前,资本在1万元以上的53个商办企业中,总共只有资本470多万元,平均每个企业不到9万元。如果与同一时期的官办和官商合办企业相比(19个,资本1600多万,平均每个企业85万元),相差几乎超过9倍。① 可见其力量之薄弱。

在私营资本企业中,发展最好、经营最出色的是缫丝业和纺织业。缫丝业是当时民办企业最为集中的行业,集中了国内最多的民间资本。上海、广东两地缫丝业的发展最快,广东88家,上海8家,企业的平均资本为38 392两白银,属于规模较大的民办企业了。具体来说,缫丝业的发展比较快,但并不乐观,不是所有的缫丝业企业都采用了先进技术和设备。在广东地区,不光有"汽机",还有"足机"和"手机",近代工厂、手工工场和散工制同时存在。上海地区的民办缫丝业设备和技术比较先进,规模也比较大。②

私营资本企业的投资者有官僚、买办、商人、地主、绅士、华侨、手工业作坊主等,一般都是单一的私人资本,其中投资最多的是买办、官僚和商人。中国社会经济发展最缺的就是资金,而买办资本的积累多少可以弥补这方面的缺陷。为了解决资金不足的问题,近代企业主要采用两种方法:一是竭力扩大筹资渠道,有的用股份制方式招资入股,有的不惜代价向外资金融机构融资;二是进行要素替代,用劳动力替代资本,充分发展劳动密集型的近代企业。如上海、广东的缫丝业,直到1894年,两地区96家企业共雇佣工

---

① 严中平等编:《中国近代经济史统计资料选辑》,科学出版社1955年版,第93页。

② 杨德才:《中国经济史新论》,经济科学出版社2004年版,第112、113页。

人 45 850 人。①

  私营资本经营的近代工业主要是轻工业和小规模的采矿业,机器制造业少得可怜。造成这种情况的原因,主要是经营轻工业投资比较少,企业建设时间短,资本周转快,容易获得较高利润。经营小规模的采矿业,也可以投资少,主要用人力开采,获利也快。

  私营资本企业主要集中在沿海通商口岸,其中以上海为多,广州、天津次之。在这里,天时地利、交通方便,购买原料和销售产品比较方便,同时也体现了其对外国的强烈依赖性。中国民族资本所需的机器设备和技术力量基本上依赖外国,缫丝、制茶、轧花等工厂主要是为中国的原料出口加工而设立的,一些工厂为了防避中国官僚的侵害,不得不设在租界内,有的甚至连资本也依靠外国,如山东平度招远金矿即从英国汇丰银行借款,天津自来水公司依靠英、法两国的资本。这些都体现了中国民族资本企业初创时经营的艰难困苦,它对外国资本存在严重的依赖性。

  同时,私营资本企业对外国侵略者也有矛盾的一面。外国侵略者开始用限制机器出口的办法,阻止中国民族工业的发展。当民族工业产生后,外国侵略者又利用在华攫得的特权,通过控制中国海关和对外贸易的一些手段,大量倾销商品和收购原料,使中国民族工业在原料供应和商品市场等方面受到巨大压力,严重威胁着民族资本主义工业的生存和发展。加上外资企业有雄厚的资金和先进的技术,他们不仅抢夺中国的原料和商品市场,甚至吞并中国民族资本企业,使中国民族资本不能得到有效发展。上海的缫丝业多为外商所控制,民族资本虽创设了几个厂,但在外商丝厂的压制下,经营相当困难,有些最终为外商所兼并。1875年福州商人兴办的三个砖茶厂因为不敌外资砖茶厂的压制,有两个厂很快就倒闭了。

  私营资本企业对本国封建官僚是一种既要依赖它又受它控制的关系。民族资本要投资于新式采矿业,得依赖官府的批准和支持,有的得挂上官督商办的名义。制造业的投资,也离不开官府的保护。上海均昌船厂得依靠轮船招商局的总办,广州电灯公司的建立是依靠两广总督张之洞的支持。开办后得向清政府申请减免关税、厘金及专利权。有的投资者本身就是封建官僚,具有多重身份。

---

  ① 杨德才:《中国经济史新论》,第125页;许涤新、吴承明主编:《中国资本主义发展史》第2卷,人民出版社2003年版,第470页。

在中日甲午战争前,私营商办企业始终没有获得清政府的正式承认,处于听任地方官吏随意摆布的地位。顽固派官僚坚持反对创办近代工业,洋务派官僚则力图控制和垄断近代工业。苛重的捐税,尤其是厘金制度,对于民族资本主义工业打击相当严重。如中国纱厂在内地收购棉花,必须缴纳大约相当于货价5%到20%的厘金,无形中成本就加重了许多,无法与外资纱厂或洋纱竞争。

早期工业化只是揭开了中国兴办新式工业的先河,但还是无法改变整个近代时期中国以传统农业经济为主的面貌。与传统农业经济相比,民族资本主义工业就像汪洋大海中的几个小岛屿,不能使中国经济有效地进行转型。但是,民族资本主义工业代表着一种新的社会力量,只要国家加以扶持,它就会冲击中国传统的社会经济和旧的生产关系,对近代中国经济产生深刻的影响,而且它的发展状况和发展速度在某种程度上可以反映近代中国经济的发展水平。

第四节 城乡社会的变化

一、新的社会阶层

洋务运动期间,随着洋务工业化的产生、新职业类型的出现以及社会组织的分化,传统社会层级结构开始瓦解,社会阶级关系形成了新的格局,新的社会力量也随着产生。

首先,民族资本家开始出现。中国早期民族资本家是由官僚、买办、地主、商人、归国华侨、旧式作坊主各类人士转化而来,其出身和成分比较复杂。手工业主和其他市民阶层并没有成为资产阶级的来源。在资产阶级产生初期,买办扮演了相当重要的角色。买办在鸦片战争前虽然已经出现,但人数不多,鸦片战争后洋行可以自由雇佣买办,买办人数因此大增。

买办是一个成分比较复杂的队伍,其中有不少是下层人物,但更多的是一些有较高文化素养、受过西方文化教育的人物,他们更多地接受了西方资本主义的新生事物,对于世界大势、商品市场等表现出更多的关心。因为受雇于洋行,买办的收入相当丰厚,手中积累了大量的财富。

买办的资本积累比较特殊,其资本积累主要靠薪金、替外商开展业务所得佣金以及自营行栈铺面字号所得,先投资参股于洋务派所兴办的民用工业企业,然后才独资创办民用企业。买办是中国早期资产阶级的中坚力量,往往有着双重身份,不仅是洋行的雇佣者,又是自营生意的商人,不仅是货物的经纪人,又是货主,不仅是洋行的买办,更是民族资本家。

买办在中国早期工业资产阶级构成中占有相当重要的地位。官督商办企业的资本中很大一部分来自买办。轮船招商局的200万两资本中,徐润占48万两,唐廷枢占8万两,陈树棠占10万两,其他一些买办占有的股份不下60万两。① 当时买办在开平煤矿、上海织布局、中国电报局等官督商办企业中购买了大量的股份。在商办企业中,买办的投资更是重要,甚至处于首要地位。买办在轮运业、采矿业、纺织业、机器制造业等方面的投资令人注目,因为他们把所学到的一些资本主义经营和管理方法带进了企业,促进了近代中国企业经营管理的改善和劳动生产力的提高。

买办在经营近代企业的活动中,开始向民族资本家转化,如唐廷枢、刘绍宗、郑观应、徐润等人。此外,洋务派官僚、地主、华侨商人、旧式商人及一些手工业作坊主,也是中国早期资产阶级的来源之一。盛宣怀(轮船招商局、中国电报局等企业的创办者)、严信厚(宁波通久源纱厂的开办者)、唐松岩(上海华新纺织新局的创办人)等人,是典型的洋务派官僚。一般商人的数量比较多,如粮商、盐商、茶商、丝商等,他们手中积累了大量货币财富,在投资近代民用企业方面相当活跃,逐渐向产业资本家转化。如继昌隆缫丝厂的创办者陈启源、公和永缫丝厂的创办者黄佐卿等人,他们是兴办近代民族工业企业中较为活跃的力量,也是中国早期资产阶级的中坚力量。

中国早期资产阶级与封建主义和外国资本主义有着较多的联系。许多民族资本家其前身是买办、商人和官僚地主,他们在转型过程中不可能脱胎换骨,带有原先的一些印记。不仅地方官僚在农村中拥有土地,而且商人买办也在农村进行土地投资,对农民进行封建剥削。不少买办投资新式企业后依然从事买办活动,这种复杂身份造成民族资本家的多重性与个性的多变性。他们先天就与外国资本与本国封建势力保持较多的联系。如唐廷枢、徐润、郑观应等人,与洋行之间仍有密切联系,包括商议一些贷款、机器设备的购买、外商的投资等等。这些问题体现了当时中国发展经济的一种趋势和要求,中国资本主义是从外国移植过来的,不得不求助和依赖于外国,与外国打交道,进行经贸方面的来往,这是无可非议的,但却容易受外国

---

① 徐泰来主编:《中国近代史记》上册,湖南人民出版社1989年版,第219页。

资本主义的控制。

而民族资本家的生存和发展,又与外国资本及本国封建势力处于矛盾、对立之中。外国资本家利用从中国攫取的各种特权,倾销商品,掠夺原料,进行金融垄断,控制我国海关和市场,危害我国民族资本的发展,阻碍了我国资本主义的独立发展。而中国的封建势力、顽固守旧官僚极力反对商办新式企业,反动的旧式厘金、苛捐杂税和种种超经济勒索更严重阻碍了民族资本企业的发展。在内外双重压迫之下,我国民族资本处境相当困难,早期民族资本家在利害关系上又不得不反对外国资本主义的侵略与本国封建势力的束缚。这种双重关系与双重性格,使近代中国民族资产阶级既有软弱妥协的一面,也有反帝反封建的要求。

其次,产生了近代产业工人。这是一个自由出卖劳动力、无资无产、从业于现代工业交通、邮电等部门的新兴劳动阶级。①

近代产业工人的出现比民族资产阶级稍早一些,19世纪40、50年代,由于外国资本主义的侵入,在通商口岸出现了一批码头工人、洋行的雇员和在外国轮船上做工的海员,这是中国最早的近代产业工人。60年代以后,随着外国资本家在华的投资设厂,洋务派创办近代军事工业和民用企业,民族资本家兴办近代工业,中国又产生了一批近代产业工人。根据统计,19世纪70年代,近代产业工人约有10 000人左右,到1894年中国近代产业工人已近100 000人,其中在外资工厂做工的中国工人约34 000余人,占近代产业工人总数的35%左右。在中国人经营的企业中做工的工人约62 000余人,包括在官办军用工业做工的工人约9 100至10 810人左右。②

中国无产阶级除上述产业工人外,还应包括海员、船员、码头运输工人、城市建筑工人、手工业雇佣劳动者、商店店员以及农村中的雇农等,他们的人数虽然无法统计,但总数应比产业工人多得多。

中国无产阶级除具有一般无产阶级的基本优点,即与最先进的生产方式相联系,富于组织性、纪律性,没有私人占有生产资料等外,还具有与西方国家无产阶级不同的特点。

中国无产阶级主要由破产的农民转化而来,与广大农民有一种天然联

---

① 陈向阳:《晚清三次变革与中国现代化的产生》,《社会科学研究》1996年第1期。

② 《中国近代工业史资料》第1辑下册,第1182页表23,第1201页表28。

系,便于同他们结成亲密的联盟。但从另一角度来看,农民把小私有者的特性也带进无产阶级队伍,造成某种缺陷,必须对他们进行教育。

中国无产阶级在地域、行业方面高度集中,有利于组织和团结起来,进行革命斗争。19世纪中外资本经营的近代工业大都集中于上海、广州、天津、武汉等几个通商口岸,中国产业工人大都集中在这些城市。1894年,上海、汉口、广州三地产业工人占全部工人总数的76.7%,上海一地就占46.4%。工人如此集中,有利于加强工人自身的组织与团结,便于革命思想的传播和斗争的加强。

中国无产阶级遭受最沉重的压迫,富于革命的坚定性和彻底性。他们一开始就受到外国资本主义、国内封建主义和本国资本主义的三重压迫。这三重压迫的残酷性和严重性,是世界各国所罕见的,主要表现在:工人工资低,劳动时间长,劳动强度高,劳动条件极其恶劣,工人的健康和生命安全没有保障。外国资本家对中国工人实行种族歧视,视中国工人为"黄奴"、"苦力",稍不如意就随意打骂和解雇;中国企业中实行封建把头制度,封建把头对工人进行监视、凌辱、盘剥和殴打。工人的劳动时间短则11到12小时,长则13到18小时,但工资却少得可怜。在当时外资企业中,中国普通男工每月工资1角5分到2角钱,最高也只有2角7分。女工和童工的工资更低,最低只有五分到七八分钱。外国资本家也承认,在中国用人工比用牲畜还更有利。工人的身体"瘦到只有皮包着骨头,五十人里面也找不出一个体格康健的人"①。

再次,涌现出近代知识分子群体,包括近代科学和工程技术人员、近代企业管理人员、近代教育工作者和近代新闻工作者等。此外还出现了一批近代军人和近代外交人员等。

洋务运动时期,中国的外交官员素质有了明显提高,如郭嵩焘、曾纪泽、薛福成等人,他们了解世界大势,懂得外交策略,能利用国际公法同列强斗争,以维护国家主权和民族利益。

二、变法维新思想的出现

形成于19世纪70年代的早期维新思想,在1884年中法战争以前,曾依附或附属于洋务思潮,由于两者在对待"中学"和"西学"态度上的差异,使

---

① 《捷报》,1893年11月3日,《中国近代工业史资料》第1辑(下),第1234页。

早期维新思想从中法战争后开始从洋务思想中分离出来,表现出更多的资本主义倾向。

早期维新思想主要是指甲午中日战争之前的维新思想。它的发展可以1884年中法战争为界分为前后两个时期。在中法战争前,它与洋务思想虽有某些歧异,但基本上是附属于洋务思想,没有超出洋务思想的范围;中法战争后,它逐渐从洋务思想中分离出来,形成一支影响较大的政治派别,表现出更多的资本主义倾向,成为后来变法改良思想的先驱。

19世纪70年代到甲午中日战争期间,随着中国资本主义的产生,列强对中国侵略的逐步加强,以及西方自然科学知识、资产阶级社会政治学说在中国的传播,中国出现了近代维新思想。这种思想,是林则徐、魏源等人爱国思想的继承和发展,同时也是后来康有为、梁启超变法维新思想的前驱,主要代表人物有冯桂芬、王韬、马建忠、薛福成、郑观应、陈炽、何启与胡礼垣等人。他们的主要著作是:王韬的《弢园文录内外编》、薛福成的《筹洋刍议》、马建忠的《适可斋记言记行》、郑观应的《盛世危言》、陈炽的《庸书》、何启与胡礼垣合著的《新政真诠》等,其中以《盛世危言》最有代表性,集中反映了甲午战前维新思潮的全貌和特点,影响较大。

从他们的经历来看,早期维新思想家出生于鸦片战争前后,成长在江浙及广东等地,早年接受封建传统教育,涉足科场与官场,或者是洋务运动的积极参与者,或者是同外国资本主义有较多接触的官吏、士子,虽然生活道路与经历不尽相同,但都较多地接触到资本主义世界。他们比先前的地主阶级改革派,更多地了解西方的政治、经济、社会和文化,对中国社会及洋务运动的弊端有较为深切的感受,在一定程度上克服了魏源等人的狭窄视限,不仅主张学习西方的坚船利炮和声光化电,在积极主张设工厂、开矿山、筑铁路、造轮船的同时,也热衷于学习西方社会的教育、商务、法律和政治制度。

王韬(江苏人)早年在上海受雇于英国教会所办的墨海书院,后来到香港,又去英、法、俄等国游历,1874年在香港主编《循环日报》,鼓吹变法自强,并与洋务派官僚交往密切。薛福成(江苏人)曾入曾国藩幕府,后来又随李鸿章办外交。1889～1893年又任清政府驻英、法、意、比四国公使。马建忠(江苏人)出身商人家庭,早年研究西学,曾留学法国,回国后入李鸿章幕府办洋务。郑观应(广东人)青年时即到上海习商,曾当过英商宝顺洋行买办,后又在官督商办的轮船招商局、上海织布局、电报局及汉阳铁厂等企业任过重要职务。陈炽是举人出身,当过户部郎中,曾到香港、澳门等地考察。何启、胡礼垣长期住在香港,担任议员,并创办学校。与同时代的人相比,他们更多地接触西方社会和欧美资本主义,更多地了解西方的思想文化和科学技术。这是早期维新思想的来源。

早期维新思潮与洋务思潮之间虽然有不少相同之处,但也有区别。共同之处是早期维新派大都由封建文人转化而来,都接触过不少西方资产阶级社会学说。他们继承了林则徐、魏源等人抵抗外国侵略、维护中国独立和主权以及学习西方的进步主张。区别是,早期维新思潮更重视学习西方自然科学的实用知识与资产阶级社会政治学说,要求一切近代工矿运输业都允许商人自由兴办,明确主张实行"君民共治",即君主立宪的政治制度,在探索救国的问题上已大大前进了一步。

早期维新派表现出强烈的要求发展资本主义的愿望,同时也隐含有反对侵略和反对封建压迫的愿望。早期维新思想与洋务思想的差异主要表现在对"中学"和"西学"的态度上。"中学为体,西学为用"是洋务思想的主流,早期维新思想家继承了鸦片战争时期启蒙思想家的社会批判精神,对清政权的弊端进行了大胆的揭露和批判,在某种程度上显示了他们对君主立宪的资本主义政治制度的向往。对于西学,早期维新派对西学理解的深度和广度比洋务派更进一步。①

早期维新派与洋务派之间,其主张虽然存在分歧,并且早期维新派批评洋务派某些举措不当,但仍支持洋务派的活动。经中法战争,早期维新派开始把顽固派、洋务派都看成是误国误民的罪人,对他们展开批判。他们讥笑顽固守旧派自命为"正人君子",对外国的科学技术和新鲜事物一概加以拒绝,不求自强,遇事则茫然手足无措,使中国处于被动挨打地位。他们批评洋务派只引进西方的船炮技艺,拒绝学习西方的政治制度,只学西方富强的皮毛,而忘了西方富强的根本,这是遗其大体,袭其皮毛,结果内治外交均无良果。他们深切感到,守旧不行,行洋务亦不行,必须另寻中国富强的道路。维新改良是他们的最终选择,到 80 年代下半期和 90 年代上半期,改良主义思想已经成为一种新的社会思潮。

早期维新思想的主要内容有:

---

① 何继龄:《试论早期维新思想与洋务思想的分离》,《西北师范大学学报》1997 年第 2 期。

第一,要求维护国家的独立和主权,反对外国侵略。

早期维新派在强敌面前,看到国家主权与民族利益的重要性,强烈反对列强强加给中国的不平等条约,要求修改那些严重危害中国主权和阻挠民族工商业发展的条款,如片面的最惠国待遇、领事裁判权、协定关税和外国人控制中国海关等。他们认为这些不平等条约使中国的利权尽为洋人所夺,给中国造成了无穷的祸害。同时,他们还揭露了外国传教士在中国境内的横行霸道与阴谋诡计,揭露和谴责赫德长期把持海关总税务司的职务,干涉我国内政外交,是英国灭亡印度的故伎。

第二,要求实行"商战",发展民族资本主义工商业。

随着中国民族资本的发展和对西方社会观察的加深,早期维新派逐渐认识到,"欧洲立国以商务为本,富国强兵全借于商"①,列强以商强国,借兵以卫商,经济掠夺与军事征服交相为用,达于富强。中国长期不知振兴工商业,不知与列强竞争,所以人民日趋贫困,国势日趋衰败,因此,要使国家富强,就必须一方面练兵,同外国进行兵战,另一方面发展民族工商业,同外国进行商战。

为了对付外国资本主义的经济侵略,郑观应在著名的《商战》一文中提出了"习兵战不如习商战"、以商战固国本的主张。他呼吁要发展本国资本主义工商业、农业、交通运输和对外贸易,以及设商部,开会,办邮政、银行等。早期维新派把发展民族工商业,与外国进行经济竞争,看成是中国由贫弱变为富强的出路。

为了替民族工商业的发展开辟道路,早期维新派在批评清政府不能护商的同时,也期望清政府改变以农为本、以商为末的传统方针,确立以商为本、重商主义的国策。所谓"重商",就是要取消限制工商业发展的政策,一切新式企业都准许新兴的资产阶级自由兴办,为此,一方面要制定商律,中央地方各级政府都设置专门机构,保护民族工商业,研究全国各地的生产、贩运、销售和培养商学人才等;另一方面允许工商业者组织起来,自行纠集股东,组成大公司,避免华商之间相互竞争。

此外,早期维新派还主张学习西方资本主义国家的经济组织和企业管理,强调采用机器生产,要求建立新型的生产关系,要求裁厘加税,批评官督商办等等。

---

① 薛福成:《出使四国日记》,湖南人民出版社1981年版,第16～17页。

第三,要求改变封建君主专制政体,仿照西方资本主义国家,设立议院,实行君主立宪。

早期维新派在同西方世界接触时,目睹了资本主义国家物质技术的发展以及资本主义的社会政治制度,对照国内的现实生活与各种苦难现状,逐渐意识到:不改变封建专制主义的政治制度,中国就不可能走上资本主义的发展道路。王韬、薛福成、马建忠、郑观应等人都论述了西方国家的各种政治制度,极为赞赏君主立宪政体。王韬介绍了西方国家的三种政治制度:"君主之国"、"民主之国"、"君民共主之国",认为"君民共主"制度(即君主立宪政体)最好。薛福成介绍了英国资产阶级议会中的"两党制"。马建忠介绍了资产阶级的"三权分立"学说。他们对西方资产阶级君主立宪政体极表赞赏,并对设立议院寄予很大的期望,把它看做是治国的本源与立国的根本。郑观应明确提出了要在中国建立资产阶级议会制度的主张。他认为,中国要富强,必须要得民心,欲得民心,必须要通下情,要通下情,必须要有议院,只有设立议院,才能安内攘外,君国子民,持公法以保太平之局,有了议院,"昏暴之君无所施其虐,跋扈之臣无所擅其权,大小官司无所卸其责,草野小民无所积其怨"①。

他们在介绍西方议会制度和三权分立学说时,认为美国和法国的议院不甚完善,最好是英国和德国式的议院,中国应努力建立一个君主立宪国家,让资产阶级直接参与此政权,只有这样,中国才能走上富强。

早期维新思想家提出的维护国家独立,发展民族资本主义工商业,实行西方的君主立宪政体,废科举,兴学校,开报馆等一系列主张,反映了新兴民族资产阶级的经济要求和政治要求,也反映了整个资产阶级及进步的中国人想摆脱外国列强掠夺和侵略的要求,具有一定的反侵略、反封建作用,并为以后的戊戌变法运动作了思想上的准备。

早期维新派思想中也有一些不成熟之处,他们既有新鲜的思想,也有陈旧的见解,他们对外国列强的侵略本性认识不充分,抱有某些幻想,企图加以利用;他们对于清朝封建统治者深表不满,但又不敢触及封建专制主义的根本理论基础,表示拥护中国封建主义的"纲常名教",似乎与洋务派的"中体西用"说没有什么区别。他们反对不平等条约,反对在外国侵略面前的一

---

① 郑观应:《盛世危言》,中国近代史资料丛刊:《戊戌变法》(一),上海人民出版社1957年版,第56页。

味退让，但又不敢同外国侵略势力作针锋相对的斗争，以为通过政治、经济制度的改革，使中国资本主义化，即可与外国交涉修改条约，轻而易举地取消侵略特权。这些情况表明他们软弱的一方面，即软弱的民族资产阶级此时还没有成为独立的政治力量。但不管怎样，他们的主张为后来的资产阶级维新运动制造了舆论，奠定了思想基础。

三、近代文化教育事业的开始

近代报刊的创办是随着洋务运动的兴起而进行的，主要是在五口通商地区。近代报刊成了先进中国人了解西方、学习西方的一个工具和渠道。那些致力于倡导和推动向西方学习的洋务思想家，曾积极参加了近代报刊的编撰工作，开展其新闻实践活动。他们利用近代报刊进行宣传，发表建议，推动中国人思想的开放。

在西学输入方面，可以将明清之际视为西学输入的第一期，清末时则为西学输入的第二期。五口通商，传教工作逐渐展开，新教士极为活跃，创办报刊是其中的一项工作。

鸦片战争后香港出现第一份近代英文报刊《香港公报》。1850年8月英文周刊《北洋捷报》的创刊，标志着上海开始有定期连续性的新闻传播媒介。它成为侨民共享的论坛，为他们提供切实的信息资源。外国人创办的中文近代报刊也开始涌现。1853年《遐迩贯珍》在香港刊行，麦华佗负责其事。1857年《六合丛谈》在上海刊行，伟烈力负责其事，主要介绍科学、文学常识和某些宗教福音。同时《中国新报》刊行于宁波、上海，玛高温、应理思迭主其事。同治元年，上海刊行《中西杂述》，英人麦嘉湖主其事。随后又刊行《教会新报》（后改为《万国公报》），林乐知主其事。北京则有《中西闻见录》，艾约瑟、丁韪良主其事。1854年香港刊行《中外新报》，仿照外国日报样式，间日刊印。此外，上海宁林的《新报》，广州惠爱馆的《七日录》，香港西洋人罗郎也的《近事编录》，德臣的《华字日报》，上海的《申报》均相继创办。据估算，鸦片战争前，外国人在中国创办的报纸数量达20种，鸦片战争到甲午战争期间，外国人在中国创办的中外文报刊约有180种。其作用在于传播西方文明，打开中国人的视野，促进一部分中国人的觉醒。晚清中文报纸的问世，意味着租界华人信息的接收与传播开始纳入近代商业运作的轨道。报纸开始走近华人的日常生活，成为他们最初的信息消费品。此外，在中西文化交流事业中，它们也有一定的贡献。

1861年10月,由英商字林洋行业主达伦创办的《上海新报》是上海第一份中文报纸,由字林新闻纸行印行。开始为周刊,每期二至三版不等,后来改为二日刊,从1868年7月30日起改出四版。最初的售价为每年英银4元。从1872年7月2日起改为日刊,售价改为:买看一年洋银2元,买看半年洋银1元2角5分,按日零买每张8文。同时开设邮寄业务。这是第一份由外侨专为华人编印的商报。历任主编有美国传教士华美德、林乐知和英国传教士傅兰雅。该报信息来源主要有四个渠道:工部局布告、中外广告、英国邮寄图文资料、华人来稿等。信息内容有租界要闻、华人商情、海外信息及娱乐信息等,诱导华人以读报为日常消遣,培养读报习惯,注重海内外信息。《上海新报》是1861~1872年间上海租界唯一的综合性中文印刷传媒。

1871年,英国商人美查与三位友人创办《申报》馆,每人出股本金约400两,共集资1600两,投资印刷机器、铅字和其他设备。为了与《上海新报》竞争和进入中国民间,《申报》具有一些特色:重视言论;注重新闻采访;发表中国文人的作品;注重广告招商;用中国纸,降低成本,每份只售八文;组织新的发行网;聘用中国买办,任用中国人主笔主持编务,让报童叫卖等。这些体现了它所具有的中国化水平,因此具有一定的吸引力。《申报》馆有五大附属出版物,最早出的是《瀛环琐记》,创刊于1872年11月11日,是我国最早的综合性文学刊物。随后又创刊一份通俗性的新闻纸《民报》,创刊于1876年3月26日,间日出一纸,星期二、四、六出版,每月收费65文。1876年5月开始印售《环瀛画图》,后来改名为《环瀛画报》,成为近代中国最早的画报之一。还出版一些实用性书籍,如《康熙字典》等。1884年5月8日创刊了《点石斋画报》,每十日出一纸八图,是我国最早的旬报。到1898年停刊。

当时上海等地已出现了一些画报。《小孩月报》算是较早的画报,它创刊于1875年3月,是上海清心画馆出版的(后来改为由中国圣教画会出版),内容有诗歌、故事、名人传记、博物、科学等,所用插图都是铜版刻物,十分精致。《画图新报》创刊于1880年5月,由上海清心画馆出版,内容比《小孩月报》有所发展。清心画馆就是清心画院,它由纽约长老会创立,校中一切开支均由该会供给。1861年美国发生南北战争,该会因捐款支绌,凡隶属机关都减少供给。书院院长范约翰教士便改学校为半工半读制,略事收入,以资维持。于是做了一些种植园艺和印刷之事。上述两份画报就是学校出版的。报中附印精美铜版图,极受人喜爱。1880年以后,这两份画报都移交中国圣教画会印发。《小孩月报》到1915年才停刊,《画图新报》于1913年停刊。

从19世纪六七十年代开始,随着洋务运动的逐步开展,开始出现中国人自己创办的第一批近代报刊。到甲午战争前,国人自办的近代报刊约有20种,主要集中在上海、香港、广州、汉口等地。1874年6月16日创刊的《汇报》,是洋务思想家在上海创办的第一份民办报纸,由留美学生副监督容闳发起,集资合股创办,为洋务派所控制。它是一份单张日报,版式类似于《申报》,每日两张8版,广告占4版,内容主要是新闻与文字鼓吹。此前,1873年4月,由江南制造局所出版的《西国近事》报,是一种译报,内容取自普、英、瑞等国,每日或数日择其要闻印送官绅阅览,然后刊印成册,出版发行。1875年11月23日,《新报》创刊于上海,这是一份官商结合的报纸,其栏目、式样大体与《申报》相同。上海道台冯焌光用道库经费创办。当时上海《申报》已经出版发行,但新闻报还没有问世。《新报》是用中英文合刊的,当时国人称之为"官场新报",而外侨则目之为"道台的嘴巴",具有公告华洋的含义。1877年6月11日,道台刘瑞芬上任后,即将其中的英文取消,可能是由于外国人看它并不多的原因。到1882年新道台邵友濂到任后,就把《新报》裁撤了。《新报》共存世6年,出版1900号,是最早在法租界地区出版的中文报刊。1874春,王韬在香港创办《循环日报》,每期两小张4版,内容有商品行情、新闻、船运信息、广告、商情等。1882年5月18日,《沪报》(后改为《字林沪报》)在上海创刊。1893年2月17日,《新闻报》在上海创刊。这些报纸对当时中国社会产生了一定的影响,为洋务运动的发展起到舆论宣传、理论阐述和实践指导的作用,甚至影响到后来的维新思想。①

办报刊的宗旨,大都为通中外之情,述西学概况。对于促进中国人了解西方和启发中国人的学术观念,有其积极的一面。

英美新教士在近代译书事业上的地位,有点类似于明代的耶稣会士,比较重视开风气的是英人伟烈亚力,译书所成最多的是傅兰雅。中国人则以李善兰、徐寿、华蘅芳等人的贡献为大。

伟烈亚力特别擅长天算之学,他于1847年在上海设立墨海书馆,致力

---

① 参见茹向阳:《近代报刊与洋务运动》,《中州学刊》2000年第6期,第151~153页;马光仁著:《上海新闻史》,复旦大学出版社1996年版。

于译书印书。1853至1859年他与李善兰合译《几何原本》的后部及《谈天》(Herschel, Outline of Astronomy, 1859)。随后李善兰又与艾约瑟合译《重学》(Whewell, Mechanics, 1858)。

姜别利主持的上海美华书馆(1860)以出版为主。狄考文(Calvin W. Mateer)主持的登州文会馆,傅兰雅主持的上海格致书院(1874),林乐知主持的上海中西书院(1882),均兼事编译科学图书。合信、嘉约翰介绍的以关于生物、生理、医学为主,慕维廉等介绍的以关于人文社会为要。1877年,在华新传教士举行大会,以教会学校增多,决定设立益智书会,扩大编撰各种教科书工作,以供高小学及中学之需,由丁韪良、韦廉臣、狄考文、林乐知、傅兰雅、利启勒主持。13年间,共出版了98种图书,其中以图说、须知之类为主。韦廉臣、李提摩太主持的同文书会(Chinese Book and Tract Society, 1844)规模也比较大,后来改称广学会(Society for the Diffusion of Christian and General Knowledge Among the Chinese,又名 Christian Literature Society)。

官方译书方面首推江南制造总局,其次为北京同文馆。同文馆是为培养交涉人才而设,1862年开馆,1863年丁韪良译成《万国律例》(Wheaton, Elements of International Law),由蒲安臣介绍于总署。在这之前,赫德与总署大臣论及国际法的重要,恭亲王担心外人别有用心,强中国以必行,颇为犹豫。此时经丁韪良解释,才知可以采纳,于是派人和他商酌润色,于1864年刊刻。这年普鲁士与丹麦战争,普鲁士兵船在大沽口扣留丹麦商船,总署援引该书,责其侵犯中国领海,普使认错,证明公法确为有效。

此后,丁韪良遴选同文馆高年级的优等生,由教习指导,先后译成《公法便览》(Woolsey, Introduction to the Study of International Law)、《公法会通》(Hall, Treaties on International Law)、《星轺指掌》(Der Martens, Guide Diplomatique)、《法国律例》、《富国策》。同文馆自设印书处,出版各书,装帧精美,仅分送各衙门,流布不广。

江南制造局比较重视工艺,译书以实用与理论科学为多,倡之者为曾国藩,实际译书者为徐寿。徐寿入曾国藩幕府之前,已与上海英国教士相识,博鉴译书,究心格致制造。深知西方工艺精良之原,悉本于专门之学,必须翻译有用之书,以探索根底。曾国藩据以疏陈,认为翻译系制造根本,曾重刻《几何原本》等书。李鸿章设立广方言馆的主要目的在于造就科学人才,期能阅读、翻译西书,亦曾刊印《重学》。1867年制造局创设翻译学馆,即由徐寿主持。广方言馆并入后,聘伟烈亚力、傅兰雅、马高温(D. J. Macgowan,美国人)、林乐知、金楷理(C. L. Kreyer,美籍德人)参与其事,西人口译,华人笔述。

当时除徐寿外,还有一些知名人士,如华蘅芳、赵元益、王德均、李凤苞、钟天伟等。先后译成的书有 200 种,约计算学 23 种、工艺 31 种、物理 11 种、地质矿冶 12 种、天文 9 种、地理 8 种、军事 58 种。关于化学的 10 种,最称精博,多出徐寿之手。1871 年开始出书,发行 31 000 余册,此后范围扩及于医药、农业、理财、外交、法律、历史。1873 年复编印《西国近事汇编》。此外金陵制造局、北京海关总税务司、天津水师学堂、武备学堂,也兼事译书。当时大都视天、算、声、光、化、电为西学主体,英、美传教团体及中外私人所译,内容更为广泛。

鸦片战争前,清朝的教育制度大多沿袭明朝而设,中央设有国子监(中国最高学府)、旗学(满族学校)、宗学(贵胄学校),地方设有府、州、县学以及书院和私塾。这些学校都是围绕科举考试而设置的。

中国近代文化教育事业是随着洋务运动的兴起而兴起的。洋务事业的发展,需要大批懂得西方近代科学技术和洋务事业的人才,中国近代教育随之产生。当时的新式教育事业主要表现在创办新式学堂与派遣留学生等方面。

洋务运动时期创办的新式学堂包括外语学校、军事院校和技术学校等。总计洋务派在 40 多年内创办的各类学校有 37 所,其中军事类 18 所,占 49%,语言文字学堂 8 所,占 21% 强,专业技术学校 11 所,占 30% 弱。

洋务派举办洋务事业的过程中,深感缺乏外国语人才的难处。1861 年初,奕䜣等人首先提出培养翻译人才的主张,并于次年奏请设立同文馆,得到清政府的批准。京师同文馆附设于总理各国事务衙门,初设英、法、俄文三班,后来又于 1867 年在馆内设立算学馆,增设算学、天文、物理、化学、外国历史、地理、万国公法、医学、生理等课,成为一所近代化、多学科的外语和科技学校,它是我国最早的一所近代学校。同文馆创设的目的最初是想培养满族的翻译人才,其教员最初都是外国人。它在重视外国语的同时也重视中文的学习,入学的学生必须具有科名,有牢固的中文基础,对学生的要求很严。除京师同文馆外,当时洋务派创办的外国语学校还有:上海广方言馆、广州同文馆、新疆同文馆、珲春俄文书院、湖北自强学堂、湖南湘乡东山精舍等。

为了实现军事强国与培养军事人才,洋务派大力举办近代军事学校,主要有:天津水师学堂、天津武备学堂、广东水陆师学堂、南京水师学堂、南京陆师学堂、广州鱼雷学堂、威海水师学堂、南洋水师学堂、旅顺鱼雷学堂、湖北武备学堂等。创办军事院校目的在于御侮,培养军事人才。这些学校也确实为中国培养了一大批军事人才,诸如严复、邓世昌、刘步蟾等等。

随着洋务事业的创办,国内对各种技术人才的需求也大增,洋务派于是创办了一系列技术学校,如福州船政学堂、上海机器学堂、天津电报学堂、上海电报学堂、湖北矿务局附设矿业学堂、江南制造局附设操炮学堂、工艺学堂、广东实学馆、福州电报学堂、天津医学堂、山海关铁路学堂、南京矿务学堂、湖北矿务局及工程学堂等。这些学校为中国各行业输送技术人才,引进西方近代教育体系,促进了我国教育的近代化。

从近代学校的课程设置来看,比较注重实用性,注重西方自然科学与人文科学,如外语、天文、地理、化学、数学、电磁学、天文学、航海术、热学、声学、光学等等,对这些课程的学习时间一般在 80% 以上,这样学校教育与社会需求密切结合,所培养的人才能够各尽其才。

向外国派遣留学生学习西方的技术和文化,是近代教育的又一方面。从 1872 年到 1886 年,清政府组织和派遣了七批留学生,共计 200 余人。

洋务运动时期随着军用工业和民用工业的举办,我国极需一批了解世界、懂得西方先进技术、精通外国语的新型专业人才,国内虽然创办了一些近代学校,聘请了一些外国教习,但对人才的培养仍然不够,学生所学西学往往不得其要。在此情况下清政府逐渐认识到派学生出洋学习的重要性。

1864 年,有士大夫上书总理衙门,警告说日本在派人去欧洲学习制枪造船,总署大臣们受到启发后便就是否派员到外国兵工厂一事咨询李鸿章。李鸿章答复说,这是迟早都要采取的步骤,但现在可以等一等,先在中国设局建厂再说。① 耶鲁大学毕业、以受过自由主义教育而自负的容闳,在 1868 年初向巡抚丁日昌呈递了一份计划,建议让中国青年在进行在职培训之前先到美国大学预科和高等院校学习。丁日昌对此颇感兴趣,并为此写信给文祥,后来又说服了曾国藩,取得曾国藩的赞助。曾国藩即向清帝建议,派遣青年学生到海外的普通大学与陆海军学院学习。1868 年蒲安臣签订的条约允许中国人到美国游学。

---

① 《广方言馆全案》,第 52 页;毕乃德:《中国最初的官办洋学堂》,第 177 页。

1871年曾国藩、李鸿章合名奏请"挑选幼童赴泰西肄业章程"12条,次年又联名进呈"应办事宜六条",同年5月奕䜣也上奏讨论留学的有关问题,同时组成以陈兰彬、容闳为正副监督的第一届留学领导核心①。曾、李联名上奏后,当清帝咨询此事时,总理衙门议请把原拟的候选学生年龄由12至20虚岁改为12到16虚岁,并奏请在赴美留学使团驻处设孔夫子的神位。具有历史意义的派遣留学生的措施得到了批准。

1872年,曾国藩授权在上海设局招生,容闳先到美国,在康涅狄格州教育司的合作下,在哈特福德市设立清朝留学使团办事处。陈兰彬带着30多名学生及两名中国教司不久即到达。随后三年中又有三批青年到美国,每批30名。到1875年总数已达120人。这些幼童的年龄从10岁到16岁不等,主要来自江苏、浙江、安徽、福建、山东等省。留学生的全部经费及管理费每年需银6万两。他们的生活是怎么度过的,1876年9月访问了哈特福德市的中国旅行家李圭在他的报告中说,113名学生(因生病撤回和死亡而缺7名)分成小组,每组12人,每3个月里有2个星期在哈特福德度过,在中国教司的指导下进行阅读、背诵、习字和作文。在新的环境里他们也逐渐美国化了,他们在女监护教师的陪同下到教堂去做礼拜,把辫子塞在大帽子底下,兴致勃勃地打垒球。

此后,沈葆桢输送船政学堂学生去欧洲的计划也得以实现。1875年福州船政局总办丁日昌趁日意格返回欧洲之际,安排了5名最优秀的毕业生随同赴欧。1877年1月,北洋大臣李鸿章和南洋大臣沈葆桢联衔上奏,要求把船政学堂30个较有前途的毕业生送往欧洲,深造3年,从海关关税和福建省厘金中拨款20万两作为经费。这一计划得到批准,在2个月内即有30余人启程赴欧,由李凤苞担任赴欧学生监督,先后派一些学生到德国、法国、英国等国学习。李鸿章派学生留欧学习的主要目标之一是培养中国舰长,以便驾驶从欧洲定购的近代兵舰,虽然有些留欧学生是学习化学、采矿

---

① 陈兰彬:1853年进士,曾被任命为刑部主事,回广东做地方防御工作,当过湘军将领刘长佑的随从人员。后来入曾国藩幕府。作为一名翰林学士,他仕途坎坷,几乎要不惜采取任何手段谋求晋升。结果被政府派充办理中国学生到美国游学的人选,陈兰彬曾被描绘为一个"嗜利小人,敢为大言;不便私图,不惜卖国"的人。(洪煨莲:《黄遵宪诗人罢美国留学生感赋》的译文及注释,《哈佛亚洲研究杂志》卷18第60页,引述了从李慈铭日记发现的有关陈兰彬的描述。转引自费正清主编《剑桥中国晚清史》上卷,第594页。)

等专业。

留学生的派遣在我国历史上揭开了中西文化交流的新篇章,加快了中西文化交流的步伐,留学生在把西方科学文化介绍到中国的同时,也把中国文化介绍到西方。留学生归国后为我国近代化事业作出了重大贡献。出洋留学、经过训练的人才,在晚清中国发挥了具有历史意义的作用,他们推进了中国的自强事业,使中国在引用西方技术方面前进了一步。他们对于我国近代海军的建设以及在制造枪炮、开矿和修筑铁路等方面都作出了卓著的成绩。我国完全依靠自己的力量建成的第一条铁路即京张铁路,就是留美学生詹天佑设计和督修的。

本 章 小 结

第二次鸦片战争后,近代中国社会发生了较大变化。资本主义列强对中国的侵略,严重地危害了中国的主权独立与领土完整,使近代中国经济逐步纳入世界资本主义轨道,促使中国与世界资本主义的来往与接触,同时也使中国原有的自然经济进一步解体。而1860年的北京辛酉政变,从某种意义来说是新兴势力对顽固势力的胜利,从此中国开始酝酿新的改革运动。

19世纪60、70年代,在内忧外患的情况下,清政府已不能照旧统治下去了。为了挽救危机,新兴的洋务派官僚在"中体西用"的思想指导下开始进行"求强"、"求富"的洋务运动,顺应了时代发展的要求,这是近代中国第一次进行经济改革运动,也是近代中国第一次社会变革。

洋务运动期间,随着洋务工业化的产生、新职业类型的出现以及社会组织的分化,使传统社会层级结构开始瓦解,社会阶级关系形成了新的格局,新的社会力量也随着产生。首先,从旧式地主、商人和官僚买办中分化出一批近代工商业者,他们投资新式工商业,成为中国最早的资产阶级成员。其次,产生了近代产业工人,这是一个自由出卖劳动力、无资无产、从业于现代工业交通邮电等部门的新兴劳动阶级。再次,涌现出近代知识分子群体,包括近代科学和工程技术人员、近代企业管理人员、近代教育工作者和近代新闻工作者等。此外还出现了一批近代军人和近代外交人员等。这些都标志着中国社会经济结构和阶级关系发生了新的变化。

中国民族资本主义的产生,引起了社会意识形态上的变化。19世纪70年代以后,出现了反映民族资产阶级要求的早期维新思想。这种思想,是林则徐、魏源等人爱国思想的继承和发展,同时也是后来康有为、梁启超变法维新思想的前驱,主要代表人物有冯桂芬、王韬、马建忠、薛福成、郑观应、陈炽、何启、胡礼垣等人。他们著书立说,其中以郑观应的《盛世危言》最有代表性,集中反映了甲午战前维新思潮的全貌和特点,影响较大。他们提出的向西方学习、改革现状的主张,对后来的变法维新运动有先驱的作用。

随着民族资本主义的产生,中国近代文化教育事业也随之兴起。洋务事业的发展,需要大批懂得西方近代科学技术和洋务事业的人才,中国近代教育随之产生。当时的新式教育事业主要表现在创办新式学堂与派遣留学生等方面。从1872年到1886年,清政府组织和派遣了7批留学生,共计200余人。

近代中国的传统经济主要是农业和手工业。洋务运动时期,中国传统经济在技术和组织方面虽然没有发生实质性的变化,但也可以觉察到某些地区已有了一些缓慢的变化。这种变化在东南沿海可能比较明显,但在内地各省情况有所不同。

学 术 综 述

洋务运动在中国近代史上处于相当重要的地位,从1861年起到1895年止,前后有35年的时间,在110年的近代史中它占去了大约三分之一的时间。洋务运动是在清政府内忧外患、封建统治岌岌可危的情况下不得不采取的一场"自救运动",清政府经过30多年的努力,终于取得了一些成就:兴办了近代军用工业19个;兴办了民用工矿企业40多个;兴办了一批近代交通运输企业;兴办了近代中国陆海军和新式军港;兴办了同文馆、广方言馆、船政学堂、海陆军学堂等近代教育文化机构,培养了一大批新式人才,出版了一批介绍西方科技知识的书籍等等。

洋务运动在中国近代史研究中始终是一个热点。关于如何评价洋务运动问题,在旧中国已经争论了将近90年,新中国成立后又争论了50多年,成为近代中国史研究中比较突出的一个问题。新中国成立后史学界对于洋务运动的研究经历了一个曲折的历史过程,大致经历了三个阶段。

20世纪50年代为第一阶段,对于洋务运动基本持否定态度,毫不留情。具有代表性的是范文澜的《中国近代史》,1954年刊行,附有《汉奸刽子手曾国藩的一生》。还有牟安世的《洋务运动》一书。

20世纪60年代到70年代为第二阶段,学术界初步提出了一些不同的看法,引发一些悖论。1961年和1962年,姜铎在《文汇报》理论版先后发表了《试论洋务运动对早期民族资本的促进作用》、《试论洋务运动的经济活动和外国侵略资本的矛盾》、《试论洋务运动中洋务、顽固两派论争的性质》三篇论文,很快受到史学界的围攻和批判,成为不正常的学术争鸣。

20世纪80年代至今为第三阶段,准确地说是从中共十一届三中全会以后至今。学术界从更深层次上展开了对洋务运动的研究和探讨,先后举办了多次全国性的学术讨论会,发表的论文有一千数百篇,出版各类资料、专著约50部,可说是硕果累累,取得了相当的成就。但争议比较大的还是关于洋务运动的性质和历史地位以及相关洋务派人物的评价问题。

1. 关于洋务运动的性质问题

一种观点认为,洋务运动是地主阶级进行垂死挣扎的自救运动,同时也是地主阶级勾结外国资本主义进一步变中国为半殖民地的卖国运动,不应对它加以肯定。①

一种观点认为,洋务运动是地主阶级的改革运动,具有积极的进步意义,在客观上导致和促进中国资本主义的产生。② 有人认为是否促进生产力的发展是最好的衡量标准,洋务运动为近代中国建立了前所未有的近代企业,对中国社会生产力的发展起了促进作用,所以洋务运动是中国近代史上有意义的进步运动。③

一种观点认为,洋务运动是一个具有资本主义性质的革新运动,它功大于过,它不仅反封建,而且反外国侵略,具有积极的进步意义。④

一种观点认为,洋务运动既是地主阶级开明派掀起的一次自救运动,同时也是一次"求强""求富"的变革运动,它对内镇压以自救,具有反动的性质,它对外御侮以自强,具有进步的意义,因此具有双重的性质。⑤

---

① 刘晓光:《洋务运动不该肯定》,《辽宁师范学院学报》1980年第6期。
② 李时岳、胡滨:《论洋务运动》,《人民日报》1981年3月12日;徐泰来的《也评洋务运动》,《历史研究》1980年第6期。
③ 戚其章:《评价洋务运动民用工业必须以社会实践为标准》,《天津社会科学》1982年第1期。
④ 孔令仁:《中国近代史上存在两种反帝反封建的斗争》,《文史哲》1983年第3期。
⑤ 孙占元:《论中国近代史上的三次新政》,《东岳论丛》1988年第6期。

2. 关于洋务运动的历史地位

一种观点认为,洋务运动同时存在进步和反动的两面,而反动一面则是主要的,因为它巩固了旧的封建统治,是一条半殖民地半封建的反动路线,不代表中国近代历史的发展方向,不能称作进步的运动,不可以与戊戌变法、辛亥革命同日而语。①

另一种观点认为,洋务运动是中国近代史上的进步运动,应提高其历史地位,把它纳入中国近代史的基本线索,太平天国农民运动、洋务运动、维新运动、资产阶级革命,标志着近代中国历史前进的基本脉络,洋务运动使中国资本主义得以产生,在中国近代史上具有相当重要的历史地位,值得加以肯定。②

随着中国改革开放的加深,近代史研究工作的不断深入,越来越多的史学工作者以及平民百姓对于洋务运动的评价问题持基本肯定的态度,认为它对于近代中国社会具有进步的推动意义,甚至更多的人从近代化的视角来考察洋务运动,认为它是中国近代化的开始阶段,具有进步意义。

3. 关于洋务运动的指导思想

首先涉及的一个问题是关于洋务思潮。1898 年后出版了几部关于近代中国思想方面的著作,如吴剑杰的《中国近代思潮及其演进》,刘兴华等人著的《中国近代思想史略》,宝成关等的《中国近代政治思想史》等,对于洋务思潮问题均有新的探讨,颇有意义。

什么是洋务思潮?学术界对此争议不大,基本上没有更多的含义争论,一般认为,洋务思潮是当权的洋务派官僚与不当权的地主阶级改革派共同参加、朝野呼应的向西方学习、谋求富国强兵的社会思潮。③

洋务思潮的具体内容是什么?有人认为,它的具体内容就是四个字"借法自强",借助西法,实现中国富强。这些体现了当时洋务派以及支持洋务运动者的共同心态和共同的思想倾向。④

洋务运动的指导思想是什么?一般认为,"中体西用"("中学为体,西学为用")是洋务运动的指导思想,这是传统的正统观点。这些年,也有人提出

---

① 黄逸峰、姜铎:《如何评价洋务运动》,《红旗》1984 年第 7 期。
② 李时岳:《从洋务、维新到资产阶级革命》,《历史研究》1980 年第 1 期。
③ 刘学照:《论洋务思潮》,《历史研究》1986 年第 3 期。
④ 李时岳、胡滨:《从闭关到开放》,人民出版社 1988 年版。

了一些不同的新看法。

一种观点认为，"师夷长技"、"中体西用"是洋务运动的指导思想。①

一种观点认为，原来魏源提出的学习洋枪洋炮为主要内容的"师夷长技"思想是洋务运动的指导思想。②

一种观点认为，由于洋务运动是一种求强求富运动，所以"求强求富"观念就成了洋务运动的指导思想，"中体西用"只能是一种服务于求强求富思想的一种理论，不能成为其指导思想。③

"中体西用"一般认为是洋务运动的指导思想。关于它的作用和意义，史学界主要有三种意见。

第一种意见认为它是违反社会发展规律的反动思想，是一个中西杂交的不伦不类的反动思想。持此说者主要以黄逸峰、姜铎为代表，他们认为"中体西用"充分体现了洋务运动目的和手段的根本矛盾，理论上的自相矛盾与实际行动的行不通，硬把封建主义和资本主义两个不同的体系糅合在一起是违反社会发展规律的。罗耀九、吴忠民等人亦持此说。

第二种意见认为它虽有局限性，但主流是好的，是顺应历史发展的进步思想。持此说者以季云飞和陈旭麓为代表。季云飞从中国政治思想发展史的角度考察，认为19世纪40年代到90年代的半个世纪中，没有比"中体西用"更进步的思想来代替它的历史地位，因此它是发展变化着的革新进取思想，是符合中国国情的思想。④ 陈旭麓也指出，当时要在充斥封建主义旧文化的天地容纳若干资本主义的新文化，除了"中体西用"，还不可能提出更好的宗旨来。⑤

第三种意见认为它是一种由积极走向消极反动的社会思潮。持此说者以丁伟志、何继龄为代表。丁伟志认为，"中体西用"在洋务运动时期，对于传播西方近代文明与中国文化的近代化起到积极作用，但随着国家危机的日益加深，随着人们对于中国贫弱症结所在认识的加深和对于资本主义国家富强成因认识的加深，"中体西用"这种论式的局限性便日益显露出来。

---

① 徐泰来：《试论洋务运动的指导思想》，《湘潭大学学报》1984年第4期。
② 季云飞：《清末"中体西用"思想新议》，《求索》1991年第3期。
③ 孙占元：《洋务运动的指导思想应是"求强""求富"》，《人文杂志》1991年第1期。
④ 季云飞：《清末"中体西用"思想新议》，《求索》1991年第3期。
⑤ 陈旭麓：《论中体西用》，《历史研究》1982年第5期。

何继龄将"中体西用"放在中法战争的前后时期进行考察,认为前期它在冲破顽固保守思想的禁锢,提倡向西方学习的思想斗争中,起着解放思想的进步作用,后期特别是1894年中日战争以后,它逐渐丧失其历史进步意义,成为中国社会经济继续近代化的思想障碍。皮明庥、李时岳、胡滨、吴剑杰也持这种说法。①

4. 关于洋务派人物的评价问题

关于洋务派人物的研究是洋务运动研究的一个重要内容,这方面的研究仍有进一步深入的必要,现在争议比较大的主要是曾国藩、李鸿章的评价问题,其他人物的评价没有大的争议。

对于曾国藩的评价,基本上有两种观点:一种认为,曾国藩镇压了太平天国农民起义,是元凶,过大于功,属于基本上否定的政治人物。②范文澜生前持全面否定的观点,坚决站在太平天国一边。一种观点认为,曾国藩虽然镇压过太平天国农民起义,但他举办洋务,客观上促进近代工业的兴起,代表了历史发展的方向,是一个值得肯定的历史人物。③冯友兰一心想为曾国藩翻案,就完全否定了太平天国农民起义,这是典型的一种代表。有人对曾国藩的评价显得有些委婉,还论证了他的矛盾性格,认为曾既维护了传统又超越传统,既是封建文化的自觉代表,又是自强新政的始作俑者,不自觉地为西方资产阶级文化的引入开了方便之门。④

关于李鸿章的评价,基本上有两种观点:一种观点认为,李鸿章是个反面人物,应该加以否定,因为他不惜以出卖国家主权和民族利益来换取"中外相安"的局面,是个典型的投降派,他无论是办企业还是建立海军,既没有改变中国半殖民地社会地位的企图,也没有防止中国殖民地化的作用,无益于中国民族利益。⑤另一种观点对李鸿章和他办的洋务基本上持肯定的态度,认为李鸿章功大于过,他是近代化的开创者,对于近代中国的工业化和经济建设有贡献,李鸿章虽然误国但并没有卖国,并具有一定的民族情感和爱国之心。有人认为李鸿章办洋务在一定程度上阻止外国经济对中国的侵

---

① 何小燕:《近二十年来洋务运动史研究综述》,《中学历史教学》1999年第9期。
② 姜铎:《略论曾国藩其人》,《社会科学》1989年第2期。
③ 王少普:《曾国藩洋务思想的形成、性质与作用》,《历史研究》1983年第2期;许山河:《也谈曾国藩与洪秀全》,《社会科学》1989年第2期。
④ 杨国强:《曾国藩简论》,《历史研究》1987年第6期。
⑤ 苑书义:《洋务运动与抵御外侮》,《光明日报》1980年9月15日。

略扩张,延缓中国半殖民地化的进程,对我国民族资本主义的发展有意义。① 有人认为李鸿章是近代中国向近代化迈出第一步的代表人物,在认识世界和了解世界方面李鸿章要比曾国藩和左宗棠高明一些,他的不少看法在当时来说是正确的。②

　　洋务运动史的研究虽然取得了极大的成绩,但是在诸多方面仍可继续深入发展,大可作为,如从社会、文化、中外关系、心理、城市发展、商业、公共卫生、社会群体等视角对洋务运动进行研究,其意义将远远超出现有的一些研究。③

参 考 书 目

　　1. 敦廷以编:《近代中国史纲》上下册,中国社会科学出版社 1999 年 5 月版。

　　2. 董守义、张立真、焦润明编著:《中国近代史教程》(1840～1949),中国社会科学出版社 2000 年版。

　　3. 费正清著:《伟大的中国革命》(1800～1985),刘尊棋译,世界知识出版社 2000 年版。

　　4. 费正清编:《剑桥中国晚清史》,中国社会科学出版社 1993 年版。

　　5. 徐凤晨、赵矢元主编:《中国近代史》,辽宁人民出版社 1982 年版。

　　6. 吴雁南主编:《中国近代史纲》,福建人民出版社 1982 年版。

　　7. 徐泰来主编:《中国近代史记》,湖南人民出版社 1989 年版。

　　8. 许涤新、吴承明主编:《中国资本主义发展史》第 2 卷,人民出版社 1990 年版。

　　9. 苏同炳著:《中国近代史上的关键人物》,百花文艺出版社 2000 年版。

　　10. 杨德才著:《中国经济史新论》,经济科学出版社 2004 年版。

　　11. 张国辉著:《洋务运动与中国近代企业》,中国社会科学出版社 1979

---

① 胡滨、李时岳:《论李鸿章的洋务思想》,《吉林大学学报》1980 年第 3 期。
② 陈旭麓:《李鸿章:向中国近代化迈出第一步的代表人物》,《安徽史学》1989 年第 1 期。
③ 孙占元:《十年来洋务运动研究述评》,《东岳论丛》1990 年第 4 期。涂文学:《第六届全国洋务运动史讨论会述评》,《历史研究》1992 年第 6 期。

年版。

12. 樊百川著:《清季的洋务新政》第3卷,上海书店出版社2003年版。
13. 夏东元著:《晚清洋务运动研究》,四川人民出版社1895年版。
14. 毛泽东著:《新民主主义论》、《中国革命和中国共产党》,见《毛泽东选集》。

思 考 题

1. 试述洋务运动产生的历史背景,并对洋务运动进行公正的历史评价,说明它对近代中国社会经济发展的推动作用。
2. 试述中国早期民族资本主义工业的产生途径、概况和特点。
3. 洋务运动时期中国出现了哪些新的社会阶层?
4. 试述近代中国早期维新思想的代表人物及其思想。
5. 试述中国近代早期工业的基本特点。

第四章 民族危机的加深

第一节 边疆危机与中法战争

一、边疆危机

1. 列强对边疆四邻的侵扰

19世纪70至90年代,是世界资本主义由自由竞争向垄断阶段过渡的时期,分割世界领土的斗争日益尖锐,资本帝国主义列强很快就把地球上的大部分地区分割完了,非洲、澳洲完全沦为殖民地,亚洲也有一半土地先后变成了殖民地,剩下的远东地区便成为他们争夺的重要场所,地大物博的中国自然成了他们竞相争夺的主要对象,因而出现了严重的边疆危机,而列强侵略中国边疆,是从侵占中国四周的邻国开始的。

中国与四周邻近的一些国家之间,很早就形成了一种特殊的藩属关系,即一些国家的国王接受中国的"册封",定期向中国皇帝"朝贡",中国则负有保护他们的责任。这种关系,反映了中国封建统治者的大国主义思想和封建等级观念,并不同程度地损伤过这些国家的主权和民族尊严,但也向他们传播了当时处于领先地位的经济、文化和政治。到了近代,当这些国家遭到资本帝国主义侵略时,这种藩属关系就成为他们向中国政府要求援助的根据,从而出现了中国和这些邻国共同抗击外来侵略者的新局面。

琉球,是地处中、日两国之间的一个小小的岛国。1372年明太祖时期,琉球国王就上表称臣,此后按时朝贡,在清代仍每两年纳贡一次。但从1609年起,琉球国也被迫向日本萨摩藩纳款,1871年日本借琉球难民事件入侵琉球,并于1875年派兵入驻琉球,最后在1879年吞并琉球。

缅甸,是中国云南的近邻,1824年英国曾发动侵略缅甸的战争,1852年占领缅甸。

不丹、尼泊尔、锡金与中国西藏临界,18世纪中叶,英国就开始觊觎这些地区,进入19世纪之后,英国逐步控制不丹、尼泊尔、锡金。1861年,英国入侵锡金,逼签《英锡条约》,将锡金变为英国的保护国。

沙俄在1864年割占中国西部44万平方公里的领土之后,又侵吞中亚的布哈拉和浩罕,继而把侵略势力伸入中国的新疆。

西南邻国越南,长期以来都与中国保持着藩属关系。1862年6月5日,法国强迫越南顺化王朝签订了第一次《西贡条约》,割断了越南与清政府的联系,越南南部沦为法国殖民地。之后,法国侵略者继续向越南北方进军,从而引发了中法之间的战争。

朝鲜是与中国关系最密切的藩属国,自13世纪以来,历年派使朝贡。日本于1876年2月27日强迫朝鲜签订了《日韩江华条约》,否定了中国对朝鲜的宗主权。此后,中日两国进行了错综复杂的外交斗争,最后发展到爆发甲午战争。

2. 美、日侵犯台湾

台湾自古以来就是中国的领土。在三国时代,台湾称"夷洲",宋代以后大陆居民大量移入。1684年,清政府设台湾府,1728年设台湾道,统辖台湾及澎湖,属福建省管辖。

从19世纪40年代开始,美国就把台湾作为它在远东侵略的重点。1867年,美国"海盗号"轮船在台湾南部触礁沉没,只有7人乘小船上岸,高山族人认为他们是海盗而将其打死,美国借此派军舰进攻台湾,高山族人民将美国海军打得大败。

美国侵台失败后,转为支持日本侵略台湾,以便从中渔利。1871年12月,琉球一船在海上遇到飓风,漂流到了台湾东岸,与当地居民发生冲突,54名琉球渔民被杀害,其余12人被救出,由官府遣回琉球。日本借此寻衅,美国便派原驻厦门领事李仙得到日本和美国驻日公使德朗一起鼓动和策划日本侵略台湾,美国还卖给日本大量枪炮弹药,并派美国海、陆军副司令率领舰船帮助日本作战。

1874年4月,日本派陆军中将西乡从道率领3000余人从台湾南部琅峤登陆,发起进攻,台湾人民浴血奋战,使侵略军处于进退两难的困境。清政府调兵遣将,准备与日一战。但由于英、美、法三国驻华公使袒护日本,出面

"调停",清政府被迫于1874年10月31日派文祥与大久保利通正式签订《北京专约》,后又互换会议凭单,主要内容是:日军限期从台湾撤退;中国付给日本白银50万两;中国承认日本侵台为"保民义举",承认琉球被害之民为日本"难民",这就为日本吞并琉球埋下了伏笔。1879年3月8日,日本公然出兵占领琉球,改为冲绳县,使中国东南边疆的危机进一步加深了。

3. 中英滇案交涉与烟台条约

1874年7月初,英国决定由陆军上校柏朗率领一支约200人组成的"探路队",探测从缅甸至云南的道路;英国驻华公使威妥玛任命马嘉理为翻译,前往云南接应柏朗等人。1875年2月初,柏朗、马嘉理率队从八莫启程往云南进发,2月22日到达腾越西南的蛮允时,遇到当地群众的盘查,马嘉理悍然开枪打死、打伤多人;愤怒的群众被迫进行自卫反击,杀死马嘉理及其随行五人,柏朗被迫率队退回八莫。这就是所谓的"马嘉理案"或"滇案"。

马嘉理案是由于马嘉理无视中国主权,并首先开枪打死中国人所造成的,中国政府并无责任。英国却以此事为借口,逼迫清政府于1876年8月21日在烟台与英国开始谈判,9月13日由李鸿章与威妥玛签订中英《烟台条约》。

《烟台条约》的内容,主要有五项:第一,中国赔款20万两白银。第二,扩大领事裁判权。以后凡遇内地各省地方或通商口岸有涉及英人生命财产的案件,英使可派人前往观审;中国人与外国人之间的案件,由被告所属国的官员各按本国法律审断。第三,增开口岸。增开宜昌、芜湖、温州、北海四处为通商口岸;大通、安庆、湖口、武穴、陆溪口、沙市六处为停泊码头;允许英国派员驻扎重庆,查看川省通商事宜。第四,减免税金。各口租界免收洋货厘金,外货进入内地,只纳子口税,免除各项内地税。第五,允许英国人经甘肃、青海、四川进入西藏,或由印度来藏。

中英《烟台条约》扩大了《天津条约》、《北京条约》所规定的特权和领事裁判权,进一步扩展了外国人在长江流域的通航权益,并使外国侵略者开始深入到我国西南地区。《烟台条约》是中国边疆危机加深和中国进一步半殖民地化的一个重要标志。

4. 英国侵犯西藏

藏族是中国境内历史悠久的民族之一。1275年,元世祖忽必烈封创造蒙文有功的萨迦派的法王八思巴为"大元帝师",掌握西藏的一切政治、宗教大权,开始了"政教合一"的地方政治制度。到了清朝,中央政府不仅整顿了西藏地方政权,而且在1727年(雍正五年)将派遣驻藏大臣作为定制,从而加强了对西藏的统治。

英国早就企图打开西藏的大门。从1774年起,英国人不断地潜入西藏,1876年的《烟台条约》,使英人入藏合法化。1888年3月,英国出兵二千多人,悍然向中锡边境的西藏守军发动进攻,西藏军民多次击退敌人的进攻,终因寡不敌众,隆吐山、纳汤相继失守。西藏军民仍积极组织反击,但清中央政府却将支持抗英斗争的驻藏大臣文硕撤职,另派升泰为驻藏帮办大臣。1890年3月17日,升泰代表清政府与英印总督签订了《中英会议藏印条约》,拟定西藏地方同锡金的边界,承认锡金归英国保护,其余通商、游牧等问题"容后再议"。1893年12月5日,双方又签订了《中英会议藏印条款》,开亚东为商埠,藏、印、锡边境免税贸易五年等。英国通过这两个不平等条约,侵占了中国西藏一部分领土,并获得通商贸易等权益。但西藏军民拒绝承认这两个不平等条约,十年之后(1903年)英国又发动了一次规模更大的侵藏战争。

二、70至80年代的清政府及其对外部世界的认识

1. 海防与塞防之争

19世纪70年代初,正当日本侵略台湾、阿古柏入侵新疆,东南沿海和西北边疆形势同时紧张之时,在清政府内部进行了一次海防筹议,即1874年11月,奕䜣提出购买铁甲舰以筹备海防的建议,清政府命南、北洋大臣暨滨海、沿江各省督抚、将军于一月内复议。1875年1月,复奏已基本汇齐,大家对加强军事力量以防御外国侵略者的战略决策,意见基本一致,但是是以海防为主还是以塞防为主,却有着不同的意见,即所谓海防与塞防之争。

直隶总督兼北洋通商大臣李鸿章,在1874年12月上旬复奏,提出专事海防、西部撤军节饷的主张。他认为国防重点在海防,不在西北边防,一方面强调海防的重要性,主张集中饷力,加强海防;另一方面又极力贬低塞防的必要性和重要性,甚至主张放弃新疆,认为"新疆不复,于肢体之元气无伤,海疆不防,则心腹之大患愈棘",应将西部"停撤之饷,匀作海防之饷"。①当时,除了恭亲王奕䜣和醇亲王奕譞支持外,还有一部分廷臣和地方督抚也

---

① 李鸿章:《筹议海防折》(同治十三年十一月初二日),吴汝纶编:《李文忠公全书》奏稿卷24,第11、19页。

附和李鸿章的意见。

陕甘总督左宗棠针对李鸿章的论点,于 1875 年 4 月 12 日上奏,提出海防、塞防并重,坚决收复新疆的主张。他认为,"东则海防,西则塞防,二者并重",不应厚此薄彼,但有缓急、匮裕之分。他强调新疆边防是否稳固,关系到国家尤其是京畿之地的安全和稳定,主张由北往南逐步收复全疆,认为只要统一指挥,"剿抚兼施,粮运兼筹",新疆就一定能收复。① 左宗棠的主张,得到了大学士、军机大臣文祥的支持,地方督抚丁宝桢、文彬、吴元炳、王文韶等,都力陈抗俄的重要性,主张西征。

朝廷非常重视李鸿章和左宗棠的意见和论争,在"廷议"时非常慎重地进行了讨论,由于左宗棠的力争,又有文祥的支持,清政府最终采纳了左宗棠的建议,并于 1875 年 5 月任命他为钦差大臣督办新疆军务,授予他筹兵、筹饷、指挥军队的全权。与此同时,命沈葆桢、李鸿章分别督办南、北洋防务。

塞防与海防之争,是一场关系国防建设大局、关系新疆存亡的大论争,是一场大是大非的原则性论争。在这场论争中,左宗棠等人坚持的海防、塞防并重,必须并能够收复新疆的主张是正确的,既反映了他们的近代国防观念,更充分体现了他们维护国家主权和领土完整的爱国主义精神和民族气节;李鸿章等人重视海防,主张加强海防建设的意见是正确的,但他提出放弃新疆的主张,却是错误的。这场争论的最大意义在于,它为清政府出兵和收复新疆、维护祖国统一和领土完整奠定了思想基础和组织基础,从而迅速揭开了左宗棠督兵新疆的战幕。

2. 清流与清流党

19 世纪 70 年代,在清朝统治阶级内部形成了一个没有组织而左右舆论的政治派别,时人称之为清流或清流党、清流派。所谓清流,是指一班以清高博雅自重、以指弹时政为任的士大夫,他们"以直谏有声天下,想望风乘,号为清流"②,"清班中最以敢言著者,主持谠议,风采赫然,锋棱所向,九

---

① 左宗棠:《复陈海防塞防及关外剿抚粮运情形折》(光绪元年三月初七日),《左宗棠全集》第 6 册《奏稿六》卷 46,岳麓书社 1992 年版,第 188~195 页。
② 陈三立:《赠太师陈文忠公墓志铭》,汪兆镛编:《碑传集三编》卷 8,见沈云龙主编的《近代中国史料丛刊续辑》第 73 辑(722 号),台北:文海出版社 1966~1982 年版,第 390 页。

列辟易,时称清流党焉"①。

　　清流的出现并成一番气候,有着深刻的时代背景。首先是社会现实的客观需要。同光时期,正是清王朝标榜"新政自强"的时代,一方面,内部相对稳定,吏治败坏的旧习突显出来;另一方面,边疆地区出现了危机形势,国人发出了寻求控驭之方的呼声。这两方面都给侧身言路、欲图施展政治抱负的清流们以表现之机。其次是统治集团内部权力斗争的需要。从光绪改元之初起,洋务运动不断发展,慈禧太后一方面支持奕䜣、李鸿章等人筹办洋务,另一方面又担心他们权柄在握,难以驾驭,于是便玩弄"广开言路"的手法,利用所谓公众舆论,来牵制这些炙手可热的洋务大吏,"一时台谏争以搏击相高",清议渐成风气。

　　同光年间的清流党,有南北、前后之别。南北之别是按党人的籍贯划分;前后清流之说,是以中法战争为界,之前北清流活跃,之后南清流崛起。团聚在军机大臣、直隶高阳人李鸿藻周围的被视为北清流,如北方籍京官张之洞、张佩纶、陈宝琛、宝廷、王懿荣、黄体芳、邓承修等。团聚在军机大臣、江苏吴江人沈桂芬周围的被视为南清流,1880 年沈桂芬去世,1882 年江苏常熟人翁同龢以帝师入军机处,成为南清流的宗主,主要成员有侍读学士文廷式、礼部侍郎志锐、翰林张謇、工部主事沈曾植、国子监祭酒盛昱,以及编修王仁堪、黄绍箕、丁立钧、李文田等,直至清末,成为帝党中坚。

　　南北清流虽因畛域和政见的不同,常常相互攻讦,但在内务、外事方面,也有许多共识,主要是内恤民愿,外争国权。在内恤民愿方面,如改革弊端,政主清廉,励精图治。在外争国权方面,主要是反对侵略,维护主权。在中法战争期间,北清流力主抗战,并积极参与南洋事务;在中日甲午战争期间,南清流成员与帝党结合,主张积极备战,抗击日本侵略者,反对后党的妥协求和主张。

　　同光年间清流党的兴起,在一定程度上打破了清王朝二百多年来沉寂的局面,开创了文人公开议政、抨击时弊的新风尚,对于清王朝苟且偷安、吏治日坏的腐败趋势起到了一定的遏制作用。他们忧国忧民、刚正不阿、革新弊政、抵御外侮的思想和情操,也是值得肯定的。但清流作为言官,既无实权,又长于言辞而短于实践,难以实现自己保国安民的目标。中法战争时

---

①　徐一士:《一士谭荟陈宝琛》(民国廿四年),荣孟源等主编:《近代稗海》(2),四川人民出版社 1985 年版,第 415 页。

期,李鸿藻离开了军机处,张佩纶和陈宝琛也因闽江失事或"荐人失察"之过,而被罢官或降职,前"清流党遂瓦解"①。以翁同龢为宗主的后清流,则成为帝党班底的主要骨干,在甲午战争时期主张御侮,之后又同情变法,因受到慈禧太后的嫉恨而受挫。

3. 外交活动及其失败原因

19世纪70年代以前,清政府与外国人打交道是通过理藩院和礼部进行的。两次鸦片战争之后,对外交涉事务日益繁杂,急需要一个专门外事机构来统一管理对外事务,于是便有1861年总理各国事务衙门的成立。

总理各国事务衙门成立后的一项重要外交活动,就是派遣"外交代表"出国访问,交涉有关事宜。然而,中国派出的第一个代表团,却是以外国官员为主,即由准备卸任回国的美国驻华公使蒲安臣担任"办理中外交涉事务使臣",两个副手也是英国人柏卓安和法国人德善,中国一般官员志刚、孙家谷等人则为使团随员。他们于1868年2月从上海出发,先到美国,再到英国,然后经法、德等欧洲大陆国家,抵达俄国,蒲安臣于1870年2月在俄国病死,11月使团回国。这个使团不但没有争回中国被列强侵占的权利,反而扩大了某些国家的在华权利,如蒲安臣于1868年7月28日擅自代表中国与美国国务卿西华德签订了所谓《蒲安臣条约》,企图使美国贩卖中国人到美国充当"苦力"的事实合法化,还企图使中国成为列强共管的半殖民地,并使美国在共管中居于领先地位等等。蒲安臣率团代表中国出使各国和《蒲安臣条约》是国际交往史上绝无仅有的奇闻怪事,是半殖民地外交的突出表现。

随后,又有两项外交活动是"谢罪"。一是1870年"天津教案"后,清政府被迫派崇厚于1871年初到法国去"赔礼道歉",这是清政府第一次正式派出使节到西方国家,完成"道歉"使命后便回国了。二是1875年"马嘉理案"发生后,清政府派郭嵩焘赴英国去完成"赔礼道歉"这一屈辱的使命,以了结马嘉理一案。派使臣出国"谢罪",也是半殖民地外交的具体体现。

清政府在派郭嵩焘赴英"谢罪"的同时,任命他为常驻英国公使,由此开始了清政府派使臣常驻国外的先河。同年,派陈兰彬为常驻美国公使,容闳为副使。1877年,清政府又在外国设置了第一个领事,即正式任命侨商胡璇泽为驻新加坡领事,随之在世界许多地方都设有总领事。总理各国事务

---

① 徐一士:《一士谭荟陈宝琛》,《近代稗海》(2),第417页。

衙门以及使馆制度等近代外交机构的建立,是有利于开展正常外交活动的,并由此出现了一批素质较高的外交人员,如郭嵩焘、曾纪泽、薛福成等。他们在与外国交涉过程中,以国际公法为武器,为国家争回了部分领土和权益,但他们代表清政府与列强签订的各项条约,仍然是不平等条约。

总之,在边疆危机时期的外交活动中,基本上都是以中国同外国进行谈判、最后签订不平等的屈辱条约而结束的。清政府外交活动失败的原因主要有三个方面:第一,由于世界历史进入近代以后,中国落伍了。鸦片战争后,中国开始沦为半殖民地,所谓"弱国无外交",有的也只是半殖民地的外交,这是外交活动失败的根本原因。第二,由于清政府对外妥协求和的政策所致。虽说"弱国无外交",但在弱国的对外交涉中,是否有着正确的对外政策,其结果还是不一样的。在19世纪60年代以后,洋务派办了一系列军用、民用工业,军事力量比起第一、二次鸦片战争时期有所增强,但清政府在对外交涉中的主导思想和基本政策却是避战求和,妥协退让,从而使清政府的外交活动不断失败。第三,由于近代外交人才的缺乏。中国步入近代外交活动的时间较晚,近代外交机构也刚刚建立,很不完善,外交人员的素质不高,缺乏外交知识和经验,结果,在对外谈判中使国家和民族吃了大亏,如与俄国签订丧失大批权利和领土的《里瓦几亚条约》的崇厚,就是昏庸无能之辈。由于外交人才的奇缺,在各项外交活动中不得不聘请外国人当顾问或官员,这些外国人,名义上是在为中国办事,实际上是为他自己国家或其他侵略者谋取在中国的权利服务。如美国人蒲安臣,当清政府要聘他为"办理中外交涉事务使臣"时,他向美国国务卿报告说:"为着我们的国家和我们的文明的利益,我决定接受。"他擅自代表清政府与美国国务卿签订的《蒲安臣条约》,"包含了目前美国政府所认为最重要的事项"。① 又如英国人赫德被清政府聘为海关总税务司,参与清政府的许多内政外交活动,他"虽食厚禄,受高职,其意仍内西人而外中国"②。这样,使中国不断地遭受屈辱和损失。

---

① F. W. Williams. Anson Burlingame and the First Chinese Mission to Foreign Powers,p.90.转引自胡绳《从鸦片战争到五四运动》上册,人民出版社1981年版,第395页。

② 薛福成:《上李伯相论赫德不宜总司海防书》,《薛福成选集》,上海人民出版社1987年版,第125页。

三、左宗棠收复新疆

1. 英、俄在新疆的渗透和阿古柏政权

新疆是我国西北的屏障,战略地位极为重要。在清代前期,新疆为一将军辖区,将军驻伊犁;各要地还驻有名目不同、均由旗人担任的大臣;绝大部分基层政权由当地的宗教、民族领袖主持,这些人统称为伯克。沙俄在割占我国西部大片领土后,就妄图进一步鲸吞新疆,进而南下与英国争霸南亚地区;英国则梦想以印度为基地,侵略西藏,插足新疆,以排挤沙俄侵略势力。

1864年,新疆少数民族在陕、甘、宁回民起义的影响下,爆发大规模的反清暴动。这些武装暴动一开始就被一些宗教领袖和上层分子所控制,并建立了若干互不统属的封建割据政权。同年8月,占据喀什噶尔的司迪克伯克,为了巩固自己的统治,派人向中亚的浩罕乞援;浩罕汗阿力木库里乘机遣派原中国人张格尔之子布素鲁克和卓回新疆任汗王,并派浩罕部将阿古柏担任他的军事首领,实权掌握在阿古柏手里。他们于1865年1月到达喀什噶尔,之后的两年间基本上控制了南疆。1867年阿古柏自立为汗,建立"哲德莎尔国"(七城之国)。

1870年,阿古柏又相继侵占北疆的一部分地区。

阿古柏政权成立后,立即得到俄、英等国的支持。沙俄在1872年与阿古柏政权订立所谓"商约",承认阿古柏是"独立国君主",而阿古柏则承诺给予俄国在南疆的某些特权。英国在1874年2月2日同阿古柏签订所谓"通商"条约,承认阿古柏为统治者,送给他步枪、大炮,还派大批英国人充当阿古柏政权的顾问,帮他训练军队。新疆的危机,归根结底是俄、英两国的侵略活动所造成的。

阿古柏在喀什噶尔建立的政权,是一个入侵者的非法政权,阿古柏是一个苛征暴敛、专横压制的暴君,侵略者所到之处,无不烧杀、抢劫、奸淫,因而"为南疆百姓所深恨"①。

2. 左宗棠率西征军收复新疆

1875年5月,清政府任命左宗棠为钦差大臣督办新疆军务,出兵收复

---

① 《新疆督办刘锦棠奏安集延商人赴新贸易恐开衅端并汉缠各回越界滋事亟应阻止折》(光绪九年三月初二日),王彦威、王亮编:《清季外交史料》(光绪朝)卷32,书目文献出版社1987年版,第1~4页。

新疆。左宗棠受命之后,立即整军备战,由金顺任帮办,另调刘锦棠部湘军为主力军,共五六万人,还征调大量的骆驼、驮驴、大车等。1876年8至11月,相继收复了古牧地、乌鲁木齐、玛纳斯等地。1877年春,开始向南疆进军,阿古柏退败服毒自杀;12月清军攻克喀什噶尔,阿古柏的儿子伯克胡里率残部逃入俄境。到1878年1月,清军收复了除沙俄侵占的伊犁地区以外的全部新疆国土,取得了平定阿古柏的胜利,粉碎了俄、英企图利用阿古柏变新疆为其殖民地的阴谋。

左宗棠

左宗棠出兵收复新疆的战争,是一场反对地方分裂割据、维护祖国统一和反抗外国侵略、保卫祖国领土完整的正义战争。这场战争在短短的一年半时间里取得全胜,原因是多方面的。首先,是新疆各族人民的全力支援。早在阿古柏入侵新疆之初,新疆各族人民就自发地起来反抗,左宗棠率军西征的消息传来之后,各族人民更是欣喜地欢迎,他们不仅主动送粮、献马,支援清军,而且直接参加消灭阿古柏匪帮的战斗。其次,是左宗棠制定的切合实际的战略战术。如做好战前准备,特别注意后勤供应,采取先北后南的战略方针,战则神速取胜,知人善任及主将刘锦棠的正确指挥和所部的英勇善战等等,这些都为收复新疆失地起了相当大的作用。第三,西征军的近代化武器装备略胜于阿古柏军队,这也是战争取胜的重要原因。第四,清政府的财政支持也为西征军的顺利进军提供了条件。

3. 中俄伊犁交涉与新疆建省

阿古柏入侵新疆后,沙俄借口"安定边境秩序",于1871年6月出兵侵占了伊犁九城及附近地区。之后,中国要求收回伊犁的呼声从未间断,1878年消灭阿古柏政权之后,收回伊犁更成为重要而又迫切的问题。1879年1月清政府便委派崇厚直赴俄京进行谈判,崇厚在沙俄的讹诈下,竟于10月2

日擅自与沙俄签订了一个丧失大批权利和领土的《里瓦几亚条约》，虽然规定俄国退还伊犁地区，但中国却赔偿军费500万卢布（约合白银280万两）；割让霍尔果斯河以西及特克斯河一带的大片领土；在乌鲁木齐等七处新增设俄国领事；俄商在新疆、蒙古贸易，一律免税；新开两条到天津和汉口的陆路贸易路线等。签约消息传来，群情激奋，纷纷要求惩治崇厚，改订条约。清政府迫于压力，将崇厚治罪，对条约不予批准，并改派驻英公使曾纪泽到俄国重开谈判，于1881年2月签订中俄伊犁《改订条约》和《改订陆路通商章程》。新约和旧约相比，同样收回伊犁地区，但在界务方面，争回了特克斯河流域的两万多平方公里土地，仍放弃了霍尔果斯河以西地区；在商务方面，将旧约的"概不纳税"改为"暂不纳税"，废除了旧约规定的从嘉峪关至汉口的商路，增设领事的地点由七处改为两处，赔款则增至900万卢布（合白银509万两）。新订条约争回了一些商贸权利和领土主权，在当时条件下确属不易，但改订条约仍是一个屈辱的不平等条约，并使沙俄所劫夺的中国领土和某些权益盖上了"合法"的印记。此后，俄国又利用伊犁《改订条约》中关于"勘界"的条款，在1882至1884年迫使清政府先后签订了《伊犁界约》、《喀什噶尔界约》、《科塔界约》、《塔尔巴哈台西南界约》、《续勘喀什噶尔界约》五个勘界议定书，割占了斋桑泊东南、霍尔果斯河以西、特穆尔图淖尔（伊塞克湖）东南和阿克赛河源等处共七万多平方公里的中国领土。1892至1894年间，俄国又出兵帕米尔，非法强占了萨雷阔勒岭以西两万多平方公里的中国领土。

沙俄强占中国领土，激起了新疆各族人民的强烈反抗。1871年沙俄占领伊犁地区后，当地各族人民坚持不降沙俄；1881年中俄伊犁《改订条约》签订后，被割地区的新疆各族人民更是拒绝划入俄境，有的还从沙俄统治区潜逃出来。他们"至死不肯分让"中国国土，"虽死不从"俄国管辖[①]，充分表明了新疆各族人民反对沙俄强占中国领土的爱国立场。

由于沙俄的不断入侵，西北边疆危机日趋严重。1884年11月5日，清政府采纳左宗棠等人的建议，废除旧的军府制度，正式在新疆建省，省会设于乌鲁木齐，任命刘锦棠为第一任巡抚。新疆建省，对于进一步削弱地方封建割据势力，促进新疆各族人民的交流与合作，推动新疆的发展，尤其是对

---

① 《科布多办事大臣请安额尔庆额等奏科布多边界复行勘分困难情形折》，《清季外交史料》（光绪朝）卷29，书目文献出版社1987年版，第1、2页。

加强我国西北边疆的建设,防御沙俄的侵略,具有重要意义。

四、中法战争

1. 法国侵越与黑旗军助战抗法

法国侵略越南和中国绝不是偶然的,它是法国资本主义急剧发展和对外扩张的必然结果。法国是一个老牌的资本主义国家,从19世纪70年代起,工业生产成倍增长,国内资本空前集中,形成了垄断组织,开始向帝国主义过渡,由于垄断金融资本的迅速发展,使殖民兼并政策特别加紧地推行起来。它的远东殖民政策的主要目标,是要吞并越南,进而侵略中国。

法国侵略者在第二次鸦片战争结束后,集中兵力进攻越南,于1862年强迫越南顺化王朝签订了第一次《西贡条约》,至1867年就占领了越南南部地区。1873年11月,法国侵略者又派安邺率领远征军攻陷越南北方的河内等地。越南国王阮福时请求当时驻扎在中越边境的中国刘永福率领的黑旗军,协助越南抵抗法国侵略者。12月21日,黑旗军进援河内,击毙法军头目安邺及其副手班尼和若干官兵①,获得胜利。越南国王封刘永福为三宣副提督。随后,越南阮氏王朝又和法国侵略者议和,并于1874年3月15日签订了第二次《西贡条约》,越南实际上成了法国的保护国。

法国共和党一贯主张向海外扩张,建立殖民帝国,当其成员茹费理于1880年和1882年两次组织内阁时,法国更加扩大对越南和中国的侵略。1882年3月,茹费理政府便命李维业率军第二次侵占河内等地,越南阮氏王朝再次请求刘永福的黑旗军助战。1883年5月19日,黑旗军在河内城西的纸桥与法军进行决战,击毙法军司令李维业及官兵100余人,伤者甚多。② 越南政府封刘永福为三宣正提督。正当黑旗军在越南北方不断取得胜利的时候,由孤拔率领的南路法军却攻占了当时的越南都城顺化,并强迫越南于1883年8月25日订立了第一次《顺化条约》,强行把越南变为法国的殖民地。该条约不仅要求清政府承认法国对越南的殖民统治,撤出在越南北部的中国军队,还要求开放云南边界,以便从越南北部侵入中国西南地

---

① 《法国在印度支那的武功》第2卷,第728、729页,转自徐善福:《刘永福援越抗法的光辉历程》,《中法战争论文集》第1册,广西人民出版社1986年版,第344页及注1。

② 《刘永福致黄桂兰函》(1883年5月),转自陈匡时:《刘永福与纸桥之战》,《中法战争论文集》第1册,第189页。

区。这样,中法之间的关系就更加紧张起来,战争一触即发。

2. 清政府内部的和、战之争

法国侵略越南、觊觎中国的严重局势,使清政府内部对法国的主和、主战两派的争论激烈起来。

主战派主要由三部分人组成:其一是清流党。如前所说,清流党是19世纪70年代清朝统治阶级内部出现的一个政治派别,他们在中法战争前后,主张援越抗法,"用全力以图挽救"越南,保卫祖国边疆。① 清流党的主战态度在一定程度上反映了士大夫阶层中的爱国热忱。其二是地方实力派。主要是湘军集团中的部分官吏,如彭玉麟、曾纪泽、刘坤一、左宗棠等人,"主张实力备战以保和局"②。他们的抗法主张,在一定程度上是符合民族利益和人民抵抗侵略的愿望的。其三是顽固派。他们开始"主战",虽然也认识到保卫越南的重要性,但其目的是为了保持与邻国的宗藩关系。他们虽然"主战",但往往是先空谈,不作防备,继则惊慌失措,转而求和。

主和派的主将是时任直隶总督兼北洋大臣的淮系首领李鸿章,其骨干人物有时任湖南和广西巡抚的潘鼎新、闽浙总督何璟、督办福建船政大臣何如璋等。李鸿章实际上控制着清政府的内政外交大权,他在中法战争中"始终主和","坚持议和"。他们认为,中国兵单饷匮,不可与欧洲强国轻言战事;中国即使"一时战胜,未必历久不败,一处战胜,未必各口皆守",而且会引起法国更大的报复;至于越南,即使被法国吞并了也不过是"边患伏于将来",如果援越抗法,那就要兵连祸结,"全局动摇"等。③ 这种失败主义观点和妥协求和的主张,遭到清流党和湘系官吏的上书弹劾,当时"士论皆主战","清议皆击鸿章","舆论均集矢鸿章,指为通夷",④并要求立即罢斥李鸿章。

在主战派和主和派的争论中,清政府一时"和战仍无定见",表现在行动上也是举棋不定:在外交上,既抗议法国的侵略行为,又企图与法国达成妥协的协议;在军事上,既增兵边防,派军队出关援越,又再三谕令清军不要主

---

① 唐景崧:《请缨日记》(光绪九年十二月除夕)卷3,中国史学会主编:《中法战争》(二),上海人民出版社、上海书店2000年版,第108页。

② 《曾袭侯致李中堂书》,中国史学会主编:《中法战争》(四),第268页。

③ 《署理北洋通商大臣李鸿章奏法越交涉事端重大遵旨妥筹全局折》(光绪九年五月十七日),中国史学会主编:《中法战争》(五),第158页。

④ 罗惇曧:《中法兵事本末》,中国史学会主编:《中法战争》(一),第11~12页。

动开战;在对待刘永福黑旗军的态度上,既奖励、暗资它援越抗法,又对它加以种种限制,甚至驱狼斗虎,借法灭刘。

清政府虽然在和、战问题上举棋不定,但由于外交实权掌握在李鸿章手里,所以在对外交涉中,清政府总的倾向是采纳主和派"避战求和"的主张,使援越清军自束手脚,不作好战争准备,从而助长了法国的侵略气焰,加速了中法战争的爆发。①

3. 中法战争的经过

中法战争从1883年12月到1885年6月,大致经过了三个阶段:1883年12月至1884年5月,战争局限在越南北部红河三角洲;1884年6月至8月,战争主要在中国东南沿海进行;1884年8月至1885年6月,战争则在中国东南沿海和中越边境进行。

(1) 山西之役和中法《简明条款》

1883年12月11日,法国远征军总司令孤拔率六千人对协守越南山西的清军和黑旗军发动进攻,清军统帅、云南巡抚唐炯,临阵擅自率军回到云南;刘永福的黑旗军则激战五天,终因寡不敌众,于12月16日被迫撤离。1884年2月,法军进驻河内,北宁、太原、兴化相继失守,不到五个月,法军占领了红河三角洲。1884年5月11日,李鸿章与福禄诺在天津签订了《中法会议简明条款》,规定清政府承认法国与越南订的条约,中国将驻在越南北方的部队调回边界,中国同意在中越边境开埠通商等。这一条约,博得了法国统治者的喝彩,却受到了全中国人民的愤怒谴责。

(2) 基隆之役和马尾海战

1884年8月5日,法国远东舰队副司令利士比率领一支舰队进攻台湾基隆,督办台湾防务大臣刘铭传,防守严密,兵力雄厚,率领官兵奋起还击,击中敌舰数艘,法舰退至海上。6日,法国海军陆战队400余人乘小艇强行登陆,被当地军民打死打伤100多人,后狼狈逃回海上。基隆之役的首战告捷,打乱了法军的侵略部署。

已调任远东舰队司令的孤拔,率领另一支远东舰队于1884年7月中旬以"游历"为名进入中国海军基地福州马尾,两国舰队同泊在马尾港内达40天之久。当时在马尾港内,中国拥有兵舰11艘,大炮45尊,官兵1040人;

---

① 苑书义等:《中国近代史新编》中册,人民出版社1986年版,第259~264页。

法国拥有军舰8艘,鱼雷艇2艘,大炮77尊,官兵1790人。① 法国舰队在舰艇吨位、装备、重炮、机枪和兵员素质方面比中国舰队优胜,但马尾是一个海军的天然良港,入港海口,形势险要,易守难攻。由于闽浙总督何璟、船政大臣何如璋唯恐得罪法国侵略者,影响中法和谈与列强"调停",不但不阻止法舰入港,还举行隆重的欢迎仪式,并"严谕水师,不准先行开炮,违者虽胜亦斩"②。在中国海港里,法国舰队却禁止中国舰队自由移动,声言动则开炮。1884年8月23日下午1点56分,法舰突然开炮,中国舰队仓促应战,有的军舰还没有来得及起锚就被击沉,有的船身起火,连遭法舰夹击,爱国官兵临危不惧,英勇抗敌,旗舰"扬武"号官兵在舰身迅速下沉的危急时刻,仍用尾炮击中法国旗舰,击毙敌兵6名;"振威"号官兵在舰身起火、下沉之际,还发出最后一弹,击伤敌舰舰长和两名士兵;其他舰艇的官兵也都力战殉国。福建巡抚张兆栋、船政大臣何如璋等封疆大吏,则逃之夭夭。福建水师11艘军舰、19艘运输船被击沉、击毁,官兵阵亡419人,受伤128人,下落不明者51人;法国死5人,伤15人。③ 马尾海战的惨败,双方军事方面的优劣虽然是其重要原因,但主要的还是清政府妥协退让、避战求和政策造成的。

(3) 淡水大捷和镇南关大捷

马尾海战激起了中国军民更加强烈的愤怒,清政府顺乎民意,于1884年8月26月下诏宣布对法作战,战争进入第三阶段,战场除了在中国东南沿海继续进行外,主要在中越边境。

1884年9月中旬,孤拔率兵舰再次侵犯台湾基隆,刘铭传采取放弃基隆港、坚守淡水港的战术。10月2日,法舰炮轰淡水炮台,提督孙开华等率部将法军击退。8日,法军800人又在淡水强行登陆,当地军民奋起迎击,打死打伤法军66人,还有80人因争相上船而掉在水中淹死。淡水大捷,沉重地打击了法国侵略者的嚣张气焰。从10月23日起,孤拔又采取从海上封锁台湾的办法,企图困死台湾,台湾军民在大陆人民和香港同胞、海外侨胞的声援下,继续进行英勇顽强的斗争,粉碎了法国侵略者夺占台北的计划。

---

① [美]马士著,张汇文等译:《中华帝国对外关系史》第2卷,世纪出版集团、上海书店出版社2000年版,第395页。

② 唐景崧:《请缨日记》(光绪十年七月初九日)卷5,中国史学会主编:《中法战争》(二),第144页。

③ 马士:《中华帝国对外关系史》第2卷,第397页。

1885年1月,孤拔又率法舰侵扰浙江镇海,提督欧阳利见率部多次击退来犯的法国侵略者,并发炮击伤孤拔。3月30日法军转而占领澎湖群岛,孤拔也于6月死于澎湖岛。

　　法国侵略者在中国东南沿海封锁台湾、侵扰镇海、占领澎湖的同时,又在中越边界地区不断增兵,发动进攻。法军统帅尼格里率军于1885年2月13日攻占谅山,23日又攻占镇南关(今广西友谊关),白族将领杨玉科等力战牺牲,指挥清军的广西巡抚潘鼎新败退中国境内。侵略者在镇南关前插立木桩,用中文写道:"广西的门户已不再存在了!"中国军民针锋相对地在关前插立木桩,用大字写上:"我们将用法国人的头颅重建我们的门户!"表现了中国人民坚决抵抗侵略的决心和信心。①

　　当边关形势十分危急之时,两广总督张之洞起用年迈70的老将冯子材,帮办广西军务。冯子材团结各军将士,迅速稳定后方,广泛联络边民,加紧修筑工事,积极准备反击侵略者。他选择镇南关后八里的关前隘作为决战地点,依山凭险,筑一长墙,外掘深壕,修地堡,立栏栅,建起一道有险要地形和牢固工事相结合的防线,并向各军部署任务,严阵以待。1885年3月23日,尼格里率2000法军分三路直奔关前隘口,冯子材身先士卒,"以帕裹首,赤足草鞋,持矛大呼,跃出;诸军将领见冯如此,俱感奋力战"②,经过一场激烈的白刃战,终于将法国侵略军逼离长墙,压下山谷。接着,中国军队发起总攻,向法军勇猛冲杀,在边疆各族人民的支持下取得大胜。法军于3月25日退回谅山,清军乘胜追击,于29日收复谅山。法国军队全线崩溃,一千多名士兵、数十名军官被歼灭,统帅尼格里也受重伤。③

　　镇南关之役法国失败、中国胜利的消息传到巴黎后,在巴黎群众的愤怒和谴责声中,策划战争的茹费理内阁也于1885年3月30日宣告垮台。

　　4.《中法越南条约》的签订与台湾建省

　　正当前线战事有利于中国的时候,清政府竟于1885年4月7日下诏命前线各军于4月15日停战,4月25日撤军。当时,全国人民尤其是前线爱国将士义愤填膺,纷纷通电反对和谴责清政府与法国侵略者停战议和,一意

---

① 加尔新:《在侵略东京时期》,中国史学会主编:《中法战争》(三),第530页。
② 佚名:《克复谅山大略》,中国史学会主编:《中法战争》(三),第39页。
③ 冯子材:《萃军进剿法匪先获小胜随会诸军鏖战历三昼夜大获全胜会奏咨》,《军牍集要》卷9,中国史学会主编:《中法战争》(三),第93、96页。

和戎的清政府，却不顾全国人民尤其是前线将士的反对，强令如期停战撤兵。

原来，清政府在整个中法战争期间，始终或明或暗、直接或间接地向法国侵略者进行求和活动，李鸿章等人更是竭力怂恿清政府与法国妥协；而法国对清政府也一直采取软硬兼施的手段，在武力进攻的同时，积极进行政治诱降；英、美、德、俄、日等国，为了自身的利益，也都打着"调停"的幌子迫使清政府向法国妥协。在这种情况下，中法两国代表先在天津、后在巴黎进行谈判。在1884年5月，中国在越南北部战场失利的时候，李鸿章就与福禄诺在天津进行谈判，并签订《中法会议简明条款》；1884年10月中国取得淡水大捷之后，清政府又通过英国向法国提出议和提案；到1885年2月23日法军占领镇南关之前，清政府即通过海关总税务司赫德派伦敦中国海关办事处的英国人金登干赴巴黎，代表清政府与法国进行秘密谈判，已达成初步协议；1885年3月24~29日中国军队取得镇南关—谅山大捷，3月31日法军占领澎湖，李鸿章等人认为这是和谈的好机会，主张"乘胜即收"、"停战撤兵"，立即与法国缔结和约①，认为此时"与缔和约"，"和款无可大损，否则兵又连矣"②。4月4日，金登干以清政府的名义与法国代表毕尔在巴黎签订了《中法停战条件》，4月7日，清政府下诏停战，中法战争结束。5月13日，清政府又授权李鸿章与法国驻华公使巴德诺在天津谈判，6月9日，双方正式签订《中法越南条约》，主要内容是：清政府承认越南是法国的保护国；在中越边境指定两处通商，法国在这里设立领事馆；中国云南、广西与越南边界的进出口货物应减税；以后中国修筑铁路，应"向法国业此之人商办"。通过这个条约，中国虽然没有赔款、割地，但法国却实现了它把越南变为"保护国"、并打开中国西南大门的野心。

中法战争是法国将越南变为它的殖民地并进一步侵略中国的非正义战争，也是中国人民援助越南、共同反抗帝国主义侵略的正义战争，是19世纪60年代以来列强加紧侵略中国边疆和邻邦的继续和发展。中国在基本胜利的形势下屈辱求和，订立不平等条约，进一步暴露了清政府的腐败无能，

---

① 李鸿章：《寄粤督张香帅》（光绪十一年二月二十五日），《李文忠公全书》电稿，卷5，第29页。

② 李鸿章：《寄译署》（光绪十一年二月十六日），《李文忠公全书》电稿，卷5，第24页。

助长了列强的侵略野心。

　　清政府鉴于外国侵略者屡侵台湾,特别是台湾在国防上的重要地位,乃不断加强对台湾的管理。1874年日本侵台后,清政府开始实行福建巡抚移驻台湾的措施,以加强对台湾的行政管理。中法战争后,清政府又于1885年10月决定将台湾正式建为行省,第一任巡抚刘铭传驻省会台北。1891年刘铭传受谤辞职,由邵友濂接任。甲午战争爆发后,邵友濂又设法调回内地,原布政使唐景崧升为巡抚。台湾建省,有利于加强国防,尤其是海防,更加密切了台湾与内地之间的联系。

第二节　中日甲午战争

一、战前的国际关系

1. 日本的崛起及大陆政策

　　日本在1868年明治维新以后,整个社会迅速而又全面地发展起来,到19世纪90年代初,已发展成一个独立的资本主义国家。在政治方面,1890年日本帝国宪法实施,建立了资产阶级君主立宪的基本制度;在经济方面,已由一个农业国发展成一个工业国;在文教方面,日本建成了近代教育体系;在外交方面,日本通过外交谈判,修订了过去的不平等条约,基本上恢复了国家主权。

　　日本在走上资本主义道路的同时,也走上了军国主义的道路,提出了所谓"大陆政策",即作为岛国的日本向朝鲜和中国等大陆国家进行武力扩张,企图称霸亚洲,并梦想征服世界。"大陆政策"的缘起并非从近代开始,但"大陆政策"的形成,则是在"明治维新"之后。明治天皇在1868年的《御笔信》中曾露骨地宣称,"日本乃万国之本",要"开拓万里波涛,布国威于四方"。明治政府的核心人物之一木户孝允于1869年首次提出"征韩论",这是"大陆政策"形成的重要一环。1890年12月6日,日本内阁总理大臣山县有朋在议会上发表题为《外交政略论》的施政演说,提出"守卫主权线"和"保护利益线"之说,所谓"主权线"是指"国疆","利益线"是指"同我主权线之安危有紧密关系之区域"①,意即要把其所称之为"利益线"之"区域"的朝鲜和中国台湾、东北纳入日本统治之下,这标志着近代日本"大陆政策"的正式提出。从上可见,"大陆政策"的提出,既有其历史渊源,又是明治维新后日本资本主义迅速发展,急于向外拓展市场、夺取殖民地的需要。"大陆政策"的显著特点是:为了达到目的,以军事手段为主,加强兵备是紧急的任务;经济色彩鲜明,急切地向国外寻找市场和原材料供应地;企望与列强角逐东亚,争夺殖民地。

吞并朝鲜是日本"大陆政策"的重要组成部分。自1869年提出所谓"征韩论"后,征服朝鲜就一直是日本奉行的一项国策。1875年9月,日本派军舰闯入釜山港,开始了对朝鲜的武装侵略,并于1876年2月迫使朝鲜签订《江华条约》,向清政府争夺对朝鲜的宗主权。1882年8月30日又强迫朝鲜签订了《济物浦条约》,以保护使馆的名义取得了在朝鲜驻兵的特权。1884年朝鲜"甲申事变",朝鲜国王在清军的帮助下平息了这次事变后,李鸿章与伊藤博文经过谈判于1885年4月18日签订了中日《天津会议专条》,除规定中日双方从朝鲜撤兵外,还特别规定"将来朝鲜国若有变乱重大事件,中日两国或一国要派兵,应先互行文知照",从而使日本获得了随时可向朝鲜派兵的特权。

1890年,日本资本主义发生经济危机,国内社会矛盾异常尖锐,为转移视线,山县有朋内阁更迫不及待地要发动侵略战争。因此,从90年代开始,日本加紧了战争准备的步伐,加速发展军事工业,大力生产新式武器,不断增加军费,大力扩充军队,极力向士兵和国民灌输"武士道精神",到甲午战争前夕,日本已有陆军30多万人,其中常备军7万多人,并建立了一支拥有31艘(亦说28艘)军舰、37艘水雷艇(亦说24艘)的海军,还组织了以川上操六为头子的间谍情报网,派出大量间谍到中国搜集各种情报。

1894年1月,朝鲜东学党在全罗道的古阜郡发动农民起义,6月1日攻占全罗道首府全州,建立农民政权,且迅速向南发展。朝鲜政府在屡次镇压失败后,请求清政府派兵"助剿"。清政府派叶志超、聂士成于6月4日率兵1500人渡海赴朝,进驻牙山,并按《天津会议专条》规定通知了日本政府。日本乘机不断派兵入朝,到6月底已达一万余人。此时,朝鲜国内形势已趋

---

① 大山梓:《山县有朋意见书》,原书房1966年版,第203页,参见戴逸等:《甲午战争与东亚政治》,中国社会科学出版社1994年版,第61~65、68页。

平稳,清政府建议两国同时撤军,日本不但拒不撤军,反而蓄意扩大事态,挑起战争。

2. 甲午战前的东亚形势和清政府的外交活动

日本是后起的东方资本主义国家,在发动对朝、中的侵略战争时,必然要顾及西方的老牌资本主义,力争得到他们的默许或支持,以免"陷于四面楚歌的险境"①。以西太后为首的后党,非常害怕和资本帝国主义发生战争,1894年11月7日又是慈禧太后的60岁寿辰,更不愿因战争而使大寿庆典减色。清政府寄希望于列强的调停,李鸿章更是依赖于英、俄两国对日本的干涉,企图以此来阻止日本发动对朝、中的侵略战争。当时,英、俄在远东争夺激烈,矛盾尖锐,俄国的既定远东政策是要在远东扩张其势力,力图与英国争夺远东霸权;英国的既定远东政策是想维护它在远东的优势地位和既得利益,它对朝鲜的政策是以防俄为前提的。它们在中日双方的冲突中偏袒日本,特别是英国于1894年7月16日与日本签订《友好条约》,由偏袒日本一变而为支持日本。当李鸿章请求俄、英出面调停时,俄国表示劝告,英国表示拒绝,从而助长了日本的侵略气焰。美国在1867年之后就与日本勾结,联合侵朝,李鸿章请求美国调停,美国只是表示"惋惜",随后就同意了日本的观点;至于法、德两国,起初虽也说过要"维持东亚和平",但私下却向日本暗示他们倾向日本之意。李鸿章等人请求列强调停不成,主和派的外交努力遭受挫折。与此同时,国内舆论和驻朝清军极力要求清政府派兵增援,清政府中主战的声浪也高涨起来,帝党都力主抵抗,"上(光绪帝)意一力主战,并传懿旨(慈禧太后之旨)亦主战"②,抵抗之事在清政府高层中暂时取得一致,从而严令李鸿章增派军队运赴朝鲜。即使在主张"抵抗"的情况下,帝国主义的调停也一直没有停止,俄国提出中、俄、日三国和英国提出中、日两国共同改革朝鲜内政的建议,以及其他国家提出的"列强联合调查"等建议,也都终成泡影。清政府的外交努力、列强调停,终于落空。日本已于1894年7月17日决定立即发动战争。7月23日,驻朝日军攻入朝鲜王宫,劫持国王,挟制大院君李昰应出来执政,并强迫他发出请求日军驱逐驻在牙山清军的诏令,一场对华战争,如箭在弦上,一触即发。

---

① 陆奥宗光:《蹇蹇录》,第30页,转自戴逸等:《甲午战争与东亚政治》,第108页。
② 《翁文恭公日记》(甲午六月十四日),中国史学会主编:《中日战争》(四),上海人民出版社、上海书店2000年版,第480页。

二、战争的进程

中日甲午战争大致可分为三个阶段:1894年7月25日至9月17日,战争在朝鲜及其附近海面进行,包括成欢、平壤之陆战和丰岛、黄海之海战;9月17日至10月25日,战争在辽东和辽南进行,主要有鸭绿江防和金州、旅顺之陆战;10月25日至1895年4月17日,战争在山东半岛和辽东半岛进行,包括威海卫之海战和陆战以及辽南之陆战。

1. 日本不宣而战

1894年7月25日,日本联合舰队司令伊东祐亨率舰艇在朝鲜牙山口外丰岛海面上,突然袭击正在返航的中国运兵船和护送运兵船的军舰,日本不宣而战,揭开了中日战争的序幕。北洋海军被迫奋起还击,并屡创敌舰,而北洋舰队的护航舰"广乙号"自沉于海,运输舰"操江号"被日舰俘去,租借英国商轮"高升号"亦被击沉,清军伤亡近千人,护航的济远舰临阵逃离战场。同一天,大岛义昌率领日本陆军四千余人从汉城出发,向牙山清军发动进攻。7月29日清晨,日军进犯成欢,聂士成率部抵抗,但驻守在公州的清军主将叶志超不战而走,成欢于当天失陷。叶、聂率军先后退至平壤,朝鲜南部全为日军控制。丰岛海战和成欢陆战之后不久,中日双方在1894年8月1日同时宣战,中日战争正式开始。因1894年是旧历甲午年,史称甲午战争。

2. 陆上和海上的战役

(1) 平壤之战

中日双方正式宣战后,日本于1894年9月初,由陆军大将山县有朋率第一军一万六千余人向平壤进发,9月15日分4路对平壤发起总攻,驻守平壤的一万三千余名清军奋起迎击,清军将领马玉昆和卫汝贵分别率部击败敌人的进攻,左宝贵奋勇督战,坚守城北牡丹台和玄武门,不幸中炮牺牲,阵地相继失守。这一仗,日军伤亡705人;清军主将叶志超于当夜率部仓皇北逃,渡过鸭绿江,退入中国境内,平壤失守。清军在逃跑路上被击毙者达1500余人,被俘683人。① 从此清军退出朝鲜,战火烧到鸭绿江边。

(2) 黄海激战

平壤战役之后,日本又寻机与北洋海军决战,争取获得黄海和渤海的制

---

① 参见戚其章:《甲午战争史》,上海人民出版社2005年版,第88、90、107、108页。

海权。与日本舰队争夺制海权的战略方针不同,北洋舰队的战略意图是"海守陆攻",北洋海军成为入朝陆军的附属品,黄海海战和丰岛海战一样是在护航过程中发生的。1894年9月17日上午11点,当北洋舰队护送运兵船到大东沟登陆准备返航时,忽然发现西南海面驶来一支日本海军舰队,北洋海军提督丁汝昌便命令各舰准备迎战;12点55分,日舰成单纵阵向北洋舰队扑来,北洋舰队形成人字阵形向前迎敌,中日黄海海战正式爆发。

北洋舰队定远舰当距敌5000米时首先发炮,各舰继之,数十发炮弹,只一弹中敌先锋舰。伊东指挥的日舰,在相距3000米时才发炮,而且专攻离主力舰较远的右翼超勇、扬威二舰,北洋各舰进行还击,重创日舰,但超勇舰被击沉,扬威舰中弹起火、后被搁浅,旗舰定远桅楼亦被日舰排炮击中,帅旗被击落,在定远望台督战的丁汝昌旋受重伤,只好由该舰管带刘步蟾"代为督战,指挥进退"。在以后的战斗中,除了济远管带方伯谦、广甲管带吴敬荣率舰驶逃战场外,其余各舰的广大将士临危不惧,英勇奋战,丁汝昌裹伤后在甲板上"激励将士,同心效命"①;刘步蟾指挥定远舰,猛击日舰,致使比睿、赤城两舰中弹甚多,伤亡惨重,退出战列;致远舰管带邓世昌率舰纵横海上,与敌奋战,直至中弹累累,弹药垂尽,遂加大马力向吉野舰撞击,不幸中鱼雷爆炸而沉,46岁的邓世昌慷慨赴义,250名官兵壮烈殉国,生还者仅7人;经远舰全力抗敌,不幸管带林永升中弹牺牲,舰中起火,随之沉没,全舰官兵仅16人遇救,272人壮烈牺牲;定远与镇远是当时世界各国海军中罕见的大型铁甲舰,在日舰团团包围的困境下,两舰密切配合,重创敌舰,管带林泰指挥的镇远舰首先重伤日舰西京丸,使其退出战列,刘步蟾指挥的定远舰继而命中敌旗舰松岛号,引起炸药爆炸,死伤100余人,失去作战和指挥能力;来远、靖远也临时结成姊妹舰,以寡敌众,奋力抵抗,重创日舰吉野号。下午五点半左右,伊东率日舰向南退走,北洋舰队尾追数海里,因速度不及,便转舵驶回旅顺,黄海海战结束。②

黄海海战,历时五小时,其规模之大,时间之久,战斗之激烈,在世界近代海战史上是罕见的。战斗结果,日本舰队共出动军舰12艘,虽未失一艘,

---

① 《清光绪朝中日交涉史料》卷21,北平故宫博物院1932年铅印本,第23页;中国史学会主编:《中日战争》(三),上海人民出版社、上海书店2000年版,第134~136页。

② 参见林濂藩:《中日甲午海战百年祭》,中国社会科学出版社1994年版,第59~60页。

但有 5 艘受创十分严重,其余舰只也受重伤,日军死伤约 300 人;北洋舰队参战军舰共 10 艘,损失 5 艘,余皆受重伤,清军伤亡 800 余人,两相比较,北洋舰队损失较大。① 尽管如此,北洋舰队不仅完成了护航运兵的任务,而且粉碎了日本"聚歼清舰于黄海中"的狂妄计划,舰队主力定远、镇远两铁甲舰犹在,其余各舰经修整后仍可任战,舰队尚拥有与敌作战能力。黄海海战不仅是中日海军的一次主力决战,也是甲午战争中一次决定性战役,对于整个战争进程的影响是很大的。

(3) 鸭绿江防之战和金旅之战

首先是鸭绿江防之战。1894 年 10 月 24 日,日军第一军三万人,在山县有朋率领下,从朝鲜的义州渡过鸭绿江,25 日向清军发起全面进攻,清军三万多人大部不战自溃,伤亡惨重,日军长驱直入,先后占领九连城、安东(今丹东)和凤凰城,并分兵从东西两路向省城奉天进发,因聂士成、依克唐阿等部清军和当地群众联合抵抗,才将敌人逼回九连城、凤凰城和海城一线,形成长期对峙局面。

同时进行的有金旅之战。1894 年 10 月 24 日,大山岩率领日军第二军二万五千人,从海路在花园口登陆。11 月 4 日,日军进攻金州,6 日占领金州。7 日,日军分三路进犯大连湾,守将赵怀益先期逃走,日军不战而得大连湾。日军占领大连后,就直奔旅顺港。

旅顺为北洋海军主要基地之一,与威海卫海军基地隔海相望,为拱卫渤海之门户。旅顺军港设有炮台 17 座,大炮 78 门,环海布有水雷,形势奇险,易守难攻;当日军于 11 月 21 日向旅顺发起总攻时,负责指挥各军的营务处总办龚照玙抢先逃走,驻守的七部清军约一万四千余人,只有徐邦道等部拼死抗敌,终因伤亡过重突围北撤,北洋舰队也已躲避威海卫。11 月 22 日,号称"东亚第一要塞"的旅顺港沦入敌手。在这次战役中,日军死伤 419 人,清军伤亡 2000 余人,被俘 355 人。②

日军占领旅顺后,进行了 4 天惨绝人寰、震惊世界的大屠杀,大街小巷,死尸堆积高达数尺,仅万忠墓就葬有 2 万多人,全城人民幸免于难者仅 36 人。旅顺屠城充分暴露了日本侵略者的残暴本性,当时就受到世界正义舆

---

① 参见孙克复、关捷:《甲午中日海战史》,黑龙江人民出版社 1981 年版,第 139~140 页中列表及注 2、第 142 页中列表及注 1。

② 戚其章:《甲午战争史》,人民出版社 1990 年版,第 190、191、193、205 页。

1895年11月,日军进占旅顺,屠杀当地百姓

论的强烈谴责:"日本是披着文明的外衣,实际是长着野蛮筋骨的怪兽。"①

(4) 威海卫之战

威海卫位于山东半岛顶峰,东靠成山,西接烟台,港湾成半圆形,有刘公岛、日岛横列湾内,形势异常险要,在南北两岸和两岛上共设炮台17座,大炮131门,东西两口共布设水雷248颗,驻有守台兵近万人,当时尚有大小舰艇近30艘,在"保船制敌"的思想指导下,死守威海卫港内。1895年1月20日,以大山岩为司令官的日本军团约两万人,在海军的掩护下,在成山角登陆,占领荣城,然后分两路从陆路向西挺进,至2月2日,先后占领威海南岸和北岸陆路炮台。同时,日军联合舰队严密封锁威海卫港口,完成了对北洋舰队的合围。从2月3日起,伊东指挥40余艘舰艇对港内发动了多次进攻,北洋舰队均将其击退,并击伤11艘日舰,击毁1艘鱼雷艇,但因日军水陆夹击,炮火日渐凶猛,北洋舰艇损失惨重,炮台也弹药将尽。② 日军在强攻的同时进行诱降活动,2月2日伊东就派人进港劝降,丁汝昌严词拒绝。2月8日和10日,北洋舰队中的外国人又胁迫丁汝昌投降,同样遭到丁汝昌

---

① 关捷总主编:《旅顺大屠杀研究》,社会科学文献出版社2004年版,244~245页。

② 孙克复、关捷:《甲午中日海战史》,第182~184、177~178页。

的抵制。丁汝昌宁死不屈,先是命各舰冒死突围,失败后又命沉舰以免资敌,但除定远管带刘步蟾炸沉军舰、然后自杀外,其他将领拒绝执行命令。2月11日,丁汝昌为保持民族气节,毅然自杀殉国。与丁汝昌同时自杀殉国的,还有护军统领张文宣、代理管带杨用霖等人。2月12日,北洋余部投递美国人浩威起草的投降书,向日本交出所剩全部舰艇和军械弹药,北洋海军全军覆没。2月17日,日本舰队开进威海卫军港,历时近一个月的威海卫之战结束。

(5) 辽南诸战役

辽东半岛的战争,在日军进攻山东半岛期间,一直没有停止。1895年1至2月间,日军因为抽调兵员赴山东半岛作战,在辽东采取守势,清军三次以多于敌人三四倍的兵力争夺海城,均遭失败。因淮军屡败,清政府起用湘军,命湘军大将、两江总督刘坤一为钦差大臣,指挥山海关以外的战事,调集六万兵力,试图在辽东平原挽回败局。但是,由于将帅无能,湘淮混杂,不仅没有夺回海城,2月底山东战事结束后,得到补充的辽东日军,开始执行辽东平原扫荡作战方案,从岫岩、海城、盖平三路出击,清军望风败逃,日军于3月5日攻占牛庄,7日轻取营口,9日攻占并焚毁田庄台。至此,清军在辽南的战场全线瓦解。

日军在攻占辽南诸城之后,又于1895年3月25日攻占了澎湖列岛,清政府被迫请求停战议和,并于3月30日与日本签订了停战协定,中日甲午战争在中国内地结束。

中日甲午战争,历时八个多月,经历了成欢、平壤、鸭绿江防、金旅、辽南等陆战和丰岛、黄海、威海卫等海战,中国北洋海军、淮军、湘军是这次反侵略战争的主力,出现了一批英勇的将领和顽强的队伍。但是,清军在各大战役中,不论是以寡敌众、兵力相当,还是以众敌寡;不论是防守还是进攻;不论是海战还是陆战;不论是淮军还是湘军,最终均以失败告终。中国失败的根本原因,是清政府的腐朽无能和实行消极防御、避战求和的方针。此外,还由于中国整个近代化水平的低下。战争是力量的竞赛,包括"军力、经济力和政治组织力"等的竞赛①。在军力中,武器、制度和人是军队战斗力的重要要素,三者的地位虽有所不同,但都不可缺少,中国偏重于武器的更新,

---

① 毛泽东:《论持久战》,《毛泽东选集》第2卷,人民出版社1991年版,第447~450页。

偏重于军事技术,而忽视了制度和人的改变。在甲午战争中,双方的军力比较是中弱日强,中国之弱不仅在于武器,还在于官兵素质、指挥体系、后勤设施、战略战术等方面。至于经济力和政治组织力,当时的中国更是不如日本。由于双方军力和国情等因素的差异,导致中日甲午战争的结果是日本胜利,中国失败。

三、《马关条约》的签订与反割台斗争

1. 帝、后两党的战、和之争与马关条约的签订

清朝统治集团中的一些成员,各自从他们自己或集团的利益出发,分别依附于操纵朝廷实权的慈禧太后和名义上执政的光绪皇帝,形成后党和帝党两个派系。依附于慈禧太后的后党,以奕䜣、李鸿章为首,其骨干是一些掌握军政实权的文武官员;依附于光绪帝的帝党,则以翁同龢为首,其成员多是一些无军政实权的文职官员。以李鸿章为首的淮系依附于后党,同淮系形同水火的湘系便倾向于帝党。帝国主义列强也形成了支持后党的俄、德、法集团和支持帝党的英、美集团。在对待日本侵略的态度上,一般来说是帝党主战,后党主和。[1]

在中日开战之前,李鸿章等人认为中国实力不如日本,于是消极备战,积极主和,在军事上采取消极防御,在外交上寄希望于列强调停。翁同龢、李鸿藻、文廷式等人则主张积极备战、依靠自己的力量打败侵略者,但他们有轻敌思想,认为中国剿倭奴,足操胜算。

1894年8月1日清政府宣战后,和战之争表现在是消极抗战、积极求和,还是积极抗战、争取胜利。10月上旬,平壤、黄海之战的消息传出后,帝后两党争论的中心还是战与和的问题。11月大连、旅顺失守后,主和派四处活动,妥协求降之风更烈。早在11月18日日军开始进攻旅顺时,清政府就决定于12月13日派天津海关税务司、德国人德璀琳赴日试探求和,遭日拒绝;12月20日又改派侍郎张荫桓、巡抚邵友濂赴日议和。主战派坚决反对遣使求和,"当时慈禧的主和,甚为清议所不满"[2]。在慈禧的淫威下,主战活动遭到失败,张、邵二人于1895年1月30日到达日本广岛,日本以清

---

[1] 参见苑书义等:《中国近代史新编》中册,第318～328页。
[2] 王芸生:《六十年来中国和日本》第2卷,生活·读书·新知三联书店1980年版,第192～194页。

方代表"全权不足"为由,拒绝谈判,张、邵乃于2月12日回国。在威海卫失陷、辽东半岛不断战败的形势下,清政府内部求和之风越刮越烈,后党决心向日本妥协求和;原来主战的帝党,也因湘军在关外的不断失利,或不敢言战,或束手无策,认为"战和皆无所恃"①。于是在慈禧太后的主持下,清政府决定派出全权代表进行和谈。日本也由于国际关系的变化和国内兵力、财源的困难,决定停止进攻关内,同清政府进行谈判。清政府于2月26日决定派李鸿章为"头等全权大臣"去日本谈判,但在割地问题上,帝、后两党仍然争执不下,后党同意割地,以求得早日"了局",帝党则主张宁可多赔款,也要"办到不割地"②,当时舆论界反对割地的呼声也很高,但清政府根据慈禧太后的意旨,于2月28日正式授予李鸿章以割地求和之全权。

1895年3月13日,李鸿章带其子李经芳和马建忠、伍廷芳以及美国顾问科士达等赴日议和。3月20日,李鸿章同日本首相伊藤博文、外务大臣陆奥宗光及美国顾问端迪臣,在马关春帆楼开始谈判。4月1日,日方代表首次公布议和条件,拿出和约底稿,提出高于其实际要求很多的条件,对李鸿章进行讹诈,继而摆出所谓"尽头条款",只准李鸿章说"允、不允两句话而已"。李鸿章虽然在某些问题上同日本代表进行过争辩,但基本上是同意割地赔款的,在4月15日得到清廷的允许后,乃于17日与日本签订了《马关条约》。③

2.《马关条约》的内容及危害

1895年4月17日签订的《马关条约》,主要内容有五项:第一,确认"朝鲜为完全无缺之独立自主",实际上是要清政府承认日本控制朝鲜。第二,中国割让辽东半岛、台湾全岛及所有附属各岛屿、澎湖列岛给日本。第三,赔偿日本军费两亿两白银。第四,增开沙市、重庆、苏州、杭州为通商口岸。第五,允许日本臣民在通商口岸"从事各项工艺制造",产品运销中国内地,只交所定进口税,并准许在内地设栈寄存。

《马关条约》是自《南京条约》以来最为严重的丧权辱国条约,并反映了帝国主义瓜分世界、输出资本等新的侵略特点,其危害是极其严重的。首

---

① 《翁文恭公日记》(光绪二十一年正月十六日),中国史学会主编:《中日战争》(四),第535页。

② 《翁文恭公日记》(光绪二十一年正月十六日),中国史学会主编:《中日战争》(四),第538页。

③ 以上参见杨东梁:《略论甲午战争中的主战与主和》,《清史研究》1994年第4期。

先,从割地来说,它是继沙俄侵略中国大片领土之后、又一次对中国领土的大掠夺,而且由割占边疆未开发之地到割占台湾一个省乃至满洲贵族的根本重地辽东半岛,严重地破坏了中国领土的完整。其次,从赔款来说,《马关条约》的巨额赔款,超过清政府全年国库收入的2倍,清政府为了偿付巨额赔款,不得不向列强大借外债,其结果既使清政府进一步在政治上、财政上受到列强的控制,又使中国人民的负担大大加重。这次巨额赔款相当于日本政府当时四年以上的财政收入,从而大大刺激了日本向外扩张的贪欲,日本利用中国的巨大赔款,增加资本积累,大力发展资本主义,同时,增加军费,扩充军备,走上顽固的军国主义道路,并成为帝国主义列强中用武力侵略中国的急先锋。再次,从投资设厂来说,允许日本在华投资设厂,列强援引"利益均沾"的特权,纷纷在华投资,建立工矿企业,修筑铁路,直接对中国进行掠夺,严重地阻碍了中国民族经济的发展。此外,这一条约还大大助长了帝国主义列强侵略中国的野心,促使他们竞相在中国投资设厂和划分势力范围,掀起瓜分中国的狂潮。总之,《马关条约》使中国半殖民地化的程度大大加深,使中国的民族危机空前严重起来。

3. 海峡两岸的反割台斗争

《马关条约》签订的消息传出后,国内舆论哗然,"四万万人齐下泪,天涯何处是神州"。康有为联合18省在京举人1300多人上书都察院,要求拒签割地赔款的《马关条约》,主张迁都再战,变法图强。全国各地许多爱国知识分子还利用诗歌、散文、小说、漫画等多种形式,号召人民起来反对割让台湾。清政府内部的主战派,力陈《马关条约》割地赔款的危害,要求废约、再战,光绪帝哀叹:"台割则天下人心皆去,朕何以为天下主"①,并一度"意欲废约"②。但主和派则主张从速批准《马关条约》,在主和派和美国的压力下,光绪帝被迫于5月2日批准《马关条约》,5月8日,清政府派伍廷芳前往烟台与日本换约,《马关条约》正式生效。

当《马关条约》签订、割台消息传到台湾后,台湾人民更是"若夜午暴闻轰雷,惊骇无人色,奔走相告,聚哭于市中,夜以继日,哭声达于四野"③。他

---

① 《翁文恭公日记》(光绪二十一年三月二十九日),中国史学会主编:《中日战争》(四),第550页。
② 易顺鼎:《盾墨拾余》,中国史学会主编:《中日战争》(一),第126页。
③ 江山渊:《徐骧传》,戚其章主编:《中日战争》(十二),中华书局1996年版,第467页。

们相继鸣锣罢市,集会抗议割台,宣告饷银不准运走,制造局不准停工,台湾税收全部留作抗日之用。许多人纷纷变卖家产,集资募勇,自发组织抗日武装。各阶层人民联名发表《台民布告》,发誓"愿人人战死而失台,决不愿拱手而让台"①,从而掀起了英勇顽强的反割台斗争。

反对割让台湾的斗争,首先是由爱国士绅领导的。苗栗进士丘逢甲主张台湾人民要"人自为战,家自为守",他"训练乡团、义兵以备变,倾家财以为兵饷"②,准备抗击日本侵略者。丘逢甲和彰化道员林朝栋等台湾士绅把希望寄托在台湾巡抚唐景崧等人身上,于1895年5月25日在台北正式成立了"台湾民主国",推举唐景崧为总统,黑旗军首领刘永福为大将军。"台湾民主国"是在清政府决心弃台的情况下为了保卫祖国神圣领土而采取的应急措施和爱国行动,它不仅表示仍"恭奉正朔,遥作屏藩,气脉相通,无异中土"③,而且取国号"永清",表明"改省为国,民为自主,仍替清朝"。"为大清之臣,守大清之地,分内事也,万死不辞"④。爱国士绅领导的反割台斗争,既激发了全台爱国人士的抗日热情,并使台湾各地义军有了较大的发展。日本侵略者为逼迫台湾人民归顺,派北白川能久和桦山纪资率近卫师团和一支海军进驻台湾,5月29日从澳底登陆,次日占领三貂岭,旋即进逼基隆。6月2日,李经方代表清政府在基隆口外日本军舰上将割台清单交给日本首任台湾总督桦山纪资。6月3日,日军攻陷基隆,唐景崧等官员潜回大陆,6月7日,日军不战而入台北。丘逢甲率义勇与日军主力发生激烈战斗,全军丧尽,丘逢甲亦败退而走,撤回大陆,爱国绅士领导的反割台斗争宣告结束。

台湾军民的反割台斗争虽然暂时失败了,但它在中华民族抗击外国侵略者的历史上写下了可歌可泣的一页。它表现了中国人民尤其是台湾军民崇高的民族气节和不怕牺牲、视死如归的大无畏精神;它沉重地打击了日本侵略者,使日军伤、亡、病者达三万二千多人,包括侵略头目北白川能久亲王和山根信成少将,其伤亡人数占侵台日军七万人的一半,比日军在整个甲午战争中伤亡的人数(台湾地区除外)还多出近一倍,使侵略者付出了巨大的

---

① 蔡尔康等编:《中东战纪本末》,中国史学会主编:《中日战争》(一),第203页。
② 江山渊:《丘逢甲传》,中国史学会主编:《中日战争》(一),第398~400页。
③ 唐景崧:《通告》,中国史学会主编:《中日战争》(一),第202页。
④ 刘永福:《盟约》,中国史学会主编:《中日战争》(六),第451页。

代价;它鼓舞着台湾人民继续进行英勇不屈的反抗斗争,在日本统治下的50年间,台湾人民的反抗斗争始终没有停止过。

4. 列强的反应和三国干涉还辽

《马关条约》签订后,列强都有很强烈的反映。俄国为了对付英国,还不愿意得罪日本,于是提出列强联合起来以外交方式对日本进行劝告的建议;英国为了拉拢日本、抵制俄国,拒绝了俄国关于列强联合劝告日本的建议;法国为了加强与俄国的同盟关系,采取了同俄国一致的政策;德国为了在中国取得一个海军基地,则积极地鼓动俄国对日本强行干涉。最后,由于俄、德、法三国的利益趋于一致,便决定联合起来强迫日本将辽东半岛归还给中国。俄国是干涉还辽的主角,1895年4月17日《马关条约》签字的当天,即向德、法两国提出联合干涉的建议。4月23日,俄、德、法三国驻日公使坚决要求日本放弃对辽东半岛的占领,并以海军武力相威胁。4月27日,英、美也表示"概不干涉"或"局外中立"。在这种形势下,日本政府被迫于5月5日表示愿意放弃辽东半岛。经过几个月的反复交涉,最终于11月8日,由李鸿章与日本代表林董正式签订《交还奉天省南边地方条约》,其中规定,日本交还辽东半岛,清政府付给日本白银三千万两作为赎辽费。

四、资本输出与瓜分狂潮

1. 列强的资本输出与中国利权丧失

帝国主义的主要特征之一是"资本输出有了特别重要的意义"[①]。甲午战争和马关条约的签订,为帝国主义列强对华输出资本敞开了大门。之后,各帝国主义国家竞相向中国大量输出资本,通过输出资本而夺取中国的各项利权,这是甲午战争后列强对华进行经济侵略的新特点。

政治贷款是列强对华输出资本的主要方式之一,也是列强加强掠夺和控制中国的重要手段。甲午战争后,各国为了取得更多的经济、政治特权,争先恐后地提出贷款给中国。清政府为了支付巨额赔款,又急需举借外债,于是就有许多借款合同的签订,其中较大的有:1895年7月签订的《俄法洋款合同》,中国向俄法借款4亿法郎(折合白银9800余万两);1896年3月签订的《英德洋款合同》,中国向英德借款1600万英镑(折银约9700余万两);

---

① 列宁:《帝国主义是资本主义的最高阶段》第2卷,人民出版社1972年版,第808页。

1898年3月1日签订的《续借英德洋款合同》，中国又向英德借款1600万英镑(约合1亿两白银)。这三笔大借款，总计白银约3亿两，不仅数额大、利息高(年息4或5厘)、期限长(36或45年)、回扣重(94或83折扣)，能够榨取最高利润，而且带有奴役性的政治经济条件。通过借款，列强长期控制了中国海关和部分厘金、盐税，在财政上扼住了中国的咽喉，并进一步巩固和扩大了它们在华的势力范围。

争夺铁路投资和修筑权是列强对华输出资本的另一重要方式，也是列强巩固和扩大自己在华势力的有力工具。甲午战争后，列强在华争夺铁路投资和修筑权的竞争，异常激烈。1896年3月，俄国用强制手段通过签订不平等的《中俄密约》，取得了中东铁路的建造和经营权，其他国家多是采取贷款的形式，争夺卢汉、津镇、粤汉等几条铁路。美、英、法、德、俄都竭力争夺卢汉铁路，1897年7月27日，比利时在俄、法支持下与清政府签订了《卢汉铁路借款合同》，取得了从北京卢沟桥至汉口的铁路投资、修筑和经营权。英、德争夺津镇路，后达成妥协，并于1899年5月强迫清政府签订《津镇铁路借款合同》，规定山东南境以北由德国修建，山东南境以南由英国修建。美国于1898年4月胁迫清政府签订了《粤汉铁路借款合同》，争得了从汉口至广州的铁路的借款、承筑和控制权；1899年2月美、英达成协议，美国允许英国投资粤汉铁路，英国允许美国投资广九铁路。列强贷款给中国修筑铁路，从资本输出本身就可获得丰厚利润，特别是修筑一条铁路，就可以控制铁路沿线地区的大片土地和资源以及行政、军警、司法和开矿办厂等特权，铁路所经地区也就成为各自的势力范围。

开矿设厂是列强对华输出资本的又一重要方式。甲午战争后，列强除了取得上述在所筑铁路沿线的开矿权外，美国首先和华商"合办"门头沟煤矿。1895年至1899年，列强迫使清政府签订了一系列"矿务"合同，以攫取在中国投资开矿的特权，美、英、俄、法、德等国分别各自取得了一些省份内的矿产开采权。甲午战争后，外国在华投资设厂合法化，设厂数量猛增，其中纱厂居多。外资工厂，资金雄厚，又享有各种特权，在竞争中占有优势，它利用中国的廉价劳动力和原料，获取高额利润，严重阻碍了中国民族工业的发展。

此外，列强还在华投资设立银行，如英国的汇丰、有利银行，法国的东方汇理银行，德国的德华银行，俄国的华俄道胜银行，日本的横滨、正金银行，美国的花旗银行，比利时的华比银行等等。这些银行都有组建早、金融实力雄厚等优势。它不仅控制了中国的金融命脉，而且通过贷款、投资、发行货币等手段控制中国的经济命脉。随着资本输华的不断扩大，列强对华商品输出继续增长，中国的入超越来越严重。中国的出口货物几乎全是农产品和原料，进口货物中，又以日用工业品居多，很少有发展工矿企业生产用的机器设备。帝国主义扩大对华贸易，是在掠夺中国，而不是让中国经济走上现代化的道路。

甲午战争后，帝国主义列强的资本大量输入中国，虽然在客观上有刺激中国资本主义发展的一面，但却使中国的利权大量丧失。列强通过资本输华，不仅控制和操纵了中国的财政金融和经济命脉，也破坏了中国的独立主权，中国由资本主义的商品市场变成了帝国主义的资本输出市场，中国的半殖民地化进一步加深了。

2. 列强划分势力范围和中国的瓜分危机

帝国主义的另一个重要特点是"列强分割"，"各个国家在从领土上分割世界、争夺殖民地"。① 甲午战争后，帝国主义列强迅速掀起了瓜分中国的狂潮，其最突出的表现是强租海港和划分势力范围，这是一种带有明显的领土占有欲的瓜分活动。

在瓜分中国的狂潮中，俄国政府是"最先伸出魔掌的"②。在19世纪的最后十年中，俄国资本主义虽有长足的发展，但其发展水平仍然远远地落在英、美等国的后面，"资本帝国主义较薄弱，而军事封建帝国主义是比较强大的"③，因而它缺乏足够的经济力量与其他主要帝国主义国家进行竞争，而更多地要靠采取使用武力威胁、进一步扩大领土、掠夺异族的办法来弥补自身的不足。1895年冬，俄国以"还辽有功"为借口，迫使清政府给予俄舰到胶州湾"过冬"的特权。1896年诱使李鸿章于6月3日签订了《中俄密约》，夺得了在中国境内修筑中东铁路的权利。1898年3月27日迫使清政府签订了中俄《旅大租地条约》，5月7日又签订《续订旅大租地条约》，7月还签订《东三省铁路公司续订合同》，这些条约规定，俄国租借旅顺口、大连湾及附近水面25年，租期内由俄国管辖；租地以北划出一"中立区"（几乎包括整

---

① 列宁：《帝国主义是资本主义的最高阶段》，《列宁选集》第2卷，人民出版社1972年版，第796页。
② 列宁：《中国的战争》，《列宁选集》第1卷，第214页。
③ 列宁：《第二国际的破产》，《列宁选集》第2卷，第635页注。

个辽东半岛),中国军队非经俄国同意不准进入,且不得让与他国;允许俄国从中东铁路干线修筑一条支线——南满铁路(从哈尔滨至旅大)。这样,使俄国的势力范围扩展到整个东北地区。

德国在1897年11月14日,以山东巨野教案中两个德籍传教士被杀为借口,派军舰强占了胶州湾,1898年3月6日订立《胶澳租借条约》,规定德国租借胶州湾99年,租地归德国管辖;在离胶澳海岸周围一百华里地区内,中国虽然保有"自主之权",但德军可自由通行;允许德国在山东境内修筑南北两条从胶州湾通达济南的铁路,铁路沿线30华里以内允许德国人开矿;清政府如需借助外国在山东境内开办工程时,应优先考虑德国商人。据此,山东成了德国独占的势力范围。

法国也以干涉还辽有功向清政府索取回报。1898年4月法国迫使清政府以照会的形式,承诺不将云南、广西、广东三省割让或租借给他国,并将广州湾租借给法国,1899年11月16日正式签订《广州湾租借条约》,规定法国租借广州湾及其附近水面99年,租界之内全归法国管辖;法国取得修筑从广州湾赤坎至安铺的铁路及敷设电线权。这样,法国就把两广和云南看做自己的势力范围。

英国在对华侵略中一直处于优势地位。甲午战争后,英国力图保持和加强自己在长江流域的优势,于1898年2月逼迫清政府宣布不将长江沿岸各省租让他国;1898年6月9日,英国以南拒法国为借口,强迫清政府签订《展拓香港界址专条》,规定英国租借九龙半岛(包括大鹏湾和深圳湾)及其附近的水面和岛屿99年;7月1日,英国又以北拒沙俄为由,签订中英《订租威海卫专条》,英国租借威海卫及附近的水面(包括刘公岛、威海湾沿岸十英里的陆地)25年。从此,英国不仅保持了它在长江流域的势力范围,而且在华南、华北有了据点,可继续与法、俄展开争夺。

日本趁列强瓜分中国之机,于1898年4月强迫清政府答应不将台湾对岸的福建省割让或租借给其他国家,使福建成了日本的势力范围。

帝国主义列强在中国划分势力范围、掀起瓜分狂潮,是与他们的资本输华紧密结合在一起的,如修筑铁路,既是资本输华,又是在中国划分势力范围。他们在资本输华、划分势力范围、掀起瓜分狂潮的过程中,既互相争夺,又互相勾结,最后总是以牺牲中国的主权来换取他们之间的妥协,这也充分反映了中国当时所处的屈辱地位。

3. 美国的门户开放政策

当帝国主义列强在中国掀起瓜分狂潮的时候,美国正在同西班牙争夺古巴和菲律宾,一时无力顾及中国。1898年12月美西战争结束时,美国虽夺取了菲律宾和关岛,在西太平洋建立了侵略远东、特别是侵略中国的基地,但列强在中国的势力范围已基本上划分完毕,美国要想从中划出一块来已经比较困难。然而,当时的美国,工业生产已大大超过英国,跃居世界第一位,它不仅不会放弃对中国利权的争夺,而且比其他国家具有更大的野心。1899年9月至11月,美国国务卿海约翰分别向英、俄、德、日、意、法等国提出了关于中国"门户开放"政策的照会。这一照会,强调各国在中国的势力范围和租借地内,不得对他国的通商口岸和任何既得利益加以干涉;各国对运往自己势力范围内各口岸的他国货物,一律由中国政府按现行税率征税;各国在自己势力范围内征收他国的港口税和货物的铁路运费,应一律平等。这样,表面上似乎遵守中国的现行税率,实际上它承认了各国在中国已经划定的势力范围和既得利益;同时保证了中国市场包括各国势力范围对美国的自由开放,使美国可以自由地进入各国势力范围和其他一切地区,并凭借自己的经济实力逐步实现它独霸中国的险恶目的。

对于美国的"门户开放政策",列强的态度基本一致,意大利首先赞成,德、法、日、英表示同意,俄国则有所保留,勉强地予以承认。1900年3月,美国宣布它的"门户开放政策"已为各国所接受。这样,就使中国由被瓜分的局面,变成国际帝国主义共同管理的"公开市场"。

总之,在甲午战争后的几年之内,中国进一步陷入了半殖民地的深渊,出现了空前严重的民族危机。与此同时,也出现了空前的民族觉醒,"救亡"遂成为中国历史前进的主旋律,如何救亡?以农民为主体的人民群众提出了"灭洋"的口号,甲午战争后这一口号在许多地区普遍出现,终于汇聚成反帝爱国的义和团运动,失败后又由"扶清灭洋"改为"扫清灭洋";以康有为为代表的资产阶级维新派,在1895年4月《马关条约》签订后即发起了著名的"公车上书",首先发出了变法图存的呐喊,先后掀起了维新救国、立宪救国的高潮;以孙中山为代表的资产阶级革命派,在甲午战争爆发四个月后就明确提出了"振兴中华"的爱国口号,在《马关条约》签订六个月后,又发动了反清的广州起义,走上了革命救国的道路;还有许多爱国的志士仁人,在甲午战争后分别走上了西学救国、教育救国、科学救国、实业救国的道路,诚如梁启超所说:"吾国四千年大梦之唤醒,实自甲午战败……以后始也。"①

本 章 小 结

　　自1840年鸦片战争以后,中国开始沦为半殖民地半封建社会。在之后的20年中,又进行了第二次鸦片战争,英法联军于1860年攻入首都北京,引起国人震惊。19世纪60年代以后,由于清政府镇压了太平天国运动,与列强的关系也处于相对稳定时期,清政府中一部分中央和地方官吏开展了洋务运动,开始了军事、经济、教育等近代化事业,国家实力有所增强;又由于世界资本主义由自由竞争向垄断阶段过渡,分割和重新分割世界领土的斗争日益尖锐,非洲、澳洲和亚洲一些地区先后变成了它们的殖民地,剩下的远东地区尤其是中国及其周围的邻邦,便成为他们争夺的重要场所,因而从19世纪60年代起,中国就出现了边疆危机,到70年代,边疆危机普遍发生,1874年日本侵略东南的台湾,1875年和1888年英国先后入侵西南的云南和西藏,1865年阿古柏入侵西北的新疆,沙俄乘机于1871年占领伊犁地区。1884年发生的中法战争,是边疆危机的进一步发展,战争的结果,使法国达到了他占领越南、打开中国西南门户的罪恶目的。1894年爆发的中日甲午战争,既是日本军国主义发展的结果,也是帝国主义列强争霸世界的结果。边疆危机和中法战争以及中日甲午战争,使中国半殖民地化的程度大大加深,尤其是中日甲午战争,无论对中国还是日本以及远东政治格局与世界历史都产生了极其重大和深远的影响。

　　从中国方面说,甲午战争的影响是双重的。一方面它大大加速了中国半殖民地化的历史进程,致使中国的民族危机空前严重;另一方面也给中国人民敲起了警钟,促使中华民族空前觉醒,从而使救亡与启蒙紧密地结合在一起,大大加速了中国民族民主革命的进程,从这方面说,甲午战争在中国近代史上也有着重要的历史地位。

　　从日本方面说,甲午战争对日本的影响也是巨大而又深远的。日本从中国勒索巨额赔款,既使它的工商业得到迅猛的发展,又刺激了它对外扩张的贪欲,此后不断增加军费,扩充军备,为发动新的战争作准备,加速了其军

---

① 梁启超:《戊戌政变记》,《饮冰室合集》专集之1,上海中华书局1936年版,第1页。

国主义的进程,也为它的最后失败埋下了伏因。

甲午战争还对远东国际政治格局产生了很大的影响,它加剧了列强在远东的争夺。甲午战前,远东国际形势的基本特点是英、俄的对立与争霸,英国保持优势地位,局势相对稳定。甲午战争打破了这种平衡局面,列强在远东的争夺更加激烈,俄国把它的势力伸入到中国的东三省,在与英国争夺远东的斗争中处于有利的地位,并进一步加深了它与日本的矛盾;英国为了维护它在远东的既得利益,抵制沙俄势力的南下,极力怂恿和支持日本对俄国发动战争;除了英、俄继续争夺外,德国、美国在甲午战争后也开始参与远东的角逐,成为侵略中国的重要角色;在中、朝两国进一步向下沉沦的同时,日本的国际地位直线上升,取代中国成为东亚的领袖,并参与列强在远东的争夺,成为列强中用武力侵略中国的急先锋。这样,远东的局势更加动荡不安。①

学 术 综 述

这一时期的对外关系史、战争史及其相关事件和人物,争论的问题较多,大到中法战争失败的原因,小到丰岛海战爆发的时间,都有不同的说法,其中最主要的有以下几个方面。

第一,关于海防与塞防之争的性质。范文澜等人认为是派系之争,杨东梁等人则认为是卖国与爱国之争。

第二,关于清政府在中法战争中的态度。熊志勇等人认为是妥协求和,庾裕良等人认为是积极抵抗,马洪林等人认为是前期主战、后期妥协求和。

第三,关于中法战争的结局。传统的看法是"法国不胜而胜,吾国不败而败"论,新的看法则是中国没有太大的失败或没有失败论。

第四,关于帝后党争的性质。范文澜等人主张权力之争说,孔祥吉等人主张爱国与卖国、抵抗与投降之争说,吴廷桢等人主张爱国与卖国之争为主、也含权力之争说,夏冬等人认为帝、后两党不存在和、战之争。

第五,关于台湾民主国的性质。连横等人认为是分裂行为或独立国家,江琼等人认为是资产阶级民主共和国,戚其章等人认为是自立、自主或应急

---

① 参见胡绳武:《甲午战争的历史地位》,《清史研究》1994年第4期。

措施。①

第六，关于刘永福的评价。一是关于刘永福在中法战争中的评价。有人认为刘永福是阶级斗争中的变节分子,民族斗争中的勇士;卢特等人认为,他是爱国者,不是民族英雄;肖世荣等人认为,他是反帝斗争中的民族英雄。二是关于刘永福在甲午战争后期反割台斗争中向日军提出议和的问题。范文澜等人认为是投降的表现;施宣圆等人认为不是投降,是议和。三是关于刘永福在反割台斗争后期离台内渡的问题。贾逸君等人认为是临阵脱逃;吴树扬等人认为是迫不得已而内渡;戚其章等人认为内渡是一次重大失误。②

第七，关于李鸿章的评价。一是否定论、卖国贼论。长期以来,对李鸿章在中法、中日战争中的表现持全盘否定态度,称其避战求和、妥协投降,是彻头彻尾的卖国贼。二是臧否参半论。80年代以来,对李鸿章的评价发生了变化,从经济方面看,对他有肯定有否定,但基本上是倾向于肯定,认为他创办的近代工业,具有积极或进步的历史作用,但又认为他放的中国近代化的第一炮,没有放响;从军事方面看,对他的评价是臧否参半,他创建北洋海军,构筑海防工事,应该肯定,但他避战求和、指挥失当,又是最严重的误国大过;从外交方面看,对他也是有肯定有否定,但基本上是倾向于否定,或说主和误国,或说是卖国贼,也有的说他并非一贯主和,主和本身并非一无是处。③

参 考 书 目

1. 王芸生编:《六十年来中国和日本》(共8卷,前3卷),生活·读书·新知三联书店1982年版。
2. 戚其章编:《甲午战争史》,上海人民出版社2005年版。
3. 孙克复、关捷编:《甲午中日海战史》,黑龙江人民出版社1981年版。
4. 戴逸、杨东梁、华立著:《甲午战争与东亚政治》,中国社会科学出版

---

① 以上五题均参见《中国近代史争鸣录》(历史事件篇),江苏教育出版社1987年版,第287～289、290～293、311～316、318～320页。
② 参见苏双碧主编:《建国以来中国近代史若干问题讨论举要》,齐鲁书社1985年版,第181～184、216～220页。
③ 参见戚其章:《中日甲午战争史研究的世纪回顾》,《历史研究》2000年第1期。

社1994年版。

5. [美]马汉著,萧伟中、梅然译:《海权论》(1660～1911),中国言实出版社1997年版。

思 考 题

1. 试述海防与塞防之争和左宗棠收复新疆。
2. 试述中法战争的经过、结局和影响。
3. 试述清政府对待中法战争的态度。
4. 试述中日甲午战争的经过和失败原因。
5. 试述《马关条约》的内容和特点。
6. 试析甲午战争后列强在中国掀起瓜分狂潮的形势和特点。
7. 试析甲午海战中北洋舰队的战略战术。
8. 试析中日甲午战争的影响。

第五章 民族运动的递进

第一节 戊戌维新运动

一、甲午战争后清政府挽救危机的举措

甲午战争的失败,给清朝统治者以极大的刺激,迫使他们不得不有所振作。光绪二十一年(公元1895年)闰五月,光绪帝发布谕旨,提出要在这"国事艰难"之时,"上下一心,图自强而弭祸患"①。统治集团中一部分封疆大吏也纷纷上奏,主张练兵、发展实业、兴办学堂。在这种情况下,清政府为了转危为安,进行了一些改革。

1. 练兵。甲午战争的失败,在很多人看来,是由于军事的落后,这种落后除了武器之外,更表现在军事制度方面,因此要学习西方兵制,改用洋操训练新军。1894年,清政府派广西按察使胡燏棻在天津小站招募编练定武军10营,全部用西法编练,甚为可观。第二年,胡奉派督造津卢铁路,这项训练新式军队的工作由袁世凯接任。袁世凯接任后,将定武军扩编到7000余人,改名为"新建陆军"。编制上对西法实行变通,以步、炮、马、工程各兵种合为一军,步队为主,炮队为辅,马队巡护,工程队供杂役。每兵种中以营为基本单位,下分队、哨、棚。聘请德国军官为教习,采用西法操练,武器全部购自国外。

与此同时,署两江总督张之洞在南京从卫队护军中选拔士兵,聘请德国教官进行操练,取名"自强军"。1895年成军时有步、马、炮各队共十三营,

---

① 朱寿朋:《光绪朝东华录》,中华书局1958年版,第3631页。

士兵 2860 人。①

在建立新军的同时,光绪二十一年六月,清廷下令"挑留绿营精壮三成,其余老弱一概裁撤"②。清政府的目的是通过裁减旧军队,用节省的军饷编练新军。但由于裁减绿营需要大量军费,所以各省多以财政困难为借口要求减裁、缓裁。在朝廷的一再催促下,多数省只裁了二成或三成。

2. 发展工商。1895 年 7 月,清廷颁发上谕,要求各省办理制造船械,"应从速变计,招商承办","一切仿照西例,商总其事,官为保护"。11 月又颁布上谕:"铁路为通商惠工要务,朝廷定议必欲举行。"③光绪二十二年(1896)又准御史陈其璋所奏,"凡各省产矿之处,准由本地人民自行呈请开采"④。1897 年,清政府表示要"提挈工商",由总理衙门颁布了《振兴工艺给奖章程》,规定对于发明新学新器者,给予实官、虚衔、专售等各种奖励。在朝廷振兴工商政策导引下,甲午战争后各省官办机器厂局和官办、官商合办民用企业,民间私人资本都有所发展。

甲午战争后,清朝统治集团中很多人反省失败原因,认为是铁路运输落后,导致运兵迟缓,因而决心把铁路作为"自强之本"来筹设。1898 年,清廷在京师成立矿务铁路总局,派王文韶、张荫桓专理其事,并规划修筑卢汉、津卢等铁路,任命了铁路督办大臣。但 19 世纪末,各帝国主义国家在中国划分势力范围,争相进行铁路投资,致使一些重要铁路干线权益落入外人之手。

民间私人资本企业也有发展。据统计,1895 年到 1898 年,新设立的民间私人资本企业 62 家,总资本额 1246.5 万元。民间私人资本企业仍然主要分布在轻工业中,但值得注意的是,纺织工业中,1895 年之前只有官督商办和官办企业,而 1895 年至 1899 年新办的 10 家纺织企业中,除湖北纺纱局外,其余 9 家都是私人资本。其中比较重要的有 1896 年严信厚在浙江宁波创办的通久源纱厂,1897 年国子监祭酒陆润庠创办的苏州苏纶纱厂,长芦盐运使杨宗濂等在无锡创办的业勤纱厂,四品京堂庞元济在杭州创办的通益公纱厂,1899 年张謇在南通创办的大生纱厂等。⑤ 新开办的 11 家煤矿

---

① 罗尔纲:《晚清兵制》第三卷,中华书局 1997 年版,第 152 页。
② 朱寿朋:《光绪朝东华录》,第 3633 页。
③ 朱寿朋:《光绪朝东华录》,第 3637、3638 页。
④ 《德宗实录》卷 385,中华书局 1987 年版,第 11 页。
⑤ 汪敬虞:《中国近代工业史资料》第 2 辑下册,科学出版社 1957 年版,第 892 页。

中,也有5家是商办的,其中最大的是广东北海煤矿,拥有资本83.9万元。①

1896年2月,清政府通饬各省于省会设立商务局,"由各商公举一般实稳练素有声望之绅商,派充局董,驻局办事。将该省物产行情,综其损益,逐细讲求"②。并要求在各府州县水陆通衢之处设立通商公所。此后,署两江总督张之洞在苏州、镇江、通海设商务局,委派绅员,设法振兴商务;与此同时,山西巡抚胡聘之也创办商务局,调派绅员主持。

3. 教育改革。这一时期的教育改革主要是在两方面进行的,一是设立学堂。如天津中西学堂(1895)、江南储才学堂(1895)、成都中西学堂(1896)、畿辅学堂(1897)、江西务实学堂(1897)、陕西中学堂(1898)等。二是书院改制。如光绪二十四年(1898)湖广总督张之洞将两湖、经心两书院照学堂办法改定章程;有的地方则在旧书院基础上酌增西学课程,或添设算学馆,增设算学格致等课。

与此同时,1896年,清政府派出了第一批到日本留学的官费留学生13人,此后,各省也陆续派遣留学生赴日,到1898年,赴日的留学生已达61人。

清政府采取的这些措施,虽然取得了一些成效,但难以使清政府真正摆脱危机。从内部来看,由于甲午战败后巨额的战争赔款,清政府已陷入空前的财政危机之中。为了筹集费用,清政府令各地督抚整顿关税、厘金、盐课,核扣京官及外省文武大小官员的"养廉银",加抽土药厘税,还于1898年发行"昭信股票"③。但这些措施收效不大。财政困难制约了各项改革措施的推行。从外部看,19世纪末,帝国主义在中国纷纷强占租借地,划分势力范围,中国重要的铁路修筑权和矿山开采权纷纷落入外人之手,局部的改革已难以为国家和民族的命运提供转机了。

二、维新运动的兴起

19世纪末,帝国主义列强疯狂地加紧对中国的侵略。他们强占租借

---

① 汪敬虞:《中国近代工业史资料》第2辑下册,第870页。
② 朱寿朋:《光绪朝东华录》,中华书局1958年版,第3723页。
③ 当时准备发行10000万两,年利5厘,20年内归还。但实际只发行了1000多万两。

地,划分势力范围,掀起瓜分中国的狂潮,促使中国民族危机空前严重。为了救亡图存,以康有为为首的维新派登上政治舞台,推动了维新变法运动的兴起。

1. 康有为及其变法理论

维新变法运动的主要领导者是康有为。康有为(1858～1927)名祖诒,字广厦,号长素,广东南海人。少时接受封建正统教育,但并不专攻八股,经史子集无不涉猎。曾到广州附近西樵山白云洞面壁苦读一年,读佛、道之书,也读经世之书,如《天下郡国利病书》、《皇朝经世文编》,但寻不到救国之路,常常彻夜不眠,被视为"怪人"、"狂人"。22岁时读到《西国近事汇编》、《环游地球新录》等西书,又"薄游香港","览西人宫室之瓌丽,道路之整法,巡捕之严密,乃始知西人治国有法度","乃复阅《海国图志》、《瀛寰志略》,购地球图,渐收西学之书,为讲西学之基"。25岁时,路经上海,购置西书。26岁时已"大攻西学书","专精问学,新识深思,妙悟精理,俛读仰思,日新大进",①进而产生学习西方变法的思想。

康有为

1888年,康有为到北京参加顺天乡试。当时正是中法战争之后不久,西方列强步步进逼,中国边疆警报频传。康有为痛感在这严重的民族危机面前必须改变现状才能图强,于是决心直接上书,向皇帝吁请变法。在《上清帝第一书》中,他历陈外患日逼,中国面临危局,要抵抗外敌,就要"内修政事",讲求"变法之宜"。他还提出了"变成法、通下情、慎左右"②三点建议。此次上书因"大臣阻格,不为上达",没有送到光绪手中。但上书在一些具有维新思想的士子中传诵,使康有为声名鹊起。

1891年,康有为在广州长兴里设立

---

① 康有为:《康南海自编年谱》,中国近代史资料丛刊:《戊戌变法》(四),上海人民出版社、上海书店2000年版,第116页。

② 康有为:《上清帝第一书》,中国近代史资料丛刊:《戊戌变法》(二),第127页。

学堂,称长兴舍,开始聚徒讲学。康有为办学的宗旨,是培养维新人才,所以招收学生以能否接受他的维新思想为条件。陈千秋、梁启超等人成为他最早的学生。康有为讲学内容广泛,既有孔学、佛学、诸子学、宋明学、辞章文学,也有哲学、史学、政治学、群学,还有数学、地理、格致学。讲学中,康有为每论一学,论一事,常常上下古今,旁征博引,并参以欧美各国事例,加以比较证明。学生除听课外,以自学为主。康有为给他们开列读书单,每个同学备一功课簿,写读书心得,每半个月交给老师批答一次。正是这种教学方法,使学生们养成了以天下为己任、勤学好问的良好风气,学生人数也日渐增多。1896年,学校移到广州府学宫,康有为正式起名"万木草堂"。

这一时期,康有为一边在万木草堂讲学,一边在弟子的帮助下进行变法理论体系著述,先后完成了《新学伪经考》及《孔子改制考》等书。

《新学伪经考》初刊于1891年。从表面上看,这是一部辨古文经学之伪的书。西汉末,王莽代汉,复古改制,建国号"新朝"。"新"指新莽的新。所谓"伪经"指古文经。康在此书中,通过大量的考订,力图证实东汉以来的古文经学,多是由王莽的国师刘歆伪造的,"凡斥世所指目为'汉学'者,皆贾(逵)、马(融)、许(慎)、郑(玄)之学,乃新学,非汉学也,即宋人所尊述之经,乃多伪经,非孔子之经也"。这些伪经重在"记事",非"明义",湮灭了孔子托古改制的微言大义。康说自己"不量绵薄,摧廓伪说,犁庭扫穴",目的在于"起亡经、翼圣制"。康有为的断言虽然在学术上不无武断之处,却有鲜明的政治意义和现实意义。他把长期被统治者视为天经地义的圣经之法宣布为非法,动摇和打击了封建守旧派"恪守祖训"的观念,引导人们对"卫道"和"圣经"产生怀疑,产生了极大影响。

《孔子改制考》完成于1898年。该书认为,孔子以前的历史都是孔子为了"救世改制"的目的而假托的宣传品,是茫无可考的。书中指出,孔子为了改变当时的社会现状,按照自己的政治观点,假托古人的言论而制定了六经,尧舜文王是孔子改制所寄托的古圣先王,历史究竟有无已不可知,经典中记载的尧舜的盛德大业,只是寄托了孔子的理想。康有为把孔子打扮成"托古改制"的英雄,是为自己的变法主张服务的。因为"布衣改制,事大骇人,故不如与之先王,既不惊人,亦可避祸"。康有为不仅主张孔子托古改制,而且认为周末诸子都是假托古代帝王的言论来阐述自己的政治主张的。

康有为托古改制的理论核心是公羊三世说。公羊派解释春秋分为三世,所见世、所闻世、所传闻世。康对此加以发挥,说中国的发展可分为三个阶段：据乱世、升平世、太平世。他认为，据乱世是礼崩乐坏、天下大乱的时代，升平世是行君主仁政的时代，而太平世则是大同之时，通过变法，就可以渐进大同之世。很显然，这种三世说是一种进化的历史观，它说明中国社会一直在发展过程中，今后还将继续发展，从而说明变法的必要性。《孔子改制考》的意义就在于它用孔子托古改制的类比，阐述了变法的合理性。

康有为的这些理论是惊世骇俗的。梁启超说，《新学伪经考》犹如思想界的大飓风，《孔子改制考》是"火山大喷火也"、"大地震也"①。前者否定了两千年来的传统经典，后者则树起了"圣人改制"的形象，从而有力地冲击了顽固势力，为维新变法运动奠定了理论基础。

从1885年起，康有为还开始构思《人类公理》。在这部书中，他期望建立一个"平等公同"的社会。在此书基础上，康有为于1901年至1902年写了《大同书》，表达了他建立"大同"社会的理想。1913年《不忍》杂志刊载了一部分，1935年正式出版。

2. 公车上书与维新运动的展开

1895年春天，康有为到北京参加会试。当时正值清政府与日本签订丧权辱国的《马关条约》。消息传来，群情激奋，舆论沸腾。在京会试的举人纷纷以省为单位到都察院上书请愿。康有为悲愤之极，带领梁启超、麦孟华等弟子"日夕奔走"，于5月1日召集了18省举人在松筠庵举行集会，康有为怀着满腔悲愤奋笔疾书，起草了一份一万八千余言的上皇帝书，这就是著名的"公车上书"。在上书中，康有为痛切指出，割地赔款将会失去民心，"民心先离，将有土崩瓦解之患"。为了挽救危局，康有为提出，作为"权宜应敌之谋"，皇帝应下罪己诏，严厉处罚那些丧权辱国的大臣，以鼓天下之气；还应迁都西安，加紧练兵，以备再战。康有为指出，上述几条只是"权宜应敌之谋"，而作为"立国自强之策"，就是要"变法成天下之治"。为此他提出"富国"（建筑铁路，制造机器，保护发展民营工业，发展矿务，设邮政局等）、"养民"（设立农学会，推广农林技术；设立考工院，翻译外国制造之书；设立商会、商学）、"教民"（建立学堂，设报馆）的各项措施，还提出要以府县为单位，每十万户公举一"议郎"，供皇帝咨询。凡内外兴革大政，以及筹饷等事，均

---

① 梁启超：《清代学术概论》，《饮冰室合集》专集之三十四，中华书局1989年版，第57页。

在太和门召开会议,三占从二,以做到"上下通情"。① 在公车上书上签字的有一千三百多人。但当上书递到都察院时,都察院以《马关条约》已经批准为由,拒绝接受。上书虽然没有送到皇帝手中,但在大家手中传抄,人们"亦渐知天下大局之事,各省蒙昧启辟,实起点于斯"②,产生了广泛的社会影响。"公车上书"成为维新运动的起点。

"公车上书"不久,榜发,康有为中进士,授工部主事,但他没有就职。这年5月,他又写了上清帝第三书,要求皇帝及时变法,富国养民,"求人才而慎左右,通下情而图自强,以雪国耻而保疆宇"③。光绪帝看到了这次上书,立刻下令誊抄,分送慈禧太后、军机处和各省督抚。6月,康有为又上第四书,进一步补充变法内容,提出"设议院以通下情",并要光绪帝下诏求言,开门集议,皇帝随时向轮班侍值之顾问咨询,顾问一取于翰林,一举于荐举;还要广陈图书,设报达聪,目的是有情必通,有才必用。④ 但这次上书也未能上达皇帝。

为了扩大维新变法的影响,康有为积极组织学会,发行报刊。1895年8月,《万国公报》在北京创刊,后改为《中外纪闻》,以梁启超、汪大燮为主笔,鼓吹维新思想,介绍各国政治、经济和思想文化。每期印一千份,随专门刊载诏书、奏章的"邸报"分送在京官员阅读。后增至三千份,逐渐引起一部分官僚士大夫的注意。1895年11月,在康有为、梁启超的倡导下,由翰林院侍读学士文廷式出面组织北京强学会,推户部郎中陈炽为提调,梁启超为书记员。强学会每十天集会一次,每次都有人演讲"中国自强之学"。参加人员中,还有袁世凯、徐世昌等,支持者中有张之洞、刘坤一等地方总督,翁同龢、孙家鼐、李鸿藻等中央官僚,还有外国人李佳白、李提摩太等,成分复杂。梁启超说:"盖强学会之性质,实兼学校和政党而一之焉。"⑤其中坚人物是维新派与帝党。帝党要求摆脱慈禧的政治控制,倾向于改革现状,因此维新派援帝党以自重,帝党也拉改良派以自用。为了扩大势力,又把一些与李鸿章有矛盾的官僚拉了进来,其内部矛盾复杂,也引起后党不满。1896年1

---

① 康有为:《上清帝第二书》,中国近代史资料丛刊:《戊戌变法》(二),第152~153页。
② 梁启超:《戊戌政变记》,《饮冰室合集》专集之一,第114页。
③ 康有为:《上清帝第三书》,中国近代史资料丛刊:《戊戌变法》(二),第166页。
④ 康有为:《上清帝第四书》,中国近代史资料丛刊:《戊戌变法》(二),第176页。
⑤ 梁启超:《莅北京大学欢迎会演说词》,《饮冰室合集》文集之二十九,第38页。

月,御史杨崇伊上奏攻击强学会结党营私,慈禧太后借机下令查禁了《中外纪闻》和强学会。

康有为在北京强学会成立后,于1895年10月南下,11月在上海成立了上海强学会,创办《强学报》。北京强学会封禁后,上海强学会也即解散,《强学报》也于第三号终刊。

强学会虽遭封禁,但当时"风气渐开,已有不可抑压之势"。1896年8月,上海《时务报》创刊,汪康年为经理,梁启超为主笔。此报以"变法图存"为宗旨,梁启超在上面发表了《变法通议》等政论文章,阐明变法的必要性,产生了很大影响。

梁启超(1873～1929年),字卓如,号任公,又号饮冰室主人,广东新会人。少时被称为"神童",8岁能作八股,9岁写出洋洋千字的好文章,11岁中秀才,1889年中举人。翌年入京会试未中,归途中经上海接触到西学,回广州拜康有为为师,入万木草堂,协助康有为撰写《新学伪经考》、《孔子改制考》。1895年赴京会试,参与发动"公车上书",主办《中外纪闻》。1895年8月,强学会成立,任书记员。1896年8月,在上海任《时务报》主笔。

梁启超的文字流畅、犀利、充满感情,在爱国知识分子和一部分官僚中产生了强烈反响。《时务报》发行数迅速增至一万多份,"上自通都大邑,下至僻壤穷陬,无不知有新会梁氏者"①。

湖南省是维新派最活跃的省份。湖南巡抚陈宝箴、按察使黄遵宪、督学江标都有一定的政治改良倾向,再加上谭嗣同、唐才常等维新派的积极活动,维新运动迅速开展。1897年9月建立长沙时务学堂,以熊希龄为提调,梁启超担任总教习之一,宣扬康有为的改制学说。1898年2月,谭嗣同、唐才常在湖南巡抚陈宝箴支持下成立南学会。南学会成立后,湖南各州县纷纷设立学会,著名的有11个之多,此外还发行了《湘学报》(旬刊)、《湘报》(日报)。湖南最为激进的维新派代表人物是谭嗣同。

谭嗣同(1865～1898),字复生,号壮飞,湖南浏阳人,出身官僚地主家庭,1884年到新疆,为新疆巡抚刘锦棠幕僚,以后游历了许多省份,对社会有比较深切的了解。谭嗣同青年时,受王夫之、黄宗羲等思想影响。甲午战争后,受民族危机的刺激,痛感不能"守文因旧"、"苟且图存",因而决心摒弃一切,倡导变法。1895年,康有为在京成立强学会,谭嗣同听到消息立即赶

---

① 胡思敬:《梁启超》,中国近代史资料丛刊:《戊戌变法》(四),第47页。

到北京,以自己为康有为的"私淑弟子"自命,1897年回到湖南与唐才常办时务学堂,创南学会,出版《湘报》、《湘学新报》,鼓吹变法。《仁学》为他的主要政治著作。

《仁学》完成于1897年。在此书中,谭嗣同猛烈抨击封建专制主义政治制度,指出"二千年来之政,秦政也,皆大盗也",并把秦以来的君主斥为"独夫民贼"、"窃国大盗"。把秦以后历代封建政治说成是暴政,是强盗政治,实际上是对二千年的君主专制制度作了全盘否定。他联系中国近代历史,指出封建专制主义的政治制度是中国贫穷落后的根本原因,因而进一步指出"废君统,倡民主,变不平等为平等",他甚至还引用法国大革命时资产阶级激进派的话说:"誓杀尽天下君主,使流血满地球,以泄万民之恨。"[①]

谭嗣同的文字,词锋锐利,思想深刻。梁启超就说:"仁学""其思想为吾人所不能达,其言论为吾人所不敢言"。谭嗣同的思想对辛亥革命准备时期民主革命思潮的兴起有一定的启迪作用。邹容的《革命军》就抄了《仁学》中攻击君主专制的词句,还题诗在谭嗣同的遗像上,自勉要做谭的"后来者";陈天华在《猛回头》中称谭嗣同为"轰轰烈烈为国流血的大豪杰"。

在天津,1895年,严复在天津《直报》上发表一组政论文章:《论世变之亟》、《原强》、《救亡决论》、《辟韩》等,并于1897年创办《国闻报》。

严复(1854~1921),字又陵,号几道,福建侯官人,出身乡村中医之家。1867年入福州船政学堂(1867~1871),毕业后在船上实习,1877年到英国留学,学习海军,阅读大量西方自然科学与社会科学著作。1879年回国,任福州船政学堂教员,1880年被李鸿章调任天津北洋水师学堂总教习,1889年任会办,次年升总办。

留学英国期间,严复曾广泛接触到西方资产阶级自然科学和社会科学学说。回国后,目睹国家民族的危机严重,他积极鼓吹变法自强,并用西方社会科学学说来批判封建专制制度。1895年,严复开始翻译《天演论》。《天演论》原名《进化与伦理》,是英国生物学家赫胥黎的著作,主要介绍达尔文关于生物界"物竞天择,适者生存"的进化论思想。严复翻译此书的主观政治意图,就是通过宣扬其中的"物竞天择、适者生存"的进化论思想,发挥自己要求变法自强的政治观点。呼吁只有顺应"天演"的规律,厉行变法,才能由弱变强,获得生存,否则就有被淘汰和亡国灭种的危险。正如他在《〈天

[①] 谭嗣同:《仁学》,《谭嗣同全集》(增订本),中华书局1981年版,第299、337页。

演论〉自序》中说:此书"于自强保种之事,反复三致意焉"①。这也正适应了中国社会救亡图存的需要,因而向中国人民敲响了民族危亡的警钟。

《天演论》带来了建立在近代自然科学基础上的达尔文进化论的传播,使其迅速成为维新运动的思想武器。梁启超是最早读《天演论》译稿的人,《天演论》还没正式出版,他就根据其做文章进行宣传了。"及达尔文出,然后知物竞天择,优胜劣败,非图自强,则决不足以自立"。西方思想的介绍和进化论的传播,在维新理论方面,突破了康有为单从古代圣人那里寻找理论根据的狭隘性,给了人们以新的科学方法论。

此外,还有《知新报》,1897年2月在澳门出版,康广仁为总理,在其上撰述文章的,多为康门弟子。据不完全统计,1895年至1898年间,维新派创办的报刊有39种②,推动了维新变法思潮的发展。

维新运动的发展,引起了封建顽固派的恐慌,他们极力诋毁维新派和维新思想。在湖南,岳麓书院山长王先谦和士绅叶德辉等向巡抚陈宝箴递交了一份《湘绅公呈》,攻击梁启超等人"自命西学通人,实皆康门谬种",攻击谭嗣同、唐才常等人"为之乘风扬波,肆其簧鼓",时务学堂学生"争相趋附,语言悖乱",这样下去,将"不复知忠孝节义为何事",③要陈宝箴对时务学堂严加整顿,但被陈拒绝。南学会成立后,开展讲演,进行答问,吸引了许多士绅。顽固派对此也切齿痛恨,他们撰写文章,攻击南学会"逞其邪说,放厥淫词"④,并罗列"首创邪说,背叛圣教"的罪名,把邵阳分会会长樊锥驱除出境,又迫使在南学会演讲最多的皮锡瑞离湘赴赣。

维新运动开始时,湖广总督张之洞曾一度采取支持态度,他捐5000元赞助强学会,还拨款1500两办上海强学会。《时务报》发行后,张之洞即饬令湖北全省文武大小各衙门按期寄送一本。但是,随着维新运动发展,张之洞很快就与维新派分道扬镳。原因就在他认为维新派持论过激,以致触及官僚士夫所视之为"本"的那些东西。在这种情况下,张之洞写下《劝学篇》,目的就是要"辟邪说"、"正人心"。

《劝学篇》所要"辟"的"邪说",就是维新派所鼓吹的"民权"。张之洞说:

---

① 严复:《〈天演论〉自序》,《严复集》第5册,第1321页。
② 吴雁南等主编:《中国近代社会思潮》第1卷,湖南教育出版社1998年版,第229页。
③ 《湘绅公呈》,《翼教丛编》卷5,上海书店2002年版。
④ 王猷焌:《上王院长书》,《翼教丛编》卷6。

"使民权之说一倡,愚民自喜,乱民必作,纪纲不行,大乱四起",是万万不能行的。要"正人心",就要贯彻"中学为体,西学为用"的宗旨。何谓中学?张之洞说:"'四书'、'五经'、中国史事、政书、地图为旧学",中学也即孔门之学。何谓西学?张之洞说:"西政、西艺、西史为新学。""学校地理、度支赋税、武备律例、劝工惠商,西政也;算绘、矿医、声光、化电,西艺也。"关于中学与西学关系,张之洞强调:"讲西学必先通中学,乃不忘其祖也","中学为内学,西学为外学;中学治身心,西学应世事,不必尽索之于经文,而必无悖于经义"。①

"中学为体"实际包含着封建专制政体及其赖以维系的意识形态具有不可改变之义。当中国社会的改革需要推进一步的时候,这一思想具有保守落后的一面。但由于《劝学篇》从理论上系统地对"中体西用"思想作了阐述,因而得到清廷最高统治者的首肯。当时光绪帝就发布谕旨,将《劝学篇》刊印 40 部,"由军机处颁发各省督、抚、学政各一部,俾得广为刊布,实力劝导,以重名教"②。使《劝学篇》得以"挟朝廷之力以行之,不胫而遍于海内"。

三、维新运动的高涨与百日维新

1.《应诏统筹全局折》

1897 年 11 月,德国出兵强占胶州湾。康有为得知"中夜屑涕,仰天痛哭",并于 12 月赶到北京,第五次上书光绪皇帝。上书敏锐地指出,德据胶澳,列强必将群起效尤,"瓜分豆剖,渐露机牙",如不及时变法,革旧图新,那么"皇上与诸臣,虽欲苟安旦夕,歌舞湖山,而不可得矣;且恐皇上与诸臣,求为长安布衣而不可得矣"。为此,他提出上中下三策供皇帝选择。上策是"采法俄日以定国是",即学习俄国彼得大帝和日本明治维新实行变法;中策是"大集群才而谋变政",发动六部九卿诸臣谋议变法;下策是"听任疆臣各自变法",即通饬各省实行变法。③ 他还要求皇帝"明定国是,与海内更始,自兹国事付国会议行"。这次上书递到工部,工部尚书淞桂不肯代呈,未能送达皇上。但在京师广为传抄,津、沪的报纸也予以刊登,影响很大。

---

① 冯天瑜、肖川点注:《劝学篇·劝学篇书后》,湖北人民出版社 1991 年版,第 94、209 页。
② 冯天瑜、肖川点注:《劝学篇·劝学篇书后》,第 18 页。
③ 康有为:《上清帝第五书》,中国近代史资料丛刊:《戊戌变法》(二),第 189~197 页。

这时,都察院给事中高燮曾上奏请光绪皇帝召见康有为,委以重任。当天光绪令交总理衙门"酌核办理",但奕䜣等以"本朝成例,非四品以上官不得召见"为由,加以阻拦。光绪帝不得已,只好命总理衙门大臣传康有为"问话"。1898年1月24日,李鸿章、翁同龢、荣禄、廖寿恒(刑部尚书)、张荫桓(户部左侍郎)五大臣在总理衙门召见康有为。荣禄首先以"祖宗成法为何要改"的问题向康有为发难。康有为义正词严地反驳:"祖宗之法,以治祖宗之地也,今祖宗之地不能守,何有于祖宗之法乎?"①他一一批驳了大臣们的责难,反复阐明了变法的必要性。这次会见进行了三个小时。次日早朝,翁同龢向光绪帝汇报了问话的情况,并加举荐。光绪听后十分赞赏,令康有为条陈所见,不得阻拦。

康有为奉旨上书条陈所见,因而大受鼓舞,他奋笔疾书,又写了《应诏统筹全局折》(即《上清帝第六书》),于1898年1月29日呈总理衙门代奏。在上书中,康有为分析了形势,说明中国已面临瓜分危局,已到"不能不变之势",如再不知变革,则"恐自尔之后,皇上与诸臣,虽欲苟安旦夕,而不可得"。他指出变法的必要:"变法而强守旧而亡","能变则全,不变则亡,全变则强,小变仍亡"。他建议光绪帝效法日本,推行新政,并提出当务之急应做三件事:"一曰大誓群臣以革旧维新,而采天下舆论,取万国之良法;二曰开制度局于宫中,征天下通才二十人为参与,将一切政事制度重新商定;三曰设待诏所,许天下人上书。"②鉴于变法所受到的阻力太大,康有为在这次上书中没有直接提开议院问题,而是主张开制度局推行新政改革,在其下分设法律、税计、学校、农、工、商、铁路、邮政、矿务、游会、陆军、海军12局。在地方,每道设一民政局,每县设民政分局,具体督办新政工作。《应诏统筹全局折》实际提出了维新变法的施政纲领。光绪皇帝看后十分满意,置御案时加披览,变法的决心更加坚定。不久,康进呈《日本变政考》、《俄大彼得变政记》,并上了第七书。

康有为"既上书求变法于上,复思开会振士气于下"③。遂结合各省人士纷纷组织学会。1898年1月,他联络广东旅京人士在京成立粤学会。随后,关学会、闽学会、蜀学会等相继在京成立。4月,正是各省举人到京会试

---

① 康有为:《康南海自编年谱》,中国近代史资料丛刊:《戊戌变法》(四),第140页。
② 《杰士上书汇录》卷1,故宫博物院藏内务府抄本。
③ 汤志钧:《戊戌变法史》,人民出版社1984年版,第317页。

的机会,康有为利用这个机会,和御史李盛铎共同发起组织保国会。17 日召开第一次会议,康有为在会上演讲,呼吁在这瓜分危机严重之时,"人人有亡天下之责,人人有救天下之权"。他撰《保国会章程》,宣称该会宗旨是"保国家之政权土地","保人民种类之自立","保圣(孔)教之不失",即"保国、保种、保教"。① 章程还规定在北京、上海设总会,在各省、府、县设分会。此后,各省旅京同乡相继成立了保浙会、保川会、保滇会等。康有为和维新派的变法活动进一步推动了维新运动的高涨,促进了百日维新的到来。

2. 百日维新及其失败

《马关条约》签订后,面临国家危亡的局面,光绪皇帝"不欲为亡国之主",深知"非变法不足以图存",不足以"固结人心",因而产生了变法的思想。当时的光绪,虽然自 1889 年起开始亲政,但是慈禧太后并不愿意放权。在她归政时,就拟定了一个《归政条目》,规定光绪皇帝披阅奏折及其作出的重要决定,都必须当天让慈禧太后知道。在用人等重大问题上,皇帝还必须事前请示皇太后方能执行。根据这些规定,即使光绪亲政,慈禧仍能牢牢控制政权。随着光绪的成熟,他日益对自己的这种无权地位感到不满,与慈禧的关系逐渐紧张。这样,在皇帝与太后周围隐约形成了"帝党"与"后党"两个圈子。"帝党"主要有帝师翁同龢、珍、瑾二妃的堂兄礼部右侍郎志锐,翰林院侍读学士文廷式等;而"后党"则大多为掌握实权的满族亲贵、军机大臣等。光绪皇帝决心变法,也有摆脱以慈禧为首的后党的束缚的目的。

随着维新运动的高涨,清廷内部帝、后两党的斗争也日趋激烈。1898 年 5 月,反对变法的军机大臣恭亲王奕訢病死,减少了变法的阻力。康有为认为时机难得,便上书翁同龢,促其提请光绪帝立即变法。还于 6 月 1 日和 6 日分别代杨深秀和徐致靖拟奏折,请光绪特降谕旨明定国事。光绪帝决定利用不断高涨的维新运动来推行新政。1898 年 6 月 11 日,光绪帝颁布"明定国是"诏书,宣布变法。从这一天开始,到 9 月 21 日变法失败,历时 103 天,史称"百日维新"。在这期间,光绪帝颁布了一百多道上谕,推行新政。

政治方面,光绪多次下诏,提倡上书言事,给士民一定言论自由。还改定则例,裁撤冗官,裁撤闲散重叠的机构,澄清吏治,拔擢新进;准许"旗人"自谋生计。对康有为的制度局建议,光绪也是赞同的,要总理衙门另行妥议

---

① 康有为:《保国会章程》,《国闻报》光绪二十四年闰三月十七日。

具奏。总理衙门极力推延,迟迟不办,光绪"日日催之,继之以怒"。由于顽固派的阻挠,制度局最终没有成立。

经济方面,设农工商总局、矿务铁路总局、邮政分局,裁撤驿站;各省办商务局,劝导绅民,发展农政工艺,奖励创制新法者;提倡采用中西各法振兴农业;改革财政,编制国家预算。

文教方面,改革科举制度,废除八股取士制度,"自下科为始,乡会试及生童岁科各试,向用四书文者,一律改试策论"①。命各地开办中小学堂;成立译书局,翻译外国新书;选派留学生;创办京师大学堂;开办矿务、医学农业等专门学堂;鼓励士民办报,以"开阔见闻",使朝廷"明目达聪,勤求治理"。

军事方面,设厂制造军火,裁减绿营,力行保甲,精练海陆军,各省军队改练洋操,使用洋枪。

这些新政诏令,是要通过一系列除旧布新的措施,来改革封建专制制度,其结果,必然会有利于资本主义的发展,有利于西方科学文化的传播,也有利于维新派参与政权,符合当时历史发展的要求。尽管新政并未从根本上触动封建统治秩序,但仍遭到顽固守旧势力的抵制和反对。新政开始,当慈禧看到"明定国是"诏书时,并没有表示明确的反对意见,但第四天,她就拟了一个懿旨,免去翁同龢军机大臣等一切职务,勒令其回原籍。翁同龢是光绪的老师,对光绪有举足轻重的影响,罢黜翁同龢,也就等于砍去皇帝的一只臂膀。光绪接到懿旨,"惊魂万里,涕泪千行",但在慈禧的威逼下,不得不同意以皇帝名义下达。之后,慈禧又采取了一系列行动:6月23日,授她的嫡系荣禄为直隶总督兼北洋大臣,并加文渊阁大学士衔,统辖董福祥的甘军、聂士成的武毅军和袁世凯的新建陆军,控制了京津一带的兵权。重申授二品以上大臣新职,须到太后面前谢恩,用以控制黜陟大权。同时,慈禧太后还加强了对北京城内外和颐和园的警戒,密切监视光绪帝和维新派的活动。

帝党进行了一定的反击。光绪一方面颁布新政上谕,另一方面又任用改良派。6月16日,光绪召见康有为,"著在总理衙门章京上行走"。7月3日,赏梁启超六品衔,命办译书局事务。帝党宋伯鲁等奏请废八股,后党成员礼部尚书、总理大臣许应骙则多方阻挠,并回奏光绪攻击康有为"摇惑人

---

① 《德宗实录》,卷419,第5页。

心"。光绪上谕对许进行斥责,"该尚书嗣后遇事务当益加勉励……毋负委任"①。后来礼部主事王照上折请光绪游历日本及各国,并请设商部、教育部,礼部尚书怀塔布、许应骙不仅不肯代递,反而上折弹劾王照"居心叵测"。9月1日,光绪下谕以"广开言路",各部毋得"拘牵忌讳,稍有阻格"为由,将阻挠上书的怀塔布、许应骙等六大臣革职查办②,又任命了六个新的礼部堂官。9月5日,赏谭嗣同、杨锐、刘光第、林旭四人为四品卿衔,在军机章京上行走,参与新政。9月14日,光绪根据康有为的建议,准备开懋勤殿,设议政官,进一步重用维新派。其中任命新的礼部堂官和军机章京,都是在没有征求慈禧太后的情况下做出的,这不能不引起慈禧的仇恨。

14日,光绪把政务处理完毕后照例到颐和园请安。当他把开懋勤殿之事向慈禧汇报时,立即引起慈禧的警觉。懋勤殿设于宫中,直接对皇帝负责。光绪提出参加者为"通达英勇之人",其结果,必定会成为政治决策中心。这将是对自己权力的剥夺。她立即向光绪提出了警告:小心不要越出权位,若那样,他的皇位将"不能保"③。

慈禧的警告,使光绪万分惊恐。15日,他召见杨锐,授以密诏,要杨锐与林旭、谭嗣同、刘光第"妥速筹商"解救办法。康有为等看到密诏,相对痛哭,只能把希望寄托于袁世凯。他们认为袁曾加入过维新团体强学会,并在天津小站练兵,握有兵权,可以利用其来保驾皇帝。16日,光绪在颐和园召见了袁世凯。当天发下谕旨,命其以侍郎身份专办练兵事务,并随时具奏,也就是取得了直接给皇帝的上奏权。

17日,慈禧太后强令光绪下旨,令康有为迅速离开北京前往上海开办"官书局"。慈禧此举的目的,是割断光绪与维新派的联系。

18日,光绪离开颐和园回宫。同一天,御史杨崇伊上了一个奏折,提出请慈禧训政,并罗织康有为等维新派的罪名,密告光绪将在次日会见日本前首相伊藤博文。接到奏折,慈禧如获至宝,但看到光绪将会见伊藤博文的消息,又大为怀疑,认为光绪是"勾外国谋我"。于是当即决定次日回宫。

同一天,维新派也在紧张地进行挽救新政的活动。深夜,谭嗣同只身前往天津袁世凯寓所,劝说他拥护光绪皇帝,诛杀荣禄。袁当面信誓旦旦表示

---

① 朱寿朋:《光绪朝东华录》,第4101页。
② 《德宗实录》,卷424,第10页。
③ 茅海建:《戊戌变法史事考》,生活·读书·新知三联书店2005年版,第45页。

向皇帝效忠。

19日，慈禧回到西苑。当天，光绪移居瀛台。但据学者考证，此时光绪还未被囚禁，原因是光绪仍然可以处理政务，并在20日这天又一次召见了袁世凯，还定于中午11时召见伊藤博文。但是到9月21日，风云突然大变，慈禧宣布训政，下令捉拿康有为。袁世凯于20日接受光绪召见后回到天津，当夜即向荣禄告密。荣禄的密折于22日带到北京。袁世凯的告密加剧了政变的进一步发展，慈禧先是整肃了光绪身边的太监，并在瀛台软禁了光绪。①

政变前一天，康有为已离京赴沪，途中得知政变发生的消息后，在英国人的保护下逃往香港。梁启超则在日本人的帮助下化装出京，由天津逃往日本。有人劝谭嗣同逃往日本，谭表示："各国变法，无不从流血而成，今中国未闻有因变法而流血者，此国之所以不昌也。有之，请自嗣同始。"②9月25日被捕。28日，谭嗣同、杨锐、林旭、刘光第、康广仁、杨深秀六人被杀于北京菜市口，时人称之为"戊戌六君子"。谭嗣同临刑前吟出"有心杀贼，无力回天，死得其所，快哉快哉！"的绝命语，表现了为变法而死的英雄气概。其他维新派人士、参与新政及支持变法的官员，都被革职、囚禁或流放。新政措施除京师大学堂及各地新式学堂被保留下来外，其余都被取消。旧制重新恢复。戊戌维新运动宣告失败。

戊戌维新运动是在甲午战争以后严重的民族危机情况下发生的救亡图存的爱国运动。在运动中，维新派大力呼唤"兴民权"、"开议院"，批判封建专制制度，推行了一系列政治改革；他们极力提倡机器工业，发展资本主义经济，以改变中国贫穷落后的面貌；他们还通过学会、学堂、报刊，热情传播西学，宣传维新思想。维新运动是一次在政治、经济、文化各个领域全面推进的现代化运动。由于维新派力量的弱小和政治经验的不足，导致在推进变法的过程中操之过急，也由于以慈禧太后为首的反对变法的势力太过强大，变法失败了，但是它却打开了近代中国变革封建专制政治的大门。随着中国社会的进一步变化，新的社会力量开始了新的变革尝试，维新派力量也开始了新的分化组合。

---

① 茅海建：《戊戌变法史事考》，生活·读书·新知三联书店2005年版，第84～161页。

② 梁启超：《戊戌政变记》，《饮冰室合集》专集之一，第109页。

第二节 义和团运动

一、义和团的兴起

1. 迭起的教案

唐朝初年,西方基督教的一支就传入中国,称为"景教",但到唐武宗(公元841~846年在位)时下令禁止流传。16世纪中,伴随着西方殖民者东来,外国传教士相继来到中国。明万历年间,意大利传教士利玛窦来到中国,传播介绍西方科学文明。但传教士毕竟是伴随着西方殖民主义的脚步来到中国的,所以也带来一系列问题,包括礼仪问题。传教士禁止教徒遵守中国的政令礼俗,不准祀孔祭祖,还干涉中国内政,所以引起中国统治者的忧虑。1717年,康熙下令禁止西洋人在中国传教。雍正继位后,于1724年明颁谕旨,严申禁教。鸦片战争后,不平等条约给传教士的侵略活动提供了合法的依据,1844年签订的中美《望厦条约》规定美国可在五口建立教堂;中法《黄埔条约》规定传教士可在五口通商地活动。1846年2月,清政府在法国的逼迫下,解除了对天主教的禁令。1860年《北京条约》签订后,传教士的活动深入到中国内地,允许在内地租买田地建教堂。这样,到19世纪末,在中国的传教士有3200多人,建立了40个教区,60多个教会,入教人数80余万人。其中山东直隶等省,是天主教势力最集中、最猖獗的省区。山东有大小教堂1300余处,教士150多人,教民8万多,全省108个州县中,有72个州县有教会势力,天主教在直隶有大小教堂2290个。①

在来华的传教士中,虽然不无出于宗教职责来华传教者,但更多的则是以征服者、胜利者的身份来到中国的。一个传教士曾在鸦片战争后踌躇满志地说:"时候已经到了,我们已沉默到今天,现在是可以到中国城市的大街上,提高我们的嗓门大喊大叫的日子了。"②他们认为:"吾非除旧何由布新?将欲求吾道之兴,必先求彼教之毁。"③这样,洋教成为一种政治化的力量。他们在"圣洁"的面纱的遮掩下充当了侵略、奴役中国人民的急先锋。他们

---

① 苑书义等:《中国近代史新编》中册,人民出版社1986年版,第562、551页。
② 张力等:《中国教案史》,四川社会科学院出版社1987年版,第263页。
③ [英]宓克撰,严复译:《支那教案论》,南洋公学译书院铅印本,第28页。

搜集情报,充当间谍。德国传教士郭士力从1831年起就在中国沿海搜集情报;鸦片战争爆发后,他又充当了侵华英军司令的向导。传教士霸占民房地产,强夺百姓生计,天主堂一般拥有大量地产,被农民称为"地主堂"。他们还与地主恶霸勾结,包揽词讼,为害乡里,甚至把治外法权延伸到教民身上。山东德国传教士安治泰迫使清政府赏他二品顶戴,还要求山东各级地方官吏服从教堂的指令。这样,伴随着西方传教士的深入,从19世纪40年代开始,此起彼伏的反对外国教会的斗争开始兴起。

由于西方基督教与中国的传统文化和风俗习惯有很多不同的地方,而作为胜利者的传教士在传教的过程中,也常常无视中国的传统文化,所以激起一部分地方官员和士绅的不满,他们打出"卫道"的旗号,成为反对外国教会斗争的倡导者。如在湖南,从1862年开始,地方官绅就散发揭帖、告白,揭露洋教士的间谍活动,指斥教士教民不敬祖先。在许多群众眼中,西方教会与中国传统宗教根本不同。基督教进入中国,企图在中国"每一个山头和山谷中都设立光辉的十字架",为此常强迫中国人交出庙寺,以建教堂。1848年福州黄竹歧教案,起因于侵占村民茔地改建教堂,导致四方八乡民众起来保护祖宗坟地,引发教案。所以,这一时期的反对外国教会的斗争又常常带有一定的对传统文化的自卫和排他的色彩。

在反对外国教会的斗争中,影响比较大的是天津教案。

1870年春夏之交,天津发生幼童被拐事件,抓获的拐犯供认是天主教主指使。恰望海楼天主教育婴堂幼童因传染病死亡10多人,一时群情激奋,自动聚集到望海楼教堂前抗议。法国领事丰大业持枪面诘三口通商大臣崇厚,咆哮不逊,并开枪恫吓,之后又向天津知县刘杰开枪,击中随从高升。群众怒不可遏,当场打死丰大业及其随从,放火焚烧望海楼及法国领事馆和英国教堂,打死洋人、洋教士20余人。

事件发生后,法国联合英、美、俄、德、比、西六国提出"抗议",并将军舰开至天津、烟台。清政府派直隶总督曾国藩赴天津查办。后曾国藩又奏调李鸿章协同办理。在西方列强压力下,最终以处死16人,缓刑4人,流放天津地方官25人,赔款49万两白银结案,并派崇厚赴法道歉。

天津教案之后,反对外国教会的斗争进一步扩展到全国大部分省,次数也进一步频繁,有的还发展成规模比较大的暴动,提出了比较鲜明的口号。如1891年热河朝阳人民的斗争,以民间宗教为领导,提出了"杀贪官、毁教堂"的口号,影响达4个州县,参加群众数万人。1898年四川大足县余栋臣领导的反洋教起义,更是把反洋教与反侵略、反瓜分结合起来,其发表的檄文,鲜明地谴责了列强瓜分中国的罪行,提出了"顺清灭洋"、"除教安民"的口号,起义辗转30多个州县,捣毁教堂20余处。

反外国教会斗争的结局一般是悲惨的。由于清政府"袒教抑民",教案一般都以"道歉"、赔款、惩办地方官绅和民众了事。对群众大规模的起义,则进行镇压。但这些斗争汇集在一起,显示了中国人民反对外来侵略的强大力量。

2. 义和团在山东的兴起

"北方民俗刚强,好勇斗狠",夙有练拳习武的历史传统。早在乾隆年间的奏章中,就有"唯东省学习拳棒风气已久,故有义合拳、红拳等名目"的报告①。当时北方一带流传着义和拳、梅花拳、八卦拳、大刀会、神拳等民间武术结社,他们"练习刀棒借以自卫",或者宣扬练习气功可以"刀枪不入"。习拳者互有师承,以武艺高强者为首领。

北方又是以"反清复明"为宗旨的白莲教②及其支派流行的地区。白莲教以"解灾救劫"相号召,他们把各种天灾人祸都称作灾劫,声称教门有诸神护佑,可以免除劫难。因而对广大生活在水深火热之中的社会下层群众有很大的号召力。

在历史发展过程中,民间武术结社和秘密教门互相渗透,互相影响。白莲教出于反抗封建压迫和自卫的需要,也十分注意练拳习武,有的建立武术结社作为外围。与此同时,义和拳也吸收了秘密教门"降神附体"的活动方式,并与大刀会、神拳等其他武术结社互相融合。但这些民间武术结社和秘密教门都没有统一的组织,有事则通过发帖子的方式联络邻村联合行动,一直未能形成大规模的运动。

但甲午战争以后情况就不同了。甲午战争给山东、直隶以直接的冲击。战后帝国主义瓜分中国的狂潮最早就是从山东开始的。帝国主义在这里抢夺港湾,争夺铁路和矿山的投资与开采权,致使民族矛盾尖锐。1900年前,

---

① 苑书义等:《中国近代史新编》中册,第587页。
② 白莲教:秘密宗教组织,产生于宋代,教义崇尚光明。清代白莲教分成许多支派,如"八卦教"、"天理教"等。1796~1805年的川楚起义是白莲教发动的规模最大的一次起义,1813~1814年的天理教起义曾攻入皇宫。在他们的活动中有很多迷信仪式,如练功前要举行念咒语仪式,祈求神佛显灵练好功,可刀枪不入。19世纪末,开始参与到反洋教斗争中去。

西方列强已动工修筑、部分通车或已经通车的铁路,如德国修筑的胶济铁路、清政府借英款筑成的京奉铁路、借俄法财团修筑的卢保铁路,几乎都集中在山东直隶地区。铁路的修筑直接打击了南北大运河的运输业,沿岸城镇迅速衰落,大批船工、车夫、贩夫、店铺纷纷破产失业,断绝生计,社会矛盾空前尖锐。

战后洋纱洋布的倾销,严重打击了中国土纱、土布的生产,山东的手工纺织业"几乎全部停歇",成千上万的手工业者和小商贩破产失业。当时的北方,还连年遭受水旱灾荒。1892年至1898年,黄河几乎年年决口。1898年的黄河决口,山东受灾50州县,直隶受灾26州县,淹死26万多人,致使无数人无家可归;第二年,黄河流域六省又发生特大旱灾,农村"十户九流亡"。这些人祸和天灾纠合在一起,使广大下层民众处于无比的困苦之中。下层群众在没有新观念时往往是从现实感受出发的,他们痛感洋人是水旱灾害以及一切苦难的根源,因此把仇恨集中在洋货和洋人身上。当义和团兴起后,这些破产的农民、手工业者、失业的运输工人就成为其中的骨干力量。

在山东西北的冠县梨园屯一带,因1886年传教士欲强行拆毁村北玉皇庙,改建教堂,激起众怒,当地民众就在阎书勤的带领下展开反洋教斗争,相持9年之久。1895年,官府派兵强行拆毁玉皇庙,阎书勤请来梅花拳首领赵三多前来护庙。此后,赵三多在梨园屯摆会亮拳,并将其他拳种统称"义和拳",参加者不断增多。1898年,巡抚张汝梅迫于压力,再次派兵前来拆除,激起村民拳众的反抗。11月,赵三多、阎书勤以梨园屯十八村为骨干,率众在冠县蒋家庄起义,举起"助清灭洋"旗帜,迅速发展到10多个州县,由此揭开义和团斗争的序幕。

与此同时,在茌平、高唐、长清、平原等地,朱红灯、心诚和尚率领义和拳举起了"杀洋灭教"的旗帜,展开了反洋教斗争,队伍迅速壮大。1899年,在平原县杠子李庄,义和拳以大刀、长矛为武器,打败了前来镇压的清军。

1898年6月,山东巡抚张汝梅在多次下令禁止义和拳未果后,转而主张"化私会为公举,改拳勇为民团",即"将拳民列诸乡团之内,听其自卫身家,守望相助"[①],之后,继任巡抚毓贤于1899年初夏承认义和拳为民间团练,将义和拳改称"义和团"。这样,各种名目的秘密宗教和民间武术结社,

---

① 《义和团档案史料》上册,中华书局1959年版,第15页。

逐渐统一到"义和团"名下,打起了义和团的旗帜,发展成义和团运动。

义和团在山东的兴起,引起了帝国主义国家的恐慌,他们向清政府施加压力,要求撤换毓贤。毓贤得知后,派兵追捕义和团民,1899年底,将朱红灯、心诚和尚等义和团领导人逮捕,并在卸任前两天将两人杀害。清政府迫于帝国主义的压力,将毓贤撤职,改派袁世凯署理山东巡抚。袁世凯于1899年底到山东,随即发布《查禁义和拳匪告示》,宣布凡参加和同情义和团者,格杀勿论。他还派兵围剿义和团,使山东的义和团受到严重摧残,义和团活动的重心转向直隶。

二、义和团运动的发展

1. 义和团的组织与口号

自1898年山东冠县义和团打出"扶清灭洋"的旗帜后,"助清灭洋"、"兴清灭洋"一类的口号就伴随着义和团运动的发展而流传开来,其中"扶清灭洋"口号流传最广。

"扶清灭洋"口号的宗旨是"灭洋",反映了义和团将斗争锋芒直接指向帝国主义侵略者的鲜明倾向。义和团在"灭洋"的口号下,要杀尽、逐回那些侵入到中国的"洋人"。不可否认,"灭洋"带有强烈的反帝国主义侵略和要求民族自卫的精神。但是,义和团民众对帝国主义的认识还处于感性认识阶段,他们的"灭洋",不仅包括那些为非作歹的洋人,而且也包括信仰天主教的中国教徒,包括外来的技术、商品;这种"灭洋"也就带有一定的盲目排外的倾向。

义和团兴起后,一些官绅士人对义和团表示了一定程度的同情,统治集团中也出现一股主张"招抚"义和团的倾向,这是义和团打出"扶清"旗号的历史背景。但是,根据当时义和团的告白、揭帖来看,"扶清"实际包含了两种含义:一是指大清国,即中国,二是指清政府。在运动前期,更多的是扶助中国之意,如"扫平洋人,扶持中国,在此一举";"今上帝大怒,免去雨雪,降下八万神兵,教传义和神会,特借人力,扶保中华,逐去外洋";"吾等俱练义和神拳,保护中原,驱逐洋寇";在这里,"扶清"指的是中华、中原、中国。但是,"扶清"也有扶持清王朝的意义,特别是清王朝在上谕中公开把义和团称作"义民"之后,一些义和团竖起"奉旨义和神团"的旗帜,到官府挂号,前一种含义越来越淡薄。

"扶清"反映义和团对清政府、大清国、中国含义的认识是模糊的,几千年封建传统观念中,爱国与忠君是联系在一起的,他们无力冲破封建意识形态的束缚。

从义和团的斗争矛头和实践看,"扶清灭洋"口号曾广泛地争取了清朝爱国官绅、士大夫和清军将士的同情和支持,扩大了义和团的社会基础。它的提出,在统治集团内部引起混乱,有的主剿,有的主抚,使统治集团内部裂痕迅速扩大,"政出多门,剿抚两歧,茫无主见"①。统治集团内部"剿"、"抚"不定的矛盾在客观上是有利于义和团发展的。但另一方面,这一口号又有消极的一面,它模糊了义和团对清朝统治者的认识,对统治者失去警惕,以致被西太后利用。

史料记载,义和团"皆农家者流","皆肩挑负贩者流",②是以农民、手工业者为主体的。从年龄上看,以青少年为主,也有很多妇女参加。天津西部和城厢内外有红灯照,由青少年、妇女组成。有的地方还有中年妇女组成的蓝灯照,寡妇组成的黑灯照等。

义和团没有形成统一的组织。他们或以自然村为单位,或以街、巷为单位自立"坛口"或"拳厂",首领称大师兄、二师兄等,或称老师、团长、团首。各坛口人数不一,几十、几百人都有,大的甚至多达数千人。各坛都立有牌位,供奉的神灵五花八门,大都是《封神榜》、《三国演义》等小说或戏曲中有神威和能力的人物。他们宣扬加入义和团可以使"神威附体",达到"刀枪不入"的目的。临近几个村的"坛口"或"拳厂"常常联合起来组成"团",以八卦(即干、坤、震、巽、坎、离、艮、兑)中的某一卦作为团名,其中以干字团、坎字团人数最多。各团、坛的人数、活动范围都不固定。上述这些特点,说明义和团具有浓厚的迷信色彩和组织分散的落后性。

2. 清政府对义和团的政策

清政府为什么曾一度"扶持"义和团?这与戊戌政变后慈禧与帝国主义关系的变化有关。

戊戌政变后,后党把持政权,掌握实权者一是端王载漪,一为军机大臣荣禄,载漪掌管虎神营,荣禄则是西太后的姨侄,是西太后当政的参谋和支

---

① 佚名:《综论义和团》,《义和团史料》上册,中国社会科学出版社1982年版,第157页。

② 唐晏:《庚子西行记事》,中国近代史资料丛刊:《义和团》(二),上海人民出版社、上海书店2000年影印,第471页。

持者。慈禧虽然实现了训政，但年轻的光绪对她来说不能不是一个现实的威胁，因此开始谋求"废立"。政变发生后，慈禧令太医为光绪看病并向京中各衙门公布，还通报各国驻京使馆，力图造成光绪"病重"的假象，从而有理由将光绪废黜。

但令慈禧意想不到的是，当宣称光绪"重病"时，西方国家公使均表示质疑。在英国等国公使的干预下，总理衙门被迫同意法国公使馆医生多德福给光绪看病，诊断结果是"血脉皆治，无病也"①。这令慈禧十分不满。

1899年底，在荣禄、徐桐的参谋下，慈禧决定立嘉庆帝的曾孙、端王载漪之子溥儁为"大阿哥"（皇位继承人），以取代光绪。1900年1月24日，慈禧以光绪名义颁布上谕，正式宣布了这一决定（史称"己亥建储"）。总理衙门将建储的照会发给各国公使，公使们大多表示冷淡。为了求得支持，载漪"使人风各国公使入贺"，但遭拒绝和冷落。② 慈禧怨恨列强干涉了自己的"家事"，又闻外国军舰集结于北洋海面，只得将废弃光绪之事暂时搁置，但心中复仇之火却难以熄灭。

正当慈禧与列强关系趋于紧张之时，打着"扶清灭洋"旗号的义和团运动在山东迅速兴起。面对义和团运动，慈禧陷入"剿抚两难"的境地，她深深地知道，如不镇压义和团，则有可能会招致各国军事行动；而如果镇压义和团，义和团则会很快从"扶清"转为"反清"。所以她的态度是"抚绥弹压，消患未萌"，即消患于未萌，不致酿成事端，要求地方官遇有民教冲突，要"持平办理"，"化大为小"，"化有为无"。③ 态度模棱两可。

1899年底，在帝国主义的压力下，清政府改任袁世凯署理山东巡抚，对义和团实行镇压。但在"废立"问题上慈禧与帝国主义的矛盾尖锐起来，所以1900年1月，清政府发布上谕称义和团"与匪有别"，"守望相助"，"只问其为匪与否，肇衅与否，不论其会不会、教不教也"。④ 也就是承认义和团是"互保闾里"的合法团体。但袁世凯在山东并没有执行清廷的这一政策，而是残酷地镇压义和团，这样，义和团的活动重心转向直隶。

直隶南部的义和团活动是与山东同时兴起的，他们焚教堂、杀逐洋教

---

① 李希圣：《庚子国变记》，中国近代史资料丛刊：《义和团》（一），第11页。
② 李希圣：《庚子国变记》，中国近代史资料丛刊：《义和团》（一），第11页。
③ 《军机处寄署理山东巡抚袁世凯上谕》，《义和团档案史料》上册，第44页。
④ 《军机处寄署理山东巡抚袁世凯上谕》，《义和团档案史料》上册，第56页。

士,京畿东南各属各个村镇几乎都有义和团的活动,"而以天津所属之沧州、静海、盐山、庆云为尤甚"。① 1900年直隶总督裕禄带兵镇压义和团,义和团虽多次挫败清军,但实力大损,开始向北发展,并进入保定,进而又开始向北京、天津发展。到5月底,义和团已经"布满京内外",他们或二三十人一群,或四五十人一群,在庙宇空阁客店内设坛居住。在天津,也是神坛林立。

从1900年5月开始,帝国主义以保护使馆为名,开始策划武装干涉,要求派兵进入北京。5月31日,洋兵350余人开进北京,至6月2日增至400余名。清统治集团内部有的主"抚",如端郡王载漪、协办大学士吏部尚书刚毅等;有的主"剿",如总理衙门大臣吏部侍郎许景澄、兵部尚书徐用仪、太常寺卿袁昶、军机大臣荣禄等。两派意见尖锐对立,争吵激烈。慈禧一方面下旨令州县"劝导"义和团"妥速解散",另一方面又宣布对拳民教民"一视同仁"。② 这样自6月起,进入京津的义和团迅速增加。到6月下旬,北京全城有坛口一千左右,团民十万上下,天津义和团也有五万之众。这时,义和团也出现新的问题——成分复杂化。一些太监、旗人加入义和团,还有王公贵族、官僚自立"坛口"。慈禧为控制义和团,任命庄亲王载勋、协办大学士刚毅分别统率北京、天津义和团,强令进入北京的义和团"挂号"和"编入行伍",不少义和团到庄亲王府报到,在自己的团旗写上"奉旨"字样,从而给自己套上了一副沉重的枷锁。

三、八国联军侵华战争

1. 八国联军侵华与慈禧的宣战

义和团运动的迅猛发展,使帝国主义国家非常惊恐,他们开始策划武力干涉。4月,英、美、德、法四国公使联合照会清政府,狂妄要求清政府在两个月内剿除义和团,否则将派水陆各军进入山东、直隶"代为剿平"。5月21日,英、法、俄等国向清政府递交照会,还联名发出最后通牒,要求镇压义和团。28日,各国公使开会正式决定联合出兵干涉。接着400多名侵略军进入北京。这时,集结在天津大沽口外的各国军舰已达24艘,聚集在天津租界的军队达2000多人。6月10日,英、法、德、俄、美、日、意、奥八个国家的侵华军队2000余人组成联军,在英国海军中将西摩尔的率领下,乘火车由

---

① 罗惇曧:《庚子国变记》,上海书店1982年影印,第123页。
② 《军机处寄署理山东巡抚袁世凯上谕》,《义和团档案史料》上册,第116、118页。

天津向北京进犯。沿途受到义和团和清军董福祥部的阻拦和袭击,他们拆除路轨,搬走枕木,迫使侵略军走走停停。原本只要几个小时的路程,结果走了四天才走了一半。14日,义和团把侵略军围困在廊坊车站,使他们进退两难。18日,侵略军想撤到杨村,改从陆路进犯北京,又受到义和团和聂士成部的围攻。因"水陆俱穷",西摩尔只好决定撤回天津。

6月16日,由俄国海军德布朗将军领衔,联合舰队向大沽炮台守将罗荣光发出最后通牒,限17日凌晨两点将炮台交出,遭到罗荣光的拒绝。17日凌晨,联军向大沽口发起进攻,炮台官兵英勇抵抗,一直激战到凌晨7时,炮台失守。

面对八国联军的侵华,统治集团内"战"与"和"两种意见的对立和斗争空前尖锐起来。原来主张对义和团"剿"的一批官僚都反对开战。他们认为八国联军侵华的根子是义和团,只要镇压义和团,联军就会退兵,这种观点,得到光绪帝的支持。而主张对义和团"抚"的一些官僚则主战。在6月16日、17日、18日的御前会议上,两派发生了激烈的争执。6月17日,当大臣们在御前会议上仍然争吵不休时,荣禄代递了一份所谓洋人"照会",其中之一是勒令皇太后归政,这给她以极大刺激。实际这是江苏粮道罗嘉杰听说洋人要太后归政的风声后向荣禄密报的。"照会"没经外交途径,显然是假的,但慈禧一听要她"归政",就大发雷霆。载漪则在旁煽动,说事出有因。有人记载:"未曾见慈颜如此之怒容,康党之变,虽大发雷霆,尚不如此之甚也。""太后悲且愤,遂开战端",决心"借拳剿洋"。当时她在御前会议上慷慨激昂地说:"今日衅开自彼,国亡在目前,若竟拱手让之,我死无面目见列圣,等亡也,一战而亡,不犹愈乎?"①6月21日,慈禧向八国联军宣战。

"宣战"表现慈禧由于与列强矛盾的激化,急于想利用义和团对外一战以泄私愤的实情。但慈禧是极阴险的,她当然不会把自己的政治生命完全寄托在毫无把握的对外战争上。后来她自己曾说,当时"我本来是执定不同洋人破脸的,中间一段时间,因洋人欺负得太狠了,也不免有些动气……火气一过,我也就回过头来,处处都留着余地"②。她狡猾地采取了两面手法:宣战后第五天,慈禧向李鸿章、刘坤一(两江总督)、张之洞(湖广总督),表白自己的苦衷,要他们谅解;6月29日,又通过清驻外公使向列强表白:"照前

---

① 恽毓鼎:《崇陵传信录》,中国近代史资料丛刊:《义和团》(一),第49页。
② 吴永:《庚子西狩丛谈》,中国近代史资料丛刊:《义和团》(三),第438页。

保护使馆，惟力是视。此种乱民，设法相机自行惩办。"①另一方面，出于报复，则煽动盲目排外的狂热情绪。6月20日，慈禧命荣禄指挥武卫军向东交民巷使馆发起总攻，由义和团配合。从6月15日至8月14日，还鼓动义和团进攻西什库教堂。两场围攻都持续了50多天。义和团战士手持大刀长矛，虽然很英勇，但却相信什么刀枪不入，肉搏硬拼，大量死在敌人的枪口下。慈禧却指令荣禄"明攻暗保"，让清军暗中对使馆进行保护，还派官员送食品到使馆慰问。义和团战士成了慈禧狡诈权术的牺牲品。

当时在地方上，除直隶、山西等少数督抚主张对义和团"抚"外，多数是主张"剿"的，特别是两江总督刘坤一、湖广总督张之洞等地方实力派。当西摩尔率领联军向北京进犯后，刘、张曾在6月15日致电总署，要求"速剿"义和团以杜外人口实。6月20日，又联合东南一部分巡抚致电总署和荣禄。这是对西太后"招抚"政策的公开对抗。清"宣战"上谕颁发后，刘、张也抗旨不遵，谋求与各国驻上海领事"互相谅解"，以维护东南现状。

长江流域是英国的势力范围。早在1898年1月，英国驻华公使窦纳乐就向清政府提出"扬子铁路系统"和"长江不割让给其他国家"的要求。义和团时期，英国为实现独占长江流域的目的，向刘、张提出了"维持长江秩序"的保证。1900年6月，英国派军舰驶往南京、汉口、吴淞，目的是要加强控制长江流域。而其他各列强国家为了各自的在华利益，也希望稳定南方的局势。这样，经与各列强国家有密切联系的督办卢汉铁路大臣盛宣怀的穿针引线，6月26日，盛宣怀会同上海道余联沅在上海会审公廨与各国领事议订了《东南保护约款》（又称《中外互保章程》），确定："上海租界归各国共同保护，长江及苏杭内地归各督抚保护，两不相扰，以保全中外商民人命产业为主。"东南互保的提议得到南方其他省督抚的响应。宣布加入此约的有浙江巡抚刘树棠、两广总督李鸿章、闽浙总督许应骙、山东巡抚袁世凯等。此外还有四川，虽然没有订立明约，但总督奎俊明确表示赞同刘、张的自保政策。②

这个互保的实质是阻止义和团运动的扩大，维护西方列强在东南各省的利益，同时也有维护地方商民利益和地方督抚势力的考虑。

---

① 《军机处寄出使俄国大臣杨儒等电旨》，《义和团档案史料》上册，第203页。
② 王尔敏：《拳变时期之南省自保》，《大陆杂志史学丛刊》第2辑，第5册，第226页。

2. 京津陷落与《辛丑条约》的签订

八国联军侵华后,义和团与联军进行了激烈的战斗。首先是保卫天津的战斗。6月15日,在天津老龙头车站,曹福田率领义和团与沙俄侵略者展开激战,杀死敌人500多。另一支由张德成率领的"天下第一团"则对天津紫竹林租界发起猛攻。这场进攻天津租界的战斗持续了将近一个月,打伤了联军的多名高级军官。联军不断增加兵力,到7月上旬,已达18000余人。7月9日,联军在天津城南发起攻击,义和团和清军聂士成部英勇抵抗,聂士成牺牲。13日,联军又兵分两路向南门、东门进行攻击,直隶总督裕禄、提督宋庆、马玉昆率部逃跑,而义和团却与联军进行了殊死的搏斗。7月14日,天津陷落。7月30日,联军在天津成立"天津临时政府"(又称"都统衙门"),由俄、英、日三国军官组成"临时政府委员会"进行军事殖民统治。

8月4日,两万多联军分成左右两路向北京进发,沿路清军不断溃败。慈禧惊慌失措,马上转而求和,于8月7日任命李鸿章为议和全权代表。8月14日,俄军由东便门进入北京,英国由广渠门进入北京。15日凌晨,西太后换上农妇的衣服,带着光绪、溥儁出德胜门西逃,经居庸关到太原,后又逃到西安。联军进入北京后,大肆抢掠,"曾特许军队公开抢劫三日",成立了"北京管理委员会",各国划分地界,对北京进行军事殖民统治,大批义和团民和群众死于联军枪口下。

在联合侵华之时,各个帝国主义国家乘机扩大各自在华利益,并展开了明争暗斗。而美国为了扩大在华利益,于1900年7月3日又一次提出了"门户开放"通牒。其内容强调三点:保护美国在华利益,维护列强加给中国的一切不平等条约及在华的侵略权益,镇压和防止中国人民的反抗斗争。美国第二次提出门户开放政策,实际是想通过"以华治华"的方针,巩固各国尤其是美国在华侵略势力,缓和列强在华激烈争夺的矛盾,它成为日后美国侵华政策的根本方针,并为其他国家所赞同,成为侵略者在北京进行分赃谈判的基本原则。1900年底,各国即依据这个原则拟定了《议和大纲》12条,强迫清政府予以接受。西太后接到议和大纲后,见未将其列为罪魁祸首,仍保持她的地位,立即答应全部接受。

此后,各帝国主义就如何分赃赔款问题,又进行了争吵。在这期间,清政府秉承帝国主义的意旨,四次惩办"肇祸诸王大臣",载勋等令自尽,毓贤处死,载漪定为斩监候罪名,发配新疆永远监禁等。1901年9月,奕劻和李鸿章代表清政府与11国代表(又加上西班牙、比利时、荷兰3国)签订了《辛丑条约》，这是一个空前严重的丧权辱国的奴役性条约，有 12 款，19 个附件。主要内容如下：

赔款白银 45000 万两。这笔赔款以关税、盐税为担保，分 39 年还清，年息四厘，到期要偿还的本息高达九亿八千二百多万两。这是近代以来最大的巨额赔款，使中国海关、常关和盐税完全被帝国主义所控制，清政府除了田赋外，几乎别无经济来源。

在北京设立"使馆区"，使其成为"国中之国"，中国不仅失去在使馆区行使主权的权利，列强还可驻兵，进一步加强了对清政府的控制。

军事控制京津地区，大沽炮台和从北京到大沽的炮台一律拆除，北京山海关铁路 12 个战略要地驻扎外国军队。1902 年又规定中国军队不准进入或驻扎在天津周围 20 里以内，使津沽一带实成为不设防城市，也是外国军队"合法"进驻中国的开始。

义和团地区五年内概不得举行文武各等考试。朝廷"永禁军民人等仇视诸国各会，违者问死"，禁止人民进行反帝活动。

改总理衙门为外务部，"班列六部之首"。

帝国主义通过这个条约，从政治、经济、军事等方面对中国进行严酷的控制和勒索，使中国主权几乎丧失殆尽。1901 年 2 月，当列强拿出议和大纲时，流亡西安的慈禧立即发布上谕，宣布今后清政府的对外方针是"量中华之物力，结与国之欢心"①。

义和团反帝爱国运动是继三元里之后，中国民众反对外国侵略的一次大规模的公开对抗，它沉重打击了帝国主义瓜分中国的企图。义和团运动之前，帝国主义分子吹嘘只要一万名现代化的武装军队，就能够横行全中国，他们一再发出瓜分中国的叫嚣，并在实际上已开始行动。而义和团的顽强斗争，教训了狂妄的侵略者，使他们认识到中国的"民气"是不可征服的。八国联军统帅瓦德西在给德皇的报告中说："吾人对于中国群众，不能视为已成衰弱或已失德行之人。彼等在实际上，尚含有无限蓬勃生气……至于中国所有好战精神，尚未完全丧失，可于此次'拳民运动'中见之。"还说："无论欧美、日本各国，皆无此脑力与兵力，可以统治此天下生灵四分之一"，"故瓜分一事，实为下策。"②法国的一个议员也说："中国地土广阔，民气坚劲

---

① 《德宗实录》卷 477，中华书局 1987 年版，第 15 页。
② 《瓦德西拳乱笔记》，中国近代史资料丛刊：《义和团》（三），第 86、244 页。

……吾故谓瓜分之说,不啻梦呓也。"①经历了义和团运动的打击,他们不得不得出外国人无力统治中国的结论。事实说明,正是义和团的英勇反抗,表现了中国人民不甘屈服的斗争精神,是帝国主义不能瓜分中国的主要原因。

第三节 列强侵华的新形势与爱国运动的高涨

一、列强在华权益的扩张与收回利权运动

甲午战争后,清政府于1896年成立铁路公司,准备修路。但清政府由于财政困难,不得不借款修路。帝国主义列强借此机会,争相扩大对华资本输出,将投资的重点集中于修筑铁路和开采矿山,并以此作为其巩固和扩展"势力范围"的手段。从1896年到1903年,时任铁路总公司督办的盛宣怀先后与列强签订了一系列铁路借款合同,这样,几个主要列强国家瓜分了中国主要铁路的修筑权。英国除强行承筑沪宁铁路、沪杭甬铁路外,还与德国分割了津浦路的路权。俄国在1896年诱迫清政府签订《中俄密约》,取得了投资修筑、经营管理东清铁路权利;两年后,又在强迫清政府"租借"辽东半岛的同时,取得修筑南满铁路的权利;1899年,俄国又迫使清政府允诺其承筑北京向北或向东北俄界方向铁路的优先权。德国取得其势力范围山东境内的铁路修筑权,修筑了胶济铁路,还同英国分割津浦路徐州以北一段的修筑权。法国夺得了滇越铁路的修筑权,并参与了对卢(卢沟桥)汉(汉口)路的争夺。日本则于日俄战争后取得了安(安东)奉(沈阳)路、南(南昌)浔(九江)路、京绥(绥远)路的修筑和借款权。各国通过修筑经营铁路,还取得了铁路沿线森林的砍伐权和矿山开采权,铁路成为他们扩大侵略权益的重要途径。这样,到1911年止,在中国已修筑的9618公里铁路中,93.1%被帝国主义各国直接或间接控制。②

帝国主义对铁路的争夺使中国人民蒙受了重大的经济损失,阻碍了中国民族资本主义的发展,严重地侵犯了中国的主权,因而要求收回路权以自办的呼声越来越高。1903年,清政府不得不颁布重订《铁路简明章程》,准许华洋官商集股修建铁路,这样,从1903年到1910年,各省先后成立了16

---

① 《国外舆论》,中国近代史资料丛刊:《义和团》(四),第245页。
② 严中平:《中国近代经济史统计资料选辑》,科学出版社1955年版,第190页。

家商办铁路公司。伴随着自办铁路的呼声和商办铁路公司兴起，一场轰轰烈烈的收回铁路权利的运动开始了。

19世纪末，美商合兴公司同清政府先后签订《粤汉铁路借款草合同》和《粤汉铁路借款续约》，攫取了粤汉铁路的修筑权。按《续约》规定，粤汉路工程应在5年内修成，但直到1903年秋，只修了粤汉路南端90里的铁路。合兴公司还违背条约，自1902起将大量股票私售给法、俄支持的比利时银团。这种完全无视中国主权的行为激起了三省人民的愤怒。从1904年开始，三省收路自办的斗争迅速兴起。广东商务局召开会议，决议力争废约；湖南绅民纷纷上书湖广总督张之洞，要求立即废除合同；湖北绅民亦群起力争；三省留日学生组成"铁路联合会"，积极声援国内的斗争。1905年初，美商摩根财团向比方收回被买去的股票，但仍拒绝废约。三省人民坚持斗争，积极自筹款项，准备自办。9月，美商被迫与清政府签订《收回粤汉铁路美国合兴公司售让合同》，中方以675万美元的赎款赎回已修成的90里路段，原定合同作废。之后，三省人民分别成立铁路公司，筹集资金，分段修筑铁路。

接着，浙江、江苏人民要求商办苏杭甬铁路的斗争进入高潮。1898年，督办铁路大臣盛宣怀与英国银公司签订《苏杭甬铁路草合同》，准许英商修筑此路。合同签订后，勘测工作一直没有进行。1905年7月，浙江绅商在上海议决成立浙江全省铁路有限公司，要求自办铁路；接着江苏也组成了铁路公司。两公司成立后，立即着手集股筑路。浙江先修杭州至嘉兴段，江苏则修上海至嘉兴段。

但英国公使得知后，立即照会清外务部，蛮横地要求禁止浙江人民自办铁路。在英国胁迫下，清政府竟于1907年10月下旨宣布"借款修路"，准备向英国借款，只准两省绅民搭股。消息传来，立即引起江浙两省人民的愤慨。杭州、苏州、绍兴、宁波相继成立国民拒款会或拒约会，两省学校也分别聚众集议，一致要求力拒借款，保全权利。报纸发表评论，指责清政府"宁可国人死，毋锄外人怒"的行为。但清政府无视民意，于1908年3月正式与英国订立借款合同，采用变相借款方法，由邮传部出面向英国借款150万英镑，聘用英国总工程师筑路。但两省铁路公司均不用"部拨存款"，不与英国工程师合作，继续进行抵制。迫于江浙人民顽强不屈的斗争，邮传部尚书盛宣怀于1911年与英国银行公司协议，将沪杭甬借款移作开封至徐州铁路借款，风潮才告一段落。与此同时，还有直隶、山东、江苏三省人民争取自办津镇铁路和云南人民反对法国修筑滇越铁路的斗争也先后开展起来，这些斗争没有取得相应的成果,但都成为辛亥革命前保路运动的先声。

甲午战争以后,列强还纷纷染指中国矿山开采。到1906年,中国煤矿由外资开采的占39.8%,中外合资的占40%。① 如日本就是通过借款方式,逐步掌握了汉冶萍公司的控制权。帝国主义列强对中国矿权的掠夺,同样激起中国人的反抗,1905年后,收回矿权运动也迅速高涨。

1898年5月,英国资本控制的福公司以借款给山西商务局为诱饵,贿赂地方官吏与其签订了《山西开矿制铁以及转运各色矿产章程》,夺取盂县、平定州、潞安、泽州与平阳府所属煤铁以及他处煤、油各矿的开采权。1905年,福公司派人前来勘矿,蛮横地封禁民矿,引起民愤。山西大学堂与中学堂的学生首先罢课抗议,要求收回矿权,很快得到全省各地的响应。1906年冬,山西绅民组成"保晋矿务公司",着手集股开采煤矿。他们还多次举行集会演说,"誓以坚持废约,实行自办为宗旨"。经过反复交涉,1908年福公司被迫同意与山西省矿务局订立《赎回英商福公司开矿合同》,山西绅民以275万两的代价赎回福公司凭一纸合同所攫得的山西矿权。同一时期,安徽人民也展开了收回铜官山等处矿权的斗争。他们废止原安徽巡抚聂缉椝与英国华伦公司订立的合同,成立全省矿务公所,自办矿务,并认定:"今日为挽救计,除坚持废约自办外,无他长策。"最后终于赎回了铜官山矿权。这一时期山东人民为收回峰县煤矿、四川人民为收回江北厅矿权、湖南人民为收回醴陵锑矿、河南人民为抵制福公司掠夺矿权、黑龙江人民为从沙俄手中收回都鲁河及吉拉林沙金矿权,都进行了持续不懈的斗争,取得了不同程度的胜利。

收回路矿利权运动是一个以反对帝国主义列强侵略为内容、具有相当规模的群众性的爱国运动。参加运动的有工人、农民、民族资产阶级(包括上层和中下层)、部分爱国官绅等各个阶层,因而声势浩大。但起领导作用的是资产阶级上层,即立宪派,所以又使运动具有极大的软弱性和妥协性。它表现在对清政府的依赖上,还表现在对帝国主义掠夺我国路矿权利不是采取"夺回"而是"赎回"的方式上。据统计,仅9项主要矿权的"赎款"即达904.8万元。但是收回利权运动打击了帝国主义侵略势力,促进了中国民族资本主义的发展,激发了人们的爱国主义觉悟,使人们进一步看清了清政府反动卖国的真面目,加速了革命形势的成熟。

---

① 严中平:《中国近代经济史统计资料选辑》,第127、132页。

二、拒俄运动与日俄对东北的争夺

20世纪初,帝国主义为了扩大在中国的权益,相互之间展开了激烈的争夺。俄国曾于八国联军侵华期间派兵分六路占领了中国东北。《辛丑条约》签订后拒不撤兵。1902年4月,中俄订立《交收东三省条约》,俄军同意于一年半内分批撤兵。但到1903年,俄军不仅不撤兵,反而增兵重新占领奉天省城,还得寸进尺向清政府提出新的要求,强迫清政府承诺由它独占在我国东北和蒙古的权益。

俄国不撤兵及提出无礼要求的消息传来,激起了国内人民的愤怒,立刻掀起了一场轰轰烈烈的拒俄运动。4月27日,上海民众千余人在张园集会,数十人发表演说,愤怒声讨俄国拒不撤兵的罪行,还致电各国外交部,坚定地表示"即使政府承认,我全国国民万不承认"①。在日本东京,留学生五百余人召开大会,一致主张对俄开战,有一位留学生当堂发表演说,表示"大丈夫日日言不得死所,今俄人于东三省之举动,日本警报皆已知之,此真吾国之奇垢极耻,亦正我辈堂堂国民流血之好机会",当即提议签名编成义勇队即刻出发。之后,留学生组成义勇队(后改名学生军),进行操练,留日士官生蓝天蔚被推为队长。5月11日再度集会,将学生军改为军国民教育会,并派特派员回国与袁世凯谈判,促其主战。而上海方面,4月30日再次在张园召开拒俄会,当得知东京留学生组成义勇队的消息后,立即成立了上海拒俄义勇队。而在全国其他地方,也纷纷集会响应。京师大学堂学生联名上书要求拒俄;在武昌,各学堂停课集会;在安庆、南昌、广州、杭州、长沙、开封等地,学生们都纷纷举行集会拒俄,形成了一个具有全国规模的爱国运动。

但清政府对拒俄运动却采取了镇压的态度。驻日公使蔡钧致电两江总督端方,称义勇队"名为拒俄,实则革命",要其"饬各州县严密查拿"。清政府也下密谕,要各地督抚严密监视留学生回国者,如"闻有革命本心者,即可随时获到,就地正法"。②而留日学生特派员到天津后,袁世凯也拒绝接见。清政府的态度促使许多留学生看清了它的本来面目。他们觉醒过来,走上了革命的道路。拒俄运动虽然被镇压下去,但在国内压力和日、英、美等国

---

① 《寄各国外务部电》,《苏报》1903年4月28日。
② 《密谕严拿留学生》,《苏报》1903年6月5日。

的干预下，清政府始终没有答应俄国的要求。

俄国的行径引起其他列强的不满。美国、德国、英国对东北都怀抱野心，为了排挤俄国，他们都极力怂恿日本与俄国争夺。而后起的日本在甲午战争以后，进一步扩大了吞并中国、以实现其"大陆政策"的野心。为了与俄国对抗，它靠拢英国，1902年与其签订《英日同盟条约》，以保护各自的侵略利益。1904年2月，日本不宣而战，向驻扎旅顺口的俄国舰队发起袭击，为争夺中国东北的日俄战争爆发。这是帝国主义之间进行的夺取对华侵略权益的战争，而清政府却宣布"局外中立"，从而使东北的许多地方惨遭日俄的烧杀洗劫。战争持续了一年多，以日胜俄败而告结束。在美国的调停下，于1905年9月签订《朴次茅斯条约》，俄国承认日本侵略朝鲜的一切权益；将在中国强夺的辽东半岛租借地、南满路长春至旅顺段连同支线、附属财产、煤矿都转让给日本。也就是俄国将在中国东北南部所获得的利益全部"转让"给日本，从而使东北处于日俄两国的掌握和分别控制之下。

之后，日本强迫清政府与其订立《会议东三省事宜正约及附约》，迫使清政府正式承认它从俄国那里攫取的权益，增开了铁岭、长春、吉林、哈尔滨、齐齐哈尔、瑷珲、满洲里等16个城市为通商口岸；在营口、安东、沈阳等地划定日本租界，还取得改建和经营安奉铁路及采伐鸭绿江右岸森林的权益。到1917年，日本又先后与法国、俄国订立条约，互相承认各自在华"势力范围"中的权益。而美国，则与日本在1908年以互换文书的方式达成协议，维持在中国的机会均等，彼此"尊重"在太平洋和中国的侵略权益。这些协定，形成了对中国的又一次瓜分危机。

三、华工问题与抵制美货运动

19世纪中，美国为了开发西部太平洋地区，在中国广东、福建一带拐骗大批华工，到1883年，在美华工数达30万以上。华工为美国西部的开发作出了重要贡献。1872年，美国发生经济危机，工人罢工斗争掀起高潮。美国资产阶级为转移工人的斗争目标，竭力把矛头指向华工，说什么是华工夺去了美国工人的饭碗，掀起了排华浪潮。1882年，美国政府颁行限禁华人例案十五条；1887年，美国外交部又拟定限制华工条约四条。推行种族歧视政策，限制华工入境。1894年，清朝驻美公使杨儒与美国政府签订"限禁来美华工保护寓美华工条约"，所谓"保护寓美华工"只是一个幌子，实质是限禁中国人赴美。这个条约为美国资产阶级的排华活动提供了依据，杀害华侨、抢劫华侨财产事件不断发生。并且排华事件愈演愈烈,不仅排斥华工,还殃及其他在美华人。

1904年条约期满,应另议新约,但美国国会却决议过去一切"排华律"继续有效,所以从1904年开始,华侨报纸和国内报纸就不断刊载要求废约的言论。1905年5月10日,《时报》刊载《筹拒美国华工禁约公启》,提出美禁华工问题"事关全国之荣辱",号召"合群策群力以谋抵制"。同日,上海商务总会召开特别会议,会董曾铸提议以两个月为期,如果美国仍不改约,则抵制美货。得到一致同意,并通电各地商会。各地商学界闻风而起,纷纷举行集会响应。

两个月期限已满,但美国政府坚持原议,并要续订新约。7月22日,上海商务总会举行第二次会议,一致决定抵制美货,并要求各界一致行动。一场轰轰烈烈的抵制美货运动迅速兴起。

据不完全统计,从4月到6月,全国各地各界大小集会有98次之多,7月至10月则达200余次。① 运动达到前所未有的规模。

运动的迅猛发展引起帝国主义恐慌。美国政府屡屡向清政府施压,要其进行镇压。美国公使柔克义赶到上海,与上海绅商"会商",矢口否认美国排华的罪行,遭到曾铸的怒斥。清政府在美国的压力下,于8月21日发布上谕,说什么抵制美货"有碍邦交",要各省省抚"从严查究"。8月31日又发布禁止抵制美货的谕旨。在这种情况下,领导运动的资产阶级上层人物开始动摇。曾铸于8月11日发表《留别天下同胞书》,声明退出运动,表示:"我死以后,不可与死我者为难。抵制办法,仍以人人不用美货为宗旨,千万不可暴动。"②张謇、汤寿潜等出面,提出"抵制美货仅是不用而不是不购"的问题,主张现存美货由商会发印花销售。运动内部在"不订"美货和"不用"美货问题上发生分化。但也有一部分工商业者、教育界人士、学生表示要坚持到底。上海"公忠演说团"联络学、商、工各界,于9月1日召开千余人的群众大会,表示"抱定不用美货四字,坚持到底"。但由于资产阶级上层的退出,运动逐渐消沉。

抵制美货运动是民族资产阶级发动与领导的爱国运动。民族资产阶级在这次运动中,还表达了自身的政治要求:"鼓我之民气","结我之民力",

---

① 章开沅、林增平主编:《辛亥革命史》第1册,人民出版社1980年版,第336页。
② 《时报》,1905年8月11日。

"广开会议,联络全国,可为异日自治自立之基础"。它表明民族资产阶级政治意识的觉醒,是中国民族资产阶级独立参与政治并领导政治运动的开始。

抵制美货运动持续半年之久,给美国政府以巨大压力。8月下旬,美国公使柔克义向清政府转达美国总统罗斯福的意向:"以前以苛酷手段而行禁工之律者为不公",表示"允为和平商议",改善赴美中国商人、学生、官员和其他游历人员的待遇。① 最后终于迫使美国和清政府未敢再签订限制华工续约。

第四节 共和革命的兴起

一、孙中山的早期思想与活动

中国反帝反封建的资产阶级民主革命是从孙中山开始的。

孙中山1866年11月12日出生在广东香山县翠亨村一个贫苦农民家庭里。他幼名帝象,稍长取名文,字德明,号逸仙。后因1897年流亡日本时化名中山樵,所以人们习惯称他为孙中山。

孙中山幼时常帮助家里打柴、放牛,对农民生活的困苦有着切身的体会。后来曾有人问他平均地权思想的来源时,他回答道:"幼年的境遇刺激着我,使我感到在实际上和学理上探讨这个问题很有必要。若我不是出身贫苦的农家子,或许对此重大问题等闲视之。"②他在家乡读过三年私塾。他的哥哥孙眉于1871年到檀香山做华工,后来垦荒耕种,逐渐发展成华侨资本家。1878年,孙眉把12岁的孙

青年时代的孙中山

---

① 王彦威、王亮:《清季外交史料》卷190,书目文献出版社1987年版,第23页。
② 《宫崎滔天全集》第1卷;章开沅、林增平主编:《辛亥革命史》上册,人民出版社1980年版,第75页。

中山接到檀香山,进入当地的教会学校读书。在檀香山读书的经历,打开了少年孙中山的眼界,使他接触到西方社会政治学说和自然科学知识,并对当地人民反抗美国殖民统治的斗争寄予莫大的同情和关注。1883年,他回到祖国。1884年,到香港求学,同时加入基督教。1886年,开始进入博济医校学医,后转入西医书院。

通过这些教育,使孙中山产生一种新的社会理想:要以西方资本主义国家为榜样来"改良祖国"。他回忆说:"忆吾幼年,从学村塾,仅识之无。不数年得至檀香山,就傅西学,见其教法之善,远胜吾乡。故每课暇,辄与回国同学数人互谈衷曲,而改良祖国,拯救同胞之愿,于是乎生。当时所怀,一若必使我国人人皆免苦难,皆享福乐而后快。"①但怎样才能改良祖国?孙中山当时还没有明确的答案。

直接推动孙中山产生革命思想的,是民族危机。他说:"予自中法战败之年,始决倾覆清廷、创建民国之志,由是以学堂为鼓吹之地,借医术为入世之媒。"并常常与一些志同道合者陈少白、尤列、杨鹤龄等人谈论革命,人称"清廷之四大寇"。不过这时只是孙中山的"革命言论之时代"。当时国内正是维新改良思潮蓬勃发展的时期,孙中山与维新派人物多有接触,香港西医书院的创办人何启是他的老师,郑观应则是他的同乡,两人彼此曾通过信。1890年,孙中山致书曾任出使美国、秘鲁等国大臣、当时病休在乡的郑藻如,提出"兴蚕桑之利,除鸦片之害",以及设学校等建议。② 1891年,他又写了《农工》一文。在《农工》中,孙中山提出采用西方先进农业技术和农业组织,发展农业生产的问题。郑观应将此文编入《盛世危言》一书中。由此看来,这时的孙中山也受到维新改良思想的影响。

1892年,孙中山从西医书院毕业,先后在澳门、广州行医,并开设中西药局。1894年2月,他写了一封《上李鸿章书》,提出"人能尽其材,地能尽其利,物能尽其用,货能畅其流"的主张。孙中山认为,此四者是"富强之大经,治国之大本",并且批评洋务运动是"不急于此四者,徒惟坚船利炮之是务,是舍本而图末也"。③ 在孙中山眼中,李鸿章是"识时务之大员",如果他

---

① 孙中山:《非学问无以建设》,胡汉民编:《总理全集》第2集,上海民智书局1930年版,第141页。
② 孙中山:《致郑藻如书》,《孙中山全集》第1卷,中华书局1981年版,第1~2页。
③ 孙中山:《上李鸿章书》,《孙中山全集》第1卷,第8页。

能办起这些事,也未尝不可挽救当时的中国。①

上书写成后,孙中山与同乡陆皓东到上海,通过郑观应和王韬介绍给李鸿章的两位幕僚,6月到天津。当时正是中日战争即将爆发之时,李鸿章忙于军务,得到孙中山的上书,只是冷冷地说了一句:"打仗完了以后再见吧!"这对孙中山来说,是一盆冷水。中日战争战云密布,而清政府仍然毫无振作,慈禧太后则忙于自己的六十大寿庆典。孙中山回到上海,感到所有希望成为泡影,"于是怃然长叹,知和平之法无可复施。然望治之心愈坚,要求之念愈切,积渐而知和平之手段不得不稍易以强迫"②。他决心通过革命推翻清王朝。

二、兴中会的成立和反清斗争的开始

上书失败以后,1894年10月,孙中山从上海赴檀香山。他在华侨中进行革命宣传,得到一部分侨胞的理解和支持,11月24日,孙中山约集20余位侨胞在侨商何宽的寓所举行会议,成立团体。孙中山提议定名为兴中会,得到与会者赞同。会上还通过了孙中山起草的《兴中会宣言》。

在章程里,孙中山指出当时中国所面临的严重的民族危机:"方今强邻环列,虎视鹰瞵,久垂涎于中华五金之富,物产之饶,蚕食鲸吞,已效尤于接踵,瓜分豆剖,实堪虑于目前。有心人不禁大声疾呼,亟拯斯民于水火,切扶大厦之将倾!"宣言宣布成立兴中会的目的是"专为振兴中华,维持国体起见","以申民志,而扶国宗"。③ 在入会的秘密誓词里,明确提出了"驱除鞑虏,恢复中华,创立合众政府"的革命目标。以后陆续又有些华侨加入檀香山兴中会,总数达130余人,其中主要是华侨商人,还有工人、自由职业者、公务员、水师、官员、学生。兴中会的成立,标志着资产阶级革命民主派的诞生。

1895年1月底,孙中山回到香港,即与杨衢云、郑士良等筹议建立香港兴中会总部。1895年2月,兴中会总部成立,通过了修订的《兴中会宣言》。宣言深刻指出当时"政治不修,纲纪败坏,朝廷则卖官鬻爵,公行贿赂,官府

---

① 陈少白:《兴中会革命史要》,中国近代史资料丛刊:《辛亥革命》(一),上海人民出版社、上海书店2000年版,第28页。
② 孙中山:《伦敦被难记》,《孙中山全集》第1卷,中华书局1981年版,第52页。
③ 《檀香山兴中会成立宣言》,中国近代史资料丛刊:《辛亥革命》(一),第85页。

则剥民刮地,暴过虎狼;盗贼横行,饥馑交集,哀鸿遍野,民不聊生"的中国社会现状,更加明确地把斗争的矛头指向清朝政府,公开揭示了兴中会的反清宗旨。香港兴中会成立后,对外挂起"乾亨行"招牌,以经商形式作掩护,筹划在广州举行起义。他们在广州建立分会,制定了用三千奇兵袭取广州城的计划,并广泛联络会党、绿林、防营、水师,设立了起义机关,预定10月26日重阳节(夏历九月初九)举事。还确定以陆皓东设计的青天白日旗为起义旗帜,以"除暴安良"为口号,以红带缠臂为暗号。

10月26日,情况突变,预订的军械没有按期运到,起义计划被打乱。这时,有一个会员的哥哥怕受牵连而向清政府告密。两广总督谭钟麟接到密报后搜捕了起义机关,陆皓东等人被捕牺牲。广州起义就这样还没有举发就失败了。

1895年广州起义是以孙中山为代表的革命派力图用革命手段实现民主共和理想的第一次尝试。起义失败后,孙中山、郑士良、陈少白等逃亡日本。起义虽然失败,但孙中山及革命党人作为一支新的政治力量,开始受到国内外人们的注意。

1895年11月,孙中山到日本横滨,随即创立兴中会横滨分会。不久,孙取道檀香山去美国。1896年10月,孙中山抵英国伦敦,被清政府驻英使馆诱入后囚禁,后通过使馆雇用的英籍仆人设法通知了孙中山在香港西医书院学习时的老师康德黎。康德黎立即将此事件在报上披露,公众纷纷要求释放孙中山。迫于压力,英国外交部不得不派员与清使馆交涉,孙中山得以脱险。这次囚禁前后13天,孙中山将这一经历用英文写成《伦敦被难记》在英国发表,使许多人通过此书认识了孙中山,孙中山的影响进一步扩大。1897年,孙中山经加拿大回到日本。

1898年戊戌变法失败后,康有为、梁启超等维新派流亡海外。康有为在英国、加拿大等地的华侨中积极活动,成立了保皇会。梁启超则于1898年11月在日本横滨创办了《清议报》,发表了大量批判封建专制政治、宣传民族主义的文章,同时也继续鼓吹改良主张。孙中山到日本后,主动建议两派合作救国。但康有为声称自己带有光绪皇帝的衣带诏,不愿与革命党人联系。日本人犬养毅斡旋孙中山、康有为会谈,但康有为拒不到场,只有梁启超与孙中山会谈。这次会谈谈了双方合作事宜,后康有为离开日本,而梁启超则一度表现出对革命的热情,康有为知道后大怒,令梁赴檀香山办保皇会。梁启超不敢违背师命,到檀香山后,打着"名为保皇,实则革命"的幌子,使华侨中的许多兴中会会员加入了保皇会。

　　1900年8月,维新派以"勤王"为名义在湘、鄂、长江一带发动武装"勤王"起义,领导人是唐才常。唐才常(1867～1900),号佛尘,湖南浏阳人,长沙岳麓书院学生,曾入学两湖书院。维新运动时,是湖南维新运动的积极参与者。政变后,他经香港、新加坡转日本。在日本,从康有为那里接受了起兵勤王的任务。这一计划也得到孙中山的首肯。1899年春,唐才常回到国内筹划勤王起义。他在上海组织"正气会",后改名为"自立会"。7月,他认为北方八国联军入侵,清政府自顾不暇,正是公开打出"勤王"旗号的绝好时机,于是在上海豫园召集"中国国会",选举容闳为会长,严复为副会长。宣言揭露端王、荣禄、刚毅等"败国事",宣布"以伸张乐利于全世界,端在复起光绪皇帝"。唐才常在长江流域一带联络会党,组织了自立军七军,定于8月9日在安徽、江西、湖南、湖北同时举行起义,推翻清政府,"请光绪帝复辟"。但由于海外汇款未到,起事日期推迟,加以消息泄漏,8月下旬,张之洞逮捕并杀害了唐才常等200余人,自立军失败。自立军起事是维新派领导发动的唯一的一次武装起义,它的失败,促使一批爱国志士如毕永年、秦力山等转向革命。

　　这一年10月,革命党人也在广东组织发动了惠州起义。1900年1月,革命党人在香港建立了起义总机关,郑士良前往惠州、潮州、嘉应等地,联络会党和绿林首领,并在惠州归善县与新安县交界的三洲田建立起义根据地,聚集了一支600余人的队伍。但起义前,风声已经传出,清军加强了防备并向三洲田进窥。10月6日,起义正式发动,接连打败清军,一度占领了惠州一带沿海地区,队伍扩大到2万余人。这时起义军的粮饷和弹药都发生困难。孙中山试图借取原已商定的菲律宾独立军存放在日本的军械给予支援,但到手后发现这批军械全是废品。日本政府这时也严令禁止武器出口。接济武器无望,孙中山只得令郑士良向厦门发展。起义军最后由于饷弹殆尽,不得不于11月7日解散。

　　惠州起义虽然只偏于广东沿海一隅,但它却产生了深远的影响。孙中山说:当五年前广州起义失败时,"举国舆论莫不目予辈为乱臣贼子大逆不道,咒诅谩骂之声不绝于耳,吾人足迹所到,凡认识者,几视为毒蛇猛兽,而莫敢与吾人交游也"。惠州起义失败后,"则鲜闻一般人之恶声相加,而有识之士,且多为吾人扼腕叹息,恨其事不成矣。前后相较,差若天渊"①。越来越多的人开始了解和支持孙中山及其革命事业了。

本章小结

甲午战争中国的惨败,战后列强瓜分中国的狂潮,以及20世纪初列强对华的经济扩张,在使中国面临严重的民族危机的同时,也推动了中华民族的民族觉醒,使中国的民族主义运动进入到一个新历史时期。

从1895年到20世纪初年这短短的几年中,为了救亡图存,为了民族的振兴,中国社会各个阶层争相登上历史舞台:

以康有为为首的维新派大力鼓吹维新变法,并推动光绪皇帝进行了维新变法,成就了为时虽短但却具有重要历史意义的"百日维新",写下了中国近代史上浓墨重彩的一页。

以义和团为代表的下层民众打出了"扶清灭洋"的旗帜,把斗争的矛头对准了侵略中国的列强。其反帝爱国、勇于牺牲的热情和勇气值得赞叹,但其落后的组织形式和斗争方式,却值得反思。

以孙中山为代表的革命派这一时期也开始登上近代中国的历史舞台。他们组织兴中会,发动武装起义;与此同时,以民族资产阶级为主体的收回利权运动、抵制美货运动先后兴起。这些运动在打击列强侵略的同时,也促进了中国社会的变革与转型。

学术综述

1. 关于戊戌变法的性质

一种观点以汤志钧为代表,认为19世纪末叶的中国资产阶级改良派要求清政府采取自上而下的方式,依靠光绪皇帝来推行改革,在当时的历史条件下具有进步意义。"这种反映资本主义要求的思想潮流,进一步发展为资产阶级的政治运动,然而就其变更的性质而言却是改良主义的"②。另一种观点认为"戊戌维新是中国资产阶级在19世纪末发动的一次爱国救亡维

---

① 孙中山:《革命原起》,中国近代史资料丛刊:《辛亥革命》(一),第9页。
② 汤志钧:《戊戌变法与改良主义》,《学术月刊》1982年第2期。

新运动,说戊戌变法是资产阶级的政治改良尚可,说是一次改良主义运动则是不妥的"①。

2. 关于袁世凯告密与戊戌政变起因问题

传统的说法是袁世凯采取两面手法,一方面假意和维新派周旋,另一方面投靠旧党。在谭嗣同深夜拜访以后,当天乘火车回津,向荣禄告密。八月初六日晨,慈禧太后临朝训政,囚禁光绪帝,捕拿维新派,百日维新遂告失败。20 世纪 80 年代以来,不断有学者发表文章,对这一史实提出质疑。房德邻认为,政变发生的时间是八月初六,原因主要是御史杨崇伊的密折。袁世凯虽然告密,但是在政变发生之后。并提出了"政变经历了一个过程"的观点②。2005 年,茅海建出版《戊戌变法史事考》一书,依据丰富的档案史料,考证了戊戌政变的发生问题,提出:戊戌政变是一个过程,是由相关的诸多事件组成。它"起始于七月十九日光绪帝未依当时的政治游戏规则,即先请示慈禧太后,而是独立地决定罢免礼部六堂官。……开懋勤殿、设议政官,即光绪皇帝企图重用康有为及其党人,引起了慈禧太后与光绪帝的政治对立。……八月初四日慈禧太后突然回西苑,事起于御史杨崇伊的密折,而密折中最能打动慈禧太后之心的,是伊藤博文次日的觐见。……戊戌政变虽未因袁世凯告密而发生,但袁世凯告密的消息传到北京,大大加剧了政变的激烈程度",慈禧先是整肃了光绪身旁的太监,接着于八月二十三日起软禁光绪。

3. 关于义和团组织的起源

历来是众说纷纭,有的认为起源于白莲教与其他民间教派,其发展脉络是白莲教—八卦教—义和拳、神拳、红砖会—义和团③。有的认为起源于民间秘密结社,他们认为"拳"与"教"有别,义和团起源于具有练拳习武传统的民间秘密结社,如大刀会、义和拳等④。有的认为起源于民间习武团体。义和团是"以村落为基地的习武团体",而白莲教等教派,是在义和团发展时加入并成为其中的重要组成部分⑤。路遥、程啸则指出:义和团组织的形成是

---

① 金德群:《戊戌变法不是改良主义》,《文汇报》1980 年 7 月 18 日。
② 《戊戌政变史实考辨》,载胡绳武主编《戊戌维新运动史论集》,湖南人民出版社 1983 年版;《戊戌政变真相》,《清史研究》2000 年第 2 期。
③ 陈湛若:《义和团的前史》,《文史哲》1954 年第 3 期。
④ 丁名楠:《义和团评价中的几个问题》,《文史哲》1981 年第 1 期。
⑤ 陈振江:《简明中国近代史》,天津人民出版社 1983 年版。

一个动态的过程,是民间秘密结社和教门分别行动和发生交融的结果①。美国学者周锡瑞在《义和团运动的起源》中则从民间文化习俗及区域政治经济的角度考察义和团的组织,说明在鲁西南,大刀会起主导作用,而鲁西北神拳起重要作用②。

4. 关于义和团的评价

上世纪50至60年代,人们对义和团的评价是一致的,即肯定义和团是反帝爱国运动。80年代初,有人提出一些不同的看法,认为义和团是一个"奉旨造反"的运动,是一个"排外主义运动"③。反驳的意见认为,义和团的笼统排外、蒙昧主义属于反抗的方式问题,过分强调这些落后方面,完全是"从根本上否定了义和团"④。陈旭麓则从当时的历史环境出发,认为"多重的历史内容,决定了义和团运动的民族正义性,又决定了这种正义斗争的历史局限性",具体表现为:思想上是深沉的爱国主义与植根于自然经济的保守意识相连;行为方式上是民族英雄主义与群体的愚昧并存⑤。

近年来,研究者注意从社会历史的角度研究义和团运动,如黎仁凯的《直隶义和团运动与社会心态》⑥。研究了乡村社会中更为广泛的民间组织,如团练、联庄会、民间花会、水会等,注意到它们在义和团运动中的表现。程啸在《社区精英群的联合和行动——梨园屯一段口述史料的解说》⑦一文中,提出了一个由下层士绅、体制内和体制外的民间组织领袖及乡村各色能人组成的"社区精英群"的概念,认为正是他们的联合和行动,孕育了义和团运动的起源。这些成果,标志着义和团运动研究的深入。

---

① 路遥等:《义和团运动史研究》,齐鲁书社1988年出版;路遥:《义和团运动发展阶段中的民间秘密教门》,《历史研究》2002年第5期。
② [美]周锡瑞:《义和团运动的起源》,江苏人民出版社1995年版。
③ 王致中:《封建蒙昧主义与义和团运动》,《历史研究》1980年第1期。
④ 孙祚民:《关于义和团运动评价的几个问题》,《历史研究》1981年第1期。
⑤ 陈旭麓:《近代中国社会的新陈代谢》,上海人民出版社1992年版。
⑥ 黎仁凯:《直隶义和团运动与社会心态》,河北教育出版社2000年版。
⑦ 程啸:《社区精英群的联合和行动——梨园屯一段口述史料的解说》,《历史研究》2001年第1期。

参 考 书 目

1. 王栻著:《维新运动》,上海人民出版社 1986 年版。
2. 汤志钧著:《戊戌变法史》,人民出版社 1984 年版。
3. 吴廷嘉著:《戊戌思潮纵横论》,中国人民大学出版社 1988 年版。
4. 王晓秋主编:《戊戌维新与清末新政》,北京大学出版社 1998 年版。
5. 茅海建著:《戊戌变法史事考》,生活·读书·新知三联书店出版社 2005 年版。
6. 蔡乐苏、张勇、王宪明著:《戊戌变法史述论稿》,清华大学出版社 2001 年版。
7. 廖一中著:《义和团运动史》,人民出版社 1981 年版。
8. [美]周锡瑞著:《义和团运动的起源》,江苏人民出版社 1995 年版。
9. [美]柯文著:《历史三调:作为事件、经历和神话的义和团》,江苏人民出版社 2000 年版。
10. 路遥、程啸著:《义和团运动史研究》,齐鲁书社 1988 年版。
11. 林华国著:《义和团史事考》,北京大学出版社 1993 年版。
12. 苏位智、刘天路著:《义和团研究一百年》,齐鲁书社 2000 年版。

思 考 题

1. 阅读阿英《中日战争文学集》中的有关文章,分析近代中国人从中日战争的失败中认识到什么。从中国近代历史进程的角度来看,这些认识有什么意义?
2. 阅读《公车上书》和康有为的二、三、四次上书,总结康有为的维新思想和主张。
3. 阅读梁启超《变法通义》、严复《原强》、谭嗣同《仁学》,比较他们的维新变法主张的内容和特点。
4. 为什么说戊戌维新运动也是一场思想文化运动?
5. 结合学术动态,谈谈你对义和团运动评价问题的看法。

第六章 清末新政和辛亥革命

第一节 清政府谋求政治改革

一、1901～1905年的新政

清政府的新政改革是在面临空前的统治危机的状况下被迫采取的举措。面对国内革命势力发展,面对来自列强的压力,清廷最高决策者不能不谋求改革以摆脱统治危机。

1901年1月29日,慈禧太后以光绪名义在西安发布变法上谕,声称"法积则弊,法弊则更,要归于强国利民而已",故而要"取外国之长","补中国之短"。还明令高级官员"参酌中西政要",就朝章、国故、吏治、民生、学校、科举、财政提出改革建议。[①] 4月成立督办政务处,作为议商变法条陈之地,派奕劻、李鸿章、荣禄、昆冈、王文韶、鹿传霖为督办政务大臣,刘坤一、张之洞为参与大臣。新政开始。

7、8月间,两江总督刘坤一、湖广总督张之洞联名提交变法奏议三折。第一折提出育才兴学4条,包括设文武学堂、改文科科举、停罢武科、奖劝游学。第二折为整顿中法12条,主要是:崇节俭、破常格、停捐纳、课官重禄、去书吏、去差役、恤刑狱、改选法、筹八旗生计、裁屯卫、裁绿营、简文法等。第三折论采行西法,列出广派游历、练外国操、广军实、修农政、劝工艺、定矿律路律商律交涉刑律、用银元、行印花税、推行邮政、官收洋药、多译东西各国书11条。刘、张会奏得到朝廷认可。慈禧命将其中可行者"择要举办",

---

① 朱寿朋:《光绪朝东华录》,中华书局1958年版,第4601页。

各省"亦应一律通筹"。①

此后,清政府先后颁发了一系列上谕,陆续推行了一些改革。主要是:改总理衙门为外务部,设总理大臣一名,会办大臣及会办大臣兼尚书各一人,内设各司分别执外交、通商、路矿、关税、邮政、海防等事务。这一改革的意义在于:总理衙门虽成立于1861年并延续下来,但在清朝官制中,它却只是一个临时的办洋务的机构,大臣都是兼任的。这一次,将其改为外务部并列于六部之前,不仅使它成为常设的正式的外交机构,而且突出了它的地位。

发展工商。1903年8月成立商部,载振为商部尚书,伍廷芳、陈璧为左右侍郎。职责为管辖所有工商路矿和农垦、农牧方面的事务。商部成立后,制定颁布了《商人通例》、《公司律》、《破产律》、《公司注册章程》等一系列商法,提倡私人资本办实业,以立法形式给工商业者的经营活动以某种保护。还颁布了《奖励公司章程》、《华南办理实业爵赏章程》,规定了对经营工商业者的奖励办法。如凡能集股五十万至五千万的工商业者,奖以商部头等顾问官等职位,加以七品至头品顶戴。尽管实际得到奖励的人数微乎其微,但这一政策的颁布,多少对民族资本主义的发展起到了激励的作用。

改革教育。首先是科举制度的改革。1901年8月,清政府下令从1902年起,科举考试不再用八股文。1905年,又有袁世凯、赵尔巽、张之洞等地方督抚联名上奏,提出"补救时艰,必自推学校始;欲推广学校,必自停科举始"②。在这种压力下,清政府下令从1906年起停止科举考试。其次是新学校体制的建立。1903年12月,清政府公布了由张之洞、荣庆提交的《奏定学堂章程》,制定了一个以日本为模式的学制体系,即把学校教育分成初、中、高三级,最高一级为通儒院。通儒院或大学毕业生被授予进士功名,高等学堂毕业生授予举人功名,中学堂和高等小学堂的毕业生则可以取得生员(秀才)的功名。新学制颁布前后,国内各类新式学堂如雨后春笋般建立起来。据学部统计,1904年,全国学堂总数已达4222所,学生96169人。再次是留学教育的开展。1903年,清政府曾颁布《奖励游学生章程》和《约束游学生章程》,鼓励出国留学。在政府的提倡下,清末形成了留学、尤其是留

---

① 朱寿朋:《光绪朝东华录》,第4771页。
② 《会奏请立停科举推广学校并妥筹办法折》,《张之洞全集》第3册,河北人民出版社1998年版,第1660页。

日高潮。1901年留日学生274人；1903年达到1千余人；1906年达8千多人。在教育改革已经全面开展的情况下，1905年11月，清政府成立学部作为全国教育的行政机关。同时，任命荣庆为尚书，熙英、严修为左右侍郎。

改革军制，训练新军。1901年新政开始后，清政府取消武举，要求各省创办武备学堂，裁撤百分之二十到三十的绿营和半正规的防勇，挑选精壮，编练常备、续备、巡警各军。1903年，清政府成立练兵处，以奕劻为总理大臣，袁世凯为会办大臣，总理练兵事宜。练兵处成立后，改建全国兵制，并制定了一个编制三十六镇新军的计划。此外，清政府还于1905年10月成立巡警部，以徐世昌为尚书，督办各省巡警。

除适应改革的需要调整旧机构、增设新机构以外，清政府还裁撤了詹事府、通政使司等旧机构，裁撤了东河河道总督缺和督抚并设共处一城的云南、湖北、广东巡抚缺。整顿吏治，裁汰了政府各机关的胥吏差役，并于1901年8月正式停止了捐纳实官的制度。

这一阶段的改革主要是行政机构的调整，并没有从根本上触动封建专制政体。新机构的组织形式基本沿袭六部，都由尚书、侍郎、左右仆射等组成。各部尚书虽然取消了满汉各一的制度，但就几个新立部门的尚书来看，基本都为满族亲贵，它多少反映出清廷害怕权力丧失的心理。这些满族亲贵多是只有王朝自救意识而无改革意识的人，由他们来领导新机构，必然带来旧观念跟不上新制度要求的后果，从而使新制度的作用大大地被打了折扣。从改革内容看，这次改革主要是行政体系的调整，并没有触动高高在上的皇权。这次"新政"的领导和推动力量主要是二支，一是清廷中以慈禧太后为主的掌权派，二是地方上以张之洞、刘坤一、袁世凯等为代表的实力派。他们是在庚子事变后感到已无法照旧统治下去的情况下提倡和推动改革的，这决定他们在开始时只能采取小修小补的方法而不可能触及根本。

"新政"虽然只是一次非常有限的改革，但它对中国社会产生的影响却超出了改革本身。新机构的设置顺应了社会变化的需要，推动了教育、军事制度变革和经济的发展，而这样做的结果，却是推动了中国新社会力量的出现和壮大。科举制的废除，使"士"阶层产生分化；通过新式学堂和留学教育，一个新的知识分子群体迅速出现，他们较多地接受了西学，眼界更为开阔，对民族危机和国弱民穷的状况有着更深切地体认。他们的出现，成为二十世纪初两支新的政治力量——资产阶级革命派与立宪派迅速崛起的基础。新军的建立，同时也为新思想向军队的输入提供了条件，从而成为革命党人发展革命势力的途径,巩固封建王朝的军队反过来成了它的掘墓人。商部成立后,推行了一系列新经济政策和法规,使民族资本主义有了发展的机会,随着民族资产阶级队伍的扩大,其阶级意识也在增强,抵制美货,收回利权运动逐步开展,资产阶级开始成为中国社会的独立阶级力量。

历史的客观发展是慈禧太后在1901年决心变法时所万万没有料想到的,这种结果本身却说明了一个铁的事实:束缚社会发展的,使中国陷入被侵略被凌侮地位的,正是封建专制政体本身,不从根本上改变这个政体,就无法把中国引上富强独立的现代化道路。尽管1906年后清政府多少开始认识到了这一点,但毕竟是太晚了。

二、"预备仿行宪政"

1901年,清廷宣布实行"新政",但是改革结果却使社会中的很多人失望,他们认为新政只是"以旧人行新政","新政不新",①中国必须进行进一步的改革,于是要求立宪的呼声日渐兴起。然而立宪呼声的真正高涨则是在1904年日俄战争以后。由于日俄战争既是一场帝国主义之间争夺中国领土的战争,又是在立宪国日本和专制国沙俄之间进行的,所以引起中国朝野极大地关注。战争的结局是日胜俄败,在很多人看来,这正是立宪国战胜了专制国,认为:"此非日俄之战,而立宪、专制两政体之战也。自海陆交绥,而日无不胜,俄无不败,于是俄国人民乃群起而为立宪之争,吾国士夫亦恍然知专制昏乱之国家,不足容于清明之世界,于是立宪之议,主者渐多。"② 1904年,驻法公使孙宝琦上书督办政务处曰:"日闻民族危论,推心疾首,无地自容",因而"吁恳圣明仿英德日本之宪制为立宪政体之国"。一些封疆大吏如两江总督周馥、湖广总督张之洞、两广总督岑春煊等也纷纷奏请立宪以图自强。

民族危机的日益严重,国内革命运动的兴起,立宪思潮的发展,这一切都促使清政府作出反应。1905年7月,清廷作出派使臣出洋考察宪政的决定。9月,派五大臣分两路出国考察。其中载泽、徐世昌、绍英前往日本、英国、法国、比利时;戴鸿慈与端方前往美国、德国、意大利、奥地利、俄国。启程当日,在北京火车站发生革命党人吴樾暗杀五大臣事件。考察团推迟到

---

① 《论中国以旧人行新政之谬》,《中外日报》1901年4月28日。
② 《立宪纪闻》,《东方杂志》临时增刊《宪政初纲》,光绪三十二年十二月。

12月出发,成员由尚其亨、李盛铎分别取代了徐世昌和绍英。这次考察历时半年,周游了14个国家。五大臣回国后向清廷提出了推行立宪的建议。认为立宪有"皇位永固"、"外患渐轻"、"内乱可弭"三大利,主张学习日本,实行君主立宪。1906年9月1日,清廷发布了仿行宪政的上谕,称:"时处今日,唯有及时详晰甄核,仿行宪政,大权统于朝廷,庶政公诸舆论,以立国家万年有道之基。"①鉴于目前规制未备,民智未开,所以确定先从官制入手次第更张,俟数年后规模粗具,再参用各国成法,妥议立宪实行期限。立宪的基本国策就此确定。

1908年11月14日和15日两天,光绪皇帝和慈禧太后先后死去。光绪无子嗣,慈禧临死前决定立醇亲王载沣之子溥仪为嗣皇帝,入继大统,载沣为摄政王监国,改元宣统。宣统登基第二天,载沣以新皇帝名义发布谕旨:"凡先朝未竟之功,莫不敬谨继述";"自朕以及大小臣工,均应恪遵前次懿旨,仍以宣统八年为限,理无反汗,期在必行。"②重申9年立宪期限,并督促各级官员抓紧办理。

在预备立宪期间,清政府逐步推行了一系列政治体制方面的改革。

行政体制改革。清廷宣布"仿行宪政"后,第二天即宣布进行中央官制改革,并成立了由载泽等14名官制编纂大臣组成的编制馆。一个月后,编制馆拿出了一个初步草案,改革军机处及原有的部院体制,设置责任内阁。这个草案一出,立即遭到顽固守旧势力的反对。慈禧于11月6日再下上谕,原有内阁、军机处一切规制,"着照旧行"。于是,军机处仍保留下来。中央官制改革只对行政机构作了调整:外务部、吏部、学部照旧,巡警、户、兵部分别改为民政部、度支部、陆军部;工部并入商部,改为农工商部;刑部改为法部,专任司法,同时将大理寺改为大理院,专掌审判;将理藩院改为理藩部,将太常、光禄、鸿胪三寺并入礼部,另设邮传部。由于清廷明令军机处不变,仍为"行政总汇",所以中央官制改革依然没有从根本上打破原有的以皇帝为行政中心的高度集权体制,因而引起立宪派人的不满。

在中央官制改革的同时,清政府还着手进行地方官制改革,这一改革首先在东三省试行。东三省原为特别区域,以盛京将军为最高长官。1907年4月,清政府改盛京将军为东三省总督,每省设巡抚一员。每省各设行省公

---

① 《光绪宣统两朝上谕档》第32册,广西师范大学出版社1996年版,第128页。
② 《清末筹备立宪档案史料》上册,中华书局1979年版,第69页。

署,下设各司主管各方事务,并设承宣厅,以为办理全省一切机要总汇之地,设议政厅专为议定一省法令、章制及研究本省兴革事宜。东三省官制初步改变了其他省原来督抚之下藩、臬分署的旧制,实现了省级行政的合署办公。在试行东三省改革时,清廷曾向地方督抚征求地方官制改革意见,相当一部分督抚主张维持旧制,略加变通。在这种情况下,7月,清廷颁布地方官制改革章程。这个章程与东三省改革不同,仍置总督掌一省或数省外交军政,巡抚掌地方行政,下设布政使司、提学使司、提法使司、交涉使司及巡警道、劝业道,地方官制改革并没有对原有体制进行很大的变动。

1911年5月,国内革命运动和立宪运动迅猛发展,清政府陷入四面楚歌的境地,于无可奈何之中只得裁撤军机处,成立责任内阁,以庆亲王奕劻为总理大臣,大学士那桐、徐世昌为协理大臣;国务大臣10人,以调整后的10个部(外务、民政、度支、学务、陆军、海军、司法、农工商、邮传、理藩)大臣兼充。国务大臣由皇帝"特旨简任",摄政王载沣为了保住祖宗之权,在内阁的组成上玩了手脚,内阁成员13人,其中满族9人,皇族就有7人。所以内阁成员名单一公布,举国大哗,将其讥为"皇族内阁"。

立法体制的建立。先看宪法的制订。1907年,清政府将五大臣考察宪政时成立的考察政治馆改为宪政编查馆,负责宪法大纲的起草工作,并于1908年8月27日公布,这就是中国历史上的第一部宪法《钦定宪法大纲》。

《钦定宪法大纲》共计23条,分"君上大权"与"臣民权利义务"两部分。在"臣民权利义务"中,对人民的基本权利有所肯定。大纲序言指出:"宪法者,所以巩固君权,兼保护臣民者也。"臣民的权利义务主要是:在法律范围内的言论、著作、出版、结社自由;人身不受侵犯,即臣民受法律保护及财产、居住的权利;臣民当遵守法律及纳税、当兵之义务;另规定:"臣民中有合于法律命令所规定资格者,得为文武官员及议员。"对于"皇上大权",大纲序言载明:"君上有统治国家之大权,凡立法、行政、司法皆归总揽",确定皇帝有颁行法律、发交议案、召集和关闭议院、黜陟百司、设官制禄、编订官制、统率陆海军、宣战媾和、订立条约、宣告戒严、发布命令及总理司法等权利。可见君主权力仍是很大的。当然,宪法对君主权力也作了一定的限制,如规定:"已定法律,非交议院协赞奏经钦定时,不以命令更改废止",这就是说,君主无权废止议院通过的法律。但是,由于宪法赋予君主解散议院权,所以议院对君主的限制是非常无力的。总之,大纲所确定的,是一种保留封建专制残余最多的二元君主立宪制政体。

1911年10月,武昌起义爆发,立即形成全国燎原之势。清政府在行将灭亡前又作了最后的挣扎。10月30日,载沣下"罪己诏",三天后又炮制了一个《宪法重大信条十九条》(十九信条),不得不改变《钦定宪法大纲》的二元君宪体制,将立法权赋予国会,将行政权归于内阁,保留皇帝的布宪权、大臣任免权和率军权,由袁世凯任总理大臣。这种体制又成了虚君的一元君主立宪制了。不过它还没有来得及实行,清王朝就灭亡了。

再看立法机构的准备。1908年8月,清政府颁布《钦定宪法大纲》时,核准了宪政编查馆拟定的以九年为期,逐年筹备宪政,期满召开国会的方案,同时拟定了咨议局章程。其中关于立法机构的安排是:第一年筹办省咨议局;第二年选举并正式开办,同时举行中央资政院选举;第三年成立资政院。1908年,各省先后进行了选举工作。因种种选举资格的限制,实际参加选举者占人口总数的平均比例是0.42%,即每万人中有选民42人。[①] 1909年,全国各省除新疆外均成立了咨议局。咨议局为地方议政机关。咨议局章程规定:"咨议局钦遵谕旨,为各省采舆论之地,以指陈通省利病,筹计地方治安为宗旨。"议员在这里议决省内兴革各项事宜,纠举不法官吏,办理各项新政,表现了一定的参政议政热情。但咨议局章程又规定:咨议局所通过议案,必须报请督抚认可,督抚还有权"奏请解散"咨议局,如此又限制了它的独立性,所以咨议局还不是一个独立的地方议会。

资政院为中央议政机关,于1910年9月23日正式成立。议员分"钦选"、"民选"两类。钦选议员为宗室王公贵族、中央部院官员,共98人;民选议员由各省咨议局选举产生,总数也是98人。清政府关于资政院的诏旨说设立资政院是"立议院基础",即作为正式议院的过渡。从其职权看,包括议决奉旨饬议事件、新定和修改法律、讨论预算、决算、税法、公债和人民陈请事项,已具有立法的职能。但它只有"建言之权","而无强行政府施行之权",议员也不是民选产生,所以只能是具备了议院的雏形。

司法体制改革。中国古代法制的最大问题,是政(行政)刑(司法)合一;法律内部"诸法合体",民刑不分。这种法制不能适应社会发展与现代化的需要。1903年,清政府设置修订法律馆,以刑部左侍郎沈家本、出使美国大臣伍廷芳为修订法律大臣。他们"以中国法律与各国参互考证",提出了建立新的法制体系的方案。这一时期的法律改革主要有:(1)司法体制方面,

---

[①] 张朋园:《立宪派与辛亥革命》,台北:商务印书馆1969年版,第16页。

废除清代的三法司制度①,实行四级三审制,即改变省、府、县地方行政长官兼理司法审判的旧制,在县、府、省设置初级、地方和高等审判庭,最高一级审判机关为大理院。同时相应设立各级检察庭。确定重大案件及死刑案由地方、高等审判庭初审、二审后,由大理院进行终审判决。审判制度方面,规定"行政主管不准违法干涉",实行回避、辩护、陪审、公开审理等一系列现代审判制度。(2)制定新律,改革"诸法合体"的法律结构。1910年颁行过渡的《大清现行刑律》,将有关继承、分产、婚姻、钱债等民事条款分出,以示民、刑区分;更定刑名,改革死刑案执行办法,废除酷刑。还先后完成了《大清新刑律》草案、《大清民律草案》等法规。中国法制现代化由此迈出了第一步。

此外,根据清政府预备立宪的安排,府州县各级地方自治的工作也于1909年起在全国铺开。清政府采取了逐项准备的办法,设立地方自治筹办处,从事调查、选举事宜,同时开办地方自治研究所,培养、训练自治人才。先推行城镇乡下级自治,再进行厅州县上级自治,建立各级议事会和董事会(府厅州县为参事会),预定1914年各级自治一律成立。这样,1909年至1911年,全国相当省份城镇乡和厅州县的地方自治宣告成立。

地方自治的推行,改变了中国传统基层政权模式,使原来皇权与绅权结合共治的一元政治模式向参与型的多元政治方向发展。但由于社会发展的不均衡,由于封建专制的基础——地主与封建经济在广大农村还占绝对的优势,所以很多地方的自治机关仍为旧乡绅所把持。他们借自治之名增加苛捐杂税,或恃官力鱼肉乡里,激起群众的普遍不满。

然而,在清政府预备立宪的过程中,统治集团还有一个重要目的,这就是借改革加强中央集权,这在载沣监国后尤其明显。

袁世凯自1901年任北洋大臣、直隶总督,又编练了北洋六军后,势力急剧膨胀,这始终是载沣的一块心病。监国后,他做的第一件大事,就是以"足疾"为名将袁世凯"开缺回籍养疴"。为了将权力,尤其是军权集中到自己手中,载沣任命自己的弟弟载涛和皇族毓朗会同铁良建立一支新的禁卫军,直接由自己统率。这支禁卫军虽然在军制上与新军相同,但士兵全部是满人,管带以上干部中,相当一部分人都是日本士官学校出身。为了培养满族子弟,他们还在北京办了个贵胄学堂,摆开了一个大练皇族军的架势。1909

---

① 三法司即刑部、都察院、大理寺。清朝规定,凡死罪要由都察院都御史、大理寺卿与刑部尚书侍郎会同审理后,再由皇帝批示,然后执行。

年 2 月,载沣颁旨下令筹办海军,由其弟弟载洵为海军大臣。到了这年 7 月,载沣又下一道谕旨,宣布自己代理皇帝为海陆军大元帅。同一天,把军咨处从陆军部的管辖下分出来,由载涛、毓朗管理。军咨处不仅是一个军事参谋机构,还有权题名海陆军将领、指派参谋僚佐,还有对各省军事和保定军官学校的监督权。并且,军咨处的建议经皇上批准交陆军部后就可成为命令。还令各省设督练公所统辖军营。督练公所设军事参议官一员,由陆军部奏派,负责全省新旧各军及筹备粮饷编练队伍一切事宜。这些加强中央集权,尤其是加强皇权的举措不仅扩大了统治集团内部的裂痕,而且加剧了中央与地方的矛盾。

第二节 民主革命运动与立宪运动

一、民主共和思想的发展

历史进入 20 世纪初年,在中国政治舞台上出现了一支引人注目的资产阶级和小资产阶级知识分子队伍,这个群体出现的途径主要是新式学堂和留学教育。新学堂于 1901 年后陆续开设,1904 年新学制——癸卯学制颁布,建立了小学、中学、高等学堂的新学制体制。1909 年,新式学堂 5 万余所,在校学生 160 万人。其中新式中学堂 460 所,在校学生 40 400 余人,高等学校 123 所,学生 22 200 余人。清政府大规模派遣留学生。从 1898 年开始,湖北、江苏、浙江、直隶等省开始派学生到日本学习,达六七十人;1900 年,留日学生增到 100 多人;1902 年后,迅速增加到 1000 多人;1906 年达 8000 余人。他们与传统知识分子具有不同的知识结构。他们接受了西方教育,因而具有了封建士大夫完全不同的特点,大多具有新的世界观;价值取向上,他们以美、法革命和资产阶级共和国作为自己追求的最高目标。他们的眼界比较开阔,对中国的贫穷落后、民族危机有着深刻的体会,对前途充满信心,许多人以孟德斯鸠、卢梭、罗伯斯庇尔、华盛顿自许,以国家大事为己任。他们之中大多数人社会地位较低,因此,现实生活中的一切,更容易激起他们的愤慨和不满。正因为有这些特点,就使他们成为中国民主革命中首先觉悟的成分。他们的出现,大大加强了以孙中山为首的革命派的社会基础,推动了资产阶级民主革命的发展。

这支新兴知识分子队伍出现后,开始进行了一系列活动。

广泛介绍了西方资产阶级社会政治学说,其中又以留日学生为主。留日学生中,出现了不少译书团体,如1900年成立译书汇编社,以戢翼翚为社长;1902年成立湖南编译社,由黄兴等人负责。还有1902年成立的教科书译辑社,1903年浙江留学生的国学社,1904年的闽学会、文学社等。留学生还大量翻译西方著作,1901~1904出版的译著多达530余种,其中多为政治、哲理、教育等方面的书籍。西方的民主思想、无政府主义、社会主义等各种思潮均介绍到中国。其中如卢梭的民约论是1902年首先完整介绍到中国来的,美国《独立宣言》、法国《人权宣言》也被翻译成中文,此外还有介绍美国革命、法国革命史的著作等等。这些书籍的介绍,为新兴知识分子提供了革命的思想资源和政治方案。

组织团体,创办刊物,探讨救亡之路。1900年春,留日学生在东京成立励志会,1901~1903年又出现了一些以省为单位的同乡会。刊物中,1901年有《开智录》、《国民报》,1903年之际又出现了《湖北学生界》、《直说》、《浙江潮》、《江苏》等等,这些刊物宣传民族危机的形势,宣传祖国乡土的可爱,探讨救亡之路。

留学生爱国运动的发展。1902年4月,章太炎在日本东京发起举行"支那亡国二百四十二周年纪念会"(南明永历帝覆灭于1661年),借悼明朝灭亡来激发人们的反清情绪。此会的意义是公开打出了反满的旗帜。1903年,发生了要求沙俄撤兵的拒俄运动,各地学生集会抗议,留学生组织"拒俄义勇队"。但清政府污蔑学生"名为拒俄,实则希图作乱",命各地对学生进行镇压,这使许多学生在爱国无路的情况下迅速走向革命。

促使民主革命思潮的发展。资产阶级民主革命思潮的代表人物是章太炎、邹容、陈天华等。章太炎(1869~1936年),名炳麟,原名绛,号太炎,浙江余杭人。早年参加维新活动,变法失败后转向革命。1903年,他在上海《苏报》上发表《驳康有为论革命书》,批驳康有为的保皇主张。针对保皇派"革命会招致流血牺牲"的说法,章太炎以各国革命的事例说明,革命中流血是不可避免的。他称颂革命为"启迪民智,除旧布新"的良药,"今日之民智不必恃他事以开之,而但恃革命以开之"。"革命非天雄大黄之猛剂,而实补泄兼备之良药矣"。

邹容(1885~1905年),字蔚丹,四川巴县人。1901年到日本留学,1903年,他回到上海后发表了《革命军》,以痛快淋漓的笔墨赞颂革命,论述中国进行民主革命的必要性和正义性:"我中国今日欲脱满洲人之羁绊,不可不革命;我中国欲独立,不可不革命;我中国欲与世界列强并雄,不可不革命;我中国欲长存于二十世纪新世界上,不可不革命;我中国欲为地球上名国、地球上主人翁,不可不革命。"他还从天赋人权的思想出发,提出"国民是权利的主体"的观念。邹容将未来的民主共和国家定名为中华共和国,提出在这个国家中,"无论男女,皆为国民",男女一律平等,宣布"各人不可夺之权利,皆由天授",享有言论、思想、出版等权利,又有纳税和保卫国家的义务,实行议会制、地方自治,并以美国宪法为蓝本制定中华共和国宪法,对外政策是对外独立,与各国平等。他还提出了建立资产阶级民主共和国的二十五条政纲。他将清政府斥为帝国主义的"奴隶总管",提出只有打倒清政府,才能建立真正的共和国。《革命军》发表后,产生很大影响。《苏报》连续刊文予以介绍,引起清政府的恐慌。1903年6月,江苏巡抚恩铭勾结上海租界当局——工部局查封了《苏报》,并逮捕了章太炎。邹容愤而投案。两人由租界会审公廨进行审讯,判章太炎监禁三年,邹容二年。后邹容病死狱中。

陈天华(1875~1905年),字星台,湖南新化人,1903年到日本留学。同年年底从日本返国,写下了《警世钟》、《猛回头》两本小册子。在这两本书中,他怀着满腔悲愤的心情,用通俗流畅的文笔,揭露了列强瓜分中国的危急形势,指出了民族危机的极端严重性,"须知这瓜分之祸,不但是亡国罢了,一定还要灭种","不在这时,拼命舍死保住几块地方,世界虽然广大,只怕没有中国人住的地方了"。他还进一步揭露帝国主义的"保全主义"、"门户开放"是用"文明手段"进行"无形瓜分",指出它比"野蛮手段"和"有形瓜分"更为阴险、毒辣和巧妙。他尖锐地揭露了清政府的卖国嘴脸,"你道今日中国还是满洲政府的吗?早已是各国的了!那些财政权、铁道权、用人权,一概拱手送与洋人"。他把清政府斥为"洋人的朝廷",号召人民正确区分"国"与"家"的关系,"国家是人人有份的","国家不保,身家怎么能保呢?"因此号召人民觉醒,以挽救危亡。并认为要救国必须学习西方,"越恨他,越要学他,越学他,越能报他,不学断不为爱国、救国而革命"。

资产阶级民主革命思潮的重要特点是排满革命思想。"排满"是一个古老的口号,明末清初就有人提出,但在以前,它曾是地主阶级反满派的口号,也曾是农民号召群众的旗帜。到20世纪初,资产阶级革命派也举起了这面旧旗帜进行反清斗争。他们"排满"的矛头是指向封建专制制度的。章太炎说:"排满洲者,排其皇室也,排其官吏也,排其士卒也……所欲排者,为满人在汉之政府"①。他们还把"排满"与建立资产阶级共和国的目标联系在一起,即建立民族的统一国家;并把排满与反帝联系在一起:朝廷是外国人的政府,"难道这洋人的朝廷也不该违抗么?"他们的"排满",就是反对帝国主义的奴才。正是这些新的内容,使资产阶级革命派的"排满"在一定程度上超越了满汉矛盾的局限,超出了狭隘民族主义的范围。他们的反满宣传,加速了清政府的瓦解过程,吸引了一定的群众。但这个口号又容易滋长种族主义情绪,模糊斗争方向,把一切仇恨简单地集中到满族统治者身上,清政府一旦倒台,革命势力跟着迅速解体,这是原因之一。

二、民主革命运动的高涨

1. 革命团体的建立

20世纪初,随着革命思想的传播和反清革命运动的发展,全国各地相继出现了一些新的反清革命团体,其中比较重要的是华兴会、科学补习所、光复会、岳王会等。

华兴会会长黄兴(1874~1916),原名轸,字克强,湖南善化人。1898年入武昌两湖书院学习。1902年,黄兴被张之洞派赴留学日本,入东京弘文学院速成师范科学习,受到资产阶级民主革命思想的影响,转向革命,和杨笃生等创办《游学译编》杂志,开始宣传反满革命,又组织"湖南编译社"。1903年他参加了拒俄义勇队,不久,义勇队改称军国民教育会。同年夏天,军国民教育会派他回长沙开展革命活动。

回到湖南后,黄兴在长沙明德学堂任教员,同时积极奔走,联络同志。11月4日,正值黄兴30岁生日,友人刘揆一、章士钊、秦毓鎏、宋教仁、陈天华、彭渊洵、翁巩、柳聘农、周震鳞、胡宗畹等人在长沙保甲局巷彭渊洵家中为他祝寿。在寿宴上,他们商定建立革命组织华兴会,从事推翻清政府封建统治的活动。华兴会在长沙联升街设立机关,为了避免官方的注意,这个机关对外名为"华兴公司",以集股"兴办矿业"为旗号。华兴会的骨干都是公司的股东,入会者均称"入股",股票即为会员证,会员通讯也都用商号作为化名。1904年2月15日,华兴会在明德学堂董龙璋的西国寓所召开成立大会,到会的有100多人。会议推黄兴为会长,宋教仁、刘揆一为副会长。华兴会曾提出过"驱除靼虏,复兴中华"的口号,并且以"雄踞一省与各省纷起"

---

① 章太炎:《排满平议》,《民报》第21号。

为发动革命的主要办法。先后参加华兴会的有两湖地区革命知识分子四百多人。华兴会还建立了两个外围组织,以湖南著名的哥老会首领马福益建立的同仇会作为联络会党的组织,又设黄汉会以联络军界。

华兴会成立不久,黄兴和刘揆一冒雪夜行 30 里,到湘潭茶园铺矿山一个岩洞中与马福益会晤,共同商定在该年夏历十月初十西太后 70 岁生日时,在长沙发动武装起义。准备在举行祝寿的皇殿预埋炸弹,炸死前来行礼的全省高级文武官员,乘机起义,占领长沙,并在岳州、常德、浏阳、衡州、宝庆五路策动响应。黄兴被推为主帅,刘揆一、马福益任正副总指挥。同时,他们还派会员分赴武昌、江西、安徽及江苏、浙江等地联络革命党人,建立起义联络机关。但由于起义计划因事机不密泄漏了消息,署理湖南巡抚陆元鼎下令搜捕革命党人,黄兴、宋教仁等逃亡日本。

湖北的革命党人从 1903 年就开始了革命活动。一部分爱国青年学生吕大森、朱和中、时功玖、李书城等常常在武昌花园山聚会,宣传排满,形成了一个革命团体,但还没有一定的组织形式。他们的活动受到官方注意,一些主要成员相继离鄂。1904 年春,湖北籍革命志士曹亚伯、胡瑛、张难先、时功玖、吕大森、朱元成等人在武昌秘密聚会,一致认为:发动反清革命如仅仅依靠会党力量则"发难易,成功难","非运动军队不可",因而决定打入清军内部进行宣传革命、组织革命力量的工作。不久,张难先、胡瑛等入新军第 8 镇工程营当兵,朱元成、范腾宵、曹进等则投入马队营。该年 5 月,张难先、胡瑛、陈从新、毛复旦、李胜美、雷天壮及知识界吕大森、欧阳瑞骅、曹亚伯等在武昌同庆酒楼举行筹备建立革命团体的秘密会议,与会者共推吕大森起草章程,定名为科学补习所,"宗旨标明研究科学,实则意在愚官府耳目","会员则以心记之宗旨'革命排满'四字为主"。① 7 月 3 日,科学补习所正式成立,推举吕大森为所长,胡瑛为总干事,曹亚伯任宣传干事,宋教仁任文书,会员共 40 余人,多为各学堂学生和新军士兵。科学补习所对外为补习学校,招收在校学生课余补习,暗中则作为革命党人进行宣传和组织活动的机构,还大量介绍知识分子和会党分子进入新军。科学补习所成立后曾与湖南革命团体华兴会取得联系,准备响应华兴会发动的长沙起义。是年10 月,华兴会起义计划泄露,10 月 28 日,湖广总督张之洞连夜派兵搜查科学补习所所址。刘静庵等骨干接到黄兴电报通知,先行逃走,科学补习所遭

---

① 张难先:《湖北革命知之录》,商务印书馆 1946 年版,第 55 页。

到破坏,被迫停止活动。

　　东南地区的革命团体是光复会。1903年,在东京的一批浙江籍留学生密商决定组织革命团体,以用暴力发动武装起义。之后,陶成章、龚宝铨等人回国活动,联络东南地区的秘密会党。1904年10月,龚宝铨在上海组织了暗杀团,但人数很少,难以开展活动。陶成章到上海后,与龚商量,决定成立革命团体,以壮大力量。11月,光复会正式成立于上海,推蔡元培为会长,以资号召。成员中除陶、龚二人外,还有赵声、徐锡麟、孙毓筠、黄韧之(炎培)、秋瑾、陈去病、柳人权(亚子)、陈伯平、马宗汉等。章炳麟时在狱中,但也参与了光复会的组建。光复会积极宣传排满,以"光复汉族,还我山河,以身许国,功成身退"为宗旨,以暗杀和武装暴动为革命的主要手段。会员大多是浙江籍人,尤以绍兴府人为多,具有比较明显的地域性。会员多数为知识分子及会党成员和商人、手工业者,也有少数地主士绅。主要的活动范围在浙江、安徽和上海。

　　光复会成立后,陶成章、徐锡麟都曾在浙东各地奔走,积极联络会党。陶成章曾奔走联系浙江温州、台州、处州等地的会党,计划以浙江、福建革命力量作两湖后盾响应华兴会长沙起义。由于长沙起义事泄,响应之事也只好作罢。1905年,他们在绍兴建立大通学校,以倡办团练为名,召金华、处州、绍兴三府的会党入校进行军事训练,成为秋瑾密谋起义的据点。

　　《辛丑条约》签订后,安徽的民主革命运动也逐渐开展起来。1902年,传闻清政府和俄国签订密约,安徽的留日学生陈独秀、潘赞华等和安徽大学堂及武备学堂的学生柏文蔚、郑赞成在安庆组织青年励志学社,借藏书楼进行革命演说会,揭露清政府的卖国。1903年"拒俄运动"发生,励志学社组织成员进行军事操练,效法东京留学生组织拒俄义勇队,地方政府通缉学社成员,学社被迫解散。1904年,柏文蔚投身于安徽武备学堂,发起组织"同学会",散发《革命军》、《警世钟》等革命书籍,带动了一些青年学生走上革命道路。1905年2月,陈独秀、柏文蔚联合学生中的先进分子常恒芳、宋少侠、杨端甫等人在芜湖发起成立岳王会,他们集会于芜湖关帝庙,借烧香宣读誓约,订立章程,以反清为宗旨,其用意是"盖岳武穆抵抗辽金,至死不变,吾人须继其志,尽力排满"。参加岳王会的有安徽公学中的优秀学生和武备学堂的学生,会员共计30余人,以陈独秀为会长;后在南京安庆设分会,由柏文蔚、常恒芳分任会长,领导新军运动。

　　1904年前后,其他地方也先后成立了一些革命小团体,如江苏的强国会、四川的公强会、福建的汉族独立会、江西的易知社、广东的群智社等等。革命小团体的纷纷出现,标志着民主革命队伍的迅速扩大,预示着革命高潮的到来。

2. 同盟会的成立及纲领

同盟会是外来名词,是从日本传来的。1900年日本成立"国民同盟会",1903年编辑《国民同盟会始末》,有留学生翻译介绍到中国。所以,1903年后,中国出现以"同盟会"命名的组织,如常熟"教育同盟会",邹容在上海发起组织的"中国学生同盟会"。日本"国民同盟会"一些成员如犬养毅与孙中山关系很密切。

20世纪初,进步知识分子组党的要求日益迫切,《浙江潮》第三期发表文章,主张消除地域界限,建立联合统一团体;《江苏》则提出要"结大群"。这说明,联合斗争是大势所趋,人心所向。

主观方面,建立全国性政党的条件也基本具备。1904年,国内先后成立了一些地域性的革命团体:华兴会、科学补习所、光复会等,在思想、组织上为建立全国性政党提供了一定基础。1905年上半年,华兴、光复、科学补习所的领导人和骨干分子由于起义失败,相继逃到东京,鼓吹革命,联络同志,"意欲设立政党,以为革命中坚"。

在这个时期,孙中山也在思索,从兴中会到惠州起义失败,六年时间过去了,但革命进展不大,这是什么原因?起初孙中山曾片面地归咎于缺少军火,以为只要获得相当数量的军器武装起来并尽力准备,就能很容易把清朝军队击溃,但在实践中,他改变了这种看法。1903年左右,孙中山提出革命需要"招集同志,合成大团",开始为建立政党作准备。但通过惠州起义,兴中会的弱点暴露出来,它是狭隘的、地域性的小团体,难以领导全国的运动。于是孙中山着眼于建立一个具有较广泛社会基础的全国性的政党。1900~1905年同盟会成立前,孙中山在欧洲、日本等地广泛结交留学生和华侨,讨论革命的方针、政策,在欧洲通过与留学生的讨论,将组党的着眼点移到学生。1903年8月,在日本东京建立"革命军事学校",第一次提出十六字纲领——"驱逐鞑虏,恢复中华,创立民国,平均地权"。这个纲领的提出,代表了当时资产阶级革命家的政治思想所能达到的最高水平,表明孙中山比他同时代人站得更高,看得更远。孙中山的思想和活动,使他逐渐成为当时革命知识分子所公认的领袖。

1905年7月19日,孙中山从欧洲到达日本横滨,随即到留学生集中的东京会晤了黄兴、宋教仁等人，公商联合大事。7月30日，在日本的各省革命志士集会商讨组织新的革命团体。通过讨论，决定定名中国同盟会。8月13日，留日学生召开大会欢迎孙中山。孙中山发表了热情洋溢的演说，他指出了革命的大好形势，号召大家"发愤自雄"，以建设"一头等民主大共和国，以执全球的牛耳"①。许多人听后表示，无论如何要革命，要参加革命党，大不了把官费退还回去。8月20日，召开中国同盟会成立大会，成员一百余人，包括14个省的人士。大会一致通过了《中国同盟会总章》，确定以孙中山提出的"驱除鞑虏、恢复中华、创立民国、平均地权"十六字纲领为同盟会宗旨；推举孙中山为同盟会总理，并选举了各部负责人，黄兴被指定为负责执行部的庶务，主持总部工作。

同盟会本部是按资产阶级的民主制度建立起来的，它采取立法、司法、行政三权分立的原则设立机构，分执行（行政）、评议（立法）、司法三部。评议部的评议员、司法部职员和最高领导人由选举产生。执行部权力最重，其职员由总理指定。同盟会在国内设东西南北中五个支部，省设分会。到1911年7月，同盟会中部总会成立前，国内约设立分会组织二十余个。

同盟会成立后，决定将原来宋教仁所办的《二十世纪之支那》杂志社移交与同盟会总部，改名为《民报》，作为同盟会的机关刊物。孙中山在《〈民报〉发刊词》中，首次将同盟会的十六字纲领概括为民族、民权、民生三大主义。

民族主义，即"驱除鞑虏，恢复中华"。有两层意思：一是反满，也就是推翻清朝政府。《同盟会宣言》中说："满洲政府，穷凶极恶，今已贯盈，义师所指，覆彼政府，还我主权。"明确表示要武装夺取政权。二是独立，建立"民族独立的国家"。《同盟会宣言》称："中国者，中国人之中国，中国之政治，中国人任之"②，蕴含摆脱外来压迫的民族独立意思。对于"反满"问题，他们在拟定的同盟会《安民公告》中宣布："我国民要脱满洲政府束缚，应将满洲政府所有压制人民之手段，专制不平之政治，暴虐残忍之刑罚，勒派加抽之苛捐，及满洲政府所纵容之虎狼官吏，一切扫除"③，也就是结束满清一贯推行

---

① 孙中山：《在东京中国留学生欢迎大会的演说》，《孙中山全集》第1卷，中华书局1981年版，第279页。
② 孙中山：《同盟会宣言》，《孙中山选集》上卷，人民出版社1956年版，第68~79页。
③ 转引自章开沅、林增平：《辛亥革命史》中册，人民出版社1980年版，第41页。

的民族歧视和民族压迫的反动政策。

孙中山的民族主义在一定程度上提出了国内民族平等的进步思想。"民族主义,并非是遇着不同种族的人,便要排斥他"①,这一思想到1912年发展成汉、满、蒙、回、藏"五族共和"思想。1912年,孙中山在《临时大总统宣言书》中说:"国家之本,在于人民,合汉、满、蒙、回、藏诸地为一国,即合汉、满、蒙、回、藏诸族为一人。是曰民族之统一。"②

民族主义是欧洲资产阶级反封建斗争中号召群众的一面旗帜,在西欧,民族形成是与独立的民族国家形成过程一致的。孙中山的民族主义包括推翻清朝统治、建立民族独立的国家、国内民族平等、"五族共和"、把整个中华民族作为一个民族等一系列思想。这种思想,是中国近代民族主义的主流。

但在孙中山的民族主义思想中,建立民国要通过"驱逐鞑虏"来实现,"驱除鞑虏,恢复中华",这样,民族主义思想中包含着种族主义的因素。这一特点在号召反清斗争方面有其积极作用,但实践中,却又使许多人把推翻清王朝作为革命任务的完成。民国建立后,孙中山多次说道:"今日满清退位、中华民国成立,民族、民权两主义俱达到,唯有民生主义尚未着手,今后吾人所当致力的即在此事。"③在实践中,孙中山更看重的是反清的民族主义,只要这一任务完成了,新国家建立了,民族主义的任务也就完成了。正是在这种认识和局限之下,他们会把袁世凯政府当做民族国家来认同。

民权主义是以"建立民国"为重要内容,是纲领的核心。孙中山把民权主义作为政治革命的根本,并认为民族革命与政治革命是同一件事情的两个方面,"我们推倒满洲政府,从驱除满人那一面说,是民族革命,从颠覆君主政体那一面说,是政治革命,并不是把它来分做两次去做"④。

政治革命的结果,是建立民国政府。《同盟会宣言》中宣布:凡为国民,皆平等有参政权,大总统由国民共举,议会以国民共举之议员构成之,制定中华民国宪法,人人共享。敢有帝制自为者,天下共击之。其中"凡为国民皆平等有参政权"是指导思想,也就是建立资产阶级议会制共和国。

《同盟会宣言》把建设资产阶级共和国分成三期:"军法之治",由军政府

---

① 孙中山:《三民主义与中国前途》,《孙中山选集》上卷,第73~81页。
② 孙中山:《临时大总统宣言书》,《孙中山全集》第2卷,中华书局1982年版,第2页。
③ 孙中山:《在南京同盟会会员饯别会的演说》,《孙中山全集》第2卷,第319页。
④ 孙中山:《三民主义与中国前途》,《孙中山选集》上卷,第73~81页。

总摄地方行政,即革命军事专政,三年;"约法之治",由军政府与人民共管,六年;"宪法之治",选举总统,制定宪法,建立国会,过程要六年。虽然民权主义有轻视人民群众的倾向,有不完备的地方,但在当时的历史条件下,中国半殖民地半封建的社会性质规定了中国革命必须同时担负起反帝反封建的双重任务。孙中山把建立民主共和国的主张同实现民族独立的目标紧紧联结在一起,鲜明地提出来,无疑是具有巨大的进步意义的。

西方民主政体的结构是"三权分立"。1906年,孙中山在《三民主义与中国前途》一文中提出了"五权分立"的思想,即在三权之外又加上考试权和监察权。孙中山提出五权,在于他看到西方三权分立中的一些弊病,如选举中的"金钱"选举、"运动"选举,监督权归议院,不能独立,产生"议院专制",所以提出将考试权和监察权独立,以保证政府机器的运转。

民生主义也就是"平均地权",孙中山称此为"社会革命"。《同盟会宣言》说,社会革命也就是"核定天下地价,其现有之地价,仍属原主所有,革命后社会改良进步之增价,则归于国家,为国民所共享"。并认为实行了此社会革命之后,"私人永远不用纳税,单收地租一项,已成地球上最富的国"[①]。其思想来源是美国亨利·乔治的单一税学说。其中心就是国家通过向土地征收赋税,使地租归国家所有,国家不再收其他税了。通过这种办法,限制以致取消土地私有权,从而达到土地国有。乔治的理论出现在资本主义发展时期,是针对土地垄断现象提出的,他认为土地垄断是贫穷和不幸的根源,因而想通过把地主的地租作为国税征收达到土地国有。

乙未广州起义失败后,孙中山先后到达日本、欧美。在欧美,他看到了资本主义制度的尖锐矛盾,看到贫富悬殊现象和社会主义运动的兴起。他试图探讨一种一劳永逸的办法,既使中国富强,又避免产生贫富悬殊现象,避免社会危机,在这种情况下,看到乔治理论,他很快认为"此种方法最适宜于我国社会经济之改革"。

从理论上看,核定地价,限制土地垄断和兼并,从而使土地国有是有利于资本主义发展的,但是从现实看,则不符合中国的实际情况。在当时的中国,农民的要求是废除封建土地所有制和分得土地,再加上资产阶级还没有掌权,孙中山的平均地权是很难实现的。特别是孙中山讲的主要是城市土地问题,主要针对香港、上海"地价一定跟着文明国家涨高"的情况,而不是

---

① 孙中山:《三民主义与中国前途》,《孙中山选集》上卷,第73~81页。

广大农村的土地问题,这说明"平均地权"并不能真正能解决中国的封建土地制度,这是其局限。

同盟会的成立是中国民主革命高涨的标志。但同盟会也有其局限,重要表现是内部组织松散。参加同盟会,从组织手续上说,只要承认它的宗旨后写一份入会盟书,然后宣誓就可以了,而且加入同盟会的人也可以随意加入其他组织。原因在成员比较复杂,各成员间存在一定差别,孙中山受过系统的资本主义教育,而相当多的人则是深受传统教育的影响,如章太炎、陶成章受传统思想影响较深,思想作风比较偏激和狭隘,导致内部冲突。如1907年就发生过两次冲突:一次是关于国旗问题的争论。孙中山意为青天白日旗(兴中会旗帜),并增加红色,以红、蓝、白三色表示自由平等博爱;黄兴欲作井字旗,表示平均地权。孙中山则"嫌此有复古思想",黄兴不太高兴,但仍表示为大局"勉强从先生耳"。第二次,日本政府和一些商人捐孙中山一万元,孙中山交二千元给《民报》,其他八千元作同志回国路费和发动起义。章太炎则认为此一万元应全交民报社,孙中山只交出二千元是"自己落用了八千元",出现了误会。这时孙中山已回国,同盟会内部反孙中山的力量提出要撤孙中山的总理职权,改黄兴担任。以上看起来是小事,但反映了同盟会内部的不一致。1907年8月,一部分同盟会会员在东京又组织了共进会。他们与同盟会有两点不同:认为同盟会只在广东起义,他们要在长江流域一带开展革命活动。他们与会党联系密切,要通过这个组织团结会党,其旗帜就是十八星旗。共进会还将"平均地权"改为"平均人权",但其反清宗旨与同盟会同。以后,1910年2月,光复会重建,从同盟会分离出去独立活动。1911年7月,谭人凤、宋教仁等又成立中国同盟会中部总部。

3. 革命与改良的论战

20世纪初,民主革命思潮成为社会的主流,但改良思潮还有一定影响。1898年12月,梁启超在横滨创办《清议报》,宗旨就是"尊皇"。1901年,他在该报发表《立宪法议》一文,继续鼓吹君主立宪是"政体之最良者也"。这一年,《清议报》因失火终刊,第二年,梁启超又在日本创办了《新民丛报》。撰写文章认为中国民智未开,中国进步的方法,只能"以渐",不能"为危险激烈之言",也即只能君主立宪不能革命。《新民丛报》在海外华侨和国内资产阶级、小资产阶级群众中有很大影响,销售量达一万四千多份。要宣传革命思想,扩大阵地,论战是不可避免的。

1906年4月28日,《民报》第三号号外刊登了《〈民报〉与〈新民丛报〉辩驳之纲领》,列举了两报分歧的 12 个问题,揭开了论战的序幕。之后,双方以《民报》和《新民丛报》为主要阵地进行论战,同时,双方在海外的 20 多种报刊全部投入战斗,规模之大,延续时间之久,涉及问题之广,是中国近代史上少见的。

两派论战涉及的范围很广,包括民主革命的对象、任务、方法、前途等一系列重大问题,但主要是围绕着同盟会提出的三民主义纲领而展开。

关于民族主义方面的争论围绕着要不要以暴力推翻清政府的统治而进行。康、梁以拥护满清政府为其中心主张,否认民族歧视和民族压迫的存在。康有为以为满洲种族出于夏禹,因此提倡满汉一体,而非难排满之说。他说:"谈革命者开口必满洲,此为大惑不可解之事。夫以开辟蒙古、西藏、东三省之大中国,二百年一体相安之政府,无端引起法、美以生内讧,发攘夷别种之论,以创大难,是岂不可已乎。"又说:"若夫政治,专制之不善,全由汉、唐、宋、明之旧,而非满洲之特制也。"①梁启超也认为,满族二百多年来已经同化于汉人,满洲政府是"四万万人之政府",已经没有民族歧视和民族压迫了,所以没有推翻的必要,只要监督改良就可以了。他极力反对排满的种族革命,并力言种族革命是政治革命的障碍,足以召内乱和瓜分之祸。

革命派则列举大量事实驳斥,指出清政府民族歧视和民族压迫的存在。他们揭露清政府专制统治已极端腐朽,指出鸦片战争以来,清政府与洋人签订了许多不平等条约,出卖国家主权"大者为领土权,小则为铁路、矿产、航道等权利之授予,使吾国民触处伤心,穷于无告"②,对于这种"蔑弃我国家权利之异族专制政府",是必须推翻的。

他们还驳斥了改良派"革命会招致动乱"的说法,指出革命的目的是建设,而破坏只是革命的一种手段。革命要破坏的,是专制政治及其不完全的经济组织,而要建设的,则是民族的国家,是民主立宪政体和国家民生主义。③ 他们还宣称,革命的目的是排满而不是排外,只要在革命的过程中遵守国际法,是"秩序之革命",列强就没有干涉之理由。

论战的另一个重点是关于"政治革命"的目标是实行君主立宪还是创建民主共和政体的问题。改良派反对中国实行民主共和政治,要求实行君主

---

① 转引自杨幼炯:《中国政治思想史》,商务印书馆 1937 年版,第 334 页。
② 汉民:《排外与国际法》,《民报》第 10 号。
③ 精卫:《驳革命可以生内乱说》,《民报》第 9 号。

立宪。梁启超撰文说,中国国民长期处在专制统治之下,没有自治的习惯,不懂得团体的公益,因此,"今日之中国万不能行共和立宪制。而所以下此断语者,曰:未有共和国民之资格"①。

针对改良派的这些言论,革命派进行了驳斥。他们说,中国人民自古就已创造了高度的文明,其才智并不亚于西方民族,只是由于专制暴君和污吏的压制,才失去了其本来的面目。所以必须推翻专制制度的统治,实行民主共和政治,民智就能恢复其本来面目而得到提高。他们还根据西方资产阶级"天赋人权"学说,强调"自由、平等、博爱"是人的"普遍性",共和立宪正与国民的这种天性相一致,所以此制度的精神必适合于我国民。

双方争论的另一个重要问题是关于"社会革命",即要不要实行民生主义的问题。改良派认为革命派解决土地问题的方案是杞人忧天,无病呻吟,土地国有政策会危害国本。梁启超说:中国经济组织于欧美不同,欧美贫富悬隔,已经陷于不能不革命的境地;中国贫富悬殊没有那么严重,自古就没有贵族制度,实行的是诸子均得继承财产继承法,赋税极轻,所以只要实行社会改良主义,就可以"循轨道以发达进化"②。

革命派则认为,中国虽然没有像欧美那样贫富悬隔,但仍存在贫富不均的现象,仍有进行社会革命的必要,"当其未大不平时进行社会革命,使其不平不得起",通过社会革命可以避免贫富悬隔过于严重的情况发生。革命派认为,土地问题是社会问题的根源,土地集中在地主手中,不仅"使贫民陷于地棘天荆之苦况",而且是"商工界之一大障碍物"。③ 所以必须通过"定价收买"的办法,实行土地国有。

总的看来,革命派坚持的大方向是正确的。1907年7月,梁启超以在汉口创办《江汉公报》为由,将《新民丛报》终刊。论战以革命派的胜利而告终。在这场论战中,革命派揭露了改良派为清政府辩护的错误立场,进一步划清了革命与改良的界限,扩大了三民主义思想的宣传,使革命的观念进一步深入人心,从而扩大了革命队伍和革命力量,为辛亥革命高潮的到来作了舆论上的准备。

当然,革命派在论辩中也表现出某些理论上的缺陷。革命派以汉族为

---

① 饮冰(梁启超):《开明专制论》,《新民丛报》第75号。
② 饮冰(梁启超):《社会革命果为今日中国所必要乎》,《新民丛报》第86号。
③ 冯自由:《民生主义与中国政治革命之前途》,《民报》第4号。

中心的正统观,流为狭隘的民族主义;在土地问题上,革命派平均地权的土地国有化政策对当时的中国并没有对症下药,不能解决当时广大农民迫切需要解决的土地问题;他们不敢相信、依靠和发动人民群众,担心帝国主义列强干涉内政,往往在这些问题上对改良派的反驳显得软弱无力。

4. 武装起义

同盟会成立后,集中力量发动反清武装起义。1906年12月,同盟会联络会党在湘赣边界发动了萍浏醴起义。

湘赣边界的萍(乡)、浏(阳)、醴(陵)地区,是哥老会活跃的地区。1904年华兴会长沙起义失败后,会党首领马福益被清政府杀害,加深了当地会党对清廷的激愤。1906年,同盟会员刘道一、蔡绍南回湖南开展发动起义的工作。当时黄兴提出了"革命军发难,以军队与会党同时并举为上策,否则亦必会党发难,军队急为响应之"①的指导意见。刘道一留长沙负责筹备工作,蔡绍南到萍、浏、醴一带联络会党,很快与会党首领龚春台建立了联系。他们将哥老会和其他派系的会党纳入洪江会名下,推举龚春台为大哥,以忠孝仁义堂为最高机关,下分八个内分堂:文案、钱库、总管、训练、执法、交通、武库、巡查。又设八路码头官,称外八堂,以号召入会。凡入会者均要饮鸡血酒宣誓:"誓遵中华民国宗旨,服从大哥命令,同心同德,灭满兴汉。"②洪江会成立后,参加者日众,其中不仅有会党,还有大批安源矿工。7月,龚春台、蔡绍南召集各路码头官商议举行起义。会后,他们分头筹集资金、购买军火,派人到上海、广州等地联络革命党人响应,并派蔡绍南前往日本向孙中山请示,要求接济军火,确定起义日期。

但由于人多言杂,引起地方官的警觉。10月7日,清军突袭了位于萍乡麻石的洪江会大本营。之后,又陆续抓捕了一些会党首领。形势突变,蔡绍南、龚春台不得不改变原议,于12月4日提前发动起义。起义军定名为中华国民军南军革命先锋队,并散发起义檄文,宣称要"建立共和民国,与四万万同胞享平等之利益,获自由之幸福"。起义队伍迅速壮大,安源煤矿的矿工也纷纷加入起义军,不数日集众数万人,蔓延数县之地。清政府急忙调集五万余人的军队前来镇压。起义军用鸟枪、抬炮等旧式兵器迎敌,鏖战

---

① 刘揆一:《黄兴传记》,中国近代史资料丛刊:《辛亥革命》(四),第285页。
② 邹鲁:《中国国民党史稿》第4册,《魏宗铨传》,商务印书馆1947年版,第1277页。

匝月,终因起事仓促,指挥不能统一而失败。起义领导人先后被捕牺牲。

萍浏醴起义时,孙中山在两广组织发动了一系列起义。孙中山之所以把起义的重心放在两广,是因为这里临近大海,便于得到海外华侨的人力、物力接济;还因为这里是会党活跃的地区,会党的反清斗争连绵不绝,有比较好的群众基础。为了发动起义,孙中山及其革命党人进行了一系列筹备工作:同盟会成立后,就在香港建立了同盟会分会,而孙中山则亲自到越南、新加坡等地筹款;黄兴则于 1906 年潜入广西,在新军中进行发动工作。1907 年 3 月,孙中山在河内设立起义总机关。之后,革命党人在西南边境连续发动了六次起义:1907 年 5 月的潮州黄冈起义,6 月的惠州七女湖起义,9 月的防城起义,12 月的镇南关起义,1908 年 3 月的钦州马笃山起义,4 月的河口起义。这些起义虽然有一定的影响,但都失败了。

1907 年,光复会徐锡麟、秋瑾等准备在安徽、浙江同时起义。7 月,徐锡麟利用安徽巡抚恩铭到巡警学堂参加毕业典礼的机会,刺杀恩铭,率领学生进攻军械所,但起事仓促,失败被捕。时秋瑾在绍兴大通学堂组织会党,受到牵连被捕,就义于绍兴轩亭口。1908 年 11 月,岳王会军事骨干熊成基带领新军千余人起义,但因兵单力薄,很快失败。

上述起义中,除熊成基起义外,基本都是依靠会党进行的。

会党的会众大多原是破产农民和失业的手工业者,他们处于社会底层,遭到社会歧视,缺乏固定职业,生活不安定,故对社会现实不满,富有反抗性。他们也是一支有组织的力量,成员之间讲"江湖义气",只要取得首领支持,就容易一呼而起。在反清武装起义中,会党常可以起巨大的冲击作用,是一支不可小视的力量。正因为会党有如此特点,资产阶级革命派从一开始发动武装起义起,就注意到以"反清复明"为宗旨的会党这支现成的力量。孙中山说:"内地之人,其闻革命排满之言而不以为怪者,只有会党中人耳"[①];黄兴也主张"革命军发难,以军队与会党同时并举为上策"[②]。

但会党有严重的弱点,他们缺乏真正的觉悟,难以从事持久的斗争,容易一哄而散,缺乏严格的纪律。他们名义上即便是接受革命党人的领导,而行动上仍然各行其是,"难以军法约束",难以保守机密。所以革命党人难以真正掌握这支力量。如河口起义时,会党首领黄明堂不听号令,进军时"未

[①] 孙中山:《建国方略》,《孙中山选集》上卷,第 180 页。
[②] 刘揆一:《黄兴传记》,中国近代史资料丛刊:《辛亥革命》(四),第 285 页。

及一里,各兵群向天开枪,齐声呼疲倦不已,黄克强再三抚慰无效。更行半里,兵士多鸟兽散,不得已折回河口"。革命党通过会党与农民结成松散的联盟,依靠这支力量发动起义,造成了很大的声势,给清王朝以严重的威胁。但会党的弱点又是显而易见的,革命党人自身又没有力量改造会党,形成坚强统一有战斗力的武装力量,故而多次失败。

经过多次会党起义失败,革命党人也意识到会党"发动易,成功难",难以指挥,因此开始把发动起义的重点转移到新军方面。1909年10月,黄兴在香港设立机关,准备在广州发动新军起义。革命党人赵声、朱执信、倪映典等在新军中进行宣传和组织工作,原准备在次年正月元宵节起义,但地方当局加强了戒备,又意外发生军警冲突,起义于1910年2月12日提前举行,分三路向省城进发,清军出兵镇压,倪映典中弹牺牲,起义军弹药缺乏,最后失败。

广州新军起义失败后,同盟会的许多干部产生了悲观情绪。"举目前途,众有忧色,询及将来计划,莫不欷歔太息,相视无言"①。有鉴于此,当时在美国活动的孙中山于1910年3月向黄兴提出了在广州再次发动起义的建议。

1910年11月,孙中山在马来西亚槟榔屿召集秘密会议,参加者有同盟会的重要骨干黄兴、赵声、胡汉民等人。会议决定再发动一次大规模的广州起义,并计划以广州新军为主干,另选革命党人500人(后增至800人)组成敢死队,首先占领广州,然后由黄兴率领一军入湖南,赵声率领一军出江西,谭人凤、焦达峰在长江流域举兵响应,最后会师南京,举行北伐,直捣北京。

同盟会接受历次起义失败的教训,在起义发动前进行了认真细致的准备。他们在香港建立统筹部,以黄兴、赵声为正副部长,下设调度处、储备课、交通课、秘书课、编辑课、出纳课、总务课、调查课,具体领导这次起义,并陆续在广州设立秘密据点,作为办事和储藏军械的地点。他们还在在南洋、美洲华侨中开展了筹款购械的工作。

统筹部成立后,各课分别派人进入广州开始活动,省城内外及各省革命力量大体联络就绪。1911年4月8日,统筹部在香港会议,预定4月13日在广州起义,分兵10路袭取广州城。敢死队之外,加设放火委员,预备临时放火,扰乱清军军心。但是,就在统筹部开会这一天,发生了同盟会员温生

---

① 孙中山:《建国方略》,《孙中山选集》上卷,第172页。

才刺杀署理广州将军孚琦事件,广州戒严。加上美洲的款项和由日本购买的军械也未到,因此,发难日期不得不推迟。

4月23日,黄兴由香港潜入广州,在两广总督衙门附近的小东营五号设立起义指挥部。因为内奸告密,清政府加紧了对革命党人的搜捕,起义部署被打乱,黄兴临时将原订十路进兵的计划改为四路,黄兴率一路攻总督衙门;姚雨平率军攻小北门,占飞来庙,迎接新军和防营入城;陈炯明带队攻巡警教练所;胡毅生带队守南大门。临战前,黄兴写了《致南洋同志书》,表示"誓身先士卒,努力杀贼,书以此当绝笔"。林觉民在给妻子的遗书中写道:"吾充吾爱汝之心,助天下人爱其所爱,所以敢先汝而死,不顾汝也。汝体吾此心,于涕泣之余,亦以天下人为念,当亦乐牺牲吾身与汝身之福利,为天下人谋永福也。"方洞声在给父亲的绝笔书中写道:"此为儿最后亲笔之禀,此禀果到家,则儿已不在人世者久矣。""但望大人以国事为心,勿伤儿之死,则幸甚矣。"表示"虽奋斗而死,亦大乐也;且为祖国而死,亦义所应尔也"。这些信表达了革命党人勇于为国捐躯的崇高精神。

1911年4月27日下午5时30分,黄兴带领120余人,臂缠白巾,手执枪械炸弹,吹响海螺,直扑总督署。督署卫兵进行顽抗,革命军枪弹齐发,击毙卫队管带,冲入督署。两广总督张鸣岐逃往水师提督衙门。黄兴等找不到张鸣岐,便放火焚烧督署衙门,然后冲杀出来,当时他右手断两指,但仍以断指继续射击。随后,黄兴将所部分为三路:川、闽及南洋党人往攻督练公所;徐维扬率花县党人40人攻小北门;黄兴自率方声洞、朱执信等出南大门,接应防营。

攻督练公所的一路途遇防勇,绕路攻龙王庙。喻培伦"身上负炸弹一大束,左手执号筒,右手拿手枪",奋勇当先,投掷炸弹。战至半夜,终因寡不敌众,全身多处受伤,率众退至高阳里盟源米店,以米袋作垒,向敌射击。力战数小时后被迫突围,喻培伦被俘遇害。往小北门的一路也很快遭遇清军。经过一夜作战,打死打伤敌人多名。最后,张鸣岐放火烧街,徐维扬率部突围,被敌逮捕。黄兴所率一部行至双门底后,与温带雄所率计划进攻水师行营的巡防营相遇。温部为入城方便,没有缠带白巾,方声洞见无记号,便开枪射击,温带雄应声倒下。对方立即发枪还击,方声洞牺牲。战至最后,只剩黄兴一人,才避入一家小店改装出城,4月30日回到香港。

这次起义经过一昼夜的浴血奋战,终因孤军作战,敌我力量悬殊而失败。事后,广州革命志士潘达微多方设法,收敛牺牲的烈士遗骸72具,合葬于广州城郊红花岗,并改其名为黄花岗。故这次起义称为黄花岗起义。

自同盟会成立起,孙中山和革命党发动了一次又一次的起义,表现了英勇斗争和毫不气馁的精神。但起义也暴露出他们的弱点。革命党领导人总结起义失败原因,认为只是"皆金钱之不足",缺少枪械。他们过于看重武器的作用,所以多次起义都是以一支敢死队突袭一个战略据点,以企图侥幸成功的方式进行。黄花岗起义虽然准备周密,但仍没有做艰苦发动群众工作,而寄希望于敢死队的侥幸成功。原来指望起义主要力量的新军,基本没有参加。这种军事冒险,决定他们不可能建立自己的军队,也决定他们过分地仰赖外援而招致起义失败。

黄花岗起义虽然失败了,但是它沉重地打击了清王朝的腐朽统治。资产阶级革命党人用生命和鲜血献身革命的伟大精神震动了全国,从而促使全国革命高潮更快地到来。正如孙中山所指出的:"是役也,碧血横飞,浩气四塞,草木为之含悲,风云因而变色。全国久蛰之人心,乃大兴奋。怨愤所积,如怒涛排壑,不可遏抑,不半载而武昌之大革命成。则斯役之价值,直可惊天地,泣鬼神,与武昌革命之役并寿。"①

三、立宪运动的勃兴

1. 立宪团体的兴起和立宪派的集结

在20世纪初迅速兴起的立宪思潮中,除原来就主张君主立宪的康有为、梁启超等维新派外,还有一批资产阶级上层人物、官绅和知识分子。1906年,清政府宣布"预备仿行宪政",使上述鼓吹立宪的人大受鼓舞,为了促使宪政早日实现,他们开始组建团体,一时间宪政团体纷纷出现。

最早建立的是1906年12月在上海成立的预备立宪公会。会长郑孝胥,副会长则是江浙实业界著名人物张謇和汤寿潜。预备立宪公会宣称"敬遵谕旨,以发愤为学、合群进化为宗旨","使绅民明晰国政,以为预备立宪基础",②参加者最多时达到370多人,会员中有不少是实业、教育界的知名人物,如实业界的李平书、许鼎霖、周廷弼、荣宗锦、夏瑞芳等,文化教育界的狄葆贤、黄炎培、张元济等。该会成立后致力于普及宪政知识和推动朝廷立

---

① 孙中山:《黄花岗烈士事略序》,黄季陆编:《总理全集》杂文,重庆近芬书店1944年版,第10页。
② 《预备立宪公会简章》,载《预备立宪公会报》第1期。

宪,出版刊物《预备立宪公会报》,还编辑出版了《公民必读》等一大批宪政宣讲材料,举办法政讲习班,培养地方自治会议员、董事。

1907年2月,康有为将海外的保皇会改为帝国宪政会,并于3月下旬在纽约召开了各埠代表大会,通过会章,确定"以君主立宪为宗旨","以君民共治、满汉不分为本义"。① 具体纲领是尊帝室、扩民权、监督政府、讲求宪政。同年10月,梁启超在日本东京组织政闻社并召开成立大会,以马相伯为总务员。发布的宣言书提出了实行国会制度、建设责任政府、制定法律、巩固司法权之独立、确立地方自治、慎重外交、保持对等权利等政治主张。第二年2月本部迁往上海,一方面到各省发展组织,另一方面又积极联络地方大吏和满族亲贵,力图在政界扩大影响,但这些工作并不顺利。1908年8月,因有一名社员电奏朝廷提出三年召集国会,并要求把主张缓行立宪的赴德国考察宪政大臣于式枚革职,故而触怒了慈禧太后,8月13日下令查禁了政闻社。

1906年,杨度在日本创立宪政公会,"宗旨在于预备宪政进行之方法,以期宪政之实行"②。该组织随即发表《宪政讲习会意见书》,明确提出设立民选议院的目标。此外,国内先后成立的立宪团体还有广东地方自治研究社、粤商自治会、贵州自治学社、宪政预备会、湖北宪政筹备会等。据统计,这一时期成立的立宪团体近80个。③ 以立宪团体的成立为标志,立宪派迅速成为一支全国性的政治力量。

立宪派把建立君主立宪国家作为自己基本的政治追求,因而积极拥护清政府的预备立宪行动。但是,随着清政府预备立宪步骤的展开,立宪派的不满情绪也逐步滋长。这种不满主要集中在两方面:一是立宪从何入手。清政府把官制改革作为立宪的第一步,而中央官制改革的结果却又是"军机处不动",这使立宪派大为失望。他们批评官制改革是"止系添出几个新名目,汰去几个无权力之大员,绝无他影响也"④。有的更是尖锐地批评清政府是"适足愈巩固其专制势力"。他们认为,立宪的关键是建立责任内阁与

---

① 《帝国宪政大集议员会议序例》,《康有为与保皇会》,上海人民出版社1982年版,第489页。
② 《时报》,1907年7月3日。
③ 张玉法:《清季的立宪团体》,台湾中央研究所近代史研究所1971年版,第90～143页《清季结社表》。
④ 《时报》,1907年11月8日。

国会,立宪必须从建立国会入手。但任何专制的统治者是不会自愿设立国会的,必须自己起来争取。二是建立国会的期限问题。清政府认为,立宪必须循序渐进,召开国会必须有一定的基础,因此确立了九年召开国会的期限。立宪派则认为当时的中国已处于"内忧外患"极为紧迫的境地,所以九年时间太长;只有速开国会,真正实现立宪,才能避免革命,迅速革除贫弱。为推动清政府的立宪步伐,立宪派开始了和平请愿行动。

2. 国会请愿运动

1907年9月,宪政讲习会会长熊范舆、沈钧儒等人进京,向都察院递上了有100余人签名的请愿书。提出,中国正处于"存亡危急之秋",外有列强环逼,内部革命蜂起,只有速行立宪,即行开设民选议院,才能"使国家内部无上无下,同心协力,共济艰难",国家得以自强,外患得以杜绝,要求清廷于一两年内即行开设民选议院。① 虽然政府并未理会他们的请愿,但请愿书在报纸上发表后,发生了很大的影响。第二年3月,宪政讲习会在湖南发动绅商学界代表4000人签名,向都察院递交了第二封请愿书。宪政讲习会的请愿行动得到各省立宪团体的响应。1907年10月,帝国宪政会发动海外华侨数万人推举代表入京,要求速开国会;政闻社、粤商自治会、预备立宪公会则发出电奏,请开国会;1908年7月,河南绅民5000余人签字并派代表进京呈递请愿书。接着,安徽、江苏、吉林、湖南、直隶、山东、北京、山西、浙江、广东等省纷纷举行集会,并于8月派代表入京,在请愿书上签名的,多则2万多人,少则也有数千人。

请愿运动的开展,使清政府大为恼火。一些顽固守旧大臣将请愿看成是"扰乱国是","若准如所请,实为堕其术中"。1908年8月,清政府以"托名研究时务,阴图煽乱,扰害治安"为名下令查禁政闻社,实是力图借此遏止请愿运动,但面对立宪派速开国会的浪潮,朝廷也不得不设法应对。主持宪政事宜的宪政编查馆大臣意见不一,短的主张5年,长的主张20年;地方督抚和出使各国大臣都担心如不从速决定国会期限,将会失去人心。在这种情况下,1908年8月27日,慈禧批准并颁发了一系列标志宪政的实质性文件:《钦定宪法大纲》、《议院法要领》、《选举法要领》、《逐年筹备事宜清单》。

根据《逐年筹备事宜清单》,将在1908年(光绪三十四年)进行筹办咨议局的选举和地方自治的准备工作,1909年各省开办咨议局,1910年成立资

---

① 《清末筹备立宪档案史料》下册,中华书局1979年版,第609~616页。

政院,同时开展各项立宪筹备工作。根据这个进度,到 1913 年,城镇乡地方自治一律成立,1914 年厅州县地方自治一律成立;1913 年实行户籍法;1913 年和 1914 年试办全国预算、决算;并使人口中识字者逐年增加,1916 年达到 1/20;1915 年实行民律、商律、刑事、民事诉讼律;新官制到 1916 年一律实行;乡镇审判庭 1915 年一律成立;巡警到 1915 年一律完备。

最重要的成果是:1916 年宣布宪法,颁布议院法和选举法,选举议院,也就是确定了九年召开国会的期限。清单公布后,立宪派普遍认为九年召开国会的时间太长,但为了在各省咨议局中争取有利地位,他们将活动重点转向咨议局筹备和选举工作,请愿运动暂时沉寂下来。1909 年各省咨议局成立(只有新疆缓办),不少立宪派人成为咨议局议员。他们以咨议局为基地,又一次掀起国会请愿高潮。

1909 年 10 月,江苏咨议局议长张謇与立宪派共同商定,联合各省咨议局开展共同请愿活动,并派有关人员分赴南北省联络。12 月,16 个省的 51 名代表到达上海,经过讨论,通过了进呈的请愿书,要求两年内召开国会,明年先开临时会议。他们组成了 30 多人的请愿代表团。1910 年 1 月 16 日,到京代表赴都察院呈递了请愿书,并在京组织了请愿速开国会同志会。1 月 30 日,朝廷颁发上谕,以"幅员辽阔,筹备既未完全,国民智识程度又未画一,如一时遽开议院,恐反致纷扰不安,适足为宪政前程之累"①为由拒绝了请愿代表的要求,请愿失败。

第一次请愿失败后,立宪派人准备发动第二次请愿。为扩大声势,他们派出特派员,游说各省商会、学会和其他团体,号召"各省以绅民之名,自举代表上书请愿,其签名之人,必须普遍于各府、厅、州、县,不可限于省城,人数愈多愈善"②。经过较为广泛的发动之后,立宪派在各省征集了近 30 万人的签名运动,并组织了 10 个请愿代表团。6 月 16 日,代表齐集都察院,递上了代表各界的 10 份请愿书,要求一年之内召开国会,6 月 27 日,清廷颁下诏旨,再次强调财政艰难,"匪徒滋事",宪政必须分缓急先后。二次请愿又被拒绝。立宪派人并不气馁,他们组织咨议局联合会,并准备发动第三次请愿。10 月,资政院开会,请愿代表孙洪伊向资政院呈递了由 187 人署名的

---

① 《清末筹备立宪档案史料》下册,第 641 页。
② 《国会请愿代表团为续行请愿分途运动事致苏商总会函》,见《苏州商会档案丛编》第 1 辑,华中师范大学出版社 1991 年版,第 1261 页。

请愿书,请资政院提议于1911年召开国会。22日,资政院通过速开国会的议案。26日,请愿代表团又直接上书载沣,向政府指明:"人心向背,皆在朝廷一举动间以为标准。"①与此同时,立宪派还在各省发动了请愿集会游行。这次他们力图造成更大的声势,深入各省发动民众,出现了一个轰轰烈烈的群众请愿集会高潮。各省的请愿集会动辄数千人,并游行至总督巡抚衙门,请代奏请愿书。在奉天,全省有20多个城市举行了集会,参加者均在一万以上,签名者达三十余万。② 形势的发展,使一部分地方督抚看到非速开国会不能立挽时局,因而也联衔入奏,要求速开国会并成立责任内阁。

在来自各方的强大压力下,载沣不得不于11月4日发布上谕,宣称"俯顺臣民之请","缩改于宣统五年实行开设议院","预即组织内阁",并表示:此次缩定期限,"应即作为确定年限,一经宣布,万不能再议更张"。如以后再有请愿国会者,要"按法惩办",还要民政部和各省督抚让请愿代表即行解散,静候朝廷次第施行。

国会期限缩短了3年,有的立宪派认为目标已经达到。江苏咨议局致电资政院,表示"请愿有效,天恩高厚,感极涕零"。但多数立宪派人并不满意。他们谋求第四次请愿。12月6日,奉天各界代表一万余人举行集会和请愿游行,请东三省总督锡良代奏请愿书,还派出代表进京请愿。接着,直隶也派出了进京请愿代表。这一次,清廷开始采取强硬手段。清廷颁布上谕,称请愿代表"乃无识之徒","仍肆要求",令速送回原籍,不准在京逗留,还令各省"严加查办",并用军警强行把东三省请愿代表押回奉天。而在直隶,总督陈夔龙则派军警镇压学生请愿活动,调兵包围学堂,勒令开课;还在清廷的指令下秘密逮捕了请愿领导人温世霖。第四次请愿失败。

国会请愿运动失败了。失败的主要原因在于立宪派所提出的目标和请愿活动为清政府所不容。立宪派所要求召开的国会,是有独立立法权力且能监督政府的代表人民参政权的国会,而清政府虽也同意开国会,但只是在君主权力之下的立宪的点缀品,因此根本无法答应立宪派的全部要求。此外,清政府还害怕人民,他们把群众请愿视为"民气嚣张",请愿代表是"其心不可尽测",最后用专制手段镇压了请愿。从立宪派方面来看,他们对清政

---

① 《国民公报》,1910年10月28日。
② 《国民公报》,1910年10月29日,转引自侯宜杰:《二十世纪政治改革风潮》,人民出版社1992年版,第311页。

府抱有不切实际的幻想,只希望以请愿的声势来感动政府,当清政府采取镇压手段时,他们不敢针锋相对地展开斗争,致使请愿运动难以坚持下去。

随着请愿运动的开展,清政府与人民为敌的态度暴露无遗,使许多立宪派对清政府的幻想破灭了。他们指斥清政府是"假立宪之名,行专制之实",有的就干脆直接指斥清政府的立宪是"假立宪",是一场"骗局"。他们开始谋求"推倒政府",有的转向支持革命党人的活动。

第三节 清政府的覆亡与中华民国建立

一、保路运动与武昌起义

武汉素有"九省通衢"之称,自 1862 年汉口正式开埠以后,西方国家在这里设立租界,成为他们向中国进一步扩展势力的重要据点。这里的近代工业和近代教育发展都比较早,并且在湖广总督张之洞的主持下,湖北的新军成为仅次于北洋新军的一支新式军事力量。

自 1904 年科学补习所开始,湖北革命党人就确立了运动新军的方针。他们"以运动学队为主,不轻率发难",许多革命党人投笔从戎。事实上,新军在选募、编制、训练方面的某些变革,也给革命党人的渗入提供了机缘,湖北新军最初组建于 1895 年,张之洞建三个营,其中工程队一营,聘德国人为总教司。辛亥革命前,湖北的新军有第八镇(11204 人),镇长张彪,二十一混成协(4896 人),协统黎元洪。新军士兵是从民间选募而来,一般为 20~25 岁,士兵多数来自乡间清贫家庭,容易接受反清思想。选募士兵要求较通文墨,当时正是废科举前后,童生秀才放弃举业入伍,许多青年文士也"投笔从戎",士兵的文化素质较高,容易接受西方新资本主义近代思想。中下级长官多从武备学堂选拔,还有一些是从留日学军事归国的学生中选拔,使一部分具有革命思想的知识分子进入新军,得以利用合法身份进行秘密活动。

1906 年日知会成立,即在新军和学生中进行工作,其中不少会员曾先后加入同盟会,并准备响应萍浏醴起义。由于内奸告密,1907 年 1 月,湖北当局逮捕了日知会主要领导人,日知会遭破坏。同年 7 月,原日知会的一些会员和部分新军士兵一起,成立湖北军队同盟会,创办《通俗白话报》,但不久即引起清地方当局的注意,活动遂告停止,它存在了五个多月。

1908年11月，慈禧、光绪相继死去，军队同盟会的成员认为是一次好机会，于12月13日成立群治学社，专门联络士兵。通过一定的工作，在湖北新军各标中都发展了成员。1910年，爆发湖南抢米风潮，群治学社准备发动起义，但没等发动就被清政府当局侦知，学社的活动非常困难，不得不筹划改组。这年8月，他们又一次组织起来改名振武学社，9月18日召开成立大会。不久其活动为当时新军二十一混战协协统黎元洪所获悉，振武学社社长杨王鹏等被撤差，有的被开除军籍。

1911年1月11日，振武学社蒋翊武、詹大悲、刘复基等人集会，改振武学社为文学社，主要是为了不惹人注意。1月30日，文学社召开成立大会，主要是一些新军代表参加，蒋为正社长、詹为文学部长、刘为评议部长，其宗旨是"推翻清朝专制，反对康梁的保皇政策，拥护孙文的革命主张"。文学社成立后，在新军中发展很快，各营几乎都有了社员，其机关设在武昌小朝街85号。

1908年末，东京共进会的孙武回到湖北开展工作，不久成立了湖北共进会。他们注意在会党中进行工作，1910年后，将重点转向新军。

湖北革命党人直接投身于行伍，冒着生命危险做了大量工作。他们做了广泛深入的宣传工作，创造了多种宣传形式，办阅报社、图书馆，开办学校、印刷所，印刷革命书籍；还办演讲会，创办《商务报》、《大江报》，宣传革命排满。他们利用新军本身的建制，在队一级建立基层组织，各队、营、标均推举代表，与总社直接联系，各标、营彼此不发生横的联系，兵士参加组织，事先都要进行较严格的审查。这样，他们在各营、标中打下比较坚实的基础，一旦发动，便可以"招营起义"。

湖北革命党人的这些长期不懈的工作，积蓄了雄厚的革命力量。1911年7月，新军中有组织的革命党人近2000人，经联络同情革命的4000余人，与革命为敌的至多不过千余人。首义前三分之一的新军士兵成了革命党人。

1911年5月9日，清政府颁发"上谕"，实行所谓"铁路国有"政策，宣布各省原已交商办的铁路干线，一律"收归国有"，准备以"国有"为名，将铁路修筑权出卖给英、法、德、美四国银行团。5月18日，清政府任命满洲贵族端方为"督办粤汉、川汉铁路大臣"，要他去强行接收湖南、湖北、广东、四川四省的商办铁路公司。5月20日，邮传部大臣盛宣怀同英、美、德、法四国银行团签订600万英镑的《湖北湖南两省境内粤汉铁路、湖北境内川汉铁路借款合同》，把湖北、湖南、广东三省人民在 1905 年收回路权运动中从美国侵略者手中赎回的粤汉铁路和川汉铁路的修筑权，又重新出卖给帝国主义。它严重侵害了广大人民，特别是民族资产阶级的利益，因此激起了各阶层人民的愤慨。与粤汉、川汉两干线相关的湖南、湖北、广东、四川四省的保路斗争迅速兴起。

湖南的保路运动发起早、行动快。早在 1908 年冬，湖南全省就掀起了"拒债"、"集股"为中心的保路热潮。清政府"铁路国有"政策公布后，湖南全省人民奔走呼号，抗议清政府出卖国家主权。1911 年 5 月 14 日，长沙各界群众一万余人集会，要求清政府"收回成命"，表示要"全力抵抗"。6 月中旬，长沙各学堂相继罢课抗议。在广东，6 月 6 日，广东粤汉铁路公司股东召开大会，一致抗议清政府的"铁路国有"政策，提出"万众一心，保持商办之局"，并致电湖南、湖北、四川各省，表示"铁路国有，失信天下"，各省"唇齿相依"，要互相支持。在很短的时间内，湖南、湖北、广东的保路风潮连成一片，声势浩大。全国各地以及海外侨胞、留学生，也纷纷集会，并通电、写信予以声援。

在两湖和广东的保路斗争迅速发展时，四川的保路斗争也迅速发展起来。1911 年 6 月 17 日，成都各团体在川汉铁路公司开会，"到会者二千余人"。会场群情激昂，大骂盛宣怀卖路卖国，决心为争回路权奋斗到底。会上宣布成立"保路同志会"，推举咨议局议长蒲殿俊为会长，副议长罗纶为副会长。保路同志会得到群众的广泛响应，仅成都一地，四天之中就发展到十万人；全省有 64 个县成立了保路协会。8 月，成都全城罢市，并很快发展到各州县。

面对日益高涨的保路风潮，清政府下令镇压。9 月 7 日，四川总督赵尔丰诱捕了保路同志会代表蒲殿俊、罗纶等人，并查封了同志会和铁路公司。群众怒不可遏，到总督署请愿，赵下令向手无寸铁的群众开枪，打死数百人，这就是"成都血案"。血案发生后，同盟会会员龙鸣剑与王天杰等认为革命时机已到。8 月 4 日，他们邀请哥老会首领秦载赓、罗梓舟、胡重义、孙泽沛和张达三等在资州（今资中）罗泉井召开秘密会议，决定武装起义。他们把"保路同志会"改称为"保路同志军"，在新津和华阴设立总部，并推定秦载赓和张达三分别负责川东南与川西北的起义工作。9 月 8 日，保路同志军进围成都，附近州县群起响应，纷纷成立保路同志军，数日之内，队伍发展到 20 多万人。同志军围攻成都十几天，由于缺乏统一的组织指挥和作战经验,武器装备又不足,没能攻下成都,他们开始分兵攻略各州县。

在四川的各州县中,荣县的群众基础较好,同盟会会员王天杰就在这里从事革命的联络和组织工作,并组织民团1000余人。9月25日,同盟会员吴玉章、王天杰等宣布荣县独立,这是辛亥革命时期革命党人最先建立的革命政权,成为成都东南反清武装斗争的中心。到10月上旬,同志军起义的烽火已燃遍了四川全省。

清政府获知成都被围和四川各地同志军起义的消息后,吓得手忙脚乱,在不到半个月的时间里先后调派端方从湖北带新军日夜兼程入川,并命令曾担任四川总督的岑春煊前往四川,会同赵尔丰办理剿抚事宜,还从湖南、广东、陕西、甘肃、贵州、云南等省派兵前往四川增援。

四川保路运动的发展造成大好的革命形势。1911年9月24日,湖北的两大革命团体文学社和共进会在武昌召开联席会议,制定了起义计划。湖北革命党人定于中秋节(10月6日)起义,以蒋翊武为临时总指挥,孙武为参谋长。当时他们曾与同盟会中部总会联络,邀请黄兴、宋教仁来领导起义。黄兴认为起义是可以的,但时机不成熟,要等待筹款和武器。但武汉革命党人认为时机已经成熟,四川保路运动发生,武汉新军的一部分被调入川,如不抓紧起义,革命力量就有被分散的危险,他们当机立断决定在八月十五中秋节(10月6日)举行起义。但起义并没有按预定计划进行,10月9日下午4时许,孙武在汉口俄租界宝善里14号赶制炸弹时不慎爆炸,文件被俄国巡捕搜走,机关暴露。湖广总督瑞澂下令搜捕革命党人。在此风云突变之际,蒋翊武、刘复基、彭楚藩、杨宏胜等人召开紧急会议,决定立即发动起义。蒋翊武以临时总司令的名义起草命令,派人送往各标、营革命党人手中,约定当晚12时,以南湖炮队的炮声为号,城内城外同时起义。但是,瑞澂已于事先听到风声,派军警查抄了武昌的各个革命机关,逮捕了彭楚藩、刘复基、杨宏胜等人,蒋翊武逃离武汉。瑞澂下令杀害彭、刘、杨三人,并按查获的名册搜捕革命党人。由于武昌戒严,内外交通断绝,起义的命令未及时送到南湖炮队,10月9日晚起义的计划又落空。在群龙无首的紧急关头,新军中的革命党人自行联络,约定10月10日晚以枪声为号,按原计划发难。当晚7时过后,工程第八营革命党首先发难,10多名革命士兵直奔楚望台军械库,守库的本营左队士兵鸣枪配合,顺利地占领了楚望台。工程营左队队官(相当于连长)吴兆麟被推为临时总指挥。当天夜里11时左右,革命军以工程营为主力,分三路向总督署发起猛攻,总督署守兵千余人

武昌首义后成立的湖北军政府

以强大火力阻击,各路大军均不得手。午夜时分,发起了第二次进攻,瑞澂闻炮丧胆,从督署后墙凿洞逃遁。次晨2时,革命军再次发动进攻,终于在黎明前攻下督署。11日晚及12日凌晨,革命军先后占领汉阳、汉口,武汉三镇完全光复。

湖北革命党人发表宣言,改国号为中华民国,成立中华民国军政府湖北都督府。当时孙中山尚在海外,黄兴和其他主要领导人也在香港、上海等地。领导起义的文学社、共进会领导人有的被迫逃离武汉,有的负伤牺牲,起义的实际领导者多为普通士兵和下级军官。为了扩大影响和提高革命军的声望,原湖北新军二十一混成协协统黎元洪被抬出来充当了中华民国军政府都督。

武昌起义立刻引起燎原之势,最先响应的是湖南和陕西两省。到11月9日,短短一个月时间,全国已有鄂、湘、陕、晋、赣、滇、黔、苏、浙、桂、皖、闽、粤、上海市宣布独立,脱离清朝,"三分天下有其二",革命迅速进入高潮。

在这胜利的形势下,资产阶级革命党人一片欢腾,他们高呼"革命成功"、"大功告成",但在这胜利的形势中,已埋伏下失败的危机。

革命党人对革命形势思想准备不足,缺乏坚强的领导核心。同盟会面临武昌首义、全国呼应的局势,缺乏具体通盘的计划,既没有及时地提出把革命更向前推进的统一政治纲领,也没有建立起坚强的领导核心,以致当革命形势不断变化时,同盟会没有、也不可能有效地实施政治上和组织上的领导,把革命引向全面的胜利。各地会员基本上是人自为战,自立政权。这样,原来的派别成见就有可能带入新政权的权力分配中,如湖北共进会领导人孙武(湖北军政府军务部部长)为了巩固个人权位,竟不惜"拥黎以自重",千方百计打击原文学社负责人蒋翊武(任军政府军事顾问,驻汉招抚使),还与原共进会领导人之一的张振武也"势成水火"。上海军政府都督陈其美为巩固自己在上海、浙江的势力,派人暗杀了原光复会的领导人陶成章。

立宪派人与革命派争夺胜利果实。清政府"预备立宪"没有诚意,"皇族内阁"的成立,使立宪派人放弃了对清政府的幻想。武昌首义爆发,又促使大部分立宪派人先后作出舍弃清政府、附从共和革命的决定,参与了各地的反正活动。如江苏立宪派敦劝原巡抚程德全反正,宣布独立。广西独立也主要依靠立宪派力量。立宪派人的转向,引起了许多大中城市拥清和反清力量对比的变化,有利于革命派获取城市起义的胜利,加速清朝统治的崩溃,因此,立宪派人转向革命是产生了积极作用的。

然而另一方面,立宪派人原来有一定的政治经济力量,附从革命后又依靠其实力,与革命派争夺胜利果实,对革命的纵深发展也起了阻挠作用。如湖南,是最先响应武昌起义的省份,并建立了革命政权——湖南军政府,都督焦达峰是革命党人,年仅24岁,副都督陈作新,原是新军排长,立宪派谭延闿为民政部长。其中,焦达峰年青,起义前才以革命党人的身份回到长沙,没有多少基础,陈作新爱说大话,很少做实际革命工作,而立宪派谭延闿则是湖南绅商学界的头面人物,当过湖南咨议局议长,号称"文武全才",有很高的社会威望。他当然不把焦达峰放在眼里,马上提出建立临时参议院,成员多是原咨议局议员,谭为议长。临时参议院成立后,就要夺都督的权力,制定条例,要求都督一切行政命令都必须通过参议院,从而使参议院总揽一切大权。立宪派的专擅揽权,引起一些革命党人的不满,10月26日,革命党人集会决定取消参议院,立宪派闻讯后与部分新军联合发动政变,杀死了焦达峰、陈作新,谭延闿作了都督。本来革命党人内部并不一致,立宪派人加入革命,增加了革命的复杂性。

革命面临的更严重的危机,还在于袁世凯在帝国主义支持下乘机而起。1909年1月,载沣为了集权的需要,以足疾为由,曾罢免袁世凯,放逐回河南。袁世凯韬光养晦,准备东山再起,家里有电报房,与各地、京城联系。武昌起义后,作为一种本能反应,帝国主义准备进行武装干涉,援助清政府镇压"叛乱"。1910年10月22日,进驻武汉长江江面的外国军舰达20艘之多,到11月中旬,停在中国内河的军舰达51艘,兵力19000余人。然而,由于革命形势发展很快,清王朝已显出奄奄待毙的迹象,他们感到武装干涉已难以恢复清政府的统治,于是改为"严守中立"政策,准备物色新的"强人"替换不中用的奴才。这个人选就是袁世凯。当四川保路运动方兴之际,列强报刊就催促清廷起用袁世凯,武昌起义后更是如此。10月11日,四国银行团的美国代表司戴德就扬言:"如果清朝获得袁世凯那样强有力的人襄助,叛乱自得平息。"①同日,皇族内阁举行会议,要求清廷起用袁"统兵平乱",外国驻华使团也派代表入宫,向载沣表示各国使节的要求,提出"非袁不能收拾"。10月14日,载沣被迫同意下诏起用袁为湖广总督,"督办剿抚事宜"。然袁却推称"是疾未愈",不肯赴任,反而提出开国会、组织责任内阁、解除党禁、授予指挥军队全权等六项要求。清政府在万般无奈的情况下,于10月27日任命袁世凯为钦差大臣,节制湖北水陆各军。30日,清廷下"罪己诏",承认"用人无方,施治寡术",表示要"维新更始,实行宪政"。②11月1日,解散皇族内阁,任命袁世凯为内阁总理大臣。袁世凯是极会观察政治动向的,他凭多年的政治经验,知道清政府已保不住,也知道单凭武力是无法镇压革命党人的,于是采用两面手法,一方面他要用清政府的军队威胁革命党,指挥北洋军队相继攻陷汉口、汉阳;另一方面,他要用革命势力来威胁清政府,于是指使人写信给黎元洪进行"和平"试探。11月26日,经过英国公使朱尔典和袁世凯的密谋,向湖北军政府提出停战建议。12月3日,双方停战。12月17日,北方议和代表唐绍仪与南方议和代表伍廷芳在上海开始和平谈判。

二、民主共和制度的创立

1911年11月7日,湖北军政府都督黎元洪发出通电,提出"义军四起,大局略定,唯未建设政府,各国不能承认交战团体",就组织临时政府问题征求各省意见。随后,又通电各省派代表到武昌筹组临时政府。接着,江苏都督程德全和浙江都督汤寿潜于11日联名致电沪督陈其美,主张在上海开会

---

① 转引自李新主编:《中华民国史》第1编下册,中华书局1982年版,第485页。
② 《宣统政纪》卷63,辽海书社1934年版,第49页。

筹建政府。15日,6省和上海代表在上海开会,成立"各省都督府代表联合会"。后经过武昌方面的力争,联合会决定移至武昌开会。11月29日至12月3日,11省代表23人先后到达武昌。当时汉阳刚刚失守,武昌处于清军炮火威胁之下,会议只好改到汉口英租界顺昌洋行举行。12月1日开会时,为争取袁世凯反戈一击,通过决议,"如袁世凯反正,当公举为临时大总统"。3日,正式通过《中华民国临时政府组织大纲》二十一条,决议成立新政府。2日,南京为江浙联军攻克,会议当即议决将临时政府设在南京。12日,14省代表39人齐集南京,原定16日举行选举会成立临时政府,后因南北议和开始,各省代表暂缓选举,准备等袁赞成共和,选他为大总统。但袁态度始终暧昧。12月25日,孙中山从海外归来,使革命派声势大振,国内许多团体和海外华侨也纷纷致电各省代表,"请举孙中山为总统,以救国民"①。12月29日,在南京的17省代表45人开临时大总统选举会,选举孙中山为临时大总统。

  1912年元旦,孙中山在南京宣布就职。在《临时大总统就职宣言》中,他庄严宣告,临时政府的任务是:"尽扫专制之流毒,确定共和,普利民生,以达革命之宗旨,完国民之志愿。"下令改国号为中华民国,以1912年为民国元年,改用阳历。1月3日,各省代表会议通过了孙中山提出的由各部总长组成的国务员名单。1月28日,临时参议院成立,各省参议员代表共43人,其中同盟会员占四分之三以上。

  在中国,民主共和制度是舶来之物,是资产阶级革命党人价值追求的目标,但由于立宪派人和部分旧官僚转向共和革命,致使新诞生的南京临时政府成为各派政治力量的联合政府。不过在短短的三个多月时间里,在孙中山的领导下,革命党人依靠手中掌握的权力,为建设一个真正的革命民主共和政体作出了极大的努力。

  首先是政府各部人员的安排上。以孙中山为首的革命党人谋求"由党决定",而立宪派也极力争夺,黄兴据此提出"部长取名,次长取实"②的变通之法。9个部的总长中,虽然只有陆军总长黄兴、外交总长王宠惠、教育总长蔡元培为同盟会人,但9名次长除一人外均为革命党人。其中陆军总长

---

① 《民立报》,1911年12月28日。
② 居正:《梅川日记》,大东书局1947年版,第72页。

兼参谋长黄兴职权最重,所以被称"虽无内阁之名,实各部之领袖也"①。革命党人在政府中居主导地位。

其次是通过立法完善民主共和政体。南京临时政府设置法制局负责法制的编订,局长为宋教仁。重要法制,由法制局编订呈临时大总统,由临时大总统签署发布;一般法令,由临时大总统或各部发布执行。在此期间,经临时参议院通过,孙中山公布《各部官制通则》和《南京府官制》,使中央政府组织趋向完备。在选拔官吏方面,孙中山指出:"任贤选能,乃懋厥职,古今中外,罔越斯职。第考选之法,各有不同,尚公去职,庶无情弊。"要参酌中外,建立考试制度。② 他令内务部和法制局编纂文官试验章程,并咨送参议院议决。

为保护人民权利,孙中山多次发布命令,宣布所有人民享有国家社会的一切权利,包括公权如选举权、参政权等;私权如私有财产权、居住、言论、出版、集会、结社、信教的自由等;还禁止贩卖人口出洋,保护华侨;禁止买卖人口,改变"贱民"身份,允许他们享受一切公私权利;参议院通过女子参政权议案,赋予妇女以同男子平等的各项权利。

为建立新的司法体系,孙中山颁布命令,废止刑讯。司法部拟定了"临时中央裁判所官职令草案",内务部拟出了《律师法草案》,法制局拟定了《法官考试令》,为通过考试选拔合格法官作准备,由于时间短促,上述许多工作虽然没有来得及展开,但南京临时政府为建立新的司法体制作的贡献和努力是应肯定的。

经济政策方面,宣布保护私有财产、保护工商业;在中央成立实业部,各省成立实业司,鼓励人们兴办实业,把发展工商各业作为"富国裕民之计"。制定商业注册章程、商业银行暂行条例等,还提倡垦殖事业。在临时政府的推动下,各种实业团体纷纷成立,如中华民国工业建设会、中华工学会、中华民国实业协会等,他们有的提出了"产业革命"的口号。

在教育方面,蔡元培提出了"军国民教育、实利主义教育、公民道德教育、世界观教育、美感教育"的教育方针。教育部制订了《普通教育暂行办法》,把旧时学堂一律改为学校,监督、堂长一律改称校长;男女同校,取消小

---

① 《胡汉民自传》,《近代史资料》1981年第2期。
② 《大总统令法制局迅速编纂文官试验草案由》,《临时政府公报》第19号,1912年2月22日。

学读经课,增加自然科学等方面的课程,禁用前清学部颁布的各种教科书。还颁发了《普通教育暂行课程标准》,对小学、中学、师范学校的课程设置作了具体规定。临时政府还极力推行社会教育,要求各地宣讲形势、国民之权利义务,以及尚武、实业诸端,以提高公民道德。

孙中山还颁布了一系列改革封建陋习的法令:限期剪辫、劝禁缠足、严禁鸦片、改变称呼为先生或君、废止跪拜、禁止赌博、提倡廉洁奉公。临时政府各级职员,都未规定薪金,除政府提供食宿外,每人只给军用券30元。这些措施,有力地触动了封建专制的弊政和社会恶习,起了解放思想、移风易俗的作用。

上述工作充分说明,南京临时政府是一个具有民主共和性质的政权。

南京临时政府在立法建制方面最重要的成就,是1912年3月11日公布的《中华民国临时约法》。约法共七章五十六条。总纲规定:中华民国主权属于国民全体;中华民国领土包括全国22个行省、内外蒙古、西藏、青海。中华民国由参议院、临时大总统、国务员、法院行使其统治权。第二章《人民》规定:中华民国人民一律平等,无种族、阶级、宗教之区别,人民享有人身、居住、财产及经营、言论、著作、出版、集会、结社、通信、迁徙、信仰等自由,有请愿、诉讼、考试、选举及被选举权等权利,有纳税、服兵役等义务。其他几章规定参议院行使立法权,临时大总统、副总统由参议院选举产生;临时大总统总揽政务、公布法律、接见外国之大使、公使等。国家政体为内阁制,国务员为国务总理及各部总长,辅佐大总统负其责任,于临时大总统提出法律、公布法律及发布命令时,有副署权。法院独立审判,不受上级官厅之干涉。以上规定反映出临时政府是以资产阶级"三权分立"、"代议政治"为原则建立的,体现了主权在民原则。

《临时约法》以国家大法的形式,确立了民主共和的国家组织形式和人民的基本权利,宣告了中华民国的合法性,具有开创性的历史意义。

三、政权北移

但是,南京临时政府也面临着极大困难。

首先是帝国主义的阴谋破坏。临时政府成立后,派人与帝国主义交涉谋求承认,但帝国主义则置之不答。他们别有用心地宣传君主观念已成为中国的传统,从西方引进的民主学说不适合中国国情,"中国人最好还是保存帝国,并慢慢地实行政治改良"①。他们还在经济上进行封锁。武昌起义后,各国以"保管"为名,趁机劫夺了中国海关税款,切断了革命党人的重要财政来源。南京临时政府成立后,面对极为严重的财政困难,曾力图寻求各国提供财政援助,均遭拒绝。在政治、经济上对临时政府施加压力的同时,他们还鼓吹只有袁世凯是中国各派政治势力"唯一可以接受的领袖",表示只有在袁解决"南北争端"之后,才可能承认中华民国,也就是胁迫革命党人把政权让给袁世凯。

其次是保守、妥协势力的拆台活动。立宪派人虽然转向革命共和,但是,他们又希望限制和尽快结束革命的动乱,以利于"和平"环境下资本主义发展。他们权衡袁世凯与孙中山,认为袁世凯具备孙中山所缺乏的财力、武力及列强的支持,因而把袁看成"统一"和"秩序"的象征,力主袁世凯上台,以早日结束革命。南京临时政府成立的第二天,张謇与孙中山谈话,得出的结论是"未知涯畔"。他认为孙长期在海外,对中国四五千年之疆域、习俗、政权沿革不了解,虽然知道一些国外的政治风俗,但也没有融会贯通。南京临时政府成立后,张謇虽被任命为实业总长,但却取旁观和不合作的态度。他还向孙、黄建议"即日解党",即要他们解散同盟会。张謇、赵凤昌又与部分官僚政客组织"共和统一会",表示拥袁"统一中国"。

再次是革命党人自身的分化和蜕变。革命派内部各种政治力量开始了新的分化组合,出现了一些对抗同盟会的新政团。1912年1月3日,章太炎宣布脱离同盟会,和张謇、程德全在上海成立"中华民国联合会",章为会长;3月,章又将中华民国联合会改名为"统一党",公开与孙中山对立。此外,湖北革命党人孙武因未能得到临时政府的部长席位,宣布脱离同盟会,与一些官僚政客在上海成立"民社",推黎元洪为领袖,提出了反孙、倒黄、捧黎、拥袁的方针。同盟会处于涣散的境地,于是于1912年2月进行改组,宣布由秘密转为公开,新的总章宣布以"巩固中华民国,实行民生主义"为宗旨。一批官僚政客纷纷混入党内,并推举黎元洪为"协理",同盟会难以成为革命的领导核心了。

更重要的是,由于思想理论准备不足,多数同盟会员只以"驱除鞑虏"、实行共和为唯一目的,以为凡是宣布拥护共和的人,都可以引为同志。武昌

---

① 《纽约时报》,转引自李新主编:《中华民国史》第一编,中华书局1982年版,第488页。

起义之后不久,革命党人中就已经出现要袁世凯当总统的说法。1911年11月9日,黄兴写信给袁世凯表明:如袁能够建立拿破仑、华盛顿那样的功业,就可举他为总统。① 《神州日报》1911年11月2日刊登华侨、留学生的电报,提出"以袁世凯资格,适于总统"。南京光复后,黄兴于12月9日给汪精卫的复电说:"项城雄才大略,素负全国重望,能顾大局……中华民国大统领一位,断推举项城无疑。"② 革命派的喉舌《民立报》也于12月16日发表社论,望袁世凯迫使清帝"退位","而总统之席,袁氏终有时当选"。表明革命党人基本确立了此方针。

在这种情况下,1911年12月31日和1912年1月2日,刚刚当选为临时大总统的孙中山两次致电袁世凯,表示临时大总统一席,他只是"暂时承之",只要袁世凯拥护共和,他一定"让位"。当时孙中山想通过北伐逼清帝退位,组织了六个军,自任北伐军总指挥,以黄兴为参谋长,并确立了分六路向北京进军的方针。但革命党内部许多人把希望寄托在袁世凯身上,所以北伐一再拖延,1月下旬只有两路开始北进,其他均无进展。北伐夭折。

1912年3月10日,袁世凯在北京就任中华民国第二届临时大总统

在北方,袁世凯加快了逼宫的步伐。1912年1月26日,在袁世凯的指使下,北洋军将领46人电奏清廷,要求"立定共和政体",否则将带兵入京。接着南北就清帝退位条件问题进行磋商,议定了优待条件:退位后尊号仍存,岁用400万元,仍居皇宫,以后再移居颐和园,侍卫照常留用,保护皇室私产等。

---

① 《致袁世凯书》,《黄兴集》,中华书局1981年版,第82页。
② 《复汪精卫电》,《黄兴集》,第94页。

1912年2月6日,南京临时参议院通过了《优待条例》。12日,清帝宣布接受优待条件,发布退位诏书。统治中国260多年的清王朝结束了。

2月13日,袁世凯致电临时政府,宣布"共和为最良国体";同日,孙中山向参议院提出辞职咨文。并附三个条件:临时政府地点设在南京;新总统在南京就职;新总统必须遵守临时政府约法。2月15日,临时参议院举行选举会,选举袁世凯为临时大总统。

孙中山辞职时提出三个条件,目的是借此制约袁世凯,但袁世凯是绝不愿离开他的统治中心北京的。他表面上同意南下,暗地里却指使部下在北京、天津搞兵变。与此同时,各列强国家也调集军队入京"护卫"。在这种情况下,南方赴京迎袁世凯南下就职的专使蔡元培致电南京临时政府,建议准许袁世凯在北京就职。3月6日,临时参议院通过决议,同意袁世凯在北京宣誓就职。3月10日,袁世凯在北京宣誓就任临时大总统。4月1日,孙中山正式解除临时大总统职务。第二天,临时参议院议决将政府迁往北京。

中华民国虽然表面上完成了国家的统一,但政权转到了袁世凯手中。

本 章 小 结

20世纪的头十年,是近代中国发生重大变革的十年。一方面,清政府在内忧外患的压迫之下,为了挽救统治危机,不得不从1901年开始宣布实行"新政"。但新政并没有得到国内的普遍认可,加上1904年日俄战争的刺激,国内要求立宪的呼声日渐高涨,在这种情况下,清政府于1906年宣布"预备仿行宪政"。清政府的政治体制改革终于迈出了一步。与此同时,在立宪派的推动下,国内立宪运动也掀起高潮。

在这段时期内,以孙中山为代表的资产阶级革命派的斗争也在发展,其表现就是革命思潮的勃兴与革命团体的纷纷建立。1905年,中国同盟会的建立,标志着民主革命运动的高涨。其后,革命党人发动了一系列武装反清斗争。1911年10月的武昌起义一举取得成功,推翻了清王朝,结束了封建专制统治,近代中国的历史从此揭开了新的一页。

学 术 综 述

一、关于清末新政的评价问题。1989年以前,清末新政的研究是近史研究中的薄弱环节,研究成果相对较少,并且基本持否定意见。20世纪90年代以后,出现了一股颇具规模的研究热潮,不少研究成果注意从现代化的角度认识清末新政。如罗荣渠认为虽然清末新政的现代化努力"由于1911年辛亥革命的爆发而中途夭折",但"这十年的变化超过鸦片战争以来半个世纪的变化",表明"中国正在开始进入深化社会变革的新起点"①。陈向阳认为尽管新政改革并不彻底,但它"在使中国从传统农业专制社会向现代化工业民主社会转变的过程中迈出了关键的一大步"②。

二、清末新政与辛亥革命的关系。20世纪90年代初,有学者提出"辛亥革命是激进主义思潮的结果",造成了"不断革命"的局面,打断了清末新政的进程③。这实际是涉及辛亥革命该不该发生,以及如何认识清末新政失败的问题。朱英发表文章提出,"认为辛亥革命导致清末新政的中止或失败"的观点"未免失之简单和片面","辛亥革命虽然是一次以暴力推翻清朝统治的革命运动,但其使用暴力的范围是非常有限的"。清末新政失败是由于"清朝统治者自身在推行新政过程中的失误"。他从"民族矛盾对清末新政的制约"、"政治参与的发展及清政府的错误对策"、"新政期间中央与地方的关系"等方面阐述了这个问题。④

三、关于"革命排满"的评价。刘大年认为:"它表现出一定程度的种族革命的色彩,此乃民族主义的一个缺陷。"⑤林家有则持肯定态度,他认为:"孙中山以'反满'为战斗口号的民族运动主要是为了摆脱民族压迫和封建专制统治。"⑥章开沅则进一步论证说:"排满不仅仅是对于清朝政府的民族压迫和民族歧视政策的愤怒抗议,而且是近代中国民族运动发展到一个新阶段的重要表征。"大多数"排满"论者"不过是穿戴古代的衣服扮演近代的角色",已具有近代的特征⑦。

---

① 罗荣渠:《现代化新论——世界与中国的现代化进程》,北京大学出版社1993年版。
② 陈向阳:《清末新政与中国现代化》,《华南师范大学学报》1996年第2期。
③ 李泽厚:《关于文化现状、道德重建的对话》,《东方》1994年第5期。
④ 朱英:《清末新政于清朝统治的灭亡》,《近代史研究》1995年第2期。
⑤ 刘大年:《辛亥革命与反满问题》,《历史研究》1961年第5期。
⑥ 林家有:《孙中山的民族主义思想与辛亥革命》,《中山大学学报》1979年第4期。
⑦ 章开沅:《"排满"与民族运动》,《近代史研究》1981年第3期。

四、关于孙中山"让位"问题。这是辛亥革命研究中的一个热点问题。以往的研究多把"让位"的原因归结为孙中山及其革命党人的软弱。20世纪80年代,有学者开始从当时的社会环境入手来分析此问题。胡绳武指出,"武昌起义后,资产阶级革命党人从鼓励袁世凯反正,到确立袁(世凯)如反正即举为大总统的方针,直到孙中山的让位,是由当时的历史环境决定的"。"这个历史环境,是由各种因素所构成,并有一个形成和发展过程。在各种因素中最主要的是帝国主义对袁世凯的支持,革命党人极为害怕帝国主义的武力干涉,认为举袁可以杜外人干涉,顺利地建立民主共和国,并尽快取得列强的承认"。而"形成孙中山让位给袁世凯的这一历史环境中,其中许多不利于革命的条件,是由革命党人主观认识上的错误,思想上、组织上准备不足和缺乏实践经验造成的"①。也有学者从经济方面探讨原因,杨天石认为"由于缺乏经费,南京临时政府时刻面临着军队解散、政府崩溃的危险","孙中山对短期内获得借款绝望,不得不接受和议",让位于袁世凯②。还有学者从另一个角度认识这个问题,如茅家琦指出,让位于袁世凯,虽然是"孙中山的失败",但"仍有它的积极意义"。"让位""促使袁世凯逼迫清帝退位,从而顺利地推翻清王朝,结束了中国两千多年封建帝皇专制制度"。"让位""标志着以孙中山为首的革命党人,在民初复杂的谁掌握政权的角斗中遭到失败,但并不说明辛亥革命也遭到失败"③。

近几年的辛亥革命史研究,更注意对辛亥革命时期社会环境的研究,由此拓展了研究的时空范围。如冯天瑜《革命、共和:近代政治中坚概念的形成》,从研究辛亥革命时期"革命"、"共和"词语的进入、引用入手,透视了近代中国人观念的演变。王笛《街头政治——辛亥革命前后的下层民众、改良精英与城市政治文化》,把研究视角转向城市公共空间,反映了城市改良精英是如何通过社会组织和宣传,激发下层民众的政治热情,而辛亥革命后精英们又是如何与下层民众分离的,从而从一个比较深入的层次说明了辛亥革命这一场政治变革与下层民众的关系。④

---

① 胡绳武:《孙中山让位袁世凯的历史环境》,《历史研究》1987年第1期。
② 杨天石:《孙中山让位于袁世凯的主要原因》,《历史教学》2003年第3期,摘自《从帝制走向共和——辛亥前后史事发微》,社会文献出版社2002年版。
③ 茅家琦等:《孙中山评传》,南京大学出版社2001年版。
④ 以上两文均见中国史学会编:《辛亥革命与20世纪的中国》下册,中央文献出版社2002年版。

参 考 书 目

1. 章开沅、林增平主编:《辛亥革命史》(三卷本),人民出版社 1981 年版。

2. 金冲及、胡绳武主编:《辛亥革命史稿》(四卷本),上海人民出版社 1991 年版。

3. 李新主编:《中华民国史》第一编,中华书局 1982 年版。

4. 侯宜杰著:《20 世纪初政治改革风潮》,人民出版社 1993 年版。

5. 朱英著:《晚清经济政策与改革措施》,华中师范大学出版社 1996 年版。

6. [美]史扶邻著:《孙中山与中国革命的起源》,中国社会科学出版社 1981 年版。

7. 章开沅、严昌洪主编:《辛亥革命与中国政治发展》,华中师范大学出版社 2005 年版。

思 考 题

1. 评清末十年的改革。

2. 阅读孙中山《同盟会宣言》、《民报发刊词》、《三民主义与中国前途》等文,分析孙中山三民主义思想的内容和历史地位。

3. 为什么南京临时政府是一个具有资产阶级民主共和性质的政权?

4. 联系学术观点,从个人行为和历史环境关系的角度谈谈你对孙中山"让位"的认识。

第七章 社会与文化的新变化

第一节 社会阶层的新变动

一、资产阶级队伍的形成

1. 商会

19世纪末20世纪初,中国社会阶层出现了新的变动,资产阶级作为一个阶级已经形成,商会的产生,则是资产阶级队伍形成的基本标志。

商会的产生是中国资本主义经济发展的结果。甲午战争后,中国民族资本主义工业开始了初步发展,在纺织、缫丝、面粉、印刷等轻工业,以及以采煤为主的工矿业中,出现了不少新创办的商办企业。可以说,民族资本主义的产生和发展,奠立了近代商会的经济基础。正是资本主义工商业的发展,导致了中国早期资产阶级的产生和形成,商会的出现便是中国资产阶级初步形成的一个标志。工商业者逐渐成长为一股新兴的社会政治力量,出现在历史的舞台上。他们的地位有所提高,享有更多的发言权,但仍处于外国资本主义和本国封建主义夹缝之中。因此,他们要求创建自己的组织商会,保护自身权益,摆脱行会的束缚和限制。通过这种近代的工商团体,加强联络,开展商情调查,在激烈的"商战"中找到"整顿改良之方"和"挽回抵制之策"。在列强不断扩大经济侵略的过程中,民族资产阶级及其代表逐渐认识到商战和商会的重要作用,进行了广泛的舆论宣传。他们认为,中国要加强商战能力,关键在于形成一支强大的商人队伍,提高商人的自身素质、经济力量和组织程度。外商在商战中取胜,皆得力于商会,有商会则官商一气,众商一心;华商在商战中失败,则由于官商隔阂,众商涣散。华商要战胜外商,必须沟通官商,联结众商,其根本之法在于设立商会。从1895年起,一些有识之士开始向国人介绍外国商会在经济发展和对外经济扩张中的作用,提出设立商会的建议和设想。郑观应具体设计了商会的运作程序,各府州县所设立商务公所,"毋恃官势,毋杂绅劝,当听工商西法投筒自举商董"①。康有为建议朝廷命令各省设立商会,由"商务大臣统之,上下通气,通同商办"②。张謇于1896年专门写了一篇《商会论》的文章,详细论述设立商会的必要性、职能和组建方式。

　　清政府也在寻求政府与工商界联系的途径,总理衙门在1896年的《奏复请讲求商务折》中,赞同在沿海各省会和通商大埠设立商务局,指出:"泰西各国以富强为首务,或专设商务大臣,其他公司、商会随地经营,不遗余力。"③在戊戌变法中,光绪于1898年6月12日发出了第一道筹办商务局的谕旨,接着于7、8月两次谕令刘坤一、张之洞等各省大吏加紧筹办。从此,各省的商务局陆续建立起来。20世纪初年,清政府推行"新政",实施了一系列的新的经济政策,鼓励和倡导商人创设商会。

　　同时,外国商人进入中国之后,引入了国外的商会制度。早在1834年8月,英国商人就在广州设立了英国商会。1836年,在此基础上组成了全部外商企业在内的洋商总商会。1847年,上海设立了洋商总商会,1861年香港设立洋商总商会,至1904年,中国已有6个外商商会。这些外商商会,给中国建立商会制度提供了示范和样板。

　　1902年2月22日,清政府仿照日本在上海成立了商业会议公所。1904年,商业会议公所正式改为上海商务总会,这是中国的第一个正式商会。此后,在政府的动员和上海的带动下,各地很快掀起了建立商会的热潮。同年,天津、山东、山西、福建、湖南等6省的商业会议公所均改组为商会,其他各地另建立了22个新商会。随后新商会不断涌现,1905年41个,1906年109个,1907年64个,1908年86个,1909年141个,1910年180个,1911年111个,1912年164个,另有73个成立年份不明,总计已达998个。除蒙古和西藏之外,全国各省区均建立了商会,特别是经济较发达的东南沿海地

---

① 夏东元编:《郑观应集》上册,上海人民出版社1982年版,第617页。
② 中国史学会主编:中国近代史资料丛刊《戊戌变法》(二),上海人民出版社、上海书店2000年版,第146页。
③ 中国史学会主编:中国近代史资料丛刊《戊戌变法》(二),第399页。

区,几乎发展到每一个县级以上的城镇。

与此同时,海外侨商也陆续建立了中华商会,至1912年已达39个。这些海外华商商会分布于日本的长崎、大阪、神户、横滨,美国的纽约、旧金山,加拿大的渥太华、温哥华,俄国的海参崴、双城子,以及墨西哥、巴拿马、新加坡、马来西亚、印度尼西亚、缅甸、越南、菲律宾等国家的重要商业城市。①

遍布全国各地的商会组织,总数以千计,拥有20多万名会员和2万多名会董。商会的出现,是中国资本主义发展史上的一件大事。新兴资产阶级第一次结成团体,独立地向全社会表达本阶级的意志和要求,争取和扩大本阶级的权利。商会出现后,积极开展以下活动:一是联络工商,调查商情。各地商会将此列入自己的职责范围之内,定期召开常会和会员大会,遇有重要事项,即临时召开特别会议。通过这些会议,增强联络,互通商情,改进企业经营管理,应付各种经济风浪的袭击。二是兴商学,开商智。有些地区的商会试办商业学堂、实业学校,举办国货展览会、设置商品陈列所等,以增进工商界人士的科学文化和企业经营管理知识,培养技术、管理人才,促进产品和工艺技术的观摩交流,适应对外"商战"和发展本国工商业的需要。三是接受商事诉讼,保护工商利益。商会把"理案"、"调处"列入自己的职责范围,设立理案议董,接受申辩,协调解决各业主的钱债纠葛等事。有的又设立商事裁判所,以解决商业纠纷,保护商业规矩,减少商业损失,避免法律诉讼等。商会的产生和发展,为民族资产阶级提供了重要的活动场所,体现了民族资产阶级组织程度的提高和力量的增长。为振兴资本主义工商业,谋求资产阶级的各种权益,推进新式教育等方面,商会做出了可贵的建树。同时,商会上层人物同帝国主义和国内封建势力有着千丝万缕的联系,他们不能充分体现整个民族资产阶级的意志和愿望,使得商会的作用不可避免地受到一定的制约。

2. 资产阶级自治运动

资产阶级队伍形成的一个重要表现,是资产阶级自治运动的兴起。晚清的地方自治,是资本主义发展的必然产物,是早期资产阶级的一项政治成就。

伴随着资本主义经济的发展,民族资产阶级的政治思想和阶级意识逐渐走向成熟。他们萌发了维护自身利益,争取一定的政治地位,发展本阶级

---

① 阮湘等编:《第一回中国年鉴》,商务印书馆1924年版,第1539～1574页。

的力量的阶级意识。尤其是随着西方政治学说和社会政治制度介绍到中国,这种维护和发展本阶级利益的阶级意识就更为强烈,他们希图在国家政权中拥有一席之地,与清朝封建统治集团分享政权。20世纪初年,这已成为他们的共识,并逐步形成一种明显的参政意识,地方自治思潮便是这种参政意识的产物。他们的政治代表立宪派和革命派,在进行政治活动的同时,大力宣传地方自治,推动了自治运动的兴起和发展。在时代潮流的推动下,统治集团内部一部分开明官僚,如地方疆臣张之洞、袁世凯、刘坤一、程德全等,出国考察政治大臣载泽、端方、戴鸿慈等,驻外使臣孙宝琦、胡惟德、梁诚等,以及满族亲贵善耆、锡良等,出自不同的立场和动机,也主张改革现存政治体制,实行立宪。清政府进行预备立宪活动之时,将地方自治作为其中的一项重要内容。

　　清末的地方自治运动,萌发于戊戌维新时期的湖南南学会与保卫局。湖南维新志士在变法维新的过程中,"以提倡实学,唤起士论,完成地方自治政体为主义"①。梁启超、谭嗣同、熊希龄等协助湖南巡抚陈宝箴、按察使黄遵宪推行新政,进行地方制度改革。南学会创立于1898年2月,由地方士绅组成,在全省各地设立十余个分会。它不是一般的学术团体,而是培养绅民议政能力,参与地方政务,具有自治性质的组织。保卫局也是湖南新政举措之一,官民合办,它不仅是中国最早的近代警察机构,同时也是初具地方自治特征的新式权力机关。南学会和保卫局是资产阶级维新派最早进行的尝试,开启了中国地方自治的先河。

　　继湖南之后,到20世纪初年,地方自治运动进一步发展。1904年日俄战争爆发,奉天绅民为保护自身权益,创设东三省保卫公所。上海绅商也"仿行文明各国地方自治之制",于1905年成立上海城厢内外总工程局。1906年天津官绅在自治舆论的影响下,提出举办地方自治,得到直隶总督袁世凯的允准。此后,其他省区也纷纷仿效试办,有的由绅商自发倡办,有的由官府督导推行,有的由官绅公共举办,出现了一股兴办自治的热潮。据统计,1908年前成立的自治会有50～60个。其中,上海城厢内外总工程局由资产阶级绅商人士自发创办,经地方官府认可,是具有较完备意义的地方自治团体。它仿照西方地方自治制度,实行立法、行政两权分离,分设议会

---

① 梁启超:《戊戌政变记》,《饮冰室合集·专集之一》,中华书局1936年版,第130页。

和参事两机关。资产阶级居于中坚地位,他们通过议、参两会,行使官方允许范围内的一部分地方行政权力。较之戊戌时期,这个时期的地方自治获得了进一步的发展。从自治机构的设置和规章制度来看,上海总工程局更加完善,体现出更多的近代色彩。从自治活动内容来看,总工程局更为丰富,更具创新性和建设性,其职权范围也更宽。它所产生的积极影响也更为显著和广远。

1906年9月清政府宣布"仿行宪政",推行地方自治成为预备立宪的重要组成部分。1908年宪政编查馆拟定《逐年筹备事宜清单》,对地方自治的实施步骤作了统筹规划。1909年1月,清政府正式颁布宪政编查馆核议的《城镇乡地方自治章程》,1910年2月又相继颁布《京师地方自治章程》和《府厅州县地方自治章程》。各级地方自治章程颁布后,各省按着统一的章程开始筹办,地方自治亦由自行倡办进入政府试办阶段。这一阶段的地方自治活动,主要包括以下内容:一是设立地方自治筹办处,从事调查、选举事宜。二是开办自治研究所,培养、训练自治人才。三是建立地方自治公所,选举各级议事会、董事会等自治团体和自治职员。截至1910年底,各省省城均已依章开办自治研究所,各省之府厅县属自治研究所也相继开办。至1911年,各省相继完成调查选举事宜,成立了各级自治公所。先是开办城镇乡自治公所,在此基础上,相继筹办府厅州县自治,成立府厅州县议事、参事两会。截至1911年10月,各省府厅州县自治会大半成立。①

清政府筹办各级官办地方自治,目的是为了控制地方自治,但却给各地新式绅商提供了争取和扩大自治权利,维护自身利益的舞台。其中较为典型的有上海城自治公所、苏州市民公社、粤商自治会、贵州自治学社等。

清末资产阶级自治运动的兴起和发展,具有重要的历史意义和进步作用。这一运动促使中国传统的社会结构进一步分化,不仅是资产阶级队伍形成的重要体现,而且推动它更进一步强化了自己的阶级意识,从而逐渐走向成熟,在政治上有所作为。地方自治的推行,又使传统的地方机构和政权功能发生了某种程度的变化,资产阶级绅商开始渗入地方政权之中,地主阶级一统天下的格局逐渐被打破,某些地方政权的性质发生了一定程度的变化。广泛试办的地方自治,促进了政治参与的进一步扩大,改变了传统的社

---

① 马小泉:《国家与社会:清末地方自治与宪政改革》,河南大学出版社2001年版,第148~154页。

会政治生活秩序,不仅为资产阶级绅商提供了参政议政的渠道,而且在相当范围内启迪了人民的民主意识和参与意识。通过自治运动,削弱了封建专制主义的统治,促进了资产阶级民主宪政的发展。但是,自治运动未能完全按照资产阶级的意愿发展,实现其地方革新的初始目标。当时的中国缺乏必要的历史条件,封建专制统治的根深蒂固、资产阶级的先天不足和软弱性、经济发展滞后、财税资源匮乏、文化教育水平低下等等,致使真正的地方自治不可能得以实施全面。广大人民群众并未从自治中获得实际利益,不少地方反而成为地方豪绅巧取豪夺的新花样。由于区域发展不平衡,各级自治机关,除少数开放地区为新式开明商绅所掌握,其他广大偏远闭塞地区,主要被旧式地方官绅所把持,失去了资产阶级民主政治的意义。

二、士的消亡和新知识阶层的崛起

1. 科举的废除与士的消亡

伴随着科举制度的废除,中国传统的士绅阶层逐渐走向消亡。自唐以降,科举成为封建统治者的"抡材大典"。科举制主要以儒家经典为考试内容,是一种集文化、教育、政治、社会等多方面功能的体制,它既进一步强化了封建专制主义,又在中国社会结构中起着重要的联系和中介作用。在这种体制下,教育和学校均依附于科举,莫不以获取功名入仕做官为宗旨。鸦片战争之后,清王朝面临"数千年未有之大变局",又由于资本主义的兴起和发展,科举制度已不能适应社会的变化和发展,开始趋于衰落。

在有识之士批评科举制弊端的呼声日益高涨的形势下,清政府不得不变通这一制度。1888年,清廷在科举中实行特试,准生监报考算学,从此西学渗入了科举。戊戌变法时,光绪接受康有为建议,下令废除八股,改试策论。20世纪初年,科举取士已经远远不能适应日益变化的经济状况和社会结构,且成为培养和选拔新型实用人才的障碍。由于科举的存在,不少士人仍眷恋于科举功名,新式学堂与其产生了严重的摩擦与冲突。在"储才为急"的形势下,清政府为挽救岌岌可危的统治,对科举制进行了重大改革。1901年再次废除了戊戌政变后被恢复的八股文,随后很快停止了科举。1903年3月,张之洞、袁世凯上《奏请递减科举折》,提出逐渐废除的主张,得到允准。1904年1月13日,清政府颁发上谕,"著自丙午科始,将乡试中额及各省学额,按照所陈逐科递减"①。1905年,袁世凯、赵尔巽、张之洞、端方等奏请停止科举,举办学堂。1905年9月2日,清政府颁布上谕:"方今时局多艰,储才为急,朝廷以提倡科学为急务","着即自丙午科为始,所有乡试会试一律停止,各省岁科考试亦即停止"。"学堂本古学校之制,其奖励出身亦与科举无异"。② 延续1300多年的科举制度终于被完全废止。

科举制度的废除,对传统的士绅阶层产生了极大的冲击与震荡。中国的士绅阶层是科举造成的,他们通过科举"登科及第",获得"进举贡生"等功名,成为封建社会中的一个特权阶层,列为"四民"之首。这是一个具有独特社会地位和社会功效的群体,既是国家官吏的来源,又是"民"的代言人。鸦片战争之后,传统士绅已经开始分化,或者转化为具有一定新思想的知识分子,或者投身于工商界成为商人。但这种分化在整个士绅阶层中微不足道,多数士绅仍视科举为安身立命的唯一途径。20世纪初年科举的废止,使得士绅阶层的命运发生了根本的转折,它不仅切断了士绅阶层新的来源,而且还造成了现存士绅的大规模分化而逐渐瓦解走向消亡。

这场新的政治变革,使得旧式士绅们原有的地位和名望骤然下降,他们失去了进身的希望,需要寻找新的出路。伴随着教育改革的推行,一部分士绅通过接受各种形式的新式教育,或出洋留学,或入新式学堂,转化为具有新的知识结构和新思想的新式士绅。例如,专为中国留学官绅设立的日本法政大学法政速成科,四五年间接纳中国官绅1868人,其中10%有进士功名。③ 更多的旧式士绅进入了国内的新式学堂,其中有些学堂如京师大学堂,则以招收举贡生监的青年学子为主。通过新式教育,旧式士绅阶层中分化出一个新式士绅群体,成为清末的"学绅"。新式士绅是一个过渡性群体,兼受传统教育与新式教育,他们在士绅中所占比重越来越大。据有关研究,自19世纪末以来,尤其是废科举之后,士绅群体中有约五分之一左右的人,也就是说有近30万人通过各种途径,接受程度不等的新式教育。以湖北为例,同光年间共有绅士48000余人,科举改革过程中接受新式教育而转化为

---

① 朱有瓛主编:《中国近代学制史料》,第2辑上册,华东师范大学出版社1987年版,第109页。
② 朱有瓛主编:《中国近代学制史料》,第2辑上册,第113页。
③ 李治安等:《社会阶层制度志》,上海人民出版社1998年版,第491页。

新式绅士的达20000人以上,约占绅士总数的43%。①

由于晋身之途的堵塞,大多数士绅"四处觅食",在职业选择上出现了多元化的趋势。除了进入政界和学界之外,他们还向农工商实业、军界、自由职业等领域谋求发展。清政府奖励工商的政策提供了新的舞台,大量旧式士绅抛弃了"言义不言利"的传统观念,大量涌向近代农工商实业。全国各地均有士绅投资创办的企业,据统计,清末士绅投资于近代企业者至少达140家。清政府进行军事改革,编练新军,给旧式士绅提供了又一条新的出路。他们改变传统的重文轻武观念,以举人、秀才的身份投身新军,这在清末已成为一个普遍的社会现象。废科举不久,"深州举人胡某率本州举人七名、禀生三十余名,呈请练兵处王大臣,恳请分发各镇充当兵勇,以为中国文人秀士之倡"②。还有不少旧式士绅转为自由职业者,他们积极组织社团,兴办报刊,出版书籍,从事发明创造,等等。据一份20世纪初报刊编辑人员统计表,48位编辑、记者与主笔中,有42位具有功名,占87.5%。③还有一些士绅甚至走向下层社会,四川"绅衿与哥老会多合为一气"④,湖南会党中"富人及士绅亦有加入者"。清政府对此颇为担忧,"前闻举贡生监,以考试既停无所希冀,诗书废弃,失业者多,大半流入会党"⑤。

在职业选择多元化的同时,士绅的思想观念发生了重要变化,政治倾向也产生了分野。废科举表明儒家经典的神圣性已面临着危机,士绅崇儒尊君的政治信仰、传统的思维模式与价值观念也随之发生动摇。士绅已不再具有共同的理论基础与信仰原则了,有的鼓吹君主立宪,有的宣传民主共和,有的提倡科学救国,有的宣扬无政府主义,他们因阶级背景、职业选择、思想认识不同而分属于不同的政治派别。据统计,立宪派掌握的咨议局、资

---

① 苏云峰:《中国现代化的区域研究——湖北省》,台北:"中央研究院近代史研究所"1987年版,第467页。
② 《大公报》,1905年12月22日。
③ 王先进:《近代中国绅士阶层的分化》,《社会科学战线》1987年第3期。
④ 范爱众:《辛亥四川首难记》,《辛亥革命史料选辑》(下),湖南人民出版社1981年版,第188页。
⑤ 故宫博物院明清档案部编:《清末筹备立宪档案史料》(下),中华书局1979年版,第995页。

政院中,1600名议员,91％出身于士绅。①《革命人物志》所载革命派人士中,有222人出身士绅。

绅士群体的产生机制已不复存在,他们流向社会的各个领域,出现了有史以来最彻底、最深刻的分化与转化,不再是一个固定不变的整体了。清代所修地方志中,户口职业项目常分为士、农、工、商四大类,士是一个独立的职业项目。民国年间所编的地方志中,士不再成为一个单独的职业项目,如《阜宁县新志》所列职业表中,分为党务员、公务员、学生、律师、工程师、会计师、医生、记者、电务员、邮务员、路员、农人、商人、负贩、矿工、工人、劳工、警察、伶人、杂业等23项,这反映了士绅作为一个阶层在社会上已走向消亡。

2. 新式教育与知识阶层的新特征

与士绅阶层走向消亡的同时,随着新式教育的兴办,产生了一个新的知识阶层。

鸦片战争之后,传教士便在通商口岸兴办教会学校,这是中国最早出现的新式学校。这些学校规模很小,有的仅有三五名学生。清政府开展"自强""求富"的洋务新政,兴办了一批新式学校,如京师同文馆、上海广方言馆、广州同文馆、福建马尾船政学堂、天津水师学堂、天津武备学堂和电报学堂、广东水师学堂、湖北武备学堂、南京陆军学堂等。这些学堂是中国近代学堂的嚆矢,与此同时留学教育也开始举办,但这些没有从根本上改变中国的教育制度。戊戌维新时期,兴学堂育人才成为其中的重要内容,光绪帝颁布了一些教育改革的法令,设京师大学堂,筹办高、中、小各级学堂,兼习中学西学,各省会大书院改为高等学堂,府郡书院改为中等学堂等。

进入20世纪后,八国联军侵华和辛丑条约的签订,更激励中华民族振作奋起,救亡图存。有识之士提出了"学战"的口号,指出:今日之世界是竞争剧烈之世界,"争之为道有三:兵战也,商战也,学战也。而兵战商战其事又皆本于学战"。在20世纪初年的"新政"中,清政府大力推行教育改革,兴办新式学堂。1901年9月,清廷颁布兴学诏书,指出"人才为政事之本",谕令各省建立各级学堂,"将各省所有书院,于省城均改设大学堂,各府厅直隶州均改设中学堂,各州县均改设小学堂,并多设蒙养学堂"②。1902年8月

---

① 张朋园:《清末民初的知识分子》,见《知识分子与中国》,时报出版公司1985年版。

② 朱寿朋编:《光绪朝东华录》(四),中华书局1958年版,第4719页。

15日,清政府颁布《钦定学堂章程》,即"壬寅学制"。1904年1月13日,清政府又批准颁布《奏定学堂章程》,即"癸卯学制"。这是中国近代第一个在全国实际推行的学制,标志着封建传统学校的结束,为学校制度的建立奠定了基础,使新式教育走向了正规化的道路。1905年,清政府设立学部,随后各省改设提学使司,各厅州县设立劝学所,从中央到地方建立了适应新式教育的行政管理体制。

新教育体制的推行,科举的废除,给新式教育的发展带来了契机。20世纪头十年,创办新式学堂蔚然成风,新式教育获得前所未有的大发展。

为解决新式教育的教师问题,清政府重视师范教育,采取了一定的保障措施,在20世纪初年逐步建立了师范教育体系。1903年颁布的《奏定初级师范学堂章程》规定,初级师范尚未设立之时应先办师范传习所,凡在乡村市镇以授蒙馆为业者均可入学,以十个月为期,毕业后在各乡村镇开设小学,待初级师范学堂毕业有人,传习所渐次裁撤。1905年仅四川一省就开办师范传习所110所,其他省区也有数目不等的师范传习所。按照清学务当局规定,每州县必设初级师范一所,京师和各省必设优级师范一所,相继颁布了优级、初级、简易师范等《毕业奖励章程》和《师范生义务章程》。各省开设各类师范学堂,有初级师范、速成师范、高等师范、女子师范和优级师范等。1909年,全国共有师范学堂415所,学生28 572人。1906年以后,由于各地初级师范开办,传习所逐渐减少。

实业教育也获得迅速发展。1901年7月刘坤一、张之洞在会奏变法第一折中便提出在各省设农工商矿等专门学堂,以培养实业人才。1903年张百熙等奏请兴办实业学堂,以利国计民生。《学务纲要》规定速设农工商各项实业学堂,通商繁盛之区宜设商业学堂,富于生产之区宜设工业学堂,"以学成后各得治生之计为主"[①]。随后又颁布了《奏定实业学堂通则》等章程,鼓励创办实业学堂。除学部外,商部也以推广实业学堂为己任,鼓吹"今欲振励才能,精求实学,应先从设立学堂下手",并以"能夺西人所长为主"[②]。1904年商、学两部首先在京师设高等实业学堂。各省大力兴办实业学堂,如1907年湖北有实业学堂9所,学生200人,到1910年达69所,学生7000

---

① 舒新城编:《中国近代教育史资料》第1卷,人民教育出版社1981年版,第200页。
② 朱寿朋编:《光绪朝东华录》(五),第5162页。

余人,所占全省学生总数的比重由 1.23% 上升为 8.8%。① 四川广设实业学堂,历年开办了工务、艺徒、商工、铁路、中等农业、中等工业、财政等实业学堂以及劝业员养成所、实业教员讲习所和商业讲习所等。1909 年共有实业学堂 14 所,学生 1000 余人。其他江苏、浙江、直隶等省均设立了各类实业学堂。据不完全统计,到 1911 年,全国先后创办高等工业、农业、商业等类学堂计 17 所。② 迄至 1912 年,全国共有实业学堂 445 所,学生 36 615 人。

留学教育得到了清政府的鼓励,建立了较为完整的制度,出现了中国近代第一次留日高潮。1901 年 9 月 17 日,清政府通令各省选派留学生,不论是官派还是自费留学生,只要学成有优等凭照回国,经考验后给予进士、举人各项出身,以备任用。这种奖励政策成为一项制度,又由于"以日为师"声浪的高涨,留学日本的经费较省,文字、习俗等方面的阻碍较小,大批学子涌向日本求学。1905 年学部成立后,加强了留学教育的管理,厘定了各项留学章程,1906 年拟定了各种留学资格、管理、奖励等制度。随后又颁布了各种章程,作了进一步调整,留学教育由无序走向规范化。据统计,1909 年赴国外留学的学生约 2000 人。

科举的废除、新式学堂的兴办、留学高潮的出现,促成了学生群体的壮大,一批新型的知识分子成长起来。据不完全统计,20 世纪前十年间,新式知识分子发展到 20 万人的群体③,形成一个新知识阶层。这是一个具有资产阶级性质的新式知识分子群体,它不同于依附于封建政权的传统士绅,与其有着明显不同的特征。

新知识阶层的知识结构发生了根本性变化,由单一转向多元。传统的士绅阶层是科举制度的产物,所接受的文化知识是以儒家经典为主要内容。士人治学以四书五经为中心,以义理、考据、辞章为路径,自然科学知识被视为"末学"而为他们所不屑。"士人皆束书不观,争事帖括",甚至"有通籍高第,而不知汉祖唐宗为何物,更无论地球各国矣"④。新式知识分子不再囿

---

① 苏云峰:《张之洞与湖北教育改革》,台北:"中央研究院近代史研究所"1976 年版,第 129,145~146 页。
② 《第一次中国教育年鉴》丙编,开明书店 1934 年版,第 145 页。
③ 参考姜义华:《我国近代型知识分子群体简论》,见《近代史研究》1987 年第 1 期。
④ 梁启超:《戊戌政变记》,中华书局 1954 年版,第 25 页。

于以儒学为中心的诗书礼乐、经史子集,除了传统的文化知识外,还学习了西方的自然科学与人文社会科学知识。各级学堂的课程设置,以"修身、读经讲经、国文、算术、历史、地理、格致、图画、体操"等为必修课①,虽然仍有"读经"、"讲经"之类,但已引入西学,开设了许多传统教育中没有的新课程。民国初年,普通学校里的传统知识仅占8.4%,而数理化等新知识已占91.6%。可见,新型知识分子的知识体系已与传统士人不同,由近代自然科学、人文科学新知识与传统文化知识所构成,并以前者为主导。

知识结构的改变和科举制度的废除,又导致新知识阶层的价值取向发生变化,产生了新的观念和行为模式。他们逐步接受了近代科学精神,摆脱了传统士人"信而好古"、"述而不作"的盲从与依附,渐渐确立了理性主义和实证主义的认知方式和思维方式,从而产生了一定的独立意识。尤其是科举废除后,他们不再以充当帝师王佐为己任,不再将入仕做官视为唯一之途。他们无须依靠皇家俸禄谋生,而可以凭借自己获得的新专业知识投身于教育、新闻、出版、金融、公司、企业、商行等新式行业,从事各种新的社会职业,如记者、教师、医生、编辑、工程师、作家等。新知识分子与近代城市工商业联系越来越密切,而与皇权和政治日益疏离,从传统的政治型知识分子转变为各类专业职能型知识分子。同时,伴随着资本主义的发展和资产阶级的形成,新知识分子产生了具有近代意义的政治要求,他们或要求建立民主共和,或主张实行君主立宪,这种新的政治取向使他们成为清末民初政治变革的先导和中坚。

由于城市日益成为新的资本主义经济和文化的中心,与之相联系的新知识阶层也就自然地走向了城市化。他们所接受的新式教育,以及所具备的专业知识和技能,在农村多无用途,而能够并容易为城市的各个新行业所吸纳。因此,这些新式知识分子毕业后多在城市就业,长此以往,他们逐渐认同了城市所特具的价值观念和生活方式,在思想和感情上则日益与落后闭塞的农村疏远和隔膜。

---

① 朱有瓛主编:《中国近代学制史料》,第2辑上册,华东师范大学出版社1987年版,第221页。

第二节 城市化和社会风俗的变化

一、近代以来的城市化趋势

1. 通商口岸与城市化

近代以来,中国出现了新的城市化趋势,产生了与古代不同的发展模式。这一变化,首先是由于通商口岸的出现,给中国城市发展带来新的契机。中国在近代以前是一个农业文明社会,长期与外部世界封闭隔绝,社会内部未能自发地生长出近代城市化的动力。鸦片战争以后,通商口岸的开辟和外力的楔入,为近代城市化的启动提供了助力和条件。从1842到1922年,外国列强强迫清政府共开放了79个通商口岸,几乎遍布我国所有省区(山西、河南、陕西、贵州除外),其中晚清时期开放了40多个口岸。通商口岸与中国的传统城市不同,它是一种开放型城市,是中国与世界经济发生联系的窗口。城市经济以通商贸易为特征,决定它必然要与国内外城市以及在其辐射范围之内的广大乡村腹地经常进行各种交流。它能够不断吸收发达国家城市的先进技术、先进设备、先进的生产方式和组织形式,从周围地域输入各种生产原料和生活资料,同时不断地发挥其巨大的辐射作用,影响着其他城市和周围广大农村的发展。通商口岸的开放,打破了中国对外封闭隔绝的状态,使这些开放城市与世界发生了前所未有的交往和联系,推动了中国近代的城市发展。这种城市化是与近代化结合在一起的,在量的发展和质的变迁方面出现了新的特征,对近代社会产生了深刻的影响。①

近代城市化往往以贸易为先导,因商而兴,由工而盛。外国资本纷纷在通商口岸设立近代工商企业。19世纪60年代后,随着洋务运动的开展和民族资本主义的产生和发展,国内资本也纷纷投资近代工业,建立近代工商企业。对外贸易迅速发展起来,有力地推动了近代中国的城市化进程。"产业上之原因,此为近代都市发达最重大之原因,如天津、上海、汉口皆是。此等都市在数十年前,始是无人过问之地,而因工商业关系,遂促成今日之发

---

① 章开沅、罗福惠主编:《比较中的审视:中国早期现代化研究》,浙江人民出版社1993年版,第408页。

达,而其他在工商业上不甚重要位置的通都大邑则日渐衰落。"①除上海、天津、汉口外,广州、重庆、福州、宁波、厦门、烟台、青岛等在前近代时期基本上都只是一些规模中等,甚至小规模的城市,开埠以后,这些城市开辟为通商口岸,随着工商业和交通运输业的发展,迅速崛起,成为新兴的近代工商业城市,甚至昔日的渔村如大连,也变成了颇为重要的近代新型城市。这些城市因其得天独厚的地理位置等优势,成为外国商品的集散地和销售中心市场,以及中国原料与商品的输出基地,逐步发展成为区域性乃至全国性的商品流通中心,形成与传统的行政中心城市相抗衡的局面。与此密切相关,国内还逐步形成了若干主要进行对外贸易的市场区,围绕着这些市场区的中心城市,又产生了一批二级城市。例如19世纪末20世纪初,在华北市场区,随着铁路的延伸,沿线的张家口、归化、绥远、包头、石家庄、邯郸、德州等城市相继兴起,成为以天津为中枢的二级商品集散地。②

鸦片战争后到19世纪末是中国近代城市化的起步阶段,这一时期,中国城市化主要在沿海沿江部分地区进行。由于推动城市化的动力不足以及战乱的影响等,其进程十分缓慢。尽管如此,随着城市化进程的推进,城市人口明显增加,全国城市(城镇)人口从1843年的2070万人,增至1893年的2350万人,从占总人口的5.1%缓慢上升至6.6%。③ 城市人口所占比例增长虽不算太多,但城市人口数的增幅达到了13.5%。进入20世纪初后,随着近代工商业的迅速发展,进入了中国近代城市化的初步发展阶段,城市人口(主要是通商口岸城市)以3.5%到9.8%的年增长率增长,大大超过之前的0.4%至0.5%的人口年增长率。④ 随着城市人口的不断增加,新的城市也不断涌现,城市数量不断增加,到1915年,人口在10万以上的大中城市达到了43个。

中国的近代城市化进程是在外力推动下,最先在通商口岸起步,并始终与开埠通商这一历史现象联系在一起的。因此,近代中国的城市化带有很深的半殖民地化烙印。上海、天津、武汉、广州等城市的发展并不是区域与

---

① 冯飞:《都市发达之历史的考察》,《东方杂志》第19卷第1号,第41页。
② 戴均良主编:《中国城市发展史》,黑龙江人民出版社1992年版,第361~362页。
③ 胡焕庸等:《中国人口地理》(上册),华东师范大学出版社1986年版,第261页。
④ [美]周锡瑞:《改良与革命——辛亥革命在两湖》,中华书局1982年版,第144页。

城市自然发展的结果,而是殖民主义扩张的产物。这就造成了中国近代城市化在空间上的极不平衡性,有的城市得到了较快发展,而有的城市却出现衰落。得到发展的城市除了少部分是政治行政中心外,多数是通商开埠城市,这类新型城市多集中于东部地区、长江沿岸及部分交通枢纽地带,成为近代中国新兴大中城市的主体。1915年,中国人口10万以上的城市共有43个,其中开埠城市22个,占总数的51.1%;[1]通商口岸的城市化是以牺牲广大内陆城市和农村为代价的,极少数通商口岸城市畸形繁荣的背后,是许多内陆城市和广大农村严重的衰败和动荡。

西方城市的发展大都是建立在工业化的基础之上的,工业化是城市化和城市近代化的主要推动力。但在半殖民地半封建的中国,工业化的水平很低,商业资本一直大于工业资本,这种资本主义经济商强工弱的格局,使得中国近代城市化主要不是由工业化来推动,而是主要靠商业化的力量。由于商业本身不是人口的巨大容器,在近代城市化进程中,它只是起启动和"引桥"作用,对人口转移的拉力十分有限,对人口的吸纳性远远低于工业。因此,中国的城市化水平到20世纪初时较半个世纪前已有较大提高,但总的说来,城市化速度缓慢,而且总体程度不高,农业人口长期占总人口的90%以上,城市化水平极其低下,即使到近代中国城市化水平最高的20世纪30年代,也只有12%～15%左右。[2]

近代城市化发展的内涵是城市的近代化(早期现代化),即城市内部所发生的社会变迁与进步。这种变化与进步改变了城市的基本功能、结构、面貌和市民生活方式、思维方式和行为模式,从而改变了城市的性质,使其从中世纪的封建城市演变成资本主义的近代化城市。

城市近代化首先体现在城市经济的近代化。开埠通商后,随着各通商口岸城市对外贸易的不断扩张和发展,对外贸易成为这些城市最重要的经济活动,其经济功能逐渐取代政治功能而成为主导功能。作为商品的集散地和交易市场,这些城市的经济结构发生变化,从封建的封闭型转变为近代的开放型。随着开埠通商的不断扩展,西方科技革命和工业革命的成果被直接输入中国,为中国吸收和掌握西方世界现成的先进生产力提供了有利

---

[1] 何一民主编:《近代中国城市发展与社会变迁:1840～1949年》,科学出版社2004年版,第70、71页。

[2] 何一民主编:《近代中国城市发展与社会变迁:1840～1949年》,第140页。

条件,资本主义生产方式和商业经营方式开始被引入某些企业。19世纪中后期以来,上海、天津、汉口等开埠城市以及邻近城市最早引进外国工业技术,中国开始逐步走上近代工业化道路。先进生产力的引进、扩散和传播,缩短了开埠通商城市与世界先进城市生产力水平的差距,推动了中国近代经济的产生和发展。

随着工商业的发展和经济的近代化,近代城市社会结构也出现了质的转换。旧的阶级开始分化,与传统社会截然不同的新兴阶级、阶层开始产生,其中相当部分成为中国土生土长的近代化运动的承担者和推动力量。一类是来自传统社会的官僚阶层,如洋务派和其后的官僚立宪派;一类是伴随近代民族工业而产生的民族资产阶级,他们因自身利益成为近代化支持和推进力量的主体;第三类是接受了现代教育的知识分子;此外伴随着近代工业的兴起,还出现了为数不少的与近代工业密切相连的现代工人队伍,特别是上海成为中国工人阶级最集中的城市。从事近代职业的人口不断增加,尤其是城市人口构成中工商业人口的比重显著提高。据统计,近代天津、广州两地的商户约占总户数的1/3,汉口更是达3/4强。[①] 城市工商业者在城市(城镇)人口中比重的显著提高,体现了城市经济的近代化变迁趋势。

城市工商业的发展,促使城市基础设施建设开始向近代化转型,极大地改变了城市面貌。城市空间结构发生了显著变化,新式建筑如百货公司、工厂、仓库、银行、教堂、医院、学校等次第出现,一些近代市政工程设施如火车站、汽车站、马路、电灯、电话、自来水等也在一些城市修建和设立,改变了人们的生活条件和生活方式,是城市近代化的重要标志。

与此同时,城市文化和市民价值观念、生活方式和行为方式也开始近代化。随着对外开放和西方势力的渗入,西学较大规模地传入开埠通商城市,新式教育的兴起,使教育向大众化、世俗化方面发展,成为影响社会进步的最重要的因素之一。大众传播媒介兴起,逐渐渗透了社会的各个方面。这一切极大地促进了西方的近代科学技术、思想观念、伦理道德在中国城市知识阶层中广泛传播,逐渐改变了中国人的价值观念、思维方式和行为模式。观念变革是行为变革的先导,在开埠通商城市中,务实、趋新求变成为一种

---

① 朱英主编:《辛亥革命与近代中国社会变迁》,华中师范大学出版社2001年版,第550页。

时尚,成为一股强大的加快中国城市近代化发展趋势的内在驱动力。

近代中国的城市近代化是与半殖民地化同步进行的,特别是在一些开埠通商的中心城市,既是中国的政治、经济中心,又是外国侵略中国的政治、经济中心。所以,在特定的历史条件下,城市近代化是西方资本主义的冲击与中国内部应变相结合的错综复杂的历史过程,既是从封建城市向近代化城市逐渐演变的过程,又是变为半殖民地半封建城市的过程,在近代化的同时,又具有浓厚的半殖民地化色彩。这种在外力作用启动下带有半殖民地特点的城市化和近代化进程,为中国城市的发展带来了消极因素和不利的影响。外力的作用使得中国近代城市的发展具有明显的消费性、寄生性和不平衡性,局部城市化过度而整体城市化不足。外力在启动时期促进作用较大,但随着时间的推移,其促进作用日益减弱,对城市发展的阻力不断增大。此外,列强的外部控制和来自国际市场的外力的介入,使得通商口岸城市的商业发展较快而工业发展缓慢,城市的发展一直缺乏工、商、农业之间协调互补的健康关系。因此,近代中国城市发展的动力机制是一个优点与弊端并存的机制,近代中国城市正是在这种优点与弊端并存中不断前进的。①

2. 新型工矿业城市的兴起

近代工业是城市发展和新的城市形成的推动力。随着近代工业的兴起和发展,中国城市类型结构出现了新的发展趋势。即一部分传统的工商业城市逐渐趋于衰落,同时,随着资本主义工商业的发展和交通运输事业的改进,一系列新式的工矿业城市和城镇开始兴起和发展。这类城市是以一个或几个工业或矿业部门为主导产业的专业性城市。

一部分城市主要是凭借丰富的自然资源和优越的地理条件迅速发展起来的,属资源型工矿业城市,如唐山、焦作、萍乡、抚顺、本溪等。新兴资源型工矿业城市的产生和发展,与近代采煤业、冶炼业的产生和发展密切相关。原来的一些工矿业资源丰富而未被开发的地区,逐渐形成了一批以重工业为主导功能的新兴工矿业城市。这类城市的工矿业投资以本国官营资本和外国资本为主,因此具有较深的半殖民地、殖民地的性质与特征。

除了资源型工矿城市的兴起外,也有部分传统工商业城市因资源和地

---

① 何一民主编:《近代中国城市发展与社会变迁:1840~1949年》,科学出版社2004年版,第69页。

理位置等优势而发展成为新兴的近代工业城市,如无锡、南通、苏州、杭州等。无锡是一个历史悠久的商业城市,位于太湖区域的中心,有丰富的资源和大运河交通的便利。近代以来,随着上海工业的兴起,无锡也开始了工业化的历程。1894 年,无锡出现了第一家近代工业企业。由于无锡地理位置适中,水陆交通便利,有商业和手工业基础,又接近工业中心上海,引进技术和资金便利等条件,因此,19 世纪末至 20 世纪初,无锡工业发展十分迅速,成为当时民族资本企业比较集中的城市。

苏州和杭州等手工业和商业紧密结合的传统工商业城市,明清之际就已产生了早期资本主义的萌芽。鸦片战争后,这些传统工商业城市受到了西方商品的猛烈冲击,但其传统的支柱产业仍然保持着较强的生产能力。在利用传统工商业的资金、原料、技术、生产组织以及市场条件的前提下,对传统的工商业进行改组和淘汰,逐渐采用近代生产方式,形成了一股新的推动力,促进了城市传统手工业的发展,使传统的手工业逐渐演变成近代手工业和机器工业,形成了近代工业与传统手工业互补共存的过渡型工业结构。这种传统工商业城市的工业化经历了手工业过渡到机器工业的道路,带有渐进的特点,形成了以新式轻工业为主导功能的城市。但这些城市与新型的开埠通商城市相比,其经济力量明显不足,聚集和辐射力也相对较小。

二、社会风俗的变化

1. 晚清开民智与移风易俗

在外国列强入侵引起中国社会变革的同时,出现了西俗东渐的现象,社会风俗发生了重要变化。在为挽救民族危亡而推行的维新变法中,资产阶级维新志士大力进行社会启蒙,积极倡导并实施开民智,以提高国民素质,改革社会政治,而移风易俗则是开民智的内涵之一。

严复提出"鼓民力,开民智,新民德",其重要内容之一,就是改变"人心风俗"。他认为,从法制学问到饮食居处,封建礼俗是压抑民族活力、影响社会进步的障碍,因此主张破除旧学,引进西学,进行移风易俗。梁启超也认为,"今日欲伸民权,必以广民智为第一义",要使官绅们懂得国家强弱和民众智愚之因,广其识见,破其愚谬,"令其恍然于中国种种旧习之必不可以立国",然后授以新学,"从而摩激其热力,鼓励其忠愤,使以保国、保种、保教为己任"。① 康有为主张兴学校、育人才,进行社会启蒙,"不当仅及于士,而当下达于民,不当仅立于国,而当遍及于乡"。认为只有四万万之民皆出于学,乃"智开而才足"。② 谭嗣同一反"东洋道德,西洋技艺"的传统观念,对封建习俗进行了猛烈批判,号召冲决网罗,提出变衣冠、变风俗在内的"尽变西法"的激进主张。

资产阶级维新派开民智和移风易俗的倡呼,对社会产生了极大的影响,革除恶风陋习变成了实际运动。他们自己身体力行,发起不缠足会、延年会等各种社团,开展移风易俗。戊戌变法运动期间,上海、湖南、广东、广西、福建、湖北、天津、香港、澳门,以及日本横滨和新加坡华人创办了10多个改良社会风俗团体,如不缠足会、戒鸦片烟会、延年会等。③ 康有为在《大同书》中谈到他的《请禁妇女裹足折》时说,上书"虽不施行,而天下移风"。中国社会呈现出一种新的气象,参加不缠足会的人数达30余万人,包括士农工商各个阶层,甚至许多县镇和偏远地区也设立了不缠足会。不仅沪、津、穗等地风气大开,即使是"素称守旧"的湖南,"人尽愤发,士皆淬厉",也"风气日开,较之江海各省,有过之而无不及"。④

20世纪初年,革命派在鼓吹反清的同时,也主张开通民智,移风易俗。有的革命刊物将此作为自己的宗旨之一,如《二十世纪大舞台》提出"改革恶俗,开通民智,提倡民族主义,唤起国家思想",《中国新女界杂志》号召"改良积俗,造就国民"。其他革命刊物也揭露和批判了各种恶风陋俗,谓:"世界皆入于文明,人类悉至于自由,独我中国,犹坚持其野蛮主义,墨守其腐败风俗,以自异于诸文明国之外"⑤。并刊载相关文章,如《剪辫易服说》、《家庭革命说》、《婚姻改良论》、《奴婢废止议》、《无鬼说》等,号召人们冲决封建礼教的压制,不作旧习俗的奴隶。《国民报》明确指出:"欲脱君权、外权之压制,则必先脱数千年来牢不可破之风俗、思想、教化、学术之压制。"有的更将此视为铸造"国魂"的重要手段之一,提出,"国魂之于风俗,犹灵魂之于脑筋","脑有病者则其魂若失,而风俗腐败则国魂亦如之"。认为"习惯不去,

---

① 梁启超:《论湖南应办之事》,《饮冰室合集·文集之三》,第41~42页。
② 康有为:《请饬各省改书院淫祠为学堂折》,中国史学会主编:中国近代史资料丛刊《戊戌变法》(二),上海人民出版社、上海书店出版社2000年版,第220页。
③ 严昌洪:《中国近代风俗史》,浙江人民出版社1992年版,第148页。
④ 《湖南学会林立》,《国闻报》光绪二十四年(1898)五月十一日。
⑤ 陈玉:《论婚礼之弊》,《觉民》第1~5期合本(1904年)。

国魂不来"①，必须革除腐败的习俗，才能铸造中国的新国魂。

晚清时期，随着西方近代科学技术和其他社会事物的逐步传入，在通商口岸、沿海地区，社会风气开始发生了一些变化。被顽固派视为"奇技淫巧"的声光化电，不仅用于军事和军事工业，也用于民用工业和城市社会生活。再经过开民智的社会运动，以及与西方资本主义联系的加强，在城市生活的衣、食、住、行、婚姻家庭等方面，传统的风俗习惯有了一些改变。

一是剪辫易服。在封建社会，衣冠服饰是礼制的重要内容，所谓"衣服有制"，甚至"改朔易服，皆兴亡之事"②。蓄发辫、着满装是清王朝专制统治权威的象征，也是当时中国风俗的特殊标志。晚清时期，这一传统习俗开始改变。1895年，孙中山、陈少白等毅然剪辫以示反清。1901年，章太炎在上海宣布割辫。1903年，在拒俄运动中，不少留日学生愤于清廷腐败卖国纷纷剪辫，表示与之决裂，走上革命道路。1906年，有着不少归国留日学生的新编陆军带头剪掉辫子，一时"军界中纷纷落发辫者不可胜数"③。这一举动在社会上产生了很大影响，天津警察中就有1/3的人剪了辫子④。辛亥革命爆发后，辫子更被作为革命目标，剪除辫子不仅仅是表明弃旧从新，而且成为革命与进步的标志。孙中山就任临时大总统后通令全国剪辫，一时剪辫形成高潮。

服装方面，曾经一度是清代男子主流服装的长袍马褂，晚清时期开始被人们所摒弃，穿洋装的越来越多，穿着的等级制和各种限制被打破。武昌起义前，穿着西装已经形成风气，仿效西方服饰着装的人越来越多，"欧风东渐，翩翩少年多有易装以炫者"⑤。民国以后，服饰进一步西化，一时五花八门，中西混杂。天津《大公报》概括说，"西装、东装、汉装、满装应有尽有，庞杂至不可名状"⑥。服装的质料也出现了变化，洋纱洋布越来越受到人们的喜爱。与男装比较，女子服饰更加丰富多样，变化和影响也更大些。清代女装，汉族以上衣下裙为主，满人多穿旗袍。晚清时期，不少时尚女子开始模

---

① 《国魂篇》，《浙江潮》第1期(1903年2月)。
② 梁启超《湖南时务学堂课艺批》，中国史学会主编：中国近代史资料丛刊《戊戌变法》(二)，上海人民出版社、上海书店2000年版，第549页。
③ 《饬禁兵士剪辫》，《大公报》1906年5月9日。
④ 《辫易服先声》，《大公报》1906年6月24日。
⑤ 刘锦藻编纂：《清朝续文献通考》(二)，浙江古籍出版社1988年版，第9296页。
⑥ 《大公报》，1912年9月2日。

仿外国女子的打扮,穿洋装戴洋帽,追求女性曲线美。女性服装式样,向长度缩短、腰身收紧、袖口缩小方向发展。同时头发的式样也变化多样,有的将髻梳在前面像一朵花,或一个蝴蝶,也有的梳在头顶上,或梳在两边,等等。

二是禁缠足,兴女学。缠足是泯灭妇女人性,残害妇女健康的陋习。不缠足运动兴起后,人们日益认识到,"此缠足陋习为地球所独有,所以为五洲各国所轻笑,无一益有百害";缠足是"中国妇女的大苦处……务必要舍命的改过这风俗来"①,因为这是"自强的一件大事"②。清政府也多次下令禁止缠足,社会上已形成了放足的风气,不少妇女自觉放足,或者父母不令女儿缠足。不仅绅宦识字妇女产生了这种意识,就是下层群众之家也有不少人能够脱弃旧俗。"天足"开始取代小脚,有些地方还专门为放足女子制作了"云头鞋"。男子也开始改变了畸形的审美观,越来越多的人以天足为择偶的条件,厦门同盟会中男青年"立志非天足不娶"。到民国初年,甚至乡下有的男家在庚帖中注明"不愿缠足者"。社会上又掀起了兴女学运动,女子开始走出家门,追求学识。兴办了专门的女学堂,女子也可以走出国门留学,接受教育的机会更多。同时出现了专门的妇女杂志,如《女学报》、《女子世界》等等。这些打破了"女子无才便是德"的传统价值观念,广大女子脱离了原来的狭小圈子,迈向了广阔的社会。

三是西方饮食的传入。晚清时期,各大中城市出现了西式的"番菜馆"、"面包房"和"咖啡店",不少中国餐馆也开始经营西餐和日本料理。食用西餐成为有钱人的时尚,"光宣之际,满清贵族,群学时髦,相率奔走于六国饭店"。民国初年,中产阶级宴请亲朋好友也往往到"六国饭店、德昌饭店、长安饭店,皆西式大餐"③。与此同时,烟、酒、饮料也越来越趋向西式,"昔日抽烟,用木杆白铜锅,抽关东大叶,今则换用纸烟,且非三炮台、政府牌不御矣。昔日喝酒,公推柳泉居之黄酒,今则非三星白兰地、啤酒不用矣"。后来甚至在小县城,"啤酒、汽水、碧露、白兰地等,尤为夏日宴饮之所尚"。④ 西方饮食的传入,又在一定程度上影响到传统的饮食习惯,官绅阶层有人主张

---

① 《苦口良药》,《大公报》1902年11月20日。
② 《也算自强的一件大事》,《大公报》1902年10月2日。
③ 胡朴安:《中华全国风俗志》下编,中州古籍出版社1980年版,第2页。
④ 丁世良、赵放主编,白玉新编:《中国地方志民俗资料汇编》(东北卷),北京图书馆出版社1989年版,第167页。

"中菜西吃法",改中国传统的共餐制为西方的分餐制。而且,同席不得有13人,不得以盐粒洒落在桌上等西方饮食习惯,也在一定场合被中国人吸收。

四是礼俗的变化。中国系礼仪之邦,礼仪文化是华夏文明中的基本内容之一。在长期的封建社会中,尤其是宋明理学产生之后,传统礼俗越来越保守繁琐,甚至扼杀人性,束缚着人们的观念和行为,已不能适应近代社会发展的需要。晚清时期,封建礼仪开始遭到人们的抵制,新的观念被人们所认可和倡导,文明健康并体现平等的礼仪,以及一些新的生活习俗渐次形成。如"七日一休息,其法极便,吾国此风已渐通行"。人际交往中,被称为"文明仪式"的脱帽、鞠躬、握手、鼓掌、洋式名片等流行起来,逐渐成为新的习惯。称呼上,"先生"、"君"、"阁下"等,替代了以前的"大人"、"老爷"。男女授受不亲的观念也淡薄起来,公共场所"男女杂坐,不以为嫌"。

五是西式建筑的出现。随着帝国主义势力的入侵,西式建筑在一些大城市开始出现,尤其是通商口岸和租界。西式住宅的豪华、坚固及独特风格,引起了人们的兴趣和喜好。尤其是一些上层人士热衷于花园洋房、西式公寓,中下层人士的房居在构造、用料、外观等方面也逐步洋化。不仅上海这样的城市如此,甚至民国时期在东北地区也出现了较大的变化,如沈阳,"建筑宏丽,悉法欧西,于是广厦连云,高瓷丽日,绵亘达数十里"[1]。一些县城如海城县,"商家门市,间有仿西式建筑者"。一般普通民居,从前都以纸糊窗户,"近则多仿西式,改用玻璃窗"[2]。

此外,火车、轮船、汽车等新的交通工具,"渐渐起而代替帆船骡马"[3],传统的肩舆逐渐被淘汰,从而改变了人们的出行习惯。

清末民初社会习俗的变化,有着时代的特点。它经历了从"排外"到"崇洋"的过程。辛亥革命爆发以前,由于对西方列强侵略的愤怒和反抗,中国对西方的生活方式和时尚习俗基本上采取排斥的态度,如果谁受西方思想影响,在衣、食、住、行上出现"洋化"现象,便会为社会舆论所不容。此后,随着资产阶级民主制度的确立,人们更加深入地批判中国既存的陈规陋俗,推

---

[1] 丁世良、赵放主编,白玉新编:《中国地方志民俗资料汇编》(东北卷),北京图书馆出版社1989年版,第37页。
[2] 丁世良、赵放主编,白玉新编:《中国地方志民俗资料汇编》(东北卷),第80页。
[3] 周谷城:《中国社会之结构》,上海书店1989年版,第108页。

崇西方天赋人权、自由平等的社会模式。民国初年,很快就形成了一股西化潮流,不仅"革命巨子,多由海外归来,草冠革履,呢服羽衣,已成惯常,喜用洋货,亦不足异",而且一般市民也趋向于西服、西餐等生活方式。洋货买卖也兴隆起来,不仅新开设的洋货商店为数不少,且品种较齐,诸如衣帽、鞋袜、手套、领带、香水、胰皂、牙粉、生发油、擦鞋油、衣刷等等,应有尽有。在这个西化潮流中,许多人甚至走向了崇洋媚外,以致造成洋货畅销,国货遭到排挤。中华国货维持会曾上书临时大总统孙中山,请对此予以注意,加以解决。

同时,社会上又出现了从"尚俭"转到"崇奢"的趋向。封建社会提倡"黜奢崇俭",商品经济的发展受到限制,正常的生活欲望受到压抑。近代以来,这种观念虽遭到一些有识之士如魏源、谭嗣同、严复等人的批判,却未受到多大冲击。辛亥革命以后,黜奢崇俭的生活观及风尚黯然失色,以纵欲和享乐主义为主要内容的资产阶级人文主义思想在社会上广泛流行。各大城市纷纷兴建高楼大厦和戏园、公园、游乐场等娱乐场所,室内陈设越来越高雅华贵、富丽堂皇。在各大商店,生活消费品五光十色,琳琅满目,诱惑、刺激着人们的感官和欲望。人们的消费水平大大提高,青年男女"爱穿得时髦一些,爱交结一些朋友,爱出来逛逛马路,吃大餐,上戏院"。在许多地方,讲排场,比阔气,互相争妍斗奇,发展成为奢侈放荡的风气。

社会风俗和生活方式的变化,更推动了传统的"重农抑商"转向"重商轻农"。近代工业生产方式和市场经济的发展,给人们带来新的生活方式和消费观念,商人和商业的社会地位显著提高。社会不再将从事商业看成是"弃本逐末",一些官僚和士绅们不但重视工商业,而且亲自投身于官督商办或商办企业。

2. 婚姻家庭与习俗

晚清时期,随着自然经济的逐渐解体,社会政治的巨大变革和西学西俗的冲击,中国的婚姻家庭制度,以及与之相关的社会习俗和伦理道德观念,也发生了重大的变化。

一是在婚俗方面。传统婚姻讲究"父母之命,媒妁之言",而且不少婚姻是以男女双方家族的财产、利益为前提,具有一定的买卖性,并存在着抑女性、承嗣性、繁缛性等特点。晚清以来,随着中西交往的扩大和西方文化的传入,生活方式和价值观的改变,婚姻习俗出现了种种变化。清朝末年,家长独断的主婚权利受到了冲击,出现了自由婚与同意婚。不仅秋瑾、蔡元培、陈颉芬等先进知识分子冲破社会和家庭的藩篱,自择配偶,而且民间百姓中一些比较开明的家长也开始尊重儿女的选择。辛亥革命以后,婚姻需得当事人同意已成为一种较为普遍的现象。随着婚姻主权的下移,择偶观也发生改变,择偶标准由看重门第、财产等条件,转为注重才学品德以及彼此感情等内在素质。离婚与再嫁现象的出现,更反映了婚姻家庭观念的变化。离婚不再是男子的专利,妇女主动提出离婚者逐渐增多,成为社会一奇观。"这时的法庭诉讼,男女之请求离婚者,实繁有徒,此皆前此所未有"[①]。再嫁现象日渐增多,有些女子已"不以再嫁为耻"。如福建邵武县"夫死再嫁,视为固然。甚有一而再,再而三者"[②]。

婚姻程序出现了删繁就简的趋向,古代实行的"六礼"被简化,一般从议婚到成婚大都经历订婚、纳聘、成婚三个阶段。开明家庭已不看重聘金和妆奁,"婚礼务求节俭,以挽回奢侈习俗,而免经济生活之障碍"。辛亥革命前夕,一些通商口岸出现了"文明结婚"的新式婚制,民国以后推行到各地城市。新式婚制订婚结婚尊重男女双方的意见,婚礼去奢从俭,革除坐花轿、拜天地、闹洞房等旧俗。有的还模仿西方婚礼,形成新旧掺杂、"中西结合"的婚制、仪节。如在上海、天津等地,新娘不戴凤冠霞帔而穿婚纱,新郎则西装革履;不用花轿而改成汽车或西式马车,举行仪式时西乐队奏乐,跪拜改为鞠躬礼。有的还到教堂举行婚礼。此外,随着婚姻自由呼声的高涨,婚姻媒介也产生了新方式,出现了社会化、公开化的趋向,广告征婚、通信订婚日趋流行。

随着婚姻的变革,家庭习俗也开始出现变化。传统的家庭伦理道德开始动摇,"父为子纲"、"夫为妻纲"、"夫主妇从"的纲常伦理遭到了批判。清末,进步的知识分子提出了"家庭革命"的口号,主张摆脱旧式家庭的束缚和限制,获得自由、幸福、才智和权利。妇女们逐渐认识到自身的价值,不愿再处于依附地位,她们冲破封建家庭的牢笼,走向社会,像男子一样入学堂求学,进工厂做工,甚至投身革命争取参政权。在家庭生活中,男尊女卑的信条代之以夫妻平等的观念,夫妻关系发生了重要变化,男性支配一切的地位逐渐被打破。除父子、夫妻关系之外,兄弟、婆媳、妯娌、妻妾等关系也都不同程度地出现趋于相对自由平等的现象。

---

① 无妄:《间评二》,《大公报》1913年9月15日。
② 胡朴安:《中华全国风俗志》下编,中州古籍出版社1980年版,第313页。

家庭结构也发生变动，规模逐渐缩小。传统家庭是建立在小生产方式基础上的，规模较大，男性占统治地位，多代人共同居住，三世或四世同堂为人们所津津乐道。晚清时期，家庭结构尤其是城市家庭发生了变化，小家庭数目逐渐增多，出现向一夫一妻制为中心的核心小家庭发展的趋向。家庭的生产、生育、教育、赡养、信仰、娱乐、感情交流、政治等功能，都有不同程度的削弱。例如，随着民主革命思潮的鼓荡，科学观念的传播，家庭生活中的迷信色彩逐渐淡薄，从而导致其信仰功能的转变。"西影马戏"、话剧、电影、体育活动，以及各种结社集会的出现和推广，扩大了人际关系的交往圈，越来越趋向社会化，从而削弱了家庭内部的娱乐和感情交流功能。

此外，丧葬习俗也出现了些微变化。传统丧礼体现着宗法制、家族制、等级制的尊卑之序，程序仪式繁琐，耗财费时，迷信色彩很浓。太平天国时期便出现了具有社会进步意义的新式葬礼，如洪秀全死后"以黄龙缎袱裹尸"①，赖汉英死后"亦不过用大红洋绉被裹葬而已"②，均没有用棺椁。新文化运动时期对丧葬习俗进行了深入的批判，提出新式葬礼观，主张节简、不信风水、实行短丧，等等。实际中，丧葬礼俗本身亦发生了一些变化，如摒弃迷信、变革丧服、实行火葬等。但是，这种变化极其有限，新式丧葬还未被人们广泛接受，旧式丧葬仍很普遍。

清末民初婚姻家庭习俗的变化，是对封建礼俗的否定，具有进步意义。但这种变化仅仅是一个开端，没有达到广泛和普遍的程度，传统的婚姻家庭状况没有发生根本的改变。新的气象和风气，只出现在城市极少数文明发达地区，广大农村几乎还是旧式婚姻家庭制度的一统天下。腐朽的一夫多妻制以及童养媳、包办婚姻等等依然如故，民国建立后，旧式婚姻和陈规陋俗依然得到法律保护。然而，这一变化建立了良好的基础，随后到五四时期中国进入婚姻家庭习俗变革的新时代。

---

① 太平天国历史博物馆编：《太平天国资料汇编》第1册，中华书局1980年版，第327页。
② 太平天国历史博物馆编：《太平天国史料汇编简辑》第5册，中华书局1962年版，第79页。

第三节 文化变革

一、文学革命与新文学

1. 文学思潮的演进

随着近代社会的剧变,近代文学也随之逐步发生变化,先后出现了经世致用思潮、维新改良思潮和民主革命思潮。

鸦片战争前后,为改变文坛严重的形式主义和拟古主义风气,经世文学勃然兴起。以龚自珍、魏源、林则徐为代表的进步文学家,"贯经术、政事、文章于一",反对桐城义法,反对模拟抄袭,追求个性解放,主张抒发个人的真情实感,要求文学反映社会现实并为之服务。在他们的大力倡导下,经世思潮在鸦片战争前后蓬勃发展,形成了一个以创作经世文为主要特征的创作流派,被称之为"经世文派"。除了龚自珍、魏源、林则徐外,"经世文派"的主要成员还有李兆洛、包世臣、陶澍、周济、贺长龄、姚莹、陈沆、黄爵滋、张际亮、汤鹏、张穆、何秋涛等。他们中的大多数人既是改革家,又是思想家和政论家。

经世文派的作品均突破了桐城义法的束缚,天然流畅,较为系统地表达了经世致用、变革现实的思想和主张,开启了散文发展的新时期。经世致用之学与文学结合在一起,给死气沉沉、萎靡不振的文坛带来了思想解放和文学解放的新鲜空气。这些思想深刻、内容充实、形式灵活的散文创作,对近代散文乃至整个近代文学的革新与发展,产生了深远的影响。同时,鸦片战争还激发了作家们的民族意识和忧患意识,创作了大量反对侵略,抨击投降派,歌颂抗英英雄的爱国诗篇,形成了一股爱国诗潮。这批诗人有魏源、林则徐、张维屏、陆嵩、张际亮、林昌彝、朱琦、鲁一同、姚燮、张仪祖、徐时栋等。爱国诗潮是中国文学史上首次出现的以反对西方殖民主义侵略为内容的诗潮,代表了民族的呼声和愿望,是古典诗歌的现实主义传统在新的历史条件下的延续和发展。尽管这类诗作在思想内容和表现方法上存在着不少缺陷,但它为中国近代诗歌的发展指明了方向。它与经世致用思潮汇聚在一起,形成了这个时期臧否政治、评点时事的文学主体精神,推动近代文学走向与民族救亡和政治变革紧密结合的道路。

洋务运动时期,经世致用文学思潮在新的历史条件下继续发展。洋务派作家冯桂芬、王韬、马建忠、郑观应等,反对或抛弃桐城古文,创作了大量议及时事政治、倡导改革变法的诗文。王韬、郑观应将一般古文运用于报章,开启了维新派报章文体的先河。洋务派阵营之外的作家贝青乔和金和,也创作了独具特色的诗歌,表达了反帝爱国的思想主题。此外,太平天国的领袖们,如洪秀全、洪仁玕等人,提倡"文以纪实"、"言贵从心"、朴实明晓的文风,也主张进行文学革新。

中日甲午战争之后,民族危机进一步加深,资产阶级改良派发动和领导了一场维新变法运动。与之相适应,他们又掀起了维新改良文学思潮,从形式到内容全面改革传统文学。这一思潮酝酿于戊戌之前,勃兴于戊戌之后。梁启超是这一思潮的领袖,他先后提出了"诗界革命"、"文界革命"、"小说界革命"、"戏剧改良"等主张,为文学改良运动奠定了理论基础;同时又身体力行,积极从事文学创作,为新文学的繁荣和发展作出了重大贡献。其代表人物还有黄遵宪、康有为、夏曾佑、谭嗣同、林纾、严复、林旭、杨锐、刘光第、杨深秀、丘逢甲、蒋智由、文廷式、许南英、李伯元、曾朴等。

这股新的文学思潮主张利用文学开启民智,为维新变革服务。改良派强调文学的社会地位和作用,"载道明德、纪政察民,胥于此文是赖","含融万汇,左右群情",也"惟兹文学始独有此能力"。在这个时期,要革新积习,"则除恃文学为群治之萌芽,诚未闻别有善良之方法"①。黄遵宪甚至说,文学有"左右世界之力"。因此,他们认为文学是开启民智、改革社会的最好手段,为此发起了诗界革命、文界革命、小说界革命和戏曲改良,掀起了"文学改良运动"。在这场改良运动中,他们创作了大量新的文学作品,宣传自己的社会理想,揭露、批判社会现实的黑暗和弊端,鼓舞民众参加社会改革。

为了达到宣传维新,启发民众的作用,改良派坚决反对"求古求雅"、"恶俗恶熟"的做法,追求文学的社会化和通俗化。他们主张以民间流行的俗语入诗,从民歌中汲取养料,创造新的通俗诗歌,"以最浅之文字,存以深意"②。他们还进行了"言文合一"、"情深而文明"的文体改革,创造了一种新的文体,并大力倡导白话文。他们清楚地看到,言文合一是文学发展的必然趋势。梁启超说:"文学进化有一大关键,即由古语之文学变为俗语之文

---

① 陶曾佑:《论文学之势力及其关系》,《著作林》第14期。
② 曾志忞:《告诗人》,张静蔚主编:《中国近代音乐史料汇编(1840~1919)》,人民音乐出版社2001年版,第208页。

学是也,各国文学史之开展靡不循此轨道。中国先秦之文,殆皆用俗语","故先秦文界之光明,数千年称最焉"。① 黄遵宪在《日本国志》提出,只有"言文合一","文学始盛"。他们所倡导和推行的文体改革,动摇了文言文的正宗地位,诗歌、散文和小说逐渐趋向通俗易懂,开启了"五四"白话文运动的先河。而且,这种新文体有力地宣传了他们的维新改良的思想主张,在社会各个阶层产生了很大的影响,推进了政治革新运动。

如同在政治上追随西方资产阶级前辈一样,改良派的文学改良运动也以欧美、日本的文学为范本。梁启超说:"欧洲之意境语句,其繁富而玮异,得之可以凌轹千古,涵盖一切。"②从诗歌到小说、散文,乃至戏曲,他们均主张效法西方的文学思想和创作方法。诗歌以荷马、莎士比亚、弥尔敦、丁尼逊、拜伦等为范式,散文以日本明治维新时期的报章政论家福泽谕吉和德富苏峰为楷模,小说则借鉴日、美、英、德、法、奥、意等国的"政治小说",戏剧也要承继莎士比亚、福禄特尔之风。他们要求文学作品所具有的"新意境"、"新理想",也包含着西方的自然科学知识和资产阶级的社会政治学说和理念。借鉴外国文学来改造中国传统文学,使得新文学真正打破了长期以来的封闭状态,从而走向了开放。

紧接着维新改良思潮的出现,随着资产阶级民主革命的开展,又产生了革命文学思潮。这一思潮酝酿于1905年之前,勃兴于此年之后,"南社"成立前后则是它的高潮期。革命派作家队伍人数众多,为了配合民主革命运动,他们组织文学社团,创办报纸杂志,积极进行文学创作。其中,诗歌成就突出的有秋瑾、柳亚子、陈去病、高旭、马君武、苏曼殊、黄节、于右任、周实等人,散文成就突出的有章太炎、章士钊、刘师培、陈天华、邹容、黄侃等人。

革命文学思潮与维新改良思潮处在同一个时代,它们在结合政治、启导民众、革新传统、追求通俗等等方面,有许多共同之处。但革命文学思潮是为适应革命斗争的需要而出现的,因此又有着与彼不同的特点。这一思潮最显著的特征是宣传、鼓动反清革命,为革命派的政治斗争服务。揭露清政府的腐朽和罪行,抨击封建专制制度的黑暗,论证革命的合理和必要,鼓吹民族主义,宣传资产阶级民主和共和政体等,是革命文学作品的鲜明主题,如邹容的《革命军》对革命作了精辟的阐释。他们比改良派更重视戏曲的社

---

① 梁启超:《小说丛话》之"饮冰语",《新小说》1903年第7号。
② 梁启超:《夏威夷游记》,《饮冰室文集·专集之二十二》,第189页。

会教育功能。1904年,陈去病、柳亚子、汪笑侬等创办《二十世纪大舞台》戏剧杂志,以"改革恶俗,开通民智,提倡民族主义,唤起国家思想"为宗旨,推动了戏剧改良运动和革命题材戏剧的活跃。为了反抗满族贵族的统治和帝国主义的压迫,弘扬民族精神,革命派大力宣传汉民族的历史文化,反对盲目崇拜欧美。高旭在《南社启》中说:"欲存国魂,必自存国学始,而中国国学之尤可贵者,断推文学。""而今之醉心欧风者,乃奴此而主彼"。作为反叛社会的革命文学,革命派的作品扭转了曲折隐晦的文风,多具有感情奔放、语调激昂、慷慨雄健、气势磅礴的特点,产生了撼人心魄、振聋发聩的感染力。即如女革命家秋瑾的诗歌,也充满了铁骨侠肠、雄豪健勇的豪迈之风,给人以极大的震撼。

在革命文学的浪潮中,"南社"发挥了极为重要的作用。"南社"是陈去病、柳亚子、高旭等人于1909年在苏州发起成立的革命文学团体,其成员在武昌起义前已有200多人,后来发展到1000多人。1910年出版诗文集刊《南社》。它以反清革命为宗旨,以提倡民族气节相号召,"欲凭文字播风雷",通过文学活动,为资产阶级民主革命大造声势,被称为同盟会的"宣传部"。南社成立之初,就抱有领导文坛、开一代风气的雄心。高旭在《南社启》中宣称,"欲一洗前代结社之弊,作海内文学之导师"。南社的文学活动以诗歌为主,反对晚清文坛占统治地位的同光体和常州诗派等,扭转了诗坛风气。

近代文学思潮的演进,是中国文学不断走向进步的过程,它促使资产阶级文学的产生,使得这一少数人的领域转向通俗化和大众化,由自我封闭转为面向世界。辛亥革命后,这股进步的文学思潮一度退潮,文坛充斥着"才子佳人"式的言情之作,感伤、纤细的格调也风行一时,出现了落后文学复辟泛滥的局面。于是,更为深刻的"五四"文学思潮和文学革命应运而生,中国文学又开始了新的一页。

2. 新诗与新小说

19世纪末20世纪初,文学界掀起了"诗界革命"和"小说界革命",新诗和新小说大量涌现。

早在1868年,黄遵宪便在组诗《杂感》中反对拟古风气,并在同年提出"我手写我口,古岂能拘牵"的主张。1895年秋冬,梁启超、夏曾佑、谭嗣同等经常讨论诗歌革新问题,他们从西方自然科学、社会科学以及新旧圣经中受到启发,开始了新诗的创作实践。他们将一些新名词直接入诗,宣传自己的政治主张和社会理想,与当时笼罩文坛的脱离社会现实的复古主义、形式主义的"宋诗运动"和"同光体"以及"汉魏六朝诗派"等相对抗。这类新诗称为"新学诗"。1897年,与梁、夏、谭的"新学诗"相呼应,黄遵宪将自己的诗标榜为"新派诗"。1899年11月,梁启超正式提出"诗界革命"主张。当时在前往夏威夷途中的轮船上,梁启超写了一篇《汗漫录》的随感,文中指出,"支那非有诗界革命,则诗运殆将绝。"他认为做诗须做到"三要":一要有新意境,二要有新语句,三要以古人之风格入诗。

"诗界革命"提出以后,迅速形成了一个颇具声势的新诗潮流,涌现出一批新派诗人。除了梁启超、黄遵宪、夏曾佑之外,还有蒋智由、康有为、严复、林纾、丘逢甲等代表人物。梁启超利用他主办的《清议报》和《新民丛报》,宣传"诗界革命之神魂",继续推进这一革新运动。《清议报》自1898年创刊至1901年停刊,共出100期,发表了100多个作家的800多首诗篇。《新民丛报》在1902年到1904年间开辟了"诗界潮音集"专栏,先后刊载了50多人的新诗500余首。

诗歌革新中涌现出的大量新诗,顺应历史发展的要求,冲破了几千年来的诗歌旧传统。在内容上,提倡"以旧风格含新意境",大量运用新名词,体现了新的思想和理念,反映了时代变迁。开始是宣传新学,描写异域风光和自然科学的新成就,继而又以反对封建专制、阐发资产阶级民主、弘扬爱国主义、倡导尚武精神、礼赞民主革命为基本主题。梁启超率先力行,写了大量内涵新颖的诗,如《壮别二十六首》之十八:"孕育今世纪,论功谁萧何？华(华盛顿)拿(拿破仑)总余子,卢(卢梭)孟(孟德斯鸠)实先河。赤手铸新脑,雷音殚古摩。吾侪不努力,负此国民多。"被梁启超誉为"诗界三杰"之一的蒋智由,写下了有名的《卢骚》一诗:"世人皆欲杀,法国一卢骚。《民约》昌新义,君威扫旧骄。力填平等路,血灌自由苗。文字收功日,全球革命潮。"

在形式上,虽仍然采用古诗体裁,但力求冲突旧格律、旧体制的束缚。"新学诗"和"新派诗"主要是五七言古体诗、律诗和绝句,后来出现了更多的杂言体长篇,其中部分诗作还表现了明显的自由化和散文化倾向。梁启超刊登于《清议报》和《新民丛报》上的诗作,如《二十世纪太平洋歌》、《赠别郑秋蕃兼谢惠画》、《志未酬》、《举国皆我敌》、《爱国歌四章》等,均是字数不等的杂言体,反映了这一倾向。黄遵宪进而创作"新体诗",改革诗体。他先是"斟酌于弹词粤讴之间",考虑从民间歌谣入手,后来看到王韬翻译的德意志《祖国歌》,遂创作了《军歌》二十四章。这组《军歌》句式仍是五七言,但体式却已发生变化,它与传统的古、近体不同,长短错落,没有定制。此后他又创作了《小学生相和歌》《幼稚园上学歌》等,产生了很大的影响。此外,新名词的运用,不仅更新了诗歌的语句,而且对于打破旧体诗格律的束缚和解放诗体也产生了重要的影响。

在语言上,新诗以口语入诗,逐渐走向了通俗化和大众化。开始"新学诗""挦扯新名词以自表异",如果不加注释便难以看懂,"新派诗"也对语言的通俗化有所忽视。至《新民丛报》的"诗界潮音集",新诗在语言通俗化上更进了一大步,不少作者的诗作体现了这一特点。如突飞之少年《励志歌十首》之二:"诸君听我歌,二歌狂起舞,大声疾呼竟何意,笑尔四座泪如雨。黑红两种衰可悲,白种日兴黄种危。合群保种争一刻,过此更无中兴期。噫吁嘻,过此更无中兴期。"

新诗还有一个重要的特点,即从西方诗歌中汲取养分。梁启超认为,欲求诗歌革新,"不可不求之于欧洲"①,"必取泰西文豪之意境、之风格,熔铸之以入我诗,然后可以此道开一新天地"②。"诗界革命"口号提出后,黄遵宪提出学习"欧洲诗人出其鼓吹文明之笔"。康有为主张"现世瑰奇异境生,更搜欧亚造新声",他的海外诗便体现了以"欧洲之意境、语句"入诗的特点。

"诗界革命"兴起后,一批革命派诗人如秋瑾、高旭、马君武、陈去病、柳亚子在诗坛崛起,形成了革命新诗潮。这股诗潮承续了"新意境"、"新语句"、"古风格"三长具备的方向,并有所发展。这些革命新诗以民主思想、民族精神和反清革命为主题,运用了大量新的政治性词语,同时与传统诗歌语言融合,更加流畅自如。诗体仍为传统格律,有一部分诗歌则体现了开放的趋向,但艺术上不够成熟。革命派诗人各有特点,早期革命诗人中占有重要地位的秋瑾,其诗作充满了深挚、强烈的爱国激情,反对列强侵略、推翻专制统治的革命精神和坚定意志,以及力挽乾坤的英雄气概。如《黄海舟中日人索句,并见日俄战争地图》:"拼将十万头颅血,须把乾坤力挽回!"此外,作为一个女性,秋瑾的诗作还体现了男女平权和妇女解放的主题,充满了雄风侠气。如《日人石井君索和即用原韵》中"漫云女子不英雄,万里乘风独向东"之类的诗句,完全不同于古代女性诗作的柔曼幽怨之风。

1909年11月南社的成立,把革命诗歌创作推向高潮。创始人之一的

---

① 梁启超:《夏威夷游记》,《饮冰室文集·专集之二十二》,第189页。
② 梁启超:《新中国未来记》,《新小说》1902年第1期。

柳亚子,先已响应"诗界革命",如1902年作有《岁暮述怀》:"思想界中初革命,欲凭文字播风潮。共和民政标新谛,专制君威扫旧骄。"翌年所作《放歌》,典型地体现了当时革命青年的思想境界,贯注着爱国主义和民主主义精神。此后,柳亚子诗作的主题集中到反清革命上,言志抒愤,凭吊英烈,写了大量历次反清起义的感事颂悼诗。南社其他诗人如高旭、陈去病、苏曼殊、马君武、于右任、黄节、周实、宁调元等,均各有特点和成就。

伴随着"诗界革命"而涌现的大量新诗,动摇了几千年的诗歌传统,在中国诗歌由古典走向现代、由封闭走向开放的进程中,具有承前启后、继往开来的重要意义。尽管这次诗歌革新没有突破传统诗体,完成现代白话新诗体的建构,但它第一次提出诗歌向西方学习以及通俗化和大众化的问题,其理论主张和创作实践为五四新诗运动作了先导和预演。

这个时期,小说的社会作用越来越为人们所认识,随着"小说界革命"的兴起,出现了小说创作的繁荣局面。据阿英的统计,晚清出版的创作小说和翻译小说,其总数在2000种以上。

起源于民间的小说,历来被视为"街谈巷语","固不足与文学之事",受到文人学士的鄙视。随着维新思潮的兴起,小说引起了人们的注意,黄遵宪在1887年所写的《日本国志》中便提到小说。戊戌维新期间,康有为、梁启超、严复等维新派初步意识到小说的重要性,以及进行小说革新的必要。他们指出,"泰西尤隆小说学",小说"易逮于民治,善人于愚俗"。欧美开化之时,"往往得小说之助",其影响之深远"出于经史之上",提倡以小说"使民开化"。1898年梁启超在《清议报》发表《译印政治小说序》,进一步批评旧小说的弊病,并提出"小说为国民之魂"。

1902年,梁启超创刊《新小说》,发表《论小说与群治之关系》,提出"小说界革命"的口号,发动了小说革新运动。他认为,"小说有不可思议之力支配人道","为文学之上乘",要改造国民性,改良社会政治,就必须"新一国之小说",发挥小说的艺术力量和社会作用。梁启超的主张得到了许多人的响应,出现了一系列小说理论文章,如夏曾佑《小说原理》、狄楚卿《论文学上小说之位置》、陶祐曾《论小说之势力及其影响》、王钟麒《论小说与改良社会之关系》等等。对小说新的认识,带来了小说创作的繁荣,出现了一批小说专刊,除《新小说》之外,还有《绣像小说》、《新新小说》、《月月小说》、《小说林》、《小说月报》、《小说时报》、《小说世界》等。到1917年,以"小说"命名的报纸期刊达50余种。"小说界革命"口号提出的第二年,便创作小说39部,出现了第一个小说创作高峰。据统计,20世纪初不到20年间,小说的种数已达1000余种,超过了此前全部古代小说的总和。这个时期,作者队伍扩大,形成了作家群体,出现了专业小说家,其中有革命活动家、宣传家,以及留学生、实业家、报刊编辑,等等。

首先出现的是政治小说,因为它直接体现了"小说界革命"改良政治的意图。梁启超亲自创作了《新中国未来记》,开创了以小说宣传政治思想的风气。此后的政治小说大都宣传反清革命和民主思想,有陈天华的《狮子吼》、怀仁的《卢梭魂》、罗普的《东欧女豪杰》等。此外较多的还有以妇女解放为题材,如《黄绣球》、《中国之女铜像》、《女子权》等。这类小说在艺术上是不成功的,但对推动小说界革命起了重要作用。新小说中成就最为突出是"谴责小说",其中李宝嘉的《官场现形记》、曾朴的《孽海花》、吴沃尧的《二十年目睹之怪现状》、刘鹗的《老残游记》,影响最大。这类小说抨击、嘲讽清政府和社会丑恶现象,"揭发伏藏,显其弊恶,而于时政,严加纠弹,或更扩充,并及风俗"①。其题材和内容,涉及社会生活的各个领域,如官场、商界、工界、女界、战争等各方面,以写官场最为普遍。谴责小说基本上沿用古典小说的章回体,为了适应报刊连载的需要,多以短篇连缀成长篇,结构不够严密。表现手法上艺术性不高,没有塑造贯串全篇的中心人物,且缺乏含蓄,夸大失实。

翻译外国小说也形成一个热潮,其中贡献最大的当推林纾。1899年,他与王寿昌合译小仲马《巴黎茶花女遗事》出版,引起很大反响,有"外国《红楼梦》"之誉。林纾翻译也怀着"以小说启民智"的目的,他翻译斯托夫人《黑奴吁天录》,希望此书"为振作志气、爱国保种之一助"。林纾一生中翻译出版了11国89位作家的165部作品,另有18种未刊,绝大部分是小说。其中不乏名家之作,如狄更斯的《块肉余生记》(《大卫·科波菲尔》)、笛福的《鲁滨孙漂流记》、雨果的《双雄义死录》(《九三年》)、塞万提斯的《魔侠记》(《堂吉诃德》)等。林纾不懂外文,经别人口译后由他笔述,因此不免在作品选择上受到限制,且出现一些误译。还值得一提的是,近代第一位女翻译家薛昭徽与丈夫共同翻译了凡尔纳的《八十日环游记》,开翻译科幻小说之先河。外国小说的大量翻译,扩大了中国人的视野,推动了清末小说的繁荣,为中国文学的发展提供了借鉴。

---

① 鲁迅:《中国小说史略》,人民出版社1973年版,第252页。

此外还有历史小说,前述《孽海花》,反映了同治初年到甲午战争这三十年的政治、军事、外交和思想文化的演变,具有历史小说的特点。其他较为成功的历史小说,有黄世仲的《洪秀全演义》。这个时期的短篇小说也出现了新的特点,受政治小说的影响,与时事政治结合较为紧密。在创作艺术上,借鉴西方的小说技巧,汲取了戏剧的某些特点。

在"诗界革命"和"小说界革命"的同时,戏剧也进行了革新。1904年,柳亚子、陈去病创办了我国最早的专业戏剧杂志《二十世纪大舞台》。柳亚子的《发刊词》、陈去病的《论戏剧之有益》等论文,批评了轻视戏剧的传统观念,主张重视戏剧的社会教育作用,并提出了改革戏剧的意见。在戏剧改革理论的推动下,戏剧创作也取得了较多的成果。至1911年,创作了各类剧本160多种,其中传奇54种、杂剧40种、地方戏51种、话剧16种。① 戏剧的题材,初期多为外国近代历史,1905年后,更多的是直接反映现实斗争,鼓动反帝和反清革命,如《革命军》、《皖江血》、《开国奇冤》等。

在编演新剧的过程中,出现了固有的戏剧体制与表现新内容的矛盾,于是出现了一种新戏剧形式,即话剧,当时称为"新剧"或"文明戏"。1905年汪优游组织第一个业余剧社"文友会",翌年朱双云、汪优游组织"开明演剧会",此为中国新剧的萌芽。1906年,李叔同、曾孝谷在日本发起成立了留学生演艺团体春柳社,该社于1907年在东京上演同名小说改编的话剧《黑奴吁天录》,标志着话剧的诞生。同年,王钟声在上海创办第一所话剧学校——通鉴学校,并公演《黑奴吁天录》。第二年又与任天知合作,演出了《迦茵小传》,至此,新剧形式已完全摆脱了旧剧痕迹。

3. 从新文体到白话文

随着社会政治和学术思想的变化以及报刊的出现,文章的体裁和风格也发生了变化,产生了有别于古文的"新文体"。"新文体"在戊戌维新运动时期就已孕育,它直接源于当时报章关心时务、宣传变法的时务之文,被称为"时务文体"。

当时的报章文章刚从传统古文转化过来,语言基本上是文言句式,梁启超流亡日本后回顾说:"今日检阅其旧论,辄欲作呕,复勘其体例,未尝不汗

---

① 阿英编:《晚清戏曲录》,见《晚清戏曲小说目》,上海文艺联合出版社1954年版。

流涘背也。"①在对"时务文体"反思的基础上,梁启超提出了"文界革命"的口号,主张对文体作更进一步的改革。在他主办《清议报》、《新民丛报》期间,更进一步发展了这一新的文体,"学者竞效之,号新文体"②。

新文体自由表达思想,"纵笔所至不检束",不受传统文体模式的束缚。其文洋洋洒洒,广征博引,驰骋古今中外,尤其是大量引用西人之论。如《饮冰室自由书》60多篇,"以精锐之笔,说微妙之理,谈言微中,闻者足兴"。其文"平易畅达,时杂以俚语、韵语及外国语法",新名词也趋向口语化,文章语言更为通俗化、平易化。

"新文体"的产生有着重要意义,它在很大范围内动摇、取代了文言的统治地位,为白话文运动扫除了障碍。"新文体"兴起之后,一些有影响的重要报刊抛弃了惯用的文言,采用新的语言文体。同时它以读者乐于接受、容易消化的新的语言方式,引进西方的社会政治学说,宣传维新变法,开思想之新风,"激民气之暗潮"③,推进了中国的社会变革。这种别具魔力的新文体,在当时引起极大反响,为革命派宣传家如邹容、陈天华、柳亚子等所承继,获得进一步发展。

新文体产生和发展的同时,提出了变革书面语言,即提倡白话文的问题。黄遵宪最先提出"言文合一",1887年他在《日本国志·学术志二》中说:"语言与文字离则通文者少,语言与文字合则通文者多",认为变更文体以"适用于今,通行于俗"是一种发展趋势。戊戌时期,梁启超认为,古人言文是合一的,后世两者始分,主张"今宜专用俚语广著群书"。这样"上之可以借阐圣教,下之可以杂述史事,近之可以激发国耻,远之可以旁及彝情,乃至宦途丑态、试场恶趣、鸦片顽癖、缠足虐刑,皆可穷极异形,振厉末俗,其为补益,岂有量耶?"④接着,裘廷梁发表《白话为维新之本》一文,更明确提出"崇白话而废文言"。

这一主张很快获得了社会认同,维新派或革命派广泛地运用白话向社会民众进行宣传,出现了大量白话报刊。创刊较早的有《演义白话报》

---

① 梁启超:《清议报一百册祝辞并论报馆之责任及本馆之经历》,《饮冰室合集·文集之六》,第52页。

② 梁启超:《清代学术概论》,东方出版社1996年版,第77页。

③ 梁启超:《清议报一百册祝辞并论报馆之责任及本馆之经历》,《饮冰室合集·文集之六》,第55页。

④ 梁启超:《变法通议》,《饮冰室合集·文集之一》,中华书局1936年版,第54页。

(1897)、《无锡白话报》(1898)，戊戌期间创刊的还有《平湖白话报》、《通俗报》、《女学报》等。戊戌变法失败后，维新派与革命派掀起了创办白话报刊的高潮。从1899年到1918年，各地创办白话报刊共170余种。

晚清时期的白话文运动只是将白话作为开启民智的工具，并没有真正消除文言与白话之间的对立。五四运动前后，掀起了白话文运动的高潮，并最终取得了胜利。这个时期，白话文运动的倡导者将思想文化革命与语言革命结合起来，要推翻封建礼教及其思想文化载体文言文。1917年1月，胡适发表《文学改良刍议》，极力肯定白话文学的价值，认为"今日之文学，其足与世界'第一流'文学比较而无愧色者，独有白话小说一项"，要求将古代的白话文学提高到文学正宗的地位。接着，陈独秀发表了《文学革命论》，声援胡适的主张，钱玄同和刘半农等人也起来响应。

白话文运动走向高涨，其势不可阻挡。反对白话文的林纾在《论古文白话之相消长》一文中谈到文言被白话所取代的情形时说："至白话一兴，人人争撤古文之席，而代之以白话。"1918年5月，《新青年》全部改为白话。1919年至1920年间出现的全国大小学生刊物400多种，全部采用白话。其他刊物也相继问世，它们在宣传新思想同时，主张并采用白话文。1919年11月，胡适、周作人、钱玄同、刘半农等向教育部提出《请颁行新式标点符号议案》。第二年春，教育部通令采用新式标点符号。在这一运动走向高潮中，白话文逐渐进入了教材领域。胡适用白话编著《中国哲学史》，有些大学讲义也开始采用白话。小学教材改用白话更是大势所趋。1920年，教育部正式通令全国，指出："吾国以文言分歧，影响所及，学校教育固感受进步迟滞之痛苦，即人事社会，亦欠具统一精神之利器。若不争使言文一致，欲图文化之发展，其道无由。"规定从当年秋季开始，所有国民学校第一、二年级的教材，先改用白话文。至此，我国历史上第一次以政府政令的形式废除文言文教材，开始了白话文教材时期。这一改革使教科书走向了大众，成为传播新文化的载体，大大促进了文化教育事业的发展，具有划时代的意义，表明白话文终于取得了胜利。

二、史学变革与新史学观

1. 新史学观

在中国近代，随着时代的变迁和西方学术思想的引入，传统史学及其史学观也发生了重大变化。

鸦片战争前后,历史学开始摆脱乾、嘉时期繁琐考证的风气,注意把历史研究和社会现实问题结合起来,开始了从传统的"经学义理"到"经世致用"的转变。龚自珍将消沉一千多年的公羊学说改造为治世—衰世—乱世的新三世说,以论证封建统治陷入危机。魏源也以公羊变易观点观察中国历史进程,提出"气运说"来解释历史变局。他们所宣扬的具有革新意义的公羊三世变易观,提出了新的观察历史的指导思想。戊戌时期,康有为进而将公羊三世说与君主立宪的政治主张结合起来,提出了具有资产阶级性质的进化理论。1898年,严复翻译的《天演论》出版,该书介绍了近代进化论学说,促使近代史学产生了新的飞跃。

20世纪初年,改良派和革命派在开展政治斗争的同时,提出了建立新史学的主张,完成了从朴素的历史进化观点向近代资产阶级进化论史观的转变。1901年,梁启超著有《中国史叙论》,提出仿照西方史家,将中国史划分为"上世史"、"中世史"、"近世史"三个阶段。这是中国近代第一次提出新的分期方法。1902年梁启超发表《新史学》,进而提出"史界革命",表示了与传统史学彻底决裂的决心。他批判封建史学一是知有朝廷而不知有国家,二是知有个人而不知有群体,三是知有陈迹而不知有今务,四是知有事实而不知有理想。除此"四弊"之外,还存在"二病":一是能铺叙而不能别裁,二是能因袭而不能创作。也就是说,传统史学缺乏国民思想,是为封建帝王服务的,不能反映全体国民的历史活动,不能起到有益民智的作用。"陈陈相因,一丘之貉,未闻能为史界开辟一新天地,而令兹学之功德普及于国民者"。为此梁启超大声呼吁,"史界革命不起,则吾国遂不可救",主张改造旧史学,创造符合时代需要的新史学。他提出:"历史者,叙述进化之现象也",历史的变化有一个由低级到高级进化的过程,"有一定之秩序,生长焉,发达焉";"历史者,叙述人群进化之现象也",不能把历史写成人物传,而是阐述人类"籍群力之相接相较、相争相师、相摩相荡、相维相系、相传相嬗,而智慧日进焉"的发展;"历史者,叙述人群进化之现象,而求得其公理、公例者也",要从人类活动中总结出历史发展的规律,"以增幸福于无疆"①。《新史学》是资产阶级新史学诞生的宣言书,对当时封建思想占统治地位的史学界起到了振聋发聩的作用。

《新史学》的发表和"史界革命"的提出,在社会上引起了极大的反响,形

---

① 梁启超:《新史学》,《饮冰室合集·文集之九》,第1~32页。

成了一股新史学的思潮。章太炎公开宣布自己是进化论者,主张改革旧史学,提出研究历史必须以进化论为指导,强调著史的宗旨在于揭示社会的发展进化。1902年,他在《致梁启超书》中提出,史学要"以发明社会政治进化衰微之原理为主","以鼓舞民气,启导方来为主",①主张以近代进化论为指导思想。从这一观点出发,他批评今文经学派的"三统"、"三世"说,"三统迭起,不能如循环;三世渐进,不能如推毂"②。此外,在鼓吹国粹主义的同时,章太炎还提出了民族主义史学观,主张"中国今后应永远保存之国粹,即是史书,以民族主义所托在是"③。此外,有的还提出,对历史"予以科学的研究,寻其统系而冀以发挥其真相者,是今日史学者之目的也"④。这种将历史学"科学化"的主张,无疑是一大进步。

在提出新史学观的同时,梁启超、章太炎等还提出了改造传统旧史,编写新体中国通史的设想。他们反对封建专制和帝王中心史观,主张废除旧史中的"本纪",帝王和平民均入列传,以示平等,表现出进步的资产阶级史学观点。与此相似,还有不少学者提出了编纂"民史"的设想。这些设想和主张视野宽阔,注重探讨典章制度和民生日用的沿革变迁,给后人的历史研究以很大启发。

2. 史学新发现及其研究

新史学观的提出,反映了资产阶级力图全面改造传统史学,建立适合本阶级需要的近代史学的愿望,促进了中国史学的发展。在这股潮流下,不少进步史家运用新史学观治史,取得了重要的成果。

这个时期运用新史学观进行史学研究最突出的成果,是夏曾佑的《最新中学中国历史教科书》。这是一部通史性著作,1904～1906年分三册出版,1933年改名《中国古代史》,列为《大学丛书》之一。该书为第一部章节体中国通史,以时间为经,将所述历史分为三大时代、七小时代;又以事为纬,"于其特之事加详,而于普通之事从略",分章节予以叙述。章节体突破了传统史学的编纂体例,可以完整记述各个历史事件及其相互之间的联系,使人们对历史发展的脉络大势一目了然,兼有纪传、编年、纪事本末体的长处,又能

---

① 汤志钧编:《章太炎政论选集》上册,中华书局1979年版,第167页。
② 朱维铮、姜义华编注:《章太炎选集》,上海人民出版社1981年版,第131页。
③ 章太炎:《答张季鸾问政书》,见《制言》第24期。
④ 汪荣宝:《史学概论》第1节绪论,见《译书汇编》1902年第9期。

补其不足。因此,自夏曾佑开创章节体之后,这一体例逐渐流行,为史学界所普遍采用。通过这种篇章结构,该书摒弃了"三代神圣"的传统史观,运用历史进化的观点,叙述了中国历史的起伏曲折和发展趋向。此外,该书其他方面还有着种种特点,如强调了文化在历史进化中的作用,批判封建专制制度,重视民族关系和民族变迁等。这部拓荒之作,尽管存在着某些不足之处,但它以新的进步史学观为指导,内容充实、体裁新颖,代表着通史撰著的新方向,标志着近代资产阶级史学新体例的建立。此外,还有曾鲲化的《中国历史》、刘师培的《中国历史教科书》等。随着白话文运动的兴起,有的甚至用白话文编写通史,如《中国白话报》"历史"栏连载的《中国历史大略》、《人种》、《政体》、《交通》、《兵制》、《田赋》、《刑法》、《宗教》、《教育》等,就是一部白话新体中国通史。

除了各种新体通史之外,在其他方面也有突破。1911 年,屠寄刊行《蒙兀儿史记》48 卷(全书 160 卷,至 1934 年始全部面世),完整系统地叙述了蒙古族和蒙古帝国的历史。屠寄是一位资产阶级新史家,书中批判了封建专制制度,运用了历史进化观点,体现了民族平等思想。如颂扬社会进化,反对"家天下",赞成共和,反对民族歧视,等等,反映了新史学观的影响和运用。在体例上,该书仍采用有着很大局限的传统纪传体,但义例有所创新。

在地舆学方面,杨守敬 1904 年完成了《水经注疏》初稿,随后刊行《水经注图》、《历代舆地沿革险要图》,另有丁谦《蓬莱轩地理学丛书》一书于 1902 年刊行。此外,1909 年朱寿朋编成《光绪朝东华录》刊行,1910 年,缪荃孙《续碑传集》编成。

这个时期重要的史学新发现,有甲骨文、汉晋简牍和敦煌写本等,这些发现促进了史学研究的发展。1899 年,国子监祭酒王懿荣偶然发现了甲骨文,不惜重金,购买了千余片甲骨。他在义和团运动中殉难后,这些甲骨转归刘鹗。1903 年,刘鹗拓出 1058 片编成《铁云藏龟》一书,这是著录甲骨文字的第一部书。1904 年,孙诒让对甲骨文进行考释,根据《铁云藏龟》著有《契文举例》二卷,从此开启了甲骨文研究。接着,罗振玉取得了进一步的成就,他于 1910 年石印出版《殷商贞卜文字考》,对古文字、古史、古文物等方面提出了很有价值的见解。1913 年,他又编著出版了《殷墟书契前编》,对大量甲骨文作了考释。1915 年,《殷墟书契考释》初版印行。在此同时,协助罗振玉的王国维将卜辞考释与古史研究结合起来,从 1915 年到 1917 年,写出了《殷卜辞所见地名考》、《三代地理小记》、《殷卜辞中所见先公先王考》

与《续考》等。甲骨文的发现具有划时代的意义,它推动了中国考古学和甲骨学的建立,直接促进了此后的殷墟考古挖掘。同时,它为中国古代史,尤其是夏商周历史的研究奠立了基础。

汉晋简牍是外国人于19世纪末首先发现的。瑞典人斯文赫定进入中国西北"探险",1899年在罗布泊以北发现了古楼兰遗址,得到了汉晋时的简牍121枚。1901年,匈牙利人斯坦因在天山南麓尼亚河下游一带发现了魏晋木简。法国学者沙畹对此进行考释,著《中国古文书》。罗振玉同王国维在日本进行考订,于1914年出版了《流沙坠简》一书。简牍的发现,澄清了许多史实,促进了两汉与魏晋时期的古史研究。

敦煌写本是指敦煌鸣沙山的千佛洞室中所藏五代和唐人所写的卷轴,1900年被一个敦煌道士无意中发现。这些文物很多被斯坦因、伯希和等外国人用各种方式盗走。20世纪初,罗振玉、王国维等开始了对敦煌文书的研究。罗振玉编有《敦煌古室遗书》、《鸣沙古室古籍丛残》,王国维则研究了唐代职官、敦煌户籍等,后来陈垣与中央研究院历史语言研究所对剩余写本进行整理编纂。这些都为敦煌学的形成奠定了基础。

除此之外,内阁大库、军机处档的发现与整理,也是20世纪初年新史料的重要发现。新史料的发现对史学发展起了重大作用,并促进了图书、档案等文化事业的发展。

三、近代科学与技术

1. 西方科技的引进与影响

19世纪60年代洋务运动兴起后,随着洋务学堂和翻译出版机构的建立,报刊的陆续增多,西方近代科学技术开始被有组织、大规模地引入中国。

西方近代科技著作被大量翻译介绍到中国。曾国藩、李鸿章等主张设立机构,翻译西书,说:"盖翻译一事,系制造之本根。洋人制器出于算学,其中奥妙皆有图说可寻,特以彼此文字扞格不通,故虽日习其器,究不明夫用器与制器之所以然。"提议在江南制造局"另立学馆,以习翻译"。1868年6月成立的江南制造局翻译馆,自成立至清末,翻译西书200种以上。北京同文馆所设译书处,翻译出版著作共100多部。1887年由英、美基督教传教士在上海建立的出版机构广学会,先后编译出版书籍2000种以上,并出版《万国公报》、《中西教会报》等十几种中文报刊。除了这三个重要的机构之外,还有金陵书局、益智学会等,刊印了不少西书。在各种出版物中,西方科技知识是主要内容之一。据梁启超的《西学书目表》统计,从咸丰末年至光绪二十二年(1896年),刊印各类西书共353种,其中科技类译著不下300种。

这些科技译著引进了西方基础科学和应用科学,前者如天文学、物理学、数学、化学、生物学、地质学、地理学等,后者如冶炼、制造、化工、开采、纺织、驾驶、军械、医疗等,涉及当时西方科技的各个领域。各个学科都有全面、系统的译著。此外,西方科学界的各种学说

江南机器制造局的翻译局

也被介绍到中国,如宇宙生成说、太阳黑子理论、生物进化学说、地层构成理论等。牛顿、哥白尼、伽利略、康德、达尔文、赖尔、爱迪生等科学巨匠,逐渐为国人所了解。

20世纪初年,西方近代科技在中国获得了更为广泛深入的传播。这个时期,出现了一批具有现代意义的科学社团和科学研究机构。

1909年,著名的地理学及地理学教育家张相文(1866～1933)约集白毓昆、陶懋立等在天津创立中国地学会,张相文被推选为会长。这是中国成立最早的一个自然科学学会,许多地理、地质学专家,如邝荣光、白眉初、章鸿钊、丁文江、翁文灏、白月恒、徐炳旭等,都被吸收入会,参加者百余人。该学会1910年出版会刊《地学杂志》,是中国最早出版的学术刊物。该刊发表了我国近代地理学早期研究的不少成果,反映了当时我国地理学研究的水平。

1912年,詹天佑在广东发起成立了"广东中华工程师会",又在上海组织"中华工学会"和"中华铁路路工同仁共济会"。随后,经詹天佑提议,这三个学会合并为"中华工程师会",詹天佑任会长。会员涉及各个领域,凡土木、机械、水利、电机、采矿、冶金、兵工、造船等工程师均可入会。该会出版了学术刊物《中华工程师学会会报》。同年,北京古观象台改建为中央观象台,以高鲁(1877～1947)为台长。该台出版有《观象丛报》、《气象月刊》,开

展学术讨论，介绍天文、气象及物理方面的知识，也具有学会的性质。20年代初中国天文学会成立后，该台改为天文陈列馆。工程技术方面也成立了学术团体。这些学会以振兴和促进中国的科学技术为己任，如詹天佑要求中国工程师"各出所学，各尽所知，使国家富强，不受外侮，足以自立于地球之上"。

在中国科技史上，中国科学社的成立具有极为重大的意义。1914年夏，留美中国学生任鸿隽、赵元任、胡明复、杨杏佛等在美国筹备发起"中国科学社"，1915年10月正式成立定名，以任鸿隽为社长。该社在筹建之初创办了《科学》月刊，后来又创办《科学画报》《科学季刊》等杂志，以及不定期刊物《论文专刊》《科学丛书》《科学译丛》《科学史丛书》等。成员由创立时的70多人，到1918年迁回国内时发展到600余名，遍布各个学科领域。中国科学社是近代影响最大的综合性科学社团，以"联络同志，研究学术，共图中国科学之发达"为宗旨，培养造就了中国科学家群体，带动了各科学社团的广泛建立，推动了西方科技在中国的传播与普及，对中国现代科学的建立和发展作出了重要贡献。

研究机构方面，1913年，毕业于日本东京帝国大学地质系的章鸿钊在北京成立了地质研究所。研究所招收中学毕业生就读，学制三年，至1916年培养出22名毕业生，其中如叶良辅、谢家荣、王竹泉、谭锡畴、李学清、朱庭祜、李捷等人，后来成为我国知名的地质学家。研究所开展了一系列的地质调查工作，绘制了河北、河南、山东、山西、江苏等省的地质图。1916年，因经费无着被迫停办。

第一批现代意义的科学团体和科学研究机构的相继出现，表明近代中国的科学技术进入了一个新阶段，从引进吸收逐步转到传播与研究并重，从而大大推动了它的进一步发展。此外，这个时期继续翻译引进西方科技著作。据统计，自1853至1911年，共翻译西方科技著作468部。其中总论及杂著有44部，天文气象12部，数学164部，理化98部，博物92部，地理58部。①

西方科技的引入和传播，对中国社会产生了重要的积极影响。它不仅促进了经济领域的变化，推动了中国近代工业的产生和中国科技的发展，并

---

① 周昌寿：《译刊科学书籍考略》，见《中国科学技术史稿》下册，科学出版社1982年版，第250～251页。

相应带来政治上的变革,而且极大地改变了思想文化领域的面貌。人们的自然观有了显著的进步,开始运用科学知识来解释自然现象。随着科学技术的价值和重要性愈来愈被人们所认识,传统的伦理道德和旧观念,诸如"华夷之辨",视科技为"奇技淫巧"等意识,逐渐被抛弃,科学观念开始被社会所接受。20世纪20年代初,胡适便谈到:"这三十年来,有一个名词在国内几乎做到了无上尊严的地位;无论懂与不懂的人,无论守旧和维新的人,都不敢公然对它表示轻视或戏侮的态度。那个名词就是'科学'。"①

2. 早期科学家的贡献

在引进西方科学技术的同时,早期科学家也取得了不少成就,如吴其濬、李善兰、徐寿、华蘅芳、詹天佑、冯如等,在各个领域为中国的科学技术发展作出了重大的贡献。

吴其濬(1789~1847),河南固始人,著名的植物学家和矿物学家。吴其濬从小好学,21岁时(1810)考中举人,28岁时(1817)考中状元,先后任翰林院修撰、礼部尚书、兵部侍郎等职。以后又出任湖北、江西学政,湖南、湖北、甘肃、浙江、广东、云南、贵州、福建、山西等省的巡抚或总督,还兼任过盐政等高级官员,所以说他"宦迹半天下"。吴其濬对植物学与矿产学有深厚的造诣,在完成《植物名实图考长篇》的基础上,广泛采集植物标本,结合历代有关文献进行研究,写出了著名的《植物名实图考》。该书在他死后第二年,即1848年由山西巡抚陆应谷刊印,共38卷,记载植物1714种,分谷、蔬、山草、隰草、石草(包括苔藓)、水草(包括藻)、蔓草、芳草、毒草、群芳(包括寄生于一些木类的担子菌)、果、木12类。书中附有1800多幅图,多于李时珍《本草纲目》的1110多幅。这部书对于研究植物、鉴别种名具有较大的科学价值,标志着植物学从本草学的附庸逐步走向独立的阶段,在中国植物学史上占有重要地位。除外,在深入调查的基础上,吴其濬还著有介绍云南东川铜矿和其他矿产的《滇南矿厂图略》一书,对我国矿产研究做出了很大贡献。

李善兰(1811~1882),字壬叔,浙江海宁人,杰出的数学家。早年到墨海书馆参与译书,后来积极参加洋务新政中有关科技活动,在数学研究和翻译西方科技著作两个方面均作出了巨大的贡献。李善兰的数学研究成果集中地体现在他自己编辑刊刻的《则古昔斋算学》之中,该书所收数学著作11

---

① 胡适:《科学与人生观序》,见《科学与人生观》,上海亚东图书馆1923年版,第2~3页。

种、历法 1 种、弹道学 1 种。他的数学成就主要是尖锥术和垛积术,其素数研究也有独到之处。翻译方面,李善兰从 1852 年到墨海书馆开始,到洋务运动期间,均从事了这方面的工作。数学方面,他与伟烈亚力合作翻译了《几何原本》、《代数学》、《代微积拾级》,与艾约瑟合译《圆锥曲线说》等。在天文学方面,李善兰翻译了赫歇尔的《天文学纲要》一书,名为《谈天》。可以说,李善兰为近代科学在中国的传播和发展做出了开创性的贡献。

徐寿(1818～1884),字雪村,江苏无锡人,在制造和翻译尤其是化学翻译方面,作了很大的贡献。他在青年时即以科举"不切于实用",改学天文、算术,尤喜制仪器。1862 年初,徐寿和华蘅芳同入安庆内军械所。二人合作,参照外国文献资料,由徐寿设计、华蘅芳推导计算,制造了一台轮船汽机。7 月 30 日试演成功,二人都获"奇才异能"之名。这是近代中国人制造的第一台蒸汽机。1864 年 1 月,二人又合作制成一艘木壳轮船"黄鹄"号,船长 50 余尺,时速 40 余里,是中国自行设计的第一艘轮船。1865 年,徐寿被任命为江南制造总局的襄办,建议成立翻译馆,翻译西方自然科学、工程技术书籍。他自制镪水、硝棉、药汞、炸药等,多有发明。徐寿从事西方科技书籍的编译工作前后长达 17 年之久,共译 17 种 168 卷之多,其中化学 7 部、技术 6 部,还有数理、医学、军事等,是李善兰以来译著最为丰富的科学家。① 他是系统介绍西方近代化学的第一位中国学者,与傅兰雅合作翻译了《化学鉴原》及续编、补编,《化学考质》、《化学术数》、《物体遇热改易说》等,系统地介绍了当时西方化学知识的主要内容。徐寿的儿子徐建寅,也是洋务运动时期杰出的科学家,在化学、化工方面作出了重要贡献。撰有著作 3 种,译作 15 种,专论 10 余篇,重要者有《化学分原》、《汽机尺寸》、《汽机新制》、《石板印法》、《造强硫水法》等。1868 年 9 月,他协助其父徐寿在江南制造总局制造了第一艘蒸汽军舰"恬吉"号,该舰载重达 600 吨,下水试航时轰动上海。

华蘅芳(1833～1902),字若汀,江苏常州金匮(今无锡市)人,也是洋务运动时期的著名数学家。少年时酷爱数学,青年时与李善兰交往,了解了西方的代数学和微积分。1861 年和同乡好友徐寿一同到安庆内军械所,造出轮船汽机和中国最早的轮船"黄鹄"号。1865 年,华蘅芳参加了江南制造总局的创建工作。他与玛高温、傅兰雅合译科技著作 12 部 160 余卷,其种类

---

① 沈渭滨主编:《近代中国科学家》,上海人民出版社 1988 年版,第 136～150 页。

除数学、地质学外,还涉及航海、气象、天文诸方面。1880年,华蘅芳译成的《决疑数学》10卷,是中国第一本介绍西方概率论的著作。华蘅芳还介绍了西方数学家和数学史,其译作文字明白晓畅,内容丰富多彩,进一步传播了高等数学的基础知识和基本方法,是李善兰之后引进西学影响最大的科学家。晚年转向教育界,编写了深入浅出的数学讲义和读本,在培养人才和普及科学方面贡献颇多。

詹天佑(1861~1919),字眷诚,江西婺源人(出生于广东南海县),杰出的爱国工程师、铁路工程专家。1872年7月,年仅12岁的詹天佑作为第一批官费生来到美国留学。1881年他以优异成绩毕业于耶鲁大学,获学士学位,并于同年回国。1888年,詹天佑被聘为中国铁路公司工程师,参加天津—唐山铁路的修筑,这是他致力于中国铁路事业的开端。1891年清政府修关内外铁路(今京沈铁路),以英人金达为总工程师,此时詹天佑已升任分段工程师,督修古冶至滦州段铁路。1892年,工程进行到滦河,金达不相信中国工程师能够修建铁道桥梁,但英、日、德籍工程师相继失败,不得不求助于詹天佑。詹天佑吸收了外籍工程师的教训,对滦河河底的地质构造作了周密的测量研究之后,决定采用压汽沉箱法修筑桥墩。他自己亲临现场,与民工一道施工,终于获得成功,建成了滦河大桥。这一成就,充分说明中国工程师有着巨大的创造力,令外籍工程师为之惊讶和佩服。1894年,詹天佑被选为英国土木工程师学会的会员,这是外国人第一次吸收中国人参加有较大代表性的学术团体。

京张铁路是联结北京和蒙古的交通要道,在政治、军事和经济上都有着很大的意义,清政府决定由国家筹款兴筑。1905年5月,京张铁路总局和工程局成立,詹天佑出任总工程师兼会办(1907年升为总办)。詹天佑勘测了三条路线,根据所拨款项和时限,决定采用第一条路线,全长360华里。该线所经过的南口关沟,重峦叠嶂,溪涧纷岐,其他路段也形势险峻,整个工程极为艰难。在其他工程技术人员的配合下,詹天佑成功地实施了一系列创造性的方案。经过努力,京张铁路于1909年7月4日全线贯通,比原计划提前半个月,节省工款银36万余两。京张铁路是靠中国人自己的技术力量建成的,为中国人民争了气,在中国铁路史上写下了光辉的一页。詹天佑对中国的铁路建设作出了卓越贡献,被誉为"中国铁路之父"、"中国近代工程之父"。

冯如(1883~1912),号鼎三,一说号九如,广东恩平县人,中国第一个飞机设计师。1894年，冯如出洋来到美国三藩市。1900年，八国联军攻陷北京，冯如深受刺激，他抱着救国的决心，来到纽约学习机器制造技艺。经过发愤学习和工作实践，冯如1906年回到三藩市时，成了一名精通机械和电器技术的专家。他通晓36种机器，先后研制了抽水机、打桩机、发电机、有线电话和无线电报机等机电设备，在当地颇负盛名。1903年，美国莱特兄弟首创动力载人飞机飞行成功，1904～1905年的日俄在我国东三省厮杀，这两件事进一步激发了冯如的爱国热忱，并受到启发。他感到，制造一艘战舰要耗费数百万金钱，不如将此款造数百万只飞机，价廉工省，用处更大。他说："中国自强，必空中全用飞机，如水路全用轮船。"这些说明，冯如不仅第一个提出航空救国主张并为之奋斗，而且也是近代最早的军事航空思想家。

立定志向之后，冯如着手研制飞机。1907年9月，冯如等租了一间厂房，开始了研制工作。第二年，第一架飞机终于制造出来了。1908年4月，冯如驾驶自制的飞行机在奥克兰的麦园试飞，飞行机上升到数丈高后突然坠落，冯如死里逃生。他克服资金困难，继续研制，半年之后，与助手们又制成一架新的飞机。9月21日，冯如再次驾机试飞，飞行航程达2640英尺，平安着陆。不久，冯如与旅美华侨黄梓材等发起创立广东机器制造公司，1909年10月正式成立。1910年，冯如又设计制造出一种性能更好的飞机，在国际飞行协会举行的飞行比赛中，冯如驾驶飞机参赛，飞行高度7百多英尺，时速65英里，航程20英里，荣获优等奖。1911年2月，冯如将广东机器制造公司改名为广东飞行器公司，以"壮国体，挽利权"为宗旨。他拒绝他人的高薪聘用，与助手携带制造飞机的设备和自制的两架飞机，回到祖国。武昌起义爆发后，冯如毅然参加了革命军。1912年8月5日，冯如在广州城郊作飞行表演，他驾机凌空而上，飞行自如，在场群众欢呼跳跃。不料，飞机准备着陆时，冯如突然发现前面有几名儿童，猛拉操纵杆升高飞机，结果飞机失去平衡，失速下坠。冯如身受重伤，没有抢救过来，不幸离开了人世，时年29岁。冯如开创了我国的航空事业，并为之献身，被誉为"中国始创飞行大家"。

本 章 小 结

社会阶层的重大变动，是19世纪末20世纪初资产阶级的形成，其基本标志是商会的产生。不仅民族资产阶级及其代表认识到商会的重要作用,清政府在"新政"中,也鼓励和倡导商人创设商会。外国商人引入了商会制度,则给中国提供了示范和样板。商会的出现,是中国资本主义发展史上的一件大事。新兴资产阶级第一次结成团体,独立地向全社会表达本阶级的意志和要求,争取和扩大本阶级的权利,体现了它的组织程度的提高和力量的增长。

资产阶级自治运动的兴起,是资产阶级的一项政治成就,在时代潮流的推动下,清政府也将地方自治作为预备立宪的一项重要内容。清末资产阶级自治运动的兴起和发展,具有重要的历史意义和进步作用。这一运动促使中国传统的社会政治生活秩序发生变化,资产阶级绅商政治参与进一步扩大,在相当范围内启迪了人民的民主意识和参与意识,从而削弱了封建专制主义的统治,促进了资产阶级民主宪政的发展。

与此同时,传统的士绅阶层逐渐走向消亡。科举制度的废除,切断了士绅阶层新的来源,他们开始大规模分化而逐渐瓦解。一部分士绅通过接受各种形式的新式教育,转化为具有新的知识结构和新思想的新式士绅。失去晋身之途的士绅,流向社会的各个领域,在职业选择上出现了多元化的趋势。除了进入政界和学界之外,他们还向农工商实业、军界、自由职业等领域谋求发展。

随着新式教育的兴办,产生了一个新的知识阶层。随着科举制度的废除,创办新式学堂蔚然成风,新式教育获得前所未有的大发展,一批新型的知识分子成长起来。这是一个具有资产阶级性质的新式知识分子群体,提出了具有近代意义的政治要求,从而成为清末民初政治变革的先导和中坚。

近代社会的另一重大变化,是出现了新的城市化趋势。这一变化,首先是由于通商口岸的出现,给中国城市发展带来新的契机。在城市化过程中,中国城市类型结构出现了新的发展趋势。一部分传统的工商业城市逐渐趋于衰落,另一部分城市凭借丰富的自然资源和优越的地理条件迅速发展起来,形成了新式的工矿业城市,即以一个或几个工业或矿业部门为主导产业的专业性城市。

在外国列强入侵引起中国社会变革的同时,出现了西俗东渐的现象,社会风俗发生了重要变化。清末民初社会习俗的变化,经历了从"排外"到"崇洋"的过程,出现了从"尚俭"到"崇奢"的趋向。社会风俗和生活方式的变化,推动了传统的"重农抑商"转向"重商轻农"。

文学方面,先后出现了经世致用思潮、维新改良思潮和民主革命思潮。中日甲午战争之后,由资产阶级改良派发动又掀起了维新改良文学思潮,从形式到内容全面改革传统文学。革命文学思潮酝酿、勃兴于1905年前后,与维新改良思潮有许多共同之处。其最显著的特征是宣传、鼓动反清革命,为革命派的政治斗争服务。

19世纪末20世纪初的资产阶级文学思潮,促使了新诗和新小说的大量涌现。"诗界革命"提出以后,迅速形成了一个颇具声势的新诗潮流,涌现出一批新派诗人。小说的社会作用越来越为人们所认识,出现了一批小说专刊,产生了专业小说家,形成了作家群体。首先出现的政治小说,开创了以小说宣传政治思想的风气。成就最为突出的是"谴责小说",其题材和内容,涉及社会生活的各个领域。翻译外国小说也形成一个热潮,推动了清末小说的繁荣,为中国文学的发展提供了借鉴。

文章的体裁和风格也发生了变化,产生了有别于古文的"新文体"。它动摇、取代了文言的统治地位,为白话文运动扫除了障碍。新文体产生和发展的同时,提出了变革书面语言,即提倡白话文的主张。

传统史学及其史学观也发生了重大变化。鸦片战争前后,历史学开始摆脱乾、嘉时期繁琐考证的风气,注意把历史研究和社会现实问题结合起来,开始了从传统的"经学义理"到"经世致用"的转变。戊戌时期,介绍了近代进化论学说,促使近代史学产生了新的飞跃。20世纪初年,提出了建立新史学的主张,完成了从朴素的历史进化观点向近代资产阶级进化论史观的转变。

西方的近代科学技术也开始引入中国。鸦片战争时期,林则徐、魏源等经世派最早认识西方的近代科学技术。洋务运动兴起后,西方近代科学技术开始被有组织、大规模地引入中国。江南制造局翻译馆、同文馆所设译书处、广学会,是当时三个重要的翻译出版机构。20世纪初年,西方近代科技在中国获得了更为广泛深入的传播。这个时期,除继续翻译引进西方科技著作外,出现了一批具有现代意义的科学社团和科学研究机构,如中国地学会、中华工程师学会、地质研究所等,其中中国科学社的成立具有极为重大的意义,对中国现代科学的建立和发展作出了重要贡献。

学 术 综 述

本章涉及的内容较多,以下主要就史学界对近代商会、科举制废除、城市史、社会风俗史等方面的研究略作介绍。

对于清末商会的研究,学术界对商会性质和商会与政府的关系上,存在一定分歧。对清末商会性质问题,学术界主要有三种观点。第一种观点认为清末商会是"官方机构"。法国学者白吉尔指出商会是帝国政府的下属机构。① 日本学者仓桥正直指出商会是"官办的组织"②。第二种观点认为,清末商会是具有官办的性质特点。邱捷等人认为商会是"半官方机构"③。朱英认为,清末商会带有一点"官督"色彩的商办民间社团。④ 马敏也承认"就其与官方密切关系和其成员的社会地位而言,商会又多少带有半官方机构的意味"⑤。第三种观点认为,清末商会是一种商办的法人社团。虞和平认为它既非官方、半官方机构,亦非"官督商办",而是商办的法人社团。⑥ 在清末商会与政府的关系上,主要有两种不同观点,清末商会与政府间的合作与依赖多还是对立与斗争多。虞和平提出"超法的控制与反控制"的解释框架,来分析商会与政府的关系,他认为中国近代商会与政府的实际关系,主要是超法的控制与反控制关系。⑦ 而张志东注意到商会与政府的合作与冲突的利益基础,提出了"超法的利益合作"来修正虞和平的"超法的控制与反控制"⑧。张东刚则并不认可虞和平的观点,他认为商会与政府的关系并非单纯的"超法的控制与反控制",而是一种独立于国家正式权力之外的自发组织。⑨

对科举制度的废除,学界也存在不同的观点。一种观点认为,科举制度被人们妖魔化。刘海峰强调人们混淆了科举制度与八股文的区别,认为清末康有为抨击八股文导致中国积贫积弱、割地赔款,但这些言论基本上都是

---

① 白吉尔:《辛亥革命前夜的中国资产阶级》,中国社会科学院近代史研究所编《国外中国近代史研究》第4辑,中国社会科学出版社1983年版。
② 仓桥正直:《清末商会和中国资产阶级》,《中国近代经济史研究资料》,1984年下半年。
③ 邱捷:《辛亥革命时期的粤商自治会》,《近代史研究》1982年第3期。
④ 朱英:《清末商会"官督商办"的性质与特点》,《历史研究》1987年第6期。
⑤ 马敏:《试论晚清绅商与商会的关系》,《天津社会科学》1999年第5期。
⑥ 虞和平:《近代商会的法人社团性质》,《历史研究》1990年第5期。
⑦ 虞和平:《近代商会的法人社团性质》,《历史研究》1990年第5期。
⑧ 张志东:《近代中国商会与政府关系的研究:角度、模式与问题的再探讨》,《天津社会科学》1998年第6期。
⑨ 张东刚:《商会与近代中国的制度与变迁》,《南开经济研究》2000年第1期。

针对八股文而不是针对科举制本身的。而且,清末人士为废科举而将八股文连带科举制说得一无是处,带有特定的时代背景中的严重情绪化倾向。①但大多数学者认为,废除科举制度是必需和必要的,只不过在废除的时机、方法和途径上,学者们存在很大分歧。部分学者认为,废除科举是两害取其轻。刘绍春认为,"渐变改革方式已经跟不上局势的发展",时势的急迫成为废除科举的直接重要推动力,虽然,这种激进改革又为以后留下了一些问题,"但已无法顾虑周全,两弊相权取其轻罢了"②。关晓红认为,科举的负面影响,极大地妨碍了举国上下视为生死存亡攸关的兴学大业。"补天不成,只好拆庙",清廷面临的国际形势也不允许他们按部就班地继续思考和试验其他方案了。③ 还有部分学者认为,科举制度的废除是条件成熟的自然结果。孟宪实认为,经过废八股、设特科、建立新式学堂等几个步骤,在近代的历史背景下,中国的知识体系和人才观念才最终完成历史性的突破,废除科举的条件已经成熟。④ 但也有部分学者,从科举废除后的消极影响出发,认为清廷在废除科举上,操之过急。蔡宇指出:"变革不适应于时代要求的旧制度,毕竟是历史的大趋势。但采取什么方法,使制度改革可以取得理想的效果,则是改革者应该考虑的最为关键性的问题。"⑤田澍更是明确指出:"清末仓促废除科举而对长期准备应试者的命运没有做出妥善的安排,导致清朝政权社会基础的迅速崩解。一个负责任的理性的政府在这样重大的废制面前,不应如此草率和忙乱。"⑥

中国城市近代化动力问题是学者关注的一个热点,对于近代中国口岸城市史的研究,西方学者费正清等人提出"冲击—反应"解释模式,对口岸城市来说,近代开埠通商或大或小、或多或少地影响了这些城市的近代化进程。罗兹·墨菲(Roads Murphey)的经典著作《上海:现代中国的钥匙》考察了19世纪西方人到来后对上海的城市发展的影响,他认为上海受传统束

---

① 刘海峰:《终结科举"恶制"的一百年误会》,《中国社会导刊》2005年7月(下)。
② 刘绍春:《晚清科举制的改革与废除》,《社会科学辑刊》2001年第5期。
③ 关晓红:《晚清议改科举新探》,《史学月刊》2007年第10期。
④ 孟宪实:《论科举制的完结》,《广东社会科学》2001年第2期。
⑤ 蔡宇:《科举制的废除与二十世纪初中国文化的断层》,《理论观察》2003年第4期。
⑥ 田澍:《科举的利弊及清朝废除科举的教训》,《西北师大学报》(社会科学版)2005年1月。

缚,无法实现现代化,而西方的到来恰恰打开了上海社会变迁的大门。① 但在中国学术界并不完全认同"冲击—反应"的解释模式,他们通过对上海、天津、武汉、重庆等城市的研究,对"冲击—反应"进行了修正,试图寻找近代口岸城市的变迁多元因素。② 但在国内,学者们并没有否定开埠通商在城市近代化中的重要作用,一部分学者认为,开埠是带动城市近代化的重要推动力量。陆远权认为开埠后重庆的商业化推动了重庆近代化,他认为:"重庆在短短几十年中一跃成为近代中国西部最大的经济中心,开埠通商和由此而产生的巨大的商业力量,是重庆城市近代进程的推动器,是重庆发展的新动力和新特征。"③张秀英指出济南开埠后商业贸易的发展,推动济南向近代工商业城市转变。④ 但还有一部分学者认为中国城市近代化是"多元因素"推动的结果。熊月之、沈祖炜对1840～1949年长江流域城市近代化的分析和郑忠对长江下游非条约口岸城市的近代化分析,都说明城市的近代化是多元因素影响的结果。⑤ 郑忠在《辛亥前后影响长江下游城市近代化的政治环境因素分析》一文中,强调了政治因素的重要作用。⑥ 朱月琴、郑忠从西方列强的经济侵略、国家经济政策、地方工业资本投入以及市场发展及产业结构状况等方面,分析了辛亥革命前后长江下游城市近代化的发展环境。⑦ 可以说,受学者关注角度和重点不同,对中国城市的近代推动因素

---

① 罗兹·墨菲(Roads Murphey):《上海:现代中国的钥匙》,上海人民出版社1986年版。

② 张仲礼:《近代上海城市研究》,上海人民出版社1990年版;罗澍伟主编:《近代天津城市史》,中国社会科学出版社1993年版;隗瀛涛主编:《近代重庆城市史》,四川大学出版社1991年版;皮明庥主编:《近代武汉城市史》,中国社会科学出版社1993年版。

③ 陆远权:《开埠通商与重庆城市的近代化进程》,《重庆三峡学院学报》2004年第4期。

④ 张秀英:《自开商埠后济南经济近代化程度分析》,《济南职业学院学报》2005年第10期。

⑤ 熊月之、沈祖炜:《长江沿江城市与中国近代化》,《史林》2000年第4期;郑忠:《长江下游非条约口岸城市近代化动力分析》,《南京师范大学学报》(社会科学版)2001年1月。

⑥ 郑忠:《辛亥前后影响长江下游城市近代化的政治环境因素分析》,《江苏社会科学》2002年第6期。

⑦ 朱月琴、郑忠:《辛亥革命前后长江下游城市近代化的经济环境分析》,《民国档案》2005年第5期。

的分析,各不相同。

　　近年来,学术界对近代风俗史的研究主要集中在以下两个方面:"(1)西方观念对中国风尚习俗的冲击。(2)传统习俗在近代的存留和演变。"①对清末社会风俗的研究,多集中在西方影响下中国风俗的演进。徐永志的《戊戌维新与移风易俗》②,林吉玲的《清末民初社会习俗的变异》③都反应了这一观点。张敏在对晚清上海服饰风尚变迁分析中,除了从追求高档和标新立异的表面因素分析外,还认为"向西方学习,求富求强的时代潮流,推动人们重新审视和力图破除某些久沿成习的社会不良服饰行为及审美观念"④。但随着研究的深入,学者并不简单地把清末风俗的演变归因于西方影响。肖守库、任雅洁认为:社会的变异性为嬗变之根源、政治的导向性是嬗变之趋向、商业的趋利性为嬗变之催化、思想的革新性成为嬗变之前奏、传教士的引导性直接诱发了嬗变。⑤ 在具体问题研究上,梁景和把近代陋俗文化的变化放在人类精神进化过程中考察,指出它是与人类精神进化相联系的。⑥ 王儒年对近代上海婚事习俗进行了考察,认为,上海婚事习俗的变迁"一方面是对传统道德规范的叛逆,对中国'天人感应'理念的否定;同时又是一种个人价值的追求。之所以在形式上具有很强的洋化色彩,是因为西方的婚礼形式恰好暗合了上海近代婚礼的需求"⑦。杨剑利从历史的维度考察了放足运动的发端和具体实施过程,从文化的视角考察了放足运动过程中审美观念的变化,并在历史审视的基础上对放足运动做了反思。⑧ 学者们对具体问题的分析,极大地丰富了人们对清末风尚演进因素的认识。

---

　　① 闵捷:《20世纪80年代以来的中国近代社会史研究》,《近代史研究》2004年第2期。
　　② 徐永志:《戊戌维新与移风易俗》,《中州学刊》1990年第6期。
　　③ 林吉玲:《清末民初社会习俗的变异》,《东岳论丛》1995年增刊。
　　④ 张敏:《试论晚清上海服饰风尚与社会变迁》,《史林》1999年第1期。
　　⑤ 肖守库、任雅洁:《浅析中国近代社会习俗嬗变的成因及特点》,《张家口师专学报》2003年第2期。
　　⑥ 梁景和:《近代中国陋俗文化更迭在人的精神发展里程中的定位》,《吉林大学社会科学学报》1999年第1期。
　　⑦ 王儒年:《上海近代婚事习俗变迁的背后》,《连云港师范高等专科学校学报》2002年第3期。
　　⑧ 杨剑利:《近代中国社会的放足运动》,《河北学刊》2007年第3期。

参考书目

1. 朱英主编:《辛亥革命与近代中国社会变迁》,华中师范大学出版社 2001 年版。
2. 朱英著:《近代中国商人与社会》,湖北教育出版社 2002 年版。
3. 马敏著:《官商之间:社会剧变中的近代绅商》,华中师范大学出版社 2003 年版。
4. 虞和平著:《商会与中国早期现代化》,上海人民出版社 1993 年版。
5. 马小泉著:《国家与社会:清末地方自治与宪政改革》,河南大学出版社 2004 年版。
6. 丁旭光著:《中国近代地方自治研究》,广州出版社 1993 年版。
7. 章开沅、罗福惠主编:《比较中的审视:中国早期现代化研究》,浙江人民出版社 1993 年版。
8. 何一民主编:《近代中国城市发展与社会变迁:1840～1949 年》,科学出版社 2004 年版。
9. 何一民著:《中国城市史纲》,四川大学出版社 1994 年版。
10. 隗瀛涛主编:《中国近代不同类型城市综合研究》,四川大学出版社 1998 年版。
11. 严昌洪著:《西俗东渐记——中国近代社会风俗的演变》,湖南出版社 1991 年版。
12. 严昌洪著:《中国近代风俗史》,浙江人民出版社 1998 年版。
13. 陈高华、徐吉军主编,林永匡、袁立泽著:《中国风俗通史》(清代卷),上海文艺出版社 2001 年版。
14. 顾鉴塘、顾鸣塘著:《中国近代婚姻与家庭》,中共中央党校出版社 1991 年版。
15. 史革新主编:《中国社会通史》(晚清卷),山西教育出版社 1996 年版。
16. 梁景和著:《近代中国陋俗文化嬗变研究》,首都师范大学出版社 1998 年版。
17. 郭延礼著:《中国近代文学发展史》,高等教育出版社 2001 年版。
18. 张炯主编:《中华文学发展史》(近世史),长江文艺出版社 2003 年版。

19. 徐鹏绪著:《中国近代文学史纲》,中国社会科学出版社 2004 年版。

20. 吴怀祺主编、陈鹏鸣著:《中国史学思想通史·近代前卷》,黄山书社 2002 年版。

21. 白寿彝主编、陈其泰著:《中国史学史》第 6 卷(近代时期 1840～1919),上海人民出版社 2006 年版。

22. 杜石然编:《中国科学技术史稿》下册,科学出版社 1982 年版。

23. 杨德才等编著:《20 世纪中国科学技术史稿》,武汉大学出版社 1998 年版。

24. 沈渭滨主编:《近代中国科学家》,上海人民出版社 1988 年版。

思 考 题

1. 试述商会的产生及其作用、地位。
2. 试述资产阶级自治运动的兴起和发展。
3. 试述传统的士绅阶层是如何消亡的。
4. 试述新式知识阶层的兴起及特征。
5. 试述 19 世纪末 20 世纪初社会阶层变动的主要表现。
6. 试述近代中国城市化的过程及特点。
7. 试述清末民初社会习俗的变化及特点。
8. 试述近代文学思潮的演进与资产阶级文学的产生。
9. 试述"诗界革命"和"小说界革命"的兴起、特点及意义。
10. 试述新文体、白话文取代文言文的过程及意义。
11. 试述资产阶级新史学的产生与中国史学的进步和发展。

第八章 民初的政治与社会

中华民国最初的 20 多年,是以袁世凯为代表的北洋军阀势力最后形成,并执掌全国统治权的时期。当时的民国虽号称全国统一,但南北对峙的格局仍存,其社会政治的特点是:党派林立,政争不断;军阀割据,社会动荡;既有军阀各派系的离合斗争,更充满了资产阶级革命派与北洋军阀及官僚政客间的真假共和之争。与当时的社会政治状况急剧恶化相反,这期间的民国资本主义经济和新式文化教育事业,却得到了一定的发展。

第一节 袁世凯柄政下的民初政局

一、民初的党派林立局面与政党竞争态势

1. 党派林立之局面及原因

清政府曾将政党视为洪水猛兽,长期严设党禁,故清末只有中国同盟会等秘密革命团体,及几个公开存在的立宪派党团。辛亥革命的胜利,导致了清王朝的覆灭和中华民国的出现,以往封建政治的束缚松了很多。随着民初共和思想观念在社会上的传播扩散,人们的参政议政积极性空前提高,"集会结社之风大昌,而政党则随之而起,凡属公民对于政治有所建议者,无不思挂名政党以为荣"①。资产阶级中的革命派和立宪派,乃至原来的旧官僚,皆一致认为组建政党是导共和政治于正轨的必由之路,于是党派林立遂成为民国元二年间的新事物。自武昌起义胜利和南京民国临时政府成立

---

① 王天奖编:《河南辛亥革命大事长编》(下),河南人民出版社 1986 年版,第 223 页。

后,"集会结社犹如疯狂,而政党之名如春草怒生,为数几至近百"①。据有人统计,从武昌起义到民二(1913)年底,全国公开成立的团体达 682 个,其中属于政治党团者为 312 个。② 一时间,党派社团林林总总,政纲宣言洋洋济济,党派间之关系盘根错节。民初政坛这种令人瞩目的新现象,是当时民主政治发展的突出表征。

政党是代表某个阶级、阶层或集团利益的有主义、有纲领和有组织的政治组织。在民初存在的众多党团中,其中不少既无成文的章程和明确的纲领,又无固定的组织机构,有些甚至在民初的政党分化组合中旋起旋灭。它们之中的大多数只能说是民初政坛上的一些临时政治派别,真正称得上政党者并不多:其中提出过明确政纲者约有 30 余个,而有一定政治影响和号召力者顶多不过 20 个左右。显然,以往说"民初政党林立"不很确切,应该说是党派林立。这些政党的领导者,既有资产阶级和小资产阶级知识分子,又有实业界头面人物,还有一些旧官僚和投机政客。他们的政治品格虽有高低之分,但其党派却均以拥护或标榜共和为旨,由此可见人们对建设民国共和制度所抱的美好愿望。当时党派林立所折射出来的广大民众参与民主政治的积极性,具有反对封建军阀独裁统治的进步意义。

民初党派林立中的各党团具有以下一些共同特点:(一)绝大多数党派没有成文政纲或根本无政纲,少数党派虽有政纲,但其政纲也是不够健全和鲜明,或内容空洞抽象,或彼此大同小异。这是民初政党发育不成熟的突出表现;(二)各党派的名称相近或相似,以致存在不少雷同处;(三)党员跨党现象严重,普通党员同时参加两三个党是平常事,而"议员中竟跨尽各党者亦有其人"③;(四)越到后来党派规模越小,不仅党员人数只有数人至十几二十多人,而且有些连名称也不像一个党;(五)党派与中国政治之关系奇特:在外国政党是议会民主政治的枢纽,而民初的党派虽也曾组成过国会,但却未真正实行议会政治,大多数党派成了北洋军阀政权的点缀品、附庸和工具。民初党派林立畸形发展的原因有三,即中国民族资产阶级早产、发育不良和具有软弱性,这是其本身的阶级根源;大批封建官僚政客趁组党渗入

---

① 善哉:《民国一年来之政党》,《国是》第 1 期(1913 年 5 月出版)。
② 张玉法:《民初政党的调查与分析》,《中国现代史论集》第 4 辑,台北:联经出版事业公司 1987 年版。
③ 邹鲁:《民初之国会》,《中国现代史论丛》第 1 辑第 8 册,台北:正中书局 1977 年版,第 83 页。

议会之机进行捣乱,令议会政治蜕变,这是其出现的政治环境;西方政党思想输入中国后,与封建传统文化格格不入,此乃其思想文化背景。

"唯物史观是以一定历史时期的物质经济生活条件来说明一切历史事变和观念、一切政治、哲学和宗教的。"①因此,民初党派林立的原因,首先应从当时中国资本主义经济发展状况中去寻找。辛亥革命的胜利,冲破了封建势力对民族资本的束缚,并提高了资产阶级的政治经济地位,从而为中国民族资本主义的发展创造了更为有利的条件。面对这种形势,长期渴望发展资本主义经济的民族资产阶级普遍认为,现"共和政体成立……而所谓产业革命者,今也其时矣";于是他们为"建设我新社会",纷纷投资设厂,掀起了兴办实业的高潮,"几乎每天都有新公司注册"。② 民初资本主义的发展勃兴,壮大了民族资产阶级的力量。这为政党政团的活动提供了动力。当时不仅出现了商界共和团等一些要求兴办实业的团体,而且有些党团还将发展实业等经济主张,作为政纲的内容。许多党团都希望通过自己的政治运动,来开拓资产阶级政坛的新局面,以推动中国资本主义经济的进一步发展。

其次,民初共和制度的创立——民国南京临时政府的成立和临时参议院的开幕,在中国历史上第一次为资产阶级政党的活动提供了合法舞台和必要条件。在南京临时政府的共和制度下,组织建立政党乃顺理成章之事;袁记北京民国政府起初为玩弄假共和花样,也暂时需要政党活动作陪衬。于是社会上的各种代表人物皆以政党活动为时髦,为着本阶级、阶层与集团及本人的利益,纷纷组织政党或团体,今天一个建党声明,明天一篇政纲宣言,民初政坛遂出现了党派名目繁多的组党热潮。

再次,民初党派林立局面的出现,又是当时民主思想和政党观念在中国进一步传播的结果。辛亥革命运动是一场思想解放运动,也是民主主义对封建主义的一次重大胜利。辛亥革命胜利后,民主与政党思潮像决了堤的水流奔腾向前;人们普遍认为民主政治从此可在中国兴起来了,而政党活动则是民主政治不可或缺的共生物。政党思想观念之深入人心,对民初政党政团之纷起具有推波助澜作用;革命派、立宪派及一些官僚政客等群相仿效

---

① 《马克思恩格斯选集》第 2 卷,人民出版社 1972 年版,第 537 页。
② 汪敬虞编:《中国近代工业史资料》第 2 辑下册,北京科学出版社 1957 年版,第 862、849 页。

组建党派团体,于是就出现了政党丛生局面。

2. 民初党派竞争的态势

辛亥革命的胜利引起了民初国内阶级关系和政治格局的新变化,政治舞台上出现了革命党人、立宪派和封建军阀与官僚三足鼎立之势。以孙中山为首的革命党人在民国临时政府成立前后发生了急剧的分化:其中大部分革命党人认为南京临时政府为北京袁氏政府所取代,民主共和制危如累卵,必须建立强健而良善的政党,作为巩固和维护共和民国的中心势力;而另一部分革命党人则因政治上失意或政见不一而从革命阵营中游离出来。他们或与立宪派沆瀣一气,以组党为将来升官发财之阶梯,或自由组党从事意气之争。民国建立后,立宪派的君主立宪主张失去了市场,而其政治势力却未烟消云散;他们积极重新聚集力量,谋组政党以便参与政权。在当时南北对峙的政治格局下,立宪派在政治上难于独树一帜,其因历史渊源上与革命派有过宿怨纠葛而很快与袁世凯结盟倒向了封建势力一边。辛亥革命虽推倒了清廷和封建帝制,但中国的大地主与封建买办阶级却依然有很大的政治经济势力,其政治代表就是以袁世凯为首的封建军阀和旧官僚。袁氏在利用革命派的软弱妥协窃取了革命果实后,鉴于辛亥革命所带来的全国民主潮流继续高涨,及革命党人在南部各省还有一定实力,不得不暂时对民主革命势力做出让步。他同时又指使亲信党羽拉拢部分失意革命党人和扶植立宪派组建党团,来与革命民主派进行斗争。

民主革命派、失意党人、立宪派和旧官僚政客等几种政治势力,在民初政坛上皆以政党为斗争工具,围绕着权力分配等问题展开激烈的角逐。他们为扩充各自的政治力量,都努力组建大党以求在政争中获胜。武昌起义后,有中华民国联合会、民社等与同盟会为难和对立。从南京民国临时政府成立到次年第一届国会召开前,民初各主要党派在政争中经过分化、组合,阵线渐趋分明,基本形成为四大政党和两大阵营。四大政党为:同盟会及其改组建立的国民党、共和党、统一党、民主党;两大阵营就是以孙中山为首的革命派阵营和以袁世凯为代表的反革命阵营。到第一届国会成立后,这两大阵营间的较量,则表现为国会内之国民党同进步党间的斗争。当时以民主革命阵营的同盟会及国民党为一方,以同属于反革命阵营的共和党、统一党、民主党,及后由三党并成的进步党为另一方,双方围绕着是反袁以维护民主共和制,还是拥袁推行独裁专制这个根本问题,在民初政治舞台上一次次亮相表演,进行了一场又一场的斗争。因此可以说,民初出现的党派林立及其政党间的分化争斗局面,是与当时政坛阶级斗争之形势息息相关的。另需着重指出的是,民初政坛党派林立及政党间竞争所折射出来的人们对民主政治的积极性,造成了中国近代史上绝无仅有的生动的政治民主局面,它具有反对封建军阀独裁专横统治的积极意义,对此我们应当予以肯定。民初林林总总的政党活动与党争虽然十分活跃,并也曾出现过中国历史上最早的国会,但在袁记民国政府总统专权、内阁和国会无权的历史条件下,各政党关于政党政治的设想和宣传,只能是纸上谈兵。中国的资产阶级在民初始终未能真正实现其政党政治。

二、民初共和民主制度的实践及失败

中国资产阶级共和民主制度的实现,可以孙中山组建中华民国南京临时政府为主要标志,《中华民国临时约法》的颁布,则为这一制度提供了法律依据和保障。不幸的是,共和民主制度刚刚出现,就遭到袁世凯等北洋军阀势力的践踏与破坏,而被扼杀于摇篮之中;它仅昙花一现即被封建军阀专制所替代,民国也因此名存实亡而只有一块空招牌。

1. 南北对峙格局的出现

1912年初南北和议告成后,孙中山即于2月13日辞去民国临时大总统职,并举荐袁世凯为第二任临时大总统,袁遂于3月10日在北京宣誓就职。随着孙中山解职及南京临时政府和参议院的北迁,民主革命派交出了中央政权,已处于失败的地位;而北京民国临时政府的人员结构已发生了巨大变化——军阀官僚集团取代了资产阶级革命党人,中国从此开始了大地主官僚资产阶级联合专政的军阀独裁统治。当时政局的特点是:北洋军阀虽已控制了中央和北方各省,但尚未在全国范围内建立起稳固的反动统治,革命党人虽然败局已定,但还没完全屈服,民主共和的声音仍在四处尤其是南方几省回响震荡;胜利者和失败者双方当时虽已达成了妥协,但革命与反革命、民主共和与独裁专制的斗争仍在继续;这种斗争的激烈程度尽管在"南北调和"中有所减弱,但南北对峙的格局仍然存在。这种对峙主要表现在以下几个方面。

一是双方控制着不同省份而出现的南北地域和行政对峙。袁世凯的北洋军阀集团主要以直隶、河南、山东为腹地,其势力遍布北方地区各省。袁世凯对本由革命党人掌权的山西和陕西两省,主要采用威胁拉拢手段来削弱革命派势力。如他对同盟会员、山西都督阎锡山,就用了先打后拉办法令其变节脱离革命阵营,并派前清巡抚李盛铎为民政长以钳制阎锡山,从而完全消除了来自山西的侧背威胁。这期间和稍后,袁世凯又采用扶持旧势力以打击革命党人并进而扩张北洋势力的办法,先后控制了西北各省和东三省。这样袁即可以集中精力来对付南方几省的革命势力。

在南方,以孙中山为首的资产阶级革命派以安徽、江西、广东3省为基地,势力遍及湖南、江苏、福建和四川等省。皖督柏文蔚、赣督李烈钧、粤督胡汉民等,分别在加强本省同盟会之领导地位、巩固地方革命政权、整顿财政金融和厉行社会改革方面,尽了最大努力且收到一定成效,从而使革命派在这几省仍有相当大的实力。鄂、滇、浙、川、黔、桂等省的主要执政者虽非革命党人,但这些省也不是北洋派势力所能控制的。革命派在这几省也有些力量,而时居各省执政主导地位的立宪派和旧官僚,为着自身的权益皆对中央保持一定的独立性。因此就当时的整个中国来说,袁记北京政府实际上并未实现真正的行政统一。

二是双方都握有军队而形成的南北军事力量的对峙。袁世凯是北洋军阀的老祖宗,靠编练北洋新式陆军起家。他出任北京政府临时大总统后,除将其原有的核心部队北洋六镇改为陆军第一至六师——以何宗莲、王占元、曹锟、杨善德、靳云鹏、李纯分任各师长外,还拥有其他各路军队,总兵力当在"15个师以上……超过15万人"①,再加上袁可指挥的东北、甘肃等地的地方部队及一些旧式杂编军,北京政府掌控的陆军各部就控制了京畿,及以直豫鲁为腹心的北方各省广大地区,其实力大大超过了南方几省的革命军队。

资产阶级革命派在辛亥革命胜利初期的武装力量,"估计总额达80个师。在南京一带陆军部队就掌握了16个师及一些杂编军队,达20万(人)"②。民元南北和议告成,尤其是袁氏上台后,南方革命党人迫于政治、经济及社会舆论等压力,被迫裁遣了大批的军队尤其是民军。尽管后来革命派手中的军队不断地被裁撤,但革命党人在南方的苏、皖、赣、湘、粤等省

---

① 朱宗震:《民国初年政坛风云》,河南人民出版社1990年版,第150页。
② 朱宗震:《民国初年政坛风云》,河南人民出版社1990年版,第33页。关于民初南京地区的军队人数,还有其他的说法。有说南京留守府所统率的"赣军、浙军、桂军、粤军等'号称三十万人'"。见章开沅、林增平主编:《辛亥革命史》(下),人民出版社1981年版,第438页;有说当时"南京拥有十多万人的军队"。见李书城:《辛亥前后黄克强先生的革命活动》,《辛亥革命回忆录》(一),中华书局1961年版,第202页。

还是保留有十多万军队。由此可见,在南北军事力量对峙的情势下,北京袁记政府的军政并未做到真正的统一。

三是民初存在政治方面的南北对峙。这主要表现在袁世凯强调中央集权、省长简任和地方军民分治,而革命党人都督却主张地方分权和省长民选以维护都督事权的统一,这两者间有过长期争斗。1912 年 12 月至 1913 年 3 月间,袁世凯先后派汪瑞闿和赵从藩为江西民政长,结果两人都被赣督李烈钧发动的江西军警和省议会赶跑,南北双方为此在九江—湖口一线几酿成武装冲突。这一突发的"江西民政长事件",及李烈钧同袁世凯间的斗智斗勇,可以说是当时南北政治对峙的一个缩影。

总之,民初南北双方全面对峙的争斗,是资产阶级民主革命派力量与封建军阀官僚专制势力间之较量在新形势下的继续。这种南北对峙的政治局面,直到袁世凯 1913 年下半年以武力镇压了孙中山发动的二次革命后才消失。随着袁氏下令解散国民党和第一届国会,他才实现了北洋军阀集团的一统天下。

2. 袁世凯蔑视与破坏《临时约法》

袁世凯蔑视与践踏《临时约法》的行径之一,是蓄意破坏责任内阁制。民元之初,根据南北双方关于首任内阁总理"必须是孙文、袁世凯两位新旧总统共同信用之人物"的妥协原则[①],袁世凯在经临时参议院同意后,于 3 月 13 日任命自己的老部下、已决定加入同盟会(30 日入会)的唐绍仪为国务总理。唐绍仪受命后于 25 日由京抵宁接受南京临时政府移交的权力。他很快就组成了袁派与孙派阁员几乎平分秋色的混合内阁。袁派阁员有:陆军总长段祺瑞,内务总长赵秉钧,海军总长刘冠雄,财政总长熊希龄,外交总长陆征祥(部务多由蔡延平秉承袁意办理);孙派阁员有:教育总长蔡元培,司法总长王宠惠,农林总长宋教仁,工商总长陈其美(由王正廷代),交通总长唐绍仪兼——后为施肇基接替。唐内阁虽被称为"同盟会中心内阁",但要害部门皆为袁派所掌握。

袁世凯对于民国的责任内阁制决不会容忍太久,下手捣乱破坏它是迟早之事。唐绍仪内阁于 4 月 21 日迁设北京后,雄心勃勃要建立一个真正的共和政府。他"事事咸恪遵约法",凡国务院有要事,必就商于同盟会员之蔡、宋两总长;其对总统则"依据约法拒绝副署,致不能为所欲为";袁世凯怀

---

① 刘厚生:《张謇传记》,龙门联合书店 1958 年版,第 196~197 页。

疑唐绍仪挟同盟会以自重,有独树一帜之意,内心渐不悦而嫉恨之。因此他在调整增设机构、强化总统府职权的同时,又修正国务院和各部的官制,多方对唐进行掣肘并进而拆内阁的台:在袁世凯的怂恿下,"内务总长赵秉钧常不出席国务会议,财政总长熊希龄……对于借外款事件及发放各省民军饷糈问题,时向少川作梗";军事、外交两部也不听唐总理指挥。袁世凯本人曾讥讽唐绍仪说:"吾老矣。少川,子其为总统乎!"①后不久,他又出尔反尔食言反对由同盟会员王芝祥任直隶都督,在不与唐绍仪商量的情况下改派王为南军宣慰使,并竟然公布了没有总理副署的委任状,发给王一大笔超过实际用款数的宣抚费以示宠幸,令其赴宁解散南京留守府之军队。唐绍仪对袁世凯视约法为空文、置内阁于局外的做法非常愤怒,为捍卫《临时约法》规定的副署权,他毅然于6月16日辞去内阁总理,并不辞而别离京赴津,"一以忠民国职务,一以全总统私交"②。唐总理去职后,其他同盟会员总长也相继辞职。袁世凯在搞垮了民初之第一届内阁后,随即任命陆征祥组阁;当陆因组阁受到临时参议院抵制而提出辞职时,袁世凯又以军干政,强制参议院通过其指定的阁员名单,并指派赵秉钧代行总理职。这样一来,责任内阁就成了总统的幕府班子,总理则是其幕僚长。仅几个月时间,约法规定的民国政府责任内阁制,就被袁世凯糟蹋得名存实亡。

袁世凯蔑视与践踏《临时约法》的另一行经,是破坏临时参议院和国会的立法"议决权"和人事"同意权",视它们两者为政府傀儡而摆脱其监督。《临时约法》规定:"中华民国之立法权,以参议院行之。"参议院有"议决一切法律案"及"政府之预算、决算"等案之权;临时大总统制定的官制、官规,及其任命国务员、文武职员、驻外使节等,均"须得参议院之同意"。③ 南京临时参议院是辛亥革命的胜利成果之一。它于4月下旬迁到北京后,虽然领导人及其成员发生了显著变化,但其维持民主共和、反对封建专制的基本特征却仍然存在。大多数议员把约法所赋予的极大权力,作为抵制袁世凯专制独裁的有力武器,他们因此常与袁氏处于对立地位。面对这种情势,袁世凯经常以竭力摆脱临时参议院监控的违法行为,来破坏《临时约法》的神圣权威。南京临时参议院北迁之前,他拒不执行参议院早已通过的《接受北方

---

① 冯自由:《革命逸史》第2集,中华书局1981年版,第302页。
② 张晓辉、苏苑:《唐绍仪传》,珠海出版社2004年版,第155页。
③ 《孙中山全集》第2卷,中华书局1982年版,第221~223页。

各省统治权办法案》,公然反对北方各省的临时省议会有公举都督之权,而改为由其径自委任都督。临时参议院迁设北京后,袁世凯践踏约法的行径更为变本加厉。1913年1月8日,他无视《临时约法》的有关规定,不经参议院讨论通过就公布了《现行各省地方行政官厅组织令》等一系列的官制官规,并限以"3月以前为限,一律办齐"①。这表明袁公然无视约法赋予临时参议院的神圣权力,欲将自己及其政府凌驾于参议院之上。

1913年4月第一届国会成立后,袁世凯仍践踏破坏《临时约法》如故:是月26日,他不经国会议决通过,就令赵秉钧擅自与列强的五国银行团签订了善后大借款合同;10月初他刚当选为正式大总统,即践踏《临时约法》中关于"中华民国之宪法由国会制定"的条文②,公然阻挠国会通过宪法起草委员会草拟的、仍坚持责任内阁的《天坛宪法草案》;随后,他又提出"增修约法案"7条,并进而抛开国会而令御用的约法会议据此拟出实行总统制的《中华民国约法》,用它来取代《临时约法》。这样一来,袁世凯就将以往恣意破坏《临时约法》所攫得的各种封建专制权力,用袁记"约法"肯定下来了。

3. 议员选举与第一届国会成立

选举议员和成立国会以实行西方式的议院政治,是《临时约法》所规定的重要内容:"本约法施行后限十个月内,由临时大总统召集国会,其国会之组织及选举法由参议院定之","中华民国之宪法由国会制定"③。此规定激起了民初各党派合成大党以参选议员和竞争组织政党内阁的热情和希望。于是,各小党纷纷协商组成大党,以便在国会选举中争得更多的席位。1912年3月2日,章太炎、张謇等在上海将中华民国联合会和预备立宪公会合并为统一党。5月9日,黎元洪、张謇、孙武等人联合民社、统一党(后又独立出来)、国民协进会、国民公会和国民党俱乐部等成立共和党,举黎元洪为理事长。8月25日,孙中山、宋教仁、魏宸组等以同盟会为基础,联合统一共和党、国民公党、国民共进会、共和实进会等在北京成立了国民党,举孙中山为理事长(由宋教仁代理),以黄兴、王人文、王宠惠等8人为理事。10月27日,汤化龙、刘崇祐等联合共和建设讨论会、国民协会、共和统一会、共和促进会、共和俱乐部和民国新政社等,在上海成立民主党,举汤化龙为干事长,

---

① 《政府公报》,1913年1月9日。
② 《孙中山全集》第2卷,中华书局1982年版,第224页。
③ 《孙中山全集》第2卷,中华书局1982年版,第224页。

以马良、陈昭常、蒲殿俊、孙洪伊等30人为常务干事；其"暗中实梁启超所主持"。该党自称为"第三党"，宣称以普及国民政治智识为"立定之宗旨"，公布党纲5条，即普及政治教育，拥护法律自由，建设强固政府，综核行政改革，调和社会利益。① 就在以上几大政党相继组建的过程中，袁世凯于8月10日颁布了《中华民国国会组织法》、《参议院议员选举法》和《众议院议员选举法》。此后各政党就紧锣密鼓地开展了竞选国会议员的准备工作。1912年12月至次年3月间，国会议员的初选和复选在全国各省进行。这期间，各大政党皆使出了浑身解数，倾全力专注于国会选举活动。尽管在这届国会议员选举中，工农大众和妇女因资格限制被剥夺了选举权，各地也曾出现过浮报选民、拉票冒报、抢票毁票、黑金收买与手枪威胁等丑闻，但这次选举无疑是一次全国范围的民主动员大演习，有利于民主共和观念的广泛传播，总的来看对它应予以肯定。

首届国会参众两院的议员总数为870人。在选举中，共和党等经济上的优势终不敌国民党的政治影响力。国民党不仅囊括了广东的议员席位，及在湖南、云南、广西、安徽、浙江、福建等以明显优势胜出，而且它在湖北、江苏、山东、河南、四川、直隶等省，也几乎与其他3党平分秋色。选举的结果如下：在参议院的274名议员中，国民党123人，共和党55人，统一党6人，民主党8人，跨党者38人，无党派者44人；在众议院的596名议员中，国民党269人，共和党120人，统一党18人，民主党16人，跨党者147人，无党派者26人。② 依此统计国民党获议会的392席，占总议席之45%；共和、统一、民主3党共得议会的223席，占总议会席位之25.6%。③ 国民党将成为新国会的第一大党。

---

① 邱钱牧主编：《中国政党史》，山西人民出版社1991年版，第218、246、274、252、263~264页。
② 谢彬：《民国政党史》，学术研究总会1926年版，第51~52页。
③ 关于国民党所获议员数，不少著作均流行392人的说法。由于跨党者的统计较为复杂，故又有471人说，见《国民党议员名单》，南京中国第二历史档案馆收藏原件。还有490人说，见《两院议员之确实调查》，《民立报》1913年4月6日。而谭人凤后来则谓国民党"议员之当选，众议院占二百六十九名，参议院占六百二十三名"，见《石叟牌词》，甘肃人民出版社1983年版，第148页。此说法有误。一般认为共和、统一和民主3大政党所获议员数为223席，比国民党少169席。而有人却认为3党议员数为222人，比国民党少168人（见朱建华、宋春主编：《中国政党史》，黑龙江人民出版社1991年版，第85页）。

4月8日,第一届国会正式行开幕礼,临时参议院即日宣布解散。是日参众两院到会议员共682人,其中参议员179人,众议员503人;国务总理及各总长列席会议,袁世凯派公府秘书长"梁士诒代表其出席,申明尊重国会与临时约法"①。国会一开幕,国民党就同共和、统一、民主3党围绕着两院议长的位置及其产生办法,展开了激烈的争斗。本来国民党议员在两院中皆占优势,但由于部分议员一开始就因权位问题而生内部矛盾,加之又抵挡不住袁氏的金钱诱惑,致使国民党在众议院议长的选举中受挫。4月25日,国民党议员张继和王正廷以过半数票顺利当选为参议院正副议长;次日,贵州籍共和党议员陈国祥当选为众议院议长。至此,作为共和民主制度象征的中国第一届国会宣告正式成立。国会在以后存在的半年多时间里,大致以国民党议员为一方,以共和、统一、民主3党(5月合并为进步党)议员为另一方,彼此间展开了激烈的议会斗争。第一届国会虽同袁世凯及其政府的专断行径努力进行过抗争;不过由于不少议员或被袁氏之金钱所收买,或为袁氏的武力所左右,国会始终无太大的作为,议会的政党政治在民初政坛上并没有真正得到实施。

4."二次革命"与共和制的灭亡

"二次革命"又称"癸丑赣宁之役",是以孙中山为首的资产阶级革命派反对袁世凯封建独裁的一次武装斗争。其导火线是国民党代理事长宋教仁被刺一案。1912年冬至次年初,宋教仁先后在长江中下游各省埋头进行议会政治活动。他抨击袁政府"无一善状可述"②,并计划以黎元洪为总统取代袁世凯,而组织国民党之政党内阁,自为实权总理。宋教仁当时专注于抨击时政和阐发政见,大张旗鼓地开展竞选演说活动。这引起了袁世凯的恐惧和嫉恨——"袁恐宋阁实现,乃……示意赵秉钧图对付","贿谋暗杀"③。3月20日,宋教仁应袁氏晋京商讨国事之召,拟从沪乘火车北上入京。晚上10时40分,当他在黄兴、廖仲恺、于右任等陪同下步向沪宁站剪票口时,突然遭人枪击,连中3弹,凶手趁混乱场面逃逸。宋教仁入院后延至22日,终因弹毒发作,不治殒命;临终前他还电袁望能"开诚心,布公道,竭力保障

---

① 李吉奎:《梁士诒》,广东人民出版社2005年版,第115页。
② 《宋遁初之危言》,《民立报》1913年2月13日。
③ 谭人凤:《石叟牌词》,甘肃人民出版社1983年版,第154页。

民权,俾国家得确定不拔之宪法"①。宋教仁为中国民主共和制度不懈奋斗的精神令人敬仰,但他醉心于议会斗争、结果死得糊涂的悲剧却堪为叹息!

宋教仁被刺身死,举国震惊。人们关注的焦点是:此案凶手和主名究竟是谁?北京政府当局立刻捏造了国民党内部倾轧的谣言,而黄兴则认定"此事必系政治上之关系,为反对其政见者出此毒手"②。为迅速侦破此案,黄兴和陈其美于宋逝世之当日即悬赏1万元缉拿真凶,许诺"查清全案即刻给银",并派党人陈惠生和张秀泉等协助巡捕房查案。袁世凯认为刺宋布置机密、案不易破,也堂而皇之地令江苏都督程德全"速缉凶犯,穷究主名"。23日,张秀泉的卫兵邓文斌举报,字画商人王阿发案发前在为"应大人"物色刺客时曾找过他,而自己没有答应;王阿发也供述确有此事,并谓应某出示被刺人的照片背后写有"宋渔夫"3字。③ 据此,上海公共租界总巡捕卜罗斯当晚派巡捕在租界附近的迎春坊和文元坊两处,缉获了罪犯应桂馨及武士英等10余人,并在应犯室内搜获手枪两支,及应桂馨与袁记国务总理赵秉钧和内务部秘书洪述祖往来的密函电文等罪证数十件。这使"宋案"之真相大白于天下:原来是袁世凯政府由赵秉钧主持,通过洪述祖居中策划,指示应桂馨收买武士英等刺死了宋教仁,赵、袁实为该案的主名和元凶。

"宋案"的发生,促使大多数国民党人从"南北合作"及"政党内阁"的迷梦中惊醒过来。党内的激烈与稳健两派在决心推倒袁世凯以维护共和制度这一点上基本是一致的,而在反袁的策略与方法上却存在明显的分歧——孙中山曾首倡先发制人出兵,实行武力讨袁;黄兴对此不予赞同,而提出依法律、通过司法审判来制裁袁氏。黄的意见当时获得各地党人的认同。面对大多数党人的"恐袁症"和涣散状态,手中无实力可恃的孙中山"不免有些悲观与消沉",一度也"对武力讨袁不甚坚决,表现出很大的妥协性"④。这

---

① 《宋教仁集》下册,人民出版社1981年版,第496页。
② 《宋教仁死事汇志——黄克强之谈论》,《民生日报》1913年3月31日。
③ 周兴樑:《"宋案"侦破的经过及意义》,《团结报》1991年4月24日。关于提供破案线索者,国内一些著作往往都认为是王阿发所为。而美国华裔学者唐德刚在《袁氏当国》书中,则谓是武士英因贫困曾向"同住在鹿鸣旅馆(一作六野旅舍)的两个学生借钱,并夸口杀人后还钱",后经"两个学生阅报告密",案才告破。转见唐德刚著《世纪末回顾"宋案"与二次革命》一文,载刘瑞琳主编:《温故》之三,广西师范大学出版社2005年版,第20页。
④ 周兴樑:《"宋案"后孙中山对袁世凯的态度》,《历史研究》1991年第6期。

使当时的国民党人迟迟不能统一认识和不敢起兵讨袁。他们只是一方面力争以法律解决倒袁问题,同时也作些局部备战以防不测;一些国民党议员则与某些地方都督一起,从事于呼吁和平的南北调停活动。这给稍后的"二次革命"带来了严重后果。

这期间,袁世凯在各国列强、北洋军人及立宪官僚等支持下,利用国民党内部的争论不休赢得了备战的时机,多方做好了出兵进攻南方革命党人的准备工作:他一方面设法阻挠与破坏上海地方审检厅对"宋案"的司法审判,让此案搁浅以免除政治纷扰;另一方面又悍然不顾国民党议员和湘、粤、赣、皖等省都督的强烈反对,于4月下旬同五国银行团签订了2500万英镑的大借款合同,以充作战军费。5月初,袁氏成立了以陆军总长段祺瑞为代理总理、梁"财神"士诒任财政总长的战时内阁,开始调兵遣将进驻湖北荆州、武汉、圻州一线,以便就近对湘赣两省用兵;他还派出爪牙用重金收买南方军队中的将校,以瓦解革命军力量。为在国会内制服国民党议员,袁世凯拨款给梁启超等令联合国会内的共和、民主、统一三大党,于5月下旬合组为进步党,以"取国家主义,建设强善政府"为其首要政纲①,充当专与国民党作对及拥袁讨伐南方的政治打手。在各个方面的一切部署大致就绪后,袁世凯立即露出凶恶面孔大骂道:"现在看透孙、黄,除捣乱外无本领,左又是捣乱,右又是捣乱","彼等若敢另行组织政府,我即敢举兵征伐之"②。接着,他于6月9日、14日和30日连发3令,先后罢免了赣督李烈钧、粤督胡汉民、皖督柏文蔚之职。7月初,北洋军李纯部进抵江西九江,北洋海军舰只则驶抵上海长江水域,袁氏终于决心动手消灭南方的革命派力量。

在袁世凯的北洋大军压境之际,国民党被逼得走投无路。孙中山为维护辛亥革命成果和党人声誉,决定举兵讨袁;一些国民党人也决心背水一战。7月8日,李烈钧奉孙中山命从上海返回湖口招集旧部,成立讨袁军司令部;他于12日宣布江西独立,江西讨袁军当日向沙河之李纯部发起攻击,"二次革命"正式爆发。其在讨袁檄文中历数袁氏罪状,宣告赣省此战旨在"保卫共和,驱除民贼",号召各省"急起自卫"讨袁,"与天下共击之!"③江西的战端一开,各省接着相继起兵响应。一时间,孙中山领导的"二次革命"先

---

① 谢彬:《民国政党史》,学术研究总会1926年版,第54页。
② 白蕉:《袁世凯与中华民国》,上海人文月刊社1936年版,第49~50页。
③ 《李烈钧将军自传》,三户图书社1944年版,第28页。

后在8个省市广泛地进行。此战绝非"新旧意见与南北地域之争","讨袁军宗旨,不外保全民国……推覆专制之主而已"。① 各地的民主革命力量在讨袁斗争中英勇奋战,给封建专制势力一次新的沉重打击,曾对当时的袁氏独裁统治构成一定威胁。

当时由于北南双方在军力对比上敌强我弱,各地讨袁军又仓促应敌,作战缺乏统一指挥和战略协同,再加上一些国民党议员和整个民族资产阶级对这次讨袁不予支持,结果"二次革命"的战局很快就逆转不利,两个多月后即宣告失败。

"二次革命"是革命党人为捍卫共和民国而进行的第一战。它的失败令革命派之军事政治力量及其所有的南方各省地盘丧失殆尽。孙中山、黄兴、李烈钧、陈其美等国民党人被迫重新流亡日本。袁世凯在以残暴武力镇压了国民党人的最后反抗后,又借口国民党议员与李烈钧"谋乱"有关系,11月4日宣布国民党为"乱党",勒令解散并取消其议员之资格,两天内收缴国民党议员证书徽章430余件,致国会因不足法定人数无法开会议事;不久后,袁世凯于1914年1月10日再下令停止全体国会议员的职务,另成立政治会议以取代国会,紧接着他还下令解散了各省议会及县议会。至此,作为民国共和制重要标志的国会已不存在,革命党人坚持的责任内阁制也彻底消亡。这表明民初资产阶级的共和制度已完全失败。袁氏继完成武力"统一"后,又走上了其独裁专制与帝制自为之路。

三、袁世凯独裁统治的建立与洪宪帝制的败亡

1. 中日二十一条交涉

日本长期推行矛头直指中国的"大陆政策"。1914年4月大畏重信组织新内阁后,加紧了对华扩张的准备工作。8月4日第一次世界大战爆发后,日本政府于8月23日对德国宣战,后竟不顾中国反对在11月7日悍然出兵强占青岛和胶济铁路沿线,夺取了德国在华的殖民权益。与此同时,日本军部及外务省的一些头目多次密商独占中国的侵略计划,并由外务省政务局长小池张造草拟出旨在灭亡中国的二十一条款。

袁世凯在当上民国正式大总统后,又想取得列强支持进而建立袁家王朝。其原先的后台英、德等国因忙于欧战一时无暇东顾中国之事,他因此转

---

① 《黄兴电致香港华人英字报》,《民生日报》1913年7月24日。

而寻求日本对其复辟帝制予以支持。12月间,袁世凯与日本驻华公使日置益多次作披肝沥胆的长谈,所谈内容除青岛问题与"中日亲善",及要求日政府协助北京政府取缔孙文"乱党"等之外,还涉及中国改行帝制之事——日置益当时曾表示,对中国"改为君主政体,日本愿暗为扶助。袁总统谢之"①。次年1月18日,日置益公使奉政府训示从东京回到北京后,即将臭名昭著的二十一条交给袁世凯,并说:"本国政府为谋两国永久亲善和平起见,拟有觉书一通。希望贵总统重视两国关系之切,速令裁决施行。"袁则答谓:"中日两国亲善为我之夙愿,但关于交涉事宜应由外交部主管办理。当交曹(汝霖)次长带回外部,由外交总长与贵公使交涉。"②这二十一条的内容共分5号,要求北京政府承认:日本继承德国在山东的一切特权并加以扩大;日本在东三省南部和内蒙古东部的各项特权,及旅顺、大连的租借期和南满、安奉两铁路期限延至99年;中日合办汉冶萍公司;中国政府聘用日本人为政治、财政、军事顾问,中日合办警察和兵工厂;日本拥有自南昌至武昌、杭州和潮州3条铁路的建筑权,有在福建省开矿、筑路与建港口的优先权,及日人在中国有传教权等。③

袁氏本想以私授日本一些权益来换取其支持帝制自为,没想到日本政府会提出此等鲸吞中国的苛刻条款令自己难堪,心中不免有些羞怒。据其秘书夏寿回忆说:"日置益辞出后,项诚极愤怒,当即疾声令余:所有关于帝制之事一概停止。"④这当然不过是气话而已。当天晚上(有说是19日上午),袁世凯在政府要员共商对日政策的会上说:"日本这次提出的觉书⋯⋯意在控制我国,不可轻视。至觉书第五项竟以朝鲜视我国,万万不可与他商议。"⑤他曾"亲将条件原文,逐条将节以朱笔批注,分别驳议,以为交涉步骤;其第五号末批云:'各条内多有干涉内政、侵犯主权之处,实难开议。'"⑥接下来的几天,北洋政府之骨干连续开会商研保住政府脸面的两全谈判之策,最后决定由新外长陆征祥尽量拖延谈判开始日期。袁世凯在这期间进

---

① 李宗一:《袁世凯传》,中华书局1980年版,第311页。
② 《曹汝霖一生之回忆》,台北:传记文学出版社1980年版,第89页。
③ 王芸生:《六十年来中国与日本》第6册,生活・读书・新知三联书店1981年版,第76~77页。
④ 张国淦:《近代史片段的记录》,见《近代史资料》1978年第2期。
⑤ 《曹汝霖一生之回忆》,台北:传记文学出版社1980年版,第89页。
⑥ 《三水梁燕孙先生年谱》上册,1939年版,第225页。

行了外内两项工作：一是赠款万元请日顾问有贺长雄回国，摸清日本政界元老们的"真意"，并派顾维钧与英美等国公使接触以寻求外交援助；二是密电冯国璋等19省将军，要他们联名通电严拒日方要求，并通过亲信向中外报刊透露二十一条款的一些内容，以鼓动舆论和争取民众支持。由上可知，袁氏在被迫答应接受二十一条的过程中，曾进行过一定的抵抗和折冲。

日本提出二十一条的消息一传出，中国各地顿时掀起了痛斥日本侵略野心的怒涛。各大城市纷纷集合示威游行，陆续开展轰轰烈烈的抵制日货运动。当时流亡海外的革命党人则多斥责袁世凯卖国必亡，而放过了作俑者日本帝国主义。在神州一片反对声中，中日双方于2月2日至4月17日在北京举行二十一条的秘密谈判。袁政府的代表是外交部正副总长陆征祥和曹汝霖，日本政府之代表为日置益公使和小幡酉吉，双方共开会25次。在交涉的过程中，日置益以支持袁氏称帝引诱于前，以武力威逼恫吓于后，软硬兼施妄图使袁政府接受全部条件；袁方代表则苦求避重就轻，提出只议前4号内容，而对第5号则坚持拒绝讨论。鉴于中国人民的反日浪潮不断高涨，欧美各列强也对日本妄图独霸中国之行径加以指责，日本政府被迫一面宣布原约之第5号乃"希望条件"，属于劝告性质，一面又提出内容与原约前4号大同小异的修正案，并将若干条文改为换文方式，从表面上减轻其严重性。5月1日，北京政府外交部答复日本政府提出的二十一条修正案，要求其第5号内容容后再议。5月7日，日驻华公使代表政府向中国外交部发出限48小时内答复的最后通牒。英国驻华公使朱尔典这时也变了脸，"劝告"北京政府接受日方要求。5月8日，袁世凯屈服于压力被迫接受日本政府之通牒。他当天在政府要员会上宣布这一决定时，"悲愤陈词，衣沾泪涕；与会者或怨愤填胸，或神气沮丧"①。9日，陆、曹两外长受命前往日驻华使馆递交复文，对日本提出的二十一条除第5号容日后协商外，其余全部接受。袁世凯政府卖国的这一天后被国人定为"国耻日"。

2. 袁世凯独裁与称帝

袁世凯镇压"二次革命"后，决心加快建立袁家王朝的步伐。其第一步计划是赶快当上民国正式大总统以实现独裁统治。为达此目的，他对国会选举总统采取操纵政党和以军干政的软硬两手进行干涉：一方面，以地位、金钱来收买御用政党充当国会选举的打手，为其奔走效劳。他对进步党除

---

① 李吉奎：《梁士诒》，广东人民出版社2005年版，第62页。

继续为其提供经费外,还于1913年7月31日任命其名誉理事熊希龄为内阁总理组阁。9月11日,由北洋军人和进步党人联合组成的"第一流人才内阁"建立后,成为日后助袁撕毁《临时约法》和签署解散国民党与国会命令的帮凶。紧接着,他又饬政府秘书长梁士诒收买百余名国会议员——每人月津贴200元,于9月18日正式成立公民党,宣布"以正式总统选举为本党政策之第一步"①,在国会内外为袁氏大肆活动。这期间,号称国会中第一大党的国民党,不少议员或被袁氏之武力吓倒,或为其金钱所腐蚀,或只顾个人功名利禄,他们纷纷组建相友会、癸丑同志会、政友会、超然社、集益社、政友俱乐部、潜社、宪政公会等稳健党团进行政治投机。这使本来就力量涣散的国民党议员们最后屈从内外压力而放弃原主张,国会在进步党和公民党联手操纵下,于9月5日顺利通过了"先举总统,后订宪法"的议案,遂了袁世凯的心愿。另一方面,袁氏又唆使督军武人干政,胁迫国会举己为大总统。在部分国民党议员提出先订宪法后选总统要求时,他即令各省都督及民政长致电参众两院,胁迫国会将一切议案从缓,限期举袁为大总统。当10月6日国会进行民国正式大总统选举时,他又指使千余名便衣军警及收买的一些流氓,打着"公民团"的旗号围住会场鼓噪起哄,高叫"今天不选出我们中意的大总统,你们就休想出院!"②可怜的国会议员们从上午8时到晚上9时未能离会场一步,忍饥挨饿受气连投3次票,最后屈服于武力,"选举"袁世凯为正式大总统,次日再举黎元洪为副总统。

袁氏任正式大总统后,为加速建立独裁统治的步伐,在半年时间来了个三级跳:11月4日下令解散国民党并收缴其议员证书,迫使国会陷于瘫痪状态;次年1月以御用组织政治会议取代国会的参众两院,在埋葬国会后又令解散各地省议会;毁法造法——悍然撕毁《临时约法》,令约法会议泡制出扩大总统权的《中华民国约法》,于5月1日公布施行。袁记该约法通篇贯穿了"定于一"的皇权思想,规定凡一切内政、外交、制定宪法与官制官规、任免等大权,统由大总统独揽之。袁世凯从1914年5月开始,按新约法对政府机构进行了标新复旧的大改组——一切新机构都由前清的官制脱胎而来,为的是次第恢复皇权。他5月初下令撤销国务院,在大总统府内设立政

---

① 杨幼炯:《中国政党史》,商务印书馆印行,第75页。
② 陶菊隐:《北洋军阀统治时期史话》第2册,生活·读书·新知三联书店1957年版,第6页。

事堂,派把兄弟徐世昌为国务卿,以侍臣杨士琦、钱能训任左、右丞。政事堂下设 9 部 6 局,其权限与前清军机处相似:"凡一切军国大事皆由政事堂议决施行。"①这样袁世凯通过政事堂就将一切政权抓在手里。同时,他又任命黎元洪兼参政院长,并亲自指定院内的 70 位参政,令按章重建立法机构。参政院于半年时间内开会 20 多次,讨论政府所交各案,其中最要者莫过于 8 月 18 日通过的"大总统选举修正案"——它后经约法会议议决为《修正大总统选举法》,于 12 月 29 日由袁氏公布。该法规定:大总统任期 10 年,可连任无限期;总统继承人由大总统推荐 3 人交总统选举会选出。依此,袁氏实际上不仅可为终身总统独揽统治权,而且他还可将此位授子传孙,世袭罔替。这时的袁大总统除了头上顶着的是民国空招牌而不是皇冠之外,其实际的权力简直同专制君主没有任何区别。当时上海《申报》曾一针见血说出了政局的真相:"今所谓共和,徒存虚名,易其名则帝制成矣!"②

袁世凯并不以当独裁总统为满足,他接着下来要拆掉"民国"的招牌,复辟封建帝制。现有大量的史料表明,袁氏自始至终亲自掌控着整个复辟帝制运动的进程。为在政治上给帝制复辟制造舆论,他一方面多次发布尊孔、祭孔令,妄图以鼓动复古思潮来恢复封建纲常以正君臣之义,另一方面他又令恢复历代帝王祭天的制度,以便用神权来对抗民权。然而,当时北洋集团内部对袁氏的帝制自为并非一致认同。如贵州巡按使龙建章就公开表示反对帝制,徐世昌、冯国璋、段祺瑞、朱家宝等也对帝制活动冷眼相看。这是袁氏由总统变皇帝的丑戏,直拖延至 1915 年秋初才由秘密排练而进入公开登场阶段的主要原因。

1915 年 8 月初,袁世凯的洋顾问古德诺和有贺长雄认为中国"民智低下",应以君主制取代共和制为宜,为袁氏称帝提供理论依据。时任全国税务督办和公民党首领的梁士诒,不仅为袁世凯的帝制活动提供大量经费,而且还亲自出谋动杨度联合胡瑛、孙毓筠、严复、刘师培、李燮和等,于 8 月 4 日在北京建立筹安会,为袁氏称帝鸣锣开道;另一方面又承奉袁氏"依法办事"之旨,于 9 月 19 日伙同沈云沛等发起组织"全国请愿联合会",为袁氏称帝制造"民意";此外,他还利用多年任秘书长的老关系,常与各省军民长官函电往还,煽动他们拥戴袁氏称帝。

---

① 李宗一:《袁世凯传》,中华书局 1980 年版,第 277 页。
② 《申报》,1914 年 4 月 12 日。

当时,袁世凯明明是帝制自为,却又偏要虚伪作态和强奸民意。在他的总导演下,大批苦共和而望君宪的官僚、政客和武人,掀起了一阵阵诬诋共和与拥戴帝制的活动,全国各地一时间上演了一幕幕"国体投票"和"拥戴复辟"的丑戏。筹安会在发出称颂袁氏"圣德"和要求废民主而立君主的鼓噪后,于9月1日带头组织"公民请愿团",向参政院"请愿"变更国体;随后,全国请愿联合会也在参政院前嚷嚷,要求召开"全国代表大会"以"公选"新王朝的皇帝;以段芝贵为首的14省将军更不甘人后,纷纷向袁世凯密呈请"速正大位"。10月19日,参政院通过了梁士诒提出的关于国体投票程式案;从该月28日至11月20日,全国各省区的"国民代表大会"进行了所谓的"国体投票",结果一致赞成改民主共和制为君主立宪政体。紧接着,各省区即按照"国民代表大会"预先拟好的"拥戴书",一字不易地向袁氏上"劝进"表。其文曰:"谨以国民公意,恭戴今大总统袁世凯为中华帝国皇帝,并以国家最上完全主权奉之于皇帝,承天建极,传之万世。"①12月2日,袁世凯命杨士琦等在北京中央公园设立大典筹备处。11日,参政院以"国民代表会总代表"名义向袁氏上"总推戴书"时,袁世凯故作姿态"谦让"并退回该书;参政院于是又再次劝进上第二次"总推戴书",袁世凯始受之。这出双簧戏过后,洪宪帝制丑戏进入高潮:急不可待的袁世凯于12日发布接受帝位申令,摘下中华民国招牌而换成了"中华帝国"牌号;13日,他在居仁堂接受文武百官朝贺后,即以王公侯伯子男等爵位大封诸官;31日袁氏再布申令,宣称改明年为"中华帝国洪宪元年",于农历元旦(公历2月4日)正式登极做洪宪皇帝。这出洪宪丑戏仅为梦幻而已。全国人民掀起的护国战争怒涛,很快就淹埋了短命的袁家王朝。

3. 讨袁护国运动与帝制取消

袁世凯专制独裁尤其是复辟帝制的倒行逆施,使民主共和与封建专制之间的斗争再度尖锐起来,全国各阶级各阶层的反袁斗争此起彼伏。以孙中山为首的民主革命派,以梁启超为代表的进步党人,及以蔡锷、唐继尧为核心的西南地方实力派等,最后迅速形成了反袁的联合战线,发动了声势颇壮的讨袁护国运动,一举埋葬了袁家洪宪朝廷。

袁世凯在称帝的过程中,不仅在政治上剥夺了人民已享有的民主权利,

---

① 陶菊隐:《北洋军阀统治时期史话》第2册,生活·读书·新知三联书店1957年版,第126页。

而且还在经济方面对人民进行洗劫性的浩夺。据财政部调查，帝制运动共"耗资达六万万元有奇"①。为了筹集这笔帝制巨资，袁世凯于1914年春公布了《规复旧税文》，令各地"将旧税迅速恢复，新税一一进行"②。各地官吏刮取民脂民膏的一系列横征暴敛，激起了全国各阶层人民的反抗，尤以农民下层群众的武力反抗最为广泛和活跃，历时4年、纵横5省的白朗起义军即为其中的佼佼者。该义军指斥"袁贼世凯，狼子野心，以意思为法律，仍欲帝制自为"，致使"海内分崩，民不聊生"，并进而提出要"逐走袁世凯"，"设立完美政府"。③ 民族资产阶级当时也"以新税之复杂繁苛，奔走诉其哀怨"④；各地的商会因不满帝制而不上劝进表，不少商民则拒购"洪宪六厘公债券"。由上可知，袁氏帝制自为的行径，一开始就遭到广大人民的反对和抵制。这是讨袁护国运动兴起和胜利的社会群众基础。

　　孙中山始终是讨袁护国运动的旗帜和精神领袖，最早兴师讨袁的中华革命党人成为护国反袁斗争的重要力量。二次革命失败后，孙中山鉴于亡命海外的国民党人意志消沉，人心涣散，乃从整肃党纲党纪、恢复革命精神入手，于1914年7月8日在东京正式组建了中华革命党，决心重整旗鼓进行讨袁的第三次革命。中华革命党提出了明确的革命纲领："本党以实行民权、民生两主义为宗旨"，"以扫除专制政治，建设完全民国为目的"；它将革命程序分为军政、训政、宪政三个阶段，强调在革命期内"一切军国庶政，悉归本党负完全责任"⑤。它在政治方面将领导民众推翻袁氏专制统治，恢复民主制度作为党的中心任务。它在组织方面强调以服从命令来达到党的统一，以增强党的战斗力，并在国内各省和海外华侨中广设党的支部。它在军事方面制定了详尽可行的"革命方略"，强调以武力倒袁为目前唯一方针，要求国内各支部专事武力讨袁，海外各支部负责筹饷接济，全党应把各项工作都转移到讨袁斗争上来。尽管中华革命党存在一些毛病与不足，但它在党的政纲、革命团结精神和武装斗争等方面较国民党有所前进，无疑是一个代表民族资产阶级利益的、具有全国规模和革命战斗精神的革命政党。随着

---

① 李宗一：《袁世凯传》，中华书局1980年版，第340页。
② 徐有朋：《袁大总统书牍汇编》卷2，1926年第15版，第85页。
③ 转见章开沅、林增平主编：《辛亥革命史》（下），人民出版社1981年版，第515页。
④ 《张謇致梁士诒函》（1916年4月20日），原件藏上海图书馆。
⑤ 《孙中山全集》第3卷，中华书局1984年版，第97页。

中华革命党的成立,其党本部在孙中山领导下积极开展了发展党组织、进行革命宣传和开展武力讨袁等项工作。1914年秋,孙中山在《中华革命军大元帅檄》中,历数袁世凯"奸雄窃国"的种种罪行,表明"军府痛宗国之陆沉,愤独夫之肆虐,爰率义旅,誓殄元凶,再奠新邦"①。次年夏间中华革命军正式成立后,孙即密令陈其美、居正、胡汉民、于右任分别回国,负责筹设东南军、东北军、西南军和西北军的总司令部,以点燃武装反袁斗争的革命烈火。各地党人策动的反袁武装起义在10月后进入高潮,以上海、广东和山东的讨袁军事斗争最为激烈,浙、湘、鄂、陕、奉等省的零星起义也络绎不绝;全国各地出现了"磨剑以待,一旦义旗起呼,义动天地,犁庭扫穴,共戮国贼,期可指日待焉"的大好形势。②

蔡锷,早年留学日本,武昌起义时在云南响应起义,任云南都督。1915年12月,起兵讨袁。

中华革命党开辟出来的反袁大好局面,很快就被进步党人梁启超等所利用。以梁为首的进步党是一个颇有实力的大党,它以立宪派和旧官僚为主体,本是袁世凯的御用工具。各阶层不断高涨的反袁斗争怒潮,猛烈地冲击着统治阶级内部并促使其迅速分化:一些原先的袁氏追随者很快变成了积极或消极的反袁者。梁启超就是其中之一。他曾劝袁世凯千万不可造次帝制自为,袁却置若罔闻,并在复辟帝制时将进步党人一脚踢开。梁启超一方面对此感到恼怒,另一方面又担心袁氏称帝会祸及本党一同落水,再加上中华革命党人掀起的反袁斗争高潮,也使他认识到必须赶快变被动为主动,因此他决定转

---

① 《孙中山文粹》上卷,广东人民出版社1996版,第174~175页。
② 邹鲁:《中国国民党史稿》第3篇,中华书局1960年版,第1057页。

变战略,顺应历史潮流抛弃袁氏,利用西南武力来进行护国讨袁斗争,并进而抢夺护国战争的领导权。为达此目的,梁启超在筹安会出笼后,常在天津寓所与得意门生、前云南军政府都督蔡锷密议改弦易辙的反袁问题,商定从文武两个方面着手,双管齐下进行倒袁运动。依据此方略,梁启超于1915年8月20日在《大中华》杂志上发表了《异哉所谓国体问题者》的长文。他不遗余力地批驳杨度的君宪救国论,痛斥帝制之非,指出袁氏帝制自为必落得身败名裂之下场。此文在社会上风传一时,不仅在动员广大军民奋起反袁方面产生过很大影响,而且还促使一批北洋重臣对帝制冷眼旁观,拒不劝进。时任北京政府经界局督办的武威将军蔡锷,一方面领衔向袁总统帝制上劝进表,与袁氏虚与委蛇,另一方面则与旧部唐继尧等密电往返,为反袁作军事准备。11月初,他以治病为名经袁氏批准离京赴津,后绕道日本、台湾、香港和越南,于12月19日潜回昆明。当时云南的革命讨袁斗争有一触即发之势:军队中接受过辛亥革命民主共和思想洗礼的各级军官,大都跃跃欲试;孙中山所派的李烈钧和熊克武等,在蔡抵滇之前已说服唐继尧同意起兵反袁,并草拟好出兵计划与讨袁檄文;蔡锷回到昆明的消息,令军心士气更为激奋,从而加速了护国战争的发动。

  1915年12月22日,蔡锷在昆明的军事会议上提出即日兴师讨袁,获通过。23日,云南将军唐继尧和巡按使任可澄向袁世凯发出通牒式电文,强硬要求取消帝制,将帝制罪犯杨度、梁士诒、段芝贵等13人明正典刑以谢天下,并限于36小时内答复,否则将以武力求最后之解决。袁世凯到期拒不作答。25日,唐继尧、蔡锷、李烈钧等人联名通电全国,宣布云南独立讨袁并成立护国军政府,以唐继尧为都督;他们在发布讨袁檄文后,连日电请各省将军等"共举义旗","除帝制之毒,复共和之麻"①。当时的云南护国军拟分3路出师讨袁:由蔡锷统领主力第一军经黔进军四川;李烈钧统率第二军经广西攻打粤赣;唐继尧率第三军为预备队,相机由黔入湘以趋武汉。次年元旦,护国军在昆明校场誓师后分路进击,讨袁护国战争全面爆发。这是以梁启超为首的进步党人,联合一部分革命党人及西南地方实力派共同发动和进行的一场革命战争。尽管护国战争存在明显的阶级局限性,但它推倒洪宪帝制和再造共和制度的进步性及历史功绩,理应加以肯定。

  云南的护国军出师后,袁世凯一方面在军事上屡遭挫败,已陷于焦头烂

---

① 曾业英编:《蔡松坡集》,上海人民出版社1984年版,第858页。

额和四面楚歌之境,另一方面在外交上又面临着列强要求暂缓改变国体的联合警告。在各省军民及冯国璋等 5 将军要求取消帝制的压力下,袁世凯被迫于 3 月 21 日开会提出撤销帝制案,并请徐世昌、段祺瑞出面收拾残局。袁氏于 22 日申令取消帝制,恢复黎元洪的副总统职;翌日他又告令曰:"所有洪宪年号应即废止,仍以本年为中华民国五年"①,29 日,公开焚毁帝制公文 800 余件,以示不再称帝。洪宪帝制从袁世凯宣布称帝之日起,到其申令取消帝制之日止,前后不过 102 天,而"洪宪"年号仅用了 83 天。这表明凡逆历史潮流而动者必然败亡。

在全国军民的一片唾骂声中,袁世凯于 6 月 6 日在忧郁中病死。次日,黎元洪依法就任民国大总统后,即行恢复《临时约法》和第一届国会,并任段祺瑞为国务院总理。7 月,唐继尧以民国复治遂撤销肇庆军务院,孙中山领导的中华革命党也宣告停止军事行动,历时两年的讨袁护国运动至此宣告结束。

第二节 军阀派系政争与护法运动

民初政局的特点之一,是武人当权执政,各派军阀割据,大小战争频仍。这是由近代中国半封建半殖民地的社会性质决定的。军阀的主要资本是军队。据北洋政府档案资料显示:"1914 年全国陆军为 45.7 万人,1918 年增至 85 万人,1919 年初又增至 148 万人,五年间军队人数增加三倍";20 世纪 20 年代,全国的军队数量继续猛增。②"北洋军阀统治时期,全国发生过 112 次战争,每次战争持续时间长、规模大。"③这些战争,主要是大小军阀们为争夺中央和地方政府控制权及抢占地盘而进行的火拼混战,其中也有孙中山等捍卫共和制度、反对军阀独裁统治的正义的护法战争。

---

① 《政府公报》1915 年 3 月 24 日。
② 参见黄征等人:《段祺瑞与皖系军阀》,河南人民出版社 1990 年版,第 163 页。关于北洋军阀时期的扩军情况尚有人谓:全国军队由 1916 年的 50 万人,扩至 1918 年的 100 万人,再扩至 1924 年的 150 万人,最后扩至 1928 年的 200 万人。见张福记:《近代中国社会演变与革命》,人民教育出版社 2002 年版,第 150 页。
③ 白寿彝总主编,龚书铎主编:《中国通史》第 11 卷:近代前编(1840~1919)(上),上海人民出版社 1999 年版,第 372 页。

一、北洋集团之分化与南北军阀割据

1. 军阀派系

军阀是中国近代社会出现的"私属性"军事集团。"军阀一般都具有三个特征：首先是它有一支私人的军队。这支军队由一个首领通过家族、亲属、同乡、同学、师生等封建关系的网络统率着。其次是它总要占据一定的地盘。地盘可以有大有小，小的只占据几个县或稍多一些地方，大的可占据一省、数省乃至全中国。第三是军阀在它所占据的地盘上实行个人专制的直接军事统治，既不讲'文治'，更不讲'法治'。……鸦片战争后，中国沦为半殖民地半封建社会，于是逐渐产生了近代军阀"①。如果说曾国藩和李鸿章的"湘、淮军只是中国军阀之萌芽的话，那么肩荷洋枪、步行洋操的北洋军，则宣告了中国近代军阀的开始形式"②。北洋军阀是用近代军事武器装备的，并按近代军事制度组建起来的军事集团。它的创立者和最高首领是袁世凯，其主要的头目有段祺瑞、冯国璋、王士珍、吴长纯、曹锟、吴佩孚、孙传芳、张作霖等。北洋军阀系统从兴到亡大致分为3个时期：从甲午战争后袁世凯小站练兵，到武昌起义前夕北洋6镇成立与扩充，是其孕育形成的时期；从武昌起义后到1916年袁氏死去，是其执掌全国权柄而势力发展壮大的时期；袁氏死后到1928年张学良东北易帜归顺国民政府，是其分裂割据、互相混战、最后走向灭亡的时期。

民初的中国军阀，除北洋集团及其后分出的皖、直、奉3大派系外，在西南有唐继尧等的滇系、陆荣廷等的桂系，在西北有冯玉祥的国民军与西北军，及阎锡山的晋系和马麟等的回族"马家军"。此外，各地还有一些较小的军阀，如徐州有张勋的"辫子军"、贵州有刘显世等的黔军，广东有陈炯明与邓本殷的粤军，湖南有谭延闿、赵恒惕的湘军，而川军则有刘湘、杨森的速成系和邓锡侯、田颂尧、刘斌的保定系两派别，等等。地方军阀既追随勾结掌握中央政权的各大派系军阀，同时又保持自身相对的独立性。

活跃于民初年间的各派系军阀，因其近代化程度还比不上后来国民党系统的军阀，故一般又称他们为近代旧军阀，以示与国民党新军阀相区别。

---

① 李新、李宗一主编：《中华民国史》第2篇第1卷(上)，中华书局1987年版，"代序——北洋军阀的兴亡"，第1页。

② 王新生等主编：《中国军阀史辞典》，国防大学出版社1999年版，"前言"第1页。

如桂系就有新旧桂系之分,奉系也有奉军与东北军之别。

2. 南北军阀割据之态势

军阀称雄割据乃民初政局的一大顽症。这是各帝国主义纷纷在华寻找与扶持自己的代理人使然,依附于列强是近代绝大多数军阀的根本特点。这首先在北洋军阀各派系的割据上表现出来。皖系军阀以安徽合肥人段祺瑞为首领,是日本侵略中国的工具。袁世凯死后,段祺瑞曾几度出任北洋政府的国务总理兼陆军总长,掌控着中央很大的实权。皖系势力最大时兵力有近20万人,曾控制安徽、陕西、甘肃、山东、浙江、福建等省。直系军阀以直隶(今河北)籍的冯国璋(直隶河间人)、曹锟(直隶天津人),及后来的吴佩孚为首领,兵力最多时有20多万人。它在英、美等帝国主义的支持下,主要盘踞在直隶及江苏、江西、湖北等长江中下游各省。1920年的直皖战争前,冯国璋曾任北洋政府代理大总统;1922年直奉战争之后,曹锟以贿选当上民国大总统,控制了北京政府。奉系军阀以奉天(今辽宁沈阳)人张作霖为首领,其后台是日本帝国主义。奉系军阀除一直控制着东北的奉天、吉林、黑龙江外,还在第二次直奉大战后于控制北洋政府之同时,一度拥有热河、察哈尔、绥远、直隶、山东等省,并将势力扩张到苏、皖、浙地区,当时奉系进入割据的鼎盛时期,共有兵力37万多人,"号称40万"①。

在北洋3大派系首领互相争夺中央政府的控制权,及其爪牙在各地进行封建割据的同时,其他派系的大小军阀也在列强的支持下,称雄割据于各地。西南滇桂军阀都是亲英、美的。以唐继尧为首领的滇系军阀,长期统治着云南,并不断分兵进占贵州、四川、广东等省。桂系军阀首领陆荣廷,长期以广西为盘踞老巢,并不断派兵进占广东和湘南等地。以刘显世为首领的黔系军阀,长期控制着贵州,并时而出兵四川与湘西抢占地盘。以阎锡山为首领的晋系军阀,长期踞于山西自保,又时而伺机进占绥远地区。原直系将领冯玉祥等所部的国民军及后改名的西北军,先后分驻于北京、察哈尔、绥远及陕甘宁部分地区。西北回族军阀首领马麟、马福祥、马鸿宾等掌握的"马家军",长期控制着青、甘、宁3省广大地区。较小的军阀在一个省内也分区实行割据。如粤军头目陈炯明和邓本殷所部,分别控制着粤东地区和广东南路与琼崖等地。在四川境内,大小军阀们经过十几年的长期演变,

---

① 王鸿宾主编:《张作霖和奉系军阀》,河南人民出版社1989年版,第113、132页。

"最后形成'四大巨头'即刘湘、刘文辉、邓锡侯、田颂尧分割四川的局面"①。张勋率"辫子军"驻徐州,视徐淮一带为割据势力范围。

由上可知,大小军阀割据称雄普遍存在,多种军事政治势力并峙发展,中央政府的权威被分散和削弱,这是民初政局的显著特征。可以说,北洋政府在民初时期并没能真正统一控制全国,南方各省固不听命,就是北洋军控制的辖区也多貌合神离。这种军阀割据出现的原因有三:依赖于分散个体经济的中国封建势力严重存在并极活跃,这是其出现的近代社会基础;各帝国主义国家在华推行分而治之的"瓜分政策",并大力扶植各自的代理人,这是其出现的外部条件;各军阀本身具有抢占地盘及独立经济来源的私占欲与贪婪性,则是其出现的思想政治动因。总之,民初社会的半封建半殖民地化程度全面加深,这为中国封建军阀割据的形成提供了社会历史条件。民初全国的大小军阀不仅依凭实力割据横行,鱼肉百姓,而且各派军阀间还为争权夺利相互混战,给国家和人民造成了巨大灾难。北洋政府统治下的封建军阀割据混战的年代,是中国历史上政局最混乱和最黑暗的时期之一。

二、军阀派系政争与北京政府之更迭

1. 府院之争与对德参战案

1916年6月初袁世凯死后,副总统黎元洪继任北京政府总统职。时任国务卿兼陆军总长的段祺瑞,凭借手中实力及其"人望",成为南北双方都可以接受的人选——徐世昌望其发展北洋军阀势力,黎大总统则依赖他来支撑政局;南方的孙中山和梁启超等,或认为段反对帝制,"诚拔萃而寡俦"②,或曰"收拾北方,唯段是赖"③。南方的护国者向北京政府提出以恢复约法、召集国会、惩办祸首3条,作为南北实行和解与统一的条件。据此,黎元洪于6月29日发布有段祺瑞副署的大总统令,宣布"仍遵行中华民国元年三月十一日公布之临时约法",国会"定于本年八月一日起继续开会";同日又任命段祺瑞为国务院总理。④ 7月14日,黎、段合作的北京政府发出惩办帝制祸首令;同日南方的肇庆军务院宣布终止活动。在此前后,孙中山为息纷

---

① 《学点民国史》,人民日报出版社1984年版,第101页。
② 《孙中山全集》第3卷,中华书局1984年版,第312页。
③ 《梁任公致护国军电》,上海《申报》1916年6月9日。
④ 《命令》,上海《申报》1916年7月1日。

第八章 民初的政治与社会

皖系军阀首领段祺瑞

争、事建设,多次指令中华革命军及中华革命党停止斗争与活动。稍后,北京政府为肃清帝制余毒,先后下令废除了袁氏反共和、行独裁的一些制度、条令与机构。南北和解及黎、段协同进行体制改革的各项举措,一度令国人感到欣慰。他们有的"为今日之约法、国会贺",有的更"深为民国前途庆"。①

然而,段祺瑞是袁世凯衣钵的承袭者,一心想实现专制独裁统治。他当政一年后,便和黎元洪发生激烈的府院之争。"府"即总统府,指黎元洪为代表的政治集团;"院"即国务院,是以段祺瑞为首的政治集团。两派围绕着中枢权力和对德参战案展开了争斗。这既反映了美国与日本争夺在华权益的矛盾,又反映了国民党及南方地方实力派,同研究系及皖系军阀与政客间的矛盾,以及黎元洪同段祺瑞间争权夺利的矛盾。府院之争不仅造成了当时政局的动荡不稳定,而且还导致了民初再次复辟帝制事件——丁巳张勋复辟的发生,使民国共和政体又一次面临被倾覆的危险。

第一次世界大战期间,日美两国在中国展开了激烈的争夺,此乃府院在对德外交问题上争斗的国际背景。1917年初,刚同德国断交的美国准备对德参战,并要求黎元洪政府与美取一致行动。黎元洪对此表示同意,北京政府遂于2月9日就潜艇封锁公海事向德政府提出抗议。当时已抢占了德国在山东之势力范围和权益的日本,在获悉美国插手中国对德外交后,迅速改变原态度、转而积极怂恿支持段祺瑞加入对德联合战团,并以同意中国减缓交付庚子赔款、提高关税,及向华提供参战军费为饵,诱使北京政府立即与德绝交并向德宣战。美国为了与日本抗衡,于2月中旬改变其原先支持中国参战的立场,声言不愿看到中国参加世界大战。当时,段祺瑞为了借参战扩充势力,在日本支持下炮制出《加入协约国条件节略》,主张立即参战;黎

---

① 《最后之目的已达》,《根本解决》,上海《申报》1916年7月1日。

元洪为遏制皖系势力膨胀,在美国支持下坚决反对参战。府院在对德参战问题上的争斗很快反映到国会内:研究系议员支持段氏参战;商榷系各派议员则多站在黎氏一边,并主张对德问题以到绝交为止。3月10日、11日,国会众参两院分别通过了"对德绝交案"。

　　北京政府宣布对德绝交后,参战问题成了府院间和国会两院间的斗争焦点。5月1日,内阁讨论对德宣战问题时,督军团首脑倪嗣冲等冲入会场,胁迫国务会议匆匆通过了"对德宣战案"。黎元洪迫于内外压力,同意将此案提交国会讨论。当10日国会开会审议该案时,段祺瑞等指使几千军警流氓组成"公民请愿团",包围国会威逼其通过宣战案,并殴打国民党系议员多人。这激起国会议员们的极大愤慨,国民党的阁员相继辞职以示声援国会。在19日众议院复议对德宣战案时,有"近三分之二议员赞成改组内阁,实际上已构成对内阁不信任"①。面对此情势,段祺瑞即密令在京的北洋督军团代表孟恩远等,于21日呈请黎元洪将参众两院即日解散。黎元洪在得到美公使芮恩施允为后盾后向孟恩远指出:时局之症结在内阁,段总理宜自引退。23日,黎元洪下令免去段祺瑞的国务总理兼陆军总长职,并派伍廷芳、张士钰分别代理国务总理和陆军总长。段祺瑞接到免职令后即赴天津,指使直隶、奉天、山东、河南等8省督军宣布独立,并于6月2日在津组成了以雷震春为总参谋长的"独立各省总参谋处",拟进军北京解散国会和驱逐黎总统,另立"临时政府"与"临时议会"。②

　　黎元洪面对督军团造反的局面束手无策,不得已只好要张勋出面调停。张时任安徽督军,曾4次纠合各地复辟势力在徐州进行非法活动,被推为北方"十三省区联合会"盟主。他妄图利用黎、段间的矛盾,伺机挥师入京请宣统帝复辟,以自己实掌中央权力。6月1日,黎以国务院名义电张"迅速来京,共商国是"。张勋认为时机已到,乃于6日通电"奉命入京调停国事"。③他于7日率4300多名辫子军启程北上,次日部队抵京后,即提出"调停"6条件,内容包括实行责任内阁、解散国会与省议会等。13日,黎元洪被迫发布解散国会令。次日,蛰伏在津的张勋即偕新任国务院总理李经羲等乘车入

---

　　① 李新、李宗一主编:《中华民国史》第2篇第2卷,中华书局1987年版,第63页。
　　② 《天津总参谋处》,《晨钟报》1917年6月4日;又《中华新报》1917年6月5～7日。
　　③ 《国务院致张勋东电》《张勋通电》,原件藏南京中国第二历史档案馆。

京,逼迫黎元洪去职。7月1日,张勋在清朝遗老及康有为等支持下,拥戴12岁的溥仪复辟帝制。黎元洪在事发后躲入日本使馆,电令副总统冯国璋代行总统职权,并重新任命段祺瑞为国务总理,着即兴师讨伐张勋复辟。

张勋复辟帝制的倒行逆施,遭到全国人民的强烈声讨和一致反对。孙中山在《讨逆宣言》中指出:"此次讨逆之战,匪特为民国争生存,且为全民族反抗武力之奋斗。"①他命各省革命党人迅速兴师讨逆。全国各地各界相继掀起了口诛笔伐张勋的强大舆论,一致反对清帝复辟。段祺瑞原先对张勋在徐州的复辟活动既未公开赞成,亦不表示拒绝。他这时认为解散国会、驱逐黎元洪之目的已达,即站出来反对张勋复辟。7月3日,段通电兴师讨逆,即在马厂成立"讨逆军总司令部",自任总司令;次日,讨逆军57000余人在马厂誓师后,由曹锟、段芝贵等分别指挥,分3路进攻北京。原与张勋往来的各省督军也纷纷摇身一变成了反复辟者。7月12日,讨逆军攻入北京,辫子军溃散;张勋狼狈避入荷兰使馆,溥仪再次宣布退位,历时12天的复辟丑剧以最后惨败收场。

段祺瑞于平定复辟后,再次上台任国务院总理。时抵京未久的冯国璋也于8月4日通电代行总统职权。北京政府出现了冯、段短暂合作的新体制。这期间,对德宣战案再度提上议事日程,它因不存在国会干扰而得到了解决。14日,北京政府正式对德、奥宣战:"自中华民国六年八月十四日上午十时起,对德国、奥国宣告立于战争地位。"②至此,段祺瑞则以此为契机进行扩军备战,建立起皖系军阀的独裁统治。

2. 南北军阀混战与政权更替

袁世凯死后,南北军阀为抢占地盘和争夺权益,时而为私利纠合,时而因分赃火拼,使全国出现了大小军阀长期互相混战和政权频繁更替的动荡局面。其中地方性军阀的火拼,以西南军阀在四川的混战最为典型;中央军阀的大混战,则有直、皖、奉3大派系的互相残杀为代表。民初这些各方皆为非正义的军阀混战,造成了政局动乱,破坏了国家统一,阻碍了社会发展,给广大人民带来巨大的灾难。

1920年7月,在京畿地区爆发了北洋系统分裂后的第一次军阀大混战——直皖战争。这是皖系段祺瑞、徐树铮与直系曹锟、吴佩孚等之间,为

---

① 邵元冲:《总理护法实录》,《建国月刊》第1卷2期。
② 《政府公报》,1917年8月14日。

争夺中央权力和抢占地盘而进行的一场战争。这次混战的起因,是皖系一意孤行扩张实力与地盘的政策,伤害了直、奉两系的利益而招来其反对。段祺瑞趁袁世凯死后掌控北京政权之机,一方面想以出兵湘川等省"讨伐"南方来削弱直系的实力,以实现其"武力统一"的野心;另一方面他又令心腹徐树铮操纵安福俱乐部和安福国会"选举",捧出徐世昌为总统以取代直系首领冯国璋,从政治上压挤直系。冯国璋也不示弱,以南北"和平统一"对抗段的"武力统一",并不断授意在湘直军急战主和,江苏督军李纯等因此于1918年6月3日发出南北停战宣言。在此前后,督战在湘的直军第一、二路军总司令曹锟和张怀芝,相继径自罢战返回天津与济南;第三师师长吴佩孚则在8月间两次电请停战,斥责段的"武力统一"糜烂十数省,"实亡国之政策也"①。这表达了直系对皖系武力扩张的愤恨及其不愿为他人作嫁衣。

1918年10月后,甫辞国务总理的段祺瑞,又先后出任参战督办和边防督办,继续把持着中央权势。他依靠日本的财力、顾问和武器支持,于1919年初正式成立了3师又4混成旅的参战军——后改称边防军作为嫡系部队。后他又设法让徐树铮于6月中旬出任西北筹边使兼西北边防军总司令。徐不仅趁机编练了5旅西北边防军,而且还掌控西北之一切政务和"兵卫等事务,并节制、指挥所有派驻军队"②;不久后徐还督办外蒙善后事宜和兼任张恰铁路督办,将皖系势力扩张到热河、察哈尔、绥远和外蒙地区。这就大大激化了皖奉间的矛盾,迫使张作霖同直系携手反皖。1919年秋冬,在曹锟的串联下,直系的直、苏、鄂、赣4省督军与奉系的东北3省督军,正式开会成立了7省反皖同盟(次年2月河南督军加入扩为8省联盟);吴佩孚则在湘南前线与西南军阀的代表密订了"救国同盟草约"。这样,直系就与奉张及滇桂系结成了3方反段军事同盟。次年春夏间,8省反皖同盟在沈阳、保定两次密商共同反皖计划,在解散安福系及其国会、支持吴佩孚自湘撤防北上反段等问题上达成了共识。至此,直皖间的矛盾已发展到无法调和的地步,混战将一触即发。

当时的皖系和直系背后分别有日本和英美等撑腰,皖直间的争斗实反映了日本与英美争夺中国权益的矛盾。双方在主子的支持下加紧调兵遣将备战。1920年5月,被直系新首领曹锟称为"最大本钱"的吴佩孚师——辖

---

① 转见黄征等人:《段祺瑞与皖系军阀》,河南人民出版社1990年版,第127页。
② 钱实甫:《北洋政府时期的政治制度》(上),中华书局1984年版,第204页。

9个旅,兵力超过一个军,在获得桂系等提供的"开拔费60万元"后,即擅自从衡阳北上直抵保定;接着冯玉祥旅也筹取"10万开拔费",自常德统兵北上。① 段祺瑞此时则将徐树铮的西北边防军调回京畿附近。6月中,段成立定国军并自任总司令,委派段芝贵、曲同丰、魏宗翰分任第一、二、三路军司令,陈兵京汉铁路线上。曹锟此间则组建讨逆军,令吴佩孚、曹锳、王承斌分任西路、东路、后路总指挥,布阵于高碑店和杨村一带;张作霖这时也"亲率师旅"入关,宣称"将以武力调停"来铲除"祸国之障碍",②驻兵于马厂、军粮城等地。据沪上报纸称:"两方可用之兵力,则段氏四万人,吴二万人,张作霖二万人。"③7月10日,段祺瑞发出总动员令,直皖战争开始。14日后,直奉联军与皖军激战于京汉铁路与津浦线间的涿州、高碑店、琉璃河一带。18日皖军全线崩溃,直奉联军取得胜利。19日,段祺瑞通电辞职。总统徐世昌随即下令裁撤边防督办事务处,并解散安福国会和西北边防军。皖系北京政府因此而垮台,其势力至此仅剩下浙江的卢永祥部。皖系这次败就败在段氏卖国失去了人心和涣散了军心。7月23日,直奉联军进驻南苑,北京政权落入直奉军阀手中。

直皖战争结束后,直奉两系因分赃和地盘之争使新的矛盾日益尖锐,双方先后进行了两次直奉混战。奉张直曹在"合作"控制北洋政府之初,曾共推靳云鹏出面组阁。这期间,张作霖将奉系势力由东三省扩张到热、察、绥三特别区及京、津、库伦等地,成了"东北王兼满蒙王"及北京政府中的实权人物;直系曹锟和吴佩孚则除掌控中枢权力外,还让手下的大将们抢占了长江中下游和华北、西北各省地盘。双方的矛盾在走向激化。为抵制和反对直系,张作霖一方面示好孙中山和拉拢段祺瑞,彼此间结成了所谓的"反直三角同盟";他另一方面又迫使倾向直系的靳云鹏内阁辞职,另支持旧交通系首领梁士诒出任国务总理组阁。梁上台后积极为奉系效劳而推行亲日外交,并赦免以往被通缉的皖系军阀与政客,极力抑制直系将领吴佩孚等。这引起了直系的强烈反对。吴一面电斥梁士诒是卖国媚外的帝制余孽,同时又联合直系6省之督军、省长,以脱离政府为辞敦请总统徐世昌免去梁职。

---

① 杨学东:《何键传》,东方出版社2005年版,第23页。
② 陶菊隐:《北洋军阀统治时期史话》第5册,生活·读书·新知三联书店1959年版,第163页。
③ 《民国日报》,1920年7月11日。

梁士诒下台后,奉张直吴双方的矛盾已不可收拾,直奉大战迫在眉睫。在日本政府的怂恿支持下,决心与直系一决雌雄的张作霖,于1922年4月在军粮城组成了镇威军司令部,自任总司令,以张作相、张景惠分任东西两路总指挥;当时以英美为后台的直系则以吴佩孚为总司令,分兵御敌抗奉;此次"奉军有12万人、直军有10万人参战"①。4月29日,第一次直奉大战正式打响,双方在长辛店、固安、马厂等地展开激战。交战之初各有胜负,后直吴以主力迂回到奉军侧背,并分化奉军内部。5月4日,奉第十六师邹芬部在阵前倒戈,导

奉系军阀首领张作霖

致奉军西线崩溃;接着奉军东线也在直军重击下全线溃败,张作霖等仓皇逃往滦州。直奉此战只打了6天,即以直胜奉败而告终。张作霖退出山海关后宣布东三省"自治",仍为"东北王"。此后,直系军阀一度完全把持了北京政府。

张作霖不甘心于失败。他出关后一面在日本政府支持下整编奉军,健全兵种,以增强部队战斗力;另一方面他又继续强化与粤孙、皖段的"三角反直同盟",并同直系内的冯玉祥订立反直密约,积极准备再与直系决战。1924年9月3日江浙战争爆发后,张作霖即通电响应卢永祥对直系作战,并于15日重组镇威军司令部,亲率17万大军入关讨直。直系曹锟、吴佩孚这期间则成立讨逆军司令部,投入20万兵力分东、中、西3路抵御奉军的进攻。17日后,双方在山海关、九门口一线展开激战。当奉军以全力攻占九门口、石门寨要塞后,先与张作霖有约的直系将领冯玉祥,于21日率直系第3军倒戈回师,23日抵京后发动"北京政变",囚禁贿选总统曹锟,逼曹下令免去吴佩孚的本兼各职,并将废帝溥仪逐出紫禁城。前线直军闻变军心摇动、阵脚大乱。奉军乘机长驱直入,歼灭山海关一带之直军精锐后,全线大举入关将大部直军围困缴械;讨逆军总司令吴佩孚率残部从大沽口乘船南

---

① 王鸿宾主编:《张作霖和奉系军阀》,河南人民出版社1989年版,第110页。

逃。第二次直奉混战以奉胜直败而告终,奉系势力这时发展到顶峰。北京政权从此为张作霖、段祺瑞所掌控。

直皖奉军阀间除上述3次大的混战外,还有1924年9至10月间,江苏直系齐燮林部进攻浙江皖系卢永祥部的江浙战争;10至11月发生的浙江直系孙传芳攻打苏皖奉系杨宇霆、姜登选的浙奉战争;11至12月间的郭松龄倒戈反对张作霖的战争;1926年春秋间,奉鲁联军及奉直联军先后进攻冯玉祥国民军的战争等。

北洋军阀间的厮杀混战,给国家和人民带来了深重的灾难。北京政府和各省军阀为应付混战的庞大军费开支,不仅出卖国家主权和地方利权乞借列强的外债,而且更以滥发公债及增加税捐等来疯狂地掠夺全国民众。如1918年仅北京政府发行的各种公债券"即达1.39亿元",占中央全年军费支出2.03亿元的68.5%。至于地方军阀对人民的浩夺与洗劫尤名目繁多。如湖南发行的纸币就"不下六七种"[1],弄得物价飞涨、民不聊生;而张作霖在东北更大征捐税,"仅第二次奉直战争,就向东三省人民摊派4800万元"[2]。军阀混战还直接造成人民家破人亡。如湖南在1918年的南北交战中,醴陵"全县被杀人数达二万以上,房屋被毁达15000栋,财产损失达二千万";宝庆县之"城厢内外,及各乡百里间,凡兵队经过驻扎之处,几使家无幸免,女无完节,户少炊烟,路断行人,伤心惨目,天日为暗"[3]。军阀混战使广大民众处在水深火热之中。

三、孙中山护卫民国共和制的努力

1. 建政广州的护法政府

讨袁护国运动并没有恢复真共和制度。孙中山此后不得不进行捍卫《临时约法》和国会的护法斗争。为此,他曾三度在广州建立护法革命政府以反对北洋军阀的专制独裁,维持民国共和制的"正统之传,不绝如缕"[4]。他第一次组建的是中华民国军政府,后又称护法军政府。1917年5月23日黎元洪被迫解散国会后,孙中山即于6月上旬通电护法,揭露张勋及督军团

---

[1] 黄征等人合著:《段祺瑞与皖系军阀》,河南人民出版社1990年版,第165、163页。

[2] 王鸿宾主编:《张作霖和奉系军阀》,河南人民出版社1989年版,第129页。

[3] 《湖南历史资料》,1959年第3期,第115页。

[4] 《孙中山全集》第6卷,中华书局1985年版,第541页。

胁迫解散国会、破坏约法的罪行,宣告"民国与叛逆不能两存","今日法律已失去制裁之力,非以武力声罪致讨、歼灭群逆,不足以清乱源、定大局",并吁请西南地方实力派"克日兴师,救此危局,作民保障"。① 他同时派胡汉民前往两广宣示护法主张及联络陆荣廷等。驻粤滇军将领张开儒、方声涛首先响应护法号召,两广巡阅使陆荣廷为对抗段祺瑞的武力统一和加强对两广的控制,于6月20日宣布两广"暂行自主"。7月1日张勋复辟事发后,孙中山即在上海寓所召集党人等商讨兴师护法事宜。会后,他积极动员护法议员和号召北洋第一舰队将士参加护法,并将一张30万元的麦加利银行支票交给海军总长程璧光,作为护法讨逆军饷。② 7月6日,孙中山与章太炎、朱执信、陈炯明、许崇智等乘应瑞、海琛两舰由沪启程南下,11日抵汕头停留。次日张勋复辟失败。这期间,唐继尧通电护法;廖仲恺为筹饷即将孙中山的指示转告华侨党人:"南下护法目的'不仅反对复辟,且图建设真正之共和国家'。"③孙中山等一行于17日抵达广州后指出:现今"执共和国政的人,以假共和之面孔,行真专制之手段","此行主要目标是保持广东作为军事基地,邀请整个舰队到广东来,组织国会,建立政府",进而依赖海陆军去"争回真共和"。④ 当时重新上台的段祺瑞公然宣称:"一不要约法,二不要国会,三不要旧总统。"⑤孙中山因此将护法的打击矛头指向段氏北洋政府。

7月22日,程璧光和林葆怿在沪发出以"拥护约法"、"恢复国会"、"惩办祸首"三事自矢的海军护法宣言后⑥,率永丰等7舰南下广东,于8月5日抵达黄埔与原驻粤3舰会合,组成了护法舰队。8月中旬,由沪陆续抵穗的护法议员达120多人。25日,国会因不足法定人数改为召集非常会议。31日国会通过了《中华民国军政府组织大纲》,规定组织护法军政府,以恢复约法为职责。9月1日,国会选举孙中山为中华民国军政府大元帅,唐继尧、陆荣廷为元帅。孙在当日接受帅印时表示:"任职以后,唯当竭股肱之力,攘除奸凶,恢复约法,以竟元年未尽之业,雪数载无功之耻。"⑦10日,孙

---

① 《孙中山先生护法通电》,上海《民国日报》1917年6月9日。
② 莫世祥:《护法运动史》,广西人民出版社1991年版,第80页。
③ 尚明轩等编:《双清文集》上卷,人民出版社1985年版,第82页。
④ 陈锡祺主编:《孙中山年谱长编》上册,中华书局1991年版,第1037～1038页。
⑤ 觉民:《天津通讯二》,《民国大新闻报》1917年7月22日。
⑥ 《上海程璧光林葆怿电》,上海《民国日报》1917年7月23日。
⑦ 陈锡祺主编:《孙中山年谱长编》上册,中华书局1991年版,第1053～1054页。

中山宣誓就职后,即委任大本营及各部官长,建立了资产阶级的护法革命政权。军政府机构自16日起从广州黄埔公园迁入河南的士敏土厂办公。

桂滇军阀对广州军政府的成立持敌视态度并怀二心。陆荣廷和唐继尧一直拒绝出任军府元帅职,另有他图。桂系广东督军陈炳焜"谓听军政府自生自灭",其后继者莫荣新则对之"只许自灭,不许自生"。① 面对桂系排挤军政府的压力,议员大多为政学系所控制的非常国会,在政治上多方限制孙中山的权力。海军将领内部矛盾重重,在程璧光被刺后竟有人率舰脱离军府离粤返沪。这样,孙中山护法所依恃的西南军阀、国会及海军3股力量皆不可靠,或早或迟无一不走上背弃与离去之路;他领导的护法政府很快就面临着垮台的命运。1918年4月10日,广州非常国会居然在《中华民国政府组织大纲修正案》中提出改组军政府,变大元帅制为总裁合议制。孙中山曾两次向议员们说,军府实行多头制与"约法规定为元首制"不合,"故今日余个人对于改组一事根本反对;即于改组后有欲以余为总裁者,亦决不就之"②。然其挽救军政府之努力并未奏效。5月4日,非常国会通过了上述"修正案"。孙中山当天在辞职通电中指出:"顾吾国之大患,莫大于武人之争雄,南与北如一丘之貉。"③20日非常国会悍然改组军政府,废大元帅制,选出唐绍仪、岑春煊、孙中山、唐继尧、陆荣廷、伍廷芳、林葆怿7位政务总裁。孙于次日离粤赴沪。广州护法军政府此后变成了桂滇军阀祸国残民的工具及西南方面与北洋政府议和的机构。次年8月7日,孙辞去军政府总裁职,声明决不与西南军阀政客"共饰护法之名,同尸误国之罪",并望国会能真正行使"最高权,为国家求根本正当之解决"。④

孙中山抵上海后,决心为捍卫迭遭毁弃的共和制而进行新的斗争。在五四运动后的1919年10月,他将中华革命党改组为中国国民党,"以巩固共和,实行三民主义为宗旨"⑤。在此前后,孙集中主要精力从事著述,以革命主义普及国民之同时,他又实行联皖反直灭桂之策,大力援助驻漳州的援闽粤军发展壮大,准备随时促令这支护法武装回师广东扑灭桂系。1920年8月11日,陆荣廷在直系军阀怂恿下发动了第一次桂粤战争。原先一直对

---

① 张磊:《孙中山评传》,花城出版社2001年版,第121页。
② 陈锡祺主编:《孙中山年谱长编》上册,中华书局1991年版,第1114页。
③ 陈锡祺主编:《孙中山年谱长编》上册,中华书局1991年版,第1116页。
④ 《孙中山年谱》,中华书局1980年版,第245~246页。
⑤ 《孙中山全集》第5卷,中华书局1985年版,第127页。

讨桂事犹豫的粤军总司令陈炯明，被迫于12日在漳州誓师讨桂，令粤军兵分3路直扑粤东。在群众大力支持及其他反桂武力的配合下，粤军于10月22日攻占惠州后，兵锋直指广州。次日，岑春煊、陆荣廷宣布辞职并取消军政府，27日莫荣新率桂军残部退出广州。粤军于29日收复广州后电请孙中山返粤主持大计。孙与夫人宋庆龄等一行遂于11月28日回到广州，后即重组军政府继续履行职权。

面对新的斗争形势，孙中山于1921年元旦指出："此次军府回粤，其责任固在继续护法"，然护法政府不能"解决根本问题"，吾人今应"拿定方针……即建立正式政府"①。这一正大主张得到大多数国会议员和党员干部的支持。4月8日，国会非常会议通过了《中华民国政府组织大纲》，并选举孙中山为中华民国大总统，授权其组建民国政府，总揽政务及统帅陆海军。5月5日，孙中山在就任中华民国非常大总统职时庄严宣告："文誓竭志尽诚以救民国，破除障碍，促成统一，巩固共和基础。"②随后，他在广州观音山南麓设立总统府，任命政府各部官长，成立正式民国政府并实施各项革命政策。后孙中山又命粤军出师广西讨桂。12月他在桂林组建陆海军大元帅大本营，准备北伐。中华民国政府只存在一年多时间，后为陈炯明的叛军所推倒。

1922年8月，经历了陈炯明叛乱磨难的孙中山重返上海后，仍念念不忘护法一事。他一面痛斥"此次逆徒叛变，毁护法之成功，坏人类之伦纪，诚堪浩叹"；同时他又坚持解救中国混乱状态的方法，是"应该恢复合法的国会、护法总统、护法政府"，并表明："予向来抱定护法宗旨，始终不渝，全不为权势威逼"，"俟时局稍可为，予即仍图贯彻护法二字"。③ 为达此目标，孙中山积极联络各方，全力组建东路、西路和南路讨贼军，命合力讨伐陈逆以重建广州革命基地。12月6日，杨希闽和刘震寰的滇桂联军由广西东下讨贼，28日克梧州，次年1月4日下德庆。同日，孙中山发布《讨伐陈炯明通电》，指出义师此次讨陈乃"为国家除叛逆，为广东去凶残"④。此间，粤军梁鸿楷、李济深等部宣布起义加入讨贼军行列。陈炯明见大势已去，于15日

---

① 陈锡祺主编：《孙中山年谱长编》上册，中华书局1991年版，第1328页。
② 陈锡祺主编：《孙中山年谱长编》上册，中华书局1991年版，第1352页。
③ 陈锡祺主编：《孙中山年谱长编》上册，中华书局1991年版，第1495、1505、1510页。
④ 《孙中山全集》第7卷，中华书局1985年版，第11页。

通电辞职离穗。次日滇桂军进占广州,陈逆叛军溃至惠州以东地区。

在滇军总司令杨希闵等电邀下,孙中山偕陈友仁等一行于2月21日由沪经港抵达广州。当日他在广州东郊农林实验场再就陆海军大元帅职,统率各军。3月2日,孙以大元帅名义委派各部局官长,正式成立陆海军大元帅大本营政府。是月26日,大本营迁入河南士敏土厂办公。孙中山这次建政广州,虽因主客观条件变化而未在广州设立国会,但拥护约法和尊重国会仍是其一度坚持的政治主张;他还强调"余甚愿以和平方法,睹护法之完全告成也"①。因此可以说,1923年度的陆海军大元帅大本营,仍是实行元首制的广州护法政府。

2. 护法战争

孙中山南下护法建政广州之际,段祺瑞决定对湘、川、粤、滇等省同时用兵。鉴于此,孙任军府大元帅后即宣布:"军政府以讨灭伪政府,恢复约法、国会为职志"②,并强调护法海军与西南义师应急起讨贼,誓与民国共存亡。1917年秋冬,孙中山领导的广州军政府与各省护法力量,发动了讨伐共和蟊贼段祺瑞辈的第一次护法战争。9月18日,受孙感召的湖南永州镇守使刘建藩及驻衡阳湘军旅长林修梅,首先响应护法宣布"自主",旋于10月6日成立以程潜为首的湖南护法军总司令部,揭开了护法战争的序幕。孙中山即派林祖涵赴湘南嘉勉护法军努力讨贼,决定"以滇军第三师援湘",并"电陆荣廷、唐继尧火速出大军会师武汉"③。10月中旬,陆荣廷命粤督谭浩明率桂粤联军北上湖南作战。当时的湖南成为护法战争的主战场:北军调集了陈复初、王汝贤、范国璋等部5个师以上的兵力,控制岳阳、长沙一带;南军则集中了程潜、刘建藩及谭浩明各部约6个军,从湘南、湘西向北推进。护法联军于11月18日和次年1月27日先后攻占长沙和岳阳,打通了北伐的道路。北洋督军团多次易帅增兵,也无法阻遏护法联军的胜利进军。

这期间,唐继尧率领的滇黔川靖国联军于12月4日攻下四川重庆;次年2月,熊克武率四川靖国军进占成都立护法军政府;护法海军和驻粤滇军联合一度攻入福建省境;军政府还进军琼州讨伐龙济光。此外,湖北靖国联军、湘西护法军、陕西和山东的靖国军及其他各省的护法势力也相继奋起,

---

① 《孙中山全集》第7卷,中华书局1985年版,第70页。
② 陈锡祺主编:《孙中山年谱长编》上册,中华书局1991年版,第1068页。
③ 陈锡祺主编:《孙中山年谱长编》上册,中华书局1991年版,第1069页。

宣布一县或数县"独立"、"自主"。在短短三、四个月内，护法战火就燃遍八九个省，形成了各护法队伍"纵横于大江南北，如火如荼，一日千里，皆以拥护军政(府)为名"的大好局面。① 尽管各地护法军和靖国军兴起的动机各不相同，但他们皆打出护法反段的讨逆旗号。这使孙中山受到很大鼓舞。孙当时多次吁请唐继尧、陆荣廷速就元帅职，以实现西南几省军事指挥权的统一；他曾命蒋介石等拟订出三路出师会攻北京的"西南统一作战计划"，以保证护法军能取得北伐的胜利。

然而，陆荣廷和唐继尧这时出兵，完全是借护法之名以收蚕食鹰攫之效。他们在护法军胜利之际，从政治、财政与军事等多方面拆孙中山的台，使军政府的计划均无法进行。粤桂湘联军克长沙后，陆荣廷竟擅自决定停战议和；该联军占岳阳后，谭浩明又令前锋部队停止北上攻鄂。这表明"陆此次出兵，本在攫取湘权……而未及旧国会之应恢复"②。唐继尧当时则按兵不肯由川东下，致使湖北靖国军据有的荆、襄地区于1918年初沦入北军之手。这样，西南的护法力量就失去了会师武汉、问鼎中原的好时机。不仅如此，当北洋军于2月再次发动攻湘时，误于议和之说的湘桂联军竟接连溃败，致岳州、长沙相继失守，联军"退守衡阳，蹙地七八百里，大势沮坏"，后"衡阳之师，复退郴州"，③湖南的战局终陷入不可收拾局面。由于滇、桂军阀的阻挠破坏，孙中山发动的第一次护法战争及其北伐半途而废、前功尽弃。

1921年初，孙中山在广州重建军政府后，即向海陆军警指出："军人天职在护法，护法之事断非安坐可致"，军人应立志讨逆，"坚持大无畏主义，建立大功"。④ 他组建正式政府出任非常大总统后，即将重建护法旗鼓、出师讨桂统一两广、然后北向中原作为中心任务。为统一两广，孙中山于6月20日任命陈炯明为援桂军总司令，饬率部出师讨伐桂系陆荣廷。陈抵肇庆后即指挥粤军分三路西进讨桂，中路军叶举部于26日克梧州后，各路粤军进军节节胜利，连克柳州、桂林、南宁等地；9月30日粤军占龙州，桂系主力覆灭，陆逆等逃往越南。两广统一后成为北伐出师基地。孙当时认为"今桂孽

---

① 《张开儒致唐继尧密电》(1918年1月20日)，云南档案馆藏件(106—3—129)。
② 《孙中山全集》第4卷，中华书局1985年版，第260～261页。
③ 汤志钧编：《章太炎年谱长编》上册，中华书局1979年版，第579页。
④ 《孙中山全集》第5卷，中华书局1985年版，第467、468页。

已靖,正西南一致北定中原之时"①。他鉴于陈炯明对北伐事漠然不顾,乃决定"自统诸军以当此任,以完戡乱护法之夙志"②。10月8日非常国会通过北伐案后,他于15日出巡广西,12月4日抵达桂林,旋设大本营于桂王府内。这期间,孙中山一方面大力宣传出师北伐统一全国的必要,同时又加紧对粤、滇、赣、黔各军进行政训和编练,并委派了各军总司令。1922年2月初,孙中山令李烈钧率滇、黔、赣军为第一路军,攻打赣南兼鄂东,以许崇智率粤军为第二路,联合湘军直捣武汉。27日,北伐军3万余人在桂林誓师后相继开拔。3月10日,孙在北伐紧急通告中宣布:"此次北伐誓达统一之目的,期奠国基于巩固。"③

然而,当时身任军政府陆军部长、粤军总司令、广东省长等要职的陈炯明,"正与北洋军阀勾结,倡议'联省自治',无意北伐,企图背叛孙中山先生,实现自己做'广东王'的迷梦"④。他派人于3月21日暗杀了支持北伐的大本营参谋长邓铿,停止北伐军饷糈的接济,而且串通湘督军赵恒惕,要其反对、阻挠北伐军过境。面对这一情势,孙中山被迫于4月中旬令北伐军取道江西北伐,旋设立大本营于韶关。他强调此次"出师宗旨在树真正之共和,扫除积年政治上之黑暗与罪恶,俾国家统一,民治发达"⑤。5月11日,北伐军从韶关地区向赣南进发,该月连克龙南、大余、信丰、南康等地;6月13日占赣州后准备攻打吉安。次日,加紧部署叛乱的陈炯明将军政府财政部长廖仲恺扣押在石井兵工厂。16日,叶举部在广州叛乱炮击总统府,通电要孙中山与徐世昌同时下野。孙在陈军叛变后化装成医生间道出走至海珠海军司令部,旋登永丰舰指挥平叛。奉命回师的北伐军各部队后在韶关一带与叛军作战失利,饷弹告罄,相继退守闽南和湘桂边境。孙中山的第二次护法斗争又因陈军叛乱而失败。

1923年初,孙中山在广州第三次建立政权后,为巩固护法革命基地,先后进行了消灭沈鸿英叛军和击溃陈炯明部进犯的军事斗争。他指出杨希闵、刘震寰、李福林等部讨平沈鸿英叛乱一役,是"维持护法根据地"的战

---

① 《汪精卫、伍梯云两代表谒唐冀赓》,上海《民国日报》,1921年11月11日。
② 《孙中山全集》第6卷,中华书局1985年版,第550页。
③ 《大元帅出师北伐通告》,上海《民国日报》,1922年3月20日。
④ 《孙中山三次在广东建立政权》,中国文史出版社1986年版,第122页。
⑤ 陈锡祺主编:《孙中山年谱长编》上册,中华书局1991年版,第1447页。

争①,并勉励滇桂联军继续努力奋斗,以"使六年以来之护法事业得竟全功"②。6月他在巡视前线时又明确指出:"此次战争,为拥护约法而战,更为争人格而战","故甚切盼各军努力杀贼,以竟全功"。③ 是年10月,曹锟、吴佩孚假护法之名恢复的北京国会堕落成曹贿选总统的工具后,使拥护约法和国会的护法旗帜变得黯然失色。孙中山即要汪精卫嘉勉拒绝贿选的本党议员,并指出目前"国会已成废物,不足起国人之信仰"④。显然,他因护卫之国会已蜕变而深感"护法"失去意义,准备改弦易辙进行新的奋斗。1924年1月4日,孙中山在大本营会议上宣布:"现在护法可算终了,护法名义已不宜援用"⑤,至此,护法运动画上了句号。此后,他领导国民党人与中国共产党人携手合作,开展轰轰烈烈的反帝反封建的国民革命运动,为中国民主革命史谱写了新篇章。

第三节 社会动荡中的经济与教育发展

一、资本主义发展的黄金时期

政治与经济有时并不同步变化。民初北洋政府的政治状况日趋恶化,而资本主义经济却有长足的发展。有人指出:"从十九世纪七十年代中国民族资本主义工业产生到1911年的辛亥革命为止,民族资本主义在万元以上的厂矿约七百家,资本总额一亿三千余万元。1912年到1919年建成厂矿四百七十余个,加上原有企业的扩建新增资本达一亿三千万元以上。"⑥这就是说,民初头8年的民族企业之资本投资额,竟相当于辛亥革命前清廷50年的投资总额。不仅如此,中国民初资本主义企业的机械化程度也大为提高:"如工厂使用的蒸汽动力,1913年为4.3万马力,1918年增至8.3万马力,即增加近一倍",外国机器设备的输入总值1913年"为800万两,1921年

---

① 《孙中山全集》第7卷,中华书局1985年版,第73页。
② 《陆海军大元帅大本营公报选编》,中国社会科学出版社1981年版,第5页。
③ 《孙中山全集》第7卷,中华书局1985年版,第429页。
④ 转见上海《申报》1923年11月16日。
⑤ 《孙中山全集》第9卷,中华书局1986年版,第10页。
⑥ 龚书铎、方攸翰主编:《中国近现代史纲》,北京大学出版社1988年版,第381页。

增至 5700 多万两"①。因此可以说,民国初年是我国民族工商业发展的"黄金时期"。当时资本主义快速发展的原因有内外两方面:一是辛亥革命运动推翻清王朝,削弱了封建专制主义势力对民族工商业的束缚,资产阶级的社会地位和创办工矿企业的积极性大为提高。他们或组织事业团体,或进行舆论宣传,或跻身政府部门,多方努力促使民国南京临时政府和北洋政府制定了八九十项保护和奖励工商业的法规,从而解除了原清政府对开办企业的若干限制,并废除了一些封建性的专利垄断,这些对民族资本主义的发展有着激励和推动作用。二是一直严重阻碍中国民族工商业发展的欧美列强,这期间因忙于第一次世界大战而无暇东顾,加上 1915 年全国人民因日本提出灭亡中国的二十一条,又掀起了大规模的抵制日货运动,这使各国对华的商品倾销和经济掠夺一度有所减缓。据海关统计可知,1913~1918 年间每年各国输华的商品总值都低于战前的 1913 年,而中国商品的出口总额却年年增长。当时内外市场的需要,大大刺激了国内资本家、侨商及部分官僚投资办厂、追求利润的积极性,从而有力地推动了中国民族工商业的发展。

民初工商团体增多,反映了民族资产阶级振兴实业和致力于国民经济建设事业的政治热情。在 1912 年初的民国南京临时政府时期,各地已出现中华民国工业建设会、商学会、中华实业团、经济协会等几十个工商团体,而在上海成立的侨商同仁民生实业会,竟有华侨会员 20 余万人。② 民国临时政府迁设北京后,全国工商界分别于 1912 年 11 月和 1914 年 3 月,在京沪两地先后召开了全国临时工商会议和全国商会联合会第一次大会,会议的内容涉及商会、税则、公司、矿务、盐业和贸易等各个方面,反映了民族资产阶级发展中国实业的强烈要求。有统计资料显示:全国各地之商会 1912 年共有 794 个,会员为 196 636 人,1915 年发展到 1 211 个,会员增至 238 535 人,③分别比 1912 年增长 52.5%和 21.3%。这期间,商会作为"联商情,开商智,扩商权"的"合群组织"④,其职责是要促进民族工商业的改良和当时全国实业的发展。

---

① 转见黄征等人:《段祺瑞与皖系军阀》,河南人民出版社 1990 年版,第 168 页。
② 孙毓棠、汪敬虞编:《中国近代工业史资料》第 2 辑(下),科学出版社 1957 年版,第 867 页。
③ 农商部总务厅统计科编:《第四次农商统计表》,1917 年 12 月印行,第 490 页。
④ 《余姚商会分会简章》,《商业杂志》第 2 年第 1 号。

厂矿与公司企业投资总额及其数量的猛增,可从整体上反映出民初中国资本主义工商业迅速发展的状况。据统计,全国1895~1913年"新建厂矿为583家,平均每年约30家;投资总额为1.2亿多元,平均每年为633万多元。而从1914年至1919年六年间,新建厂矿就达379家,平均每年为63家;投资总额为8580万元,平均每年为1430万元"①。1903~1908年在清廷商部注册的新工业公司有265家②,平均每年约有44家;1912~1921年在北京政府农工商部注册的公司为794家③,平均每年约80家,几乎比辛亥前增加了一倍。资本在10万元以上的商业公司,全国1914年有169家,1915年增至206家,1916年再增到220家。④ 以上的统计数据表明:在民国建立后的十多年里,中国民族资本主义工商业的发展确实出现过一个高潮。

关于这一点,我们还可以从一些轻工业具体部门的快速发展中找到有力证据。由于欧洲各国忙于大战,骤减了对华的棉货输出,中国的棉纺业在民初有了突飞猛进的发展。全国的纺织厂1913年前有231家,资本额为3254.7万元,1920年已增到475家,资本额达8275万元;全国的纱锭1913年为65万枚,1919年增加到118万枚,各厂的织布机同期也由2016台增加为2650台,1921年再增加到5800多台。"厂数和纱锭、织布机在短短几年内,就超过以往20多年所有积累的两倍多,这样的发展速度是前所未有的。"⑤

辛亥前基础薄弱的中国面粉业,在民初得到了较迅速的发展。全国民族资本开设的面粉厂1896~1912年共有47家,1913~1921年间有105家;在设厂数方面,后9年比以前17年增加了1.2倍还多。⑥ 国内的机制面粉厂1903~1908年为12家,1919年增至62家,1921年再增到123家。它们主要分布在上海、天津、济南、汉口及哈尔滨等地。面粉进出口的变化也反

---

① 转见黄征等人:《段祺瑞与皖系军阀》,河南人民出版社1990年版,第168页。
② 孙毓棠、汪敬虞编:《中国近代工业史资料》第2辑(下),北京科学出版社1957年版,第730页。
③ 《五四爱国运动档案资料》,中国社会科学出版社1980年版,据第6页表中数字算出。
④ 《八年来之社会状况》,《东方杂志》第16卷12号,第182页。
⑤ 李侃、李时岳等:《中国近代史》(第4版),中华书局1994年版,第473页。
⑥ 李侃、李时岳等:《中国近代史》(第4版),中华书局1994年版,第474页。

映出其发展很快。我国 1912～1914 每年的面粉进口数分别为 320 万担、250 万担和 290 万担;中国的面粉出口数 1915 年第一次出超 5 万担,1918 年增到 200 万担,1920 年更猛增至 400 万担,华粉一时远销英、法、土耳其、日本和东南亚各国。①

  民初的火柴业、丝业、卷烟业、针织业及榨油业也发展颇为迅速。据统计,我国开设的火柴厂 1905～1913 年共有 52 家,1914～1923 年增到 113 家,10 年间增加一倍多。② 1920 年刘鸿生投资 10 万元创办的鸿生火柴公司,后来发展成为规模宏大的大中华火柴公司,他本人则成为"中国火柴大王"。随着国内火柴业的发展,洋火柴之进口量逐年减少。丝业是中国民族资本的传统工业,上海在民初跃为中国丝工业的中心。全沪 1911 年有丝厂 48 家,丝车 13 738 台,1917 年丝厂增为 70 家,丝车增至 18 386 台。③ 蚕丝的出口随着丝业发展逐年有所增加,如 1913 年的蚕丝出口值就比 1911 年增加银 865 万两。民族卷烟业在上海和香港等地得到了迅速发展。上海的卷烟厂由 1910 年的 1 家,发展到 1916 年时的 7 家。简照南、简玉阶投资 10 万元于 1906 年在香港开设的南洋兄弟烟草公司,其资本在辛亥革命后即达到 100 万元,1915 年又增为 500 万元,1919 年再增至 1500 万元;随着其上海、广州、北京等地卷烟分厂之设,该公司之生产经营规模不断扩大,1920～1921 年每年的盈利均有 400 万元。④ 它当时成为可同英美烟草公司相匹敌的一家民族资本企业。我国的针织业在第一次世界大战期间勃兴发展起来。各地的针织厂 1913 年有 21 家,1914 年增至 67 家,1915 年又发展到 85 家。这些针织厂虽大多使用手摇机进行生产,但上海 1922 年时已出现电机针织厂 8 家,其中规模最大的中华第一针织厂有电动的织袜机 210 台、织袜头机 246 台、罗纹车 52 台、摇纱机 26 台。⑤ 中国的榨油业历史悠久。辛亥以后,大连、营口、青岛、上海、汉口等地分别成为豆油、花生油、棉籽油和桐油的生产中心和集散地。如大连的新式榨油厂 1913 年有 52 家,1919 年时

---

  ① 《荣家企业史料》上册,上海人民出版社 1980 年版,第 39 页。
  ② 青岛工商管理局史料组编:《中国民族火柴工业》,中华书局 1963 年版,第 7、19～20 页。
  ③ 严中平等:《中国近代经济史统计资料选辑》,科学出版社 1955 年版,第 163～164 页。
  ④ 黄征等人:《段祺瑞与皖系军阀》,河南人民出版社 1990 年版,第 169 页。
  ⑤ 李侃、李时岳等:《中国近代史》(第 4 版),中华书局 1994 年版,第 474 页。

增到 82 家,以生产豆油为主。油品的输出随着榨油业之发展逐年增加,其中豆油的输出量 1913 年为 491 000 担,1916 年增至 1 565 000 担,3 年间增加两倍多。①

此外,其他如造纸、印刷、制糖、制烛、罐头食品、皮革、面粉、玻璃、陶瓷、肥皂等轻工业部门,这期间也都有不同程度的发展。

在中国轻工业快速发展的同时,一些重工业部门如采矿业、钢铁冶炼业、电力业、水泥业、交通运输业及金融业等,也趁欧战间隙获得一定的发展。

先说民初的采煤业。北京政府农商部发出的采煤矿照 1912 年是 14 件,矿区面积为 5145 亩,1915 年增至 56 件,矿区面积扩大到 241 814 亩,②而各地的小煤矿尚未统计在内。煤炭产量也大有增加,全国华商煤矿的机器采煤量 1913 年为 54 万多吨,1916 年增至 75 万吨,1920 年猛增到 328 万吨,③7 年间增加 5 倍多;而山西保晋煤矿公司的产量则 10 年间增加 9 倍多。随着煤产量的增加,我国 1914 年的煤炭进出口值出超 56 万海关两。④

民初铁矿及有色金属锑与钨的开采也有大发展。中国的机采铁矿砂产量 1912 年为 22.1 万吨,1916 年增到 62.9 万多吨,⑤几年工夫增加近两倍;与此同时铁矿的出口量也有所增长。锑和钨的开采量受欧战影响增长很快:锑产量 1912 年为 1.5 万吨,1917 年增至 3.3 万吨;钨产量 1916 年是 2000 吨,1918 年增到 1 万余吨,⑥两年内增加 4 倍。湖南所产的钨和锑远销欧美及日本各国,获利甚丰,如华昌公司 1916 年的纯利润竟达 127 万多两。⑦

民初钢铁冶炼业的发展表现为钢铁产量和制铁工厂均有增加。钢铁产

---

① 《记中国植物油输出之进步》,《东方杂志》第 15 卷 2 号,第 182 页。
② 农商部总务厅统计科编:《第四次农商统计表》,1917 年 12 月印行,第 812~813 页。
③ 严中平等:《中国近代经济史统计资料选辑》,科学出版社 1955 年版,据第 123~124 页表中数字算出。
④ 李新、李宗一主编:《中华民国史》第 2 篇第 1 卷(上),中华书局 1987 年版,第 386 页。
⑤ 严中平等:《中国近代经济史统计资料选辑》,科学出版社 1955 年版,据第 104 页表中数字算出。
⑥ 农商部地质调查所编:《第二次矿业纪要》,1926 年印行,第 144、166 页。
⑦ 《湖南省志》,湖南人民出版社 1979 年版,第 345 页。

量1911年为12.1万多吨,1916年增到41.4万吨,几年间增加近2.5倍。①钢铁厂除原有的大冶铁矿厂外,这期间又增添了上海和兴钢铁厂、大冶济华钢铁公司、汉口扬子钢铁公司等。各厂的冶炼机械化程度大有提高,经济效益颇好。如汉冶萍公司属下的钢铁厂在1916~1919年间年年盈利,仅1918年就获利377.9万元。②

水泥业因世界大战断绝了欧洲水泥的大量进口而有一定的发展,全国除原有的唐山启新洋灰公司、湖北大冶水泥公司和广州的广东土敏土厂外,这期间又新设立了龙华的上海水泥公司、南京的中国水泥公司、无锡的太湖水泥公司和河南的六河沟水泥厂。由于水泥产量供不应求,每袋价格上涨一倍,因此各水泥厂均异常盈利。全国交通运输业的发展主要表现为民初年间出现了一些民营轮船公司。中国1912年共有轮船897只,总吨位为9.5447万吨,到1919年时增至1410只,总吨位升为15.2585万吨,③分别增长了57.2%和59.86%。此外,这期间我国的电力、公路和邮电等事业,也得到了一定的发展。如全国的发电厂1913年为30家,1918年增至81家,④5年内增加了1.7倍。

由上可知,中国的资本主义工商业在民初的确有了较大和较快的发展。不过也应看到这期间资本主义的发展存在着以下问题:一是其发展的时间是极为短暂的,且即使在发展期间它也仍无法摆脱帝国主义的控制和影响,而呈现出半殖民地化的特征。当时的民族工业发展极不平衡,轻重工业的比例严重失调。这期间集中在轻工业部门的大发展,是适应帝国主义各国市场需求的畸形发展,根本无法形成自己的完整工业体系。二是资本规模小、机器设备简陋、技术人员缺乏、生产工艺和管理落后,及工人们劳动条件差和强度大等,是民族工业发展中的半封建特色。三是在列强和封建势力的压制下,民族资本主义工业的生产能力还很微弱,其在国民经济中所占的比重仍然很小:截止到上世纪20年代初,工业总产值仅占我国工农业总产值的4.87%,而近代工业在整个工业生产总值中所占比例尚不到20%。⑤

---

① 严中平等:《中国近代经济史统计资料选辑》,科学出版社1955年版,第141页。
② 农商部地质调查所编:《第二次矿业纪要》,1926年印行,第126~127页。
③ 严中平等:《中国近代经济史统计资料选辑》,科学出版社1955年版,第227页。
④ 李侃、李时岳等:《中国近代史》(第4版),中华书局1994年版,第475页。
⑤ 复旦大学历史系编:《近代中国资产阶级研究》,复旦大学出版社1983年版,第141页。

可见,资本主义生产方式远非当时社会生产的主要方式。上述情况表明,在中国仍是半封建半殖民地的社会条件下,民族资本主义不可能彻底摆脱帝国主义和封建主义多方面的压制和束缚而得到真正的发展;只要这一社会条件没有根本改变,中国的民族工业就永无振兴之望。

二、农村经济的嬗变及凋敝

辛亥革命虽没能使农村封建土地所有制发生根本性的大变动,但由于这场革命的冲击带来了新旧政权的更替,再加上社会经济客观发展规律的作用,民初农村的生产关系还是在缓慢的嬗变中产生了一些资本主义性的东西。

首先,辛亥革命促使农村中的封建性土地关系趋于解体。这主要表现在有不少皇室与宗室庄田及旗地,或因民众的抗租及反霸斗争,或因宗亲、庄头与旗人之变相出售,陆续变卖成了汉族地主和富农的土地。据调查,南京地区到1931年时"旗地十九已在汉人手中"[①]。此外,民国政府依据1914年颁布的《国有荒地承垦条例》及其"施行细则",在大力提倡和鼓励民众从事垦殖时,将以往的官有荒地、湖海荡滩沙田等放给私人;同时政府为解决财政窘困问题,还把各式各样的官地变卖给民众。据载,吉林和黑龙江两省经过整理官庄、丈地给民后,官地所占比例由1917年的43%锐减为1920年的27%,而同期私有土地的比例则由50%增至63.5%[②];而四川原被寺庙、祠会等所占的约占三分之一以上之公共地,在民初已"官卖、私卖、提卖殆尽"[③]。显然,土地的商品化导致了土地封建关系束缚的松弛,使庄田、旗地、官地与公共地之买卖更加自由。这有利于资本主义土地经营方式的出现。

其次,农村的富农经济在民初有了较大的发展,向工商业投资的乡绅地主逐渐增多。由于资本主义经济思想的传播及其作用,部分农村已处在商品经济日渐扩大的趋势中。农村的富农大多自有20至60亩不等的土地,雇佣一些长工或短工进行耕作,依靠剥削雇工的剩余劳动为其主要生活来

---

① 万国鼎:《南京旗地问题》,正中书局1935年版,第42页。
② 瞿明宙:《日本移民急进中的东北农民问题》,《东方杂志》第32卷19号(1935年10月版)。
③ 李文治编:《中国近代农业史资料》第2辑,生活·读书·新知三联书店1957年版,第70页。

源。有些富农还成为经营地主,出租部分土地给贫雇农耕种;还有的人是佃富农,租地主的土地来雇人耕种,身份类似于西方的租地主。富农虽然自己参加劳动或亲身指挥生产,但因其有部分土地出租,且雇工和放高利贷,或兼营经商与办手工工场,所以其对农民的剥削也颇为严重。他们与雇工的关系基本上是一种货币关系,生产的目的也一般是为获取利润,因此而具有资本主义的性质。这些富农虽人数不多——约占农村户数的5%左右,但富农经济却是颇具活力的农村资本主义经济成分。

再次,农村的商品经济有了进一步的发展。辛亥革命后,一大批咨议局长、开明绅士和留学生掌控了地方政权,积极支持设立农会、商会和发展农村商品经济;而西方列强的第一次世界大战又给中国的民族工业带来了蓬勃发展的机会,农村的商品经济因民族工业勃兴和出口需要而有了新的发展。这种发展首先表现在棉花、大豆、花生、烟草、蚕桑及桐树等商品性农作物的种植方面。据不完全统计,全国的棉花产量到1918年"已达四百多万担"[1];1925年全国的棉田面积达3150多万亩,年产棉花737.8万余担,成为当时世界的4大产棉国之一。[2] 民初的东北是大豆的主要产区,全国1914～1918年的大豆"年产量约八千六百多万担"[3],大豆及豆制品远销日本和欧洲各国。花生种植面积所占耕地的比例,从1922年的4%增长到1925年的25%,它在1923年前后全国约年产2.2亿担,[4]成为第二位的出口农产品。民族卷烟业的发展刺激了鲁、豫、皖、赣、浙、奉等省的烟草种植,全国的种烟地由1914年的"五百二十八万亩",扩大到1918年的"一千零五十一万亩"。[5] 民国后,桐树的种植在川、黔、赣、浙、两湖、两广等地发展起来。桐油居农产品出口的第3位,"民国四年前,桐油出口价值每年约五六

---

[1] 李新、李宗一主编:《中华民国史》第2篇第1卷(上),中华书局1987年版,第413页。

[2] 王文泉、刘天路主编:《中国近代史》(1840～1949),高等教育出版社2001年版,第228页。

[3] 李新、李宗一主编:《中华民国史》第2篇第1卷(上),中华书局1987年版,第414页。

[4] 王文泉、刘天路主编:《中国近代史》(1840～1949),高等教育出版社2001年版,第228页。

[5] 李新、李宗一主编:《中华民国史》第2篇第1卷(上),中华书局1987年版,第414页。

百万元,及至八九年竟达一千万元"①。这期间因养蚕的农户渐多,种桑的面积不断有所扩大,且出现了如常州、无锡、东莞、香山、新会和清远等一些新的蚕桑区,江浙一带的生丝出口量也有所增加。与此同时,农村商品粮、水果和蔬菜的生产也不断扩大。如东北商品麦的种植面积,"由1914年的二亿七千多万亩,上升到1918年的五亿二千多万亩"②。此外,当时农村商品经济的发展,还表现在农村手工业中资本主义生产关系的生长,及农村副业生产的商品化方面。民初时,河北、江苏、山东、浙江等省出现了一些农村手工业区,如高阳县的工资织户占全县织机总数之比,"从1912年的34.5％增到1917年的69.2％,1927年达到88.6％"。定县有"86％的农户纺纱都是为了出卖供织户用,而不是自织"③,山东的草帽辫、无锡和上海一带的花边、江浙地区的织袜等副业物产,皆成为内销与出口的商品,这使手织业在家庭收入中所占的比重日益增长。

民初农村商品经济的发展是把双刃剑:它一方面活跃了农村市场经济,在某种程度上有利于一些农民增加收入与改善生活;另一方面它又使中国广大农村被卷入并受制于国际市场,有利于列强对农民的掠夺。显然,这种畸形的农村商品经济具有半殖民地性质。它的发展并不意味着农村经济走向繁荣。

最后,农业经营方面出现了一些新式的资本主义农场和垦殖公司,有的还使用农机进行耕作。民初的资本主义农场是从办各种农业试验场、尤其是种棉农场开始的。在北京政府农林部总长张謇的带动支持下,全国于1912～1920年间"设立的农业实验场达二百五十一处之多"④。"小资本家具有农业专门知识、从事植棉事业者,年来亦颇有其人。如正定,如河南,均有此等小农场之设立,资本多者十万,少者二万,纯用新法种植棉花"⑤。这期间,一些达官贵人和富商大贾也视垦殖业为致富捷径而纷纷兴办之。苏

---

① 《中国桐油业》,《农商工报》第102期(1923年1月版),第37页。
② 李新、李宗一主编:《中华民国史》第2篇第1卷(上),中华书局1987年版,第415页。
③ 白寿彝总主编,龚书铎主编:《中国通史》第11卷:近代前编(1840～1919)(上),上海人民出版社1999年版,第368页。
④ 李新、李宗一主编:《中华民国史》第2篇第1卷(上),中华书局1987年版,第408页。
⑤ 《北方棉业界新发展》,《银行周报》第4卷19号。

北是新式农场发达的地区之一,"到 1924 年,南自南通的吕四、北至海州的陈家港,出现了 46 家较大规模的盐垦股份公司,投资 2 千万元以上,经营土地 1300 万亩,垦熟地 200 万亩"(一说经营地 3 千万余亩,投资 3 千万以上);如加上运作土地投机的其余 40 家垦殖公司,则当时"动机各异的盐垦公司可能多达 80 多家"。① 据不完全统计,浙、豫、晋等 8 省区开办的农场数由 1912 年的 59 个增至 1919 年的 100 个,已缴的投资额由 286 万元增到 1244.5 万元,②分别增长了 69.5%和 335%。这大致可看出农场的发展趋势。其中有些农场及农垦公司,还采用了农业机械进行机械化耕作。如 1915 年宁波人李云书投资 80 万元在黑龙江呼玛开办的"三大公司",就拥有"大型拖拉机 5 台、25 马力拖拉机 2 台、打谷机 3 台、割禾机 8 台、播种机 8 台、大型犁 3 台,雇工 45 人,主要种植小麦和燕麦,并附设面粉加工厂,产品行销县内外"③。又如张忠义兄弟投资 15 万元创设的泰东农垦公司,也拥有拖拉机 1 台,机械犁 30 台和耙 7 把,以及播种机、碾压机、割草机等农具④,这反映出民初农垦公司走向机械化生产,及大集团农业生产化经营的发展趋势。

此外,民初全国不少地区还出现过一些林场、奶牛场、养鸡场、蚕桑场、茶场、橡胶园、园艺场等,并大多采用资本主义农业的经营方式来进行生产。

应当指出的是,这期间投资兴办农场与公司的多是大官僚、大资产阶级,他们的农垦公司在经营上仍表现出颇强的封建买办性,并且其一旦经营失败后又往往会恢复旧的封建租佃制来进行剥削。尽管农村中的资本主义新经济成分出现了并有所发展,但它十分薄弱,总的来看,封建租佃制仍是民初农村经济中占着统治地位的主要成分与形式;封建土地占有制导致农村经济凋敝的规律,仍在民初的农村中起着主导作用。因此,民初的农村经

---

① 章开沅、田彤:《张謇与近代社会》,华中师范大学出版社 2001 年版,第 117~127、123~124 页。

② 李新、李宗一主编:《中华民国史》第 2 篇第 1 卷(上),中华书局 1987 年版,第 411~412 页。另:白寿彝总主编,王桧林等主编的《中国通史》第 12 卷说,8 省所办的农垦公司"到 1919 年达 610 家,资本 4576 万元",见该书第 547 页。此说恐有误。

③ 白寿彝总主编,龚书铎主编:《中国通史》第 11 卷:近代前编(1840~1919)(上),上海人民出版社 1999 年版,第 365 页。

④ 参见王文泉、刘天路主编:《中国近代史》(1840~1949),高等教育出版社 2001 年版,第 230 页。

济仍充满着半封建性乃至封建性。

　　从上述可知,民初的农村经济虽有若干变化,但中国农村经济一直饱受列强与军阀的双重压迫与掠夺,其半封建半殖民地化程度仍在不断加深。这种状况严重阻碍和破坏了农业生产力的发展,决定了中国农村经济走向衰败和崩溃的历史命运。

　　军阀官僚土地所有制导致了农业生产力的衰退。辛亥革命后,中国出现了一个军阀、官僚与富商大地主阶层。如袁世凯在河南的家乡有田产4万亩,倪嗣冲、张敬尧在安徽各有田产七八万亩,徐世昌在辉县占地5000多亩,张作霖在奉天占地150万余亩,马鸿逵在家乡有地产10万亩,曹锟兄弟则是天津静海地区最大的地主等等,不胜枚举。1930年在江苏占地千亩以上至6万亩的374户大地主中,商人、高利贷和经营实业者有208户,占55.6%,其余166户为军政官吏,占44.4%。① 据当时调查资料显示:农村人口3.5%的地主占有45.8%的耕地,6.4%的富农占有18%的耕地,19.6%的中农占有17.8%的耕地,而70.5%的贫雇农只有18.4%的耕地。② 地富靠出租田地收取地租来剥削广大贫雇农。民国时期之"实物地租的租率一般占亩产量的50%左右,在南方有的县份高达70%至80%,甚至个别地区高达正产物的100%以上"③。封建地主土地所有制下的土地高度集中,小农租佃分散经营——此乃导致农村的阶级矛盾激化,从而挫伤广大农民的生产积极性,造成农业生产力低下、农村经济凋敝和农民极端贫穷的根源。

　　各帝国主义国家对民初的中国农村加紧掠夺,是导致农村经济破坏的又一根本原因。列强——尤其是俄国和日本侵略者,恃强广占其在华势力范围内铁路沿线的大批土地,各国在华教会也广置田产,共同加强对中国农民的压迫和剥削。与此同时,列强又以扩大商品输出和资本输出手段,将民初的农村卷入其控制的国际市场,使中国农村经济成为其经济的附庸。他们或在原料生产地设厂剥削中国廉价的劳动力,并低价掠夺农产品——如英美烟草公司常通过买办等垄断烤烟的收购,使烟农所得的平均价"只有实

---

　　①　白寿彝总主编,王桧林等主编:《中国通史》第12卷:近代后编(1919～1949)(上),上海人民出版社1999年版,第514～516页。

　　②　薛暮桥:《中国农村经济常识》,新知书店1937年版,第26页。

　　③　白寿彝总主编,王桧林等主编:《中国通史》第12卷:近代后编(1919～1949)(上),上海人民出版社1999年版,第537页。

际价格的45%"①；他们或向华倾销其过剩的米麦等农产品，严重打击和破坏中国的农业经济，并在与中国的商品贸易中采取不等价交换的方式，利用"剪刀差"掠夺中国农民，以牟取高额利润。有资料显示，民初头20年的"农产品物价指数上升6.8倍左右，而同期工业品物价指数却上升12.5倍，这就是说农民以同量数额的农产品，所换回的工业品只及原先的一半"②。列强的掠夺与剥削，使中国农村经济在半殖民地泥潭里越陷越深，加速了广大农村的贫困与破产。

民初年间的兵祸天灾，也对农业生产力和农村经济造成巨大的摧残与破坏。北洋军阀统治下的民国初年，政局黑暗，兵荒马乱，军阀连年混战的时间长、规模大、祸害深。四川军阀混战长达十几年，全国仅1916～1924年间，平均每年的战区面积即达六七个省，造成社会环境动荡、农田荒芜，广大农民深受其害，如1924年的江浙战争曾使太湖一带的农村耕牛及棉花等农作物，分别损失了十分之二三至十分之六七。③ 兵祸连绵与政局混乱还导致水利失修和天灾频仍，水旱虫灾等相继发生。"1913年全国受灾农田达6.5亿亩，占全国耕地总面积的一半"④；1916年的江淮大水灾，"灾区达三万四千方里"；而1920年陕、豫、冀、鲁、晋5省的大旱灾，则有"灾民二千万，死亡达五十万人"⑤。民国初期的军阀割据战乱和各省皆灾的情形，使农村经济陷入空前严重的浩劫与困境中。

在中外反动势力的压榨和兵祸天灾的逼迫下，民初的农村经济日趋凋敝与衰败，破产的农民日渐增多；广大农民日趋于无地化，生活在饥寒交迫的环境里，不少的农村青壮年被迫离乡背井四处谋生。全国当时的农业经济呈现出一片破败景象，农民的处境已面临着山穷水尽地步。

---

① 李新、李宗一主编：《中华民国史》第2篇第1卷（上），中华书局1987年版，第422页。

② 白寿彝总主编，龚书铎主编：《中国通史》第11卷：近代前编（1840～1919）（上），上海人民出版社1999年版，第361页。

③ 史全等主编：《中华民国经济史》，江苏人民出版社1989年版，第232页。

④ 白寿彝总主编，龚书铎主编：《中国通史》第11卷：近代前编（1840～1919）（上），上海人民出版社1999年版，第372页。

⑤ 李新、李宗一主编：《中华民国史》第2篇第1卷（上），中华书局1987年版，第423页。

三、新式教育在转型中艰难地发展

民国初年是中国近代资产阶级教育历经新旧嬗变的关键时期。资产阶级革命党人为建立适应共和体制的新教育,当时曾在建立教育机构、改革学制等方面进行过较大的努力。1912年是中国近代教育史上划时代的一年。孙中山领导的南京临时政府设立了全国最高教育行政领导机关教育部,以革命党人蔡元培和景耀月分任正副教育总长。该部下辖普通、专门、实业、社会、礼教、蒙藏6个教育司。这期间及稍后,各省市县也先后成立了相应的教育行政机构,将改革旧教育、确立新的教育宗旨和体制,作为发展民国教育当务之急的中心工作。为此,蔡元培在教育总长任期内,先后在《对于教育方针之意见》和《对于教育宗旨之说明》中,系统地阐述了其教育新思想。他认为:军国民教育、实利主义教育、公民道德教育、世界观教育和美感教育"五者,皆今日之教育不可偏废者也"①。此乃他为民国教育提出的"五育"并举、使受教育者全面和谐发展的新教育宗旨。这一宗旨冲击了旧教育领域内的封建专制主义,成为民初教育改革和培养近代国家所需人才的指导方针。7月蔡元培辞去教育总长职后,教育部于9月2日颁行的民国教育宗旨是:"注重道德教育,以实利教育、军国民教育辅助之,更以美感教育完成其道德。"②它采纳了蔡元培"五育"方针中的"四育",而删弃其中陈义太高的世界观教育。这个宗旨大致符合民国的共和精神。

在蔡元培提出民国教育新宗旨的同时,南京临时政府教育部于民国元年1月间先后颁布了《普通教育暂行办法》14条,《普通教育课程暂行之标准》11条,及其他几项教育法令,对清末的旧教育制度进行了重要的改革。民国元年7月10日至8月10日,教育部在北京召开了第一次全国临时教育会议,进一步讨论学制的改革与完善问题,并制定出一个新的学校教育系统,于9月2日正式发布,是为壬子学制。此会后至1913年间,教育部又陆续颁发了各种学校令规,对新学制加以补充或修订,最后综合起来便形成了一个更为系统的壬子癸卯学制——史称1912~1913年学制,由教育部颁行全国。

壬子癸卯学制在纵的方面分为3段4级,整个教育年限为十七八年。

---

① 高叔平编:《蔡元培全集》第2卷,中华书局1984年版,第136、134页。
② 舒新城编:《中国近代教育史资料》上册,人民教育出版社1979年版,第223页。

其第一阶段为初等教育两级 7 年：初小 4 年为义务教育，毕业后可升入高小或乙种实业学校；高小 3 年，毕业后可升入中学、师范或甲种实业学校。第二阶段为中学教育一级 4 年，毕业后可升入大学、专门学校或高等师范。第三阶段为高等教育一级——大学预科 3 年，本科 3~4 年；专门学校预科 1 年，本科 3 年（医学 4 年）。此外，学前的蒙养院和大学后的大学院，不计年限。该学制从横的方面观之，则有 3 个系统——普通教育、师范教育、实业教育。普通教育由小学而中学而大学或专门学校；师范教育分师范学校和高等师范学校两级，地位相当于中、高两个阶段，前者预科 1 年、本科 4 年，后者预科 1 年、本科 3 年；实业教育分甲乙两种，皆 3 年毕业，地位相当于中、初两阶段，其种类有农业、工业、商业、商船等。此外，还有补习所、专修科及小学教员养成所等，皆为 3 个系统中的特设或附设学科。

壬子癸卯学制尽管在形式上仍如前清之癸卯学制一样，是抄袭日本学制而来的，且在课程方面尚保留有较多的封建积习，但从其整个学制体系与课程设置等来看，它都努力体现出资产阶级教育反封建、重平权、重法律、重工商的特色。这与清末新学制的改良主义举措有着根本区别，是符合共和国要求的新学制。它与前清的癸卯学制相比有以下几个不同：一是它采用了西方学校体系中的单轨制，推行初小 4 年义务教育，并废止了读经祀孔，从教学内容到方法上体现出其反对封建主义流毒、培养民主共和观念的资产阶级民主精神；二是其修业年限少了 3 年——小学少 2 年，中学少 1 年；三是它大力消除了男女教育权不平等的性别差，取消了清廷体现封建特权教育的贵胄学校与奖励科举出身的做法，从而体现了教育平等的原则；四是其开放教育权、奖励私人办学，除高等师范学校外，其余学校皆允许私人开办。这些充分凸显了该学制的资产阶级性质。

民初头两年的教育尽管还不时受到封建旧势力的干扰甚至破坏，但它在壬子癸卯学制颁行前后仍有了明显的发展。据统计，到 1913 年 7 月，全国有大学 4 所、学生 481 人，专科学校 111 所、学生 39 633 人；中学 5 000 所、学生 59 971 人；师范学校 253 所、学生 28 605 人；职业学校 79 所、学生 2 793 475 人。① 其中发展最快的是小学教育，私立学校蓬勃发展，学生数猛增。如在广东"私塾多于小学数倍，或至二三十倍"，光复前全省之"大中小学共有一千七百所"，到民国元年年底时"只小学一项已达至三千所……进

---

① 舒新城编：《中国近代教育史资料》上册，人民教育出版社 1979 年版，第 367 页。

步不为不速";①就全国而言,"民初仅小学的学生人数就超过了清末学生总数"②。以普及民国常识、推广识字运动和移风易俗为内容的社会教育,也在各省广泛开展起来。如广东省到1913年7月时,已设有宣讲所198个,阅书报社159处,简易识字学塾54所,半夜学校53所,通俗图书馆7座,社会教育工作之成效颇为显著。③

然而,民初教育的好景不长。袁世凯于1912年9月发出《尊崇伦常文》,在文化教育领域内掀起了一股尊孔读经的复古逆流,开始对资产阶级新教育进行清算和摧残。1914年2月7日,袁世凯以正式大总统名义,通令各省以夏正春秋两丁为祭孔日,行祀孔典礼。5月间他又指令教育部:"于中小学修身及国文课程中采用经训,一以孔子之言为旨归"④;据此,教育总长汤化龙于6月间向全国各地中小学发出了在修身及国文教科书中采用经训的指令。这样,壬子癸卯学制中已取消的尊孔读经又重新列入教学科目中在各学校复活了,四书、五经、经训等各种书刊遂同以前一样流行泛滥。

袁世凯在大力推行尊孔读经的同时,又于1915年初推翻民国元年所订的教育宗旨,以大总统名义另颁"七项教育宗旨":"爱国、尚武、崇实、法孔孟、重自治、戒贪争、戒躁进"⑤。由于袁氏之倒行逆施,民初的教育界一度出现了封建教育的复辟倒退,走了一段弯路。袁死后随之而来的是军阀割据混战,造成政局不稳和财政困难,民初教育事业又深受其害。

袁世凯等人的种种作为,激起了全国民众尤其是教育界的普遍反对。时代毕竟已进入了民国时期,资产阶级新教育发展前进的步伐终无法阻挡。袁氏帝制失败和新文化运动兴起后,袁钦定的教育宗旨和学制,成为众矢之的。教育总长范源濂在业界有识之士的强烈呼请下,表示要重新"切实实行民国元年所发表的教育方针";1916年9月,他请求北洋政府通令撤销了袁氏颁布的教育宗旨、《特定教育纲要》和《预备学校令》。随后,教育部又在其

---

① 周兴梁:《民初广东共和时期的文化教育》,《中山大学学报》(社科版)1996年第5期。
② 申晓云主编:《动荡转型中的民国教育》,河南人民出版社1994年版,第62页。
③ 周兴梁:《孙中山与近代中国民主革命》,中山大学出版社2001年版,第322~325页。
④ 舒新城编:《中国近代教育史资料》上册,人民教育出版社1979年版,第1058页。
⑤ 转见陈景磐编:《中国近代教育史》,人民教育出版社1979年版,第227页。

颁布的《国民学校令》及《高等小学令》等法规中,删去了"读经"等内容;而宪法审议会则在次年删除了宪法中关于"'国民教育以孔子教育为修身大本'的条文"①。至此,民初教育经过回潮曲折后,又基本恢复了民国元年所制定的教育政策和教育制度。资产阶级性质的新式教育作为新文化运动的重要组成部分,重新获得了发展的契机。

新文化运动将批判孔孟之道和旧教育,同提倡政治与教育民主结合起来,鼓吹发展以科学和民主为内核的新式教育。这场运动有力推动了民主教育思潮的传播及其践行。在五四前后思想解放运动推动下,全国教育联合会、通俗教育研究会、中华职业教育改进社、华法教育会、中国科学社、中华教育改进会及中华平民教育促进会等一批新教育社团,相继宣告成立并开展了各自的活动;西方的实用主义教育思潮、平民教育思潮、工读主义思潮及马克思主义的教育思想等,不断被引进并相继付诸教育实践。在此形势下,民初的中国教育改革再掀热潮。1917年蔡元培担任北京大学校长后,大力推行"思想自由、兼容并包"的办学方针,按照西方民主教育思想改革北大的学制和体制,把一所官僚习气浓厚、封建思想泛滥的旧学府,办成了生气勃勃的新北大,使之成为新文化运动的策源地。北大的教育改革和巨大变化不仅影响到其他高校,而且还成为民国前期其他教育改革的先声。在北大教改的影响和推动下,民国的教育界进行多项改革运动,如白话文与国语运动、普及义务教育运动、教育独立运动等。随着外国教会学校网的不断扩大——五四运动前基督教在华设校 7 382 所,拥有学生 214 254 人,另尚有天主教会学校之学生 145 000 人②,北京、上海、广州与奉天等地学界为取缔列强的殖民奴化教育,还积极开展了反对帝国主义文化侵略的"非基督教运动"和"收回教育主权运动",并很快将它发展成全国性的斗争。

在新文化教育改革浪潮的推动下,广大教育界人士就如何改进民国教育问题,开展了热烈的讨论,并先后提出过 11 个学制系统的改革方案。1921 年,全国教育联合会在广州召开第七届年会时,以广东教育研究所之提案为依据,并参照其他各省的提案,经过讨论通过了一份新的"学制系统草案",印发全国征询意见。1922 年 9 月 10 日,在北京召开的全国学制改革

---

① 申晓云主编:《动荡转型中的民国教育》,河南人民出版社 1994 年版,第 62 页。
② 转见陈景磐编:《中国近代教育史》,人民教育出版社 1979 年版,第 270～271 页。

会议对该学制草案进行了修改,最后通过了《学制系统改革案》;全国教育联合会第八届年会对此案表示首肯。11月1日,黎元洪以民国大总统名义将该案颁行全国,是为壬戌学制,又称为1922年学制。该新学制所列的七项指导思想是:适应社会进化之需要;发挥平民教育之精神;谋个性之发展;注意国民经济力;注意生活教育;使教育易于普及;多留地方伸缩余地。它仿行美国的教育制度和模式,订出的新学校系统规定:初级与高级小学6年;初中3年,高中3年,与中学平行的有师范学校和职业学校;大学4~6年,取消预科。是年底至次年夏间,全国教育联合会的"新学制课程标准起草委员会"经多方努力,又制定出《新学制课程标准纲要》,颁行全国。壬戌学制尽管有许多做法仍属照搬外国,有很大的盲目性,但它毕竟是五四前后中国一系列教育改革思想与实践的综合成果。新学制具有兼顾教育普及、升学与就业,使各级学校衔接更趋合理,及照顾到地方情形与学生个性等特点。它的颁行标志着民国新式教育在追求近代化的道路上,又迈出了新的前进步伐。

壬戌学制为中国近代教育奠定了稳固基础,成为民国新式教育发展的一个转折点。随着社会的前进和新学制的推行,西方的教育理论和方法,得于在各级各类学校的办学中付诸实践,从而促使近代中国教育在上个世纪20年代初取得了令人瞩目的发展。民国新式教育在经过五四新文化运动的洗礼后,终于冲破了传统文化的禁锢和旧式教育的藩篱,在自流的状态获得了相对自由的发展,其中尤以大学发展最快。这为后来民国教育进一步地走向开放化与多元化开辟了道路。

本 章 小 结

通过前面的论述,我们可以了解民初政局的概貌及其一些明显的特点。民主共和制度昙花一现,党派林立态势随着武人政客专横独裁之出现而消失,军阀各派系割据称雄与相互混战,整个社会在混乱与动荡中缓慢变迁前进,这就是民初社会政局的大致情形和基本特征。具体来说有以下几点:

一、军阀武人执政,造成了民初假共和掩饰下的军阀独裁专制、政治混乱与社会动荡。这是民初政局的显著特征。在军阀政客的践踏破坏下,国家政治制度畸形发展,国会蜕变,内阁负不起责任,总统也多有名无实,政权的行使者完全依据军阀实力之消长而定。民初政局的混乱表现在两个方面:一是总统与国务总理走马灯似的轮换不停,二是这期间出现过几种性质与类型不相同的政权,且它们并存的时间短暂。这反映出民初政局的不稳定及其变化急速。

二、军阀投靠列强割据称雄,为争权夺利混战不断,广大人民挣扎在列强与军阀的共同压迫及黑暗统治之下。这是民初政局的又一特征。袁世凯死后,北洋军阀系统分裂为直、皖、奉3大派系,西南则崛起有滇系、桂系军阀,这5大派系充当了中国军阀政治的主要角色;此外各省尚有一些实力大小不等的地方性军阀。各派军阀几乎都有帝国主义作后台。列强与军阀间既有主从关系的一面,更有相互依存利用的一面。他们狼狈为奸破坏中国的统一,使民初中国社会的半殖民地半封建化程度进一步加深,广大人民生活在水深火热的人间地狱中。因此,帝国主义和封建军阀成为中国人民进行民主革命的主要对象与共同敌人。

三、辛亥革命开创的民主共和制度虽名不副实,但民主共和思潮却始终影响并主导着民初中国社会缓缓前进,以致在民初出现了政治与经济文化发展不完全同步的情况。袁世凯的洪宪帝制及溥仪的丁巳复辟,皆以短命失败而告终。民初年间的军阀政治及其统治是极为黑暗与腐朽的,但当时经济与文教方面的资本主义因素(成分)却有较明显的增长:第一次世界大战期间,中国的民族资本主义曾出现过发展的"黄金时期";民初资产阶级的文化教育新体制,终于冲破了封建势力的束缚基本确立起来。这些说明民初社会历史前进的步伐是阻挡不住的。

四、民初是中国民主革命由旧民主革命阶段,走向其新民主革命阶段的转变时期。从中国民主革命的发展进程来看,世界汹涌澎湃的民主潮流当时极大地影响着民初社会,人民在斗争中日益觉醒奋起,五四运动的爆发标志着中国新民主主义革命的到来。从这点上看,把持政权的军阀是失败者,这决定了他们因此而一步步走向坟墓的命运。中国新旧民主革命的交替衔接过程,并非如刀切东西一样齐整,而是有着互相交错重合之处;孙中山领导进行的"护法之战,前后六载,既是旧民主革命的最后一幕,又延伸到新民主革命的发轫阶段"[①],它成为中国旧新民主革命互相重叠的交接部。随着旧民主革命最后让位于新民主革命,中国人民的革命斗争开始了一个新纪元。

---

① 张磊:《孙中山评传》,广州出版社2005年版,第117页。

学术综评

　　对于民初军阀的研究,以往主要是强调民初军阀的统治是一个异常黑暗时期,军阀集团为打压民族主义与阻碍现代化的反动力量。彭明认为民初军阀为"近代中国半封建半殖民地社会的产物"。由于帝国主义划分势力范围,以及分散的小农经济,造成了军阀分割混战。① 海外学者陈志让从社会结构角度出发,也认为民初军阀统治是一种"军绅政权",属于阻碍现代化的传统集团。②

　　与此类观点紧密联系的是对袁世凯的研究。袁世凯除了被认为是北洋军阀这个反动集团的首领,帝国主义与大地主大买办阶级的代言人以外,他在戊戌政变时的告密与辛亥革命时期篡夺革命果实的经历也成为批判的内容之一。③

　　这些研究民初军阀的主流观点在近年已经受到了挑战。有些学者对民初军阀的研究借鉴了各种社会理论,并且逐渐摆脱先入为主的军阀"分裂、反动、腐朽、列强代言人"的刻板形象,分析更为细致。这与史学界对现代化理论的认识进一步加深有关。

　　来新夏注意到军阀集团在现代化过程中是起到了一定作用的,不应该一笔抹杀。④ 尤其是中国军事现代化方面,军阀集团客观上是具有很大推动力的。美国学者派(Lucian W. Pye)在其《军阀政治》一书中也肯定了军阀集团在民初现代化中的作用,军阀在这类观点中已经从反现代化的反动集团变成自觉不自觉的现代化推动者。⑤

　　在解释军阀统治出现的原因方面,"中国半封建半殖民地的社会结构说"显得过于宏观简化,逐渐被各种更为具体的社会理论所修正代替。如薛立敦(James E. Sheridan)从社会大环境出发,认为军阀统治的出现是由于

---

　　① 彭明:《北洋军阀(研究提纲)》,《教学与研究》1980 年第 5 期。
　　② 陈志让:《军绅政权——近代中国的军阀时期》,生活·读书·新知三联书店 1980 年。
　　③ 李宗一:《袁世凯传》,中华书局 1980 年。
　　④ 来新夏:《北洋军阀史研究札记三题》,《民国档案》1985 年第 2 期。
　　⑤ Lucian W. Pye. *Warlord Politics*: *Conflict and Coalition in the Modernization of Republican China*. New York: Praeger, 1971.

当时整个中国社会处于一个新旧不衔接的阶段,社会整合性低的结果。①黎安友(Andrew J. Nathan)也认为当时中国各集团在民国新的体制内不习惯平等竞争的政治环境,转而对旧日权威政治方式依赖。军阀统治不应被认为是宪政的对立面,正是由于宪政中的派系竞争才推动了军阀统治。②另外,还有一些学者认为由于近代中国国防与平乱的政治需要突出,军队的地位得以提高,造成后来军阀政治的出现。③

而对于军阀与列强的关系,军阀的社会经济基础问题,也有学者认为不应简单对待。孙思白认为,军阀与列强的关系"往往是随时随地而有极多变化和复杂的内容",并非走狗—后台的单一关系。④ 来新夏、魏明也在军阀的社会经济基础问题上反对模式化地认定军阀完全属于封建地主阶级,其尚且带有一些资产阶级色彩。⑤ 齐锡生则从中央与地方的财政角度发现军阀具有多种经济来源,并不完全依赖传统的土地投资。⑥

袁世凯的研究也在整个民初军阀研究转向时得到了重新审视的机会。对于袁世凯的篡夺辛亥革命革命果实,一些学者从社会结构与当时全国舆论出发,认为袁世凯成为大总统虽然有玩弄权术的因素,但也反映了当时社会中坚力量的保守选择。⑦ 而对于袁世凯现代化改革近年研究较多,尤其是在教育、法制与经济改革中成果显著。袁世凯在中国现代化过程中的作用得到了相应承认。而值得注意的一个研究转向是,现在对袁世凯的研究更注重从社会结构、制度的层面来看待他的行为,逐渐摆脱了原来"画脸谱"式评价。

民国初年中国民族资本主义发展迅速,主要在纺织业和面粉业取得了很大成就,但其后则发展缓慢,甚至衰落。这个时期就被学术界称为中国资

---

① *China in Disintegration*: *The Republican Era in Chinese History*, 1912—1949. New York: The Free Press, 1975.

② Andrew J. Nathan. *Peking Politics*. California: University of California Press, 1976.

③ 来新夏:《北洋军阀史研究札记三题》,《民国档案》1985 年第 2 期。

④ 孙思白:《论军阀史研究及相关的几个问题》,《贵州社会科学》1982 年第 6 期。

⑤ 来新夏:《北洋军阀史研究中的几个问题》,《学术月刊》1982 年第 4 期;魏明:《论北洋军阀官僚的私人资本主义经济活动》,《近代史研究》1985 年第 2 期。

⑥ [美]齐锡生:《中国的军阀政治(1916~1928)》,中国人民大学出版社 1991 年。

⑦ 周锡瑞:《改良与革命:辛亥革命在两湖》,江苏人民出版社 2007 年。

本主义的"黄金时期"。对于这个问题，一些学者认为这是因为这个时期发生了第一次世界大战，主要帝国主义国家无暇东顾，放松了对中国的经济剥削，所以使得民族资本主义得到了短暂的发展。但随着一战结束，列强再次加紧对中国的经济侵略，加上军阀政府无法对民族资本主义提供保护，反而横征暴敛，从而导致民族资本主义衰落。① 帝国主义与军阀统治被认为是阻碍民族资本主义发展的主要原因，因此这段时期的经济也被看作是黑暗统治下昙花一现的繁荣。

而另一些学者认为，尽管中国民族资本主义发展曲折，但即使是一战后，总的趋势仍是有所增长。在对待列强与军阀政府对这个时期经济的影响方面，这些学者认为二者的负面作用都有所夸大，而其正面作用没有得到强调。列强在华的投资与竞争固然有挤压初生的民族企业的一面，但它在资金、技术、组织管理与基础建设方面也有促进民族企业发展的一面。郝延平、赵冈还注意到外国经济利益与中国民族企业之间存在着共生互补关系。② 虞和平也指出，军阀政府也并不是对民族资本主义只有压榨。从经济法制建设角度来看，军阀政府颁布的经济法规不仅种类齐全，而且认真参考了各国的经验，较多地体现了资产阶级利益，奠定了近代中国的资本主义经济法制体系。③ 在对待民族资本主义发展的问题上，这些学者还试图从国内市场供需平衡、企业管理，以及与国内农业部门关系等内部角度重审民族资本主义发展的一些问题。

对于这个时期的资产阶级研究，以往习惯从"中国资产阶级先天不足，具有软弱性，不得不对帝国主义与反动保守的政府妥协"这一前提出发，按其政治态度与依附关系分为官僚资产阶级、买办资产阶级与民族资产阶级。这种分类方法受到一些学者质疑，丁日初提出"一个阶级"论，认为不存在官

---

① 鼎勋：《第一次世界大战期间中国民族资本主义的发展(1914～1922年)》，历史教学1959年第8期；马洪林：《第一次世界大战期间上海民族工业的发展》，《历史教学》1980年第5期。

② 章开沅、朱英主编：《对外经济关系与中国近代化》，华中师范大学出版社1990年。

③ 虞和平：《民国初期的经济法制建设》，《二十一世纪》网络版2003年4月号（总第13期）。

僚资产阶级与买办资产阶级,这二者都属于民族资产阶级。① 法国学者白吉尔从产业现代化角度界定了资本主义经济与资产阶级概念,认为只有那些运用了现代科技的现代经济部门才是资本主义经济,资产阶级则是那些占有一定资本,在经济活动中运用了现代科技的现代企业家。② 章开沅、朱英、马敏从传统向现代过渡的角度把握中国资产阶级形成,注意到商会等社会团体在士绅向资产阶级转变过程中的重要作用。③ 玛丽·兰金、罗威廉也从市民社会理论出发,认为传统士绅掌握的公共事业与西方资产阶级形成时的公共领域相似。④ 冯筱才在对 1911~1927 年中国商人的研究中提出了"产权与秩序"理论架构,认为中国资产阶级在政治上的摇摆不能简单视为资产阶级两面性,而应该从商人本身的逻辑出发来看待他们的行为。⑤

参 考 书 目

1. 陈锡祺主编:《孙中山年谱长编》上册,中华书局 1991 年版。
2. 《孙中山全集》第 2~7 卷,中华书局 1982~1985 年版。
3. 孙毓棠、汪敬虞:《中国近代工业史资料》第 2 辑下册,科学出版社 1957 年版。
4. 严中平等:《中国近代经济史统计资料选辑》,科学出版社 1955 年版。
5. 舒新城编:《中国近代教育史资料》,人民教育出版社 1979 年版。

---

① 丁日初:《关于"官僚资本"与"官僚资产阶级"问题》,《民国档案与民国史学术讨论会论文集》,档案出版社 1988 年;丁日初:《买办商人、买办与中国资本家阶级》,《文汇报》1987 年 3 月 17 日。

② [法]白吉尔:《中国资产阶级的黄金时代(1911~1937)》,上海人民出版社 1994 年。

③ 章开沅:《关于改进研究中国资产阶级方法的若干意见》,《历史研究》1983 年第 5 期;马敏、朱英:《传统与现代的二重变奏——晚清苏州商会个案研究》,巴蜀书社 1993 年。

④ Rankin, Mary Backus. *Elite Activism and Political Transformation in China: Zhejiang Province, 1865~1911*. Stanford, CA: Stanford Univ. Press, 1986;罗威廉:《汉口:一个中国城市的商业和社会(1796~1889)》,中国人民大学出版社 2005 年。

⑤ 冯筱才:《1911~1927 年的中国商人与政治:文献批评与理论构建》,《浙江社会科学》2001 年第 6 期。

6. 李新、李宗一主编:《中华民国史》第 2 篇第 1～2 卷,中华书局 1987 版。

7. 李侃、李时岳等著:《中国近代史》(第 4 版),中华书局 1994 年版。

8. 章开沅、林增平主编:《辛亥革命史》(下),人民出版社 1981 年。

9. 白寿彝总主编:《中国通史》第 11～12 卷,上海人民出版社 1999 年版。

10. 朱宗震著:《民国初年政坛风云》,河南人民出版社 1990 年版。

11. 李宗一著:《袁世凯传》,中华书局 1980 年版。

12. 黄征等人著:《段祺瑞与皖系军阀》,河南人民出版社 1990 年版。

13. 申晓云主编:《动荡转型中的民国教育》,河南人民出版社 1994 年版。

14. 周兴梁著:《孙中山与近代中国民主革命》,中山大学出版社 2001 年版。

15. 莫世祥著:《护法运动史》,广西人民出版社 1991 年版。

16. 王鸿宾主编:《张作霖和奉系军阀》,河南人民出版社 1989 年版。

思 考 题

1. 史论结合地说明民初政局有哪些特点。
2. 民初时期的两次封建帝制复辟说明了什么?
3. 试评孙中山民初的革命活动和斗争。
4. 试述民初社会经济与文化教育的发展情况。

第九章 社会转折的新取向

第一节 新文化运动和五四运动

一、各种新思潮

所谓新思潮,是指不同于中国封建传统文化的导源于西方的各种新思想,大致可以视为东渐的各种"西学"。新思潮在近代中国广为导入,蜂拥而行,大概主要在两个时期,一个是清末"维新"和"新政"时期,主要是有关资本主义各种制度的思想,以及资产阶级早期革命和改良的思想,宣传、倡导新思潮具有明显的"政治抱负"。另一个是"五四"前后,即新文化运动时期。此时期,在中国大地上涌现了众多新式的进步社团,比如少年中国学会、新潮社、改造联合会、讲学社、新教育共进会、平民教育演讲团、工学会、新民学会、互助社、曙光社、觉悟社、创造社、文学研究会、家庭建设讨论会,等等,可谓五花八门。同时,还出现了形式多样的新式期刊,比如《新青年》、《太平洋》、《每周评论》、《新潮》、《国民》、《新教育》、《星期评论》、《湘江评论》、《女界钟》、《秦钟》、《浙江潮》、《少年中国》、《建设》等等,据周策纵统计,此时期出版的新期刊和报纸达 604 种之多。这些新式社团和刊物大多具有"介绍新思想给世界,采用乐观和批判的态度去建设社会"的抱负和理想,对"新的思想"、"新的生命"、"新的社会"表现出了极大的渴望和激情。

他们倾力在中国介绍、宣传来源于西方世界的各种新思想、新学说,既有马克思主义,也有资产阶级的民主主义及其他各派学说,如宣传的社会主义也是五花八门。瞿秋白曾说:"社会主义流派、社会主义意义都是纷乱、不十分清楚的,正如久壅的水闸,一旦开放,旁流杂出,虽是喷沫鸣溅,究不曾自定出流的方向。其时一般的社会思潮大半都是如此。"①这大致描述了"五四"时期中国思想界的景况：各种新思想竞相涌入，既相互糅合，又割据分立，形成百花齐放、百家争鸣的状况。

这股杂相纷呈的新思潮中，影响较大、流传较广的除了马克思主义之外，主要还有实用主义、无政府主义、基尔特社会主义、新村主义、合作主义、工读互助主义、平民教育主张和易卜生主义。

实用主义是19世纪末20世纪初在美国出现的一个资产阶级哲学流派，由资产阶级自由主义学者胡适介绍到中国，其核心观点认为"经验"是世界的本原，社会历史发展是循序渐进的，重视现实生活与个人经验，强调经验是推动社会历史发展的基石。

1915年，胡适本着功利主义心态，到哥伦比亚大学学习哲学，师从美国著名哲学家、教育家、实用主义集大成者杜威。1917年10月，他学成回国后大力宣传实用主义，并根据中国社会的现实需要，把实用主义改造为实验主义，视之为分析问题、解决问题的一种科学研究的方法。实验主义是"一个评判观念和信仰的方法"，"一个研究问题的方法"。② 这个方法要求"细心搜求事实，大胆提出假设，再细心求实证，一切主义，一切学理，都只是参考的材料，待证的假设，绝不是天经地义的信条"③，他归纳为"大胆的假设，小心的求证"，假设是否真实可靠，必须通过"实验"，即"求证"，其中涵括了三种研究方法：首先是怀疑的方法，胡适提倡理性的"存疑主义"，"宁可疑而错，不可信而错"，认为一切科学研究都起源于疑问与困难，"天下没有永久不变的真理"，主张尼采所说的"重新估定一切价值"，而估定的依据是各种证据，"有几分证据说几分话"。证据的获得要靠实验的方法，"实验是真理的唯一试金石"，必须"从具体的事实和境地入手"。④ 然后运用历史的方法，把各种证据放入历史环境中，找出它们之间的因果联系，以证明某种学说和结论，这就要求"明变"和"求因"，即梳理古今思想沿革变迁的线索，并探悉其中的原因。这些方法被胡适视为"求学论事观物经国之术"。

1919年5月，受胡适邀请，杜威来华讲学，在两年多时间里赴中国11个

---

① 瞿秋白：《瞿秋白文集》（一），第23~24页，人民文学出版社1953年版。
② 胡适：《胡适文存》（二），人民文学出版社1998年版，第257、332页。
③ 葛懋春、李兴芝：《胡适哲学思想资料选》，华东师范大学出版社1981年版，第217页。
④ 胡适：《胡适文存》（一），人民文学出版社1998年版，第278页。

省演讲,大受欢迎,其演讲录再版达十几次之多,实验主义风行一时。

实用主义(实验主义)被视为资产阶级唯心主义哲学流派和资产阶级改良主义而一度大受批判,基本认定其是反动的,抵制了马克思主义在中国的传播,但近年来出现了某种程度的肯定评价,认为实验主义作为一种方法论,具有反封建的积极作用,作为一种实践哲学,与"实事求是"有某些相通的地方,对新文化运动的开展、文学革命、近代学术研究、近代教育和思想的发展都产生了积极影响和实际效用。

无政府主义是19世纪上半叶在欧洲兴起的一种小资产阶级社会思潮,其代表人物是德国的施蒂纳、法国的蒲鲁东和俄国的巴枯宁、克鲁泡特金,在20世纪初被视为一种社会主义学说由资产阶级知识分子介绍到中国。

梁启超、康有为等资产阶级改良派知识分子最早介绍无政府主义。1907年,旅法知识分子吴稚晖、李石曾、张静江、褚民谊和留日学生刘师复及其妻子何震、张继分别在巴黎和东京创办刊物《新世纪》和《天义报》,系统宣传无政府主义,对资产阶级革命派产生了重要影响。辛亥革命之后,无政府主义开始在国内流传。1912年,宣传无政府主义最力者刘师复创建国内第一个无政府主义团体晦鸣学社,1913年创办宣传无政府主义时间最长的刊物《晦鸣录》(后改为《民生》)。其死后,黄凌霜、区声白成为无政府主义者的代表,他们在1919年将群社、实社、平社三个团体合并成最大的无政府主义团体进化社,出版《进化》月刊。到1920年,全国有无政府主义团体近50个,刊物近70种。无政府主义成为流传甚泛、影响甚广的社会思潮,无论马克思主义者,还是自由主义者、民主主义者,都或多或少受到它的影响。刘少奇曾说:"在起初各派社会主义的思想中,无政府主义是占着优势的。"① 李大钊、陈独秀、毛泽东、周恩来等早期马克思主义者都曾接受过无政府主义。

中国无政府主义者的基本主张是:个人绝对自由,人类绝对平等,因而在政治上主张反对一切强权和专制统治,废除一切政府和军队、警察、监狱、法律等国家机器,在经济上主张废除一切私有制,所有生活资料都归公有,人人都可自由支配使用,思想上主张"儒教革命",极力反对封建专制制度。总之,他们反对一切对人的压迫和束缚,主张通过宣传演说、群众暴动、平民抵抗、暗杀等手段,不断进行社会革命,建立一个"无命令、无权力、无服从、

---

① 刘少奇:《五四运动的二十年》,《中国青年》第1卷第2期,1939年5月。

无制裁"的"世界大同"的理想社会,在这个社会里,人人"互助"、"合群",人与人能自由地联合,社会完全公平,个人绝对独立,无国家、无政府、无家庭、无阶级、无法律、无权威、无压迫,人人都能各尽其能,各取所需。显然,这是无法实现的乌托邦。

无政府主义在早期因破除封建专制思想,对新文化运动起了一定程度的思想启蒙作用,对马克思主义的传播也有一定的积极作用,因其否定一切政府和国家,后来对马克思主义的传播和中国革命也产生了消极影响,但其主张政治革命完成后继续实行社会革命的观点,也有合理之处。

基尔特社会主义是20世纪初在英国出现的一种资产阶级改良主义思潮,其主要代表是英国哲学家罗素,基尔特是英文"Guild"(汉意"行会")的音译,故亦称行会社会主义。它的基本主张是:反对阶级斗争和社会革命,主张工人、市民联合成立或加入各种行业组织,比如行会、商会、同业公会,通过这些行业组织进行生产管理,实现行业自治、经济民主,以达到劳动解放、经济自由,其实质是在保持现有资本主义制度和国家政权的情况下,以同业的联合管理代替国家管理,通过改良的方式,逐步实现资本主义向社会主义过渡。

"五四"时期,基尔特社会主义开始传入中国,主要宣传者是张东荪、梁启超等资产阶级学者。1919年9月,张东荪在《解放与改造》创刊号上介绍了基尔特社会主义,并称赞其是最好的"自治的社会主义"。1920年9月,罗素来华讲学,在十个月时间里,由张东荪全程陪同,先后赴江苏、北京、湖南等地演讲,他认为基尔特社会主义只适合实业发达的资本主义国家,而中国实业落后,不宜实行社会主义,中国的当务之急是发展实业,兴办教育。罗素来华,在当时中国思想界是一件大事,《新青年》开辟专号介绍罗素及其学说,北京还成立了罗素学说研究会,1921年9月,《时事新报》开辟《社会主义研究专栏》,《学灯》出版《社会主义研究》旬刊,基尔特社会主义在中国一时十分火热。

新村主义是20世纪初在欧美和日本出现的一种小资产阶级社会主义思想。"五四"之前,一些留学美国和法国的无政府主义知识分子曾经对这两国的空想社会主义者组建的"新村"做过介绍。"五四"时期,源于日本的"新村主义"才开始在中国流行,主要宣传者是周作人。他1919年3月,在《新青年》上发表《日本的新村》一文,详细介绍了新村主义的理论和实践,7月,还专门到日本考察了武者小路实笃创办的"新村",回国后大力进行宣传,并在北京成立了"新村支部"。

新村主义者因不满旧社会的现实,主张通过建立世外桃源式的"新村"来改造它,创造新社会的新生活,在"新村"社会里,"以协力与自由,互助与独立为生活的根本",没有剥削与压迫,人人平等,相互友爱协作。新村主义描绘了一幅非常美妙的新社会蓝图,受到不少知识分子的欢迎,李大钊、毛泽东、瞿秋白、恽代英等人都表示出了浓厚的兴趣,但因其毕竟是带有改良主义色彩的无法实现的空想,逐渐被人们所淡忘。

合作主义出现于19世纪中叶西欧的空想社会主义运动之中,认为人类社会不存在阶级差别,只有生产者和消费者之分,主张建立合作社把处于"弱者"社会地位的消费者联合起来,以互助合作、和平演进的改良方式创造无利润、无剥削的新社会,让资本主义自行消亡。

合作主义在20世纪初经过日本传到中国。晚清时京师大学堂开过"产业组合"课程,介绍合作经济制度。留学日本的覃寿公在1906年出版《救危三策》和《德日产业组合法汇编》,详细介绍合作制度,认为唯有推行合作,才能挽救中国。① 民元以后,朱进、徐沧水等人大力宣传合作主义,主张建立以"平民"为主的各种合作经济组织,消除营利主义。

到"五四"时期,合作主义作为一种改造中国社会的新思潮开始广泛流传。薛仙舟、戴季陶、于树德、孙锡麟、毛飞等知识分子奋力宣传合作主义,深信合作主义"有改造社会的力量","是最彻底做完善的社会改造",最终可"实现全国合作共和"。② 各地先后出现了一批研究和宣传合作主义的团体,其中,上海复旦大学师生在1920年5月成立的平民周刊社(后改为平民学社),是宣传合作主义、开展合作事业的重镇。此外,他们还致力于合作事业的实践,在上海、成都、长沙、武昌、仙桃、无锡、宁波、河北香河县等地建立合作社,据统计,到1926年,各地的合作社组织达584个。③

中国的合作主义者主张通过组织合作社,自营经营事业,开展互助合作,解散阶级,解放平民,使消费者摆脱生产者控制,劳工摆脱资本家的控制,用合作制度取代自私竞争,消灭不平等,终结不同利益间的社会冲突,让

---

① 陈岩松:《中华合作事业发展史》(上册),台北:商务印书馆1983年版,第94页。
② 薛仙舟:《实现民生主义的根本计划》,《中央半月刊》第1卷第8期,1929年4月。
③ 秦柳方等主编:《中国各种经济合作社》,中国文史出版社1994年版,第247页。

资本家和资本主义"自然的消灭",从而建立和睦的平等社会。

据最新研究,合作主义传到中国被"本土化"了,企图取代共产主义革命和自由资本主义竞争,而在二者之间走一条社会改良的第三道路,因而合作社才可成为国民党、共产党、乃至军阀等政治势力都能接受的改造社会经济的组织形式,虽然国共两党开展的国民革命终结了合作主义思潮的改良梦想,但随后的国民党政府和共产党政府所开展的合作社运动都可从其中找到历史渊源。而且,根据中国农业社会的现实,中国的合作主义者将农村社会定为思考的中心,呼吁国家举办合作事业,因此,中国的合作运动不是像欧洲那样将社会主义与城市消费合作社作为思考的焦点,由下而上发端于社会经济基层,而是由国家政府和社会精英自上而下地重点在农村农业领域发动、开展。①

工读互助主义或"工读主义"是"五四"时期在俄国无政府主义者克鲁泡特金的"互助论"、俄国著名作家托尔斯泰的"泛劳动主义"和流行于欧美日的"新村主义"影响下而出现的一种小资产阶级社会主义改良思想。"五四"之前,"互助论"就传到中国,认为互助是人类社会发展的普遍规律,通过互助可进入理想的社会主义社会,为各派知识分子所接受。1919 年 12 月,少年中国学会执行部主任王光祈在《晨报》上发表《城市中的新生活》一文,明确主张通过建立"工读互助团"建设城市"新生活",并在北京率先建立了工读互助团,随后,上海、武汉、天津、南京、湖南、广东等地都建立了工读互助团。"工读互助"日渐流行。

工读互助主义主张劳心与劳力、工与读、教育与职业、学问与生计相结合,在工读互助团里,通过实行"和平的经济革命",建设"人人读书,人人工作,各尽所能,各取所需"的理想社会,再实行"小团体大联合",把工读互助团推向全中国,创造新社会。这实际上是一种改良主义的空想,虽然体现了知识分子改造中国社会的美好愿望,但在近代中国缺乏实现的可能性,众多工读互助团存在不久就解散了。

平民教育主张是"五四"时期受杜威实用主义教育影响而流行的一种社会思潮。杜威来华讲学时,大力宣传教育万能论,认为教育是人类进化的最

---

① 陈意新:《二十世纪早期西方合作主义在中国的传播和影响》,《历史研究》2001年第 6 期。赵泉民:《20 世纪 20 年代中国的合作主义思潮论析》,《学术月刊》2004 年第 8 期。

有效的工具,解决社会问题的良方"实在普及平民教育"。受其影响,不少知识分子开始宣传、实践平民教育,他们组建平民教育团,举行平民教育演讲,开办平民教育学校,形成了一场颇有声势的平民教育运动。1919年下半年,北京高等师范学校师生联合成立了平民教育社,创办《平民教育》杂志。1923年,陶行知、晏阳初、朱其惠等人在北京建立了中华平民教育促进会,以在全国推行平民教育为宗旨。

"平民教育"认为教育决定政治,而非政治决定教育,让人人都接受平等的教育,把教育普及到每个平民,让每个人都通过教育感受到幸福,知道如何创造幸福,只有实现了平民教育,才能实现平民政治,建立真正平等、自由的共和国。显然,其终极目标是通过普及教育,提高国民素质,改造社会,挽救国家。这也可从梁启超在晚清倡导的"新民说"找到源头。平民教育主张虽然是一种教育改良,难以根本解决中国的实际问题,但其"教育救国"、"教育为民"的理念还是值得肯定的。

易卜生主义是"五四"时期胡适等知识分子对挪威19世纪末20世纪初的戏剧大师易卜生的戏剧文学作品所做的解读,主要是两点:一是易卜生的"个人须要充分发达自己的天才性,须要充分发展自己的个性"的"个人主义"的张扬;二是易卜生的"能把社会种种腐败龌龊的实在情形写出来叫大家仔细看"的"写实主义"主张。①

早在1907年,即易卜生逝世的第二年,鲁迅就把易卜生介绍给了中国人。1918年,《新青年》第4卷第6期推出了"易卜生专号",全面介绍了易卜生,刊登了其的《娜拉》、《国民公敌》、《小爱尔夫》等名著,以及胡适所写的《易卜生主义》。此后,《新潮》、《小说月报》等刊物也源源不断地介绍易卜生的作品,宣传、研究易卜生及其作品的人和作品也越来越多,后来还出现了"娜拉走后怎样"的讨论。一时间,"易卜生"成为了当时青年和文学界的流行词。易卜生的作品易催醒人们去审视黑暗社会的现实,追求个性独立和思想解放,因而大受欢迎。

二、新文化运动

辛亥革命失败后不久,在中国发生了前所未有、影响深远的新文化运动。为什么会发生新文化运动呢?众说纷纭,主要有以下几种说法:一、袁

---

① (清)孔尚任:《桃花扇》,人民文学出版社1959年版,第1页。

世凯复辟帝制,掀起复古尊孔逆流,激起进步知识分子的愤怒,他们发动了一场反孔非儒的新文化运动;二、进步知识分子基于对辛亥革命的反思,认为国民封建意识和封建思想深厚,缺乏民主共和意识,是辛亥革命失败的文化根因,因此,他们发动了反封建迷信、倡导民主科学的新文化运动,为辛亥革命补上"思想革命"一课;三、辛亥革命时期的"文化革新"为新文化运动奠定了基础,新文化运动是辛亥文化革新的延伸和发展;四、明代以来中国传统思想文化所具有的批判精神和反传统的思想是新文化运动的历史基础;五、辛亥革命之后中国的社会危机和民族危机是新文化运动发生的动因;六、陈独秀创办《新青年》时并无意发动一场新文化运动,只是在经营《新青年》过程中,为了让杂志生存下去,采取了反孔、倡导"民主""科学"等惊世骇俗、顺应时道的宣传策略,以吸引读者,逐步汇聚一批同仁,掀起了新文化运动。

历史是多面相的,历史事件的发生也是多因汇聚而成的果,是历史合力所致,或许以上所说的诸多因素都可作为新文化运动发生原因的解读。但可以肯定的是,辛亥革命之后,虽然封建帝制消灭了,虽然建立起了一个所谓的民主共和国,但在中国并没有形成与之相适应的民主、自由、科学化的现代社会,也没有塑造出具有民主、共和思想的"新国民"。可以说,国家和各种制度虽是新的,但只是工具性的空壳,整个社会虽然具有一些"新气象",但其底蕴却是旧的,封建思想和封建文化的根基和表征都没有破除。没有思想启蒙和坚强思想领导的革命难以取得根本而全面的成功,即使取得局部成功,其果实也难以为继,或者效果大打折扣。中国急需一场思想文化的"革命"。

辛亥革命之后的中国社会也出现了新变化。民族资本主义经济得到较大发展,民族资产阶级和工人阶级都得到壮大。新式的知识分子群体随之也不断壮大,而且,经过晚清专制和辛亥革命,以及留学东西洋的进步知识分子精英,他们对封建专制思想深恶痛绝,而对西方民主、自由、平等思想十分向往,希望在中国确立起民主自由的价值观,并为之而奋斗。帝制破除之后,虽有军阀专政,但他们混战政争不已,专制控制大大减弱,社会十分混乱,这种缺乏控制中心、大分化大重组的社会状态为各种新思想、新观点的出现和争鸣提供了温床。西方的思想世界也是多彩纷纭,马克思主义广泛传播,并在俄国变成了现实,各种社会主义、民主主义、自由主义、改良主义、无政府主义等社会思潮大规模向世界扩散,这些思潮的领军人物有的还来华讲学,宣传他们的思想,留学海外的知识分子接受这些思潮后回国也极力宣传,中国思想界出现斑驳芜杂、万象齐呈的景象。这些都有利于新文化运动的发生和发展。

新文化运动的开端是《新青年》的创办,这是学界一直的看法。[①] 1915年9月,陈独秀在上海创办《青年杂志》,标志着新文化运动兴起。1916年9月,《青年杂志》因与其他刊物同名,从第2卷第1号起改名《新青年》。

陈独秀(1879~1942),字仲甫,原名由己,独秀乃其笔名,安徽怀宁人,辛亥革命前曾留学日本,1903年创办《国民日报》,1904年创办《安徽俗话报》,1905年,在安徽组建反清组织岳王会,自任会长,民国建立后,担任过安徽都督府秘书长、安徽高等学校教务主任等职,1914年曾协助章士钊办《甲寅》杂志。他早期是一个民主主义者。

1917年1月,蔡元培到北京大学就任校长一职时,陈独秀也受其聘请到北大担任文科学长,《新青年》编辑部随之由上海迁到北京。《新青年》与北大相结合后,影响越来越大,逐步由一"普通刊物"壮大为"一代名刊",直至1926年7月终刊,被后人称赞为"五四"时代的"号角"、"喉舌"、新文化的"元典"。

1918年1月,《新青年》从第4卷开始,由陈独秀个人主编,吸收社会稿件改为同人刊物,成立了由七人组成的编辑委员会,轮流编辑,汇聚了李大钊、胡适、蔡元培、鲁迅、钱玄同、刘半农、周作人、高一涵、沈尹默、沈兼士、陈大齐、王星拱等一批时为"文化名流"的作者,大体形成了一个新文化阵营。

1918年12月,陈独秀主导的《每周评论》创刊,它实际上是一种小型报纸,直接以"谈政治"为宗旨,主张"二十年不谈政治"的胡适此时亦开始谈政治,担任《每周评论》的主编。1919年1月,北大学生傅斯年、罗家伦在陈独秀、胡适的指导下,创办《新潮》杂志,广大学生加入到了"新文化"阵营。这三份刊物相互宣传,相互鼓应,销量猛增,影响愈大。受其影响,各地新式刊

---

① 王奇生通过考察《新青年》的成长过程,认为"新文化运动"这一概念开始流行时,时人多以"五四"为"新文化运动"的端绪。《新青年》并非一创刊就名扬天下,景从如云,"新文化"亦非一开始就声势浩然,应者云集,"新"文化形成一场运动,经过了一段"运动"的过程。见王奇生:《新文化是如何"运动"起来的——以〈新青年〉为视点》,《近代史研究》2007年第1期。

物不断涌现,"五四"之后,仅白话文报刊就约有400种。① 新文化运动逐步发展起来了。

"新文化运动"一词,最早于1919年12月由陈独秀在《新青年》第7卷第1号上提出,同时,《新潮》第2卷第2期上也出现了此词。1920年3月20日,陈独秀在上海青年会25周年纪念会上直接以《新文化运动是什么》为题发表演说,提到"新文化运动这个名词现在我们社会里很流行",演讲稿随即同题发表于4月出版的《新青年》第7卷第5号上。有人据此推断"新文化运动"一词,约在五四运动之后半年内逐渐开始流行。②

何谓"新文化运动"? 无论时人,还是后人,对此都有论及。时人多从社会现实中的"文化运动"来解读,但对"什么是新文化"却尚无定论。陈独秀认为新文化是相对旧文化而言的,包括科学、宗教、文学、道德、音乐、美术等内容,民主和科学是其核心价值,新文化运动就是通过倡导新文化,改造旧文化,弥补旧文化缺陷的一场思想文化运动。这场运动虽与社会运动是两码事,但它也是注重团体活动、创造精神和关注政治及社会现实的运动。"新文化运动是人的运动"③。胡适把"新文化"称为"新思潮",其核心精神是"评判的态度",新文化运动就是"新思潮的运动",一方面是研究现实中有关政治、文学、宗教和社会等方面的诸多问题,另一方面是"输入学理",介绍西方的种种新思想、新信仰、新学术、新文学,其目的是通过用科学的方法改造、整理旧文化,"再造文明"。④ 1920年8月,陈启天说那时人人都有"什么是新文化的真精神"的疑问,但人人"惝恍不明真相",他个人认为,"人生的新倾向"与"思想的新方法"合起来才是新文化的真精神。⑤

但后人的看法却较为一致,大多认为新文化运动是一场反封建的、倡导

---

① 胡适:《五十年来中国之文学》,《最近之五十年——申报馆五十周年纪念》,上海书店1987年影印版。
② 周策纵:《五四运动——现代中国的思想革命》,周子平等译,江苏人民出版社1999年版,第198页;王奇生:《新文化是如何"运动"起来的——以〈新青年〉为视点》,《近代史研究》2007年第1期。
③ 陈独秀:《新文化运动是什么》,《新青年》第7卷第5号,1920年4月。
④ 胡适:《新思潮的意义》,《新青年》第7卷第1号,1919年12月。
⑤ 陈启天:《什么是新文化的真精神》,《少年中国》第2卷第2期,1920年8月,第2~3页。

"民主"与"科学"的文化思想运动和启蒙运动。① 有人认为它是批判传统的"观念形态的革命"②。也有人认为,从中国的现代化历史看,新文化运动是政治变革完成之后的一场思想文化补课;从中国与世界文明主流的关系看,新文化运动是一场中国文化的世界化运动,也是中国与世界文明主流全面接轨的运动;从新文化运动的价值选择与努力方向看,它是一场人的解放运动,又是争取人的独立、自由与权利的运动。③

时人感受的历史是"一时"的历史景况,我们强调对"历史语境"的"同情理解",强调"文本解读",了解历史的"真相"与"多面相",但也要从"历史长河"中审视"历史",把握"历史"的来龙去脉,挖掘出其中的时代含义和永恒真义。学习和研究历史既要注重前者,更要注重以前者为基础的后者。后人研究新文化运动得出的解读当无疑义,基本可以把它定性为反封建的思想文化启蒙运动。

新文化运动的内容非常广泛,《新青年》讨论的问题涉及孔教、欧战、白话文、世界语、注音字母、女子贞操、偶像破坏、家族制度、青年问题、人口问题、劳动问题、工读互助团、易卜生主义、罗素哲学、俄罗斯研究以及马克思主义宣传与社会主义讨论等诸多方面,举凡国人关注的新知识、新问题几乎都有涉及,其所发表的文章,涉及众多的思想流派与社会问题,根本无法一概而论。④

新文化运动首在构建新文化,大力宣传"民主"与"科学"是它的基本内容。陈独秀在《青年杂志》创刊号上发表《敬告青年》,号召"国人而欲脱蒙昧时代","当以科学与人权并重",首倡"民主"与"科学"的口号。他认为只有"德先生"(Democracy,即民主)和"赛先生"(Science,即科学)才"可以救治中国政治上、道德上、学术上、思想上一切的黑暗"。"民主"与"科学"是新文

---

① 杨士泰:《近二十年国内"新文化运动"研究综述》,《廊坊师专学报》2000年第3期。
② 陈旭麓:《近代中国的新陈代谢》,上海人民出版社1992年版,第377~385页。
③ 李新宇:《什么是"新文化运动"》,《社会科学战线》2004年第3期。
④ 陈平原:《触摸历史与进入五四》,北京大学出版社2005年版,第63页;王奇生:《新文化是如何"运动"起来的——以〈新青年〉为视点》,《近代史研究》2007年第1期。

化运动的两大旗帜。①

新文化人倡导的"民主"并非单指民主制度和所谓的民主政治,更多的是指一种民主自由的精神和价值观念,"科学"也并非单指晚清时就开始译介的以"器用"为表征的科学技术,更多的是指一种科学精神和思想方法,不仅包括自然科学技术,还包括各种社会科学,是与"民主"紧密相连的。新文化下塑造的国民不仅应具有自主的人格观念和自觉的国民意识,还应有一种"评判的态度",要有反对迷信与愚昧、自我思辨、积极进取的科学观、人生观和价值观。只有"新"青年,"新"国民,才能"新"社会。

在中国要构建民主、科学的新文化,必须要扫除旧文化的各种无形羁绊。因此,新文化运动反孔非儒,提出了"打倒孔家店"的口号,对以孔子和儒家学说为代表的封建旧礼教、旧道德进行了猛烈批判。②"要拥护那德先生,便不得不反对孔教、礼法、贞节、旧伦理、旧政治;要拥护那赛先生,便不得不反对旧艺术、旧宗教;要拥护德先生又要拥护赛先生,便不得不反对国粹和旧文学。"③陈独秀、鲁迅、吴虞、易沙白等人批判孔子学说容易演变成"独夫专制"与"思想专制",儒家道德是"奴隶道德",各种封建礼教压制人性,是"吃人"的礼教,犹如"洪水猛兽"。同时,他们大力提倡个性解放、妇女解放、男女平等、婚姻自由等具有民主科学精神的新道德,开展道德革命,欲

---

① 亦有人认为,《新青年》所登讨论"民主"与"科学"问题的文章甚少,其提出"民主"与"科学"两面大旗,主要想震慑和封堵"非难"者,因为民主与科学的权威在中国早已确立,谁非难《新青年》,谁就是反对民主与科学。见王奇生:《新文化是如何"运动"起来的——以〈新青年〉为视点》,《近代史研究》2007年第1期。

② 对新文化运动反传统的问题,学术界基本认同新文化运动对传统文化造成了冲击,但亦有两种分歧较大的看法:一种认为新文化运动是全盘反传统,主张全盘西化,因此得出新文化运动"过激"了,富有"情绪化"色彩,是"搞破坏"之类的认识;一种认为新文化运动是出于现实的需要,只是反对孔教、旧道德、迷信等传统文化的表征,并不反传统文化的合理价值,没有全盘否定传统文化,相反,还使传统文化获得"新生",得到继承和发展。后一种看法占据主流。

③ 陈独秀:《本志罪案之答辩书》,《新青年》第6卷第1号,1919年1月。

确立新的伦理道德规范①。

新文化运动的另一大内容是"文学革命",即提倡白话文,反对八股式的文言文,提倡新文学,反对旧文学。其先锋是胡适与陈独秀。胡适1917年1月在《新青年》上发表《文学改良刍议》,提出"文学改良"口号,主张以白话文为"中国文学之正宗",2月,陈独秀在《新青年》发表著名的《文学革命论》,正式提出"文学革命"口号。随后,白话文运动开始兴起,白话文开始逐步取代文言文,流行于全国。到1921年,白话文基本成为了"国语"。

文学革命不仅仅是革新语言的表达形式,而且要变革文学的内容,即陈独秀所主张的要用国民文学、写实文学、社会文学取代贵族文学、古典文学、山林文学。在中国出现了一批用白话文创作的小说、散文、诗歌、戏剧等新文学作品,最突出的是鲁迅的小说《狂人日记》和郭沫若的新诗《女神》。这种变革的背后实际上是文化思维形式的变革,要用近代的新文化思维方式取代传统的旧文化思维方式,这有力推动了新文化运动的思想解放。

新文化运动以"五四"为界,可分为前后两个阶段。"五四"之前,新文化运动是一个反封建的思想运动,主要是宣传资产阶级民主主义和科学思想,运动范围仅限于知识分子,与广大群众和现实政治相脱离,带有主观主义色彩和形式主义偏向,但其反封建思想,有利于思想启蒙,为五四运动的发生创造了思想条件。经过五四运动,它与社会政治、群众运动结合更加紧密,其内容也开始转向宣传马克思主义为主,《新青年》也由民主主义刊物转向马克思主义刊物,新文化运动发展成为了以马克思主义为主流的思想运动。

三、东西文化论争

鸦片战争以来,东西文化之间的冲突和论争就迭起不断,"从一定意义上说,一部中国近代文化史,就是一部传统文化与西方文化冲突交汇的历

---

① 目前学术界对新文化运动所提倡的道德(即时人所说的"穆勒尔姑娘"、"模拉尔小姐",英文moral的音译)革命研究较少。已有研究认为,新文化运动提倡的新道德以"个人主义"、"合理利己主义"为基本原则,但经过注重群体和国家的五四运动之后,"公德"再次彰显,而"私德"再次被隐蔽,道德伦理革命也就逐渐淡化。见鲁萍:《"德先生"和"赛先生"之外的关怀——从"穆姑娘"的提出看新文化运动时期道德革命的走向》,《历史研究》2006年第1期;张锡勤:《论"五四"新文化运动所提倡的新道德》,《哲学研究》2002年第8期。

史"①，美国著名的中国近代史家费正清从"最广义的文化冲突"理解中国近代史，把中国的近代史形象地比喻为"两出巨型戏剧"，即中西之间的文化对抗及由这场对抗导引出的在革命中所发生的巨大变化。②

晚清时期的中学与西学(旧学与新学)之争、"中体西用"论、维新派和顽固派之间的争论都是东西文化冲突的反映。进入民国，"新旧之冲突，莫甚于今日"，"今日笃旧者高揭复古之帜，进化者力张反抗之军，色彩鲜明，两不相下也，且其争点，又复愈晰愈精，愈恢愈广"，由晚清的"制造和政法制度之争"演变、深化为"思想上之争"。③ 到"五四"时期，东西文化之间的论争达到高潮。

新文化运动时期，西方文化观(以陈独秀、胡适、李大钊为代表的新文化派)和东方文化观(以杜亚泉、章士钊、梁漱溟为代表的东方文化派)之间进行了长达近十年的论争，这场论争大致可以分为三个阶段：

第一阶段：从1915年《新青年》创刊到五四运动爆发，主要是围绕东西方文化的异同优劣展开争论，争论形式主要是陈独秀主编的《新青年》与杜亚泉主编的《东方杂志》两大杂志之间的对垒。

1915年12月，陈独秀在《青年杂志》第1卷第4号上发表《东西民族根本思想之差异》一文，认为东西洋民族不同，根本思想各异，如"南北之不相并，水火之不相容"，指出东西民族根本思想的差异是：(一)西洋民族是战争为本位，东洋民族以安息为本位；(二)西洋民族以个人为本位，东洋民族以家庭为本位；(三)西洋民族以法治为本位，以实利为本位，东洋民族以感情为本位，以虚文为本位。

1916年10月，杜亚泉以伧父为笔名，在《东方杂志》第13卷第10号上发表《静的文明与动的文明》一文，他把东西洋文明分别概括为"静的文明"与"动的文明"，认为东西洋文明"乃性质之异，而非程度之差"，东方"静的文明"具有无比优越的价值，不仅无须效法西方"动的文明"，相反，还可救济其弊端。1918年4月，他在《东方杂志》第15卷第4号上发表《迷乱之现代人心》一文，指出"救济"中国"决不能希望于自外输入之西洋文明，而当希望于己国固有之文明"，"救济之道，在统整吾固有之文明"，并直接攻击来自西方

---

① 陈旭麓：《近代中国的新陈代谢》，上海人民出版社1992年版，第385页。
② 费正清：《剑桥中国晚清史》(上卷)，中国社会科学出版社1985年版，第2页。
③ 远生：《新旧思想之冲突》，《东方杂志》第13卷第2号，1916年2月。

的各种新思潮只是陷于"混乱矛盾之中"的西洋文明的"断片",犹如猩红热、梅毒,若以之去统整中国固有的文明,犹如把"魔鬼"引入"天堂",是"国家致亡之由"。

针对杜的观点,李大钊写了《东西文明根本之异点》一文,亦认为"东洋文明主静,西洋文明主动",东西洋文明都是"世界进步之二大机轴",但他却认为"中国文明之疾病已达到炎热最高之度,中国民族之命运已臻奄奄垂死之期",东洋文明要"觉醒",宜"竭力打破其静的世界观,以容纳西洋之动的世界观","竭力受西洋文明之特长,以济吾静止文明之穷","以彻底之觉悟,将从来之静止的观念、怠惰的态度根本扫荡"。①

1918年6月,《东方杂志》第15卷第6号译载日本《东亚之光》杂志上的《中西文明之评判》一文之后,9月,《新青年》第5卷第3号发表陈独秀的《质问〈东方杂志〉记者——〈东方杂志〉与复辟问题》一文,两刊正式正面交锋,随后,《东方杂志》第15卷第12号(1918年12月)、《新青年》第6卷第2号(1919年2月)又相继刊登了《答〈新青年〉杂志记者之质问》、《再质问〈东方杂志〉记者》二文。

第二阶段:五四运动爆发后的二三年,主要是围绕如何处理中西方文化的关系展开争论,以中西文化能否调和、能否附会为中心。

附会论、调和论在晚清时期维新者和守旧者的言论中就已经出现。"五四"之前,主"新"主"旧"者都已不同以往,"新派""旧派"并非泾渭分明,他们都有此两论调的主张,但"新"者思"旧"是为了更"新"、全"新","旧"者思"新"是为了固"旧"、扬"旧"。

五四运动之后,新文化运动深化发展,俄国十月革命和马克思主义的广泛传播使得中国知识分子从西方文明中看到了新希望,同时,第一次世界大战也促使他们开始反思西方科学发展所带来的道德伦理沦丧的问题,因此,中国思想界力主中西调和,在西方科学、物质文明和东方伦理、精神文明之间寻求平衡的主张开始盛行。

最典型者是杜亚泉和章士钊。杜亚泉在《迷乱之现代人心》一文里就主张融会东西方文明,认为东方文明的特长"在于统整","果能融合西洋思想以统整世界之文明,则非特吾人之自身得赖以救济,全世界之救济亦在于是"。1919年9月,章士钊明确提出"调和"论,主张"物质开新,道德复旧",

---

① 李大钊:《东西文明根本之异点》,《言治季刊》第3期,1918年7月。

认为"宇宙之进步……乃移行的而非超越的。……最后之新社会……固仍是新旧杂糅也,此之谓调和。调和者,社会进化至精之义也"①。

对"调和"论,陈独秀激烈地回应,他说:"无论政治、学术、道德、文章,西洋的法子和中国的法子,绝对是两样,断断不可调和迁就的","若是决计革新,一切都应该采用西洋的新法子,不必拿什么国粹、什么国情的鬼话来捣乱"。②李大钊的批评相对比较温和,他依据进化论,认为东西文明都有优缺点,二者的真正"调和",必须要有二者的真正"觉醒",破除各自的缺点,相互吸纳对方的优点,创造出新的文明,东西文化"一个是新的,一个是旧的。但这两种精神活动的方向,必须是代谢的,不是固定的;是合体的,不是分立的,才能于进化有益"③。

"五四"之后,李大钊转变为马克思主义者,他用历史唯物主义彻底批判调和论,相继写了《物质变动与道德变动》和《由经济上解释中国近代思想变动的原因》二文,认为道德与物质不可分离,背道而驰,物质"开新"了,道德必须跟着"开新",新旧思想和文化的交替是社会经济发展的必然结果。

第三阶段:1920年代初,继续争论如何处理中西方文化的关系,到1923年引发了科学与人生观的论战(或称科学与玄学之争)。

第一次世界大战爆发后,西方思想界弥漫"科学破产"的悲观情绪,对信奉和平主义的东方文明充满希望。1918年底,梁启超、张君劢、丁文江、蒋百里等人赴欧洲考察,亲眼目睹了现代战争所造成的人类惨剧,并拜访了伯格森等著名哲学家,了解到欧洲知识分子对科学的反思:科学若没有道德伦理的控制,会沦为人类文明的罪魁祸首,重物质、科学的西方文明面临"破产",要从中国和印度的东方文明寻求解救之法。梁启超把他的见闻行诸笔端,向国人予以介绍。他回国后在1920年出版《欧游心影录》,详细记述了他游历欧洲的观感,并向社会宣告"科学万能的梦想"破灭,号召中国青年要热爱、尊重中国的传统文明,对重建世界文明作出贡献。这对提倡"赛先生"的新文化思潮造成了严重损害。

梁启超的看法得到梁漱溟的支持,他在1921年出版《东西文化及其哲学》,第一次从理论上系统地论述如何维护、发扬中国的传统文化。他提出

---

① 章士钊:《新时代之青年》,《东方杂志》第16卷第9号,1919年9月。
② 陈独秀:《今日中国之政治问题》,《新青年》第5卷第1号,1918年7月。
③ 李大钊:《新的!旧的!》,《新青年》第4卷第5号,1918年5月。

了"文化三路向"说,把世界文化划分为三类:欧洲文化是"意欲向前"的路向;中国文化是"意欲自为调和持中"的路向;印度文化是"意欲向后"的路向。世界文化演进的顺序是从欧洲到中国,再到印度的路向。他断言欧洲的西方文化已经走向末路,必然会走向中国文化的路向,世界将会"向东方看齐"。

二梁的看法必然会启发人们思考现代科学与伦理道德、人生观的关系。1923年2月,张君劢在清华大学做了题为《人生观》的演讲,讲稿在《清华周刊》第272期刊发,他认为科学只能指导物质文明,不能指导人生观,人生观问题要靠宋明理学来解决。张的看法引起众多科学家和崇尚科学的知识分子的异议,引发了一场科学与人生观的论争。

张的朋友、著名地质学家丁文江(字在君)首先起来反对,他于1923年4月在《努力周报》上发表《玄学与科学——评张君劢的〈人生观〉》一文,着力分析了科学不仅仅指物质文明,还包括科学的思想方法和科学的内在精神,指出人生观受科学精神的制约,它的形成离不开科学,离开了科学而去谈论人生观,容易导致虚幻的"玄学"。并强调东西文明不能简单区分为精神的和物质的,任何文明都是二者的结合,中国需要"科学神"。

随后,张君劢又写了《再论人生观与科学并答丁在君》上、中、下三篇,丁文江亦回以《玄学与科学——答张君劢》一文,并有更多的人参与讨论,大致形成了相互对垒的玄学、科学二派,玄学派由张君劢、张东荪、梁启超等人组成,主要以《时事新报》和北京《晨报》为阵地,科学派由胡适、丁文江、吴稚晖、朱经农等人组成,主要以《努力周报》和上海《太平洋月刊》为阵地。

马克思主义者也参与了讨论,陈独秀运用马克思主义对玄学、科学二派的观点都加以分析,指出"固然在主观上须建设科学的人生观之信仰,而更须在客观上对于一切超科学的人生观加以科学的解释……方能使玄学鬼无路可走,无缝可钻",为此,必须寻求唯物史观,"我们相信只有客观的物质原因可以变动社会,可以解释历史,可以支配人生观,这便是'唯物的历史观'"。这对论战中科学、玄学二派所秉持的唯心论、二元论、不可知论造成了挑战。

科学与人生观的论战实际上是一场直觉主义和自然主义、能动的唯心主义和思想的实验主义之间的论战①,它持续约一年时间后无果而终,反映了"五四"之后文化反思的新气象,其真实的内涵并不在于如何认识科学和传统文化,而是在于确立何种意识形态观念和信仰,才能更好地改造中国社会。科学派主张科学主义的意识形态,玄学派主张非科学主义的形而上学的意识形态,而马克思主义者主张唯物主义的意识形态。20 世纪 30 年代出现的"全盘西化"与"中国文化本位"之间的争论可以说是这场论战的继续、深化和延展。

四、五四爱国运动

五四爱国运动作为 20 世纪继辛亥革命之后又一件具有转折性意义的重大事件,是中国社会整体演变和国际社会诸多因素共同作用的结果,综合目前学界看法,大致可归纳如下:

第一,第一次世界大战之后,中国民族资本主义进一步发展,使得由工人阶级、学生群众和新的民族资产阶级组成的资产阶级民主革命阵营得到成长和壮大,为五四爱国运动的发生发展提供了经济动因和阶级基础。

第二,1915 年发生的新文化运动批判封建礼教和专制思想,张扬民主和科学,促进了整个社会的思想启蒙和思想解放,为五四运动和民族民主革命的深入奠定了思想基础。②

第三,帝国主义,特别是日本帝国主义对中国的侵略和北洋军阀政府对外卖国、对内镇压的统治政策,激化了中国社会的民族矛盾和阶级矛盾,这是五四运动爆发的根本原因。

第四,甲午战争以来的民族主义和各种反帝爱国的民族运动不断高涨,

---

① 周策纵:《五四运动——现代中国的思想革命》,周子平等译,江苏人民出版社 1999 年版,第 336 页。

② 关于新文化运动与五四运动的关系,学界基本认为二者相互促进,相互提升,分歧点主要在于二者含括的范围:有的认为五四运动是指爆发于 1919 年 5 月 4 日、6 月 28 日结束的五四爱国运动,而新文化运动是以 1915 年 9 月和 1926 年 7 月《新青年》的创刊和停刊为界,二者是不同的历史事件,互不包含,互不隶属,新文化运动只是五四运动的背景和环境;有的把五四运动泛化,认为它是从 1917 年到 1921 年的一场政治、思想运动,与新文化运动重叠,故称五四新文化运动;有的认为五四运动是从 1915 年 9 月到 1926 年 7 月,包含 1915 年开始的新文化运动和 1919 年的五四爱国运动。持第一种看法的居多。

为五四运动的发生发展奠定了社会心理和民族意识。

第五,晚清以来挽救民族危亡、救国救民、追求国富民强、实现国家现代化的愿望和努力为五四运动提供了感情上和思想上的动力。

第六,俄国十月革命和马克思主义传播的影响,使得中国人民进一步增强了争取民族解放和民主自由的意识,也使得不少知识分子懂得了发动群众性革命斗争的重要性,这是五四运动成为广泛的群众性的反帝反封的爱国民主运动的重要条件。

第七,留学日本、美国和欧洲(主要是法国)的学生接受了西方众多的新思潮,他们回国后不仅在中国宣传新的思想,而且提出各种改革中国社会的主张,直接担负起推动改革的领导责任,这也是五四运动发生发展的一大动力。

第八,朝鲜的"三·一"运动为中国人民树立了开展现代反帝群众政治运动的楷模,在斗争精神、斗争方式等方面深刻而全面地影响、促发、推进了中国的五四运动。

五四运动的导火线是中国在巴黎和会上的外交失败。

1915年,日本乘战争之机,从德国手中抢占了胶州湾,并占领了大半个山东省,同时,利用袁世凯复辟称帝的野心,迫使北洋政府签约基本同意了其提出的灭亡中国的"二十一条"。中国人民希望第一次世界大战后结束日本对中国的羞辱,收回山东的全部权益。

1918年11月第一次世界大战结束。1919年1月,为处理战后世界秩序,27个战胜国召开巴黎和会,中国亦名列其中,派出了以顾维钧(驻美公使)、王正廷(广州参议院副议长)、施肇基(驻英公使)、陆征祥(北京政府外交总长)、魏宸组(驻比公使,后改为南方政府代表伍朝枢)为全权代表,共有63人的代表团。实际上,大会由美、英、法、日、意五国,特别是美、英、法三国操纵。

和会上,中国政府的代表提出了以下要求:第一,战前德国在山东掠取的一切权益归还中国,日本在战争中抢夺的德国在山东的权益应按其"最终原本归还中国"的诺言还给中国;第二,取消1915年5月25日的中日协约(即"二十一条")及换文的陈述书;第三,七个希望条件,即废除势力范围、撤退外国军队与巡警、裁撤外国邮局及有线无线电报机关、撤销领事裁判权、归还租借地、归还租界、归还关税自主权。

但和会拒绝了中国政府的全部要求。4月30日,英、法、美三国会议在邀请日本参加,拒绝中国代表出席的情况下,因日本的坚决要求,决议把德国在山东的所有权益让与日本,并写入《凡尔赛和约》,日本是否把山东权益转交给中国,由中日双方直接交涉。

这样,中国在巴黎和会上的外交完全失败。消息传到中国,群情激昂,帝国主义与中华民族、封建军阀与人民大众的矛盾进一步激化,引发了一场声势浩大、影响深远的反帝爱国运动。

青年学生首先起来进行抗争。5月3日,北京学生代表在北京大学集会,决议次日举行示威大游行。5月4日,北京十几个学校的学生3000多人齐聚天安门,打出了"取消二十一条"、"外争主权、内除国贼"、"还我青岛"等旗号,宣读通过了罗家伦起草的《北京学生界全体宣言》,一致主张拒绝在和约上签字,惩办亲日派官僚曹汝霖(交通总长,订"二十一条"时任外交次长)、章宗祥(驻日公使)、陆宗舆(币制局总裁,订"二十一条"时任驻日公使)。

1919年5月4日,北京大学的游行队伍向天安门进发

学生短暂集会后,赴东交民巷使馆区游行示威,遭拒后派学生代表到美、英、法、意等国使馆陈帖,表述态度,请给以"同情之援助",随后,义愤填膺的学生赴东城赵家楼,火烧了曹汝霖家,痛殴在曹家的章宗祥。学生因此被捕32人。

5日,北京专科以上学校学生实行总罢课,6日,北京中等以上学校学生联合会成立。11日,北京各大专学校教职工联合会成立,与学生一起进行爱国斗争。19日,北京大中学校25000名学生实行总罢课。6月3日,北京数百名学生上街演讲,被反动军警逮捕178名,5日,北京5000多名学生再次上街演讲集会。此外,山东、天津、上海、武汉、南京、广州等各地学生纷纷举行罢课,声援北京学生,全国各地兴起了抵制日货和各种反日斗争。

北京学生"六三"被捕的消息传到上海后,上海工人通过罢工声援学生。5日,上海日资内外棉第三、四、五纱厂工人首先举行罢工,接着,华界、租界的各行各业的工人都举行罢工,表示罢工是为了"毋忘国耻"、"唤醒国民"、"格政府之心,救灭亡之祸"。至11日,上海罢工的企业达50多个,工人有六七万之多。

在学生罢课、工人罢工的影响下,上海商人从6月5日起开始罢市,表达爱国之心,"为国家,今罢市,救学生,除国贼","万众一心,抵制日货","罢市救国","不办卖国贼不开门","为良心救国牺牲私利"。这样,在上海实现了罢课、罢工、罢市的"三罢"斗争,而且,各界团体还成立了上海商学工报各界联合会,协调各界的斗争,

这样,以"六三"为界,五四运动由以北京为中心、以学生为主力的第一阶段进入了以上海为中心①、以工人阶级为主力的第二阶段。五四运动突破青年学生、知识分子的范围,发展成为了全国范围的工、学、商等广大群众参与的反对帝国主义、反对卖国政府的爱国运动。

从上海开始的"三罢"斗争迅速扩展至全国22个省150多个城市,形成了一场席卷全国的声势磅礴的群众性运动,极大威胁到了帝国主义和封建军阀的统治,6月10日,北京政府被迫免去曹、章、陆三个卖国贼的职务,五四运动取得第一个阶段性胜利成果。

但山东问题并未解决,爱国群众继续开展收回山东权益、拒绝在和约上签字的斗争。6月16日,中华民国学生联合会(即"全国学联")在上海成立。17日,北京政府电令巴黎和会中国代表在和约上签字,各地群众,特别是山东的人民纷纷投入拒签和约的斗争之中。6月28日,即《凡尔赛和约》的签字之日,中国政府代表团迫于国内民众运动的压力,拒绝在和约上签

---

① 亦有人认为北京在整个五四运动之中都是斗争的中心,因为虽然罢工斗争首先从上海开始,但"六三"之后,北京学界仍然发挥着重大作用,北京仍然是反对控制北京政府的皖系军阀及日本帝国主义最激烈的地方。见张德旺:《五四爱国运动中心新探》,《北方论丛》2006年第5期。

字。五四运动的直接目标全部实现了。

五四运动是一场彻底的反对帝国主义和封建主义的群众爱国政治运动,"五四运动的杰出的历史意义,在于它带着为辛亥革命还不曾有的姿态,这就是彻底地不妥协地反帝国主义和彻底地不妥协地反封建主义"①。五四运动中,中国工人阶级作为独立的政治力量第一次登上政治舞台,一批具有初步共产主义思想的知识分子认识到工人阶级的伟大力量,积极投身到工人中间进行马克思主义的宣传和组织工作。因此,五四运动促进了马克思主义和中国工人运动相结合,为中国共产党的成立,作了思想上和干部上的准备,它标志着中国民主革命由资产阶级领导的旧民主主义革命向无产阶级领导的新民主主义革命转变,是新民主主义革命的开端。② 也有人认为,"无论就对外、对内而言,五四运动在近代中国历史上都具有划时代的意义,成为近代中国由不断丧失国家独立与主权的半殖民地半封建社会的向下沉沦趋向而向着实现完全的国家独立、民族自由、人民民主、民生富强的向上上升趋向的转折点"③。

同时,五四运动也是一场文化运动和空前的社会思想解放运动,它与新文化运动相结合,极大地提高了中国人民的觉悟,推动了马克思主义在中国的广泛传播,以彻底的批判精神从思想上动摇了封建主义的统治,同时,它把救亡与启蒙相结合④,把民主、科学与爱国主义相结合,让二者相互激荡,

---

① 《毛泽东选集》第 2 卷,人民出版社 1991 年版,第 565 页。
② 亦有人认为新民主主义革命的开端不是五四运动,而是南昌起义,或是第一次国共合作,等等。见郭圣福:《南昌起义为完整意义上的新民主主义革命的开端》,《华中师范大学学报》1991 年第 6 期;席书涛:《论中国新民主主义革命的起点》,《学术交流》1992 年第 1 期;程佩玉:《谈新民主主义革命的开端问题》,《晋阳学刊》1994 年 3 期。
③ 汪朝光:《民国的初建(1912～1923)》,即张海鹏主编的《中国近代通史》第 6 卷,江苏人民出版社 2007 年版,第 287 页。
④ 亦有两种观点:一种认为,救亡和启蒙是近代中国的两大任务,但救亡总是压倒启蒙,五四运动也不例外,它导致政治民族主义高涨,使得谋求革命的救亡情感压倒了思想启蒙的理性,因此,五四运动是一次感情用事的非理性运动;一种认为五四运动只是反日本帝国主义,不是反所有的帝国主义,只是反亲日的外交政策,不是反整个北洋军阀政府及封建主义的政治统治,因而它不具有彻底的反帝反封建的性质和精神。此两种观点都遭到学界激烈反对,而渐少有人坚持。

相得益彰,形成了一种富有革命精神的"五四精神"①,激励一代又一代的中国青年去追求进步和光明。

第二节 中国共产党的成立

一、马克思主义的早期传播

早在十九世纪七八十年代,曾有一批外交人员和地主阶级知识分子在记述他们到欧洲出使、游历的见闻时,就提到过有关欧洲的无产阶级革命运动,比如,张德彝的《三述奇》、王韬的《普法战纪》、高从望的《随轺笔记》、黎庶昌的《西洋杂志》、李凤苞的《使德日记》等都提及了巴黎公社、共产党、社会主义和共产主义。江南制造总局编译的《西国近事汇编》也记述了不少国际共产主义运动。

19世纪末20世纪初,传教士主办的《万国公报》,以及《新民丛报》、《民报》、《游学译编》、《浙江潮》等新式资产阶级报刊都刊登过有关马克思主义的文章,梁启超、孙中山、朱执信、马君武、宋教仁等资产阶级改良派、革命派人士都有一些关于马克思主义的言论。特别是朱执信,1905年,他在《民报》第二号上发表《德意志社会革命家小传》,第一次对马克思、恩格斯及《共产党宣言》予以了较多介绍。

这些都只是介绍了马克思主义的一鳞半爪,马克思主义被较多地介绍到中国,是在1917年俄国十月革命之后。毛泽东曾形象地说:"十月革命一声炮响,给我们送来了马克思列宁主义。"第一个详细介绍、宣传十月革命的是李大钊,他1918年7月在《言治季刊》上发表《法俄革命之比较观》,11月又连续在《太平洋》和《新青年》上发表《庶民的胜利》、《布尔什维主义的胜利》等文章,认为十月革命"是立于社会主义上之革命",是"世界的新文明之曙光",它的胜利是"社会主义的胜利,是Bolshevism的胜利,是赤旗的胜利",并预言"试看将来的全球,必是赤旗的世界!"

马克思主义作为一种新思想、新思潮开始大量在中国传播,是在1919

---

① 对于"五四精神"的内涵,有众多解读,包括爱国主义、民主与科学、解放思想、不断创新、理性精神、个性解放、勇于探索、追求真理、破旧立新的革命或变革、彻底的反帝反封建,等等,但都基本认同民主与科学是其核心价值,爱国主义是其本质。

年五四运动前后。主要体现在：第一，有大批报刊公开宣传马克思主义，除"五四"之前就已创刊的《新青年》是宣传马克思主义的主要阵地之外，《星期评论》《每周评论》《国民》《建设》《少年中国》《新社会》《少年世界》《湘江评论》，以及《申报》《民国日报》副刊、《晨报》副刊、《时事新报》副刊等报刊都登载了不少介绍马克思主义的专文，有的还开辟了马克思主义专栏。据统计，"五四"之后，宣传马克思主义，或具有马克思主义倾向的刊物达到200多种。

第二，不少马克思主义著作被翻译出版。1920年，陈望道翻译的《共产党宣言》第一个中文全译本在上海出版。《〈资本论〉自叙》《〈政治经济学批判〉序言》《雇佣劳动与资本》《社会主义从空想到科学的发展》《科学的社会主义与唯物史观》《国家与革命》《民族自决》《俄国的政党和无产阶级的任务》等马克思、恩格斯和列宁的著作，以及《马克思资本论入门》《马克思经济学说》《马克思唯物史观》等介绍马克思主义的著作的译文相继出版，为进步知识分子学习、研究马克思主义创造了条件。

第三，一批学习、研究、宣传马克思主义的团体在全国陆续出现。主要有李大钊在北京大学成立的马克思学说研究会、陈独秀在上海成立的马克思主义研究会、周恩来在天津成立的觉悟社、恽代英在武昌组织的利群书社，还有山东的齐鲁书社、湖南的新民学会向马克思主义转向后创办的文化书社，等等。

第四，涌现出一批积极传播马克思主义的先进知识分子，如李大钊、陈独秀、李汉俊、李达、施存统、毛泽东、周恩来、杨匏安、恽代英、瞿秋白、邓中夏，等等，他们完成了由民主主义者向社会主义者的转变，成为马克思主义广泛流传的标志和主导力量。

一批非马克思主义者介绍马克思主义的成绩也比较突出。据统计，资产阶级的杂志《建设》在1919年8月至1920年4月的半年时间里共登载与马克思主义有关的文章约20余篇，《星期评论》在1919年6月到1920年6月的一年时间里刊登有关马克思主义的文章50余篇。戴季陶发表了《从经济上观察中国的乱源》《我的日本观》《"世界的时代精神"与"民族的适应"》等文章，并翻译出版了考茨基的《马克思资本论解说》，较详细介绍了马克思主义的政治经济学。胡汉民积极宣传唯物史观，发表了《唯物史观批评之批评》《中国哲学史之唯物的研究》《阶级与道德学说》《从经济的基础观察家族制度》等文，翻译了《哲学的贫困》《〈政治经济学批判〉序言》等马恩著作。但他们都没有在宣传马克思主义的过程中完成向马克思主义者的转变,相反,还走向了反面,比如,戴季陶以后就"系统"地反对马克思主义,成为国民党中"反共最早,决心最大,办法最彻底"的代表。

马克思主义在中国的早期传播与"五四"时期中国思想界出现的三大论战分不开。一是"问题"与"主义"之争。民初以来,中国流行各种各样的"主义",无论知识分子,还是各式政客,都喜好引据西方的各种学说,却不认真思考、实践救济中国社会的具体办法,空谈学理、回避现实的问题较为严重。在此社会背景下,奉行实验主义的胡适于1919年7月在《每周评论》上发表了《多研究些问题,少谈些"主义"》一文,认为不"实地研究我们现在的社会需要",空谈"外来进口的"和"偏向纸上的"主义,无济于事,于世无补,且容易使"主义""被无耻政客利用来做种种害人的事",因此,他号召"多提出一些问题,少谈一些纸上的主义","多研究这个问题如何解决,那个问题如何解决,不要高谈这种主义如何新奇,那种主义如何奥妙"。

胡适的观点马上遭到信奉"主义"的人的异议。首先是属于研究系的无政府主义者蓝公武在《国民公报》上分七次连载了《问题与主义》一文,对胡适进行反驳,他认为,"问题"与"主义""不能截然区别","方法与主义不过是目标与路径的关系","吾们要提出一种具体的方法来解决问题,必定先要鼓吹这问题的意义以及理论上的根据,引起了一般人的反省,使成了问题,才能采纳吾们的方法"。

1919年8月,李大钊在《每周评论》上也发表《再论问题与主义》一文(此文发表前李大钊曾以私人信件寄给胡适),他亦主张"问题"与"主义"密不可分,认为"一个社会问题的解决,必须靠着社会上多数人共同的运动",若只研究一些具体的问题而不为社会上多数人关心,那就永没有解决的希望,因此,必须使社会上多数人"先有一个共同趋向的理想、主义"。他强调知识分子既要信奉主义,也要积极宣传主义,使社会上多数人都能以主义为工具去解决具体的社会问题,并认为像中国这样"没有组织没有生机的社会","必须要有一个根本解决,才有把一个一个的具体问题都解决了的希望",主张通过革命手段解决经济问题,就可根本解决中国的问题,其他各种社会问题也就不难解决。

随后,胡适在《每周评论》、《太平洋》上相继发表《三论问题与主义》、《四论问题与主义》两篇文章,把他的主张略修正为"多研究些具体的问题,少谈些抽象的主义",并认为"一切主义,一切学理,都该研究",同时,他还在《新青年》上发表了《新思潮的意义》一文,继续强调"一点一滴的进化","一尺一步的改造",把"研究问题"和"输入学理"视为新思潮的两种手段。

"问题"与"主义"之争使更多的知识分子理性反思各种各样的"主义",以及中国需不需要"主义"的问题,从而使他们更加清楚了马克思主义。这扩大了马克思主义的影响。① 有的人还认为,这场争论还促使马克思主义者思考如何把马克思主义与中国现实社会相结合,寻找解决中国实际问题的出路,这实际上开始了马克思主义中国化的历程。②

二是关于社会主义问题的论争。1920年11月,张东荪陪同罗素到湖南等地演讲之后,回到上海,在《时事新报》上发表《由内地旅行而得之又一教训》一文,12月,又在《改造》上发表《现在与将来》一文。1921年2月,梁启超在《改造》上发表《复张东荪书,论社会主义运动》一文,响应张东荪。他们大肆宣传改良性的社会主义。他们认为,"中国的唯一病症就是贫乏,中国真穷到极点了",这样的社会现实,使得谈任何"主义"都没有意义,"中国现在没有谈论甚么主义的资格,没有采取甚么主义的余地,因为中国处处都不够",因此,"挽救中国就只有一条路",那就是"增加富力","而增加富力就是开发实业",而开发实业要靠资本主义的一些实际办法,要靠绅商阶级,绅商阶级是中国的希望所在。他们虽然提出了"资本主义必倒,社会主义必兴"的口号,但认为社会主义只是"较远的未来"的理想,中国工业落后,无产阶级力量薄弱,缺乏实行社会主义的现实条件,而资本主义是"切近的目前"的实际,先要发展资本主义,再通过温和的改良手段实现社会主义。

陈独秀、李大钊、李达、何孟雄等早期马克思主义者对张、梁二人的观点

---

① 关于"问题"与"主义"之争,上世纪五十年代以来基本认为这是马克思主义和反马克思主义的第一次论战,最后以马克思主义的胜利而结束。但最近十多年来逐渐认为这是"民主阵线内部发生的一场争论",争论双方都反对封建主义旧思想、旧势力,其分歧是政见的分歧,主要是"要不要进行社会革命以求中国社会问题的根本解决",是整体改造、根本解决还是点滴改革、渐进解决中国社会问题的分歧,胡适引发这场争论不是针对马克思主义,而是针对无政府主义及"主义"泛滥的社会问题。这场争论双方不分输赢,可以说是双赢,促使中国社会走向"行动的时代"。参见罗志田:《激变时代的文化与政治——从新文化运动到北伐》,北京大学出版社2006年版,第61~145页;郑东升:《近十年来关于"问题与主义"之争研究综述》,《锦州师范学院学报》第25卷第5期,2003年9月。

② 彭继红:《"问题与主义"论战中的马克思主义中国化》,《湘潭师范学院学报》2001年第1期。

进行了批判,他们在《新青年》、《共产党月刊》、《曙光》上发表《社会主义批评》、《社会主义下之实业》、《中国的社会主义与世界的资本主义》、《讨论社会主义并质梁任公》、《社会革命底商榷》、《发展中国的实业究竟要采用什么方法》等文,认为西方资本主义制度下的社会财富增加也导致了贫富分化严重、生产无政府状态、生产过剩等严重的弊端,中国不能走资本主义的老路去发展实业。中国与欧美国家虽有"产业发达的先后不同,和发达程度的不同,而社会主义运动的根本原则却无有不同",社会主义公有制能克服资本主义发展的弊端,中国若实行社会主义,可以更快地赶上发达资本主义国家。中国的无产阶级队伍虽不及欧美和日本,但其所受的压迫更甚,更富有战斗精神,若能得到很好组织,必将有利于实现社会主义,"只有劳动团体能达到中国独立之目的"。在中国只有采取在马克思主义指导下的暴力革命手段,走社会主义革命道路,才能达到开发实业的目的。

这场论争实际上是中国应该走资本主义道路还是走社会主义道路,是用改良主义方法还是用革命手段改造中国社会的论战,经过这场论战,使一批先进青年更加认识清楚了马克思主义,马克思主义的影响得到扩大。当然,张梁二人所提出的发展实业,增加社会财富的观点也是正确的,而且,他们重视当时中国社会的实情,认为落后的中国有必要采取资本主义发展经济的举措,也有合理之处。

三是关于无政府主义的论战。无政府主义作为一种小资产阶级思潮,"五四"时期在青年知识分子中流传甚广。无政府主义者主张绝对自由,反对一切"强权",鼓吹"无政府"的实行"各取所需"的共产主义,其代表黄凌霜、区声白等人还发表文章,公然反对马克思主义,诬蔑十月革命。无政府主义成为了马克思主义传播的重大障碍。

1920年9月,陈独秀在《新青年》上发表《谈政治》一文,明确批判无政府主义,12月,他到达无政府主义流行最烈的广州,1921年1月,在广东公立法政学校作题为"社会主义的批评"的演讲,讲稿在《广东群报》上以同题发表,对无政府主义进行了批判。区声白听了陈独秀的演讲后,于1921年1月致函陈独秀,深入阐述无政府主义的观点,陈独秀予以回函,如此往返达三次。陈、区二人之间的六封信冠以《讨论无政府主义》总标题后,都发表在《新青年》第9卷第4号上。1922年10月,留学法国的区声白在《学灯》上发表《答陈独秀先生的疑问》,对陈独秀的第三次回函予以回应。有关无政府主义的论战持续一年多时间后结束。

在这场论战中,不少马克思主义者和倾向于马克思主义的进步青年都参与了讨论,他们从不同角度阐述了无产阶级通过革命手段,夺取政权、建立无产阶级专政的重要性和必要性,强调"绝对的自由"是没有的,也是不可能的,权力集中与组织纪律是"革命手段中的必要条件",自由只有在有序的社会环境中才能实现。这场论战使得不少进步青年认识了马克思主义与非马克思主义的社会主义之间的区别,从而脱离无政府主义,成为坚定的马克思主义者。无政府主义者关于个人解放、自由、人权,以及只有推翻现行社会旧制度,才能获得自由解放的主张,与马克思主义者的主张不无相通之处,从一个侧面推动了马克思主义的传播。

马克思主义在早期传播到中国的渠道主要有东、西、北三条:东面是日本;西面是西欧,主要是法国;北面是苏俄。此外,美国也是一条渠道。在这些渠道中,日本是主渠道。

马克思主义在中国的早期传播,为中国共产党的成立奠定了思想基础。

二、中国共产党的成立

中国共产党作为中国工人阶级的政党,它的成立,是近代中国社会经济、政治发展和思想演变的必然结果。自鸦片战争以来,中国逐步沦为了半殖民地半封建社会,中国人民遭受帝国主义压迫与奴役的社会现实,以及中华民族与帝国主义、人民大众与封建主义的矛盾,是中国共产党成立的根本原因。中国工人阶级的成长壮大,并在五四运动中登上中国的历史舞台,是中国共产党成立的阶级基础,而马克思列宁主义在中国的传播,并为进步知识分子所接受,是中国共产党成立的思想条件。

中国共产党的成立也是中国社会革命发展的客观要求。自晚清以来,中国人民就发动了一系列反帝反封的革命斗争,但都没有取得成功,特别是资产阶级领导的辛亥革命虽然推翻了晚清封建王朝的统治,但反帝反封的民族民主革命并没有完成,而且,民初出现的帝制复辟、军阀专权混争的社会局面使得资产阶级及其政党领导的民主主义革命陷入了"山重水复疑无路"的困境。中国革命需要新生的革命力量和革命政党。

同时,中国共产党的成立是马克思主义与中国工人运动相结合的产物。五四运动之中,一批具有初步共产主义思想觉悟的知识分子,投身于这场群众性的爱国政治运动,亲身体会、认识到了中国工人阶级的作用与力量。五四运动之后,他们一方面系统研究马克思主义,完成了向马克思主义者的转变(有的在五四运动前夕就完成了),另一方面积极投入到工人群众中,大力宣传马克思主义,开展工人运动。正是在马克思主义广泛传播、工人运动不断发展,以及二者日渐结合的过程中,工人阶级的政党应运而生了。1920年1月,就有人呼吁"劳动团体应当自己起来做一个大政党"。

而此时共产国际的帮助,加速了中国共产党的成立。

中国共产党的成立工作是从早期共产党组织的建立开始的。中国共产党的最早的组织是在中国工人阶级最密集的中心城市上海首先建立的。1920年初,李大钊、陈独秀等人就商讨过成立党组织的事宜,3月,共产国际派魏金斯基来中国帮助建党,魏金斯基先在北京会见了李大钊,随后到上海会见了陈独秀。在魏金斯基的帮助下,陈独秀于1920年8月在上海成立了第一个党组织,开始称为"社会党",后经商量,一个月后改称"中国共产党",成员有陈独秀、李达、李汉俊、陈望道、俞秀松、施存统、赵世炎、杨明斋等,陈独秀为书记,12月,陈独秀赴任广东省教育委员会委员长一职后,由李汉俊、李达代理书记职务。该组织以在5月份随陈独秀迁到上海出版的《新青年》为机关刊物,11月,开始出版《共产党》月刊,作为内部机关刊物。上海的"共产党"被后人视为中国共产党的发起组织,肩负着发起、筹备和组织中国共产党的任务,是各地马克思主义者进行建党活动的联络中心,其他各地共产党组织的建立都与其有着联系。①

与此同时,李大钊也在北京积极建立党组织。1920年10月,北京党组织成立,开始称为"共产党小组",11月(一说1921年1月)改称为中国共产党北京支部。成员有李大钊、张申府、张国焘、邓中夏、罗章龙、刘仁静、何孟雄、张太雷等人,李大钊为书记。

在上海和北京的党组织的影响和推动下,其他地方的党组织也相继建立起来了。南方地区的主要由陈独秀负责指导,北方地区的主要由李大钊负责,故有"南陈北李"之称。

1920年秋冬,董必武、陈潭秋、包惠僧、刘伯垂等人在武汉成立共产党支部,包惠僧为支部书记。

1920年冬,毛泽东在长沙发起成立共产党组织。成员主要有何叔衡、萧铮、夏曦、郭亮、易礼容、彭殷柏等人。

1920年冬,王尽美、邓恩铭等在济南组建了共产党组织。

---

① 正因为此,有人把上海党组织的成立视为中国共产党成立的标志。

1920年秋,广州的无政府主义者建立了共产党组织。1921年3月,陈独秀在广州重建了共产党组织,称为共产党广东支部,陈独秀为书记,后来由谭平山担任书记。

海外留学生也建立了中国共产党的早期组织。周佛海、施存统在日本东京成立党组织,开始就两个人,后来发展到彭湃等十个人。张申府、赵世炎、陈公培,以及由张申府介绍加入党组织的刘清扬、周恩来五人在法国巴黎建立了共产党组织。

上述各地共产党早期组织统称为共产主义小组。这些组织成立后,主要开展如下工作:

1. 有计划、有组织地研究、宣传马克思主义。包括翻译出版《共产党宣言》、《资本论》等马克思列宁主义的原著,以及《唯物史观解说》、《马克思资本论入门》等介绍马克思主义的书籍,主办机关刊物,在《新青年》、《共产党》月刊、《民国日报·觉悟副刊》、《武汉星期评论》、《励新》半月刊等刊物上登载大量有关马克思主义的文章,此外,还通过有关马克思主义的研究团体,系统学习马克思主义。

2. 到工人群众中开展宣传和组织工作,促进马克思主义与中国工人运动的结合。各地共产党组织都很重视工人工作,他们创办了面向工人群众的通俗刊物,以浅显的语言向工人介绍马克思主义。他们还创办工人补习学校,比如北京党组织在长辛店举办了劳动补习学校,上海党组织开办了沪西小沙渡工人半日学校,武汉党组织在武昌第一纱厂、汉阳兵工厂、汉口英美烟厂,以及铁路工人中开办了识字班,长沙党组织兴办了平民夜校和青年补习班。此外,他们还在工人中组织工会,发动罢工,开展工人斗争。这些活动不仅提高了工人阶级的觉悟,还促进了马克思主义与工人运动相结合,也锻炼了马克思主义知识分子的社会实践能力,促使他们更加了解、重视工人阶级的地位和作用。

3. 讨论如何建党的问题。1920年11月,上海党组织发起制定了《中国共产党宣言》,近似于临时党纲。李大钊、毛泽东、蔡和森、周恩来等人通过来往信件,或写文章,就党的性质与任务、党的纲领、党的指导思想、党的组织与党员等问题进行了讨论,基本认同建立一个统一的、有组织有纪律的、类似于俄国的党组织。这些讨论既宣传了马克思主义的建党思想,也为中国共产党的创建做好了前期理论工作。

4. 开展青年工作。在早期党组织的帮助下,一些地方建立了社会主义青年团。1920年8月,上海社会主义青年团成立,俞秀松任书记。11月,北京社会主义青年团成立,高君宇任书记。长沙、武汉、广州、济南、天津等地都先后建立了社会主义青年团。

各地共产党组织所开展的如上工作有力促进了马克思主义在中国的传播及其与中国工人运动的结合,为中国的无产阶级政党——共产党的正式创建进一步做好了思想上、干部上、组织上的准备。他们在工作的过程中,感到有必要建立一个统一的党组织。

上海的党组织为中国共产党的成立做了大量筹备工作。1921年初,魏金斯基返回苏俄前夕,与陈独秀、李大钊商谈,一致认为正式成立中国共产党的时机已经成熟。2月,陈独秀起草了一份中国共产党党章。6月,共产国际的代表马林、尼柯尔斯基来到中国,重在帮助建立中国共产党。他们到达上海后,与主持上海党组织工作的李汉俊、李达进行了工作联系,建议尽早召开党的全国代表大会,宣告中国共产党成立。李达经与在广州的陈独秀和在北京的李大钊商议,决定在上海成立中国共产党,于是,上海党组织向其他党组织写信,通知各派两名代表来上海出席成立中国共产党的全国代表大会。

1921年7月23日,中国共产党第一次全国代表大会在上海法租界秘密召开,7月30日被巡捕发现,被迫转移到浙江嘉兴南湖的一只游船上举行。① 出席的代表有:上海的李达、李汉俊,北京的张国焘、刘仁静,长沙的毛泽东、何叔衡,武汉的董必武、陈潭秋,济南的王尽美、邓恩铭,广东的陈公博、包惠僧,东京的周佛海。共产国际的代表马林、尼柯尔斯基也出席了大会。

这次大会的中心议题是成立中国共产党。大会讨论通过了《中国共产党的第一个纲领》,确定党的名称为"中国共产党",其性质是工人阶级的政党,是无产阶级革命的神经中枢。规定党的任务和奋斗目标是:开展阶级斗争,通过革命军队推翻资产阶级政权,消灭资本家私有制,没收机器、土地、厂房等生产资料归社会公有,建立无产阶级专政,直至消灭阶级差别。显

---

① 中共"一大"的开闭幕日期至今都不很确定。开幕日学界基本确定是7月23日,但也有7月24一说。或许是因把中共"一大"具体开幕的日期记错了,后来开始纪念中国共产党成立时,是在7月1日,所以一直把此日视为中国共产党的诞辰日。闭幕日学界的分歧较大,有7月31,8月1、2、4、5日等多种说法。

然,中国共产党成立之初主张实行社会主义革命,把实现社会主义、共产主义作为奋斗目标。

大会还讨论通过了《中国共产党的第一个决议》,规定中国共产党成立后的中心任务是组织工人阶级,开展工人运动,并强调要加强对工人运动的领导,贯穿"阶级斗争的精神",要"坚守无产阶级的立场",不与其他党派建立任何联系,对其他党派要采取"独立、攻击、排他的态度"。

大会还选举产生了陈独秀、张国焘、李达组成的党的中央领导机构——中央局,陈独秀为书记,张国焘为组织主任,李达为宣传主任。

中国共产党第一次全国代表大会标志中国共产党正式成立,这具有划时代的历史意义,从此,中国革命在中国共产党的领导下,"面目就焕然一新了"。中国革命进入了一个新的时代,中国人民和中华民族看到了新的希望。

第三节 国民革命

一、第一次国共合作的实现

在20世纪20年代初,中国共产党和中国国民党都是富有革命性的政党,两党虽然党义有着众多差异,甚至有根本上的不同,但基于所处社会革命现实的需要,在共产国际和苏俄的帮助与推动下,逐渐实现了第一次合作,共同开展革命活动,促使了国民革命的勃兴。

1. 20世纪一二十年代,中国半殖民地半封建社会下的军阀割据混战、专权专制及帝国主义加紧侵略中国的社会状况,是国共两党进行合作的现实基础。

北洋军阀统治时期,中国社会矛盾十分尖锐。各派军阀在帝国主义的扶植下,为扩充所割据的地盘和争夺北京中央政府的控制权,不断进行纷争,乃至军事混战,中国一片军阀割据统治景象,有时人称之"中华匪国"。军阀割据统治实际上是封建军阀的专制统治,是地主阶级的军阀官僚的统治,这种统治给广大人民带来了无穷灾难。同时,华盛顿会议之后,各帝国主义对中国由"互竞侵略"变为"协同侵略",进一步加深了中国殖民地化程度,"这种协同的侵略,将要完全剥夺中国人民的经济独立,使四万万被压迫的中国人都变成新式主人国际托拉斯的奴隶"。

总之,辛亥革命之后中国半殖民地半封建社会的性质没有改变,帝国主义与中华民族的矛盾、封建主义与人民大众的矛盾不但没有解决,还进一步激化,这样社会性质和社会矛盾下的军阀割据统治为都主张革命的国共两党进行合作提供了社会现实基础。"打倒列强除军阀"成为国共合作的直接目标。①

2. 共产国际对民族与殖民地问题的主张及其对国共两党所提供的帮助,是第一次国共合作实现的重要的外部条件。

1920年七、八月份,共产国际在莫斯科召开第二次代表大会,民族与殖民地问题是中心议题之一。大会通过了列宁起草的《民族与殖民地问题提纲》和印度人罗易起草的补充提纲,列宁还代表共产国际的民族与殖民地问题委员会向大会做了相关问题的报告。大会决定出的对中国会产生重大影响的共产国际对民族与殖民地问题的基本思想是:处于被压迫民族的殖民地半殖民地人民开展革命的第一步是推翻外国资本主义的压迫及本国本民族封建势力的统治,即完成资产阶级民主性质的民族革命运动;殖民地半殖民地国家的无产阶级及其政党共产党要积极参加民族革命运动,并一开始就要掌握革命运动的领导权,与农民阶级和一切被压迫者结成紧密联盟;资产阶级民主派是民族民主革命的重要力量,无产阶级在保持自身独立性并独立开展革命运动的同时,要积极与之进行联合,共同开展反帝反封的民族民主革命。

1922年1月,共产国际在莫斯科召开远东各国共产党和民族革命团体第一次代表大会,参会的中国代表有30多人,来自中国共产党、中国国民党,以及工人、中小资产阶级、学生、妇女、青年、农民、记者、文艺团体等各界。大会期间,列宁还专门接见了中国工人代表邓培、共产党代表张国焘和国民党代表张秋白,希望国共两党合作,鼓励中国工人阶级积极与其他革命力量合作,在革命中发挥更大作用。

共产国际关于中国革命是资产阶级民族民主革命的认识,以及共产党和国民党、无产阶级与资产阶级合作开展革命的主张对国共两党如何开展

---

① 所以,有人认为,第一次国共合作是以爱国主义为基础的,也有人认为是以民族主义为基础的,爱国主义和民族主义促发了国共两党的合作。当然,国共两党实现合作之后,在共同开展的国民革命之中,在反帝上是有程度之别的,而且,随着国民革命的深入,国民党反帝的革命倾向日渐减弱。

革命具有指导作用。此前,共产国际、苏俄就已派代表到中国帮助国共两党开展革命,实现合作。可以说,共产国际充当了第一次国共合作实现的媒介。①

3. 中国共产党在共产国际的指示和帮助下,在总结所开展的革命活动的经验教训中,根据中国社会现实,逐步明确了民主革命纲领和革命统一战线政策,实现了革命策略的转变,这是第一次国共合作实现的一大必要条件。

中国共产党成立时,限于实践经验不足,对中国社会状况和革命性质缺乏认识,未能提出符合中国国情的革命纲领,基本是照搬俄国十月革命的"模式",企图超越资产阶级民主革命阶段,想一举完成社会主义革命,所以对国民党等资产阶级党派采取不合作,甚至排斥的态度。但"一大"之后,在共产国际关于东方被压迫民族的民族解放运动具有反帝反封双重性质的指示下,通过总结开展工人运动的实践经验,逐步修改了"一大"的革命纲领,制定出了民主革命纲领,并改变了对国民党的态度,同意与国民党合作。

1922年7月16日至23日,中共在上海召开第二次全国代表大会,通过了大会宣言,宣言分析了中国社会的实际状况,指出中国社会是半殖民地半封建社会性质的社会,中国革命的性质是反帝反封的民主主义革命,当前的革命任务与目标是打倒国际帝国主义和封建军阀,工人阶级、农民阶级、小资产阶级和民族资产阶级都是中国民主革命的动力。基于如上分析,宣言提出了中共的最高和最低革命纲领,最高纲领是"组织无产阶级,用阶级斗争的手段,建立劳农专政的政治,铲除私有财产制度,渐次达到一个共产主义的社会",最低纲领是反帝反封的民主革命纲领,即"(1)消除内乱,打倒军阀,建设国内和平;(2)推翻国际帝国主义的压迫,达到中华民族完全独立;(3)统一中国本部(东三省在内)为真正民主共和国"。

同时,宣言还指出,为实现最低革命纲领,共产党必须采取联合战线的政策,"引导工人们帮助民主主义的革命运动,使工人和贫民与小资产阶级建立民主主义的联合战线"。因此,大会还通过了《关于"民主的联合战线"的决议案》,指出"共产党应该出来联合全国革新党派,组织民主的联合战线"。

大会还决定出版党的中央机关刊物《向导》周报,以宣传党的民主革命

---

① 所以,有人,主要是台湾的学者认为第一次国共合作是国共两党基于反封建军阀的需要,在共产国际和苏俄的"撮合"下而实现的。

纲领和建立民主联合战线的主张。1922年9月,该刊物在上海正式创刊,由蔡和森主编。

在提出、宣传民主革命纲领的同时,中共按"一大"决议,成立后着力开展工人运动。1921年8月,中国共产党在上海成立中国劳动组合书记部,并在北京、武汉、长沙、广州、济南设立分部,出版机关刊物《劳动周刊》。中国劳动组合书记部是共产党领导开展工人运动的公开、合法的组织。该组织发动、领导的第一次大规模的罢工,是1922年1月12日到3月8日为期56天的香港海员工人大罢工,这次罢工虽然失败了,但揭开了第一次工人运动高潮的序幕。到1923年2月,全国罢工达100多次,罢工人数约30万,其中较大规模的有安源路矿工人大罢工、开滦五矿大罢工、京汉铁路工人大罢工。

这些罢工有的取得胜利,但大多失败了。特别是京汉铁路工人大罢工因遭到直系军阀吴佩孚的血腥镇压而最终失败,标志第一次工人运动高潮结束。这些大罢工一方面显示了工人阶级的力量和斗争精神,使得孙中山领导的国民党对工人运动刮目相看,开始重视工人阶级的作用,另一方面它们的失败也使得共产党对中国革命的现实有更切实际的看法,认识到要取得革命的胜利,工人阶级不能孤军奋战,必须要与农民阶级、小资产阶级、资产阶级民主派等阶级力量结成同盟,建立广泛的革命统一战线。

要建立广泛的革命统一战线,共产党必须要处理好与国民党的关系。1922年4月底5月初,中共在广州召开党团领导干部会议,着重讨论与国民党的关系问题,少共国际代表达林建议共产党人加入国民党,经过激烈争论,中共同意与国民党联合,但反对党员加入国民党。此时,中共主张以"党外合作"方式与国民党联合,建立民主联合战线,坚决反对"党内合作"。此前,达林曾向孙中山建议国共"党外合作"方式,遭到孙的拒绝。

1922年8月,共产国际指示中共党员在保持自己组织独立性的同时,加入国民党,在国民党内部组成自己的团体。根据马林的建议,8月底,中共中央在杭州西湖召开特别会议,专门讨论与国民党合作问题。会上,马林传达了共产国际的指示,并"力言国民党不是一个资产阶级的党,而是各阶级联合的党,无产阶级应该加入去改进这一党以推动革命"。中共中央"为尊重国际纪律不得不接受国际提议",决定中共少数负责人以个人身份加入国民党,同时劝说全体党员加入国民党。这样,中共被迫接受了"党内合作"方式。

1923年6月,中国共产党在广州举行第三次全国代表大会,中心议题是讨论加入国民党,建立革命统一战线,发动和推进国民革命的问题。大会正式确认以"党内合作"方式实现国共合作。认为国民党是一个革命的政党,"只有国民党才能容纳那些半革命的资产阶级、小资产阶级、农民和无产阶级,没有其他途径"。共产党在保持政治上和组织上独立性的同时,共产党员以个人身份加入国民党。共产党员加入国民党后,"一切工作应该集中到国民党",开展国民革命。

这样,中国共产党在约两年时间内,逐步提出了适合中国社会实际情况的民主革命纲领与便于开展民主革命的民主联合战线策略,并接受了共产国际和国民党都容易接受的国共两党"党内合作"的方式,为最终实现第一次国共合作奠定了一大必要前提。①

4. 孙中山领导的中国国民党在面临革命困境时,从"取径东洋"转为"以俄为师",接受苏俄的帮助,对国民党进行改组,同意"容共",确立起联俄、联共与扶助农工的三大政策,这是第一次国共合作实现的另一大必要条件。

中国国民党是一个资产阶级政党,从历史渊源看,是由兴中会、同盟会、国民党和中华革命党延续而来。1919年10月,孙中山把中华革命党改组为中国国民党,总部设在上海。国民党虽然是中国第一大政党,但组织涣散,纪律松弛②,革命愿望有余,革命能力不足,众多党员都以加入国民党为

---

① 对第一次国共合作的"党内合作"方式,目前学界评价不一,主要有三种:一种认为"党内合作"是正确的,既符合马克思主义的策略原则,也有利于共产党及其领导的革命力量的发展;一种认为"党内合作"是一条右倾路线,是共产国际为了维护苏俄民族利益的产物,是共产国际重视国民党轻视共产党的结果,这种方式限制了共产党争取领导权的斗争和独立活动的开展,是国共合作破裂和大革命失败的总源;一种认为"党内合作"利弊兼存,利大于弊,它是中国社会政治发展的必然,有利于统一战线的建立和国民革命的发展,是实力弱小的共产党的唯一正确的选择。它是第一次国共合作的基本形态和特征,促发了国民革命。虽然这种方式一开始就束缚了共产党的手脚,使其在国民革命中的政权组织、军队武装、革命领导权等方面,始终存在理论上与实践上的矛盾,从而与国民革命的失败不无关系,但国民革命的失败是多方面原因导致的,不能完全归之于"党内合作"方式。

② 有人专门从政治学的角度,检讨了同盟会以来中国国民党的组织结构、纲领及运转状况,认为国民党并不具有现代政党的功能。见李玉:《从同盟会到国民党改组的政治学检讨》,《江苏社会科学》2004年第2期。

"做官的终南捷径"。所以,孙中山迫切想对国民党进行改组。

五四运动之后,中国工人运动、青年运动得到发展,显示了工人阶级和青年学生的力量,孙中山看到了新的革命希望和革命力量。俄国十月革命的胜利,及其后共产国际和苏俄对中国表现出的友好,使得孙中山萌发了"以俄为鉴"的思想。

1922年6月,孙中山一手培植起来的粤军将领陈炯明在帝国主义和直系军阀的支持下,发动叛乱,致使孙中山发动的第二次护法运动失败,孙中山被迫离开广州到上海。这次失败使孙中山开始反思以往依靠一派军阀打倒另一派军阀的革命策略,决定彻底改造国民党,并加大与苏俄的联系,寻求苏俄的帮助。

此时,共产国际和苏俄的代表多次与孙中山接触,商讨国共合作及苏俄与国民党合作的问题。1922年8月,李大钊、马林、陈独秀等人相继会见了孙中山,商谈以"党内合作"方式进行国共合作的事宜,他们都建议孙中山按民主原则改组国民党。孙中山接受了"党内合作"主张,亲自接纳李大钊、陈独秀为国民党党员,随后,中国共产党其他领导人相继加入国民党。

孙中山亦接受马林和中国共产党的建议,开展准备对国民党进行改组。9月4日,孙中山在上海召集各省国民党负责人,讨论国民党改组问题,6日,成立由张秋白、陈独秀等9人组成了国民党党务改进案起草委员会。1923年元旦,国民党发表经孙中山亲自审定的《中国国民党改进宣言》,重申了三民主义的政纲,并强调群众对革命的重要性,"革命事业,由民众发之,亦由民众成之"。这表明孙中山开始确立依靠群众进行革命的思想。

此时,苏俄逐渐明确联合孙中山的政策。1923年1月17日,苏俄代表越飞到上海与孙中山进行正式谈判,签署了《孙文越飞联合宣言》,标志着孙中山正式确立了联俄政策。

2月,孙中山重新回到广州,组建了大元帅府,第三次在广州建立了革命政权,继续推进国民党改组。8月,孙中山派遣蒋介石率领有共产党员张太雷参加的"孙逸仙博士代表团"到苏联考察,洽谈苏联援助事宜。10月,应孙中山要求,苏联派遣鲍罗廷到中国担任孙中山的顾问,孙中山任命他为国民党组织教练员,并任命李大钊、张继、廖仲恺、戴季陶、汪精卫五人为国民党改组委员。

10月25日,孙中山在广州召开国民党改组特别会议,讨论改组计划,任命廖仲恺、胡汉民、谭平山等9人为国民党临时中央执行委员,李大钊等5

人为候补委员,鲍罗廷为顾问,负责国民党改组工作,并决定1924年1月召开中国国民党第一次全国代表大会。

11月12日,国民党发表《中国国民党改组宣言》,阐明了国民党改组的要求、目的和任务。

5. 第一次国共合作实现的标志:中国国民党第一次全国代表大会。

1924年1月20日至30日,中国国民党第一次全国代表大会在广州召开,大会代表共有165人,其中23人是共产党员。这是一次国民党改组的大会,孙中山发言时反复强调要把国民党改造"成为一个有组织的有力量的机关,和俄国的革命党一样"。

大会通过了《中国国民党第一次全国代表大会宣言》,共分三部分。第一部分是分析"中国之现状",指出中国的唯一出路是开展国民革命。第二部分是阐述"国民党之主义",重新解释了三民主义。关于民族主义,强调"中国民族自求解放"与"中国境内各民族一律平等","免除帝国主义之侵略"与"承认中国以内各民族之自决权",并指出中国民族解放主要依靠多数民众;关于民权主义,指出民权"为一般平民所共有,非少数者所得而私",那些"效忠于帝国主义及军阀者",不得享受自由权利;关于民生主义,主张平均地权与节制资本,防止"土地权之为少数人所操纵","使私有资本不能操纵国民之生计",后来,孙中山还提出"耕者有其田"的口号。第三部分是"国民党之政纲",主要是规定了国民党的内外政策,对外包括废除一切不平等条约,废除外债,对内包括中央与地方实行"均权主义",实行不以资产为标准的普选制度,制定劳工法,实行男女平等,等等,并设计国家建设按军政、训政和宪政三个程序依次进行。

国民党"一大"宣言标志孙中山的三民主义发展为了新三民主义,具有了反帝反封的新内涵,以及联合工农群众,维护人民权利的新特点。新三民主义与共产党的民主革命纲领虽然在指导思想、革命领导权上有着本质区别,但在革命对象、革命依靠力量等方面上也有相同之处。所以,新三民主义是国共合作与革命统一战线的政治基础。

大会还通过了国民党的新党章,正式确认共产党员可以个人资格加入国民党,同时可保留共产党党籍。

大会还选举产生了中国国民党第一届中央执行委员会,委员24人,其中有李大钊、谭平山、于树德等共产党员,候补委员17人,有毛泽东、林伯渠、张国焘、瞿秋白等共产党人。

国民党"一大"标志着国民党正式确立联俄、联共、扶助农工的三大政策,标志着以国共合作为核心的反帝反封的革命统一战线正式建立,标志着第一次国共合作正式实现。国民党被改组成了工人、农民、小资产阶级和民族资产阶级的革命联盟。

第一次国共合作的形成,大大加强了革命力量,推动了全国工农群众运动的高涨,标志着国民革命正式兴起。

二、国民革命的勃兴

"国民革命"一词最早见于1906年孙中山、黄兴、章太炎等人制订的《军政府宣言》:"前代为英雄革命,今日为国民革命。所谓国民革命者,一国之人皆有自由、平等、博爱之精神,即皆负革命之责任。"①但其所言国民革命与国共合作后的国民革命相差甚远。其后孙中山领导的革命也非真正意义上的国民革命。

1920年代的"国民革命"实际是根据共产国际对共产党的指示文件中的"National Revolution"一词翻译而来。具体是什么时候出现此词,至今还无据可考,大致是中共"二大"之前。

中共"二大"时,共产党人都还没有频繁使用"国民革命"一词,大多把"National Revolution"翻译为"民族革命",或"社会革命"。1922年9月,陈独秀在《向导》周报第2期上发表《造国论》一文,指出英雄时代过去了,现阶段任何一个阶级都难以"单独创造国家",无产阶级革命的时期尚未成熟,只有无产阶级和资产阶级联合的"国民革命(National Revolution)的时期是已经成熟了"。中共"三大"明确指出全党现阶段的使命是"以国民革命来解放被压迫的中国民族,更进而谋世界革命,解放全世界的被压迫民族和被压迫阶级"。国民党"一大"时孙中山亦强调"综观中国之现状,益知进行国民

---

① 《孙中山全集》第1卷,中华书局1981年版,第296页。

革命之不可懈"。此时,国共两党所言的国民革命虽然有所不同①,但基本含义有十分接近的部分,那就是对内的民主革命,对外的民族革命,二者结合就是反帝反封的民族民主革命,依靠力量是包括工人、农民、小资产阶级、民族资产阶级在内的一切进步力量。

国共合作实现之后,两党共同开展国民革命,从而在全国兴起了国民革命运动。这场革命运动主要在南方兴起,然后逐步向北方扩展。

1. 工农运动进一步发展

国民党经苏俄和中国共产党帮助,在"一大"之后也很重视发展工农运动。改组后国民党专门设立了工人部和农民部,工人部由廖仲恺担任部长,共产党员冯菊坡担任秘书长,农民部由共产党员林祖涵担任部长,彭湃担任秘书长。

共产党人或独自开展工人运动,如在北方恢复各地铁路工会的工作,1924年2月,在北京秘密召开全国铁路工人代表大会,成立全国铁路总工会;或利用国民党员的身份,与国民党人一起发动罢工斗争。1924年7月,广州沙面租界工人发动罢工,反对英国限制中国人自由出入沙面的"新警律",坚持一个多月,取得胜利。此后,全国不少城市都发生了罢工斗争。低落的工人运动逐步得到恢复和发展。1925年5月1日,来自全国166个工会的代表在广州召开第二次全国劳动大会,成立了中华全国总工会,号召工农广大群众积极参加反帝反封的国民革命运动,为全国工农运动高潮的到来做好了准备。

国民党的农民运动工作主要由共产党人负责。1924年3月,国民党决定在农村组织农民协会和农民自卫军,6月,决定在广州组织"中国国民党农民运动讲习所",培养了大批农民运动人才,他们分赴广东各地以及其他省份发动农民运动。广东农民运动在彭湃的领导下发展得最为火热。1925

---

① 主要有两大不同:一是领导权不同,国民党和共产党都强调对国民革命的领导权;二是终极命运不同,共产党强调国民革命只是第一步,要以之为基础去开展高级阶段的社会主义革命,国民革命成功之后要建立的是包括资产阶级和无产阶级的民主统一政府,而国民党所指的国民革命就是单纯的反帝反封、获得民族独立、自由与民主的革命,革命成功后建立的是一个资产阶级统治的民主统一政府。正因为此,国共两党所言的国民革命在性质上是不同的,分别指资产阶级民主主义革命和无产阶级新民主主义革命。也因为此,随着国民革命胜利进军,国共两党的分歧也越来越大,直至两党合作关系完全破裂。

年5月1日,广东省举办第一次农民代表大会,成立了全国第一个省级农民协会,彭湃任委员长,会员有20多万人。到1926年5月,广东有61个县建立了农民协会。广东农民运动带动了全国农民运动的发展,湖南、广西、江西、河南等地农民运动也相继开展起来了。毛泽东在湖南韶山地区建立了20多个乡农民协会。韦拔群在广西举办了3期农民运动讲习所。

在各地开展工农运动的同时,中国共产党也相继建立了众多支部。为了加强对工农群众运动的领导,迎接革命高潮的到来,1925年1月11日至22日,中国共产党在上海召开第四次全国代表大会,与会代表20人,代表全国994名党员,比之"一大"近60名、"二大"195名、"三大"约400名有了大幅增加。大会强调加强党的组织和宣传工作,修改了党章,降低了建立党支部和青年入党的条件,决定成立中央组织部,在国民党及其他政治团体中组织党团。这些决定有利于无产阶级领导的群众运动的发展,有利于促进国民革命运动的发展和革命高潮的到来。

2. 废除不平等条约运动与国民会议运动

"不平等条约"一词在"五四"前后才开始出现,为国人所创。"废除不平等条约"与"打倒帝国主义"是1920年代开始流行的两大政治口号。1923年6月,中共"三大"明确提出"取消帝国主义与中国所订一切不平等条约",1924年1月,国民党"一大"亦把取消一切"不平等条约"作为其对外政策的一大主张。国共两党大力宣传"反帝国主义"和"废除不平等条约"两大主张,把反帝作为国民革命的首要目标,而把废约视为反帝的首要目标,使得"'帝国主义'和'不平等条约'作为侵略、压迫和威胁的象征符号,在潜移默化中被中国广大民众毫无保留地接受"了[①]。

1924年六七月,全国兴起的一场反帝的"废除不平等条约"运动,除了与国共两党的宣传动员有关外,还直接受到了苏联对华外交政策的影响。早在1919年7月,苏俄就声明废除旧俄政府与中国缔结的一切不平等条约。1924年5月31日,中苏两国正式签订《中俄解决悬案大纲协定》及其他外交协定,规定中苏正式建立外交关系,同时规定:帝俄政府与中国政府所订一切条约一律废止,中苏两国重新签订平等新约。中苏平等协定的签订,极大地鼓舞和激励中国人民为废除不平等条约而斗争,以此为契机,一个要

---

① 王奇生:《国共合作与国民革命(1924～1927)》,即张海鹏主编的《中国近代通史》第7卷,江苏人民出版社2006年版,第137页。

求废除不平等条约的反帝爱国运动在北京、上海、武汉、长沙、济南、天津、广州、太原、杭州、哈尔滨等全国各地磅礴兴起。

而同时,全国也逐渐兴起了一场国民会议运动。中国共产党最先提出召开"国民会议"主张。1923年7月,中共第二次发表《对于时局之主张》,指出"只有国民会议才真能代表国民,才能够制定宪法,才能够建设新政府统一中国",并提出由国民党号召各团体召开国民会议。①

1924年10月,冯玉祥发动北京政变,北京政局十分不稳,全国人民希望乘此召开国民会议,制定宪法,建立民主共和政体。冯玉祥无力主政,倾向国民革命的他于10月25日电邀孙中山北上"主持大计",共商国是。

孙中山决计"北上",11月10日,他在广州发表《北上宣言》,指出他北上的目的是推倒军阀及其赖以生存的帝国主义,并主张召开国民会议,"以谋中国之统一建设"。在随后北上途中,他也明示北上的两个目的:"(1)召集国民会议,是对待军阀的;(2)废除不平等条约,是对待帝国主义的。"②11月19日,中共发表《第四次对于时局的主张》,再次强调国民会议是解决中国目前时局的最好办法,并拟出了国民会议的具体纲领。

受孙中山北上推动,在国共两党的宣传与动员下,全国出现了一场国民会议运动。12月14日,上海143个团体还成立了国民会议促进会。全国各地的团体纷纷发电要求召开国民会议,并也成立了国民会议促进会。1925年3月1日至4月16日,在国共两党的主导下,全国20多个省、120多个地区的国民会议促进会代表229人在北京召开国民会议促进会全国代表大会。这场国民会议运动与废除不平等条约运动相互衔接,共同促进人民反帝反军阀的觉悟,为更大规模的群众运动五卅运动的到来奠定了群众基础。同时,也使国民革命的群众运动从南方发展到北方,向全国扩展,也拓展了国共两党在全国的政治影响。

孙中山北上时,已身患肝癌,并到了晚期,1925年3月12日,伟大的爱国主义者,中国民主革命的伟大先驱孙中山在北京逝世,终年59岁。毛泽东曾评价他:"他全心全意地为改造中国而耗费了毕生的精力,真是鞠躬尽瘁、死而后已!"③

---

① 《中共中央文件选集》(一),中共中央党校出版社1982年版,第133页。
② 《孙中山选集》(下卷),人民出版社1981年版,第954、964页。
③ 《毛泽东选集》第5卷,人民出版社1977年版,第312页。

3. 五卅运动

中共"四大"之后加强对工人运动的发动和领导,全国众多城市都发生了罢工斗争,以上海最为突出。这些罢工斗争有的取得胜利,有的被反动军警镇压。1925年2月,上海日资纱厂工人举行罢工,取得暂时胜利。5月15日,因日本内外棉第十二厂资本家无故开除工人,故意停产,停发工资,引发工人罢工,日本资本家枪杀了工人顾正红,并打伤10余人。顾正红案引发了上海日资纱厂2万多工人举行同盟罢工,学生亦上街演讲游行,公祭顾正红,有6名学生被租界巡捕逮捕,并将在5月30日"公审"。同时,上海公共租界工部局再次向纳税人会提出审议通过增订印刷附律、增加码头捐、交易所注册等损害中国主权及中国商人利益与人民生计的提案。

因此,5月30日,上海3000多学生到公共租界演讲游行,散发传单,声援被捕学生,反对工部局的提案,遭到巡捕驱散,有100多学生被捕,这激起学生和市民的更大愤怒,近万人聚集到南京路老闸捕房门前示威,要求释放被捕学生,遭到巡捕枪击,十多人被打死,数十人受伤。此为"五卅惨案"。

惨案发生后,上海各界迅速反应,出现了罢工、罢市、罢课的"三罢"斗争。5月31日,中共发起成立上海总工会,决定6月1日实行全市总同盟罢工。上海大中专学生也从6月1日起开始罢课。在上海总商会和各马路商界联合会总会的发动下,上海商人也实行罢市。6月4日,上海总工会、全国学生联合会、上海会和上海各马路商界总联合会四团体联合成立上海工商学联合会,作为"三罢"斗争的总机关。

随后,北京、天津、汉口、长沙、广州、南京、重庆等全国30多个城市也纷纷相应,实行"三罢",这样,在全国范围内掀起一场声势浩大的反帝斗争高潮,即五卅运动。①

面对上海的"三罢"斗争,英日帝国主义又相继几次屠杀群众,打死60余人,打伤70多人,同时,采取停止供电、停止借款、召开关税会议、分配工部局华董名额等威逼利诱手段,分化瓦解上海工、商、学联合统一战线。上海总商会因为罢市损失惨重,难以为继,6月26日,决定开市。7月,罢课因学校暑期放假也相继结束。罢工斗争陷于孤立。而乘上海局势混乱开进上海的奉系军阀亦封闭了上海工商学联合会和上海总工会。孤军奋战的上海

---

① 五卅运动有广义、狭义之分,狭义的单指上海一地的反帝运动,广义的还包括全国各地纷纷响应的反帝运动。

工人坚持到9月底10月初,被迫有组织、有领导地复工,以蓄积力量,从事今后的反帝斗争。长达3个多月的上海的五卅运动结束。

但全国的罢工斗争并没有停止。五卅运动中坚持最久、规模最大、影响深远的省港大罢工,1925年6月在广东、香港两地爆发,直到1926年10月10日才结束。

五卅运动是中国共产党领导的一次极为广泛的反帝爱国运动。据估计,全国大约有600座城镇、1700万人、近万个民众团体、近百个国家和地区的华侨直接参加了这场运动,各地援助上海五卅运动的罢工多达135次,罢工工人总计约50万。① 这场运动极大提高了中国人民"反对帝国主义"和"废除不平等条约"的民族觉悟意识,使得这两大口号基本普及于广大民众之中,标志着群众性国民革命的高潮已经到来。②

4. 国民革命基地的建立与巩固

在工农群众性运动不断发起、高涨的同时,在共产国际、苏俄和中国共产党的帮助下,国民党通过建立新型军事学校,培养新式军队,按"以党建国"、"以党治国"的理念建立新式政府,平定反叛力量,统一两广等举措,建立和巩固了在广东的国民革命基地。

(1)黄埔军校的建立

国民党"一大"之前,孙中山就计划学习苏联红军,建立现代军校。"一大"正式决议创办"中国国民党陆军军官学校",校址在广州珠江口黄埔岛上,故又名"黄埔军校"。1924年5月5日,黄埔军校第一期500人入学编队,6月16日,举行开学典礼。

黄埔军校是按苏联红军经验进行建制的。由校总理、校长、党代表组成全校最高领导机构,直属于国民党中央执行委员会。孙中山自任军校总理,蒋介石担任校长,廖仲恺为党代表。学校设有政治、教授、教练、管理、军需、军医各部,政治部主管政治教育、党务和宣传,戴季陶、周恩来、汪精卫、邵力子、熊雄相继担任过主任,教授和教练二部分管学校的教学和训练,前者以王柏龄、叶剑英为正副主任,后者以李济深、邓演达为正副主任。后来增设

---

① 王奇生:《国共合作与国民革命(1924~1927)》,即张海鹏主编的《中国近代通史》第7卷,江苏人民出版社2006年版,第169页。
② 有人认为五卅运动是国民革命的开始。如瞿秋白曾指出,五卅运动之后,中国进入了国民革命的新时期,见瞿秋白:《五卅后反帝国主义联合战线的前途》,《向导》第125期,1925年8月。

了教育长处理校务,参谋长处理军务。教授、教练二部合并为教育部,与政治部并立,其他各部改为处。

孙中山创办黄埔军校的目的是想组建革命军,1924年10月和12月,以黄埔师生为骨干,组建了黄埔军校教导团第一、二团,孙中山称之为"新军",后称"党军",1925年4月,组建第三团,后来,教导团与军校脱离,正式成为军队。11月,组建了一支约2000人的独立团,由叶挺担任团长,该团由共产党直接控制。

黄埔军校建立后,其他地方也建立了新式军事学校,如滇军的干部学校、湘军的讲武堂、桂军的军官学校,等等。1926年3月,这些军事学校都并入黄埔军校,统称"中央军事学校",隶属中央军事委员会。

黄埔军校建立党代表制度和政治制度,为国共两党培养了大量的新式军事干部,为国民革命军的组建奠定了基础。

(2) 平定广东商团叛乱、两次东征与南征

广东商团成立于1912年,原为商人自卫武装,后发展为受英帝国主义支持的大地主的反动武装,其首领是汇丰银行广州分行的买办陈廉伯、佛山大地主陈恭受,他们企图推翻孙中山的大元帅府,建立反动的商人政府。从1924年5月起,商团公然对抗广东革命政府,10月,公然镇压革命群众,发动武装叛乱,严重威胁到革命政权。孙中山依靠黄埔学生军很快就击溃了商团军,平定了商团叛乱。

到1924年冬,被赶出广州的陈炯明势力又起,依靠英帝国主义和北洋军阀的支持,自封"救粤军总司令",与粤南军阀邓本殷相勾结,准备大举进攻广州。1925年2月,广东革命政府为巩固革命政权,决定东征讨伐陈炯明,东征军分三路,左路是杨希闵率的滇军,中路是刘震寰率的桂军,右路是许崇智率的粤军和蒋介石率的黄埔军校两个教导团,到3月底,击溃了陈炯明的主力3万多人,陈炯明逃到香港。但此时,杨希闵、刘震寰二人乘孙中山在北京病逝之机,撤回滇、桂军在广州发动叛乱,东征的右路军击溃陈炯明之后,回师广州又平定了杨、刘叛乱。广东革命基地得到稳定和巩固。

但随后陈炯明在港英当局和北洋军阀的支持下,又集合余部,占领了东江,重兵惠州,欲联络邓本殷夹击广州。因此,1925年10月,广东国民政府决定派蒋介石率领3万余人的国民革命军进行第二次东征,到11月初,完全肃清了陈炯明的势力。同时,国民政府还派朱培德率军南征,讨伐邓本殷,12月底,击溃了邓本殷的主力,到1926年2月,完全消灭了残敌。这样,

在军事上彻底消灭了反叛势力,使得国民革命基地消除了军事威胁。

(3) 广州国民政府

孙中山在国民党"一大"开幕词中强调,要"用政党的力量去改造国家",后来,他又明言以苏联为"模范","以党建国","以党治国","将党放在国上"。① 孙中山本想把对大元帅府的改组与党的改组同时进行,选举他为大总统的,但后听从鲍罗廷的建议,没有对政府进行改组。孙中山去世之后,国民党开始按"党治"体制建设革命政府。

第一次东征和平定杨、刘叛乱之后,国民党在苏俄和中国共产党的帮助下开始进行政府改组。1925年6月15日,根据鲍罗廷的建议,国民党中央执行委员会举行全体会议,决议按"党治"体制改组政府,规定:中国国民党中央执行委员会为最高机关;改组大元帅府为国民政府;党军称为国民革命军,等等。6月24日,胡汉民以代行大元帅职权的名义,发表改组政府的通电。

7月1日,国民政府在广州正式宣布成立。首届国民政府委员有汪精卫、胡汉民、许崇智、谭延闿、林森、廖仲恺、戴季陶、张继、孙科、程潜、于右任、徐谦、伍朝枢、朱培德、古应芬、张静江16人,前5人为常务委员,汪精卫为国民政府主席。国民政府下设财政、外交、军事三部,分别由廖仲恺、胡汉民、许崇智任部长。此外,还设有司法机关大理院、监察机关监察院与惩吏院。国民政府属于行政机关。

国民政府组织法规定政府组织依据民主集中制,实行委员制,国务采取"合议制","由委员会议执行之"②,主席和常务委员都不能单独行使职权。

国民政府贯彻党治原则,《国民政府组织法》第一条就规定"国民政府受中国国民党之指导及监督,掌理全国政务"。国民党与国民政府的人事往往重叠相通。

1926年2月,国民政府成立两广统一委员会,6月,组建广西省政府,黄绍竑为主席。两广实现了统一。国民革命南方基地进一步巩固。

(4) 国民革命军的组建

---

① 中国第二历史档案馆:《中国国民党第一、二次全国代表大会会议史料》(上),江苏古籍出版社1986年版,第6、14、15页。

② 中国第二历史档案馆:《中华民国史档案资料汇编》第4辑(上),江苏古籍出版社1986年版,第35页。

国民政府成立之前,在广东的军队十分庞杂,共驻有 11 个省籍的 20 个军,参差不齐,军令政令都不统一。1924 年 10 月,孙中山曾将各军统编为建国军,但军队旧习未改。

1925 年 7 月 6 日,国民政府军事委员会在广州成立,汪精卫为主席。7 月 26 日,军事委员会决定统一军队称号,统称"国民革命军"。随后,许崇智、谭延闿、朱培德、程潜等人相继通电交出粤军、湘军、滇军、鄂军等军的军权,统归军事委员会。

国民革命军各军实行党代表制度和政治工作制度,设有党代表和政治部。周恩来、林伯渠、李富春等共产党员都担任过政治部主任和党代表,并聘请了苏联顾问。国民革命军的组建使得两广地区的军队统一于国民党的领导之下,不再是私人军阀军队。这样,两广基本实现了军政统一。

三、广州国民政府的北伐

1. 北伐的动议

北伐是孙中山的一贯主张。为了突破广东一隅,1922 年 5 月和 1924 年 9 月,孙中山曾两次举兵北伐,都因广州发生反革命叛乱而半途中止。到 1925 年初以后,在广东革命基地得到巩固的过程中,北伐问题再次被提出。但南方革命阵营对北伐的态度却相当复杂。①

1925 年 3 月,第一次东征胜利之机,苏俄在广州的军事总顾问加伦就提出过再次北伐的问题,以后,他向国民党中央、中共广东区委及一些军事将领也提议北伐,9 月,他在拟定的《今后南方工作展望或曰 1926 年国民党军事规划》中,提出国民政府在巩固广东革命基地后,要及时北伐,将工作中心从广东移到以汉口为中心的长江流域,"北伐于 1926 年下半年初即可开始",同时,还从政治、经济、军事等方面对北伐的必要性、可能性、前期准备工作及总的战略意图,做了详细阐述,并预言北伐对国民革命运动会产生难

---

① 以往认为共产国际和苏俄代表,以及中国共产党与国民党左派积极推动北伐,发展革命势力,而以蒋介石为首的国民党新右派却想乘北伐之机排挤共产党,确立蒋介石个人独裁统治,而中国共产党内以陈独秀为首的"右倾"轻视北伐,不注重武装斗争,使得北伐胜利没有导致国民革命的成功。但最近据俄罗斯公布的相关新档案,实际上联共(布)、共产国际是反对北伐的,其态度影响了中共的态度及中共在北伐中的政治方针,不能把责任完全归之于陈独秀。

以估量的好处。① 1926年1月，蒋介石在国民党"二大"期间也多次提及北伐。

国民党和国民政府的顾问鲍罗廷也主张北伐。受鲍罗廷的影响，中共亦主张北伐，1926年2月7日，中共中央发表《为吴佩孚联奉进攻国民军事告全国民众的宣言》，就吁请广州国民政府出师北伐，肃清吴佩孚的反动势力，2月下旬，中共中央在北京召开特别会议，明确提出北伐主张，认为广州国民政府只有向外发展，才能生存，面对直奉军阀将联合进攻国民政府和国民军，"讨伐南北二赤"的情势，若广州国民政府主动北伐，联合北方革命势力，国民革命更有成功可能性，因此决定党的主要职任"是从各方面准备广东政府的北伐"，不仅是军事准备，更主要是在北伐必经之地发动群众运动，特别是农民运动，把解决农民问题作为北伐的主要政纲。此后，受共产党影响的全国总工会、广东工商学联合会等团体组织都呼吁国民政府北伐，并号召人民支持北伐，作好迎接北伐的准备。

但在莫斯科的联共（布）和共产国际却因害怕引起帝国主义联合干涉中国革命和进攻苏俄，极力反对广州国民政府进行北伐。他们认为广州政府应"将自己的精力集中到内部的巩固上"，包括土地改革、财政改革和政治改革，加强"防御战争"的能力等，应该"坚决放弃进行军事远征的想法和那些可能促使帝国主义者走上军事干涉道路的行动"。② 1926年6月上旬，共产国际远东局主席魏经斯基到达上海，说服陈独秀及中共中央放弃对北伐的支持态度，同时批评鲍罗廷对蒋介石妥协退让，认为在共产党和国民党左派在工农群众中还没有立住脚跟的情况下进行北伐，会必败无疑。③

受联共（布）和共产国际的影响，中共对北伐的态度发生变化。陈独秀经过反复动摇，7月7日，他发表《论国民政府之北伐》一文，认为北伐时机不成熟，当前是如何巩固革命基地，发展革命势力，防御反动势力进攻的问题，当前国民政府发动的北伐不是革命势力发展的自然结果，只是一种讨伐

---

① 卡尔图诺娃：《加伦在中国》（中译本），中国社会科学出版社1983年版，第211～223页。

② 中共中央党史研究室第一研究部译：《联共（布）、共产国际与中国国民革命运动（1926～1927）》（上册），北京图书馆出版社1998年版，第191、198页。

③ 中共中央党史研究室第一研究部译：《联共（布）、共产国际与中国国民革命运动（1926～1927）》（上册），北京图书馆出版社1998年版，第309页。

军阀的行动,不具有民族革命的全部意义,而且,其中还有军事投机的成分。① 7月中旬,中共中央第三次扩大会议只字未提北伐,发表的对时局的主张,仍强调国民会议是解决中国政治问题的好办法,抵制北伐。中共的主张招致国民党人不满,蒋介石指责陈独秀非议北伐是"意在减少国民党信仰,而增进共产党地位"②。

虽然遭到联共(布)、共产国际与中共中央的反对和不支持,但国民党人和蒋介石主政下的广东国民政府却力主进行北伐。1926年4月3日,蒋介石向国民党中央正式提出北伐,6月4日,国民党中央执行委员会临时全体会议一致通过迅速出师北伐案。国民党和国民政府虽然以"统一中国"相号召进行北伐,但北伐既是国民政府谋求长期发展的一种策略,也是国民政府解决内部矛盾的权宜之计,甚至是不少人争夺权位的一种手段。正是在准备和出师北伐的过程中,蒋介石当上了国民革命军总司令、国民党中央常务委员会主席和国民党中央军人部部长等职务,可以统帅国民政府海、陆、空各军。蒋介石初步建立了以其个人为中心、凌驾于党权政权之上的军事独裁体制。

2. 北伐的胜利进军

6月4日国民党中央通过出师北伐案后,国民政府军事委员会基本按国民革命军的建制组织北伐军,共八个军,约10万人,蒋介石担任总司令,鲍罗廷为政治顾问,加伦为军事顾问,邓演达、郭沫若为政治部正副主任。6月下旬,北伐军第四、七、八军主力已集结在湖南前线,并开始从左、中、右三路北上,进攻长沙。7月1日,蒋介石下达北伐部队总动员令,7月9日,国民党中央发布《国民革命军北伐宣言》,正式宣布"统一中国",出师北伐。北伐战争正式开始。

北伐的对象主要有三个:直系吴佩孚,占据湖南、湖北、河南三省和河北、陕西一部,拥兵20万;直系孙传芳,占据江西、安徽、江苏、浙江、福建五省和上海市,拥兵20万;奉系张作霖,控制东北三省和京津一带,拥兵30万。对此三目标,北伐军开初实行的策略是"打倒吴佩孚,联络孙传芳,不理张作霖",所以,北伐军首进两湖。7月11日,攻占长沙,25日,成立湖南省政府,唐生智为主席。8月12日,蒋介石率北伐军总司令部到达长沙。

---

① 陈独秀:《论国民政府之北伐》,《向导》第161期,1926年7月。
② 中国第二历史档案馆编:《蒋介石年谱初稿》,档案出版社1992年版,第675页。

北伐军总司令蒋介石在北伐誓师大会上

而此时,吴佩孚仍然轻视南方革命力量,低估北伐军的实力,实行"先定西北,再图西南"的战略,把主要兵力聚集在西北进攻冯玉祥的国民军,直到8月22日北伐军攻克岳阳,使得湖北门户洞开之后,他才调集精锐部队,南下湖北亲自督战,亦难以阻挡北伐攻势,北伐军第四、七军相继攻占汀泗桥、贺胜桥,孙传芳败退武汉。进而,北伐军围攻武汉,9月6、7日,唐生智第八军相继攻克汉阳、汉口,孙传芳北遁河南信阳。蒋介石亦亲自到武昌城下指挥,但久攻武昌不下,后北伐军采取围城封锁策略,约一月之后于10月10日攻下武昌。至此,吴佩孚大势已去,北伐军声威猛震。随即,北伐战争主战场转至江南,消灭孙传芳。

孙传芳原欲在吴佩孚和蒋介石之间寻求平衡以图自保,但随着北伐的胜利,吴佩孚迅速溃败,他感到国民革命军必会威胁其利益,因此在8月下旬调集主力,准备大举进攻北伐军。而同时,唐生智主导的两湖战场屡建奇功,他的第八军势力猛增,超乎北伐各军之上,威胁到了蒋介石的名望和地位,为与唐抢北伐之功,蒋介石决定进攻江西,"别图发展"。9月5日,以蒋介石嫡系为主的国民革命军正式进军江西,历近两月,攻占众多城池,唯南昌两次猛攻不下,后在第四、八军的支援下,第三次进攻南昌,11月8日攻克。孙传芳逃亡南京,其主力被消灭。10月上旬,驻扎在广东的第一军在何应钦的指挥下进攻福建,至12月18日,攻占福州,福建全省并入了国民政府。

北伐的胜利进军,极大地鼓舞了冯玉祥和国民军,1926年9月,冯玉祥从苏联回国,率领国民军在绥远五原誓师,宣布全军加入国民党。

1927年1月,国民革命军总司令部在南昌召开军务善后会议,决定进攻长江下游地区,彻底击溃孙传芳,而对盘踞河南的吴佩孚采取守势,同时,将北伐军编为东路、中路、西路三军,分别由何应钦、蒋介石、唐生智任总指挥。东路军和西路军采取攻势,很快攻占了浙江、安徽、江苏,3月24日,攻占南京,不久,上海工人发动第三次武装起义,北伐军进驻上海。东南五省和上海、南京都为北伐军所控制,属于蒋介石的势力范围。西路军是以湖北为据点,北上攻河南吴佩孚,但采取守势,实际上,唐生智的势力被限制在了两湖。

至此,广州国民政府的北伐战争胜利结束。

经过短短的不到9个月的时间,北伐军击溃了数倍于己的吴佩孚和孙传芳两大军阀部队,从珠江流域打到长江流域,占领了湘、鄂、赣、皖、苏、闽等省和武汉、南京、上海三市,川、滇、黔等西南省份的地方军阀纷纷归顺国民政府,长江以南基本都处于国民政府的控制之下,全国形成了北伐军和奉系军阀南北对峙的格局。

为什么北伐战争会取得如此迅速的胜利呢?综而论之,主要有:第一,北伐战争是一场革命军讨伐反动的北洋封建军阀的战争,带有正义性;第二,国共合作与革命统一战线为北伐战争的胜利提供了政治保证;第三,苏联的帮助有力推进了北伐;第四,北伐军广大官兵的英勇奋战与中国共产党的正确指导;第五,南部各省民众积极支援北伐;第六,北洋军阀反动没落,及其内部不团结,矛盾重重,倒戈不断。此外,有人还分析了北伐战争的"无形战力":国民革命军实行党代表和政治工作制度,以及灌输三民主义的教育,增强军队对三民主义的信仰,使得革命军富有团结精神和战斗力;传统文化中的南北之分,及作为"北方人"的吴佩孚与孙传芳北洋军阀在南方诸省施行的残暴统治,形成、加深了南方人的南北地域观念,从而更加支持南方革命军对北方军阀的讨伐;国共两党善于运用各种宣传手段。①

---

① 王奇生:《国共合作与国民革命(1924~1927)》,即张海鹏主编的《中国近代通史》(第七卷),江苏人民出版社2006年版,第277~293页。

3. 北伐期间的民众运动与帝国主义的态度

北伐开始前后,虽然中共对北伐不乏批评之声,但强调北伐战争与群众运动相互结合,相互推动,号召民众起来积极开展"反对外国帝国主义与国内军阀压迫之民族解放运动",既支持国民革命军的北伐,又"发展中国的革命势力,进行自己的解放运动"。同时国民党各省党部也积极发展群众运动,支援北伐战争。反过来,北伐战争也推动了各地民众运动的发展,主要是工人运动与农民运动。

工人运动的发展。1926年8、9月,北伐军进占两湖后,两省工人组织获得迅速发展,都成立了省总工会,中华总工会在汉口设立办事处,由李立三主持工作,领导湘、鄂、赣地区的工人运动。到1926年底,长沙有130多个工会,湖南全省有组织的工人达40万人,湖北的工会会员达30万。到1927年春,全国工会会员从北伐前的120万增加到200万人,举行罢工斗争300多次。而且,有的地方还成立了工人纠察队,特别是上海,工人纠察队在周恩来等共产党人的领导下,举行了三次武装起义,第三次取得胜利,组织上海临时市政府,迎接北伐军进驻上海。

在国共两党,特别是共产党的领导下,湖南、湖北、江西等省民众,主要是工人阶级还掀起了废除不平等条约、收回租界的反帝爱国运动。1927年1月,汉口、九江爆发反英斗争,这些斗争得到国民党中央和武汉国民政府的支持,1927年2月,汉口、九江的英租界相继被收回。

农民运动也得到很大发展。1926年11月,中国共产党在上海成立中央农民运动委员会,毛泽东为书记,负责全国农民运动,决定农民运动以湖南、湖北、江西、河南四省为重点,同时在四川、陕西、广西、福建、安徽、江苏、浙江七省全面开展。

在毛泽东领导下,湖南农民运动开展得最为火热,到1927年4月,湖南农民协会会员增加到518万人,在农村开展打击土豪劣绅、贪官污吏的斗争,向地主阶级夺权,"一切权力归农会"。1927年初,毛泽东通过对湘潭、湘乡、衡山、醴陵、长沙五县的农民运动进行考察,发表了《湖南农民运动考察报告》,反驳了农民运动"糟得很",是"痞子运动","破坏社会秩序"等对农民运动的诬蔑,论述了在农村建立农民政权和农民武装的必要性。湖北、江西农民运动也有较大发展。到1927年3月底,全国有18个省组建了农民协会,有组织的农民达900万人。

因为联共(布)和共产国际害怕国民革命引起帝国主义的联合干涉,因此,鲍罗廷等苏联顾问多次劝告北伐不要触及帝国主义的实际利益。帝国主义对北伐战争开始是持"中立"态度的,但随着北伐胜利进军,受其支持的吴佩孚、孙传芳直系军阀迅速溃败,特别是工农群众运动蓬勃高涨,他们为了维护在中国的权益,公然干涉中国的国民革命。1926年9月,英帝国在四川制造了"万县惨案"。1927年2月,英帝国倡议"联合武装保卫上海",美国建议将上海划为中立区,当时集结在上海附近的外国军舰有60艘,军队22 200多人。特别是1927年3月,当北伐军进占南京时,因在混乱中发生了袭击外国人的事情,英、美、日、法等国借口保护侨民和领事馆,下令停泊在长江的军舰对北伐军和南京居民发动炮击,制造了死伤约60多人的南京惨案。南京事件是帝国主义武装干涉中国革命的严重事件。

4. 迁都之争与武汉国民政府

国民革命随着北伐的顺利推进,也由南及北,从广东地区扩展到长江流域,革命中心也随之转移到了长江流域,偏隅广州的国民政府北迁也就成为一种适应革命形势发展的必然。但是否迁都,是迁到武汉,还是迁到南昌,却发生了颇大的争论。迁都成为了国民政府和国民党内不同权势集团争权夺势的手段,成为了革命力量和反革命力量的一场较量。

迁都动议始于蒋介石。唐生智第八军攻克汉阳、汉口后,武汉即将成为革命政治中心,蒋介石担心武汉为唐生智把持而威胁其权位,所以,9月9、18日,他两次致电广州国民党中常会代理主席张静江和国民政府代理主席谭延闿,请派中央大员到汉,否则,"其权恐不能操之于中央",实则欲借国民政府和国民党中央压制唐生智,帮其保持住政权。蒋的提议遭到中共中央的反对,他们认为若国民政府北迁,有可能丧失广东革命基地。鲍罗廷也不认同迁都。因此,国民党中央决定暂不迁都。

武昌攻克之后,革命中心转到武汉已成定局,蒋介石再次电请中央迁汉,此时,虽然中共中央仍然反对迁都,但鲍罗廷、加伦等苏联顾问,中共广东区委和不少国民党大员却开始赞同国民政府迁往武汉。① 11月26日,国民党中央政治会议正式决议中央党部和国民政府迁往武汉。12月5、7日,国民政府和国民党中央相继通电北迁,1927年元旦,国民政府财政、外交、

---

① 《广东区党、团研究史料(1921~1926)》,广东人民出版社1983年版,479~480页。《中共中央第一次国内革命战争时期统一战线文件选编》,档案出版社1990年版,第303、318、331页。

交通、司法四部开始在武汉办公,并明令以武汉为首都。

蒋介石主张迁都武汉,主要是想通过国民党党权和国民政府的中央权威来压制唐生智在两湖的权势增长,好让自己在军事上专攻江西和江浙一带。但武汉临时联席会议成立后,鲍罗廷、共产党和国民党左派的势力越来越大,虽然唐生智的势力可被遏制,但蒋介石感到自己亦有被架空的可能,同时,他的军队已经占据南昌,势力波及江浙,其实力据点不在武汉,因此,蒋介石又提出迁都南昌,挑起了"迁都之争"。

1927年1月3日,蒋介石乘张静江、谭延闿率领一批中央执行委员和国民政府委员经过南昌到武汉之机,在南昌召开国民党中央政治会议第六次临时会议,决议国民党中央党部和国民政府"暂移南昌",这样,蒋介石以中央政治会议代行最高职权,在南昌与武汉分庭抗礼。

武汉方面进行了争锋相对的斗争,当蒋介石11日到武汉协商迁都问题时,武汉各界强烈要求国民党中央党部和国民政府迁鄂,宋子文职掌的财政部也通过军费制裁对蒋施压,因此,蒋介石有所屈服,2月8在南昌召开政治会议,决定中央党部和国民政府迁鄂,但众多委员要于20日参加江西省政府成立典礼后才能离开。而此时武汉的国民党中央和国民政府一方面掀起了一场提高党权的运动,以抑制蒋介石的军权,另一方面于2月21日召开国民党中央和国民政府委员扩大联席会议,宣布中央党部和国民政府即日正式在武汉办公,并开始筹划国民党二届三中全会。在南昌的委员纷纷动摇,欲到武汉与会。3月初,蒋介石被迫同意中央党部和国民政府迁往武汉,6日,滞留南昌的中央委员和国民政府委员离赣赴鄂,标志着"迁都之争"结束,维系两个多月的南昌中央寿终正寝。

武汉国民政府从1926年12月13日临时联席会议成立,到1927年9月宁汉合流,一共存续了9个多月时间。从建制看,武汉国民政府以国民党二届三中全会为界,可分为两期,之前由临时联席会议代替中央政治会议行使最高职权,联席会议由徐谦、孙科、宋子文、唐生智、邓演达、詹大悲、董必武、吴玉章、柏文蔚、于树德、蒋作宾、陈友仁、宋庆龄、王法勤等人组成,以徐谦为主席,叶楚伧为秘书长,鲍罗廷为总顾问。同时,国民政府有些部门也在武汉办公。1927年3月中旬召开的国民党二届三中全会改选了国民党中央和国民政府机构,包括国民党中央常务委员会、中央政治委员会、中央军事委员会,国民政府委员和常务委员不设主席,改行主席团,并在原设的外交、财政、交通、司法四个部之外,增设劳工、农政、实业、教育、卫生五个部。4月初,汪精卫回国赴武汉后,掌握了武汉国民政府的党政军大权,此前,主要是邓演达、孙科、徐谦等人掌握实权。

从实力影响和革命倾向看,以"四一二政变"和南京国民政府的成立为界,武汉国民政府可分为前后期。在前期,武汉国民政府管辖有广东、湖南、湖北、江西、福建、广西、贵州、四川、绥远、甘肃、陕西十一省,在国民党左派和共产党人的共同领导下,继续执行孙中山的联俄、联共、扶助农工三大政策,坚持反对帝国主义、反对封建军阀的内外政策,并开展相应斗争,积极发动、领导民众运动,特别是积极支持汉口、九江的民众收回英租界,同时,还与蒋介石新右派开展了斗争,抑制了蒋介石凭军权建立的个人独裁,取得了迁都之争的胜利,维系了国民政府的统一。1927年4月的"四一二政变"和南京国民政府建立之后,国民政府一分为二,不少省市纷纷归向南京,武汉国民政府实际上只能控制湖南、湖北、江西三省,并面临着新老军阀和帝国主义的封锁和破坏,以及严重的财政经济危机。为了解除危机,武汉国民政府从4月19日开始,由唐生智率军举行第二次北伐,沿京汉路向河南开封进军,大败奉军和沿途军阀,阎锡山宣布服从三民主义,加入国民党,5月31日,北伐军与冯玉祥国民军在郑州会师,进占开封。

但北伐的成功没有使武汉国民政府渡过危机,相反,财政经济危机和政治外交危机相结合,使武汉国民政府摇摇欲坠。所谓的"左派"领袖汪精卫逐渐右倾,直至发动"七一五政变",武汉国民政府名存实亡,9月20日,宁汉合流,武汉国民政府正式终结,国民政府统一于南京。

四、第一次国共合作的破裂

早在第一次国共合作实现之前,国民党内就有人对孙中山的"容共"政策表示异议,反对共产党员在加入国民党时还保留共产党组织的独立性,即所谓的中共"跨党"①,只是因孙中山吸收共产党员改组国民党的态度十分坚决,这些反对之声才没有干扰到国民党"一大"的正常召开。

---

① 有人归纳了国民党内反对中共跨党的五种理由:(1)中共受苏俄操纵,别具阴谋;(2)国共两党的"主义"难以相容;(3)中共容易喧宾夺主而导致国民党丧失独立性;(4)怀疑大党包容小党的"党内合作"方式;(5)共产党员未必忠诚国民党,他们只是"借国民党之躯,注入共产党之灵魂"。见李云汉:《从容共到清党》(影印版),台北:及人书局1987年版,第221~245页,转引自王奇生:《国共合作与国民革命(1924~1927)》,即张海鹏主编的《中国近代通史》(第七卷),江苏人民出版社2006年版,第180~181页。

国民党自"一大"改组之后,按共产国际和中共的分析,分化为左、中、右三派,左派是积极推动国民革命的,主要是加入国民党的共产党员,代表着工人、农民和小资产阶级,右派是破坏国民革命的,主要是一些国民党元老,以官僚政客、南方军阀居多,两派的分歧主要集中在是否赞成孙中山的"联俄、联共、扶助农工"三大政策,是否反帝反封建军阀。两派还存在争夺国民革命领导权的斗争。而中派在左右之间摇摆不定,寻求平衡,立场并不十分明确坚定,他们代表民族资产阶级和上层小资产阶级,孙中山、廖仲恺等人开始都被定性为中派领袖。随着国民革命形势的发展,国民党左、中、右三派也在不断发生变化,孙中山去世后,廖仲恺、汪精卫、蒋介石等人因继续坚持孙中山的三大政策,被视为左派代表,此时所说的左派已经不包括加入国民党的共产党员。后来不少所谓的左派和中派分子退化为右派,成为"新右派",比如蒋介石、汪精卫、冯玉祥。国民党左派逐渐消亡,他们或被杀,或转向。即使共产党内也有极少数人变节,走向革命的破坏阵营。对这三派,共产党采取的策略是联合左派,团结中派,打击右派。同时,共产党内也有不少人担心被国民党溶化而对"党内合作"颇有顾虑,主张退出国民党。

第一次国共合作从一开始就潜伏着危机和存在着重大分歧,这些危机和分歧随着革命的推进而逐步深化、严重,终至国民革命联合阵营瓦解。众多必然和偶然因素,导致国共合作一步一步走向破裂。担任国民党中央组织部部长的共产党员谭平山在1925年3月就认为:"两党之合作,能至何时,现在亦殊难逆料,将来总有分离之日。"①

1. 弹劾共产党案

1924年6、7、8月,针对中共在国民党内进行秘密的有组织的"党团"活动,张继、邓泽如、谢持等国民党右派以中央监察委员的身份相继向中央执行委员会第39、40次会议和国民党一届二中全会提出"弹劾共产党案",指责共产党员加入国民党,"实以共产党党团在本党中活动,其言论行动皆不忠实于本党,违反党义,破坏党德",对国民党的生存发展有着重大危害,中共"跨党徒滋纷扰",因此,共产党对国共两党的纷争负全责,对共产党的"党团"活动要"从速严重处理",加入国民党的共产党员要取下"共产党员招牌",否则"不如分道扬镳",国共两党"以分立为要"。

---

① 王奇生:《国共合作与国民革命(1924~1927)》,即张海鹏主编的《中国近代通史》(第七卷),江苏人民出版社2006年版,第202页。

鲍罗廷、廖仲恺、谭平山等人对张继等人的主张进行了反驳,认为合作对国共两党都有利,不会导致国民党的消亡。孙中山在两派之间寻求平衡,决定设立中央政治委员会,抑制老党员,7月11日正式成立,胡汉民、汪精卫、廖仲恺、谭平山(后为瞿秋白)、伍朝枢、邵元冲六人为委员,鲍罗廷为高等顾问,同时设立国际联络委员会,抑制共产党人。

国民党一届二中全会通过了《国民党内共产党派问题》和《中国国民党和世界革命联络问题》两个草案,指出"对于加入本党之共产主义者,只问其行动是否合于国民党主义政纲,而不问其他",国民党对于共产党及其党员的行动,"殊无监督之必要"。同时决定在中央政治委员会内设立国际联络委员会,负责第三国际与国共两党的联络。这实际上拒绝了弹劾共产党的提案。

但国民党右派并没有罢休,他们继续反对国共合作,打击国民党左派,制造了廖仲恺案,有的甚至走上了分裂国民党中央的道路,最典型的是中国国民党同志俱乐部的建立和西山会议派的形成。同时,弹劾案也使得共产党内出现了一股要同国民党决裂的潮流,不少党员认为加入国民党后很难开展工作,限制了共产党的独立发展。共产党内反对国共合作的声音一直存在。

2. 中国国民党同志俱乐部

弹劾案结束之后,国民党内一批以冯自由为首的老党员继续反对共产党员加入国民党,反对孙中山的"容共"政策,因此,冯自由被孙中山宣布开除党籍。随后,他离粤到上海,集合章太炎、居正、马君武、田桐等人,号召驱逐国民党内的共产党员,"护党救国",得到天津、北京等地国民党员的响应。北京的部分国民党党员成立了"各省区国民党护党同志驻京办事处"。冯自由也发起成立了"国民党海内外同志卫党同盟会",以开除国民党内的共产党员为目的。

1925年3月8日,冯自由等人在北京大学集会,成立"中国国民党同志俱乐部",制定了章程,规定以孙中山为总理,成员以1905年同盟会会员、1912年国民党党员、1914年中华革命党党员和1920年中国国民党党员为限,而把1924年国民党改组后加入的国民党党员排斥在外,实际上是排斥共产党员。"中国国民党同志俱乐部"实际上是国民党之外的"一个新党",是国民党右派为反共而分裂国民党的最初表现。

3. 廖仲恺案

国民党改组之后,廖仲恺担任过国民党中央执行委员会常务委员、工人部部长、农民部部长、中央政治委员会委员、国民政府委员、财政部部长、广东省省长、广东财政厅厅长、黄埔军校党代表等职务,他积极主张、推行国民党改组和联俄、联共、扶助农工三大政策,积极支持工农运动,孙中山逝世后,他继续力主"联俄容共"。他是国民党左派的代表人物,在共产党看来,他甚至比孙中山还"左",甚至有国民党右派认为廖仲恺是共产党员。因而,反对"容共"和反对共产党的国民党人对廖仲恺甚为不满,视其为眼中钉,欲除之而后快。

1925年8月20日,廖仲恺在参加国民党中央执行委员会第102次会议时,在中央党部门前被暗杀,这是国民党右派与左派之间的斗争白热化的表现,是国民党右派打击国民党左派、反对国共合作的极端事件。

廖案发生后,国民党中央执行委员会、国民政府委员会与军事委员会召开紧急联席会议,成立了由汪精卫、许崇智、蒋介石组成的特别委员会,全权处理廖案,并组织了由陈公博、周恩来等九人组成的检查委员会,负责调查廖案。

在处理廖案的过程中,国民党和国民政府的权力发生了重组。一批反对"容共"和反对共产党的右派分子恐受牵连而纷纷逃离广州,同时,汪精卫和蒋介石乘机排挤了自己的主要对手胡汉民和许崇智,胡汉民被迫出走到苏联学习。汪精卫基本掌控了国民党党权,蒋介石则基本掌握了国民政府的军政大权。汪、蒋二人被中共视为国民党左派代表。鲍罗廷与共产党人在国民党内的地位大大提高。国民党中央和国民政府基本被左派控制,但同时,国民党内排拒共产党的右翼势力,随着国民革命的深入开展也发生新的重组。

4. 戴季陶主义

孙中山逝世后,国民党右派不仅行动上反对"容共",而且还在理论上、意识形态上构建一套反对马克思主义、反对国共合作的右派理论,即戴季陶主义。

戴季陶担任过国民党中央执行委员会常务委员、宣传部长、黄埔军校政治部主任和政治教官等职务,是国民党内有名的理论家,他曾较早地研究过马克思主义和劳工问题,并帮助过共产党早期组织的建立。但他对孙中山"容共"政策始终是消极和抵制的。

1925年6月,他在上海法租界成立了"季陶办事处",研究孙中山著述,进行理论创作,写就了《国民革命与中国国民党》一本小册子。一方面通过鼓吹党团和"主义"的排他性,来进行反共,"凡是一个主义,必定具有独占性和排他性,同时也一定具有统一性和支配性",因此,国民党要生存发展,必须发挥三民主义的独占性、排他性、统一性和支配性,国民革命不能以唯物史观为最高指导。另一方面极力反对以"党内合作"方式进行国民革命,指责共产党"只借中国国民党的躯壳,发展他自己本身组织",做的是国民革命,但想的是共产革命。当然,他也认为共产党人是真心想革命,但革命方式太过激进,中国落后的社会状况不需要,也不适合实现共产主义。

戴季陶主义实际上是想以"纯正的三民主义"为指导思想,在资产阶级的领导下,通过全民的国民革命,建立一个资产阶级专政的"纯正的三民主义的民国"。其旨在批评共产党激进的共产主义意识形态,实际上为国民党内反共势力提供了理论工具,造就了一股潜在的反共力量。它主张联共,但又主张限共、溶共,主张革命,但反对无产阶级革命,倡导以三民主义为指导的革命。以后,戴季陶主义逐渐成为了以蒋介石为首的国民党新右派的"最高理论"。

对戴季陶和戴季陶主义,中共视之为"反革命右派"[①],进行了猛烈批判,认为其把民族斗争与阶级斗争对立起来,"纯正的三民主义"实际上是资产阶级的民族主义,以之为指导,不能解决中国的民生问题,主张"仁爱",实际上是抹杀阶级斗争。国民党若变成"纯粹的国民党",必将失去群众基础,也就不能成为革命的政党,就不能引导国民革命走向胜利。国共两党虽然信奉的"主义"不同,但还是具有"共信"基础的,即打倒军阀和帝国主义。这些批判,大大降低了戴季陶主义的影响力。

5. 西山会议派

1925年11月23日至1926年1月4日,林森、邹鲁、谢持、居正、张继、覃振、石青阳、石瑛、叶楚伧、邵元冲、沈定一、茅祖权、傅汝霖等人在北京西山碧云寺孙中山的灵前非法召开国民党一届四中全会,公然分裂国民党中央。大会以林森为会议主席,在42天时间里,共开22次会议,决定:(1)与

---

① 实际上,戴季陶自己却认为是革命的,认为"戴季陶主义"是"为国民革命而发之理论与实际政策",对国民党右派利用其理论达到反对国民革命的目的,十分反感。见王奇生:《国共合作与国民革命(1924~1927)》,即张海鹏主编的《中国近代通史》(第七卷),江苏人民出版社2006年版,第206页。

共产党分离,取消共产党员加入国民党者的党籍;(2)开除国民党中央执行委员会中的共产党员谭平山、李大钊、林祖涵、毛泽东、于方舟、瞿秋白、张国焘、于树德、韩麟符9人的国民党籍,取消其委员资格;(3)开除汪精卫国民党籍六个月,并解除其中央执行委员会委员职务;(4)取消国民党中央政治委员会;(5)停止广州中央执行委员会的职权,国民党中央党部移到上海,对中央执行委员会进行改组;(6)解雇鲍罗廷,等等。随后,他们在北京等地设立了国民党地方党部,后来在上海国民党执行部旧址自行组建国民党中央,与广州的国民党中央和国民政府分庭抗礼。这些人被称为"西山会议派"。

西山会议派分裂国民党中央,反对国共合作,反对共产党,反对苏俄的行径①,不仅遭到共产党人、国民党左派的批驳,不少国民党右派也不赞成。

1926年1月,在鲍罗廷和国民党左派的主导下,中国国民党在广州召开第二次全国代表大会,大会接受孙中山的遗嘱,继续坚持"一大"政纲,坚持反帝反封建军阀的主张及联俄、联共、扶助农工三大政策。同时,对西山会议派进行了惩处,永远开除谢持、邹鲁的党籍,对其他西山会议派分子给以书面警告。

约两个月之后,西山会议派在上海也非法召开国民党"二大",选举产生了国民党中央执行委员会。此后,他们也在不少地方建立了党部,但影响不大。随着北伐战争的胜利推进,西山会议派日渐没落。

6. 中山舰事件

亦称"三二〇"事件。在侦办廖仲恺案的过程中,汪精卫和蒋介石都排挤了对手,成为国民党和广州国民政府的一、二号领袖人物。汪精卫身兼三职:中央政治委员会主席、国民政府主席和军事委员会主席,掌控着党、政、军大权;蒋介石担任中央执行委员会常委、国民革命军第一军军长、黄埔军校校长、广州卫戍司令和国民革命军总监等职,他虽然权力不及汪精卫,但掌握着最强大的军事力量,握有军事实权。蒋、汪都被视为国民党左派领袖,但二人围绕国民党中央和国民政府最高权力展开了一系列争斗。汪精

---

① 也有人认为西山会议派不反苏俄,只是反对苏俄顾问鲍罗廷,反对苏俄的"帝俄时代之遗传病";也不是要反共、反对国共合作,而是反"党内合作"方式,仍然主张国共两党采用"合作并行"方式开展国民革命。他们反广州中央更为激烈,他们另立中央的很大考量就是与汪精卫争夺中央党权,他们对汪精卫在鲍罗廷和共产党人的支持下打击、排挤不同政见者非常反感。见王奇生:《国共合作与国民革命(1924~1927)》,即张海鹏主编的《中国近代通史》(第七卷),江苏人民出版社2006年版,第207~217页。

卫很得苏俄顾问和共产党人信赖,此时,西山会议派为了分化国民党中央,离间汪、蒋关系,散布汪精卫和共产党人将联合倒蒋的谣言,生性多疑的蒋介石时刻担心遭到汪精卫排挤。一个偶然与误会并存的事情引发了蒋介石的首次反共武装行动。①

1926年3月18日傍晚,一艘商船被匪抢劫,请求黄埔军校派军舰保护,军校无舰可派,就通知军校广州办事处派舰,办事处主任欧阳钟(孙文主义学会的骨干)前往海军局协商,谎称"奉蒋校长命令",速派两艘军舰到黄埔,听候蒋校长调遣,并说已通知一艘前往,要海军局再派一艘。海军局代局长、共产党员李之龙当即命令蒋介石座舰中山舰前往。19日,中山舰刚到黄埔,李之龙获悉俄国考察团要到广州参观中山舰,就向蒋介石请示将中山舰重新开回广州。蒋介石获悉中山舰没有他的命令就开到黄埔,大为惊讶而恐慌,而此日汪精卫又多次询问蒋介石是否去、何时去黄埔,加之此前蒋介石就听到不少谣言,说共产党要策动海军局发动倒蒋事变,汪精卫、苏俄顾问将联合软禁他,强行把他派到莫斯科"受训",因此,蒋介石认定中山舰的擅自调动是一场针对他的阴谋。

3月20日凌晨,蒋介石以"共产党阴谋暴动"为借口,调集军警,在广州实行戒严,并派军队占领了中山舰和海军舰队,逮捕了李之龙,包围了省港罢工委员会,收缴了工人纠察队枪支,以"保护"为名,包围了苏联使馆、汪精卫住宅,同时,解除苏俄顾问卫队的武装,拘押了卫戍广州的第一军第二师党代表中的10多名共产党员。到当日下午,蒋介石没有感觉到军事政变的危险就取消了戒严,交还了收缴的武器,释放了软禁的中共代表。此即中山舰事件。

面对蒋介石的进攻,共产党和汪精卫左派都没有进行有力反击,相反还妥协退让,在3月22日召开的中央政治委员会会议上,满足了蒋介石提出的辞退部分苏俄顾问、共产党员退出国民革命军第一军等要求。汪精卫因不满蒋介石凭借军事力量擅权,乘生病之机离粤出国养病,蒋介石乘机攫取

---

① 以前基本认为中山舰事件是蒋介石故意策划的旨在打击共产党和国民党左派的争夺党权的反革命事件。现在亦有人认为中山舰事件不是蒋介石有计划有预谋的反共政变,而是极端多疑的蒋介石因一场以为汪精卫联手共产党倒蒋的误会而发动的巩固其军权的行径。见杨奎松:《走向"三二〇"之路》,《历史研究》2002年第6期;王奇生:《国共合作与国民革命(1924~1927)》,即张海鹏主编的《中国近代通史》(第七卷),江苏人民出版社2006年版,第232页。

了军事委员会主席一职。

中山舰事件是蒋介石夺取革命领导权,特别是军权的重要一步,意味着国共两党纷争进一步升级。此后,蒋介石开始退化为国民党"中派",或"新右派",成为国民党内反共、分共的代表人物。

7. 整理党务案

中山舰事件让蒋介石尝到了甜头,很顺利地夺取了军权,而共产党和国民党左派的退让进一步助长了蒋介石的夺权欲望。他决定把共产党员排挤出国民党领导机构,夺取国民党的党权。

1926年4月3日,蒋介石以协调国共两党党员之间日益激化的纷争与冲突,团结两党力量,共同进行北伐,开展国民革命为借口,向国民党中央建议"整军、肃党,准期北伐",其中,就提出要对共产党员在国民党中的活动加以限制。

5月15日,国民党召开二届二中全会,蒋介石个人提出《国民党与共产党协定事项》及与别人联署提出《整理党事案》,引起全场"惊愕",但中共并没有激烈反对,相反,与会的共产党人还采取了合作态度,甚至共产党员林伯渠、谭平山还参与联署提出《整理党事案》。

大会最终以此两提案为基础,通过了《联席会议组织大纲》和《整理党务决议案》。前者决定由5名国民党代表和3名共产党代表组建国共两党联席会议,聘请共产国际代表为顾问,主要是审查两党妨碍国共合作与国民革命的行为、言论,以及协调两党党员之间的纠纷。

后者《整理党务决议案》在强调国共两党都是"革命集团"的同时,为改善二者间的关系、纠正两党党员妨碍两党合作的行动及言论,同时既保障国民党党纲党章的统一权威,又明确加入国民党的共产党员的地位、意义,规定:共产党员要明确三民主义是国民党的基础,不得对总理及三民主义加以怀疑或批评;中共应将加入国民党的党员名册,交给国民党中央执行委员会主席保存;共产党员在国民党高级党部(中央党部、省党部、特别市党部)执行委员会担任委员的人数不得超过总数的三分之一;共产党员不得担任国民党中央机关之部长;中共发给国民党内共产党员的一切训令,应先交联席会议通过;所有国民党员在三个月内重新登记,等等。

同时,蒋介石还多次言论"一个主义,一个党",认为一个团体若有两个中心、两个主义、两个领袖,必定不会成功,是"一定要分裂的","革命是非专政不行的,一定要一个主义、一个党来专政的"。①

"整理党务"案的通过实行,使蒋介石基本夺取了国民党的党权,他又获得了国民党中央执行委员会常务委员会主席(由张静江代理)、中央组织部长(由陈果夫代理)和军人部长等职。随后,蒋介石就开始准备北伐,通过北伐巩固、加强他的权利。

8."四一二政变"

北伐之初,蒋介石演变成了国民党"新右派"的领袖,随着北伐战争的胜利推进,蒋介石新右派与以汪精卫为首的国民党左派和共产党人争夺权位的斗争也越来越激烈。"迁都之争"蒋介石失利后,他专心经营长江下游,很快攻占了南京,进占了上海,江浙一带成为了他的势力大本营。国民党二届三中全会使得蒋介石的权力大为削弱,他以江浙为据点,在帝国主义、大资产阶级、国民党新老右派的支持下,与武汉国民党政府相抗衡,反共倾向越来越严重。此时,武汉国民政府在继续北伐的同时,还在4月7日誓师东征,派张发奎率军进赴南京,并欲迁都南京。

"四一二政变"中被关押的民众

蒋介石针锋相对,决定发动武装政变,首选革命力量较为强大的上海。4月5日,他撤换上海国民革命军驻军,派投诚的浙系军阀周凤歧负责上海防务;6日,下令一切工会和工人武装纠察队统归国民革命军总司令部管

---

① 中国第二历史档案馆编:《蒋介石年谱初稿》,档案出版社1992年版,第593页。

辖,否则以违法叛变论处,坚决取缔;9日,秘密成立以白崇禧、周凤歧为正副司令的"淞沪戒严司令部",并发布"战时戒严条例",严禁集会、罢工、游行;11日,发布"各省一致实行清党"密令。当日,周凤歧的部队就布防上海街市,与各反动势力拘捕共产党员和工人群众。12日,动员流氓组织青洪帮分子冒充工人,携械冲击上海各地工人纠察队,周凤歧军队以调解"工人内讧"为名,迅速解除了上海工人纠察队的武装,占领了上海总工会。13日,蒋介石发表《告国民党同志书》,历数共产党的种种"阴谋",同日,上海军警大肆镇压工人的罢工、游行。14日,在上海大肆开展"清党运动",查封革命组织和革命团体,捕杀共产党员和革命进步群众,三天内,汪寿华、陈延年、赵世炎等共产党员、革命群众100多人被杀害,1000多人被捕,5000多人失踪。16日,决定在南京成立国民政府与国民党中央党部,与武汉中央分立。17日,通电通缉共产党要员,在各省实行清党运动,大批共产党员和革命群众被杀害。18日,南京国民政府成立。

"四一二政变"是以蒋介石为首的反动势力集团发动的一场反革命政变,标志着国共合作、国民革命与革命统一战线遭受严重挫折。

国民革命失败,第一次国共合作破裂之后,中国革命开始进入新的时期,即完全在中国共产党领导下的无产阶级的新民主主义革命时期,走上了武装反抗国民党反动统治的道路。

本 章 小 结

从某种较为宽泛的角度看,近代中国百年史是一部由传统向近代转型的历史,这种转型与过渡经过约80年的西方社会的冲击和本国母体社会的氤氲化生,到19世纪20年代前夕出现新的转折取向,中华民族与中国社会又看到了新的希望。

思想文化方面,出现了新文化运动。一方面,破除以孔教为表征的传统文化,另一方面构建、宣传有利于改造中国社会的新文化。一时间,源自西方的各种新思潮大量涌入,有资本主义的、无政府主义的,也有社会主义的、马克思主义的。在各种新思潮中,马克思主义在"五四"之后得到广泛传播,并开始与中国的社会与革命相结合,这是当时中国思想文化界出现的一大新动向。

群众运动方面,爆发了五四爱国运动。此前,地主阶级、农民阶级和资产阶级都起来尝试过采用不同方式挽救民族危亡,谋求民族与国家的富强,但都失败了。到1919年五四爱国运动爆发后,群众运动出现了新的变化,一是改变了以前某个阶级阶层孤军奋战的状况,工、商、学、农等各界民族觉醒意识增强,开始同时起来,或独自,或联合进行反帝反封建斗争;二是工人阶级开始登上历史舞台,成为中国群众运动与革命斗争的主力军和生力军。

政党政治方面,诞生了中国共产党。自从1905年同盟会成立,中国就开始步入近代政党政治时代,但最初都是资产阶级政党,他们或举行暴力革命,或开展议会斗争,谋求变法改良,但成效都不甚显著。1921年,以马克思主义为指导的无产阶级政党中国共产党诞生,中国革命从此"焕然一新",中国共产党具有明确的指导思想、严密的组织纪律性、锲而不舍的探索精神和大无畏的革命斗争精神,她逐步把马克思主义与中国社会实际状况相结合,探索出适合中国的革命方式、策略与革命道路。此为中国近代社会所发生的最大的新转折。

革命运动方面,爆发了国共两党共同开展、推动的国民革命运动。1924年,国民党在"一大"完成改组后,第一次国共合作实现,以之为基础,中国爆发了国民革命运动,这是一场具有广泛群众基础的民族民主革命运动,包括了工人、农民、小资产阶级和民族资产阶级等阶级阶层的力量,这是以往任何民族运动和革命斗争所不具备的。正因为此,国民革命运动声势浩大,随着北伐战争的胜利推进,取得了很大成功。但同时,国民革命潜伏的危机也越来越大,最终导致国共合作破裂与国民革命失败。

总体而言,1915到1927年的十二年时间里,从社会革命的角度看,中国社会转折是朝两个方向同时演化的:一是资产阶级及其政党国民党借助工农群众及共产党的影响和帮助,通过国民革命,打倒了封建军阀,逐步建立了全国性政权,确立了对全国的统治,此方向以前就已存在,只是采取了不同的方式和策略;二是无产阶级及其政党共产党开始登上中国革命与政治的舞台,在马克思主义的指导下,基于中国现实考量和反帝反封建的革命任务,与资产阶级及其政党国民党合作,共同开展国民革命,使得自己不断发展壮大。这两个方向平行交葛进行,终至分野对立。一句话,即由资产阶级反封建的旧民主主义革命,过渡到单纯由共产党领导的无产阶级的新民主主义革命,走上了武装反抗国民党反动统治的道路。

学术综述

总体而言,对本章所涉及的重点内容,目前学术界在坚持马克思主义史观的前提下,其研究动态主要有四。

一是研究领域不断深化、细化。历史如同人之身躯有骨骼也有难以计数的血管一样,既有重大历史事件与历史人物,以及主要由这些事件与人物串联起来的历史发展脉络,也有众多不那么重要但又不可或缺的历史内容,以及由这些内容所整合而成的社会环境。以往过多关注了重大事件和重要人物,如今开始给予一些"小"的历史更多关注,更趋精细的历史观是一种趋势。

比如对新文化运动,不仅研究《新青年》,还开始研究《每周评论》、《东方杂志》、《少年中国》、《学衡》等,不仅研究新文化运动倡导的"德""赛"两先生和文学革命,还研究"穆"姑娘与道德革命,不仅研究新思潮中的马克思主义,还研究无政府主义、合作主义、易卜生主义,不仅研究陈独秀、胡适等新文化派,还研究反对新文化的保守人物。对五四运动,不仅从宏观上进行整体研究,还更多地开始区域性的五四运动研究,了解五四运动在不同地区的多面相,不仅研究五四运动中的工农群众、学生和中小商人,还研究上海总商会、大商人以及大学教授等知识分子的表现,等等。

二是对传统观点进行反思,出现了不少新观点。自1980年代中期以来,随着思想解放,学界对不少历史问题发表了新的看法。同时,随着研究的深化与细化和现代化理论的运用,也对某些问题提出与传统观点不相同的看法。虽然"历史"是一种客观存在,不可更改、篡改,但学术研究可对具体的史事"横看成岭侧成峰",不同观点的呈现与争鸣可以说是学术前进的动力,也是学术研究追求的理想状态。比如:

有些人认为五四新文化运动对孔教的猛烈抨击,"直接埋下了对中国社会的巨大伤害和伦理道德急剧沦丧的文化种子,并长久成为现代化发展过程中的沉重内伤",是"全盘性的反传统",是"过激"了的,是"情绪化"的产物,五四运动对新文化运动造成了冲击,使对民主自由价值的追求发生转向,由以英美为师转为以俄为师,使得民粹主义与民族主义狂飙猛进,成为五四以来影响至今的两个精神"病灶"。也有人予以反驳,认为五四新文化运动并不是反儒学,而是反三纲五常和封建专制与等级制度,并不是"全盘性的反传统",也就不是"情绪化"的"过激"的产物,是中国近代历史发展的必然,是中国社会主义现代化的开端。

关于问题与主义之争,基本修正了这是"马克思主义与反马克思主义的第一次论战"和以马克思主义的胜利而结束的观点,认为胡适并非是指向马克思主义的,这是"民主阵线内部发生的一场争论。争论的方式是商讨式的,直率而温和的,并没有剑拔弩张"。双方分歧的要点在于"要不要进行社会革命以求中国社会问题的根本解决"。通过争论,双方都没有压倒对方,而是都扩大了自己的影响,是双赢的结果,而且,"从当时的情况来看,实验主义和改良主义的影响,明显地胜过了马克思主义的社会革命论"。

关于第一次国共合作失败的原因,以往基本认为客观原因是蒋介石、汪精卫叛变革命,反革命力量异常强大,主观原因是陈独秀犯了放弃革命领导权的右倾投降主义和机会主义错误,但至今有了不同的认识,认为除了主客观原因之外,国共两党信奉的"主义"不同是两党合作破裂的必然根因,同时,共产国际与苏俄忽视中国革命实际情况,发出了错误的,或者不适当的指示,也是导致国共合作破裂的重要原因。

三是逐渐淡化意识形态,注重历史文本的解读。回归历史"现场",重塑"历史记忆",在"文本中见历史",在"细节处显精神",综合文学作品、日记、新闻报道、游记、回忆录等各个方面的资料,考证"历史细节",这是最近几年又兴起的一种史学研究方法。此方法更显"历史真相",使得"历史"变得有血有肉。对后人以"后见之明"进行"宏阔叙史",以意识形态"放大"、"拔高",或者"缩小"、"降低""史实"的弊端有所纠正。比如,陈平原运用此方法,勾勒出了新文化运动和五四运动的不同于官方"发扬光大"、学者"诠释历史"、文人"追忆往事"的另幅画卷。

四是避免就事论事,把历史事件和社会语境、政治权势、思想路径等的演化结合起来进行分析,这既加深了对历史事件的分析,也加深了对社会历史的整体认识和把握。比如,对《新青年》同仁不同发展路径进行考察,据此分析1920年代中国思想界的分野;把北伐与南北军政格局的演变结合起来,分析1920年代中国政治权势的转移;把五四运动与"五四"之前及之后的中国政治、思想的演化结合起来进行分析,认为"五四"之后,"激进"政治开始占据主流;对新文化运动,不是局限于其的内容、意义、影响等,而是运用传播学理论,系统考察其是如何被"运动"起来,认为"新文化"之所以成为了一场运动,很大程度上是《新青年》求生存的一种策略运用的客观结果,并不是陈独秀等人以"科学"、"民主"为旗号有意识发动起来的;对第一次国共合作的破裂,有人通过详细考察国共关系演变的历程及其社会环境的变迁,认为国共合作的破裂有着必然和偶然因素,蒋介石一步一步地走向反革命阵营,与蒋介石个人生性多疑的性格和鲍罗廷等苏俄顾问、共产党、国民党左派采取的对待蒋介石的策略方式也有很大关系。

参考书目

1. 陈平原著:《触摸历史与进入五四》,北京大学出版社2005年版。
2. 罗志田著:《激变时代的文化与政治——从新文化运动到北伐》,北京大学出版社2006年版。
3. 欧阳军喜著:《五四新文化运动与儒学》,陕西人民出版社2001年版。
4. 伍启元著:《中国新文化运动概观》,现代书局1934年版。
5. 沙健孙、龚书铎主编:《五四运动与20世纪中国的历史道路》,人民出版社2001年版。
6. 陈崧编:《五四前后东西文化问题论战文选》,中国社会科学出版社1985年版。
7. 高力克著:《五四的思想世界》,学林出版社2003年版。
8. 彭明著:《五四运动史》(修订本),人民出版社1998年版。
9. 周策纵著:《五四运动——现代中国的思想革命》,周子平等译,江苏人民出版社1999年版。
10. 周策纵著:《五四运动史》,岳麓书社1999年版。
11. 袁伟时编著:《告别中世纪:五四文献选粹与解读》,广东人民出版社2004年版。
12. 陈端志著:《五四运动之史的评价》,生活书店1936年版。
13. 王奇生著:《国共合作与国民革命(1924～1927)》,即张海鹏主编的《中国近代通史》(第七卷),江苏人民出版社2006年版。
14. 费约翰著:《唤醒中国:国民革命中的政治、文化与阶级》,李恭忠等译,生活·读书·新知三联书店2004年版。
15. 刘曼容著:《中国国民革命探微》,广东人民出版社1997年版。
16. 曾宪林著:《北伐战争史》,四川人民出版社1991年版。

17. 曾庆榴著:《广州国民政府》,广东人民出版社1996年版。
18. 陈廉著:《第一次国共合作史》,北京图书馆出版社1998年版。

思 考 题

1. 试析"五四"前后新思潮的内容与意义。
2. 比较新文化运动与五四爱国运动,并分析二者的关系。
3. 试评东西文化论争。
4. 试析马克思主义早期传播的条件、方式与途径。
5. 试析中国共产党成立的历史条件及意义。
6. 第一次国共合作是如何实现的?又是如何走向破灭的?
7. 评北伐战争的性质及胜利的原因。
8. 比较广州国民政府和武汉国民政府。
9. 什么是国民革命?为什么要开展国民革命?其结局如何?

第十章　南京国民政府初期的内政外交

第一节　南京国民政府的建立

一、"宁汉合流"与国民政府改组

1. "清党"与南京国民政府建立

在蒋介石率北伐军占领上海后，筹建中央政府的工作就紧锣密鼓地展开了。"四一二"事变后，蒋介石与迁到武汉的中国国民党中央及国民政府在诸如反共政策及重大利益上发生分歧，遂决定迅速成立南京国民政府以分庭抗礼。

1927年4月15日，部分坚决主张"清党"反共的国民党中央执委、监委，预定在南京召开国民党二届四中全会，由于不足半数而改成"谈话会"，胡汉民主持会议。会议决定：召开国民党中央政治会议主持大局；定都南京；不承认武汉的中央政府及中央党部；恢复1926年7月拟定的国民革命军总司令职权等议案。汪精卫则从武汉发电指责南京的"谈话会"是分裂国民党的"西山会议式会议"。

4月17日，国民党中央政治会议第74次会议在南京召开。会议决定：增加萧佛成等9人为政治会议委员；国民政府于18日在南京开始办公；组建新的国民党中央宣传、组织委员会，设立中央研究院。①

4月18日，在南京市丁家桥前的江苏省议会原址，南京国民政府举行

---

① 《中国国民党中央政治会议第七十四次会议记录》，罗家伦主编：《革命文献》第22辑，中国国民党中央委员会党史资料编纂委员会1956年版，第173～175页。

隆重的成立典礼。蔡元培代表国民党中央授任,宣布胡汉民、张人杰、伍朝枢、古应芬为国民政府常务委员,发表了国民党中央政治会议《关于奠都南京宣言》和《国民政府宣言》。南京国民政府正式宣告成立。所以选择建都南京,是由于南京国民政府领导人要使国人明白,只有他们才是孙中山三民主义思想的继承人,只有南京国民政府才是1911年南京临时政府的法统继承者,武汉国民政府和北京政府都不具有法统继承的地位。

在行政体系上,南京国民政府仍然采用合议制,设内政、外交、财政、司法、大学院等部院,以胡汉民为直接领导者。作为国民革命军总司令的蒋介石,并未出面供职,但南京国民政府的实权却操在其手。

南京国民政府成立伊始,便积极展开"清党"活动,以反共为第一要务。在"护党救国"旗帜下,4月18日,国民政府发布秘字第一号令,通缉共产党人鲍罗廷、陈独秀及国民党左派邓演达等197人。① 4月20日,国民革命军陆海军将领会议在南京召开,表示拥护南京的中央党部及国民政府,拥护"清党"决定。4月21日,国民党中常会第85次会议在南昌召开,决定成立"清党委员会"。5月7日,国民党中央清党委员会成立,随即颁布《清党条例》并通电全国各机关照办。各省"清党委员会"陆续成立,"清党"运动由南京渐次推向全国。

南京国民政府成立后,国民党分裂为南京、武汉和上海(西山会议派)三个中央党部和武汉、南京两个国民政府相互对峙的局面,与此同时,执政的国民党还要面对由奉系军阀张作霖主政的北京政府的指责。

2. 宁汉合流

南京国民政府成立后,武汉国民政府曾宣布其为非法,双方甚至宣布进行相互讨伐。6月10日,江精卫等人前往郑州,与占据河南、陕西等省,拥兵数十万的冯玉祥进行谈判,寻求其对武汉政府的支持。汪精卫等答应将河南、陕西、甘肃三省全部交予冯玉祥控制,编建7个方面军以巩固武汉政权。但随后,极其现实的冯玉祥又在6月20日与蒋介石、胡汉民等南京政府重要领导人进行会谈,在蒋介石允以职务及武器粮饷的条件下,双方就国民党必须统一、反共、取消武汉政府等达成一致。此后,冯玉祥及山西的阎锡山也相继进行反共"清党"。冯玉祥等人的转变,使缺少军队支持、经济上

---

① 《国民政府通缉共产党首要令》,罗家伦主编:《革命文献》第16辑,中国国民党中央委员会党史史料编纂委员会1957年版,第2825页。

也失去支撑的武汉国民政府陷入四面楚歌的境地。

此前,由于在反共与容共问题上的分歧,国民党二届中执会分裂出"西山会议派"。"四一二"事件后,南京的国民党中央党部废除"打倒西山会议派"的口号,表示出合作的诚意。"七一五"事件后,南京、上海("西山会议派"为主组成的国民党中央)和武汉的国民党中央党部在反共的大前提下,具备了"合流"的政治基础。

8月1日,在周恩来、贺龙、叶挺等人领导下,中共军队在南昌实行暴动,反对国民党对中共党人的血腥屠杀。两天后,由于力量悬殊,中共军队退出南昌。以此事件为由,国民党内谴责汪精卫纵容中共党人之声群起。8月8日,李宗仁、白崇禧、何应钦、蒋介石等人联合致电汪精卫,声明对武汉以前的"容共"表示谅解,宣称"共党全退出党部,则党之只有整个善后,并无两派争执",欢迎武汉方面代表赴宁商讨。汪精卫则表示对共产党"防制过迟,致酿成南昌之变,至深内疚"①。

然而,在国民党及政府合作的问题上,汪精卫、李宗仁等认为,武汉的中央党部及政府,才是"党国之最高机关",并坚持倒蒋。为促使宁、汉、沪三方尽快统一,8月13日,蒋介石突然宣布下野,16日宣布辞去国民革命军总司令职务,不久后东渡日本。下野的直接原因是李宗仁为首的桂系首领"逼宫"。"此一决断,乃对于许多敌对者的竞争中一种光荣而成功的战术运用",使得汪精卫成为国民党合并时的众矢之的。随即,胡汉民、吴敬恒、蔡元培等人也引退,南京国民政府面临分崩离析之势。

几经协商,宁、汉、沪三方主要负责人终于聚集上海,就国民党及政府合作事宜进行会商。9月13日,由于西山会议派的反对,汪精卫被迫以"自疚对于共产党徒防制过迟"、"听候处分"为名,宣布引退。

在此情况下,南京的桂系、上海的西山会议派和武汉的孙科、谭延闿等于9月15日决议,16日成立中国国民党中央特别委员会。"特委会"的成立,宣告宁、汉、沪分立局面结束。

宁、汉、沪形式上的"合流",并不能解决三方间久已存在的矛盾和因权力而起的争执。9月21日,汪精卫和唐生智赴武汉,即指责"特委会"不合党章。29日,成立武汉政治分会。南京"特委会"遂下令取消武汉政治分

---

① 《宁汉合作实现以前双方中央委员重要电文两通》,罗家伦主编:《革命文献》第17辑,中国国民党中央委员会党史史料编纂委员会1957年版,第146~147页。

会。几经协议不成,10月20日,南京国民政府下令讨伐唐生智,宁汉战争爆发。握南京实权的桂系军阀为扩大势力,积极讨唐,冯玉祥部也从河南南下讨唐。腹背受敌的唐生智部大败。11月11日,唐生智通电下野并逃去日本。宁汉之争平息。

在追击退出南昌的中共暴动部队时,汪系军人张发奎部进入桂系势力范围的广东,桂系顿时紧张起来。为在桂系与张发奎部间寻求平衡,失意的汪精卫于10月29日由港抵穗。汪提出召开国民党二届四中全会,恢复中央执、监两委员会。11月1日,部分国民党中央执、监委在广州开会,决定国民党中执委应在广州执行职务,为国民党最高机关;国民政府移置广州,树起国民党中央旗号。宁粤再成对立态势。

11月10日,蒋介石从日本返国,面对宁粤对立和桂系日渐坐大的局面,蒋介石决定联汪制桂。宁粤双方议定在上海筹备国民党二届四中全会。

16日,汪精卫、李济深、李宗仁赴沪参会。17日凌晨,张发奎发动兵变,迫使驻粤桂军退出广东。为防桂系反攻,张发奎部主力离穗北上。12月11日,中共借机发动广州起义,建立苏维埃政权,三天后失败。两次广州兵变,引起国内舆论大哗。

国民党内部的反蒋派领袖孙科(左)、胡汉民(中)、汪精卫

12月3日,在国民党中央二届四中全会筹备会上,汪精卫受到一致谴责,蒋介石在各派推举下复职。会议决定由蒋介石负责筹备国民党中央二届四中全会。蒋介石运用权谋,先迫使南京国民政府的胡汉民、孙科、伍朝枢退出政府,后借各派反汪声浪,迫汪再度下野赴法考察;再授全权于李济深回粤主事,削弱了桂系对南京国民政府的影响。在派系争斗中,蒋介石不动声色、坐收渔利,重掌南京国民党中央和国民政府大权。

1928年1月4日,蒋介石重返南京,复职国民革命军总司令并"主持大计"。2月2日,国民党二届四中全会在南京召开。大会将孙中山在世时制定的"容共"政策改弦更张。重新审查宁、汉两方决议案,"凡与联俄容共政策有关之决议案,一律取消","凡因反共关系开除党籍者,一律失效"。会议通过"整理党务案",决定停止联俄容共政策,开除谭平山等中共党人的国民党中央执委及候补中执委职务。通过改组国民政府案,蒋介石的嫡系全面进入政府。会议授予国民革命军总司令以绝大权力,议定国民政府军事委员会"为国民政府军政最高机关",要求蒋介石立即组织二期北伐军事工作。

2月7日,会议推举出国民政府49名委员,谭延闿、蔡元培、张静江、李烈钧、于右任为国民政府常委,谭延闿为主席。23日,国民政府军事委员会成立,蒋介石为主席。

至此,几经波折的国民党中央和国民政府终于组合成一个"合法"的政府,并为宁、汉、沪三方国民党中央认可。这也表明国民党内部各派暂时达成了统一,蒋介石专权的时代开始。

3. 二期北伐

南京国民政府成立后,面对着的是一个纷纭复杂、变幻莫测的政局。

此时,北洋军阀中的皖系与直系已先后土崩瓦解;以东北为依托的奉系军阀张作霖,虽在国民革命军的一期北伐中遭受损失,但实力依然雄厚。1927年6月16日,张作霖自称中华民国陆海军大元帅,组织中华民国军政府,以国家元首自居并把持着北京政府。

为了完成孙中山的遗愿,完成统一中国大业,使南京国民政府得到更大的统治地域,以增强实力,获得国际社会的真正承认,南京政府成立后的当务之急,就要打倒由奉系军阀张作霖控制的北京政府。因此,南京国民政府决定再次进行北伐。

1928年1月4日,蒋介石重新出任国民革命军总司令。2月3日,国民党二届四中全会在南京开幕,会议相继通过了《整理各地党务案》、《整饬党纪之方法案》、《政治委员会改组案》、《集中革命势力限期完成北伐》等议案。会议通过选举,任命蒋介石为国民党中央政治会议主席、国民政府军事委员会主席,集党军政大权于一身;李济深、李宗仁、冯玉祥、阎锡山分任广州、武汉、开封、太原政治分会主席;要求蒋介石迅速筹备二期北伐。所谓"二期北伐",是相对于1926年从广州开始的第一次北伐而言的。

2月9日,即国民党二届四中全会结束后第二天,蒋介石赶赴徐州视察军队。在徐州的军事会议上,国民革命军决定进行改编,由蒋介石任总司令,何应钦任总司令部参谋长;原第一路军改编第一集团军,蒋介石兼任总司令,下辖刘峙、陈调元、贺耀祖三个纵队。随后,蒋介石与冯玉祥、阎锡山达成共同北伐的协议,冯玉祥部国民革命军联军改编为第二集团军,冯玉祥任总司令;阎锡山部北方国民革命军改编为第三集团军,阎锡山任总司令。将西征各军及两湖原有部队改编为第四集团军,李宗仁为总司令。朱培德为总预备队总指挥。同天,国民革命军在徐州举行"二次北伐誓师大会",矛头直指奉系军阀张作霖,以彻底打倒北京政府。为了配合北伐作战,国民政府明令成立战地政务委员会,受国民革命军总司令部指挥,负责处理战地除军事之外的一切事务。

6月15日,南京国民政府宣布"统一告成"。至此,成立仅一年的中华民国军政府倒台,在军阀统治下延续17年之久的北京政府也正式宣告结束。6月20、25日,国民党中央政治会议决议:直隶省改称河北省,北京市改为北平市,北平、天津均为特别市,直属行政院;设立中央政治会议北平临时分会,商震为河北省主席。随即,国民政府明令取消战地政务委员会。

二、训政体制的确立

1. 重新解释三民主义

南京国民政府统治时期,是中国国民党全国执政的开始,作为其政治合法性来源的意识形态,是基于孙中山"民族、民权、民生"的三民主义理论。

如前所述,随着时代的发展,孙中山不断对三民主义进行新的阐释,它具有西方民主主义、中国传统文化及苏联列宁主义三大思想资源,在实践中以"联俄、联共、扶助农工"的三大政策为表征,从而成为第一次国共合作及国民革命的重要思想基础。孙中山逝世后,国民党中的西山会议派、戴季陶、第三党、改组派及理论家胡汉民都对三民主义思想进行了重新定位。

以国民党元老派邹鲁、谢持、居正、林森为首结成的西山会议派,在理论上强调三民主义中的民族主义,主张复兴"王道之文化"。在他们看来,民族间的竞争是不争的事实,弱小民族永无振兴之日;他们认为中国传统文化最为优秀,目前几被遗忘;他们攻击中共"盲目模仿苏俄","视中国文化如敝屣"①;力主取消联共政策,"变更"联俄政策,否认阶级斗争学说的价值;指责中共"成为外国支配中国的工具"。孙中山逝世后,西山会议派掀起的"变更"孙中山三民主义实质的汹涌浪潮,成为国民党实施"清共"的理论基础。

为树立蒋介石、高举孙中山大旗,承继国民党道统的形象,蒋介石和三民主义理论家戴季陶(1890～1949)开始了对三民主义的大幅改造。孙中山逝世后不久,戴季陶先后发表了《民生哲学系统表》、《孙文主义之哲学基础》、《三民主义哲学的渊源》等著作。他认为:三民主义是正宗的儒家思想,没有丝毫的西方思想来源,孙中山的三民主义实际上是中绝的传统文化的复兴。然而他又指出:三民主义并不是保守的思想体系,它包含了西方最新的科学,因而它具备解决中国现实问题的先进性。戴季陶对三民主义的解释,带有很明显的中体西用特点。1927年后,国民党实际上是将戴季陶解释的三民主义作为官方的意识形态。

戴季陶认为,中华民族的崛起迫切需要强大的自信心,而孙中山先生创造三民主义的根本目的,"在于恢复民族的自信心"②。恢复民族自信心,必须倡导中国传统文化,以民族为本位,孙中山的思想与传统之间具有不解之缘。在戴季陶看来,孙中山具有一套完整的思想体系,三民主义是高于所有现代思潮之上的学说。民族主义是实行民主主义的基础,民权主义是为了解决民生主义的前提条件,所以,三民主义的本位实际上就是民生主义。1925年之后,戴季陶的主要工作是对民生主义的系统化。他从社会进化论的观点论证,生存欲望是人类欲望的基础,满足了生存的欲望后才可能谈及经济、政治和文化等方面的要求。人是群生的动物,所以团体组织是人类生存的必要,它要求人们为了生存和社会发展,团结在三民主义旗帜之下,服从国民党一党专政。③

---

① 《中国国民党第二次全国代表大会宣言》(1926年4月8日),《中国国民党历次代表大会及中央全会资料》上册,光明日报出版社1985年版,第399～401页。
② 戴季陶:《民生哲学系统表说明》(1925年5月19日),蔡尚思主编:《中国现代思想史资料简编》第2卷,浙江人民出版社1982年版,第610页。
③ 戴季陶:《孙文主义之哲学基础》(1925年6月),陆友白编:《孙文主义讨论集》,第6页。

戴季陶对三民主义的解释,目的是为了论证孙中山思想的传统特征和国民党作为领袖党的合法地位,他的儒家化三民主义及民生史观,颇得蒋介石欣赏,也为蒋介石的"伦理建设"思想打开了思路。

蒋介石总是以孙中山的三民主义信徒自居,常常在各种场合讲授三民主义。他把三民主义具体归纳为心理、伦理、社会、政治和经济建设"五大建设",这一提法源出于孙中山的《建国方略》中的《孙文学说》(心理建设)、《物质建设》(实业计划)、《社会建设》(民权初步)。伦理建设则是蒋介石对三民主义的新补充。

蒋介石认为,孙中山强调的"知难行易"说是由孔子始,至王阳明而复兴,在孙中山则为集大成。孙中山认为,"知"较难,而"行"较易。蒋则由此阐发出他自己独特的"力行哲学"。蒋认为,"行"包括思维与言行,是唯一的人生哲学。"行"借助于"诚"而得以发展,"诚"则由"仁、义、礼、智、信"构成。这种伦理建设应用于社会与政治上,要求每个公民遵守由"礼、义、廉、耻"和"忠、孝、仁、爱、信、义、和、平"组成的"四维"和"八德",不问理论,不用思维,忠诚领袖,盲目"力行",甚至于"古人所谓有杀身以成仁,无求生以害仁,这是我们力行的主义,这样力行,就是革命"①。伦理建设的目的依然是"为国家尽全忠,为民族尽大孝,公而忘私,国而忘家",进而为国民党的一党专政服务。为此,蒋介石于1934年在南昌首倡"新生活运动",明言"其目的在求中国国民的'现代化'",但在许多场合,他却要求民众做到"生活军事化"、"生活艺术化"、"生活生产化","使全国国民的生活能够彻底军事化"②。

显然,蒋介石对于三民主义的伦理建设的补充,具有较浓重的政治目的。

国民革命失败后,从国民党中分化出来的一个左翼政党第三党,其首领是国民党著名左派领袖邓演达。第三党认为,现时中国处于"半殖民地的"、"半独立的"状态,只有进行反帝反封建的平民革命,以武力的方式反对蒋介石集团,才能实现"劳动平民的民生主义",即社会主义。他们认为,改组派

---

① 《行的道理》(1939年3月15日),张其昀主编:《先总统蒋公全集》第1册,中国文化大学出版部1984年版,第1246页。

② 《新生活运动史要义》(1934年2月19日),张其昀主编:《先总统蒋公全集》第1册,中国文化大学出版部1984年版,第811页。

是"政治投机集团",蒋介石则是"假谈革命的三民主义之内容"。只有他们"继承孙中山先生四十年来革命不屈精神,为中国革命唯一的新集团"①。

改组派是中国国民党改组同志会的简称。他们主要在1928年至1931年间活动,有汪精卫、陈公博、顾孟余、王乐平等主要成员,以左派自居,主张"恢复十三年改组精神,改组国民党"。他们认为,孙中山对新三民主义的定义,只有"容共"而从未有"联共"主张,所谓"三大政策"是1926年由中共制造出来的,坚持消灭中共的存在。他们认为,1924年国民党确有联俄主张,但第三国际却是"反动势力",只有"扶助农工"是"十三年改组的第一个精神",是"本党三民主义的大道"②。改组派还攻击蒋介石是把"革命的三民主义变成复古封建主义",所以,南京国民政府成立后,"再不见三民主义的实行"。主张提高党的权威,"以党治军","以党治国"。

胡汉民(1879～1936),字展堂,国民党著名理论家和元老。南京国民政府初期的主要领导人,曾任立法院长、国民党中常会主席,是国民党"训政"时期党政制度的主要制定者。1927年8月后,胡汉民通电辞职。1928年8月,在国民党二届五中全会上,胡汉民与蒋介石等复职任国民党中央常务委员会委员,直接负责训政设计工作。1931年2月28日,因与蒋介石在约法问题上发生严重分歧,胡汉民竟被蒋介石扣押后软禁汤山,后来,胡汉民不得不远避香港。他坚持认为,三民主义应当是旧有的思想体系,反对孙中山的三大政策,反对共产党的主张。他认为,三民主义是一个缺一不可的相互关联的思想体系,其对国家的治理就是由"党治"而"法治"进而达到"民治"。他始终认为,孙中山的三民主义和马克思主义没有相同之处,把三民主义"马克思化、释迦化、术士化、流氓化"都是"无可容恕的错误"③。他反对蒋介石提倡的法西斯主义,认为"法西斯蒂运动实在是现代政治上最反动的运动"④,这"无疑是影响三民主义前途的又一劫运"⑤。

国民党内部对于孙中山三民主义的不同解释,源于其不同派别间的政治分歧。由于孙中山三民主义思想在国内的崇高地位,每一派才不遗余力

---

① 《中华革命党对时局宣言》(1929年3月),中国农工民主党中央资料研究委员会档案。
② 陈公博:《五个问题的讨论》,《革命评论》第4期。
③ 胡汉民:《三民主义的心物观》,《三民主义月刊》第1卷第4期。
④ 胡汉民:《论所谓法西斯蒂》,《三民主义月刊》第1卷第5期。
⑤ 胡汉民:《三民主义与中国革命》,《三民主义月刊》第1卷第1期。

地重新解释三民主义,将自己的政治主张与孙中山思想对接,进而谋求在国民党内的政治地位和发言权。

2. 训政纲领

二期北伐战争结束后,国民党初步实现了打倒北京政府、全国军政统一的目标。按照孙中山的思想,军政阶段结束,从此全国进入国民党"训政"阶段。

然而如何进行"训政",则是一个只有理论而没有具体实践的政治设计。此时,国民党中央党部与中央政府的关系、国民政府的组织结构、外交政策等,均需要一个具体的纲领性的文件加以确定。1928年6月,胡汉民从巴黎给国民政府主席谭延闿寄回了他起草的《训政大纲》,其中包括《政治会议纲领》及《国民政府组织纲领》两项,希望以此作为给国民党二届五中全会的提案。

在电文中,胡汉民称:今后中国政治体制的确立,应该遵循以下的原则:"一、以党统一,以党训政,培植宪政深厚之基;二、本党重心,必求完固,应有发动训政之全权,政府应负责实行训政之全责;三、以五权制度作训政之规模,期五权宪政最后之完成。"①这一提案实际上成为8月在南京召开的国民党二届五中全会上所通过的有关训政提案的中心思想。与此同时,孙科向大会提交的《党国训政大纲及应付外交方法》提案也获通过。胡、孙两人的提案,成为国民党实施训政的法制基础。

国民党二届五中全会还通过了根据《训政大纲》制订《训政时期约法》的决议,规定依据建国大纲的规定对国民政府实施五院制。

9月3日,从欧洲回国的胡汉民积极推动国民政府的建立,公开发表他的《训政大纲说明书》。此后的两年半中,他成为国民政府推进训政的主要领导人之一。10月3日,国民党中常会通过《训政大纲》,主要内容如下:

(1)在训政期间,中国国民党全国代表大会代表国民大会领导国民,行使政权;

(2)中国国民党全国代表大会闭会时,以政权付托中国国民党中央执委会执行;

(3)依照孙中山《建国大纲》所定的选举、罢免、创制、复决四种政权,应

---

① 蒋永敬:《胡汉民先生年谱》,中国国民党中央委员会党史委员会1978年版,第427页。

训练国民逐渐推行；

(4) 行政、立法、司法、考试、监察五项治权付托国民政府执行；

(5) 中国国民党中执会政治会议指导监督国民政府重大国务的施行；

(6) 中华民国国民政府组织法的修正及解释，由中国国民党中执会政治会议议决并执行。①

综上所述，作为中国国民党实施训政的纲领性文献之一，《训政纲领》详细规定了国民党执政期间党与政府间的关系，政权与治权间的区别，确立了由中央政治会议指导监督国民政府的领导管理机制。从某种程度上讲，《训政纲领》所规定的"党国体制"及五院制政府，构成此后20年间中国历史进程中的基本政治体制。

10月26日，国民政府发布《训政时期施政宣言》，声明训政时期的施政，以国家建设为首要任务，而建设的先决条件，一是稳定的社会秩序，二是裁兵节饷与整理财政；建设的实际方向有三：政治建设——推动地方自治为实施宪政做准备；经济建设——目的在于解决民众生活之需；教育建设——旨在普及三民主义的国民教育。

从此，民国进入了训政时期。

三、"党国"体制与五院制政府

1. "党国"体制的矛盾

南京国民政府成立后，在较短时间内确定了国民党的"训政"体制，其核心是"以党治国"的政治集权。

1924年1月，孙中山按照苏联模式改组国民党。随后，在他主持下正式确立"以党治国"模式。国民党通过全国代表大会、中央执委会特别是中央政治会议监督、指导国民政府。而且通过党的领导人在政府和军队中的任职控制国民政府。这种"党国"的模式在广州国民政府和武汉国民政府时期已初露端倪。

南京国民政府成立时，国民党不仅保留了广州和武汉政府时期的"党治"模式，而且对之重加修订，使"以党治国"体制得以完善，显现出党治国家的基本特征。

---

① 《训政纲领》(1928年10月3日)，罗家伦主编：《革命文献》第22辑，中国国民党中央委员会党史资料委员会1956版，第316页。

1928年2月4日,国民党二届四中全会通过《中华民国国民政府组织法》,"党治"原则再得强调。规定国民政府在国民党中执会指导监督下掌握全国政务,政府委员由国民党中执委推举。3月1日,国民党中常会第109次会议议决,中执会和中央政治会议分别负责讨论决定法律问题和重要政务,然后交国民政府执行。10月3日,国民党中常会第172次会议通过由胡汉民主持制定的《训政纲领》,《训政大纲》规定:"中华民国训政期间,由中国国民党全国代表大会代表国民大会领导国民,行使政权";"中国国民党全国代表大会闭会时,以政权付托中国国民党中央执行委员会执行之";"依照总理建国大纲所定选举、罢免、创制、复议四种政权,总会而执行之,以立宪政之基础";"治权之行政、立法、司法、考试、监察五项付托于国民政府,总会而执行之,以立宪政时期民选政府之基础";"指导监督国民政府重大国务之施行,由中国国民党中央执行委员会政治会议行之"①。随后,国民党中常会通过《中央政治会议暂行条例》,明确建国纲领、立法原则、施政方针、军事大计;任免国民政府委员、各院院长、各部部长、各省政府委员、各特别市长、驻外大使、特使、公使及特任、特派官吏等,都须由该会讨论决定。② 1931年6月1日公布的《中华民国训政时期约法》,更以宪法形式将国民党"以党治国"的政治体制加以确认。

为保证对军队的控制,国民党始终掌握着军队的最高权力。1927年4月,南京国民政府成立后,蒋介石虽不是国民政府主席,但却以其担任的国民革命军总司令而统摄全局。1928年2月,国民党二届四中全会通过了《国民政府军事委员会组织大纲》和《国民革命军总司令部组织大纲》,规定军事委员会的委员由国民党中执会推选,国民革命军总司令由国民政府特任。蒋介石将军事委员会主席和国民革命军总司令两职兼任。蒋介石还积极推动在军队内部的党代表制度。10月后,蒋介石又兼任中央政治会议主席、国民政府主席和陆海空总司令,成为党政军的最高领袖。由于国民党军是国民党存在的基石,所以蒋介石以军队统帅而成为国民党政治领袖,并进而控制国民政府,这是南京国民政府时期政治发展中最为显著的特征。

---

① 《训政纲领》(1928年10月3日),李云汉:《中国国民党史述》第5编附录,中国国民党中央委员会党史委员会1994年版,第161页。

② 《中央政治会议暂行条例》(1928年10月25日),李云汉:《中国国民党史述》第5编附录,中国国民党中央委员会党史委员会1994年版,第162~163页。

通过对行政权力的掌握,国民党从中央到地方建立了一套与行政体系平行但却高于其上的党政双重管理体制。这种附着于行政权力体系之上的党政基层机构,不仅建立在社团、文化、教育机构之中,也建立在产业、商业之中,甚至连海外华侨组织中也可见其踪。显然,这种体制的具体运作就不仅是只通过行政权力施加国民党的影响了,它直接就可以渗入到社会生活的各个方面。例如,国民党在新闻舆论界宣传三民主义是唯一的合法思想,以排斥其他思潮的影响;在教育界实行"党化教育",向各级学校的学生灌输三民主义思想;使得三民主义的意识形态充斥社会的各个方面,起到了扩大国民党影响,强化国民党统治的重要作用。

2. 五院制政府

传统社会向现代社会转化的过程中,行政事务由责权分明、程序化的官僚组织取代以个人好恶实行管理,是国家向现代化过渡的重要标志之一。

南京国民政府成立后,不仅开始实施"训政",而且对行政机构实施大规模的改革。

1928年2月,国民党二届四中全会通过的《中华民国国民政府组织法》规定,国民政府应设内政、外交、财政、交通、司法、农矿、工商等部,并设立最高法院、考试院、监察院、大学院、审计院、法制局、建设委员会、军事委员会、蒙藏委员会、侨务委员会等机构。8月,国民党二届五中全会通过《政治问题案》,决定设立司法、立法、行政、考试、监察五院,行政院下辖内政、外交、军事、财政、交通、农矿、工商、教育八个部,并设立参谋部、军事参议会、建设委员会、蒙藏委员会等国民政府直属机构。

10月8日,第三次修正的《中华民国国民政府组织法》确定:"国民政府以行政院、立法院、司法院、考试院、监察院五院组织之。"这一行政设计,一直维持到国民党退出大陆。同日,国民党中常会通过新的国民政府组成名单,蒋介石任国民政府主席,谭延闿、胡汉民等16人任国民政府委员,谭延闿、胡汉民、王宠惠、戴传贤、蔡元培分任行政、立法、司法、考试和监察五院院长。行政院下设内政、外交、军政、财政、农矿、工商、教育、交通、铁道及卫生共10个部,以及建设、蒙藏、侨务、劳工、禁烟5个委员会。

这种政治体系的设计突出了党的领导,其具体的构成设计与过去相比较为合理,旨在西方"三权分立"原则的基础上,强调五院各司其职,权力平行,具有一定的相互制约作用。但在实际操作上,由于种种原因,党的领导实际上只是在中央一级体现得较为明显,在省级以下逐级减弱;行政院的职能最为广泛,行政院可以任免各部及委员会长官,各部及委员会于必要时还可以列席国务会议及立法院会议,立法院需议决的各类法律,必须由行政院提出;立法院、监察院的委员不得兼任中央政府及地方官员,两院有相对的独立性。此外,国民政府还规定实行合议制,国务会议由主席、委员组成,主席不具有总统的职权。

单从制度条文看,南京国民政府的政治构成是相当近代化的,不仅合理地划分各领域及职责,而且效法欧美民主政治和实践孙中山的"五权宪法"思想,使"五院制"得以实施。但在实践中,由于这一体制是在国民党"以党治国"原则下形成的,国民党的"党治"原则就必然会造成与这一近代化的行政体系之间的矛盾。1928年10月3日公布的《中国国民党训政纲领》明文规定:"指导监督国民政府重大国务之施行,由中国国民党中央执行委员会政治会议行之。"正是这样一种"党治"原则,使蒋介石得以以国民党中央政治会议主席、国民革命军总司令之职,进而攫取国民政府主席的职务,集党、政、军最高权力于一身,从而无论是在形式上还是在实权的掌握上,蒋介石都不把"五院制"放在眼中。"五院制"名为独立,实际上统归国民党。人民对这些权力的监督只能流于形式。

西方的"五权分立"及孙中山的"五权宪法"思想,都有一个人民监督政府、行政权力对人民负责的程序,这是保护人民权益的根本所在。虽然南京国民政府的行政体系中,已在形式上对此有所反映,但在政治运作过程中,所谓"五权分立",在运行中都必须要从国民党中央政治会议那里得到"根本的指导",实质上仍然是国民党一党专政的工具。

这种近代化的行政体系,却不体现近代化、民主政治的思想本质,反而成为了国民党"一党专权"的掩饰和招牌。国民党得以借此行政权力由上而下地延伸,来强化对社会的控制。然而,单纯以行政权力和"党治"原则,并不能完全应付来自中共、国内民主运动以及各地方实力派对中央政权的挑战。于是,南京政权成立伊始,法西斯主义宣传及特务体系的建立就应运而生。

四、政治控制与内部纷争

1. 强化政治集权

20世纪30年代初,国民党的统治地位已经确立。张学良率东北军"易帜"后,中国也获得了形式上的国家统一。但是,国民党真正的有效控制区域仍然局限于东南沿海的江苏、浙江、安徽等省,其政治权威在全国范围受到了来自中共、地方实力派和盘踞东北三省的日本三重挑战。在国民党内部,倒蒋运动也此起彼伏。1927年8月至1931年12月间,蒋介石被逼先后两次辞职,国民党中央及国民政府也数次出现分裂、另立的危机。

在这种背景下,蒋介石一方面通过控制军队而操纵国民党及政府,一方面通过强化"以党治国"原则来巩固国民党的地位,另一方面又通过对欧洲渐兴的法西斯主义思潮的引入,力求确立其无可争议的领袖地位与政治权威。

蒋介石最早提倡法西斯主义思潮,是在1931年5月5日国民会议上。他坦言,社会主义体制"不适于中国产业落后情形,及中国固有道德",一些"主张民治,高唱自由者,各据议席,任其论安言计,动引西人,亦不过群疑满腹,众难塞胸,今岁不征,明年不战,供共产党军阀坐大于中原也"①。蒋介石认为:法西斯主义的理论,以国家机体学说为根据,以工团组织为运用,视国家为至高无上的实体,要求国民不惜为此做出任何牺牲;掌握国家权力者是国家中最有能力者,国家主权既然被视为神圣,社会其他方面的发展自然不在话下②。蒋介石提出:"今日举国所要求者,为有效能的统治权之行施",以"解除民众痛苦","完成中国统一"。③

在蒋介石倡导下,国民党内蒋系人物先后建立复兴社、中国文化学会、CC系(Central Club,即中央俱乐部)和中国文化建设学会,以此为依托成立学会、开设书店、出版报刊,掀起一股宣传法西斯主义的热潮。大量宣传法西斯主义的代表人物、理论特征,对德国、意大利的政治、经济、文化及典章制度多有介绍。一时间,法西斯主义似乎成为了拯救国家、完成统一、抵御外侮的唯一指南。它利用人们盼望和平、统一的心态,打着民族主义的旗帜,在相当一部分人特别是中间阶层及青年学生中,产生了不小的影响。

在宣扬法西斯主义的同时,蒋介石派系开始筹建特务体系。

早在1928年春天,陈立夫、陈果夫兄弟将浙江革命同志会扩组为中央

---

① 蒋介石:《国民会议开幕词》,朱汇森主编:《中华民国史事纪要(初稿)》1931年1至6月分册,台北:"国史馆"1986年版,第651～652页。

② 蒋介石:《国民会议开幕词》,朱汇森主编:《中华民国史事纪要(初稿)》1931年1至6月分册,台北:"国史馆"1986年版,第651页。

③ 蒋介石:《国民会议开幕词》,朱汇森主编:《中华民国史事纪要(初稿)》1931年1至6月分册,台北:"国史馆"1986年版,第652页。

俱乐部,在蒋介石支持下,形成了以二陈为中心的 CC 系集团,随后,二陈在国民党中组部下成立党务调查科(1935 年扩大为党务调查处),在各省市设肃反专员,专门从事对中共组织的特务活动。1932 年,随着特务活动日益广泛,又在南京成立"特工总部"。这一组织系统,成为后来国民党"中统"特务机关的前身。

1932 年 3 月,部分黄埔系人员在南京成立"三民主义力行社",其外围组织为"复兴社"(也称"蓝衣社"),具有所谓推动民族复兴运动、反日、反共、反腐败的宗旨。"力行社"主要由蒋介石的文职心腹组成,如贺衷寒、邓文仪、戴笠、郑介民等。它要求"下级对上级绝对服从","牺牲个人自由、尊重团体自由",认定"法西斯是我们的对症良药,法西斯独裁是中国的唯一救主"。奉蒋介石为"社长"、"会长",强调对个人的"绝对信仰",极力地扩大蒋介石的政治主张及威信。① 外围组织"复兴社"可以视为国民党内的秘密团体,后来发展成为"军统"特务组织。

1932 年后,CC 系和"力行社"在蒋介石支持下获得极大发展。"力行社"在开始时仅四十余人,到 1936 年,包括外围组织"复兴社"竟发展到近十万人。CC 系和"力行社"的势力,从国民党中央到地方,从军队到文教、财经、厂矿企业,几乎无孔不入。特务们以恐吓、绑架、暗杀等手段压制国内各党派的活动和民主潮流;国民政府从法律上不断强化独裁统治,使特务活动合法化。特务政治成为国民党统治方式中的重要一环。

国民党成立特务机构的目的有三,其一是为巩固其统治,针对日本等国进行情报收集;其二是针对国民党内是否存有中共地下人员、是否有不稳定分子;其三是对付社会各界的反抗与不满情绪及行为;其四则是专门对付中共地下组织的。

据统计,1933 年 7 月至 1934 年 7 月,"中统"即逮捕了中共地下党员 4505 人,其中 4209 人自首。在 20 世纪 30 年代早期,被国民党特务机关抓获和向当局自首的中共党员共有 2.4 万余人,办理"自新"手续的赤色群众 3 万余人。②

2. 中原大战

---

① 许大川:《所谓中国法西斯蒂批判》,《三民主义月刊》第 4 卷第 5 期。
② 中国国民党中央组织部调查科编:《中国共产党之透视》(1935 年 2 月 21 日),吴相湘主编:《中国现代史料丛书》第 3 辑,台北:文星书店 1962 年版,第 1 页。

然而，只要各帝国主义列强的政治势力存在，只要威胁共同利益的对手并未消亡，各地方势力间达成的暂时性联盟就会迅速转化为激烈的斗争。在以武力为基础的集权政治中，利益的分配杠杆就是武力的强与弱。

二期北伐结束后，鉴于五大行政区在政令、军令及财政上的相对独立，国民政府提出裁军编遣的政策。1928年7月，蒋介石与冯玉祥、阎锡山、李宗仁等在北平汤山召开会议，共同签署军事整理案。8月8日，国民党二届五中全会通过整理军事案，主旨为：军令政令必须统一，军队统一，实行征兵制；裁减军队数量，军费开支不超过整个预算的50%；各部军官应该调入大学及专科学校培训，各地不得自设军校。1929年1月，国军编遣会议在南京召开，随即成立了国军编遣委员会。编遣会议通过了诸如由国军编遣委员会主持编遣，全国划分六个编遣区，全国陆军不超过60个师80万人，军费开支不超过年预算40%，妥善安置退伍及编余军人等决议。

然而，军队编遣并非一帆风顺，军阀意识使得冯、阎、桂等各军均将军队编遣视为中央"削藩"行动，以编遣比例不公为由对蒋介石独掌全国军权、借军事编遣会议削弱各地方势力的做法表示不满，蒋介石与冯、阎、桂系间的矛盾日益表面化。

1929年2月，国民党中央查办桂系控制的武汉政治分会擅自任免湖南省政府主席一事引发纠纷。3月，为争夺两湖地区实际控制权，蒋介石控制的中央军与桂系军队大打出手。

桂系集团实力相当雄厚，冀东有白崇禧的武装，两湖为李宗仁控制，两广握于李济深之手，桂系成为华南、中南地区的实际控制者，也是蒋介石扩张势力的心腹之患。蒋介石调动兵力西进，在冀东地区则派唐生智收买桂系李品仙部，扣押李济深，同时派人联络西北军冯玉祥、山西阎锡山及四川刘湘，对武汉形成军事包围。4月，桂系兵败，南京军队据有两湖地区。6月，南京军队进入广西，李宗仁、白崇禧被迫逃亡国外。

10月10日，冯玉祥部西北军将领宋哲元等20余人通电反蒋，他们由河南向东南地区进军，南京方面调兵应战，河南、湖北即成战场。蒋介石仍以各个击破的方针对付冯玉祥部的进攻，先以利益许诺稳住阎锡山，以防其与冯联手；又以重金和官衔诱使冯部韩复榘、石友三倒戈。不到一个月，冯玉祥部的进攻就以失败而告终，不得不退回关中地区。

与此同时，南京军队又在南方对桂系发动新的战争。逃亡国外的李宗仁、白崇禧等和举兵反蒋的张发奎部组成"护党救国军"，由湖北开进湖南并进入广西境内。12月间,驻在郑州的唐生智与安徽的石友三部也宣布加入"护党救国军",举兵拥汪反蒋。蒋介石调刘峙北上攻唐。阎锡山、韩复榘为蒋介石收买,加入反唐阵营。1930年1月,唐生智溃败。

1930年4月至11月,蒋、冯、阎、桂间的大规模战火再起。4月1日,冯、阎、桂系共拥阎锡山为"中华民国陆海空军"总司令,设总司令部于石家庄,公开向南京宣战。5月4日,阎、冯在郑州召开军事会议,布置各军沿津浦、陇海、平汉、粤汉各铁路线分击徐州、武汉。11日,双方军队在豫东、皖北、鲁西等地正式交火。因主要战场位于中原地区,这场蒋冯阎桂大战又称"中原大战"。

以汪精卫为首的改组派和以邹鲁、谢持为首的西山会议派,此时也联合冯、阎反对蒋介石专权。7月,各派反蒋人士云集北平,召开国民党二届中央扩大会议。9月,北平成立新的国民政府,阎锡山为主席,与南京国民政府形成对抗之势。

处境维艰的蒋介石,再施纵横捭阖的政治才能,以国民革命军副司令之职许以在东北静观局势的张学良。9月18日,张学良通电拥蒋,东北军大举入关,进逼平津。阎、冯腹背受敌,形势急转直下。10月上旬,南京军队进占开封、郑州,切断冯、阎部与桂系军队间的联系。11月初,阎、冯兵败,退守山西及陕西。攻入湖南的桂系军队因失去北方支持也退回广西。

至此,历时7个月的中原大战,又以蒋介石集团的胜利而告终。

3. 党务发展及政权巩固

北伐结束后,为了给即将展开的"训政"奠定政治基础,1929年3月,国民党在南京召开"三大"。

在党务方面,大会通过了诸如大会宣言、修正中国国民党总党章等决议案,恢复了一些因反共受到处分者的党籍,追认《训政大纲》案,确定国军编遣程序大纲及外交、经济、教育方针案。

大会还进行了新的中央执委、监委的选举,产生了新的党领导人。三届中央执委、监委虽然仍保留了二届中执委、监委的大多数,但反共色彩较为浓厚,只有一直未就职的宋庆龄一人明确亲共,此外,各地军人如阎锡山、冯玉祥、杨树庄等均当选;而桂系及汪精卫派受到排挤,成为日后纷争的根源。国民党则依据新党章调整党组织机构,全国代表大会为最高权力机关,中央执行委员会在全国代表大会闭会间行使最高权力,每半年召开一次会议;中执会闭会期间由中常会行使职务,此外还成立了中央监察委员会。中执会设秘书处和组织、宣传、训练3个部及财务、侨务、党史史料编纂、抚恤、法规编审共5个委员会;设立中央政治会议,主管国民政府行政事务,并指导全国"训政";另设统计处,掌管全党统计事务。此外,中执会还直辖中国童子军司令部,负责青少年的训练工作。

李宗黄认为,会议"对于本党及中华民国来说,这都是一次非常重要,而且对未来历史具有决定性作用的、举国瞩目的大会"①。但大会的进程表明,国民党的团结并未形成,蒋介石专权的势头也得到了相当有力的阻碍。

鉴于1927年4月"清党"后各地国民党党部多数停止活动的现状,国民党"三大"要求积极恢复各地党部建设、党员重新登记并加强征求的工作,但效果并不理想。1931年11月,建立党部的省及特别市有36个,海外总支部14个,直属支部26个。② 在军队、海员和铁路系统内建立的党部被称作特别党部,军队党部也处于整顿状态中,党代表制被取消。

这一时期,国民党不断加强其意识形态对社会的控制及渗透。诸如"党化教育"的开展,总理纪念周的举办,以国民党党歌代替国歌,"三民主义"为唯一思想的宣扬等,无不努力使国民党的党义、政策贯彻于民间,以在潜移默化中为国民党政治合法性奠定心理基础。1929年上半年更通过举办孙中山遗灵奉安大典,向全社会展开对国民党意识形态的宣传。6月1日,孙中山灵柩安葬南京中山陵。

在内政方面,这一时期国民政府先后有立法院制定民国法典、规划交通建设、召开国民会议等重大举动。

1930年11月,为完成孙中山"召集国民大会,以谋中国之统一与建设"的号召,国民党召开三届四中全会,决定于1931年5月5日召集国民会议。随即,国民政府公布了《国民会议代表选举法》,确定代表名额为520人,由各地依法设立的农会、工会、商会及实业团体、教育会、大学、自由职业团体及国民党等团体选出。

在国民会议筹备期间,国民政府主席蒋介石与立法院长胡汉民就是否由国民会议制定训政时期约法产生分歧,蒋介石主张由国民会议制定约法,

---

① 《李宗黄回忆录——八十三年奋斗史》第3册,台北:中国地方自治学会1972年版,第148页。

② 李云汉:《中国国民党史述》第三编,中国国民党中央委员会党史委员会1994年版,第54~55页。

而胡汉民则主张以孙中山的"遗教"为原则,无须约法。3月1日,拥兵自重的蒋介石将胡汉民软禁南京汤山,3月2日,蒋介石主导的国民党中常会准胡汉民辞职,由林森接任立法院长,同日成立国民会议选举总事务所。4月20日,国民政府颁《国民会议组织法》。

4月30日,由于胡汉民被蒋介石软禁汤山,国民党中央执监委中的广东籍委员邓泽如、林森等人自广州联名发出弹劾蒋介石的通电。不少与蒋意见相左者纷纷离宁赴广州、上海或香港,以表示对蒋介石的不满,桂系人员也暗中相助广州,5月3日,驻粤第八路军总指挥陈济棠通电拥护邓泽如等四监委弹劾案。5月25日,汪精卫等人通电要求蒋介石下野。27日,在广州成立了"国民党中央执监委非常会议",次日成立"国民政府",形成了新的"宁粤分裂"。

1931年5月1日,国民党中执监会临时会议通过《中华民国训政时期约法草案》,拟交国民会议审议。5月5日,国民会议在南京开幕。大会通过了诸如《实业建设程序案》、《教育设施趋向案》及《中华民国训政时期约法》等重要议案。《训政时期约法》为训政时期最高法律,相当于宪法,共有前言及约法89条,对于人民权利义务、训政纲领、国民生计、教育、中央与地方关系、政治组织等都有所规定。

4. 内忧外患的应变

由于九一八事变的爆发,经过协商,宁粤双方达成一定谅解。11月12日,国民党"四大"在南京召开,通过不修改党章、组织国难会议、加强国防及军事力量、谴责日本侵略暴行、国家建设初期方案等重要议案,并对粤方提议中委名单全部接受。此时,粤方内部又有胡汉民为首的粤方与汪精卫为首的沪方分裂的趋势,关键在于粤方坚持蒋介石下野为宁粤合作前提。12月15日,蒋介石被迫辞去国民政府主席职务,再度下野。

12月22日,由宁粤两方参加的国民党四届一中全会召开,宣布改组国民政府,实施党务改革。此次会议将国民政府主席定位于国家元首地位,"但不负实际政治责任","亦不得兼任其他官职",行政院为最高行政机关。随即,新的国民政府组成,林森任主席,行政、立法、司法、考试、监察五院分由孙科、张继、伍朝枢、戴季陶、于右任主掌。20天后孙科即辞职,改由汪精卫担任行政院长。蒋介石只担任国民党中常委、中政会常委及国民政府军事委员会委员长的职务,负责对日战略及"剿匪"军事。

1932年1月,日本在上海挑起"一·二八"事变,以转移国际社会对其在东北侵略的注意力。上海战事一起,对于首都南京的安全形成巨大威胁。1月28日上午,国民党中政会做出成立军事委员会以抵抗日本侵略、迁都洛阳以备长期抗战的决定。30日,国民政府宣布迁都洛阳。随即,国民政府军事委员会将全国划为5个防区,统一部署全国军队以应战,并对把西北建成第二根据地进行了筹划。3月6日,国民党四届二中全会在宣言中首次提出了"长期抗战"的概念。3月8日,蒋介石就任国民政府军事委员会委员长,直至1947年军事委员会改组为国防部。

4月7日,国民政府在洛阳召开国难会议,共有受邀各界人士150余人及党政主管30余人与会。会议旨在集各界人士的智慧及思考,巩固团结,共商保国及反侵略的大计。会议强调集中全国力量"共作长期抵抗",必须有独立自主的外交政策及充实的国防军备,确立民主体制,在中央筹设民意机关,发展地方自治,保障民众的言论结社自由。①

由于上海战事迅速结束,国民政府及国民党中央党部于1932年12月1日迁回南京。

1932年9月,中原大战后一直蛰居泰山的冯玉祥,不满于九一八事变后国民政府的"不抵抗主义"政策,在得到资助后于察哈尔省成立察哈尔民众抗日同盟军,拒绝接受国民政府的军事节制,并自主展开对日抗战的行动。经过几度协商后,在蒋介石的压力下,由冯玉祥原部下、时任察哈尔省主席的宋哲元收编这支军队,冯玉祥仍回泰山。

上海淞沪抗战后不久,国民政府将声名大著的第十九路军(原为粤军)调往福建,任命其总指挥蒋光鼐为福建绥靖主任,参与闽赣边界对红军的作战。1933年5月,中日间《塘沽协定》的签订,受到国内舆论群起反对。此时,李济深、陈铭枢等粤桂籍国民党人士纷纷指责国民政府对日政策,开始筹备另立政府,这一举动得到了第十九路军蒋光鼐、蔡廷锴的支持。11月20日,陈铭枢、蒋光鼐等人在福州召开了"中华全国人民临时代表大会",宣布成立"中华共和国人民政府",以陈铭枢为主席,定年号为"中华共和国元年",将福建分为四省。为了建立反对国民党统治的联盟,福建方面还与江西中共中央联系,希望得到支持。

国民党中央迅即将之定名为"叛乱"并展开"讨伐"。11月24日,国民政府调集11个师的重兵入闽作战。由于此时执行极"左"路线的中共中央

---

① 《革命文献》第36辑,第1755~1757页。

不支持福建的"人民政府",在福建颇有势力的日本也对其不表同情,致使入闽作战的国民革命军,在两周内即迅速平定大局,蒋光鼐、蔡廷锴等出逃香港。第十九路军改编为第七路军,归蒋鼎文节制,继续参与"剿共",陈仪出任福建省主席。

由于福建事变及"剿共"作战的原因,几经延期的国民党"五大",终于1935年11月12日在南京开幕。大会通过了诸如《统一本党理论扩大本党宣传案》、《中国国民党党员守则案》、对公务员进行党义训练、召集国民大会并宣布宪法草案、推行国民党土地政策等重要议案,决定于1936年5月5日公布宪法草案(如期公布后,俗称"五五宪草"),于11月12日召开国民大会;拟进行土地统制以调整土地利用,实现"耕者有其田"以改善农民生活的方针,但此后这一土地政策的推行迟迟不能收到效果。大会选举胡汉民为中常会主席(1936年5月12日,胡汉民病逝广州,蒋介石继任主席),蒋介石为副主席,汪精卫为中政会主席,林森为国民政府主席,蒋介石、孙科、居正、戴季陶、于右任分任行政、立法、司法、考试和监察院院长。由于日本侵略态势明显,蒋介石对国民党及其政府的控制日稳,各派势力亦开始接受当时的政治格局。12月28日,国民政府任命阎锡山、冯玉祥为军事委员会副委员长,桂系的程潜为参谋总长。这次大会及其施政,初步协调了各派势力的利益,国民党统治呈现出乱中趋稳的态势。

第二节 经济改革与社会发展

南京国民政府成立后,面对着政治上尚未完全统一、经济欠发达、商业流通市场不统一的艰难局面。为了支持北伐和政府生存,南京国民政府的当务之急是整顿财政与经济,以确保经济发展及社会稳定,为此,南京政府抓住关键,采取了以税制及币制改革为中心的财政整顿,发展国营企业,构建近代化工业体系,推动农村土地制度改革等措施,这些政策调整多数发挥出了积极作用,使直至抗战全面爆发前的工业化进程大大加快,农业也得到了一定恢复,中国经济出现了良好的增长势头。

一、财政金融政策调整与改革

1928年6月,南京国民政府在上海召开全国经济会议,咨询全国专家对于整顿财政、金融的意见。7月,又在南京召开第一次全国财政会议。两次会议提出了如整顿金融、建立国家银行、统一货币、废两改元；划分国家与地方财政收入界限；改革关税，提高进口税率，裁撤厘金等建议。这些建议基本上为1929年3月的国民党"三大"所接纳。在此基础上，南京国民政府推出一系列的财政、经济变革政策，收到良好效果。

1. 税制改革

国家的财政收入，是南京国民政府极为重视的、关乎其生存的大事。

民国伊始，北京政府曾多次试图与列强协商修订税率，实行关税自主，均遭拒绝。南京国民政府成立后不久，即发动关税自主运动。1927年7月20日，南京国民政府宣称：自9月1日起，在江苏、安徽、福建、广东、广西等省实行关税自主，并裁撤厘金。同时公布《国定进口税则暂行条例》，但在列强的压力下，南京国民政府被迫宣布缓期执行。

随后，通过外交努力，南京国民政府实现了一定程度上的关税自主。关税自主，给南京国民政府带来了巨额收入。1928年12月7日，南京国民政府公布的《海关进口税则》，打破了过去均一税则和值百抽五的固定税率。把进口货物分为七类，税率从7.5％至27.5％不尽相同。到1936年，平均进口税率达31.2％，最高税率达80％。这一变革大大增加了国家财政收入。1927年关税收入为152 613 000海关金单位，1929年升至275 545 251海关金单位，1934年更达到382 814 241海关金单位，分别占到各年财政总收入的42％、51％和51.12％①。此外，政府还纠正了海、陆关税不一的弊端，在提高进口税率的同时，降低出口税率，从而刺激了民族工业的发展，抑制了外货倾销。虽然，海关总税务司仍然由英人担任，但一些口岸税务司则开始由中国人负责，关税税款也开始由中国中央银行储存保管。

盐税是传统的税收，但各地滥征私设附加税，严重影响了盐税上交国库。1929年，财政部颁布《精盐税则表》，规定了全国73个城市的盐税税价。1931年5月30日，南京国民政府公布《盐法》，盐制由过去的专卖改为"就场征税，自由买卖"。1933年后，盐税在不断调高中成为三大国税之一。1927年为5527万元，1931年为1.767亿元，1936年则为2.474亿元，占到

---

① 周伯棣：《民元来我国之中央财政》，周开庆主编：《民国经济史》，上海银行学会1947年版，第168页。

税收总数的 27.8%，占财政总收入的 19.1%。①

统税开征于 1928 年。南京国民政府成立后，先后对卷烟、麦粉（1928 年起征）、棉纱、火柴、水泥（1931 年起征）五大类商品及熏烟、酒精（1932 年起征）实行统一征税。1935 年前，统税征收限于江苏、浙江、安徽、湖北、河南、广东、广西、福建等省，1935 年后，四川、甘肃、宁夏也被编入。1927 年统税收入为 410.2 万元，1931 年为 5333 万元，1932 年升至 8868 万元，1936 年为 1.17 亿元，占到税收总数的 19.5%，占财政总收入的 14.6%。②

在南京政府的总收入中，关税、盐税和统税三大税收在 1936 年占到了 64.6%，1937 年更达到了 77.3%。③

田赋收入一直也为南京政府所重视。1928 年 10 月 12 日，财政部颁布《限制田亩加赋办法令》承认：各地田赋附税"名目繁多，不胜枚举。总计每亩并征各款，竟至超过原有正税一倍乃至二三倍"④。但这些田赋收入中相当部分，根本没有交予国库，而是被各地所鲸吞。财政部曾三令五申，不准随意加税，禁止预征田赋，但田赋仍然居高不下。1935 年，平地田赋约值地价的 3.49%，山地的 3.74%，但在国民政府的财政收入总额中，田赋收入所占比例极小。

此外，由于连年支大于收，财政收支持续出现赤字，政府不得不通过发行债券增加收入。此时，南京政府坚持慎借外债的原则，致使内债迅速增加。然而数量庞大的利息也使政府负担日重。1932 年，国民政府进行公债整理，旨在降低利率、延长还期，确定基金，改组基金保管机关以及换发新票或加给息票。1936 年进行了第二次公债整理，将 32 种未偿公债归并成一种巨额的"统一公债"，分甲乙丙丁戊 5 种，总额 14.6 亿元，分别定于在 12～24 年间还清，利率为年息 6 厘。直到抗战结束，国民政府才偿清了其中 8 种，有 4 种照原案偿还。到抗战全面爆发止，南京国民政府共借外债 14 种，

---

① 周伯棣：《民元来我国之中央财政》，周开庆主编：《民国经济史》，上海银行学会 1947 年版，第 168 页。

② 周伯棣：《民元来我国之中央财政》，周开庆主编：《民国经济史》，上海银行学会 1947 年版，第 168 页。

③ 周伯棣：《民元来我国之中央财政》，周开庆主编：《民国经济史》，上海银行学会 1947 年版，第 168 页。

④ 国民政府立法院编：《中华民国法规汇编》第 5 册，中华书局 1934 年版，第 726 页。

合计283.8万英镑、3329.9万美元、4.5万法郎、2332443海关金、9250万法币,其中属内政者6种,属路政者8种。①

其余的烟酒税、印花税、矿税、交易所税、所得税、银行税等收入,仅占国民政府年财政总收入的4.04%,国有的财产、事业、行政及国有营业等收入只占8.32%。②

1927年,南京国民政府各项税收约为0.465亿元,1936年则增长至10.573亿元,加上其他收入2.36亿元,1936年国民政府财政收入总计达12.933亿元。比1927年增长了15倍。但与日本年预算30多亿元相比③,仍有数倍差距。

尽管此时国民政府财政支出也在不断膨胀,1936年财政赤字高达6亿元,但由于各个部门经济持续增长,市场供需状况相对平衡,全国物价基本稳定。以当时经济最为发达的上海市为例,1936年的物价指数仅比1927年上涨8.7%,平均每年上涨幅度不到1%。④ 同期其他城市的物价涨幅都不高于上海。整个经济出现前所未有的良好运行状态。

2. 币制改革

南京国民政府另一个财经政策上的重大变革,就是实行统一币制。

民国初年始,国内货币制度混乱,货币种类繁多。1914年,北京政府曾铸造银元(俗称袁大头)以为国币,但未能解决币制混乱的问题。以银两为例,上海的"九八规元"、天津的"行化"与汉口的"二四宝银"、北京的"公砝",成色不一,标准不同,两地交易时,要经过公估局的鉴定后才能进行,"虽则一国之内,俨然壁垒分明"⑤。1926年12月,中央银行与交通银行联合发行十进位辅币并获得广泛流通,从而结束了市场上各种进位制辅币的混乱。此时的国内交易仍多以银两为准,以元易银,以银易元,十分不便;在对外贸

---

① 周伯棣:《民元来我国之中央财政》,周开庆主编:《民国经济史》,上海银行学会1947年版,第167、169、171页。
② 周伯棣:《民元来我国之中央财政》,周开庆主编:《民国经济史》,上海银行学会1947年版,第168~169页。
③ 周伯棣:《民元来我国之中央财政》,周开庆主编:《民国经济史》,上海银行学会1947年版,第167页。
④ 杨荫溥:《民国财政史》,中国财政经济出版社1985年版,第41页。
⑤ 汤心仪:《民元来上海之金融市场》,周开庆主编:《民国经济史》,上海银行学会1947年版,第115页。

易中,买货以金为单位计算,买金以银两为单位计算,卖货以元为单位计算,加上汇率变动,彼此折算,十分混乱。

南京政府成立后,曾有采用金本位的设想。1931年,国际市场上金本位动摇,金贵银贱走势明显。1933年2月,南京政府决定实施"废两改元"以统一国币的政策,确立银本位,废除银两,改行银元,使银元成为统一流通的本位币。银元铸造权专属中央造币厂,每元重约26.6971克,成色为银占88%,铜占12%,每元各含银23.493448克。① 这一措施实施后,统一了本位币,有利于国内经济的发展,但辅币、纸币仍未统一,货币制度仍需再行改革。

1928年至1933年,全球爆发严重的经济危机。美国为转嫁危机,放弃金本位,相继通过一系列法案提高白银收购价格,禁止白银出口,目的是扩大白银在通货准备金中的比重。同时也刺激银本位国家的购买能力,以利美国商品倾销。这一措施导致世界市场白银价格猛涨,中国白银大量外流。据统计,从1934年1月至10月,设在上海的外国银行共向国外运出白银2.35亿元,这一数字还不包括走私的白银在内。② 白银大量外流,使国内银根奇紧,通货紧缩,物价下跌,货物滞销,也使资金周转不灵,贷款利率提高,许多工商企业因此陷入困境。

为了制止白银继续外流,1934年10月,南京国民政府开始加征白银出口税和征收平衡税,但效果并不理想。报关出口的白银锐减,但走私的白银却剧增,1935年仅白银走私出口额就在1.5亿至2.3亿元之间。③ 鉴于此,南京国民政府果断决定实行币制改革,发行法币,取缔白银流通,实行白银国有。1935年11月3日,财政部宣布实行法币政策,自11月4日起,以中央、中国、交通三大银行(1936年又加上中国农民银行)所发行的纸币定为法币;以后一切公私款项的收付均以法币交易;其他银行的钞票准以流通,但应逐渐收回,不得增发;实行白银国有后,各公私机关及个人持有银本位币、生银者,可到银行兑换法币;确定法币外汇本位制,法币无含金量,其价

---

① 《银本位币铸造条例》,朱汇森主编:《中华民国史事纪要(初稿)》1933年1月至6月分册,台北:中华民国史料研究中心1984年版,第351页。
② 《上海金融史话》编写组:《上海金融史话》,上海人民出版社1978年版,第122页。
③ [美]阿瑟·恩·杨格:《1927年至1937年中国财政经济情况》,中国社会科学出版社1981年版,第238页。

国民政府中央银行发行的法币

值依外汇汇率表示，中央、中国、交通三银行无限制购售外汇。

　　法币发行是在英国专家支持下进行的，南京国民政府规定的法币与英镑的汇率为1元折合1先令2.5便士。1936年3月，南京国民政府又与美国达成《中美白银协定》，规定法币独立，不加入其他世界货币体系。美国收购中国白银7500万盎司，中国以5000盎司白银为抵押，由美国贷款2000万美元支持法币。1936年的外汇牌价显示，100法币可以折合30美元，或折合453法郎，或折合103日元，①这一汇率在1938年3月前一直十分稳定。

　　至1936年底，中央、中国、交通、中国农民四行及国家商业银行共发行法币1407亿元，法币的国币地位得以确定。

　　法币的发行是民国货币史上的重大改革，产生了一系列积极的影响。第一，稳定金融。货币发行权集中在中、中、交、农四大银行，纸币发行逐渐扩大，但现金准备充足，法币信誉极好。第二，对外汇价稳定。从1935年12月至1936年9月，法币对美元、英镑、日元的汇价波动极小，是当时世界上对外汇价最平稳的国家之一。第三，刺激物价回升，促进了工农业生产的发展。法币信誉良好，刺激了人们的购买力，物价因而有所回升，进而引起工农业生产的增长。1936年6月与1935年7月相比，全国工业生产总增长率达40%。农业生产也有所增长。第四，促进进出口贸易发展。法币对外汇率稳定，使出口贸易明显增加，1935年全国出口总值为7亿多元，比1934年

---

① 祝百英：《民元来我国之外汇问题》，周开庆主编：《民国经济史》，上海银行学会1947年版，第213页。

增加1.3亿多元。

从币制上看,法币实行的是一种虚本位制,它要求国家外汇储备及社会有效供给必须相适应。所以,法币发行之初,国民政府十分谨慎。但后来国民政府遇到财政困难时,不得已推行以大量发行法币消除财政赤字的政策,结果引起了全面的恶性通货膨胀。

3. 金融体制改革

南京政府成立前,中国金融体系管理混乱,政出多门。如在金融中心的上海,诸如票号、钱庄、银炉、公估局、外商银行、本国银行、信托公司、证券及粮油交易所、典当业等不一而足,其中钱庄、外商银行及本国银行在金融市场上三足鼎立。

南京国民政府成立后,在金融管理上采取的重大举措,就是设立中央、中国、交通、中国农民四大银行和邮政储金汇业局、中央信托局等国家金融管理机构,并建立了以"四行二局"为中心的完备的国家金融体系。

1927年10月25日,南京国民政府公布《中央银行条例》19条及《中央银行监理委员会组织条例》8条。1928年10月6日,又颁布《修正中央银行条例》。明确规定"中央银行为国家银行";资本总额为2000万元,由国库一次拨足;中央银行可以招集商股,但商股额不得超过49%;中央银行设在上海,以30年为营业期限。中央银行具有如下特权:遵照兑换券条例发行兑换券,铸造及发行国币,经理国库,募集或经理国内外公债事务。[①] 11月1日,中央银行在上海成立,宋子文任总裁兼理事会主席。其在南京、汉口、杭州、济南、南昌、福州等地设立分行,到1933年11月,中央银行在全国设立的分、支行及办事处达33个。

中央银行成立后,国民政府得以集中货币发行权。1935年5月23日,国民政府更以《中央银行法》来保持中央银行发行货币的特权,针对各地政府对收入隐蔽不报或层层克扣的积弊,国民政府通令各机关公款必须移存中行。1929年2月16日,国民政府通令:"凡设存中央银行地方所有机关一切公款,如有不遵前令,全数交存中央银行者,以营私舞弊论,并将款项提还

---

① 《修正中央银行条例》(1927年10月6日),《中华民国史事纪要》编辑委员会:《中华民国史事纪要(初稿)》1928年7月至10月分册,台北:中华民国史料研究中心1982年版,第527～528页。

国库。"① 此后,中央银行业务发展极快,1933年与1928年相比,存款额增加15倍以上,钞票发行额增加7倍,放款额增加约35倍,纯益增加70倍。1935年,中央银行资本扩充为1亿元,位居全国银行之首。

在中央银行之外,国民政府又于1928年10月26日和11月16日分别公布《中国银行条例》和《交通银行条例》。规定中国银行为"特许国际汇兑银行",总资本为2500万元;其职能为代理政府发行海外公债,管理政府在海外存款,发展和扶持海外贸易等。中国银行设在上海,总经理由张嘉璈担任。规定交通银行"特许为发展全国实业之银行",总资本为1000万元,总部设在上海,其职能主要为"发行债标",代理交通事业之业务,发展其他实业等。

中国农民银行前身为豫鄂皖赣四省农民银行。1933年4月1日,由鄂豫皖赣四省"剿总"创办于汉口,原资本为1000万元。以后,四省农行发展很快。1935年4月1日,南京国民政府将其改组为中国农民银行,总部迁至南京,由孔祥熙任董事长。据6月公布的《中国农民银行条例》规定,中国农民银行为股份公司,资本额为1000万元,指定其业务为"供应农业资金,复兴农村经济",但其资金也用于军事。1933年4月至1936年1月,该行垫付的军费就达6400万元。② 至1937年,其分支机构已达87处。

在设立四大银行同时,南京国民政府又于1929年3月15日在上海设立邮政储金汇业局,该局主要管理邮政汇总、储蓄、运输保险业务等。成立伊始,储蓄额仅为1000万元,1935年底达到5500万元,其分支机构也达到680余个。通过该局,南京国民政府不仅吸纳了大量存款,也将金融的管理能力扩展到全国各地。1934年10月1日成立的中央信托局,为中央银行附属机构。其业务主要是办理公务员及军人储蓄、保险事项,保管各类机关、团体寄存的贵重物品及有价证券。在国外为政府代理军火买卖,也是其重要职能之一。

以"四行二局"为中心的国家金融体系的确立,不仅使国民政府确定了对全国经济的支配地位,统一了货币的发行权,也使财政实行了统收统支,便于建立正常的审计稽核制度。南京国民政府由此一举而改变了自民国初

---

① 《各机关经收公款应存中行令》,《中华民国法规汇编》第5册,第418页。
② 中国人民银行金融研究所编:《中国农民银行》,财政经济出版社1980年版,第5页。

年以来混乱的财政与经济状况,为全国经济快速而持续的发展奠定了良好的基础。

需要指出的是,这一时期中央财政收入有较大的改革,经济建设的发展也较快,从国家财政支出比例上可以看出,1925年北京政府年财政总支出为6.3亿元,其中军费比例为47%;南京政府时期国家财政支出则稳步增加,1931年为8.9亿元,1934年为9.4亿元,1937年则达到了10亿元;1934～1937年间的军费开支分别占当年财政总支出的41.2%、33.5%、32.5%和39.2%[①],与北京政府时期相比虽略有下降,但仍然较大地影响着国家对经济建设及社会民生的投入。

二、经济建设成就

这一时期的中国经济,已经与世界经济体系发生了不可分割的联系,"世界任何一角的经济变动,都会给中国以影响"[②]。虽然以农业经济为主体的性质并没有本质变化,但中国经济毕竟在世界经济体系的影响下,在近代化的进程中发生着前所未有的深刻变革。

1. 近代工业体系的建立

南京国民政府的经济整顿,重点放在积极筹建国家资本工业上。1928年7月,孔祥熙在国民党二届四中全会上提案,将钢铁、机器、水电、纺织、化工、制盐、造纸等工业列入政府投资兴办范围。1929年3月,国民党"三大"在《关于建设方针案》中,确定未开发的煤、铁、油、铜矿,均归国家经营。1931年,工商部改为实业部后,成立了国营基本工厂设计委员会。1933年,实业部制定了1933年至1936年的"实业四年计划",计划在国家经济统制的前提下,加强对工矿业、农林业、交通运输业等部门的控制。1931年九一八事变后,南京国民政府成立国防设计委员会,有计划地调查与国防有关的经济资源。1935年4月,国防设计委员会改组为资源委员会。到抗战前,南京国民政府建立了一批国营工厂,初步形成国营重工业的规模。

与此同时,南京国民政府制订一系列扶持民间私营企业发展的政策。

---

① 周伯棣:《民元来我国之中央财政》,周开庆主编:《民国经济史》,上海银行学会1947年版,第166页。

② 孙晓村、张锡昌:《民元来我国之农村经济》,周开庆主编:《民国经济史》,上海银行学会1947年版,第357页。

如 1929 年 7 月南京国民政府公布的《特种工业奖励法》及 1930 年 2 月公布的《奖励特种工业审查标准》,1934 年 4 月又将此法修改为《工业奖励法》,以鼓励民间投资创办新式工业,对于民营工业的发展起到了推动作用。

南京国民政府还从保持民族工业出发,把提倡使用国货作为发展工业的一项基本政策。1928 年 6 月 9 日,国民政府曾发布通令,要求政府机关带头购买、使用国货。[①]

南京国民政府成立后,接收了北京政府的一些国有企业,没收了一些军阀、官僚投资的企业,甚至包括一些商办企业,如江南制造局、金陵制造局、福州机器局、山东峄县枣庄中兴煤矿公司、河南焦作中原煤矿公司、金陵电厂、常州戚墅堰电厂等等。这些企业收归国有后,得到南京国民政府在财政上的补充,规模和效率都有所提高。

1935 年后,南京国民政府开展"工业建设"运动。以资源委员会、建设委员会、实业部等具体筹划、组织建设了一批厂矿企业,主要集中在重工业和有色金属部门。到 1936 年,国家资本在工矿业中占 15%,民营约占 85%。但在重工业、有色金属业中,国营企业占垄断地位。

民营企业也有快速发展。1927 年,全国民营纱厂 73 家,1931 年为 84 家,1937 年超过百家,形成以上海为中心的棉纺织业。荣氏申新纺织系统是这时期中国最大民营棉纺集团,同时兼营面粉业,大丰纺织系统兼办电厂,永安系统兼营百货,都很有实力。1931 年,华商纺织业的纱锭比 1914 年增加 3.5 倍,布机增加 6.6 倍,机械缫丝机开始流行。毛纺织业的纺锭比 1914 年增加了 3 倍,毛织机也增加了 3.2 倍。无锡和上海是缫丝业的两大基地,仅此两地 1927 年有丝厂 118 家,1930 年增至 156 家。受九一八事变、"一·二八"事变的影响以及 1929 年开始的世界经济危机波及中国,1932 年后,纺织业陷入困境。1933 年,全国华商全部停工的纱锭达到 67 万余枚,布机达 4700 余台,占全国总数的五分之一至四分之一。[②] 1934 年,全国 92 家棉纺织厂,共亏损 2500 万元,不少企业停工期一再延长。[③]

---

① 《中华民国史事纪要》编辑委员会:《中华民国史事纪要(初稿)》1928 年 1 月至 6 月分册,台北:中华民国史料研究中心 1978 年版,第 1064 页。
② 冯叔渊:《民元来我国之棉纺织工业》,周开庆主编:《民国经济史》,上海银行学会 1947 年版,第 335 页。
③ 《中国近代纺织史》编辑委员会编著:《中国近代纺织史》上卷,中国纺织出版社 1997 年 9 月第 1 版,第 25~26 页。

直到 1936 年,由于全国产棉区普遍丰收,原料便宜,棉纺织业开始走向复苏之路。1937 年底,全国有纱锭 255 万枚,织布机 2.55 万台,棉纱产量 280 余万包。① 这一时期,中国纺织业主要集中在东南沿海省份,仅设在上海和江苏两地的棉纺厂,就占全国总数的 56%。山西、陕西、云南甚至新疆也开始有棉纺织厂出现。② 和民国初年的 1913 年相比,1936 年中国棉纺织业的棉纱锭增长 4.7 倍,布机增长 11.7 倍,毛纺锭增加 4.9 倍,毛织机增加 4.5 倍。③

1931 年,民营面粉厂为 148 家,日产面粉约 2000 万包。1927 年全国有 7 家水泥厂,1937 年增加到 9 家。1930 年水泥产量比 1927 年增长 17%。著名的有启新洋灰公司、上海水泥公司等。1924 年,全国有船舶、轧花、缫丝、纺织、印刷、修配等机器厂 284 家,1931 年达到 457 家。在资金设备、规模、效益上都有所扩大。1933 年,全国橡胶行业有 74 家企业。制酸、制碱工业此时也发展较快。1937 年全国有 8 家硫酸厂,制碱厂 7 家。天津永利制碱公司仍是最大制碱企业。此外,皮革、造纸、煤矿、卷烟、火柴等民营企业也在与外货竞争中顽强地生存并有所发展。

这一时期,中国工业的发展主要集中在沿海大中城市,如上海、天津、无锡、南通、青岛、济南、石家庄等地,内地中西部城市如汉口、武昌、重庆、成都等地的工业也有一定发展。

据统计,1928 年至 1931 年间,中国出现了一个新建厂矿企业的高峰。共新建厂矿企业 662 家,资本总额 2.5245 亿元;平均每年新设厂矿企业 220 家,新投资本 8415 万元。其发展速度甚至超过了民国时期 1914～1918 年华资工商业发展的"黄金时代"。从此时中国工业结构来看(参见下表),现代工业最为重要的钢铁、铜、铅、电力、电解化学、精细化工等工业尚不发达,工业现代化尚处于起步阶段;从经营方式上看,合资或独资类型占 63%,不少企业规模较小。此外,工业的地理分布也极不平衡,多集中于交通、能源供应较为发达的沿海及黄河、长江流域,约占 90%,上海各类工业门类相对

---

① 骆清华:《民元来我国之工商业》,周开庆主编:《民国经济史》,上海银行学会 1947 年版,第 231 页。

② 陈真等编:《中国近代工业史资料》第 4 辑,生活·读书·新知三联书店 1961 年第 1 版,第 224、234 页。

③ 《中国近代纺织史》编辑委员会编著:《中国近代纺织史》上卷,中国纺织出版社 1997 年 9 月第 1 版,第 28～29 页。

齐全,工厂数量占全国60%。

1933年全国工业行业概况表

业　别	厂数	资本总额(元)	动力	工人数量	产品总值(元)
木材制造	18	1115175	490(匹)	1251	3268600.38
家具制造	12	419500	33.5(匹)	1903	1519554.79
冶炼	33	2690750	1350(匹)/300(瓦)	2220	4755154
机械及金属制造品	306	16549708	5272.83(匹)/2707.3(瓦)	21745	32376251.36
交通用具制造	55	19004411	8534.4(匹)/4586.6(瓦)	16052	22352160.39
土石制造	112	29184299	33304.83(匹)/18899(瓦)	16360	29996419.68
建筑材料	14	298120	64(匹)/3.37(瓦)	952	1746325.55
水电	14	32613625	32685(匹)/22151(瓦)	1420	13166607.56
化学工业	148	26326882	4149.21(匹)/1926.9(瓦)	27719	49693859.28
纺织工业	821	166882298	103825.18(匹)/50196.81(瓦)	308472	483585167.89
服用品制造	141	6006076	176.5(匹)/22.5(瓦)	15271	27425346.67
皮革及橡胶制造	84	6329839	1971.5(匹)/72.6(瓦)	14515	30530805.41
饮食品制造	390	68380190	25234.33(匹)/2867.65(瓦)	48804	361587390.42
造纸印刷	234	27877461	8502.17(匹)/2105.24(瓦)	18903	45450423.49
饰物仪器制造	26	812300	73(匹)	2291	2684496.31
其他工业	27	2426000	419(匹)/19.5(瓦)	2148	3335849.84
合　计	2435	40687263		493257	1113974413.02

资料来源:洪丈里:《民元来我国之工业》,周开庆主编:《民国经济史》,上海银行学会1947年版,第236页。

这一时期,中国重工业的发展较少,而轻工业进步较快,一些轻工业品如丝织品与植物品等,可以自给自足并输出国外,一些产品基本可以自给,如火柴、烟草、面粉、灰泥土制品及陶瓷品,严重不足者如石油、汽油、钢铁、机械、车辆、船舶、染料、毛织品、纸类及糖等。①

这一时期矿业的发展也较快,为工业化提供了强大的支撑。到1933年,全国各地的重要矿产资源的开发均有进展。此时,煤产量达到了2845万吨,铁矿产量48万吨,石油从1929年的2.9万桶升到1933年的54万桶,铜产量为525吨,铅产量为4999吨,金产量为10万两,银产量为12万两。② 但此时各地矿产资源的开发,仍处于相对较低的水平。

---

① 洪丈里:《民元来我国之工业》,周开庆主编:《民国经济史》,上海银行学会1947年版,第240页。

② 鲍文熙:《民元来我国之矿业》,周开庆主编:《民国经济史》,上海银行学会1947年版,第286页。

据 1933 年中国统计研究所对全国 17 个省工业状况的调查,除边远省区及东北地区外,全国有 3000 家工厂,工人总数 214736 人,产品总值 5.58 亿元。按人均工业产值计算只有 2.5 元,而此时的美国人均工业产值 334 美元、英国为 75.8 磅、苏联为 287 卢布、日本为 347 日元①,差距相当明显。1937 年与 20 年代初相比,除东北为日本所占外,全国工厂数量共有 3935 家,增加 10 倍以上;资本总额计 3.78 亿元,平均每家资本为 96024 元,增加一倍多。②

1927 年至 1937 年间,全国工业总产值以年均 8.4% 递增。1936 年,全国工农业总产值达到 306.12 亿元,比 1927 年增加 83.2%。其中工矿业总产值为 106.89 亿元,占总产值的 35%。③ 如以全国 4.5 亿人口相除,则人均工农业总产值为 68 元(约合 20 美元),人均工业产值更只有 23.7 元。

随着近代工业的发展,劳资纠纷日益增多。为了稳定工业发展秩序,缓和雇佣双方矛盾,1928 年 6 月,南京国民政府公布《劳资争议处理法》,严禁罢工,禁止工人毁损工厂、商店等。同时成立了劳资调解和仲裁委员会,有效地缓和了工潮的爆发及影响。1929 年 12 月公布的《工厂法》,对工人的劳动条件、时间、待遇做出了详细规定,从法律上对工人地位和待遇做出了一些改善。④ 然而,随着国民革命运动的影响日渐扩大,各地工人运动兴起,工人们也在极力维护自身权益方面大有觉悟。以当时工业较为集中的上海为例,1928 年,罢工停业事件 118 起,1929 年减至 108 起,1930 年再减至 87 起。这种逐年减少的趋势既与立法及行政方面的努力有关,也与这一时期世界经济危机冲击下上海工商业的衰退有关。1932 年因为"一·二八"事件的影响,罢工停业事件更减至 82 起。罢工事件波及的工厂数量也逐年递减,如 1927 年的罢工事件涉及 11698 家企业、工人 88 万余人;1929 年后的罢工涉及企业多在千余家、工人约为 7 万左右。罢工最主要的原因

---

① 洪丈里:《民元来我国之工业》,周开庆主编:《民国经济史》,海银行学会 1947 年版,第 235 页。

② 黄东绶:《五十年来之中国工矿业》,中国通商银行:《五十年来之中国经济》,台北:文海出版社 1948 年版,第 173 页。

③ 周春主编:《中国抗日战争时期物价史》,四川大学出版社 1998 年 5 月第 1 版,第 5 页。

④ 《工厂法》(1929 年 12 月 30 日),朱汇森主编:《中华民国史事纪要(初稿)》1929 年 7 月至 12 月分册,台北:"国史馆"1989 年版,第 898~906 页。

在于工资纠纷,其次是雇佣解雇和团体协约等问题。①

2. 商业市场形成

现代商业市场的形成,以工业为后盾,由工业化规模决定商业市场的能量。但此时的中国,由于既无强大的工业化生产为后盾,又无足够发达的商业市场体系为龙头推动工业化生产,使得外资与外国商品充斥着中国市场,加上战乱相继、民不聊生,中国的商业市场体系远远没有发育成熟。

随着工业化生产的日益兴起及交通体系的相对完善,以东部沿海港口城市如上海、宁波、广州、天津、青岛等地为龙头,以铁路、公路、水路运输体系为骨架,自东向西逐步形成了适应国际市场需求的国内贸易市场网络。

由于国内工业产品无力与外国商品竞争,在日益受制于国际化的外贸出口体系中,中国进口的多是机械、化工、钢铁甚至纺织品等各类成品,只能以农产品和矿产品作为出口品。这一时期的海关贸易统计显示,中国进出口贸易年年入超。以法币计算,1927年,入超值为9432万元,1933年最高达到7.34亿元,1936年回落至1.15亿元。②

在国内商业市场体系的建立中,铁路、水路与公路组成的新的交通体系,成为区域性商业市场形成的关键性因素。以华北为例,以往沿运河或官路形成的商业运输体系,逐渐被铁路、水路或公路运输所取代,一些因铁路枢纽地位而成长为区域商业中心的城市如天津、青岛、石家庄、张家口、郑州、济南、徐州、唐山等城市,自身的经济辐射能力大大增强,开始发挥自身在区域性商业流通体系的中心结点的作用,自东向西形成了三级市场,城市在商业市场体系中发挥着日益重要的影响。在南方,水路仍然是商业运输体系的关键所在。以长江流域为例,以上海、宁波港为龙头,自东向西形成的商业运输体系十分明显。广州港与泉州、厦门港则分别成为带动广东、福建等地商业市场体系发展的龙头。

尽管这一时期的国际贸易年年出超,但对于推动中国商业市场的形成进而推动工业发展,也发挥出重要作用。"海禁未开之前,我国人民对于多数新式工业产品,毫无需要。以日用品言之,所食者为米、土麦与杂粮,所服

---

① 上海市政府社会局编:《近十五年来上海之罢工停业》,上海市政府社会局1933年版,第7、11页。

② 骆清华:《民元来我国之工商业》,周开庆主编:《民国经济史》,上海银行学会1947年版,第228~229页。

者为丝绸或土布,未闻有机制面粉与哔叽呢绒也。所吸者为水烟旱烟,未闻有卷烟也。自此种舶来品输入以来,国人消费者日多,因此产生广泛之需要。于是我国从事工业者乃逐渐仿制,数十年来,新式各种制品工业,应有尽有,足见我国工业受国际贸易之赐矣。"①

这一时期,在东部较为发达的城市,房地产业开始初兴。如1927年后的上海,在英法租界倡导下,租界区内土地估价提高,投资者大增,出租房屋利润较高;上海市政府此时也出台了大上海计划,新辟市中心区,鼓励民间领地,致使民间及银行纷纷投资,地产交易迅速发展起来。但受1932年初"一·二八"事件影响,"市面凋敝,房产价值一落千丈,工商业既衰落于前,地产顿形跌落。有如美丽之鲜花,骤遭风雨。至二十三年下期,地产又见苏醒。投资者踊跃争先,各种新式大建筑,多于此期内兴建"②。

3. 交通运输网络

1928年3月,国民党"三大"通过相关议案强调,"拟于五年内,以中央建设经费之半,兴筑铁路"③。11月,国民政府专门成立了铁道部,负责路政规划及建设、清理各路债务、整顿人事管理、挽回路权、提高运输能力等事宜,并制订了新的铁路建设规划。铁道部曾提出以关税及英国庚子赔款投资修路计划及整理铁路财政计划,由于中日间战争的爆发而只有部分得以实施。陇海线的潼关段工期延迟,沧石线(河北省沧县至石家庄)未能动工。

到1935年下半年,全国共建铁路1 763公里;此后加快了铁路建设的速度,1936年到1937年7月一年半时间里,共建成铁路2 030公里;10年中共建铁路3 793公里,中国除东北之外的铁路里数达到11 700公里。这一时期完成的主要线路有浙赣线(980公里)、同蒲线(800公里,窄轨)、粤汉线株洲至韶州段(454公里)、陇海线灵宝至宝鸡段(408公里)、杭州至江山铁路(360公里)、淮南线(214公里)等。这一时期新建铁路多集中在长江流域,改善了过去铁路过分集中江北、南方多是短线铁路的布局。由于株韶段的完工,贯穿南北的干线粤汉线得以全线通车;浙赣线的完工也使得东部沿海

---

① 洪丈里:《民元来我国之工业》,周开庆主编:《民国经济史》,上海银行学会1947年版,第237页。

② 李伯涵:《民元以来上海之地产业》,周开庆主编:《民国经济史》,上海银行学会1947年版,第103页。

③ 《训政时期经济建设实施方针案》(1929年3月18日),朱汇森主编:《中华民国史事纪要(初稿)》1929年1月至4月分册,台北:"国史馆"1985年版,第777页。

地区有了一条东西干线。铁路的发展,大大提高了全国物资交流能力与经济效率,也带动了运输量的快速增长。1928年,铁路客运量只有235 077万人公里,货运量约23 360万吨公里;1936年分别上升为434 885万人公里和648 880万吨公里,指数分别上涨133.1%和170.8%。①

公路建设这一时期发展最快。为了"剿共",国民政府在江苏、浙江、安徽、江西、湖北、湖南、河南等省动用大量人力物力修筑联络公路。1927年全国共有公路28 967公里;1929年,国民政府组建了道路修建委员会,专门负责公路的修建。1935年12月底,上述几省的联络公路完成2.08万公里。30年代中期后,由于经济好转和社会、经济与发展需求,建筑公路速度更快。1937年7月,全国公路网已基本构成。计有干线21条,支线15条,公路总里程达10.95万公里。由于建设速度过快,许多公路存在着路况差、运输工具少、运价高、管理混乱等问题。

航空建设在这一时期也开始发展起来。1929年5月1日,中国航空公司成立。7月,交通部首次开通沪蓉线上海至南京段。当年,航空业只飞行了96千公里。此后,中航公司与美国飞运公司联合经营,共同开发了沪蓉线、京平线、沪平线、沪粤线、渝昆线等航线。1931年2月,交通部成立欧亚航空公司,先后开辟了沪港线、沪兰线、平粤线、兰包线、陕滇线。1933年,广东、广西、福建、云南、贵州联合成立西南航空公司,先后开辟了广河线、广琼线。到1936年,上述三个航空公司共有飞机28架,开辟航线10条,开辟飞机场31处,航程达15 316公里,飞行里程达到3 460千公里。

水路运输同时崛起。1928年,向交通部注册的轮船有1 294艘,计284 174吨。1937年,注册轮船增至4 391艘,计801 964吨。这一时期,沿海港口的建设成为外贸经济需求的必须,1930年开工建设的葫芦岛港,就是要与处于日本势力范围内的大连港进行竞争。1933年7月开始兴工的连云港建设,抗战爆发前已可停泊货轮,但直至抗战结束也未完工。

据统计,1934～1938年间,在中国的外资企业获利丰厚。在银行、制造、公用、航运和电讯5个行业中,93家外资企业的平均利润率为15.3%,单独计算制造业(即工厂)一项则为13.6%。② 外国资本在中国对民族资本

---

① 《历年铁路客货运输量》(1907～1947),严中平等编:《中国近代经济史统计资料选辑》,科学出版社1955年版,第207～208页。

② 吴承明:《帝国主义在旧中国的投资》,人民出版社1956年版,第83页。

的压迫是客观存在的,外资企业具有在原料、生产、经营、运输等各方面的优势,其与华资企业的竞争本身是不平等的。1917 年起至 1931 年止,外资进入华商纱厂者就有 22 起,不少华商纱厂最终遭到外资的兼并。①

4. 农业生产实况

国民政府 10 年间,全国总的耕地面积为 93 亿公亩,约占全国总面积的 9.4%,没有显著的减少或增加,但各省情况略有不同。如青海、四川、湖北、江苏、浙江、贵州等省,人口持续增加,耕地面积也有相当的增加。而绥远、察哈尔、宁夏、陕西、河北、山东、江西、河南、福建等省的耕地却有不同程度的减少,主要原因在于兵匪之患频繁、水旱灾荒严重。可耕而未耕土地面积约有 106 亿公亩。②

据中央农业实验所 1934 年的调查,全国 22 个省的农户,平均每户为 5 人,平均经营土地面积小于 10 亩者占总数的 37.5%,在 10～20 亩间者占 24.9%,在 20～40 亩间者占 12.2%,在 40～50 亩间者占 14.7%,多于 50 亩土地者占 10.7%。平均而言,南方农户每家占有耕地面积小于北方,东北诸省例外。每户土地少于 5 英亩的农家,在小麦产区为 65%,在稻米产区则为 90%。与这一时期美国农户的 156 英亩、英国农户的 63 英亩、法国农户的 23 英亩相比③,相差甚远。

当时专家的调查显示,中国农民全年收入约相当于 43 美元,而生活必需品的消费就达 38 美元。与此同时,美国农民年收入为 765 美元,约是中国农民的 18 倍弱,其生活必需品的消费只有 163 美元。中国每 8 个农民耕作只能养活 10 人,而美国则是 1 名农民可以养活 4 人。④ 两相比较,差距明显。

在农业经营方式上,由于普遍存在着劳动力过剩、土地面积狭小的问题,自然经济的耕作方式又使农田碎化,耕作方式只能使用人力或畜力,农业机械的使用普遍极少,劳动生产率极低。

中央农业实验所自 1933 年成立后,与 9 个省区的农业研究机构联合进行小麦育种及区域化试验,与 6 个省区合作进行了水稻品种试验,与 9 个省区进行了棉花品种的试验。中央大学、金陵大学等高校都培育出了优良的

---

① 严中平:《中国棉纺织史稿》,科学出版社 1955 年版,第 197～198 页。
② 蔡无忌:《民元来我国之农业》,周开庆主编:《民国经济史》,上海银行学会 1947 年版,第 223 页。
③ 蔡无忌:《民元来我国之农业》,第 223 页。
④ 蔡无忌:《民元来我国之农业》,第 223、224 页。

小麦、水稻品种,中央大学培育的"帽子头"品种,曾在1935～1936年间的江苏、安徽、湖南三省推广达20万亩。但整体而言,新品种的普及不够。此时,适合在华北及长江流域栽种的美棉品种也开始进行推广。1936年,美棉品种栽种区域在黄河流域占到了66.5%,在长江流域占到了31.5%。①

这一时期的中国农业生产,在起伏不定中呈持续发展的形态。1933年,粮食总产量为9.33亿担。1936年的农业总产量达到了民国时期的最高峰。

然而,由于耕地不断减少,各资本主义国家对中国农业品市场实行倾销政策,国民政府1934年起对粮、棉、蚕、烟、茶、糖料等实行统制和农民地租及田赋负担较重,严重地制约了农业的发展。日本的侵华战争,更将有所好转的农业生产带入萧条之中。

三、农村政策与农业改革

南京国民政府成立以后,其对于农村问题还是相当重视的,至少在形式上做了大量的工作。到1936年止,南京国民政府及各省市有关地政的法规及单行章程就多达240余种。然而,这些法令及国民党改造乡村的政策却无法在实践中得以贯彻。

南京国民政府统治时期,其财政收入主要是来源于农业。整个国民生产总值中,农业产值占了大部分。因此,南京国民政府在权力稳定后立即着手改造农村的工作。

1. 新县制

民国以前的乡村社会与政府权力间的媒介,一直都是由乡绅承担。民国建立后,农村社会结构发生了一些变化,传统的乡绅在农村经济的破落中或沦为贫雇农、或转入城市,新兴的地主(如军阀、政客等)依靠与政治和军事势力的结合,成为南京国民政府在农村中新的政治媒介。这一批人多因有政治背景而桀骜不驯,当他们成为乡村中的决定力量时,维护这一群体的利益就成为他们的处事原则。而南京国民政府欲改革农村社会,首当其冲的就是要削减新兴地主的利益,也就必然遭到新兴地主的反对。这种两难境遇,是南京国民政府的农村政策之所以失败的重要因素之一。

30年代,南京国民政府以公开考试方式选拔基层干部,试图以渗透的

---

① 蔡无忌:《民元来我国之农业》,第225～226页。

方式填补基层行政人员的空缺,提高基层行政人员的素质。但全国2000多个县长职位,只有约100个是由通过考试的人员担任,而且这些人由于无法获得农民和新兴地主的认可,难以开展工作。

1927年至1936年间,南京国民政府推出了"新县制",确立县、区、乡(镇)、保、甲五级行政组织。这种"新县制"的实施,使县以下的行政机构获得了统一,但对基层的控制仍然无法得到保障。据统计,全国如全部实现"新县制",需培训1118.7万名县政人员,需经费7.6亿元。在当时,这是急切间根本无法做到的。

对农村基层行政的失控及"新县制"推广陷于空谈,实际上也就决定了南京国民政府在农村实行地籍整理、田赋整顿和租佃改良工作的难以奏效。

2. 地籍整理与租佃改良

地籍整理是任何一种改造乡村政策的基础,是了解农村经济基本状况的关键,也是进行农村土地制度改革的首要工作。但地籍整理工作在大多数省份均陷于瘫痪,乡绅根本不与政府派出的土地丈量及调查人员合作。1928年,浙江省历时一年,耗资300余万,动用人力12.3万余,完成了土地陈报,但陈报结果无法使用。杭州和海宁等县,上报亩数竟然多于实测数。① 江苏省于1928年开始进行地籍整理,几年过去,只有镇江、青浦、丹阳几县完成,其余各县并未实行。陈果夫于1932年任江苏省政府主席后,积极推行此项工作。抗战爆发前夕,江南各县清丈完毕,江北各县只有一半行将完成。

国民革命时期,广东国民政府就曾推行过租佃改良。在不触动农村基本政治和社会结构前提下,这是减轻农民负担、刺激农业生产的改良办法。1927年5月,南京国民政府制定的《佃农保护法草案》规定:"佃农交纳租税等,不得超过所租地收获量40%。"②1928年2月15日,国民政府湘鄂政委会宣布:"将从前共党当道时所订定之二五减租条例废止,仍以佃农与地主间自由意志所定之租约为准。"③1932年,南京国民政府虽然颁布了《租佃暂行条例》19条,规定"缴租最高限度应不得超过当年正产物收获额千分之三

---

① 《地政日刊》,第2卷第8期。
② 古楳:《中国农村经济问题》,中华书局1936年版,第285页。
③ 《中华民国史事纪要》编辑委员会:《中华民国史事纪要(初稿)》1928年1月至6月分册,台北:中华民国史料研究中心1978年版,第251页。

百七十五",并"禁止包租、预租和押金",但这不过是一纸空文。

实施租佃改良较好的是浙江省。1927年6月17日,浙江省政府决定在农村减轻佃农租佃的25%,即为"二五减租"。1928年7月,该省通过《十七年佃农交租章程》及《佃业理事局暂行章程》,但这项政策遭到地主阶层的强烈反对。武义县及天台县党部指导委员先后被杀。到1929年春,浙江省政府决定取消"二五减租",实行预征田赋。地主富农乘机活动,"减租之推行十三日就衰落"。1932年以后,"减租已不能切实执行"。①

在偏远的西南、西北地区,由于国民党的统治鞭长莫及,军阀及地方势力的统治仍然如旧。国民政府的土地政策只停留在政令的发布上,租佃改革根本无法推行,而地方军阀却为维持军力而横征暴敛,民众生活苦不堪言。据统计,四川省的田赋不足以应付军事开支,早在民国初年即开始一年一次的预征。但在1925~1931年间,却变成了每年三征,1932~1934年间更变成了每年六征。② 而1934年四川各军防区的田赋预征更令人触目惊心,参见下表。

1934年四川各军防区田赋预征一览表

军 区	预征年限	年征收次数	军 区	预征年限	年征收次数
28军	2008年	14	20军	1984年	6
29军	2000年	12	黔军教导师	1967年	3
23师	1994年	3	24军	2009年	2
新6师	1992年	10	21军	1956年	4

资料来源:《四川月报》第28~29号,《中报月刊》第4卷第6号。转引自陈志让:《军绅政权——近代中国的军阀时期》,香港:三联书店香港分店1979年版,第123页。

这一时期国民政府对乡村的改革,仍然不能防止诸如土地分配缺乏调剂、土地利用不能充分、租佃制度改良不力、田赋制度不合理、乡村金融体系不完整、土地投机等问题的日益严重。在乡村改造过程中,南京国民政府无论执行什么政策,只要触动了地主阶层的利益,就会引来强烈的反抗。在政

---

① 刘君煌:《近几年我们之土地改革与土地整理》,方显廷编:《中国经济研究》上册,商务印书馆1938年版,第609页。
② 西华近代文献征集处:《四川农村崩溃实录》,《四川农村赋税负担之概况》,1935年5月26日。转引自陈志让:《军绅政权——近代中国的军阀时期》,香港:三联书店香港分店1979年版,第123页。

府缺乏绝对权威的前提下,不少改革政策只能流于形式。那么,国民党能否发动农民起来推翻地主、劣绅,以政治革命推动农村变革呢?答案显然是否定的。国民党依赖地主势力控制农村,并将之视为自己的统治基础,而触动自己统治根基的事情是难以推动的。国民党没有足够的能力与决心开展和控制农民运动,且农民运动一起,不仅与中共的成长密切相关,也直接动摇其统治的基础。上层政治与基层利益间的对立,国民党政权为稳定统治的种种考虑,是南京国民政府目睹中共在领导农村改革后日益壮大而又无可奈何的关键所在。

3. 乡村建设运动

中国农村改革,是决定未来中国走向的关键所在,这一问题不仅为国共两党的理论家、政治家所关注,也为当时知识精英和地方实力派人物所注目。

十年间,在国共两大政治势力之外,知识精英和地方实力派领袖们曾设计出乡村改造的方案不下百种,显示出其在改造国家道路上的不同选择。但这种理论上的设计,真正能走出书斋化为实践的,并不多见。在对乡村改造的实践中,晏阳初在河北省定县的平民教育,梁漱溟在山东省邹平县、菏泽县的乡村建设以及地方实力派阎锡山在山西省阳曲、太原、榆次3个县的"土地村公有"实验,可谓别有意味。

晏阳初(1894~1990年),四川省巴中人,早年入教会学校读书,后到香港大学及美国耶鲁大学深造。1923年8月26日,他与有志于从事平民教育的人联合起来,成立中华平民教育促进总会,晏氏任总干事。该会自20年代中期后,逐渐将工作重点移到农村。

1926年10月,"平教会"选定河北省定县霍城村作为第一个试验区,目的是"除文盲"。在艰苦工作中,晏氏认识到,"因为中国农民缺乏教育,所以农业也有衰败的气象,而农民本身,更是穷苦不堪"[1]。于是,晏氏希望在农村开展文艺、生计、卫生和公民四大教育,以解决农民身上愚、穷、弱、私的病根,而增进他们的知识力、生产力、强健力和团结力,使农村社会与生产恢复元气。1929年后,在美国财团的支持下,晏氏把"平教会"总会从北平移至定县。1930年成立定县实验区,将工作重点由前期的识字教育扩展到思想教育和乡政建设上。从1930年至1937年,晏氏等人在定县实验区开展了

---

[1] 《平民教育实施的试验》,中华平民教育促进会总会1927年版,第10页。

一系列的乡村教育工作。他们首先从调查定县的历史与现状入手,汇成《定县社会概况调查》两册;举办各种类型的平民学校,如实验学校、表演学校、各街村平民学校、妇女平民学校、平民育才学校等;编写市民、士兵、农民三种千字课和其他教科书。据1936年6月的统计,他们在476个村庄开办了3 844个识字班,注册人数达到21 170人。14至25岁年龄组文盲在全县下降到10%。他们还建立了两个实验农场,成立了几十个合作社和农民自助社295个;设立了5处中心仓库和12处分库,并指导农民生产、进行农村贷款等活动。他们建立了县卫生院,联村建保健所,村设保健员。

1932年后,他们进行县政建设实验,设县政建设研究院,晏氏任院长。晏氏利用行政的力量,把诸多事业纳入县政轨道,也在生计、卫生等方面取得了不少的成就。但一年后,力主"实验"的县长被迫辞职,实验县从此名存实亡。

几乎与此同时,梁漱溟在河南、山东广为宣传他系统的"乡村建设"思想,并在山东省加以实践。

梁漱溟1924年辞去北大教席,赴山东主持曹州中学高中部。在梁氏看来,中国社会不存在阶级斗争,而是"伦理本位,职业分途"。近代西方列强的入侵引起了农村经济的破产,打破了儒家文化的影响,从而导致整个社会秩序的紊乱。因此,要想使中国农村得以振兴,首先要从改造乡村建设入手。乡村振兴便可带动工业的振兴。

1929年初,梁氏接办北平的《村治月刊》。年底,他到河南辉县筹办河南村治学院,并任教务长。1930年,热心支持梁氏工作的韩复榘调任山东省主席,梁氏也随之到山东筹办乡村建设。1931年初,梁氏在山东邹平县建立山东乡村建设研究院,院内设乡村建设研究部、乡村服务训练部和实施乡建的试验县三部分。邹平、菏泽县先后被列为实验区,后又扩大为津浦线以西的13个县的鲁西实验区,直到抗战爆发才中止活动。

在梁氏的乡村建设实验中,建立乡村学校是"乡建"工作的核心。以乡学代替区公所,以村学代替乡公所,实行政教合一,全民教育,达到行政机关教育化,社会学校化。乡学、村学既是乡村自治机关又是乡村教育机关。同时,从事农作物优良品种的推广和农业技术的改进,形成农民"共管、共享、共有"的合作制度。此外,还成立民团干部训练所,训练民团作为自卫组织。为了保证这一实验顺利进行,"乡建院"的研究部招收大学毕业生进行专门培训,结业后到实验区各县任县政府的科长、辅导员、乡农学校校长等职;训练部则招收中学毕业生,培训后从事乡村实际工作。

梁氏在山东实施了七年的乡村建设实验,也的确促使实验区社会、经济与文化教育状况有所好转。1933年7月,全国乡村工作讨论会第一届年会在邹平召开,显示出其工作的引人注目。但在政治和社会急剧动荡的情况下,没有政治力量的支持,没有触动土地所有制的根本问题,却试图参照西方的民主自治办法,建立一种融伦理、经济、教育、文化、治安于一体的社会模式,并将这种模式推向全国,这显然是不切实际的。正如梁氏所言:"我们走上了一条站在政府一边来改造农民,而不是站在农民一边来改造政府的道路。""农民为苛捐杂税所苦,而我们不能马上替他减轻负担;农民没有土地,我们不能分给他土地。他所要求的有好多事,需要从政治上解决,而在我们开头下乡工作时,还没有解决政治问题的力量。那么,当然抓不住他的痛痒,就抓不住他的心。"①

晏氏与梁氏在河北与山东的实验,都是从乡村教育入手,进而寻求改造乡村社会之路,但他们都没有触及关键性的土地问题。真正触及土地制度改革的试验,倒是在山西"土皇帝"阎锡山统治下展开的。

1935年,红军长征到达与山西相邻的陕北后,实行中共的土地政策,一时引得晋绥兵人心惶惶。为了稳定军心,巩固其在山西的统治,1935年8月29日至9月11日,在晋西21县防共会议上,阎锡山承认:当时中国农村"土地确是在集中的过程,如此趋势,必激起土地所有者与土地使用者间的矛盾",由于负担不均,"现在农民,无论丰年和凶岁,都是在饥饿和死亡线上挣扎"②。在研究了山西省状况后,阎锡山提出了"土地村公有"的土地改革方案。在防共会议上拟定了35项"武力防共、政治防共、思想防共"决议案,树立起"土地村公有制是彻底消灭共党造乱的目标"③。

"土地村公有"的办法如下:由村公所发行无利公债,将全村土地收归村公有。然后对田地的水旱肥瘦进行区分,划出一人能耕的土地分给村民。村民18岁领地,58岁还田。土地公债以产业保护税、利息所得税、劳动所

---

① 《我们的两大难处》,《梁漱溟全集》第2卷,山东人民出版社1990年版,第581页。

② 阎锡山:《土地公有权是彻底防共办法》,朱汇森主编:《中华民国史事纪要(初稿)》1935年7月至10月分册,台北:"国史馆"1990年版,第474~475页。

③ 阎锡山:《土地公有权是彻底防共办法》,朱汇森主编:《中华民国史事纪要(初稿)》1935年7月至10月分册,台北:"国史馆"1990年版,第474页。

得税担保。农民要纳田地收入的十分之一作为劳动所得税和田赋。① 阎氏在阳曲、太原、榆次3个县选择了7个村展开试验。在他看来,山西省18至35岁的壮劳力有120万,如分给他们土地后,他们就不会人心思动或受中共吸引;壮劳力充当兵役时,其份地由村民代耕,"把心理安定的耕农武装起来",这就好比"在全面积上至少钉了一百二十万个极稳固的钉子,真是措社会于磐石之安"②。

此办法公布后,自耕农占多数的山西农民,对这种"收公在前,分配在后"的做法不能接受。且由于地主劣绅把持村政,他们也不积极支持"土地村公有"政策。这种试验到1939年就不得不中止。由于"百分之七十五左右的人民均表不快"③,阎锡山这项改革未能在山西省推广开来。

这一时期,乡村改良运动中影响较大的还有农村合作社组织。1924年,直隶省香河县成立的中国第一个信用合作社,即是以华洋义赈会救灾余额创办的。1928年,江苏农民银行及浙江省政府也推行农村信用合作组织。1931年,受国民政府委托,华洋义赈会在湖南、安徽、江西三省组织了大批互助社及合作社。到抗战全面爆发前,各地农村的合作社数量大增,其中80%为信用合作社,只有少数为生产、运输、消费等性质的合作社。信用合作社通过发放低息贷款的方式,部分解决了农民生活及生产急需资金,缓和了一部分农村的生产危机。但后来,不少农村出现劣绅把持信用合作社农贷,致使出现了劣绅申请低息转手高息贷给农民的"集团高利贷"现象④,农民反而受其苦。

4. 农业发展

农业方面:国民政府10年间,中国农业生产基本上在起伏不定中呈持续发展的形态。1936年,可谓中国农业生产的高峰年。

然而,由于耕地不断减少,各资本主义国家对中国农业品市场的倾销政策,国民政府1934年起对粮、棉、蚕、烟、茶、糖料等实行统制和农民地租及

---

① 阎锡山:《土地村公有办法大纲》,蔡尚思主编:《中国现代政治思想史资料简编》第3卷,浙江人民出版社1983年版,第812~813页。
② 阎锡山:《土地村公有办法说明》,蔡尚思主编:《中国现代政治思想史资料简编》第3卷,浙江人民出版社1983年版,第818页。
③ 萧铮:《土地改革五十年》,台北:中国地政研究所1980年版,第323页。
④ 孙晓村、张锡昌:《民元来我国之农村经济》,周开庆主编:《民国经济史》,上海银行学会1947年版,第361页。

田赋负担较重,严重地制约了农业的发展。日本的侵华战争,更将有所好转的农业生产带入萧条之中。

1927年至1936年的10年间,中国经济增长率呈较高水平。整个中华民国时期经济增长率平均为5.6%,而这10年间增长率为8.4%。1936年全国工农业生产总值306.12亿元中,工矿业产值为106.89亿元,和1920年的56.52亿元相比,增长89%。而近代工业的产值为33.19亿元,又占工农业总产值的10.8%,资本主义经济的发展水平与1920年占总产值的5%相比增长一倍。除交通运输业增长较快外,电子、橡胶、酒精等新兴工业都得到了发展。1936年,中国产业资本共计82.1亿元(东北除外),其中本国资本约17.76亿元,占21.6%,和1920年的3.03亿元相比,上升近5倍①。

5. 物价及生活实态

这一时期社会阶层间的收入差距较为明显,据行政院工商部的统计,全国29个城市的男性工人人均月工资为16.4元,女工为12.7元,童工不到10元。黄包车夫每月在10～20元间,厨师(包食宿)月收入在8～12元,保姆(包食宿)月收入在3～6元。一个中等收入的四五口之家(平均4.6口),每月的平均生活费为27.2。1927～1929年间,上海下层五口之家月收入为33.3元。上海、南京的工人、店员家庭平均每月消费33～40元。北平,手工业者、人力车夫等下层民众,每月的平均生活费为17元。安徽的农民每户每月消费15元。知识分子、公务员等阶层收入较高,大学教授月薪约在400～500元间,副教授在280～340元间,讲师在200～260元间,助教在100～180元间。北平公立或私立中学的教员月薪约为100元,高、初中都教的教员收入可达到200元。小学校长为100元,小学教员为30～70元间。公务员中的一等科员月薪为100元。而特任、简任、荐任等级别的官员,其收入在160～600元左右,个别的如特任法官月收入可以突破1000元。

以1912年华中、华北的批发价格为基数,1926～1927年间,华中、华北的批发物价指数分别上涨了25%和48%,30年代初期后,全国特别是东南沿海、华北、华中等地的物价则是稳中有降。1926～1930年间,大米每斤6.2分钱、猪肉每斤2角钱、白糖每斤1角钱、食盐每斤2～5分钱、植物油每斤1角5分钱。和1920年相比,物价大致上涨了一倍左右。在消费上,这

---

① 汪敬虞:《论中国近代经济史的中心线索》,《中国经济史研究》1989年第2期。

一时期上海平均家庭开支为每月16元6角7分,其中食品占44%,房租占7.5%,衣服占10.5%,燃料及水电占4.9%,杂项占33.1%。知识分子、公务员阶层较为富裕,其日常生活费开支是上述数字的两倍。

南京国民政府建立后十年间,中国经济特别是近代化工业得到了较快发展,但与世界先进国家相比差距仍较大。1933年,中国近代工业产值只及英国的1/50、德国的1/64、美国的1/162,人均国民收入仅为12美元,是美国的1/26。

这一时期,由于大多数地区政治相对安定,工农业生产快速增长,人口的数量增幅较大。1931年,全国人口数量达到462 403 718人,比民初的1912年增加了6000余万,但各省区的人口数量有增有减,增长率也不尽相同。1931～1936年间,江苏省的人口增长率达到了23.95%,偏远的青海、宁夏和新疆,人口增长率也分别达到了28.62%、22.23%和27.9%。江西省的人口增长率在民国时期一直维持在低水平上,1921～1931年间的人口增长率为-9.4%,由于连续数年均有"围剿"红军的战争,1931～1936年间人口增长率竟然是-91.71%,可见损失之惨重。东北诸省在1931～1936年间的人口保持增长,吉林、黑龙江两省的增长率分别为12.32%和35.11%。①

第三节 重建中外关系

在20世纪的世界化进程中,中国与世界各国特别是与美、英等世界大国及相邻的俄、日等国的外交关系,已成为影响中国政治乃至于国家利益的根本问题。对于全国执政的中国国民党而言,基于三民主义原则重建中外关系,尽力摆脱外国势力干预、争取民族及主权独立、确立民族—国家形态,是其根本的外交原则。以"九·一八"为分界线,之前的中国外交旨在寻求主权独立,以取消不平等条约为中心展开,之后的外交政策及活动,则以反对日本侵略为中心。

---

① 《宣统三年(1911)至民国三十七年(1948)各省人口数及年增长率》,"国史馆"中华民国史社会志编纂委员会编:《中华民国社会志(初稿)》上册,台北:"国史馆"1998年版,第36～37页。

一、外交政策及实务

南京国民政府时期的外交体制,初期沿袭了广州、武汉国民政府时期的基本原则。1928年10月后,南京国民政府建立五院制,外交体制遂也纳入了这一体制之内,从外交政策的制定到具体的外交事件的处理,都取决于国民党中央政治会议的决策。这一时期,国民政府亲英美、联苏制日的外交政策是相当明显的。

1. 亲英美的新外交方向

随着"一战"结束后德国的战败及"日不落"帝国英国的衰败,伴随着经济高速增长的美国,逐渐开始成为世界上最重要的新大国之一。英美寻求在华经济利益而不具有领土侵略性质的特征,中国试图"联英美以制日"的外交思想以及众多具有留学欧美背景的高级官员,使得国民政府的外交政策产生了明显的亲英美倾向。

1926年10月,英国派蓝普森(Miles Lampson)专程来华进行对华外交。12月,蓝普森赴武汉考察国民政府状况,并与国民政府外长陈友仁会谈。陈友仁向其提出废除不平等条约及承认国民政府的建议,蓝普森认为中国局势动荡,无从谈起,但对国民革命的趋势有所了解。与此同时,美国代表迈尔也到武汉考察国民政府的外交政策。

(1) 处理南京惨案

1927年3月24日,国民革命军攻克南京城。江右军第六军程潜部及第二军鲁涤平部一部分士兵与市民抢劫南京租界内外侨财产,美、英、日领事馆及外人商店、住宅、学校、医院均受波及。英国领事翟尔斯(H. Giles)受伤、金陵大学美籍副校长文怀恩(John E. William)遇害,另有数名英国人、1名法国人、1名意大利人被杀,日本领事馆少校武官根本博被打。英、美军舰随即对南京城进行报复性炮击,致市民死伤惨重。这就是轰动一时的南京事件。

事件发生后,英、美、日、法、意五国向中方提出通牒,要求立即惩办凶手、书面道歉和赔偿,要求"担保以后绝无有妨外人生命财产之暴动与风潮"发生①。3月26日,国民革命军总司令蒋介石自南京赴上海出席新闻发布

---

① 罗家伦主编:《革命文献》第14辑,中国国民党中央委员会党史资料编纂委员会1957年版,第607页。

会,表明凡经证实犯有抢劫罪者,一律严惩;同时对英美军舰对南京城内平民开炮致死惨重提出抗议。3月31日,武汉国民政府经过调查后对事件过程发表声明,并基本上满足了各国提出的要求。此后,由于政局变动及"宁汉分立",此一交涉遂暂告停顿。1928年3月30日,南京国民政府与美方在上海就宁案解决进行换文。在会晤中,外交部长黄郛代表南京政府"提议以平等及互相尊重领土主权为原则,修订现行条约,并解决其他悬案"。美国公使马慕瑞(John V. A. Mac Murray)也表示了"俾得随时遇机将所有不需要及不妥当之约章,得经双方同意,正式修改"的意愿。

1928年间,经过努力,国民政府与美国、英国、法国、意大利达成协议。国民政府对外侨在南京惨案中的损失表示歉意,组织联合调查委员会进行调查后给予适当的赔偿;英、美两国也对炮击南京表示"深为抱歉"。直至1929年5月,中日间才就南京惨案的解决达成协议,中国对日本领事馆及日人在事件中的死伤及损失道歉并给予赔偿。

(2) 加入《巴黎非战公约》

由于各国在华有领事裁判权,一些地方涉外事务的处理出现困难。为了协调地方涉外交涉,1929年,南京国民政府在东北地区的辽宁、吉林以及云南、新疆四省率先设立了外交特派员办理处,直接受命于外交部。1930年3月,外交部又派视察专员分别巡视赣湘鄂川、鲁豫陕甘、闽浙粤桂黔、冀晋热察绥四个区域,每半年巡视一周。随着形势发展,南京国民政府外交部于1935年4月把各地的视察专员办理处改为常设机构,并重新对视察区域进行了划分。与北京政府时期相比,南京国民政府时期在地方涉外事务的管理上大大加强。

2. 对苏外交

(1) 对苏绝交

由于1927年4月开始国民党执行"清党"反共政策,苏俄军事顾问团团长加伦、鲍罗廷等一批苏联政治、军事顾问离开中国回国。

11月,苏联政府下令在苏联研究军事的国民革命军王懋功等人立即回国。双方外交关系陷入僵局。

武汉与南京国民政府合并之后不久,国民政府认为各地"共产党借苏俄领事馆,及其国营商业机关,为发令指示之地,遂致酿成剧变,势若燎原,即其他各省地方,亦不无之虑"①。12月11日,中共军队发动广州暴动,国民党中央认为共产国际代表纽曼(Heing Neumann)、爱斯拉(Gerhart Eisler)从中策动、指挥,苏联驻广州领事馆为指挥暴动中心。12月13日,蒋介石在上海召开新闻发布会,重申其与苏绝交的主张。翌日,国民政府正式宣布对苏绝交,撤销各地苏联领事馆,停止苏联在中国各地的国营事业,分批遣返苏侨,严令各地逮捕苏籍共产党人。②

随即,国民政府外交部照会广州、上海、汉口的苏联领事馆,并限令各地苏联外交人员于22日前离境。苏联外交人民委员齐契林声称,苏联政府从未承认过南京政府,自然不承认南京政府的通告。12月16日,武汉卫戍司令胡宗铎率兵占领汉口的苏联领事馆,强制苏联领事离汉。广州、南京也先后发生强迫苏联外交人员离境的事件,上海则对苏联在华商业机构进行监视,勒令部分机构停业。

(2) 中东路事件

根据1924年5月《中俄解决悬案大纲协定》的规定,由中苏人员共同组成的中东路理事会,应在最短的时间内修订《中东铁路章程》。由于事关国家利益,理事会中苏人员各占一半,几乎所有议案都无法通过。苏联局长独揽权力,不时侵犯中方利益,双方矛盾日益尖锐。

1929年5月,时任东北边防司令长官张学良突袭哈尔滨苏联领事馆,逮捕正在开会的中共党员37人,并搜获大批文件。苏联一面抗议,一面下令逮捕驻远东地区的华人以为报复。7月11日,中东路理事长吕荣寰下令免除中东路俄籍局长及副局长的职务,由中方副局长范其光任代理局长;东三省交通委员会亦接管了中东路电报处,解散苏维埃职工会、共产主义青年团等组织,查封苏俄远东国家贸易局及苏俄商务处等机构,苏俄被拘200余人。

东北当局迅速收回中东路的行动,立即引发苏联当局的强烈反应。7月13日,苏联向中国政府发出三日内必须答复的最后通牒,要求取消单方面收回中东路的行动,释放被捕人员,停止排斥苏方,双方协议解决中东路争议。16日,外交部声称收回中东路行动是为了防止叛乱维护治安的答复

---

① 《国民政府与苏联绝交令》(1927年12月14日),《共产国际与中国革命资料选辑(1925~1927)》,人民出版社1985年6月版,第584页。

② 《国民政府公报》第16期,第1页。

遭到苏联拒绝。17日,苏联宣布与中国绝交。

10月12日凌晨,苏联出动军舰9艘、步兵3000余人,在18架飞机的配合下,攻克重兵防守的中苏边境要地三江口、同江;中方军舰4艘、拖船1艘被击沉,伤亡700余人;苏方损失舰艇3艘,小船4艘。随后,苏军挥师猛攻。由于辽宁大水、日本拒绝中方使用南满铁路运兵等因,中方后援不继,中国军队损失巨大。11月17日苏军占领札兰诺尔和满洲里。全国为之震动。

经过英、美等国的调停,中苏双方展开谈判。12月22日,双方签订《伯力协定书》,恢复事件前中东路原状,定期举行中苏会议讨论双方有关问题。

中东路事件的起因,是由于苏联指派的中东路管理人员独断专行,蔑视中方,从而造成双方利益相争,由于有协定在前,应该对争议以外交手段解决。然而,实力并不雄厚的南京政府,却利令智昏地指令东北当局贸然使用武力,结果适得其反。时任中国驻德公使蒋作宾一针见血地评论:中东路事件,是中方自己"无故挑衅,又无故投降,辱国丧权,莫此为甚,国际地位即从此降落,尤以国民政府之声誉扫地矣!"①这个评价是切实的。

(3) 中苏恢复邦交

九一八事变后,日本对中国的全面侵略已是极大威胁。此时,改善与另一个邻邦苏联的关系,就具有了遏制日本的重要战略意义。苏联对于日军在中国东北地区的行动深感忧虑,一方面采取了中立的立场,一方面又采取了诸如谴责日军入侵的行动。此外,为避免日本入侵和避免战争,苏联还主动要求与日本缔结《日苏互不侵犯条约》,虽不承认伪"满洲国"但又与其发生种种关系。②

在复杂的欧洲及远东局势下,苏联采取了和平处理远东事务进而缓解因中东路事件而恶化的中苏关系。九一八事变后,苏联提议迅速恢复中苏关系。中国也在九一八事变后积极准备对日作战的过程中,力求借助苏联获取国际援助。1932年6月,国民党中央政治会议接受了苏联建议,决定与苏联就恢复邦交展开外交谈判。经过半年的谈判,中苏就恢复邦交达成协议。1932年12月,中苏宣布正式恢复邦交。中国曾向苏联提出两国间

---

① 北京师范大学、上海市档案馆编:《蒋作宾日记》,江苏古籍出版社1990年版,第118页。

② 石源华:《中华民国外交史》,上海人民出版社1994年版,第424页。

缔结一份互助性的合作条约,但苏联反应冷淡。

3. 对日外交

1927年4月南京国民政府成立时,在外交上与日本的正式联系较少。其后进行的有关"南京事件"的交涉,也因各国意见不一及政局持续动荡而暂时中断。4月17日,新任日本首相的田中义一,极力主张干涉中国正在进行的国民革命运动,试图阻止中国的统一。他在与赴北平担任驻华武官的建川美次谈话中透露了将中国分割成华北、华南和满洲三个部分的构想。在此背景下,中日关系日益紧张起来。

(1)济南惨案

国民政府正式宣布北伐作战计划后,日本驻济南武官酒井隆、驻青岛总领事藤田荣介等纷纷向日本政府建议再次出兵山东。4月19日,日本内阁宣布出兵山东保护日侨。21日,国民政府外交部长黄郛向日本提出严重抗议。国民党中央也发布全体党员训令,声称日本此次出兵,是侵犯中国主权的行动。4月28日,日军1500人先遣部队由天津抵达济南附近,在城外设防。

5月3日,由于语言不通,中日双方士兵就战地医疗问题发生争执。随即,3000多名日军即用机枪对北伐军展开扫射,并对平民射击。事件发生地点正位于交涉署对面的医院门前,交涉员蔡公时派人与日军交涉达成停战协议。随后,日军借口在交涉署院内有两名日军士兵被杀,闯入交涉署院内,将全署人员枪决,只有一人侥幸逃脱。①

为避免更大的冲突,蒋介石下令北伐军退出济南城区,并绕道济南继续北上。5月7日,日军与北伐军的谈判破裂。8日至10日,日军竟对济南城区展开炮击,贺耀祖部北伐军进行了顽强抵抗。11日,日军占领济南。此次事件中,日军先后共残害中国军民3254人,伤者1450人,其中不少是青年学生、妇女和儿童。

经过中国的努力,国际社会和舆论慢慢得知济南惨案的真相,纷纷谴责日军的暴行,日本舆论也对政府做法提出批评。日本过分的要求,使得新生的南京政府无法接受,加速了其外交倒向英美的倾向。在此情况下,日本决定主动进行外交谈判,以尽快解决济南事件。

---

① 陈训正:《五三事变》,罗家伦主编:《革命文献》第19辑,中国国民党中央委员会党史编纂委员会1957年版,第1254页。

自7月至1929年1月,日本代表虽然提出愿意以谈判方式解决济南惨案,但又提出让中国赔偿、道歉、惩凶、保障日人安全等要求。后来要求先不谈济南事件;要求与中国修改条约,日本仍保留在东三省的特权。南京政府认为,济南事件是中日间第一大案,不谈此案,其他事件无从谈起。日本在东三省的特权应该取消。双方立场相差太大,谈判陷入僵局。

1929年1月26日,中方提出解决济案4项条件:① 日本政府郑重道歉;② 中国民众财产损失,应有巨额赔偿;③ 严惩凶手;④ 保证不再发生类似事件。① 3月24日,双方重开谈判,始将临时协议签订。日方放弃赔偿要求,并答应两个月内无条件撤兵。4月4日,双方正式签订该项协定。内容大致如下:① 撤兵与正式会谈同时开始;② 济案时的军事行动责任,在正式会谈上解决;③ 共同组织调查委员会;④ 双方损害赔偿问题,待调查委员会清查后,双方以宽大态度处理。②

济案解决后,舆论反应不一。有人愤怒地称:"此伤心惨目、辱国丧权之五三惨案,遂被狡悍之倭贼完全战胜,全国同胞一年来所日夜努力反日之成绩,遂付之东流矣。"③也有舆论称:日军撤兵,"从此胶济一片干净土得以归还故物",值得庆祝,但协定不提赔偿与道歉,显然是中国的"大大让步"了。④

(2) 收回租界及废除领事裁判权运动

随着国民革命的推动,民族主义思潮在中国迅速升温,而收回象征着西方列强对中国侵略的租界及租借地,更成为民众的强烈愿望。

到20世纪20年代末,各国在华租界及租借地有30余处,主要分布在中部重要城市及东部沿海地区。在国民革命运动中,天津的德、俄、奥租界,汉口的德、俄、英租界,九江的英租界相继收回。

1928年6月,南京政府政治统治稳定后,即就收回租界及租借地的事宜与各国展开了谈判。经协商,以正式收回、交付赎金等不同方式,先后收回了镇江及厦门的英租界、天津比利时租界、威海卫租借地。其他租界的收回也在与各国的谈判中。

---

① 陈训正:《五三事变前后交涉之经过》,蒋永敬编:《济南五三惨案》,台北:正中书局1978年版,第250页。
② 陈训正:《五三事变前后交涉之经过》,第251页。
③ 陈训正:《五三事变前后交涉之经过》,第251页。
④ 育干:《中日济案解决》,《东方杂志》第26卷第5号。

早在北京政府时代，中国与苏俄、德国、奥地利三国达成了取消领事裁判权的协议，但其他各国的领事裁判权仍然存在。1929年12月28日，南京国民政府宣布：自1930年1月1日起，撤销所有各国在华领事裁判权，裁撤各地交涉员，并收回设在上海公共租界的上海临时法院，以维护中国司法权的独立。此时，比利时、意大利、丹麦、葡萄牙、西班牙、墨西哥、瑞典、秘鲁等国，均已签署新约或主动放弃领事裁判权，但英、法、美、日等国拒不接受南京政府的宣言。1930年7月，外交部与法租界达成协议，中国在上海公共租界内设立法院，租界内中国居民得到了中国法律的保护。1931年4月，荷兰、挪威、巴西同意放弃在华领事裁判权。5月4日，南京国民政府公布《管辖在华外人实施条例》，自1932年1月1日生效，但与英、美、法、日等国仍存在分歧。

二、改订新约运动

早在1925年10月下旬，北京政府即开始与各国政府展开了收回关税自主权的谈判。1926年4月，在北京进行的中外关税协商谈判陷于停顿，但达成了中国至迟于1929年1月1日实施国定关税税率的协议，为此后南京政府展开的关税自主及改订新约运动奠定了基础。

南京国民政府成立后，根据民族及主权独立的原则，也为了迅速解决经济困难并开发财源，立即发起了关税自主运动。

1927年6月15日，南京政府发布《中华民国国民政府对外宣言》，声称："中国八十余年间备受不平等条约之束缚，此种束缚既与国际相互新生主权之原则相违背，亦为独立国家所不许，因此中国屡次宣言期诸友邦之应该谅解。所幸自1926年以来，诸友邦之当局已有同情于另订新约之表示。今当中国统一告成之会，应进一步而遵正当之手续实行重订新约以副完成平等及相互尊重主权之宗旨。国民政府深信新约重订以后，中外邦交之亲睦，人民友感之增进，国际贸易交通之发展，外侨生命财产之保障必更有加而无已。"①7月23日，外交部长伍朝枢代表南京国民政府宣布："欲图国民经济之发达，非将万恶之厘金及类似厘金制度彻底清除，不足以苏民困，而不平等之关税条约，尤与国家之主权相妨，非迅速实行关税自主，不足以跻进国际之平等。"决定自1927年9月1日起，在江苏、安徽、浙江、福建、广东、广

---

① 《中华民国国民政府对外宣言》(1927年6月15日)。

西6个省率先裁撤厘金、实行关税自主。① 同日,南京政府公布了《裁撤国内通过税条例》、《国定进口关税暂定条例》等法令,规定进口关税税率,除现行的5%外,普通货应另外加征7.5%;甲种奢侈品加征15%、乙种奢侈品加征25%、丙种奢侈品加征57.5%。同时宣布"现行之进口货二五附加税,及奢侈品附加税废止之"②。当天,南京政府还宣布《国民政府国定税则委员会简章》,并训令财政部将裁厘加税委员会易名为关税委员会以应付工作。

南京政府的这一举动,立即遭到列强的强烈反对。日本驻华代公使芳泽谦吉约会蒋介石和伍朝枢,明确表示反对南京政府的关税自主政策。随后,芳泽谦吉又在上海称,如果南京政府不改弦易辙的话,日本国将被迫采取相应的报复行动。英、美等国对南京政府的关税自主政策也不表赞同。

巨大的压力,使南京政府进退两难。8月29日,南京政府不得不再次宣布:裁厘加税首先在广东、广西两省进行,其余各省暂缓实施。虽然,南京政府缩小了裁厘加税的实施范围,但并不像通行的一些书籍笼统而言的"另订日期实施",似乎六省全部暂缓举办。

1928年6月,南京政府第二次北伐成功,北京政府垮台,东部中国基本实现统一。借全国强烈的反对帝国主义声势,南京政府提出废止以往的不平等条约,与各国列强在平等的条件下改订新约,而改订新约的主要问题就是中国能否关税自主。

此时,与中国订有不平等条约的国家有西班牙、葡萄牙、意大利、丹麦、比利时、日本、英国、美国、法国、荷兰、瑞典、挪威12个国家。其中,西班牙、葡萄牙、意大利、丹麦、比利时、日本与中国的条约已届期满。

7月初,外交部发表宣言,宣布废除中国前政府与各国间的一切不平等条约,声明:"(一),中华民国与各国间条约已届期满者,当然废除,另订新约。(二),其尚未期满者,国民政府应即以正当手续解除而重订之。(三),其旧约业已期满而新约尚未订定者,应由国民政府另订适当临时办法,处理一切。"③

7月11日,南京政府电令在美国的前外长伍朝枢向美国政府正式提出

---

① 《国民政府布告》,《国民政府公报》宁字第10号(1927年8月),第95页。
② 《国定进口关税暂定条例》,《国民政府公报》宁字第10号(1927年8月),第6~7页。
③ 《东方杂志》第25卷第16期。

委派全权代表就改订新约进行谈判的要求。此时，南京政府作为中国合法的、无可争议的中央政府已是大势所趋，为了取得中国人民的好感以得到更大的在华利益，美国表示同意就改订新约与中国谈判。24日，美国国务卿凯洛格(Frank B. K. Ellogg)照会南京政府外交部长王正廷，"预备以驻华公使为代表，与国民政府依法委派之代表，对于中美间条约关于关税之规定，即时商议，以期缔成新约。庶关税自主之原则，及此国之商务，彼国之口岸及领土内得享有无异于他国商务享受之待遇之原则，得相互完全表明"①。

7月25日，南京政府全权代表、财政部长宋子文与美国全权代表、驻华公使马慕瑞在北平共同签署了《中美关税条约》，《条约》共分两条，主要内容为："历来中美两国所订立有效之条约内，所载关于在中国进出口货物之税率、存票、子口税并船钞等项之各条款，应即撤销作废，而应适用国家关税完全自主之原则；唯缔约各国，对于上述及有关系之事项，在彼此领土内享受之待遇，应与其他国享受之待遇毫无区别。缔约各国不论以何借口，在本国领土内，不得向彼国人民所运输进出口之货物，勒收关税或内地税或何项捐款，超过本国人民或其他国人民所完纳者，或有所区别。"②在此条约中，双方虽然并未提及最惠国问题，但实际上中美给予对方的是关税的最惠国待遇。

美国的做法，不仅没有损害自身利益，反而在讨好南京政府、满足中国民众民族主义情感的同时得到了所需要的关税优待。随后，除日本反对签订新约外，其他与中国有条约的国家不论期满与否群起效法。

至1928年底，除日本外，所有与中国有不平等条约的国家都与南京政府签订了新约。

在改订的新约中，《中意友好通商条约》、《中葡友好通商条约》、《中丹友好通商条约》、《中西友好通商条约》都声称：彼此尊重双方的法律，双方人民在缔约国领土内受其法律的约束，放弃其在中国的领事裁判权及其他特权。这一规定，废止了上述各国在中国享有的领事裁判权，使条约具有了真正意义上的平等与公正，这是中国近代以来外交上的重大突破。此后，南京政府

---

① 《东方杂志》第25卷第16期。
② 《中美关税条约》，黄月波等编：《中外条约汇编》，商务印书馆1935年版，第14页。

不断寻求机会与其他国家交涉,在抗日战争期间终于使英、美等国放弃了其在中国的领事裁判权等特权。

日本在改订新约问题上的顽固态度与其他各国相对开明的立场,形成了鲜明的对照,也激起了中国人民的强烈不满,在大江南北、长城内外立即掀起了声势浩大的抵制日货运动。在华日商损失惨重,纷纷向其政府申告,要求政府考虑与中国签订新约。由于其他国家都与中国签订新约,使日本在此问题上变得极为孤立。

无奈之下,日本派芳泽来华交涉中日新约。直到济南事件、南京事件解决之后,孤掌难鸣的日本才正式与南京政府就改订新约一事进行交涉。1930年5月6日,南京政府外长王正廷与日本驻华公使重光葵在南京签订了《中日关税协定》。条约由正文和4个附件构成。正文规定:双方彼此同意在两国境内"关于进出口之税率、存票、通过税、船钞等一切事宜完全由中日两国彼此国内法令规定之"①。然而,在条约附件中规定:中国准许对日本有重要关系的特定物品,如棉货类、鱼介及海产品、麦粉、杂品等,于三年内仍维持最高的现行税率;在一年内不改变日本进口杂货之现行最高税率;中国货物如夏布、绸缎等,可依1929年税率减征30%。实际上,附件对日本在一些商品的关税上给予了特殊优待。②

至此,南京政府发动的关税自主和改订新约运动告一段落。

第四节 教育、科研与文化的发展

一、现代教育发展

南京国民政府建立后,制定并公布了新的教育宗旨,全方位贯彻其"党化"的教育主张,致力于教育权的收回,有力推进了全国各级教育的发展。一些自由知识分子为了实现其改造社会的理想,也纷纷以教育入手实施其方案。一些外国教会则在中国各大城市及租界内设立教会学校。这一时期

---

① 《中日关税条约》,《国闻周报》第7卷第18期。
② 《中日关税条约》附表,载:《中华民国史事纪要》编辑委员会编《中华民国史事纪要》(民国十九年一月至六月),台北:中华民国史料研究中心1987年版,第563～565页。

不同教育模式的实践,客观上打破了"党化教育"和"三民主义教育"一统天下的局面,呈现出齐头并进的多元化势头。

作为"党国"体制的直接反映,1928年5月在南京召开的全国教育会议宣言声称,中国国民党以三民主义建国,今后的教育方针,也应是"三民主义的教育"。在1929年3月召开的国民党"三大"上,戴季陶等提出的《确定教育方针及其实施原则案》获得通过,确定以三民主义为新的教育宗旨,这一教育宗旨将要贯彻在三民主义教育、普通教育、社会教育、大学及专门教育、师范教育、女子教育及农村教育等各个方面。由此,这一时期的教育进入了一个与此前完全不同的发展形态。

1. 学校教育

南京国民政府时期的教育体系,以1922年新学制为基础进行实施。小学6年,课程为党义、国语、社会、自然、算术、工作、美术、体育、音乐等。实践和高中各为3年,高中取消文理分科,实践课程为党义、国文、外国语、历史、地理、算学、自然、生理卫生、图画、体育、工艺、职业、党童军,共180学分;高中课程为党义、国文、外国语、数学、本国历史、外国历史、本国地理、外国地理、物理、化学、生物学、军事训练、体育、选修科目,共150学分。1932年,各级学校的党课取消。

1927年5月,南京国民政府决定在南京设立大学院,各省设大学区,以领导全国及各地的高等教育。1929年大学院取消,改设教育部。1930年公布《大学组织法》、《大学规程》和《专科学校组织法》,次年又颁布《专科学校规程》。规定高考分大学、独立学院、专科学校3种,大学分文、理、法、教育、农、工、商、医8个学院,具备3个学院者称为大学,不满3个学院者称为独立学院。学制除医学为5年外,余均4年。大学及独立学院可设研究院所。

南京国民政府成立后,在全国推广"党义教育"(也称"党化教育"),要求各级学校以训练国民党员的方法对学生进行思想灌输,使国民党的"党义"迅速进入学生思想意识,并提倡传统的道德伦理。各校受命开设"党义"课程并设为必修,1928年的第一次全国教育会议上,备受批评的"党化教育"被"三民主义教育"所取代。其后,以三民主义思想融合于学生课本、课外作业乃至身心锻炼,培养三民主义信徒的"三民主义教育宗旨"一直贯彻在正规教育中。

为有效地控制教育事业,所有公立学校校长都改由各地教育厅指派的国民党员担任,建立起以训育主任、生活指导员、党义教员或公民教员组成的训育制度。1929年后,教育部公布《修正高中以上学校军事教育方案》,对高中学生进行军事教育,对初中、小学实行童子军训练。从1929年起,以《教科书审查规程》(1929年)和《中学课程标准》(1932年)始,对全国中小学进行划一的课程标准并严厉审查教科书。1934年后,还在学校推行"新生活运动",注重对传统道德的培养。

为了维护教育权的独立,教育部规定,无论是公私立大学,其资格必须经教育部核准。大学课程的必修课为党义、国文、体育、军事训练及第一、二外国语,采用学分制,最低学分为132个。专科的必修科目与大学相同。教育部还规定,外国教会所经办的各级学校,必须向教育部申请立案,教育方针必须符合中华民国教育宗旨,课程、教科书、师资、经费、学校设备等,都须符合教育部法规;教会学校校董事会主席及校长,必须是中国公民,外国人在董事会成员中不能超过三分之一,不能把宗教列为必修课程,禁止强迫学生参加宗教仪式。

这一时期教育发展还是相当快的。1929年,全国有小学校212 385所,中学校2 111所,专科以上学校76所,抗战前则分别达到318 777所(1936年)、1 902所(1937年)和91所(1937年)。各级学校经费成倍增长。1936年,全国小学生达18 295 129人,1937年中学生有638 234人、大学生有31 188人。① 此外,师范教育、职业技术教育和社会教育也都有长足发展。

2. 社会教育

最早提出划区实验与发展乡村教育的,是黄炎培及其领导的中华职业教育社。

黄炎培(1878~1965),江苏川沙(今属上海市)人。字任之,别号抱一。早年就学于上海南洋公学,1912年任江苏省教育司司长,1917年在上海参加创办中华职业教育社。早在1925年8月,黄炎培在山西发表《山西划区试办乡村职业教育计划》,提出了乡村职教的意义在于"以教育之力,改进农村一般生活,成立全社会革新之基"②。1928年,中华职教社具体制订了11条划区试验农村改进事业的范围与标准。黄炎培希望在不触及当时农村经

---

① 《民国二十五年度全国初等教育概况》(1936年),《全国中等学校二十六年度概况》(1937年),《民国二十六年度全国高等教育概况统计表》(1937年),中国第二历史档案馆编:《中华民国史档案资料汇编》第5辑第1编教育(1),江苏古籍出版社1991年版,第579、526、330页。

② 中华职业教育社编:《农村教育丛辑》第1辑,1926年版,第4页。

济关系的前提下,以普及教育入手来改善农民生活,培育其他公益事业。中华职教社先后创办了一批农村改进实验区:江苏昆山徐公桥第一试办区、江苏镇江黄墟农村改进试验区、江苏吴县善人桥农村改进试验区、沪郊农村改进区等,同时创办徐公桥讲习所、上海漕河泾农村服务专修科,漕河泾农学团及浙江渚家桥农村改进试验学校等。

以教育与职业、生产密切结合,把发展农村教育与开发农村经济、解决农民生计、改变乡村风俗相联系,显然黄炎培的思想及职教社的努力是有益的,其经验及教训都是有待总结的。

此时,另一个热衷于开展乡村教育的人就是陶行知。

陶行知(1891~1946),原名文浚,后异名知行、行知,安徽歙县人,1914年金陵大学毕业,1917年起,历任南京高等师范学校、东南大学教授,并在中华职教社、中华平民教育促进会等组织中任职。1926年,陶行知提出生活教育理论,批判传统教育,倡导乡村教育运动。他认为中国教育走错了路,应面向农村实行乡村教育。乡村教育的"活路",是实行"教学做合一"的"活的教育"。唯有如此,才会产生"活的学生、活的国民"[1]。陶行知以身作则,为实践自己的理论,他离开大学,穿上布衣草鞋,于1927年2月在南京郊区农村创办晓庄中心小学,3月又开办晓庄师范,两校后合称晓庄学校。

晓庄学校实行"教学做合一","与马牛羊鸡犬豕做朋友,向稻粱菽麦黍稷下工夫"。[2] 在晓庄学校附近,陶行知还开设各种小学、幼稚园、民众夜校、晓庄医院、晓庄联村救火会、中心茶园、中心木匠店、联村武术会等,提倡修路、种树等活动。陶行知认为,乡村教育要与土豪劣绅、帝国主义和传统教育作斗争。1930年4月晓庄师范被国民政府查封,陶行知被迫流亡海外。1931年,陶行知归国。1932年12月在上海宝山间的大场筹办了山海工学团。山海工学团包括青年、儿童、妇女、棉花、养鱼、幼儿工学团及山海木工厂,开展最普通的识字和生产技术训练,此外,还举办修路、筑堤、放电影、举办信用兼营合作社与救济旱灾委员会等社会活动。山海工学团的活动由于抗日战争爆发而中断。

---

[1] 陶行知:《中国乡村教育之根本改造》,中国陶行知研究会编:《陶行知教育思想理论与实践》,安徽教育出版社1986年版,第18页。

[2] 陶行知为晓庄师范写的门联。《过去的学校》,湖南教育出版社1981年版,第427页。

二、学术研究体制建立

1. 中国科学社等社团

1914年,为了提倡科学、发展实业,中国留学生胡明复、任鸿隽、杨铨等人在美国康乃尔大学成立了中国科学社,这是中国人在美国最早成立的科学社团,他们还创办了《科学》杂志以提倡自然科学的研究。

"一战"之后,中国科学社从美国迁回国内,他们组织年会、举办讲座、传播科学知识,逐步奠定了中国科学研究的基础。经过若干年的发展,到20世纪30年代,中国科学社发展到数千人的规模,聚集了中国科学界各领域最优秀的学者,成为最有影响的科学研究团体。

这一时期,还有1923年在留日学生组织的"丙辰学社"基础上改组的中华学艺社,1932年成立的中国科学化运动协会,1922年,以农商部地质研究所和北京大学地质系为中心成立的中国地质学会等,都是比较有名的专业研究学会。至1935年1月,由政府设立、学术团体主办、大学研究院所建立的各类学术研究机构和团体达124个,属于自然科学和工科方面的有73个。[①]

由于上述众多科学研究团体卓有成效的活动,近代科学研究的规范及体制渐渐引入,不少学术研究课题也开始与世界前沿研究同步发展,为此后由国民政府主导的国家科学研究机构中央研究院和北平研究院的建立奠定了良好的基础。

2. 中央研究院及北平研究院

在中国知识分子中享有崇高威望的蔡元培,曾公开倡言:"教育文化为一国立国之根本,而科学研究尤为一切事业之基础。"在他组建大学院的同时,也积极筹办全国最高的科研机关中央研究院,以将中国科技事业推向前进。

经蔡元培的多方努力,1928年4月10日,颁布《修正国立中央研究院组织条例》。23日,蔡元培被任命为中央研究院院长。6月9日,中央研究院召开第一次院务会议,宣告中研院正式成立。

中研院直属于国民政府,其任务是实行科学研究和指导、联络、奖励学术研究。中研院下设物理、化学、工程、地质、天文、气象、历史语言、教育、心

---

① 张宪文等:《中华民国史》第2卷,南京大学出版社2006年版,第470页。

理、社会科学、动物及植物共 12 个研究所和一个博物馆。到 1931 年 3 月止，中研院各类人员合计 270 人，已初具规模。它对于民国时代的科技发展，起到了开拓性和组织性的重要作用。

与此同时，以李煜瀛为院长的北平研究院也于 1929 年宣告成立。北平研究院下设物理、化学、生理、动物、植物、地质 6 个研究所，聚集了熊庆来、江泽涵、童第周、朱洗、翁文灏、李四光、竺可桢、杨钟健、刘仙洲、侯德榜、赵承嘏等一批蜚声海内外的科学家，使其成为与中央研究院遥相呼应的又一学术重镇。

到 1935 年 1 月，全国已有各类学术研究机构 124 个，其中属于自然科学的 34 个。除政府主办和省立科研机构外，国内知名大学如北京大学、中央大学、南开大学、武汉大学、中山大学、北洋大学等 10 所高校也开设了研究院。至 1937 年，中国已有科技人才 3 万人。1934 年至 1936 年间，每年科研经费约 300 万元，1937 年增至 400 万元。

三、社会科学与自然科学的成就

20 年代初期，大量西文哲学思想输入，为中国哲学的发展带来生机，至 30 年代，各种不同的哲学流派已渐形成。

信奉新康德主义的张东荪(1886～1973)，浙江杭县(今余杭)人，早年留学日本东京帝国大学。1927 年参与创办《哲学评论》杂志。从 20 年代末，他在译介西方哲学的同时开始自创学说，其演说主承康德，兼收柏格森、詹姆斯等，提出"认识论"和"架构论"，反对辩证唯物主义和叶青的哲学论点。

叶青(1896～1990)，原名任卓宣，四川南充人，早年入莫斯科中山大学并加入中共，1928 年脱党。1930 年到上海，编辑《二十世纪》、《研究与批判》月刊。20 年代末至 30 年代，他发表大量文章阐释其哲学消灭论、科学与哲学的关系统一论、物质论与观念论的统一论、思维科学创立论。叶青对马克思主义加以扭曲利用，反对张东荪的哲学观点。

艾思奇(1910～1966)，云南腾冲人，早年留学日本。30 年代初回国后，即加入对马克思主义哲学的研究与宣传行列中。他连载于《读书生活》杂志的《哲学讲话》，在 1936 年商务印书馆出第 4 版时更名为《大众哲学》。书中以通信形式、浅显的语言对马克思主义哲学加以讲解，很受欢迎。此书到 1948 年 12 月共印行 32 版、数万册，对马克思主义哲学宣传与普及做出重要贡献。

李达(1890～1966),湖南零陵人,早年留学日本,曾是中共早期的发起者之一。1936年,他以《社会学大纲》一书,对马克思主义哲学进行了深入系统的阐发,构筑了马克思主义哲学、政治经济学和科学社会主义较为完备的思想体系。

现代哲学的张扬使传统中国哲学陷入窘境。为了光大传统文化,以中西文化结合创造新的中国哲学,20年代,梁漱溟、梁启超对传统哲学重新解释,开启了改造传统中国文化的思路,梁漱溟因而被称为"新儒家的开山鼻祖"。30年代初,熊十力承继了新儒家的大旗。

熊十力(1885～1968),字子真,湖北黄冈人。自幼遍涉经史子集。1916年后弃官而步入学术道路。1922年应聘至北京大学讲授其"唯识论"。1932年,他以文言文写成的《新唯识论》出版。他提出"体用不二"说、"翕辟成变"说、心性本体合一说等主要观点,他由"吸收佛学思想改造儒学"到"吸收佛学思想来阐释儒学",体现了一种站立在传统根基上创立新的儒学体系,以适应时代变革的尝试。熊十力因之被称作当代的"新儒家哲学形而上学的奠基者"。

作为传统学术重镇的历史学,这一时期也取得了不少成就。

王国维(1877～1927),字伯隅,自号静安,又号观堂。浙江海宁人。王国维师从罗振玉学习经史、金石学,对甲骨、金文、简牍、度量衡等方面都有精深的研究。1915年至1927年,王国维利用甲骨文资料写成了《殷墟卜辞中所见地名考》、《殷周制度考》等重要论文,奠定了他在史学界的大师地位。

郭沫若(1892～1978),四川乐山人,1914年赴日本留学。1921年,出版中国第一部新诗集《女神》,从1920年起开始致力于中国古代史、甲骨文、金文的研究,先后出版《中国古代之历史的发展阶段》、《卜辞中之古代社会》、《周金中的社会史观》等论文,1930年结集出版《中国古代社会研究》一书。

陈垣(1880～1971),字援庵,广东新会人。1922年任北京大学研究所国学门导师,1925年任辅仁大学校长。陈垣对元史、中西交通史、中国宗教史、历史文献学均有精深造诣。1926年,他出版《中西回史日历》和该书简本《二十史朔闰表》,解决了没有古今通历的问题,为中、西、回历三种历法的纪年提供了可靠的换算方法,被称作是"一部最重要的工具书,也是中西交通史的开山作"①。

向达(1900～1966),字觉明,湖南溆浦县人。1919年入南京高等师范学校。毕业后入商务印书馆为编译员。30年代初,他相继出版《中外交通小史》、《中西交通史》和《西学东渐史》等书,对中外交通史研究卓有贡献。

金毓黻(1887～1962),辽宁辽阳人。曾入北京大学国文系学习。九一八事变后,金氏任伪满奉天图书馆副馆长、奉天通志馆总纂等职。先后编辑出版《渤海国志长编》、《辽海丛书》、《文渊阁四库全书原本提要》、《奉天通志》及《宣统政纪》等书。1935年7月,始任中央大学历史系教授。

孟森、谢国桢、吴晗等人致力于明清史的研究。孟森是中国最早从事明清史研究的学者之一。1931年出版有《明清史讲义》,其自选集《心史丛刊》三册也先后出版。谢国桢在1930年左右先后出版《晚明史籍考》、《晚明流寇史籍考》、《清初三藩史籍考》、《清开国史料考》等著作。吴晗1931年入清华大学,毕业后留校任教。他从《朝鲜李朝实录》影印本中抄录出有关明史史料300余万字。

在历史地理学方面,有刘钧仁的《中国地名大辞典》、臧励和等的《中国古今地名大辞典》、吴承堤的《近六十年全国郡县增建志要》、王念伦的《中华民国疆域沿革录》。方志学方面的佳作有朱士嘉的《中国地方志综录》等。

马克思主义对史学界最直接的影响,反映在对中国社会史问题的争鸣上。郭沫若、王亚南、吕振羽、翦伯赞、王宜昌、陶希圣、梅思平、李季、陈邦国、杜畏之等人就亚细亚生产方式、中国有无奴隶社会阶级、中国有无封建社会的问题展开学术论争,影响较大。

这一时期在史学界颇有影响的还有顾颉刚及其疑古派。顾颉刚(1893～1980),江苏苏州人,1915年入北京大学哲学门。从1923年起,他提出"层累地造成的中国古史"的观点。1930年,顾氏写成《五德终始说下的政治与历史》,对古史体系作了剖析。他的观点引起史学界热烈的争鸣。胡适、钱玄同、柳诒征、钱穆、冯友兰、梁启超、吕思勉先后加入讨论。这些争论的文章后由顾氏主持编成《古史辨》7册。

训诂学是汉语言学的重要学科。刘师培著有《中国文字教科书》、《小学发微》等;黄侃因有《训诂述论》、《尔雅略说》、《说文略说》等著作而名震一

---

① 顾颉刚:《五十年来的中国史学》,《五十年来的中国》,胜利出版社1945年版,第202页。

时;吴承仁的《三礼名物》《淮南旧注校理》等也是训诂学的力作。

在中央研究院历史语言所考古组的主持下,这一时期中国考古学取得了突出成就。

1926年,中外科学家在位于北京西南50公里处的周口店,发现了古人类的两颗牙齿。1927年,美国洛克菲勒基金会捐资支持周口店的发掘工作。同年又发现了一颗保存良好的牙齿。据此,这一个中国猿人北京种被简称为"北京人"(Peking)。1929年12月2日,古生物学家裴文中主持对北平周口店进行发掘,出土了第一个北京人头盖骨。这是世界人类化石研究史上划时代的发现,举世震动。1936年11月,贾兰坡在主持发掘中,又发现了3个较完整的北京人头盖骨。徐炳昶和瑞典探险家斯文赫带领中瑞西北科学考察团,从1928年至1933年对蒙古、新疆地区进行考察,调查发掘了吐鲁番盆地周围的高昌古城、光河古城遗址等;考察团还在烽燧遗址发现了居正汉简1万余枚,马衡、向达、贺昌群、余逊和劳干等人对之进行了初步的整理与考释。

1928年10月,甲骨文字家董作宾主持对殷墟的首次试掘。1929年3月和12月,李济先后主持了第二、三次发掘。至1937年春,史语所先后15次对殷墟进行发掘,出土了大量的有字甲骨、青铜器、玉器、陶器等文物,发现了殷代宫殿遗址、10座商代王陵及上千座"人牲"祭祀坑。

1930年11月和1931年10月,由李济、梁思永主持对山东历城县龙山镇城子崖遗址的发掘,发掘出了一种以唐光黑陶为牲的新石器时代遗存,被称作黑陶文化(后称龙山文化)。这是中国考古学者发掘的第一处新石器时代遗址,在中国考古学史上具有开创性意义。

1930年5月后,北平的古物保管委员会向南京国民政府提出呈文,要求阻止试图第四次赴新疆、敦煌考察的英国人斯坦因。5月24日,在强大压力下的国民政府立法院通过了《古物保护法》,这是中国第一次关于文物保护的正式法规。1931年5月,在半年考察中受到中国新疆地方政府限制的斯坦因,失望地离开了新疆。

经济学的理论研究在这一时期有了新发展。据统计,30年代末国内有专门性经济杂志50种左右,如《经济学季刊》、《中央分行月报》、《金融周刊》、《食货》、《中国近代经济史集刊》等。西文的经济学著作被大量译介。国内经济学家如刘秉麟的《经济学》发行10余版,赵兰坪的《经济学》多次再版;马寅初的《中国之经济改造》也极有影响。在1921年至1925年的调查基础上,金陵大学农业经济系在1928至1931年间,对22个省168个地区的土地、佃农、劳力、人口、物价、运销、生活水平作了大规模的调查。

以《新思潮》杂志为阵地,王学文、潘东周、吴黎平等人组成的"新思潮派"主张中国是半殖民地半封建社会,土地革命是社会变革的中心环节;而以《动力》杂志为阵地,被称为"动力派"的严灵峰、任曙等人,则认为资本主义已在中国占有优势。双方的争论构成颇具影响的"中国社会性质问题"论争。而以薛暮桥、钱俊瑞、孙冶方、余霖、陶直夫等为代表的"中国农村派"和以邓飞黄、王宜昌、王景波等为代表的"中国经济派"间,进行了关于中国农村经济社会性质问题的学术争鸣。持续一年多时间的争论,其焦点是农村改造要不要以进行土地改革为起始。

刚刚起步的中国科技事业,在艰苦的条件下,取得了不少的成就。

在李四光率领下,中研院地质研究所对浙江、广西、湖北、陕西进行大规模考察。其对宁镇山脉、江西庐山及南岭西段的研究蔚为卓著,撰写出一系列有关中国生物地层学的佳作。北平地质调查所也贡献颇多,该所新生代研究室因发现北京猿人第一个完整头盖骨而轰动世界,其对周口店的发掘和研究演变成"周口店学"。在对地层学及大地构造的理论研究上,对我国矿藏规律及矿产资源的发现上,对地震地质的研究和石油地质的分析,都提出了独特的理论,并在实践上获得支持。这一时期的地质学研究,被公认为已超过日本,甚至达到了世界先进水平。

在生物学方面,秦仁昌对蕨类植物的研究、胡先骕对高等植物分类学的深入探讨、冯言安对植物细胞学的贡献都令人注目。这一时期相继建起了北平天然博物院、中山陵园、中山大学、庐山森林四个植物园。此外,王家楫、倪达书、戴立生等人对单细胞厚生动物的研究,胡经甫、刘淦艺、陈世襄、吴福桢等人对昆虫的分析,伍献文、陈兼善、朱元鼎等人对鱼类的探索,方炳文、张孟闻、刘承钊对双栖类动物的研究,陈纳逊、陈伯康等人对动物形态学的研究,都在国内外享有盛誉。

20年代后期,李书华、时企孙、吴有训、饶毓春、严济慈、周培源、赵忠尧等人学成后陆续回国,奠定了物理学的发展基础,30年代"成为旧中国物理学最活跃的年代"[①]。吴有训在X射线对单原及原子气体的散射研究上卓有成绩。赵忠尧在原子核研究中备受国内外注目。1931年至1937年间,

---

① 吴大猷:《回忆》,中国友谊出版公司1984年版。

中国学者在国外杂志上发表物理学论文53篇,标志着物理学研究在中国的方兴未艾。

30年代初期,化学研究在中国有所进展,主要是在清华、南开、北大、中央、燕京、山东等高等院校中取得的。陈克恢、吴宪、高宗熙、曾昭抡、萨本铁、庄长教、汤元吉、纪育沣等人在各自领域中取得了一批有价值的成果。侯德榜的英文专著《纯碱之制造》,被称作是"中国化学家对世界文明所做的重大贡献"。1935年7月,中国化学会有成员737人。

天文研究因1934年底南京紫金山天文台的落成而令人侧目。陈遵妫在30年代后出版七部专著。张钰哲于1928年发现了被命名为"中华"号的小行星,1933年出版《天文学论丛》一书。

1929年1月初,中研院气象所设在南京钦天山北报阁的气象台落成。竺可桢的《中国气候区域》、吕炯的《极面学说与中国长江下游之风暴》、胡焕庸的《气象变更说述要》等10余种专著也相继出版。中研院气象所主要在雨量与水旱灾、高空探测、太阳热力与微尘量、古代气候研究与中国目前气候调查等几个方面进行研究工作。1933年,全国已有大气象台七个,气象学会会员约百人。

30年代后,数学研究极有进步。陈建功在日本出版了《三角级数论》。苏步青开创国内微分几何研究的先河。浙江大学因之成为数学研究中心之一,号称"国内第一"。清华大学的华罗庚在数论、代数、多元复变函数论等方面都有重要贡献。熊庆来1930年创办了清华算学系研究部,是中国第一个正式的数学研究机构。1933年,熊庆来创造了"熊氏无穷级"而享誉世界。

在水利工程的教育和研究中,李仪祉当推第一人。1932年夏,李氏领导完成引泾第一期工程,灌溉20余万亩土地,加工扩大后可浇地70余万亩,这是民国时期灌溉工程的处女作。1933年黄河决堤后,李氏被任命为黄河水利委员会委员长兼总工程师,他对黄河的治理与利用作出了许多极有价值的研究。

四、近代文化的多元方向

1927～1937年间的文化事业,在与国民党"文化统制"政策的斗争中不断开拓,呈现出空前的繁荣景象。

国民党在推行"以党治国"的政治体制时,把对文化的统制看得十分重要。1928年4月19日,南京国民政府颁布法令,明令弘扬中国传统道德,谴责当时的文化教育是"拾人皮毛,反视吾国固有文化若敝屣。邪说横行,世风日下"①,极力主张以中国传统的忠孝、仁爱、信义、和平的价值观念,作为文化事业发展的指针。1934年3月25日,国民党中常会确定以8月27日为孔子诞辰纪念日,通令各界届时举办纪念活动,并在曲阜举行了隆重的祭孔大典。1935年4月7日,国民政府派张继等人赴陕西黄帝陵主持民族扫墓典礼。

1934年2月,蒋介石在南昌率先发起了"新生活运动";随即国民政府将之推向全国各地。"新生活运动"强调通过对民众在衣食住行的基本生活技能方面的改进,进一步铸造新的民众精神面貌,进而达到社会变革的目的。它以礼、义、廉、耻的教育为基本原则,以军事化、生产化、艺术化为中心目标,要求民众放弃一些旧的生活恶俗,养成整齐、清洁、简单、朴素、迅速、确定的习惯与风尚,实际上也是国民党一直从事的国民国家建设的措施之一。至1936年,全国共有20个省、4个直辖市成立了新生活运动促进会,各机关成立新生活运动促进会109个。② 这一运动时断时续,直到抗战结束方才停止。

与此同时,国民党对于同情、支持中共的文化活动予以查禁或取缔。20世纪30年代,国民党对于文化教育的统制政策稍有松弛。1932年8月25日,国民党四届中执会通过《通俗文艺运动计划》,1933年4月13日,又通过《文艺创作奖励条例》,这些条例,旨在强调宣传国民党的政纲,表现中华民族的精神,宣传反帝思想,"揭发赤匪"之罪恶的同时,也鼓励文艺创作的繁荣。

对于新闻出版业,国民党的控制极为严厉。1928年8月25日,国民政府公布《出版条例原则》,1930年12月25日,公布《出版法》。1934年,国民政府设立了图书杂志审查委员会,对出版物实施全面统制。但国民党及其政权对于新闻、出版业的控制,是采取的审查与惩治并重的办法,这就使我们可以看到一种极为矛盾的现象出现:一方面是文艺创作的极度繁荣,一方面却是对报刊书籍的查禁,对作家的监禁甚至杀戮。

---

① 《宁会提倡道德》,《大公报》1928年4月20日。
② 谢早金:《新生活运动的推行》,张玉法主编:《中国现代史论集》第8辑,台北:联经出版事业公司1982年版,第247~289页。

1927～1937年的十年间，既是南京国民政府的统治渐上正轨，社会经济持续发展的时期，也是国共两党血斗、日本鲸吞东北三省的岁月，更是自新文化运动以来新文学、新文艺创作历经磨难后走向成熟的时期。这一时期的文艺创作，产生了民国历史上绝大多数的传世之作。

1936年9月至1937年夏，为反对国民党倡导的"民族复兴运动"，陈伯达、艾思奇、周扬、何干之、胡乔木等人在北平、上海等地发起了"新启蒙运动"。陈伯达以《哲学的国防动员——新哲学者的自己批判和关于新启蒙运动的建议》与《论新启蒙运动》两篇论文①，正式拉开了"新启蒙运动"的序幕。陈伯达等人高度评价了"新哲学"（即马克思主义哲学）对中国历史与文化发展的重大意义，批评了中国左翼文化运动发展的不足。

中国现代文学肇始于"五四"运动时期的新文化运动，崛起在20年代后的十几年间。这一时期的文学作品在语言表达、文学形式等方面都超越了传统的中国文学，在描写内容上则努力关注民族命运，和广大民众息息相通。这一时期内，文学社团如雨后春笋，文艺刊物也纷纷出现，不同的流派孕育而出，创作数量增多，质量也有较大的提高。

1927年以后，中国文坛最引人注目的现象是无产阶级革命文学运动的蓬勃兴起。创造社和太阳社是最早倡导无产阶级革命文学的社团。1930年3月，中国左翼作家联盟成立，左翼文学形成声势，在中国文坛已构成独特流派，产生了巨大影响。

到抗战之前，中国现代文学在上述诸种因素的推动下，取得了卓越的成就。1927年至1937年间，出版的各类文艺书籍达2580余种，中文文学期刊达1138种。与此同时，中国文坛涌现出鲁迅、茅盾、巴金、郭沫若等文学巨匠和一批优秀的作家、诗人和文学理论家。鲁迅的《呐喊》、茅盾的《子夜》、郭沫若的《女神》、瞿秋白的《饿乡纪程》、朱自清的《背影》都是名满文坛的杰作。在这一时期内，鲁迅以其深沉、辛辣的笔调，抨击了传统的负面和中国国民性的弱点，反映了深刻巨变中的中国社会，具有强烈的时代性和社会性。他已能从广阔的历史、社会生活中，去开拓民族灵魂的深度，从沸腾的历史潮流中吸取战斗的激情与壮阔、厚实的力与美，应该说，鲁迅是这一时期中国文坛上最具影响的作家之一。

---

① 分载上海《读书生活》第4卷第9期(1936年9月10日)和《新世纪》第1卷第2期(1936年10月1日)。

1936年10月,鲁迅逝世,图为上海各界民众自发为鲁迅送行的场景

中国艺术具有悠久的历史和独树一帜的风格,但包括音乐、舞蹈、电影、戏剧、美术等的中国现代艺术,却是从20世纪初期才开始发展起来的。

音乐 1922年,"音乐"才在中国被正式定名。中国音乐家在传统的基础上将西洋音乐的各种体裁相继引入中国。五线谱和简谱为现代中国音乐创作奠定了基础。随着20年代工农运动的兴起和北伐战争的胜利,工农革命歌曲广泛流传。肖友梅、赵元任、刘天华和丰子恺等人对此时中国音乐的发展做出了巨大贡献。"九·一八"以后,聂耳创作的《义勇军进行曲》、《毕业歌》等35首救亡歌曲风靡一时。这些歌曲以浓重的民族风格、雄浑的气势和不屈的抗争精神,开创一代乐风。

舞蹈 现代舞蹈艺术几乎和音乐同时兴起。先是中小学校兴起了"优秀舞"和"形意舞",1922年至1935年间,意、苏、美等国舞蹈团曾在上海等地演出,增加了中外舞蹈艺术的交流。20年代以来十几年间,著名音乐舞蹈家黎锦晖,舞蹈家戴爱莲、吴晓邦等人,都对学校的舞蹈教育作出了辛勤的努力。

电影 电影虽然在上个世纪末传入中国,但初步奠定中国电影艺术地位的是1923年拍摄的故事片《孤儿救祖记》。1925年前后,全国有电影公司175家。到20家代末,中国故事片出品平均每年100部以上,达到旧中国制片生产的最高水平;但影片多是水平不高、格调较低,在艺术上少有突破。进入30年代后,反映抗日爱国内容的影片大量出现,先后出现了《歌女红牡丹》、《渔光曲》和《马路天使》等优秀影片。

戏剧 20年代初,田汉、郭沫若为代表的优秀剧作家以《获虎之夜》、

《卓文君》等剧震撼戏剧界。1930年,中国左翼戏剧家联盟成立,中国戏剧进入了左翼戏剧时期。夏衍的《赛金花》,曹禺的《雷雨》《日出》,于伶的《夜光杯》等作品,标志着话剧创作的新水平。

美术　20年代至30年代初,中国现代美术有两大特征:一是西洋画在中国的广泛传播;二是传统水墨画的变革。这一时期,中国画坛闻名于世的徐悲鸿、刘海粟、林风眠三位大师,吸收西洋技法,革新传统中国画,成为民国美术发展史上承前启后的一代宗师。其他如黄宾虹、齐白石、张大千等人的国画,也因创出新意而独步画坛。漫画成就最大的要推丰子恺。

五、三大宗教的发展

20世纪20年代后期至30年代中期,三大宗教在中国得到了不小的发展。各宗教在自身发展的同时,也致力于各种公益及慈善事业。

1. 基督教会的扩展

由于20年代初的非基督教运动、国民革命军北伐等事件的打击,外国基督教传教士曾大量回国。1925年至1927年间,美国教会在中国的教士由2548人减至2024人,不少教堂及医院关闭。自1925年起,美国教会汇往中国的款项平均每年减少50万美元。① 1928年下半年后,传教士又开始回流中国。中华全国基督教协进会会长诚静怡提出了基督教在中国的"五年奋进运动",力争使基督徒的数目增加一倍。

1926年,全国基督徒约为40万余人。1930年10月23日,蒋介石在上海爱伦教堂受洗入教,大大刺激了基督教在中国的发展。1933年基督徒达到65万人。1935年,基督教青年会在全国有市会40个、校会122个,会员总数为46 072人。② 1936年,全国基督徒达到280万人。这一时期,美国的教会势力增长最快。1937年7月,美国有76个教派来华发展。此时,美国教会在华有2 318个教会,2 634个教士,244 111名信徒,全年经费637.3106万美元。美国在华天主教会有159个神父、69个修女,信徒73 534名。③

---

① 魏子初:《美帝在中国的宗教文化侵略》,《光明日报》1950年12月25日。
② 杨森富:《民国成立以后的基督教》,邵玉铭编:《二十世纪中国基督教问题》,台北:正中书局1987年版,61页。
③ 魏子初:《美帝在中国的宗教文化侵略》,《光明日报》1950年12月25日。

1930年始,中华全国基督教协进会开展"本色教会运动",在江浙、两湖、山东、山西、河北等地进行农村实验。他们在农村进行改良农作物、乡村服务、办理合作社信贷等活动,对于救助破产的农村经济起到了一定的作用,也发展了不少农民教徒。1933年,中华全国基督教协进会帮助晏阳初在河北省定县进行平民教育试验,在国外反映不错,美国巨富洛克菲勒曾表示愿赞助100万美元予以支持。

基督教会十分重视在中国的教育界的发展。1927年,中国的教会学校中,基督教会所办各类学校约有6 000余所,学生约20万人;天主教会所办各类学校有9 000余所,学生达到50万人。到1937年,各类教会学校的在校人数达到100万,其中大学生约8 000人。

慈善事业一直是基督教会最重要的活动之一。1927年后,教会医院不断增加。1930年,天主教会开设的医院、疗养院约为200所,诊所近800个。法国天主教会开设了70余所医院。规模最大的广济医院,有病床900多张。基督教差会所办医院在1937年曾达到300多所,诊所约600多个。基督教会还在兴办育婴堂、孤儿院、盲童学校、聋哑学校上做出成绩,这方面,法国的天主教会势力最大。法国天主教会开设的这些机构,分布在上海、天津、南昌、青岛、武汉、广州等地。1930年,全国设有教会孤儿院360个,收容孤儿两万多名;育婴堂收容婴儿5万多名。

1921年,以外国传教士为主在上海成立了中国华洋义赈救灾总会,下设水利、农业、合作信贷等委员会。华洋义赈会在华北、华中设有13个分会,开展对黄河、淮河、长江流域的灾民救济工作。1929年河南、陕西、甘肃三省旱灾,1931年长江特大水灾中,华洋义赈会用国内外募集的款项救济灾民,一时声誉鹊起。

2. 佛教的活动

佛教在中国的传播已有非常久远的历史。进入20世纪20年代后期,佛教界也有不少值得记载的事迹。

1928年,在蔡元培、戴季陶等人支持下,中国佛教会在南京组建,负责人由太虚、李子宽、黄忏华等。1929年,圆瑛法师任中国佛教会会长。1932年,应蒋介石邀请,太虚担任雪窦寺住持。这一时期,蒋介石、戴季陶、何应钦等人先后出资修复了洛阳白马寺、香山寺,开封铁塔寺,大同云冈石窟等地著名寺院。1936年2月,蒋介石通令各军,不许进驻庙宇。由于政府扶持,佛教发展较快。1929年,仅四川省就有寺庙19 758个。全国出家僧侣约为20万人,居家信徒的数目更加可观。

佛经和佛教研究著作,在这一时期出版颇多。1930年,在西安卧龙寺和开元寺发现了宋碛砂版藏经。1931年,商务印书馆开始影印出版这套藏经,至1935年全部出齐,共计500卷。这套藏经的出版,成为当时文化界、佛教界的一大盛事。较有名的佛教研究著作,计有胡适的《中国禅学之变迁》、熊十力的《新唯识论》、黄忏华的《佛学概论》等。佛教刊物在1936年约有30余种。

1928年,浙江大学的教授倡导以"庙产兴学",由此引发了一场事关佛教生存的风波。圆瑛法师组织浙江佛教会进京请愿。1929年1月25日,南京政府颁布《寺庙管理条例》规定:"寺庙僧道有破坏清规、违反党治、及妨害善良风俗者","以命令废止,或解散之";寺庙必须办理学校、图书馆、医院等公益事业;庙产保管委员会中,僧侣人数不得过半;"凡僧道有愿退教还俗者,教会不得加以抑制"①。《条例》遭到全国各地佛教团体的反对,根本无法实行下去。"庙产兴学"的活动,也一直时断时续。

佛教界对于慈善事业极为热心。他们在各地兴办学校、医院。上海世界佛教居士林林长王一亭,曾参与兴办华洋义赈会。1928年的豫陕甘三省大旱灾时,华北慈善团体联合会会长朱庆澜发出"三元钱救一命"的号召,在华北、华中地区募集了近百万元,用于灾民救济,开设粥厂,发放药品、衣服,掩埋尸体等。1931年的长江大水灾时,佛教界人士也积极投入救灾。王一亭、朱庆澜等著名佛教界人士担任全国性的救灾组织领导,并亲自到各地募捐。

3. 伊斯兰教状况

1929年10月,伊斯兰教的全国性组织中国回教公会在南京成立。随后,各省陆续设立分会。这一时期,伊斯兰教的发展主要表现在团体的增加及对《古兰经》的出版与研究上。

20世纪20年代末,北平、上海、天津等30余所大学里,陆续成立起伊斯兰学友会,1931年,该组织更名为回族青年会。1936年,何玉芬、陈云彩发起组织了伊斯兰教妇女协会,她们举办回教妇女补习班,出版《妇女杂志》。

1927~1936年间,伊斯兰教徒出版的刊物大约有50余种,如《月光》、

---

① 《寺庙管理条例》(1929年1月25日),朱汇森主编:《中华民国史事纪要(初稿)》1929年1月至4月分册,台北:"国史馆"1985年版,第215~216页。

《伊光》等,影响波及长江、黄河流域。伊斯兰教的经籍《古兰经》这一时期出版了李铁铮译《古兰经》、李虞宸等人译《汉译古兰经》和王文清阿訇译的《古兰经译解》三种译本。杨仲明的《四教要括》、马邻翼的《伊斯兰教概论》、金吉堂的《中国回教史研究》等书,可以看做是这一时期研究伊斯兰教的代表作。

20世纪20年代后,中国伊斯兰教徒赴麦加朝圣的人数逐年增加。一些人还到埃及、土耳其等国的大学深造,研究伊斯兰教。

本 章 小 结

本章主要讲述的内容是南京国民政府建立初期的内政外交。

内政方面首先是介绍了政治变革,其具体内容有国民党内部以蒋介石为首的南京势力与以汪精卫为首的武汉势力,在经过一番短暂的争斗之后,不久即达成妥协实现了"宁汉合流",结束了政治分离局面。二期北伐战争结束后,国民党初步实现了全国军政统一的目标。军政阶段结束,全国进入国民党"训政"时期。国民党颁行了训政纲领,建立了"党国体制"与五院制政府,大力实施政治控制,但内部纷争并未因此而完全结束。

其次,本章还介绍了南京国民政府初期的经济改革与社会发展。国民政府建立之后,出于主客观等各方面原因,开始整顿财政与经济,致力于经济发展及社会稳定。其具体措施主要是采取了以税制及币制改革为中心的财政整顿,发展国营企业,构建近代化工业体系,推动农村土地制度改革等。这些举措大多在当时均发挥了积极作用,使中国的工业化进程大大加快,农业也有所恢复,中国经济由此出现了较好的发展趋向。

再次,这一时期中国的教育、文化与科学研究也取得了新发展。不同教育模式的出现,打破了"党化教育"和"三民主义教育"的一统天下,呈现出多种现代教育齐头并进的多元发展局面。文化事业多元趋向的发展,也出现了过去所没有的某种繁荣景象。此外,中央研究院和北平研究院等新的学术研究机构的建立,对于推动中国社会科学与自然科学的发展产生了重要的积极作用。

在外交方面,南京国民政府在初期基于三民主义原则,力图重建中外关系,尽力摆脱外国势力干预,争取民族及主权独立,确立民族一国家形态。国民政府还具体开展了收回租界、收回和废除领事裁判权运动,改订新约运动。这一时期国民政府亲英美、联苏制日的外交政策取向较为明显。以"九·一八"为分界线,此前的中国外交主要是寻求主权独立,以取消不平等条约为中心展开,此后的外交政策及活动,则以反对日本侵略为中心。

学 术 综 述

一、法币改革

1935的法币改革是国民政府经济建设的一个重要组成部分,也是中国近现代史上的一个重大事件,无论是在经济、金融、货币史还是在政治、外交史上都占有举足轻重的地位,自然成为历史学乃至经济学领域的研究热点之一。据不完全统计,到目前为止,有关这方面的论文不下上百篇,研究综述(包括与之相关的)也有四五篇之多①。

学术界在分析币改的性质以及与之相连问题时存有较大分歧。在探讨币改性质时,出现截然对立的论断,持否定观点的学者认为它是一种反动的货币制度,具有掠夺性和买办性②;与之相对的观点则认为法币并非纯粹的纸币,是一种银行兑换券,也是一种汇兑本位制的、具有一定对立性和信用性的货币,它的发行避免了一场即将爆发的金融危机。③ 尽管分歧依然存在,但是,近年来对于币改性质的探讨呈淡化趋势,而与之相勾连问题的研究却日益凸现,受到学者的热捧,如:币改与通货膨胀的关系、币改与中国外交的关系等。学界历来都肯定法币是通货膨胀的直接诱因,政府垄断纸币

---

① 郑会欣:《近年来国内有关币制改革问题的研究综述》,《中国经济史研究》1989年第3期。徐锋华:《近二十年来法币改革研究综述》,《民国档案》2007年第3期。吴玉文:《1927~1937年南京国民政府经济政策述评》,《河南大学学报》(社会科学版)1998年第5期。易棉阳、姚会元:《1980年以来的中国近代银行史研究综述》,《近代史研究》2005年第3期。潘晓霞:《近十年中国近代金融史研究综述》,《江海学刊》2005年第6期。郑起东:《20世纪90年代以来中国近代经济史研究述评》,《教学与研究》2006年第2期。

② 许涤新:《关于旧中国的国家垄断资本主义》,《红旗》1961年第3、4期。董长芝:《试论国民政府的法币政策》,《历史档案》1985年第1期。

③ 慈鸿飞:《初期法币性质辨析》,《中国近代经济史研究资料》第5辑,1986年版。郑会欣:《中美白银协定述评》,《民国档案》1986年第2期。

发行,从而为通货膨胀开了方便之门。① 但贺水金在回顾和分析法币政策制定与实施后,得出与传统看法相左的论断:国民政府实施法币政策的目的是为了化解金融危机,稳定国内市场,而非出于赤字经济政策的考虑,这一时期物价上涨有其合理的因素,并非源于法币政策的实施。②

国民政府的币制改革牵涉美、英、日等国的各自利益,因此币改时的外交就是在它们之间折冲。吴玉文、柳蕴琪认为法币政策把中国货币值通过与英镑、美元的汇率固定在英美的货币上,从此,英美控制了中国的货币,为它们进一步控制中国金融埋下了祸根,是外交上的失败。③ 而另一些学者则从中日矛盾入手,认为日本为了便于侵略,妄图使中国处于永远落后的境地,坚决反对中国的任何新举措,而国民政府顶住压力,通过依附英美而得以使法币顺利发行,同时币制改革也改变了国民党内部亲英美派和亲日派的力量对比,亲英美派力量大增,中美关系升温,为以后中美全面合作打下了根基。④ 这种观点虽然没有摆脱传统的以夷治夷外交观念的束缚,但这却是南京政府的外交策略。

二、农村经济

中国近代农村经济是一个颇具争议的论题,不同学者从不同角度出发得出了相异的结论,归纳起来有以下几种观点:近代农村经济衰退论、近代农村经济增长论、过密型增长(involutionary growth)论,农业生产技术停滞论和"非平衡化"与"不平衡"⑤。

持近代农村经济衰退论的学者们认为中国近代农村经济呈衰落趋势。其主要表现是:地权日益向少数人手中集中;传统家庭副业生产崩溃瓦解;

---

① 李育安:《国民党政府时期的币制改革与通货恶性膨胀》,《郑州大学学报》(哲社版)1996年第2期。张从恒:《论国民党政府1935年的币制改革》,《江西大学学报》(社科版)1990年第1期。

② 贺水金:《论国民政府的法币政策》,《档案与史学》1999年第6期。

③ 吴玉文:《1927～1937年南京国民政府经济政策述评》,《河南大学学报》(社会科学版)1998年第5期。柳蕴琪:《略论1935年前后帝国主义争夺中国货币权的斗争》,《贵州社会科学》1999年第5期。

④ 史全生:《南京国民政府的法币改革》,《民国春秋》1999年第3期。钟小敏:《1935年中国币制改革与英美日关系探析》,《四川大学学报》(社科版)1998年第7期。

⑤ 张丽:《关于中国近代农村经济的探讨》,《中国农史》1999年第2期。

农村金融匮乏;农民生活水平下降①。这种看法在很长时间内主导着大陆的中国近代农村经济史研究,但过于悲观。

与之相反,持增长论的学者认为中国农村经济到抗战前一直呈稳定增长趋势:农业工人工资稳步增加;农村非农业人口增加迅速;农业产量的增速高于农业人口的增速。② 这类学者强调市场对农村经济的推动作用,即农业经济的商品化和专业化就标志着其进步和发展,很显然,这种观点过于乐观,也难以让人信服。

介于以上二者之间的是"过密型增长"和停滞论。这类学者并不刻意对近代中国农村经济进行单独的研究,而是将其融入明清以来这个大历史观中去探讨,他们认为自14世纪以来一直到20世纪50年代甚至80年代,中国农业并没有经历技术和制度上的真正变革,虽然单位面积的产量增加了,但是单位面积上的单位劳动量却下降了。③

"非平衡化"与"不平衡"认为鸦片战争前中国农村经济处于一个平衡状态,随着列强入侵中国经历了一个"非平衡化"的过程,但并没有达到一个"新的平衡",一直到新中国建立,它始终处在一种"不平衡"的状态中。④ 张丽的这一观点也是一种对近代中国农村经济的过程性描述,与"过密化"理论以及技术停滞论是可以共存的。

三、关税自主(改订新约)

国民党政府完成北伐后,出于各种目的,积极开展外交活动,这里面以废约运动(又称改订新约运动,以关税自主和废除领事裁判权为中心)影响最大。目前一些中国近现代史的著述(以台湾方面为主)中,对这一时期南京国民政府的外交持基本肯定结论,尤其是1928年国民政府统一告成后,

---

① 千家驹:《农村与都市》,上海中华书局1935年版。钱亦石等:《中国农村问题》,上海中华书局1935年版。薛暮桥:《旧中国的农村经济》,中国农业出版社1980年再版。

② Brandt, Lore. *Commercialization and Agricultural Development in East-Central China, 1870-1937*. Cambridge University Press, 1989. Rawski, Thomas G. *China's Transition to Industrialism*. Michigan: The University of Michigan Press, 1980.

③ Huang, Philip C.C. *The Peasant Familyland and Rural Development in the Yangtz Delta, 1350-1988*. Stanford University Press, 1990. Perkins, Dwight. *Agricultural Development in China, 1368-1968*. Chicago: Aldine, 1969.

④ 张丽:《关于中国近代农村经济的探讨》,《中国农史》1999年第2期。

王正廷出任外长时期,更有"革命外交"的美誉。①

关于国民政府的"革命外交",近些年大陆学者已有一些研究,但台湾学者的研究更为充分些。②"革命外交"分五期进行:第一期恢复关税自主,第二期取消治外法权,第三期收回租界,第四期收回租借地,第五期收回铁路利权、内河航运权、沿海贸易权等。

就目前的研究成果来看,学者对于第一期关税自主着墨最多,争议也最为激烈。申晓云通过对比,即把"革命外交"同北京政府的外交努力做比较,以及对新约中留一条尾巴"享有与他国平等待遇"的分析,认为被南京政府称为"业绩"的重签关税协定,与其说是国民政府对外交涉的成功,不如说是列强各国在时代发展的情况下,摄于中国民众民族意识的觉醒和世界反殖民主义进步潮流的不可逆转,而相应作出的有限让步,国民政府充其量也不过是吃"现成饭",它在其间的积极作用极小,而消极作用却令人吃惊。③琚贻明也持同样的观点,认为这次废约运动虎头蛇尾,"废约不是按人民所希望的彻底废除,而是逐步降级,由废约到修约,由全面废除到逐项谈判,其结果自然与人民的要求和愿望相去甚远,虽取得一些成果,都是在无关大局的领域内,且有很大局限性,根本问题没有解决"④。

参 考 书 目

1. [美]阿瑟·恩·杨格著:《1927 年至 1937 年中国财政经济情况》,中国社会科学出版社 1981 年版。

2. [美]费正清主编:《剑桥中华民国史》第 1 部,中国社会科学出版社 1991 年版。

3. 李云汉著:《中国国民党史述》第 2 编,台北:中国国民党中央委员会党史委员会 1994 年版。

---

① 张玉法:《中国现代史》,台湾东华书局 1977 年版。李恩涵:《论王正廷"革命外交"(1928—1931)》,《抗日战争研究》1992 年第 1 期。李恩涵:《北伐前后"革命外交",1925—1931》,台北:中央研究院近代史所 1993 年版。
② 王建朗:《中国废除不平等条约的历史进程》,江西人民出版社 2000 年版。
③ 申晓云:《南京国民政府"撤废不平等条约"交涉述评》,《近代史研究》1997 年第 3 期。
④ 琚贻明:《南京国民政府建立初期对外政策评析》,《民国档案》1997 年第 3 期。

4. 陆仰渊、方庆秋主编:《民国社会经济史》,中国经济出版社 1991 年版。

5. 石源华著:《中华民国外交史》,上海人民出版社 1994 年版。

6. 王奇生著:《党员、党权与党争:1924~1949 年中国国民党组织形态》,上海书店出版社 2003 年版。

7. 张宪文等著:《中华民国史》第 2 卷,南京大学出版社 2006 年版。

8. 郑大华著:《民国乡村建设运动》,中国社会科学出版社 2000 年版。

9. 中共中央党史研究室编:《中国共产党历史》第 1 卷,中共党史出版社 2002 年版。

10. 中国第二历史档案馆编:《中华民国史档案资料汇编》第 5 辑第 2 编,江苏古籍出版社 1994 年版。

11. 中国文化建设协会编:《抗战前十年之中国》,中国文化建设协会 1937 年版。

12. 周天度等著:《中华民国史》第 3 编第 2 卷(上、下),中华书局 2002 年版。

13. 朱汉国著:《南京国民政府纪实》,安徽人民出版社 1993 年版。

14. 朱汉国总主编:《中华民国史》第 1 卷,四川人民出版社 2005 年版。

思 考 题

1. 如何认识中国国民党执政时期确立的"党国"体制的本质?

2. 和北京政府统治时期相比,南京国民政府的财政改革及经济建设政策有什么变化?

3. 如何看待南京国民政府统治时期的中国工业化进程?

4. 这一时期中国文化、教育的发展取得了哪些成绩?

第十一章 苏维埃革命的兴起与受挫

第一节 中国共产党开创农村革命根据地

一、南昌起义、八七会议、秋收起义、广州起义

国民革命失败后,中国共产党总结了经验教训,认识到独立掌握军队、开展武装斗争的重要性,中国革命进入新的历史阶段。南昌起义是这个阶段的开端。

当时中国共产党掌握的武装力量主要有三支,即贺龙的第二十军,叶挺的第十一军第二十四师和周士第团。此外,南昌还有朱德掌握的第五方面军第三军军官教导团和公安局的两个保安队。1927年7月20日,谭平山、李立三、邓中夏、叶挺、聂荣臻等人开会,决定以这批力量为基础发动南昌起义。中共中央批准这一计划,并决定由周恩来、李立三、恽代英、彭湃四人组成党的前敌委员会,负责领导起义,周恩来任书记。由于一个副营长投敌告密,前委改变了原定8月1日凌晨4时起义的计划,提前两个小时起义。

8月1日凌晨2时,南昌起义的枪声打响,各路起义军按照预定计划向守敌发起攻击,全歼守敌,占领南昌城。中午,聂荣臻、周士第率领驻守南浔路马回岭车站的第二十五师大部起义。起义军成立由周恩来、贺龙、叶挺、刘伯承等人组成的参谋团,作为军事指挥机构。整编军队,继续沿用国民革命军第二方面军番号,贺龙代总指挥(为了争取张发奎,仍以张为总指挥),叶挺为前敌总指挥,刘伯承为参谋长,郭沫若为总政治部主任,下辖三个军。起义军宣布建立新的革命根据地,坚持革命的三民主义和联俄联共扶助农工的三大政策,扫除蒋介石、冯玉祥、唐生智等新式军阀。

南昌起义的重大意义就在于中国共产党从实践中认识到必须独立地领导革命,建立工农政权。起义之前,"决定在原则上须建立一个无产阶级领导的工农小资产阶级民主革命政权,实际上便是组织一个以C.P.占多数的与国民党左派的联合政权。名义上使用中国国民党革命委员会,以'继承国民党正统'来号召"。因此,起义后"即由中国国民党各省党部及特别市,海外党部代表联席会议的名义,产生革命委员会",并将国民革命军第四集团军第二方面军总指挥张发奎等人列为主席团成员。由于张发奎等"已经鲜明旗帜反共","同时各省军阀都用国民党名义封闭工会农会,残杀国民党左派,继承国民党正统已从事实上证明是当时机会主义的幻梦"①,中国共产党改变政权性质,决定建立无产阶级领导的工农政权。南昌起义打响了武装反抗国民党反动派的第一枪,中国人民从此有了自己的军队,中国共产党走上了独立领导武装斗争、武装夺取政权的道路。

但是,"起义虽然胜利了,但起义后的行动方向问题却没有解决","认为要取得大城市和国际的援助,才能继续革命",因此"决定挥师南下,夺取广州,再举行第三次北伐"②。据此,起义军于8月3日至7日相继撤离南昌,取道临川、宜黄、广昌南下。9月中旬,在大埔县三河坝分兵,由朱德率二十五师留守三河坝,总指挥部率主力继续南下潮州、汕头。9月下旬,在潮州、汕头第二次分兵,一部分留守潮汕,主力西进惠州。9月底至10月初,起义军在汤坑、三河坝遭到敌军围攻,损失惨重,潮州、汕头亦相继失守。接着,主力部队在流沙一带遭到伏击。在此情况下,中共中央指示起义主要领导人撤离部队,周恩来到上海参加中共中央工作。部队一部分由颜昌颐、董朗率领到海陆丰地区,一部分由朱德、陈毅率领进入湘赣粤边开展游击战争。失败的主要教训,就是未同江西的农民运动相结合。

南昌起义后,中国共产党于8月7日在汉口俄租界召开了八七会议。这次会议是中共中央在犯了陈独秀右倾投降主义错误、国民革命失败的紧急关头,根据共产国际的指示和应广大党员的要求而召开的紧急会议。在会议召开前,中共中央于7月上旬开了一次政治局会议,决定停止陈独秀的总书记职务,由张国焘、周恩来、李立三、张太雷、李维汉组成常务委员会,代

---

① 李立三:《八一革命之经过与教训》,载南昌起义纪念馆编:《南昌起义》,中共党史资料出版社1987年版,第88页。
② 吴玉章:《第一次大革命的回忆》,载南昌起义纪念馆编:《南昌起义》,第210页。

行中央政治局职权。7月13日,发表《中国共产党中央执行委员会致中国国民党革命同志书》,号召国民党党员群众和民众反对背叛国民革命的国民党中央及其政府,加入国民党的中共党员退出国民党。这是中国共产党转变政策的开始。这两项措施为八七会议的召开作了组织上、路线上的准备。

出席八七会议的有中共中央委员、候补中央委员和共产国际代表等,共计21人。会议听取了共产国际代表罗明纳兹关于中共中央须改变路线的报告和瞿秋白关于中国共产党新任务的报告。毛泽东、邓中夏、蔡和森、罗亦农、任弼时等人也作了发言,表示拥护共产国际代表的报告,同意改组中央领导机构,揭发和批判了陈独秀右倾投降主义路线。会议通过了《最近职工问题议决案》、《最近农民斗争议决案》、《党的组织问题议决案》和著名的《告全党党员书》。会议主要解决了三大问题。第一,对陈独秀右倾投降主义错误做了清算,正式结束了这个错误路线的执行。第二,确定了土地革命和武装反抗国民党反动派的总方针。毛泽东在发言中第一次提出了"枪杆子里面出政权"的著名论断。会议决定开展土地革命,没收大中地主和祠族庙宇的土地分配给农民,利用秋收季节在湘、鄂、赣、粤四省发动秋收起义。第三,产生了新的领导机构。会议选举苏兆征、瞿秋白、李维汉、彭湃、任弼时等人为临时中央政治局委员,邓中夏、周恩来、毛泽东、张太雷等人为候补委员。8月9日,临时中央政治局第一次会议选举苏兆征、瞿秋白、李维汉三人为常务委员。八七会议的主要功绩在于解决了这三大问题,中国共产党明确了自己在新时期的方针和任务,新民主主义革命从此进入了以武装斗争为主要形式、以土地革命为中心内容的历史阶段。八七会议在反对右倾错误的同时为"左"倾错误开辟了道路,但其功绩是主要的,它使中国共产党前进了一大步。

八七会议召开后,毛泽东作为中共中央特派员和湘南特委书记,负责领导湖南秋收起义。8月18日,他在湖南省委研究起义的会议上再次强调枪杆子夺取政权的重要性,同时强调必须彻底实行土地革命,满足农民的土地要求。会议决定以中国共产党的名义在湘中一带发动和领导秋收起义,并成立起义的领导机构前敌委员会,由毛泽东任书记。会后,毛泽东到江西安源传达八七会议精神和湖南省委关于秋收起义的计划。9月下旬,他在安源主持召开军事会议,决定分三路起义,会攻长沙:第一路由修水向平江进攻,然后向长沙进攻;第二路在安源举行暴动,然后进攻萍乡和醴陵,再向长沙进军;第三路首先由铜鼓向浏阳攻击,再攻打长沙。这三路分别编为中国工农革命军第一师第一、二、三团,卢德铭任总指挥。另外还收编了夏斗寅残部,组成第四团。全军由前敌委员会统一领导。

9月9日,秋收起义爆发,各路按照原定计划行动。由于湘赣之敌数倍于我,第四团又叛变,各路相继失利。9月19日,各路会集浏阳文家市,前敌委员会召开会议讨论发展方向。毛泽东力主改变攻打中心城市的计划,由城市转向农村,开展土地革命,建立农村根据地。在当时具体说来就是放弃攻打长沙,向井冈山进军。会议采纳毛泽东的主张,决定沿湘赣边界进军井冈山。这是一个重大的转变,为革命找到了一条正确的道路。

在进军井冈山的过程中,部队在萍乡芦溪镇遭到敌军突然袭击,损失很大,总指挥卢德铭牺牲,再加上饥饿、疲劳、伤病一齐袭来,部队思想动荡,一部分人悲观失望。针对这种情况,9月30日,部队在江西永新三湾村进行改编。第一,确立党指挥枪的原则,建立军队中党的各级组织,改变过去把支部建在团上的做法,把"支部建在连上"。班设小组,连设支部,营以上设党委,连以上各级设党代表,整个部队由党的前敌委员会统一领导。第二,在编制上,本着增强战斗力的原则,将原来的三个团缩编为一个团,称中国工农革命军第一军第一师第一团。第三,确立官兵关系是阶级兄弟关系的原则,实行军队中的民主主义制度。规定官长不打士兵,官兵待遇平等,经济公开,废除烦琐礼节,成立士兵委员会,士兵有开会说话的自由。三湾改编在中国共产党建军史上意义重大,它确立了党对人民军队的绝对领导,保证了人民军队的根本性质,从政治上、组织上、思想上奠定了新型人民军队的基础。

除南昌起义和秋收起义外,中国共产党还领导了一系列起义,其中影响较大的是广州起义。12月11日上午4时,广州起义的枪声打响。"工人赤卫队五千余人围攻警署,教导团士兵首先响应,广州其余军队或响应,或被俘虏缴械。至上午八时,全广州反动势力已次第肃清。"随即,成立广州苏维埃政府,苏兆征任主席,未到以前由张太雷代理,恽代英任秘书长。广州苏维埃政府号召"饭给工人吃,土地给农民耕,打倒军阀战争,一切政权归苏维埃,一切政权归工农兵"①。成立三支工农红军,由叶挺任总司令。但是,国民党新军阀立刻调集军队从三个方向进攻,英、美、日等国海军予以掩护和

---

① 中国现代革命史资料丛刊:《广州起义》(上),人民出版社1985年版,第116、230~231页。

支援。在反动势力联合镇压下,广州苏维埃英勇战斗三天后失败,张太雷牺牲。

二、井冈山和各革命根据地的开创

三湾改编后,毛泽东率领部队继续进军井冈山,开辟了第一个革命根据地。

井冈山位于罗霄山脉中段,位于遂川、永新、酃县、宁冈四县之交,面积663平方公里,人口3万余。井冈山最高峰平水山(又称平顶山)海拔近2000米,其余各山峰海拔多在800米至1800米之间。这里是建立根据地最好的地方:第一,这里远离长沙、南昌、武汉、广州等大城市,有利于保存和积蓄革命力量。第二,高低起伏绵延不断的群山,为军事斗争创造了有利的地理条件;丰富的物产和自然资源,为部队提供了必需的物质条件。第三,这里地处湘赣两省边界,革命的发展可以影响这两省,进而影响长江中下游地区,政治意义很大。第四,在国民革命时期,这里就有中共党员开展革命工作,宣传革命,具有较好的政治基础。

在井冈山根据地创建起来之后,中国共产党还开辟了一系列根据地。

中央革命根据地:1928年,闽西爆发了一系列暴动。1929年初,红四军向赣南、闽西发展,建立了这一区域的第一个红色政权即长汀革命委员会。1930年3月,成立闽西苏维埃政府和江西苏维埃,赣南、闽西根据地形成。1930年6月,以红四军为基础,加上赣南的红三军、闽西的红十二军,编成红一军团,朱德任军团长,毛泽东为政治委员,以赣南、闽西为中心的中央革命根据地基本形成。8月,红一军团和红三军团组成红一方面军,毛泽东任前委总书记兼总政治委员,朱德任总司令,彭德怀任副总司令。

闽浙赣根据地:1927年11月,方志敏在江西弋阳窑头村召开赣东北弋阳、横峰、贵溪、铅山、上饶五县党员会议,传达"八七会议"精神。1928年1月,弋(阳)横(峰)起义爆发。革命很快从弋阳、横峰等县发展到德兴、贵溪、余江、万年、铅山、上饶、乐平、浮梁、波阳、婺源和浙江的开化等地。到1932年12月,以横峰葛源为中心的闽浙赣革命根据地形成,主力为红十军,周建屏任军长,邵式平任政治委员。

湘鄂赣根据地:1928年7月22日,彭德怀、滕代远等领导平江起义,成立红五军。12月,彭德怀、滕代远率领红五军主力与红四军会师于宁冈,黄公略率领红五军一部在湘鄂赣交界地区坚持斗争。在红四军入闽开辟闽西根据地时,红五军主力北上与黄公略会合,开辟湘鄂赣根据地,红五军发展为红三军团,下编3个军。1931年9月23日,在平江县长寿街召开了湘鄂赣边区20多个县的工农兵代表大会,成立湘鄂赣省苏维埃政府。

洪湖、湘鄂西根据地:1928年3月,贺龙、周逸群发动湘鄂西起义于桑植、鹤峰,开始创建湘鄂西根据地,成立红四军。1930年春,段德昌等人创建洪湖根据地,成立红六军。同年,两支红军会师于公安,两个根据地连成一片。红四军改称红二军,与红六军组成红二军团,贺龙任总指挥,周逸群、邓中夏先后任政治委员。

鄂豫皖根据地:1927年11月14日,潘忠汝、戴克敏、吴光浩领导黄(安)麻(城)起义,成立工农革命军第七军,吴光浩任军长,戴克敏任党代表。随后,第七军改编为红十一军三十一师。1929年,红三十一师创建了鄂东北根据地。同年,河南商城、安徽六安和霍山等地爆发起义,红三十二师和红三十三师诞生,豫东南和皖西根据地也创建起来。1930年,中国共产党将这3个师编为红一军,许继慎任军长;成立豫鄂皖边区特委,统一领导三块根据地。接着,乘国民党新军阀中原混战之机,红一军大举出击,将这三块根据地连成一片为豫鄂皖根据地。1931年,红一军改称红四军。1932年,红四军反"围剿"失利,转移至川陕边,创建川陕边根据地。同年12月29日,成立川陕临时革命委员会于通江城,旷继勋任主席,红四军发展为红四方面军。

广西左右江根据地:1929年12月,邓小平、张云逸等人领导百色起义,成立红七军和右江工农民主政府。1930年2月,邓小平、俞作豫、李明瑞领导龙州起义,成立红八军和左江苏维埃政府。"这时左右江红色区域有20个县,100多万人口。"①

除上述根据地外,较早创建的根据地还有海陆丰和琼崖。这两个根据地失败后转入山区坚持斗争。到1930年,大小根据地十几个,红军10多个军。

在各地起义和根据地开创过程中,中国共产党还解决了三大方面的问题。这些问题的解决,标志着以农村包围城市、武装夺取政权道路的形成。

一是旗帜问题和口号问题。1927年9月19日,临时中共中央通过《关

---

① 中国现代革命史资料丛刊:《左右江革命根据地资料选辑》,人民出版社1984年版,第22页。

于"左派国民党"及苏维埃口号问题决议案》,根据南昌起义以来革命的经验教训,指出由于国民党已经成为"资产阶级地主及反革命的象征,白色恐怖的象征,空前未有的压迫与屠杀的象征",不能再以国民党左派作为号召人民群众革命的旗帜,强调"现在的任务不仅宣传苏维埃的思想,并且在革命斗争新的高潮中应成立苏维埃"。11月,临时中共中央在《中国现状与共产党的任务决议案》中重申这一政策,强调"党的主要口号就是苏维埃",因为"就阶级的观点,只有工农兵贫民苏维埃政府,是代表工农国民革命的标志,苏维埃的名义一提出,就一目了然"。① 这是一个重要的战略口号转变。

二是"工农武装割据"的理论问题。当时,中共党内和红军存在着"红旗到底能打多久"和工作重心在城市还是农村的两种疑问。这些疑问如得不到解决,中国革命显然不能向前发展。从1928年10月到1930年1月,毛泽东在革命实践的基础上相继写成《中国的红色政权为什么能够存在?》、《井冈山的斗争》、《星星之火,可以燎原》一系列著作。他深刻指出:虽然红色政权处于白色包围之中,但是它能够存在和发展。根本原因是:中国是一个半殖民地半封建的国家,地方性的农业经济和帝国主义对中国的争夺,造成了军阀间不断的分裂和战争。这就给红色政权的存在和发展提供了机会。此外还有几个条件,即:革命形势必然地向前发展;相当力量的正式红军的存在;共产党组织的有力量和它的政策的正确性。他还指出:武装斗争、土地革命、根据地建设三位一体,密不可分。没有相当力量的红军,决然不能造成割据局面;没有根据地的建设,红军的发展就无所依托;没有土地革命的开展,根据地的建设也无从开展。只有实行有根据地的、有计划地建设政权的、深入土地革命的、扩大人民武装的革命,才能促进革命的高潮。

三是军队的建设问题。虽然三湾改编奠定了人民军队建设的基础,但是随着革命的发展,红军出现了单纯打仗和各种非无产阶级思想,如何建设一支人民军队,极为重要。1929年9月28日,中共中央军委给红四军前委的指示信(即著名的"中央九月来信")明确指出:第一,中国的革命道路,是先有农村红军,后有城市政权,这是中国革命的特征,是中国经济基础的产物;第二,红军的基本任务是发动群众,实行土地革命,建立苏维埃政权,实行游击战争,武装农民及扩大政治影响于全国,必须彻底纠正红军中存在的

---

① 中国现代革命史资料丛刊:《湘鄂赣革命根据地文献资料》第1辑,人民出版社1985年版,第168页。

单纯军事观点、极端民主化、非组织观点、绝对平均主义、唯心观念、流寇思想、盲动主义等非无产阶级思想；第三，红四军全体指战员要维护朱德、毛泽东的领导，毛泽东仍为前委书记。根据这一来信，红四军党的第九次代表大会于12月下旬在福建上杭古田召开，选出以毛泽东为书记的红四军新的前委，通过了毛泽东起草的决议。决议阐述了红四军党内各种非无产阶级思想的表现及来源，指出必须以加强党的思想教育和严格组织纪律加以纠正，确定以无产阶级思想来建设人民的军队。这个决议是中国共产党和红军建设的纲领性文献。

第二节 根据地的政权建设

一、中华苏维埃政府的建立

随着各个革命根据地的成立和土地革命的开展，中共中央认为有必要在中央革命根据地建立苏维埃中央政府。1931年8月29日，中共中央致函湖南省委、湘鄂赣前委认为，"成立一个苏维埃的中央政权，与国民党的反动政权对立起来，有绝大的政治意义，有绝对的需要"①。9月25日，中共中央发布《加紧准备全国苏维埃代表大会的工作的通告》，指出建立全国苏维埃政权，为全国苏维埃政权而斗争，这是广大群众当前最迫切的要求，是党在目前政治任务下最中心的任务。

经过一段时间筹备后，中华苏维埃第一次全国代表大会于11月7日至20日在瑞金召开，毛泽东向大会作政治报告。大会制定了中华苏维埃共和国宪法大纲，通过了土地法、劳动法和经济政策等法令，宣布中华苏维埃共和国临时中央政府正式成立。12月1日，中华苏维埃临时中央政府通电宣告，它"是中国工农兵及一切劳苦民众的政权"。它成立以后，中华领土内已经有绝对不同的国家，"一个是所谓中华民国，它是军阀官僚地主资产阶级的政权，以压迫工农兵劳苦群众的国家"；"一个是中华苏维埃共和国，它是广大被剥削被压迫的工农兵劳苦群众的国家"②。宪法大纲规定："中华苏

---

① 中国现代革命史资料丛刊：《湘鄂赣革命根据地文献资料》第1辑，第468页。
② 中共中央文献研究室编：《毛泽东年谱》上卷，中央文献出版社2002年版，第361页。

维埃政权所建设的是工人和农民的民主专政的国家;苏维埃政权是属于工人、农民、红军士兵及一切劳苦民众的。""在苏维埃政权之下,所有工人、农民、红军士兵及一切劳苦民众都有权选派代表掌握政权的管理。"

苏维埃中央政府以苏区中央局为解决党政关系的机关。苏区中央局1931年1月15日成立于宁都,当天发布的《苏维埃区域中央局的成立及其任务》指出:"中央为加强对苏区的领导和工作的指导起见,在中央之下设立全国苏维埃区党的中央局(在政治上、组织上同南方局、长江局一样受中央政治局的指导)。"以周恩来、项英分别担任正副书记。1933年1月下旬,苏区中央局在临时中共中央迁到瑞金后与之合并,改称中共中央局。中央红军长征后,于1934年10月重新成立以项英为书记的苏区中央局,留在根据地坚持斗争。

在成立苏区中央局的同时,中共中央于1930年10月17日决定成立由中共苏区中央局领导的中央革命军事委员会,由项英、毛泽东、朱德、周恩来、彭德怀等25人组成,项英为主席,朱德、毛泽东为副主席。1931年初,中革军委成立。随着王明路线的全面推行,所谓共产国际军事顾问李德,于1933年12月20日以统一指挥为名,取消中国工农红军总司令部和红一方面军司令部,由中革军委直接指挥中央苏区各军团和其他独立师团。

中华苏维埃共和国之最高政权机关为全国工农兵会议(苏维埃)的大会,在大会闭会期间以全国苏维埃临时中央执行委员会为最高政权机关。中华苏维埃第一次全国代表大会推选毛泽东、项英、张国焘、周恩来、陈绍禹等63人为委员,以毛泽东任主席,项英、张国焘为副主席。在全国苏维埃中央执行委员会闭会期间,设主席团为最高权力机关,对其负责。主席团设主席1人,由毛泽东担任;副主席2人,由项英、张国焘担任。在中央执行委员会主席团之下设立人民委员会,作为中华苏维埃共和国中央行政机关。人民委员会设主席1人,由毛泽东、张闻天先后担任;设副主席2人,由项英、张国焘担任。人民委员会仿照苏联设置外交、军事、财政、劳动、教育、内务、工农检察、司法等人民委员。1931年后,人民委员会下设机构逐渐改组为部,人民委员改称部长。

中华苏维埃共和国是新中国政权建设的第一个雏形。它在政权建设、经济建设、人才培养等方面积聚了许多经验。不过,在日本帝国主义入侵的背景下成立苏维埃中央政府,加剧了阶级矛盾的激化,使国民党政权同苏维埃政权的对立更加严重。这不利于解决民族矛盾。

二、根据地的土地革命与经济建设

中国共产党开展苏维埃革命,一项基本任务就是解决农民的土地问题。国民革命失败后,中国农村的土地分配极不合理。根据毛泽东1930年10月对江西兴国县的调查,占人口不过1%的地主占有土地40%,占人口5%的富农占有土地30%,地主富农共有的公堂土地为10%,占人口80%的中农和贫农却只占有土地20%。"大体说来,土地的百分之六十以上在地主手里,百分之四十以下在农民手里。江西方面,遂川的土地最集中,约百分之八十是地主的。永新次之,约百分之七十是地主的。万安、宁冈、莲花自耕农较多,但地主的土地仍占比较的多数,约百分之六十,农民只占百分之四十。湖南方面,茶陵、酃县两县均有约百分之七十的土地在地主手中。"①地主、富农凭借土地对广大农民进行残酷的封建剥削,农民要缴纳的地租一般要占劳动所得一半以上,甚至达70%到80%。兴国有的乡占50%,有的占60%。闽西各县最低者为60%,有的达80%。除了要向地主富农缴纳地租外,广大农民还要向国民党政府缴纳田赋。田赋分为正税和附加税。不仅正税日益增加,而且附加税也名目繁多,税额往往比正税多几倍甚至几十倍。因此,毛泽东指出:由于地租和高利贷的剥削更加严重,"地主阶级和农民的矛盾更加深刻化","农民则更加仇恨地主"。②

可见,变革土地制度是新民主主义革命的一项基本任务,中国共产党在发动群众打土豪、斗恶霸的基础上开展了轰轰烈烈的土地革命。井冈山根据地于1928年2月先在宁冈、大陇等地实行分田,接着于5月全面展开分田。到同年8月,宁冈全县、永新和莲花大部分地区及酃县一部分地区都分了田。闽西根据地在1929年7月中共闽西第一次代表大会通过《土地决议案》后,出现了"收拾金瓯一片,分田分地真忙"的局面。在赣南根据地,红四军前委、赣西特委、红五军军委、红六军军委在吉安陂头召开联席会议,确定以扩大苏维埃区域、深入开展土地革命和发展工农武装为主要任务,规定解决土地问题一要"分",二要"快"。这个会议召开之后,赣南、赣西南土地革命全面展开。此外,湘鄂赣、闽浙赣、鄂豫皖、湘鄂西等革命根据地的分田分

---

① 毛泽东:《井冈山的斗争》,载《毛泽东选集》第1卷,人民出版社1991年版,第68~69页。
② 毛泽东:《星星之火,可以燎原》,载《毛泽东选集》第1卷,第101页。

地运动也蓬勃展开。

在分田分地的过程中,中国共产党确立了土地革命路线。1928年7月,中国共产党第六次全国代表大会总结各地进行土地革命的经验,规定:没收地主阶级的一切土地归农民;无产阶级在农村中的基本力量是贫农,中农是巩固的同盟军;由于农村中的主要敌人是豪绅地主,要使富农中立,要支持小工商业者的斗争。这些规定是基本正确的。

在实践中,中国共产党解决了一系列问题,逐步确立了比较完善的土地革命路线。第一,关于没收土地的对象。1928年12月,毛泽东主持制定了第一个土地法即《井冈山土地法》。由于此时尚不知道中共六大的有关规定,该法规定没收一切土地而不只是没收地主阶级的土地。1929年4月,他根据中共六大精神主持制定的《兴国土地法》,将"没收一切土地"改为"没收公共土地及地主阶级土地",这是一个重要的改变。第二,关于土地分配的原则和方法。一般是以乡为单位,在原耕基础上抽多补少、抽肥补瘦,按照人口平均分配。这个方法易为农民所接受,又利于发展农业生产,行之有效。第三,关于土地所有权。中共六大根据苏联的做法,规定土地国有。因此,各根据地在土地革命开展的最初几年里都规定土地归苏维埃政府所有,由农民使用,禁止土地买卖。毛泽东在调查中发现,虽然分了田,但农民总感觉田不是自己的,没有支配权,因而不安心耕种。他于1931年2月27日致信江西苏维埃政府应该规定分了田后"即算分定",归农民所有。此后,各根据地普遍规定土地一经分定,使用权和所有权均归农民,农民可以租借、买卖。第四,关于阶级路线问题,即依靠谁、团结谁、打击谁的问题。中共六大已经解决了这些问题,1929年7月召开的中共闽西第一次代表大会通过《政治决议案》、《土地决议案》,在一些具体问题上有所发展,如对地主要区分为大、中、小,要区分地主和富农,对不反动的地主家属和乡村中工商学各业生活贫困者要酌量分给土地,等等。但是,同年中共中央根据共产国际的指示,否定了中立富农的政策,要求各根据地坚决执行反对富农的政策。各地因而出现了"地主不分田,富农分坏田"的"左"倾做法,把地主富农逼上绝路而导致其投奔国民党军队。尽管如此,到1931年基本形成了一条依靠贫雇农,团结中农,中立富农,消灭地主阶级,变封建半封建土地所有制为农民的土地所有制的土地革命路线。同时,形成了一套比较完整的分配土地的原则和方法。

共产国际却否定了这条基本路线和分配原则与方法,认为:由于平均分配土地这个土地革命的最重要的任务只在少数情况下得到执行,许多地区没有彻底没收地主土地,土地革命的最重要的任务还没有解决。它要求执行一系列错误政策:土地国有;彻底平分一切包括农民私有土地在内的土地;地主的土地及房屋、耕具等一切财产都要没收,富农的土地也要没收,等等。这些政策的执行,势必侵犯中农的利益,消灭富农经济,在肉体上消灭地主。

在王明"左"倾机会主义路线占了统治地位后,共产国际的错误政策得到推行。从这时起,临时中共中央多次发布指示,要求执行上述错误政策。1931年11月,中央苏区党的第一次代表大会(通称赣南会议)指责毛泽东的正确主张为"狭隘经验论"、"富农路线"和"极严重的一贯右倾机会主义"。在这种指责基础上,由中华苏维埃第一次代表大会通过了《中华苏维埃共和国土地法》,在中央苏区开始推行。在推行中,这个土地法遭到抵制,因为:第一,农民反对重新分配土地,要求赶快将土地所有权固定下来;第二,农民赞成在生活上给予地主富农出路,主张应该分田给他们;第三,"平分一切土地"侵犯了中农利益。这表明"左"倾做法是行不通的。但是,临时中共中央并未吸取教训,反而决定以"查田"和"检查土地"来进一步推行《中华苏维埃土地法》。虽然不再要求重分土地、不准侵犯中农利益,但是强调一定要把地主、富农的好田"彻底查出来没收",地主阶级的一切财产要彻底没收。1933年1月临时中共中央迁入中央苏区后,进一步号召推行大规模的查田运动。苏维埃中央政府随即以瑞金县叶坪乡作为试点。6月,查田运动大规模开始。

当时,被解除红一方面军总政委职务的毛泽东回到中华苏维埃中央政府主持工作,直接负责查田运动。毛泽东也主张查田运动,因为这是深入土地革命的必经途径。他指出土地革命要经过"没收分配土地"、"检查土地"和"土地建设"三个阶段。他努力纠正错误的政策,提出了许多正确的政策和方法:在性质上,查田运动"是查阶级,不是按亩分田","查阶级是查地主富农阶级,查剥削";在策略上"以工人为领导,依靠贫农,联合中农,去削弱富农,消灭地主",既要"反对查田运动中的侵犯中农消灭富农的'左'倾机会主义",又要"反对包庇地主富农的右倾机会主义";[①]在阶级划分标准上,以

---

① 毛泽东:《查田运动的群众工作》,载《毛泽东文集》第1卷,人民出版社1993年版,第271、275页。

《怎样分析农村阶级》为指导性文件。这些政策和方法基本上是正确的,使查田运动取得了一定的成效,封建半封建势力遭到比较彻底的打击,群众广泛地发动起来了。

但是,上述基本正确的政策和做法受到王明"左"倾机会主义路线的反对。在1934年1月中共六届五中全会召开后,毛泽东不再主持苏维埃中央政府的工作。2月11日,中共中央和苏维埃中央政府联名发布的《关于春耕运动的决定》,否定了毛泽东提出的查田阶级路线,重申以"消灭地主,反对富农,联合中农,依靠贫农"为阶级路线。3月15日,苏维埃中央政府在《关于继续开展查田运动的训令》中认为毛泽东纠正过"左"倾错误的做法是错误的,阻碍了查田运动的继续开展,是给地主富农以反攻的机会。这个训令发布后,"左"倾错误重新泛滥起来,结果不仅过分地打击了地主、富农,严重损害了中农的利益,而且打击了农民的生产积极性,破坏了农业生产,加重了苏区遇到的困难。

中央苏区虽然时刻处于战争状态中,但是仍然千方百计从事生产建设,发展文化教育,不但取得了可喜的成就,而且积累了许多经验。

中央苏区将经济建设放到极其重要的地位。1933年8月,苏维埃中央政府在瑞金召开中央苏区南部17个县的经济建设大会,在博生县召开北部17个县的经济建设大会,对经济发展作出规划和部署。这两个大会召开后,经济建设轰轰烈烈地开展起来。苏区将农业恢复和发展放在经济建设的首位。针对田地分配以后农民生产积极性的提高,针对因艰苦的战争造成农村劳动力不足,苏区发动群众组织劳动互助社、耕田队、犁牛合作社、农具合作社等等,以提高劳动生产效率,帮助红军家属进行生产。此外,苏区还组织了程度更高的农业生产合作组织——合作农场、农业合作社。与此同时,苏区还采取了兴修水利、提高种子改良、发动群众开垦荒地等一系列措施。这一切,使农业生产迅速提高,农民的生活"有了很大的改良","一年比一年丰足了"①。

苏区对其他方面的经济建设也非常重视。在工业方面,分军事工业和民用工业。据不完全统计,到1934年3月,建立了中央军委兵工厂、炸弹厂、子弹厂、被服厂等军需工厂33所。民用工业主要是手工业,有造纸、织

---

① 毛泽东:《苏区的土地革命》,载《第二次国内革命战争时期土地革命文献选编》,中共中央党校出版社1987年版,第744页。

布、炼铁、铸锅、石灰、农具、烟草、熬硝盐、熬樟油、木器、篾器、制陶、煤炭等。值得注意的是,为了发展手工业,苏区采取了合作社的形式,兴国等17个县的手工业合作社一度达176个。在商业方面,有两个特点:一是发展国营商业,努力掌握进出口贸易的主动权,改变由私商控制的局面。为此,苏维埃中央政府成立中华商业公司,同福州、厦门、广州等地进行大宗贸易。苏区各级政府成立贸易机构,一方面管理输出输入,一方面直接经营粮食、布匹、食盐等生活必需品的贸易。二是发展消费合作社,即发动和鼓励农民集资合股,成立粮食、布匹、食盐、油、糖等各种合作社。在金融方面,苏区废除了封建性的高利贷剥削,没收了当铺,建立了工农银行,提倡发展信用合作社。1932年初,苏区成立了中华苏维埃共和国国家银行。这样,金融体系基本形成。

总之,苏区的经济建设粉碎了国民党的经济封锁,动摇了封建经济基础,新民主主义经济开始萌芽和发展起来。苏区的经济建设意义深远,它是在残酷的战争状态进行的,有效而正确地解决了革命战争与经济建设的关系,明确了经济建设为战争服务的方向;它建立了以农业为主导、各方面全面发展的经济建设体系;它的性质是新型的,以国营经济为主导,合作社经济和私人经济并存,虽然才刚刚起步,但是代表了中国经济的发展方向。

第三节　苏维埃革命的严重受挫与红军长征

一、"围剿"与反"围剿"

1930年下半年,蒋介石在国民党新军阀混战中取得决定性的胜利后,开始以"铲共剿匪"作为"最要急务"。12月初,他在南昌召开"剿共"军事会议,确定对江西红军的第一次"围剿",将11个师3个旅约10万人的兵力部署在吉安、泰和和赣州以东、永丰和南丰以南地区,采取"分进合击"、"并进长追"的战术,对红军实行包围和聚歼。12月14日,鲁涤平根据蒋介石的命令和"剿共"会议制定的方针,拟定了以捣破东固为目标的进剿方案,以张辉瓒为第九路军前敌指挥官,负责指挥张辉瓒的第十八师、谭道源的第五十师和公秉藩的新编第五师。12月15日,鲁涤平以南昌行营主任名义发出了会攻东固的命令。

早在10月上旬,红军就得知蒋介石的准备。10月31日左右,红一方面军在新余县罗坊召开军事会议讨论如何反第一次围剿。毛泽东提出"撒开两手,诱敌深入",歼灭国民党军于根据地内部。11月1日,红一方面军发布命令,推行"诱敌深入赤色区域待其疲惫而歼灭"的方针。红军主力4万余人东渡赣江,退至预定地点黄陂、小布、安福圩、砍柴冈、平田一带隐蔽集结,待机歼敌。国民党军渡过赣江,以9个师3个旅的兵力分成6个纵队自北向南发起全面进攻,同时以两个师从赣州、泰和分两路向中央苏区西部推进,企图消灭红军于东固一带。它的进攻正面分左中右三路。张辉瓒师、公秉藩师在右,谭道源师在中,毛炳文师和许克祥师在左。毛泽东分析指出:"张、谭两师是'围剿'主力军,'围剿'军总司令江西主席鲁涤平的嫡系部队,张又是前线总指挥。消灭此两师,'围剿'就基本上打破了。两师各约一万四千人,张师又分置两处,我一次打一个师是绝对优势。"①12月30日,将张辉瓒两个主力旅和师部9000人包围于龙冈一带予以全歼,吓得谭道源师掉头逃跑。红军乘胜追击,于1931年1月3日在东韶消灭谭道源半个师。这样,红军五天内取得两次大捷,歼灭国民党军一个半师16000余人,缴获枪支13000多支,第一次"围剿"基本结束。

蒋介石不甘心失败,于1931年2月发动对江西红军的第二次"围剿",重设南昌行营,由何应钦以国民政府军政部长的身份兼任行营主任。何应钦将杂牌军分成四路,采用"稳扎稳打、步步为营"、齐头并进、紧缩包围的战术向江西红军合围。3月27日,何应钦下总攻击令,限各军于4月1日按计划向"赤共"地区推进。

在国民党军发动进攻前,红一方面军除以一部迟滞、牵制国民党军外,主力往南转移至宁都周围广昌、石城、瑞金、古龙冈等地休整,作好迎战准备。国民党军发起进攻后,苏区中央局在宁都一个名叫背村的小村召开军事会议进行讨论。毛泽东等人主张诱敌深入,就地作战,反对外线转移。同时,针对敌方王金钰第五路军初到南方水土不服、不善爬山等弱点,提出集中兵力、先打弱敌,然后由西向东横扫、各个歼灭的作战方针。会议采纳这一方针。于是,红军主力转移到东固地区隐蔽起来,准备攻打王金钰右翼进占富田、固陂圩一带的公秉藩第二十八师和上官云相第四十七师。虽然蔡廷锴第十九路军和郭华宗第四十三师分别威胁红军的左翼、右翼,公秉藩师

---

① 毛泽东:《中国革命战争的战略问题》,《毛泽东选集》第1卷,人民出版社1991年版,第217页。

和上官云相师"处于蔡廷锴、郭华宗两敌之间,距郭十余里,距蔡四十余里",红军如果仍然坚持打这两个师,就得穿过蔡、郭两敌之间仅仅几十里的空隙。毛泽东、朱德等人坚持方案不变。而何应钦在找不到红军主力的情况下命令"如期攻下东固"。王金钰据此5月12日下令上官云相、公秉藩两部分别从富田、固陂圩出发向东固攻击前进,5月15日前占领东固。红军得知消息,分作三路,从蔡廷锴、郭华宗两部间隙穿插而过,向公秉藩师和上官云相师扑过去。5月16日,发起进攻,全歼公秉藩师于山坑、中洞通往东固的一条山路上,歼灭上官云相师一部于富田到东固的路上。公秉藩被俘,由于未被认出而逃走。上官云相率残部北逃。接着,红军集中兵力,从富田向东横扫郭华宗第四十三师、郝梦龄第五十师、高树勋第二十七师、刘和鼎第五十六师。这些国民党军队有的被歼灭,有的逃走。这样,在5月16日至31日十五天里,红军从富田到建宁"走七百里,打五个仗,缴枪二万余,痛快淋漓地打破了'围剿'"①。

1931年6月,蒋介石发动并亲自指挥对江西红军的第三次"围剿"。7月,蒋介石在国民党江西省党部扩大纪念周上正式宣布"三分军事,七分政治"总方针:"赤匪这样猖獗,军队只负百分之三十的责任,百分之七十的责任应由党部党员负责。"②

自"第二次'围剿'结束至第三次'围剿'开始,为时仅一个月,红军苦战后未休息,也未补充(三万人左右),又绕道千里回到赣南根据地西部之兴国集中,时敌已分路直迫面前"。针对这种情况,红军计划采取两个阶段反"围剿"。在第一阶段,"由兴国经万安突破富田一点,然后由西向东,向敌之后方联络线上横扫过去,让敌主力深入赣南根据地置于无用之地"。在第二阶段,"避敌主力,打其虚弱"。但红军在向富田开进之时,陈诚、罗卓英两师发现而赶至。红军不得不改变计划,从兴国西部之高兴圩穿越国民党军12个师包围圈中仅仅四十华里的空隙地带,向东部之莲塘、永丰县南部之良村、宁都县北部之黄陂方向突进。从8月7日至11日,三战皆胜,共歼敌1万余人,缴枪6千多支。"此时所有向西向南之敌军主力,皆转旗向东,集中视线于黄陂,猛力并进,找我作战,取密集的大包围姿势接近我军。"红军则从

---

① 毛泽东:《中国革命战争的战略问题》,《毛泽东选集》第1卷,第218页。
② 陈贻琛:《五次"围剿"中的"七分政治、三分军事"见闻》,《江西文史资料选辑》总第14辑,第116、117页。

两路国民党军 20 万大军间"一个二十华里间隙的大山中偷越过去",由东面之黄陂回到西面之兴国境内集中休息。国民党军发现时,红军已休息半个月。此时国民党军"饥疲沮丧,无能为力,下决心退却了"①。红军则乘其退却之机,消灭国民党军 1 个师又 1 个旅。第三次反"围剿"历时 75 天,红一方面军共消灭国民党军 17 个团 3 万余人。

1932 年 4 月 28 日,蒋介石在武汉设立"剿匪"总司令部,自任总司令,指挥对鄂、豫、皖三省红军的"围剿"。6 月 18 日,他在庐山召开军事会议,再次确定以"三分军事、七分政治"为"围剿"的总方针。7 月,蒋介石首先对鄂豫皖、湘鄂西两个革命根据地发动进攻,同时作好从东、南、北三面包围进攻中央苏区的准备。10 月,鄂豫皖、湘鄂西两个根据地的红军反"围剿"失利,不得不转移。于是,蒋介石在 1933 年 2 月对中央苏区的第四次"围剿"作出部署:顾祝同任"围剿"军总司令,陈诚率领罗卓英、吴奇伟、赵观涛三个纵队为北路军,作为进攻的主力;广东部队余汉谋为南路军,蔡廷锴部为东路军。蒋介石企图采取分进合击的战术,向黎川、泰宁、建宁、广昌各战略点发起进攻,将红一方面军主力压缩到广昌至建宁一线决战,然后往南进攻中央苏区的中心瑞金。

1932 年 10 月,毛泽东被解除红一方面军总政委之职。他关于"诱敌深入"的主张被"左"倾机会主义者指责为"专去等待敌人进攻的右倾主要危险"。1933 年 2 月,被"左"倾机会主义者控制的临时中共中央和苏区中央局命令红军主力强攻驻有国民党重兵的南丰城。经过两天激战,红军损失惨重,在前线负责指挥的周恩来等人指出如仍强攻南丰根本不可能,当机立断"改强袭南丰为佯攻"②。除一部佯攻外,另以红十一军伪装主力由新丰街东渡抚河新黎川一带进击,迷惑国民党军,主力则集中于国民党军右翼东韶、洛口地区,寻机各个击破国民党军。陈诚上当把红十一军当做主力,命令所部分三路全力追击,向黎川、广昌推进。他的主力在东路,西路李明、陈时骥两个师不但暴露在红军面前,而且迫近红军主力集中地。由于这两个师分作两路从南丰、乐安向黄陂前进,中间隔着一条大山岭——摩罗嶂,配合困难。2 月 28 日,红军一举歼灭这两个师于宜黄南部地区,李明伤重而

---

① 毛泽东:《中国革命战争的战略问题》,《毛泽东选集》第 1 卷,第 219 页。
② 周恩来:《强袭南丰战况及改强袭为佯攻的意图》,《周恩来军事文选》第 1 卷,人民出版社 1997 年版,第 258 页。

死,陈时骥被俘。陈诚不甘心失败,判断红一方面军主力会转至广昌,因而命令所部取道黄陂等地扑向广昌。周恩来、朱德等将计就计,以一部伪装主力诱敌至广昌,主力则在国民党军必经之地草台冈隐蔽下来,于3月21日将陈诚嫡系肖干第十一师全歼,肖干潜逃。两役缴枪万余,俘敌近2万,毙俘师长2人、旅长2人,第四次"围剿"基本上被打破。这次反"围剿"胜利后,红一方面军发展到10万人左右,赤卫队发展到20万人,中央苏区达到全盛时期。

二、党内的路线斗争

八七会议期间,中国共产党在注意纠正右倾错误的同时未能防止"左"。一方面,广大党员看到国民革命被陈独秀右倾投降主义断送了,看到国民党反动派天天在屠杀共产党人和革命群众,普遍地存在着一股愤恨的情绪和拼命的精神。在这种情况下,"左"比右好的观念发生了,怕右不怕"左"。这种"左"倾情绪在八七会议后继续蔓延,成为"左"倾错误产生的群众基础。另一方面,中国共产党对阶级关系及新民主主义革命和社会主义革命关系的认识存在错误,不但认为民族资产阶级同买办资产阶级"一样",而且没有把小资产阶级当做必须争取和联合的对象,反而用所谓"革命方法"来对待小资产阶级。之所以如此,是认为资产阶级民主革命的完成必须实现于反对已成反革命的资产阶级的斗争之中,资产阶级民权主义革命与社会主义革命之间,并没有截然分为两段的界限,从而混淆了新民主主义革命与社会主义革命的区别。这是"左"倾主义错误产生的理论基础。

1927年11月9日至11日,瞿秋白在共产国际代表罗明纳兹的指导下于上海主持召开临时中共中央政治局扩大会议。会议通过《中国现状与共产党的任务决议案》、《最近组织问题的重要任务决议案》、《政治纪律决议案》等。这些决议案虽然包含了一些正确思想,比如继续批评陈独秀右倾投降主义路线,强调对革命要充满信心等等,但形成了"左"倾盲动主义路线。这个路线混淆了民主革命和社会主义革命的界限,认为中国革命是民权主义到社会主义的无间断的革命,因此在反帝反封建的同时不能不同时推翻资产阶级,"对于上层小资产阶级——店东商人等等,切不可以存在犹豫动摇的心理因而阻止群众剧烈的革命行动"。认为革命形势是不断高涨,是直接革命的形势,因此中国共产党的总策略是:"(一)努力使群众自发的革命斗争得有最高限度的组织的性质;(二)努力使互相隔离零星散乱的农民暴动,形成尽可能的大范围内的农民总暴动;(三)努力保证工人阶级的爆发与农民暴动互相赞助、互相联络。"武装暴动的总口号是"一切政权归工农兵贫民代表会议"。① 为此,临时中共中央政治局未考虑主客观条件是否具备,以广东、湖南、湖北、江西等省为中心,发动总暴动。各地在执行中出现"左"倾做法,实行烧杀政策,损失很大。1928年4月3日,中共中央政治局发出通告,号召全党竭力纠正"左"倾盲动主义错误。

1930年6月,中共中央政治局常委李立三主持召开政治局会议,通过《新的革命高潮与一省或几省的首先胜利》的决议,以冒险主义为特征的"立三路线"形成。在革命形势上,李立三认为国民党新军阀混战很有可能转变成为"全国革命的胜利与军阀统治的最后灭亡","空前的世界大事变与世界大革命的时机,都在逼近到我们的面前了"。世界各地到处都在吐火冒烟,革命条件已经成熟,只要产业区域的工人斗争发动起来,中国革命高潮的局面就会形成,而中国革命的爆发又必将引起世界革命的爆发。在革命性质上,李立三同瞿秋白一样混淆民主革命和社会主义革命的界限,认为在进行民主革命的同时必须反对资产阶级。革命道路上,李立三反对走农村包围城市的道路,反对将工作重心转到农村。在行动计划上,李立三制定了以武汉为中心的总暴动和集中全国红军进攻中心城市的冒险计划:赣西南、赣东北和闽西北地区的红军攻占南昌、九江,夺取整个江西,以截断长江;湘鄂赣地区的红军帮助鄂南、鄂东南暴动,截断武(汉)长(沙)路;湘鄂西地区的红军帮助鄂西、鄂东南暴动;鄂豫皖地区的红军截断平汉路;右江地区的红军进攻柳州、桂林,并协助东江地区的红军进攻广州。之后,各路红军"会师武汉,饮马长江",造成以武汉为中心的附近省区首先胜利的局面。在组织上,李立三将党、团、工会的各级领导机关合并,成立各级行动委员会。

9月24日,中共中央六届三中全会在上海召开。会议批判了李立三"左"倾冒险主义的错误,决定停止执行李立三制定的冒险行动计划,取消各级行动委员会,恢复党、团、工会的独立组织和经常性的工作,从而结束了李立三"左"倾冒险主义在中共中央的统治。

虽然"立三路线"已经结束,但是共产国际执行委员会仍然于10月通过《给中共中央关于立三路线问题的信》,强调李立三所犯的是路线错误,他执

---

① 中国现代革命史资料丛刊:《土地革命战争时期大事月表》,人民出版社1985年版,第14页。

行的路线与共产国际的路线在原则上是根本对立的。王明得知后,立即撰写了《为中共更加布尔塞维克化而斗争》的小册子。王明声称,"立三路线"是"以'左'倾词句掩盖的右倾机会主义"。实际上,王明在"拥护国际路线"、反对"立三路线"和"调和路线"的旗号下提出了一套比"立三路线"更"左"、以教条主义或机会主义为特征的"王明路线"。在中国社会性质上,王明声称,李立三由于根本否认了殖民地半殖民地的中国"有相当的畸形的资本主义发展的事实",也就否认了无产阶级在革命中的领导权和"革命转变的前途",甚至根本否认了现阶段的革命。在阶级关系上,王明指责李立三承认"第三派"或"中间营垒"的存在,无视上层小资产阶级都站了反动营垒一边,看不到一切资产阶级改良派别都属于"反动营垒的一翼"。在革命性质上,虽然李立三同王明一样都把反资产阶级同反帝反封建并列起来,王明却指责李立三不反资产阶级,声称"现在阶段的中国资产阶级民主革命,只有在坚决进行反对资产阶级的斗争中,才能取得彻底胜利"。在革命形势上,虽然李立三同样强调革命形势的空前高涨,王明却指责李立三是以"左"的词句否认革命的"新高潮","否认了一省或几省首先胜利的可能性"。与此同时,王明指责中共六届三中全会"对立三路线的一贯右倾机会主义的理论与实际,未加以丝毫的揭破和打击",是"调和主义","实际上继续着立三路线"。他声称,为了在全党"坚决实行两条战线的斗争",为了坚决地反对"立三路线",必须"以能积极拥护和执行国际路线的斗争干部","来改造和充实各级的领导机关"。

根据这些论调,于1931年1月7日召开的中共六届四中全会,在所谓共产国际代表米夫的操纵下,通过了王明路线,王明"左"倾机会主义路线开始统治中共中央。这次全会及其产生的中共中央,过分打击犯"立三路线"错误的党员,错误地打击以瞿秋白为首的所谓犯"调和路线错误"的干部,并以所谓"反右倾",打击一直在白区坚持斗争的何孟雄、林育南和李求实等人。为了极力贯彻王明路线,王明不但将一大批"左"倾机会主义者和宗派主义者塞进中共中央,而且有系统地向各地派遣中央代表和新的领导干部:派夏曦至洪湖根据地成立湘鄂西中央分局,派中央代表团至中央苏区,派张国焘、陈昌浩至鄂豫皖,派曾洪易到赣东北,等等。

1931年9月,王明随同米夫到莫斯科任中共驻共产国际代表团负责人后,临时中共中央由博古负责。此时,九一八事变已经爆发。虽然"左"倾机会主义者主张抗击日本的入侵,谴责国民党政府的不抵抗,但是对一系列问题的分析是错误的,由此制定的方针政策也是错误的。在事变性质上,他们认为这个事变是日本"加倍的积极准备反苏战争",它"将成为世界大战尤其是反苏战争的导火线",因此提出了"武装保卫苏联"这种脱离于民族解放战争的口号。在国际关系上,他们看不到帝国主义国家之间的矛盾,把"反对一切帝国主义"同反对日本帝国主义并列,认识不到建立国际抗日统一战线的必要性。在民族矛盾和阶级矛盾关系上,他们认识不到由于日本的入侵,中华民族同日本帝国主义的矛盾开始成为中国社会的主要矛盾,看不到日本侵略造成的民族危机和国家灭亡的危险,因此一再强调在反对日本帝国主义的同时必须反对国民党,甚至认为"推翻国民党政府,是胜利地进行民族革命战争的先决条件"。在国内阶级关系的变化上,他们把国民党看做铁板一块,看不到国民党内各派在对日问题上的态度是不同的,认为像李济深、蔡廷锴等这些抗日反蒋人士是企图"利用他们在野的地位","欺骗民众",以图"挽救国民党反动统治的最后崩溃",因而要统统打倒。他们看不到民族资产阶级政治态度的变化,否认中间营垒的存在,并且认为中间派别是"中国革命最危险的敌人"①而必须予以打击。在革命形势上,他们过分夸大国民党统治的危机和革命力量的发展,错误地认为国民党的统治正在崩溃,因而不但要求红军向中心城市进攻,以取得湘、鄂、赣、皖等省的首先胜利,而且要求在白区的党组织开展为条件所不允许的群众斗争,甚至准备武装起义。这一切,不但使中国共产党失去了对当时抗日民主运动的正确领导,而且导致了中国共产党在白区的工作遭到重大损失,临时中共中央也因此不得不于1933年初从上海迁入中央苏区。

但是,"左"倾机会主义者不但不吸取失败教训,反而在苏区反对所谓"罗明路线"。罗明是中共福建省委代理书记。他认为中国共产党在上杭、永定、龙岩这些边缘地区的政策不同于在巩固地区的政策。"左"倾机会主义者指责这是"机会主义路线",宣布撤去罗明的职务,在全党范围内开展反对"罗明路线"的斗争。与此同时,又开展了反对邓小平、毛泽覃、谢唯俊、古柏所谓"江西的罗明路线"的斗争。邓小平时任会(昌)寻(邬)安(远)中心县委书记,毛泽覃任永(丰)吉(水)泰(和)中心县委书记,谢唯俊是红军独立第五师师长,古柏曾任红一方面军总前委秘书长。他们反对"左"倾机会主义

---

① 《中共中央关于日本帝国主义强占满洲事变的决议》,载《中共中央文件选集》第7册。

路线,拥护和执行毛泽东的正确主张。"左"倾机会主义者指责他们是"绝对的反党反国际"的"右倾机会主义路线",是"已有政纲的反党派别小组织"。"左"倾机会主义者这样做,一方面是由于共产国际力图通过他们控制中国共产党,另一方面是由于他们认识不到马克思主义必须中国化,教条主义地对待马克思主义,讥讽"山沟里没有马列主义"。

在反第五次"围剿"之际,标志着王明"左"倾机会主义路线达到顶点的中共六届五中全会于1934年1月召开。博古主持会议并作《目前的形势与党的任务》的报告。会议对形势作了完全错误的估计,认为"中国革命危机已经到了新的尖锐阶段——直接革命形势在中国存在着",第五次反"围剿"就是"争取中国革命完全胜利的斗争"。会议在反对"主要危险右倾机会主义"的口号下,继续发展了宗派主义的过火斗争和打击政策。会议决定设立中共中央书记处,博古、张闻天、周恩来、项英为书记处书记,博古负总责。王明"左"倾机会主义的推行,给中国革命和中国共产党带来的灾害近乎灭顶。

三、反"围剿"失败和红军长征

经过半年的准备,蒋介石于1933年9月发动第五次"围剿"。他动用了100万兵力、200架飞机,分四路进攻中央革命根据地:以嫡系部队22个师又2个旅的兵力为北路,顾祝同任总司令驻抚州,陈诚任前敌总指挥;以湘军为主的14个师又1个旅作为西路,由何键任总司令驻宜春;以粤军14个师又2个旅的兵力作为南路,由陈济棠任总司令驻广东韶关;以11个师左右的兵力作为东路,蒋鼎文任总司令驻龙岩,阻止红军东进。在战术上,蒋介石采取持久战与碉堡推进的步步逼进方法,最后与红军决战。

本来,中央苏区的正规红军已有10万人,地方赤卫队近20万人,如果采取正确的战略战术,完全有可能打破第五次"围剿"。但是,临时中共中央总负责人博古和共产国际派来的所谓军事顾问李德,"完全剥夺了毛泽东同志对红军的指挥权,排斥了毛泽东等同志的正确主张,由李德的独断专行取代了军委的集体领导"①,推行一套完全与实际相反的战略战术,即:反对战略的持久战和战役战术的速决战,主张战略的速决战和战役战术的持久战;在作战方针上反对积极防御和诱敌深入,主张"分兵把守"的消极防御,"拒

---

① 伍修权:《我的历程》,解放军出版社1984年版,第71页。

敌于国门之外";在作战方法上,反对游击战和运动战,反对集中兵力打歼灭战,热衷于打阵地战、正规战、堡垒战,要求"全线出击",企图一举取得决战的胜利。

9月25日,国民党军周浑元部4个师首先进攻中央苏区北部重镇黎川。守黎川的部队仅有70余人,"左"倾机会主义者却命令死守。闽赣军区司令员肖劲光在敌我力量极为悬殊的情况下当机立断,撤出黎川。"左"倾机会主义者大为恼火,命令夺回黎川。虽然红军于10月7日至10月10日在黎川东北之洵口歼灭国民党军一个旅,但整个不利形势并未改变。"左"倾机会主义者却认为国民党军不堪一击,命令攻打黎川周围国民党军各坚固据点。国民党军在这一地区的军队就有10个师左右,防守严密,碉堡坚固,火力密集,红军连续攻打不能奏效。这样,从黎川被占到11月中旬,红军始终在敌我交界地区阻击国民党军,不但未能夺回黎川,而且丧失了主动制敌的机会。

"左"倾机会主义者反过来被国民党军的优势和碉堡吓倒,从冒险进攻主义转到防御中的保守主义上来。他们分兵把守,处处设防,声称"不丧失寸土"。在此同时,他们还丧失了一次打破"围剿"的重要机会。11月20日,李济深、陈铭枢、蒋光鼐、蔡廷锴等人发动"福建事变",成立"中华共和国人民革命政府"。蒋介石赶忙从"围剿"军队中抽调11个师入闽镇压,对中央苏区暂取守势。毛泽东建议"红军主力无疑地应该突进到以浙江为中心的苏浙皖赣地区去,纵横驰骋于杭州、苏州、南京、芜湖、南昌、福州之间,将战略防御转变为战略进攻,威胁敌之根本重地,向广大无堡垒地带寻求作战。用这种方法,就能使进攻江西南部福建西部地区之敌回援其根本重地,粉碎其向江西根据地的进攻,并援助福建人民政府"。他强调指出:"此计不用,第五次'围剿'就不能打破,福建人民政府也只好倒台。"博古、李德却未采纳。这不但使李济深等人很快失败,也使红军处于极为不利的境地。

1934年1月,蒋介石镇压福建人民政府得手后重新调集重兵发起进攻。陈诚指挥11个师进攻中央苏区北大门广昌,"左"倾机会主义者也集中红军主力进行广昌会战。战斗从4月10日打响,历时18天,广昌于4月27日失守。广昌之战是红军战史上最典型的阵地战、消耗战,对红军来说是灾难性的,红军自身伤亡5000余人,国民党军却只伤亡、被俘2600余人。"左"倾机会主义者并不吸取教训,又强迫红军进行建宁保卫战,结果是建宁也不得不于5月16日放弃。7月初,国民党军向中央苏区发动全面进攻。9

月,开始进攻中央苏区中心瑞金一带。其间,毛泽东建议"以主力向湖南前进","调动江西敌人至湖南而消灭之"。但未被采纳,这样,"打破第五次'围剿'的希望就最后断绝,剩下长征一条路了"①。

在4月广昌失守后,"左"倾机会主义者惊慌失措,考虑战略大转移。5月,临时中共中央成立最高决策机构"三人团",博古负政治上责任,李德负军事上责任,周恩来负责督促军事准备计划的实行。虽然"三人团"为战略转移作了一些准备,但是"关于为什么退出中央苏区、当前任务怎样、到何处去等基本的任务与方向问题,始终秘而不宣"②。9月底,"三人团"仓促决定战略转移到湘鄂西同红二、六军团会师,创建新的革命根据地。10月9日,红军总政治部号召"发扬部队的攻击精神,准备突破敌人的封锁线,进行长途行军与转移"。10月10日晚,中共中央、中革军委率领第一、第二野战纵队从瑞金出发。10月17日,中央红军从雩都出发,闻名世界的长征开始。

"左"倾机会主义者这时从保守主义转到逃跑主义上来。虽经广大红军努力奋战,突破四道封锁线,于11月30日左右渡过湘江,但损失惨重,红军由长征出发时的8.6万人减少到3万余人。"广大干部眼看反第五次'围剿'以来,迭次失利,现在又几乎濒于绝境。与反第四次'围剿'以前的情况对比之下,逐渐觉悟到这是排斥了以毛泽东为代表的正确路线、贯彻执行了错误的路线所致,部队中明显地滋长了怀疑不满和积极要求改变领导的情绪。这种情绪,随着我军的失利,日益显著,湘江战役,达到了顶点。"③在12月12日召开的通道非常会议上,毛泽东针对蒋介石在湘西部署重兵围歼长征红军的计划,力主放弃到湘西与红二、六军团会师的计划,改向国民党军兵力薄弱的贵州前进。这一主张得到多数人的赞同,博古等人迫于形势,只得接受。12月中旬,中央红军入黔攻占黎平。12月18日,中共中央政治局在此召开会议,讨论战略方针。博古、李德主张折入黔东,坚持到湘西的原定计划。毛泽东提出继续西进,到川黔边建立新的革命根据地。会议接受毛泽东的正确意见,通过《中共中央政治局关于战略方针之决定》,指出:"鉴于目前所形成之情况,政治局认为过去在湘西创立新的苏维埃根据地的决

---

① 毛泽东:《中国革命战争的战略问题》,《毛泽东选集》第1卷,第236页。
② 《中共中央关于反对敌人五次"围剿"的总结决议》,载中共中央党史资料征集委员会、中央档案馆编:《遵义会议文献》,人民出版社1985年版,第18页。
③ 刘伯承:《回顾长征》,载树军、新民、解昌编:《万里长征亲历记》,中共中央党校出版社1996年版,第6页。

定在目前已经是不可能的,并且是不适宜的。"新的根据地应该是以遵义为中心的川黔边地区。1935年1月3日,红军强渡乌江。7日凌晨,攻占遵义。

行军中的红军队伍

1月15日至17日,中共中央在遵义召开扩大会议。参加和列席会议的政治局委员有毛泽东、周恩来、朱德、张闻天、陈云、博古,候补委员有王稼祥、刘少奇、邓发、凯丰,中央秘书长邓小平,红军总部和各军团负责人刘伯承、李富春、林彪、聂荣臻、彭德怀、杨尚昆、李卓然,共产国际军事顾问李德和翻译伍修权等。会议议题之一是"决定和审查黎平会议所决定的暂时以黔北为中心,建立苏区根据地的问题";二是"检阅在反对五次'围剿'中与西征中军事指挥上的经验与教训"[①]。关于第一个议题,会议认为黔北人烟稀少,少数民族多,党的基础薄弱,建立根据地比较困难,决定放弃黎平会议关于建立以遵义为中心的川黔边革命根据地的战略决定,改而与红四方面军会师,建立川西或川西北革命根据地。关于第二个议题,博古在关于反对第五次"围剿"的主题报告中,把失败的原因归结为敌人过于强大、各根据地配合不密切、后勤物资工作没有做好等。周恩来作了自我批评,指出失败的主要原因是军事领导者在战略战术方面犯了严重的错误。张闻天作了反对

---

① 陈云:《遵义政治局扩大会议传达提纲》,载中共中央党史资料征集委员会、中央档案馆编:《遵义会议文献》,解放军出版社1995年版,第34页。

"左"倾军事错误的报告,即"反报告"。毛泽东作了重要发言,指出第五次反"围剿"失败的主要原因在于博古、李德在战略战术方面犯了一系列的错误,即:堡垒对堡垒、分散兵力、没有利用十九路军反蒋介石的福建事变、战略转移迟疑不决和仓促。接着,王稼祥、朱德、周恩来等人先后发言,赞同毛泽东的意见。会议形成了后来的《中共中央关于反对敌人第五次"围剿"的总结决议》。这个决议一方面肯定和阐述了毛泽东等人在实践中探讨得出的中国革命规律和相应的战略战术,一方面严肃批评了博古和李德违反民主集中制、取消军委领导的错误,明确指出二人要对第五次反"围剿"的失败在军事上负主要责任。由于当时王明路线的危害尚未充分暴露,又打着共产国际的旗号,使人一时不易识破他们,会议没有提出政治路线错误问题,只是全力解决军事上的问题,决定:第一,选举毛泽东为中共中央政治局常委;第二,指定张闻天起草决议,委托常委审查后,发到党支部中去讨论;第三,常委中再进行适当的分工;第四,取消"三人团",仍由朱德、周恩来为军事指挥者,周恩来受中共中央委托在军事指挥上下最后决定。根据第三条决定,常委在会议结束后作了分工,毛泽东协助周恩来进行军事指挥。后来在行军途中,在云贵川三省交界、素有"鸡鸣三省"之称的云南威信县水田寨,中共中央决定由张闻天代替博古负总责。随后成立由毛泽东、周恩来、王稼祥三人组成的军事指挥小组。遵义会议是中共党史上"一个生死攸关的转折点",是中国共产党从幼年走向成熟的标志。它"确立了毛泽东同志在红军和党中央的领导地位,使红军和党中央得以在极其危急的情况下保存下来,并且在这以后能够战胜张国焘的分裂主义,胜利地完成长征,打开中国革命的新局面"①。

遵义会议召开后,中央红军在新的中共中央指挥下,机动灵活,四渡赤水,进逼贵阳,不仅在遵义战役中歼灭国民党军20个团、取得了长征以来的首次大捷,而且乘虚直入云南,巧渡金沙江,摆脱了数十万国民党军的围追堵截,掌握了战略主动权。接着,在正确执行民族政策下顺利通过大凉山彝族地区,强渡大渡河,飞夺泸定桥,翻越终年积雪的夹金山,于1935年6月与红四方面军会师于四川懋功。

当时,红四方面军有8万人,红一方面军只有3万人左右,因此,张国焘

---

① 《中国共产党中央委员会关于建国以来党的若干历史问题的决议》,人民出版社1981年版,第3页。

野心膨胀,企图夺取中共中央最高权力,要求红军南下川西大小金川流域或西康一带。中共中央根据抗日民族解放运动的高涨和川北、川西北的地理情况,决定放弃遵义会议决定的在川西北或川北建立根据地的方针,于 6 月 28 日在懋功两河口召开的政治局扩大会议上通过《关于一、四方面军会合后的战略方针》,指出由于"大小金川流域在军事政治经济条件上均不利于红军的活动与发展",西康的情形更差,"我们的战略方针是集中主力向北进攻","创造川陕甘苏区根据地"。张国焘会上口头同意,会后却布置南下。对此,中共中央政治局于 8 月 4 日至 6 日在毛儿盖沙窝召开扩大会议,通过《中央关于一、四方面军会合的形势与任务的决议》,强调两军团结的重要性,指出创造川陕甘的苏区根据地是放在两军面前的历史任务。会后,两个方面军混编为右路军和左路军共同北上。陈昌浩为右路军政委,毛泽东等人率中共中央机关和前敌总指挥部随右路军行动。朱德、张国焘、刘伯承分别以红军总司令、总政委、总参谋长名义随左路军行动。张国焘回到红四方面军后却立即召开军以上干部会议,提出西进青海、甘肃边远地区,并抽兵南下出击抚边、理藩。对此,中共中央政治局于 8 月 20 在毛儿盖再次召开会议,通过《中央政治局关于目前战略方针之补充决定》,重申 6 月 28 日作出的战略方针,批评张国焘的提议"是一个危险的退却方针。这个方针之政治的来源是畏惧敌人,夸大敌人力量,失去对自己力量及胜利的信心的右倾机会主义"。会后,右路军北上穿过荒无人烟的草地,于 8 月 31 日攻占上包座,打开进入甘南的大门。这时,张国焘企图公开分裂并危害中共中央。他在左路军经过草地到达阿坝后,于 9 月 9 日背着中共中央电令右路军政委陈昌浩率右路军南下。右路军参谋长叶剑英得知电报内容后,立即报告毛泽东。中共中央为了避免冲突,连夜率领右路军中一部分主力北上。9 月 12 日,中共中央政治局在甘肃迭部县俄界召开扩大会议,通过《关于张国焘同志的错误的决定》,号召红四方面军团结在中共中央周围,同张国焘的错误作斗争。接着,中央红军突破国民党军封锁线,于 10 月 19 日与陕北红军红十五军团会师于吴起镇。11 月,会师后的红军在直罗镇取得了歼敌 1 个师又 1 个团的大捷,为中共中央把革命的大本营放在陕北举行了奠基礼。

　　张国焘却率领红四方面军南下,于 10 月在卓木碉非法另立"中共中央",自封"主席"。朱德、刘伯承等人同他的分裂活动作坚决的斗争。由于红四方面军广大将士也反对分裂活动,张国焘不得不在 1936 年 6 月宣布取消他的"中共中央"。这时,从湘鄂川黔根据地长征的红二、六军团到达西康甘孜，与红四方面军会师。中共中央将红二、六军团和红三十三军合编为红二方面军，由贺龙任总指挥，任弼时任政委，反分裂的力量进一步加强，张国焘不得不同意北上与中共中央会合。10月22日，红二、四方面军与红一方面军会师于甘肃会宁、宁静地区，举世闻名的二万五千里长征胜利结束。

红军长征，是人类历史上的一大奇迹，是一部光荣的革命史诗，是中国革命由失败走向胜利的关键。毛泽东指出："长征是历史记录上的第一次，长征是宣言书，长征是宣传队，长征是播种机。""长征一完结，新局面就开始。"①

第四节　左翼文化运动

国民党政府在军事上对革命进行"围剿"的同时，在文化上也进行"围剿"。

剥夺革命进步文化的出版自由。1930年12月，国民政府颁布《出版法》，对报纸、杂志、书籍及其他出版物的出版作了种种限制和规定，一切出版物必须交审。1932年11月，国民党中央颁布《宣传品审查标准》，进一步规定凡是宣传共产主义、批评国民党统治及其政策、要求民主和抗日的，一律予以禁止。1934年6月，国民党中央又颁布《图书杂志审查办法》，规定一切图书杂志在付印前都须将稿本送国民党中央宣传委员会图书杂志审查委员会审查，否则予以处分。在这种情况下，"不但内容略有革命性的，而且连书面用红字的，作者是俄国的"，都在禁止之列，"于是使书店只好出算学教科书和童话"②。

查禁进步书籍，屠杀文化进步人士。根据1936年国民党中央宣传部秘密制订的《取缔反动文艺书籍一览》和印发的《取缔社会科学反动书刊一览》，被查禁的文艺书籍和社会科学书刊分别达364种和676种。1931年2月，将著名的青年作家、优秀共产党员柔石、殷夫、胡也频、李伟森、冯铿五人，秘密杀害于上海龙华监狱。1933年11月，捣毁上海艺华影片公司，袭击良友图书公司。1934年11月，暗杀上海《申报》总经理史良才。

国民革命失败后，一大批革命的文化工作者陆续来到上海，逐渐形成了

---

① 毛泽东：《论反对日本帝国主义的策略》，《毛泽东选集》第1卷，第149～150页。
② 鲁迅：《二心集·黑暗中国的文艺界的现状》，载《鲁迅全集》第4卷，第286页。

一支文化大军,在中国共产党的领导下,拿起笔墨,同国民党的文化"围剿"作斗争,发起了一场轰轰烈烈的以提倡无产阶级的革命文学和宣传马克思主义为主要内容的左翼文化运动。

无产阶级文学运动不但是左翼文化运动的一个重要组成部分,而且兴起最早,规模和声势也很大。创造社和太阳社最早提出无产阶级革命文学,并为无产阶级文学运动的开展作出了卓越的贡献。创造社的主要成员有郭沫若、成仿吾、李初梨、冯乃超、朱镜我等。他们以文艺性刊物《创造月刊》、《洪水》和理论性刊物《文化批判》为主要阵地。太阳社成立于1927年冬,主要成员有蒋光慈、钱杏邨、洪灵菲等,他们先后出版了《太阳月刊》、《时代文艺》、《海风周报》和《新流月报》。从1928年开始,这两个社的成员相继发表一系列文章,认为:从社会发展角度讲,由于"我们生在经济的基础变动的时代,这上层建筑之一的文艺当然要起变革,而有新的文学,革命文学",因此,无产阶级革命文学运动的开展很有必要,必须以"无产阶级文学来代替从来的文学"①。文学是有阶级性的,革命文学作为政治运动的辅助,要无条件地为完成无产阶级的历史使命而服务。为此,革命文学的内容和任务是:第一,"革命文学应当是反个人主义的文学,它的主人翁应该是群众,而不是个人;它的倾向应当是集体主义,而不是个人主义。"②第二,革命文学"应该以新的世界观,无产者的世界观,战斗的唯物论为背景,新美学的法则,表现无产阶级的现实生活、意识、心理和感情"。第三,"对于敌人的厌恶,对于同志的团结,激发斗争的意志,提起努力的精神"③,这不但是革命文学的根本精神,也是它的根本任务。

在无产阶级文学运动兴起后不久,一个学习社会科学、宣传马克思主义的运动在1929年也开展起来。这是因为"马克思主义不但在世界上成为领导的思潮,而且就是在落后的中国,也已经成为领导的思潮。全国的革命群众,深刻地感觉到,只有马克思主义方能给他们指示出出路,只有它才是革命运动唯一的指南针,于是新兴社会科学——马克思主义社会科学——在中国遂蓬勃怒发"④。这个运动的成果十分显著:在马克思主义经典著作翻

---

① 克兴:《评驳甘人的"拉杂一篇"》,载《创造月刊》第2卷第2期。
② 蒋光慈:《关于革命文学》,载《太阳月刊》1928年2月号。
③ 克兴:《评驳甘人的"拉杂一篇"》,载《创造月刊》第2卷第2期。
④ 吴亮平(梁平):《中国社会科学运动的意义》,载《世界文化》1930年创刊号。

译出版方面,一大批经典著作比如《资本论》、《反杜林论》、《家庭、所有制和国家的起源》、《国家与革命》、《论列宁主义基础》等大量翻译出版。据不完全统计,1921年7月至1927年7月间翻译的经典著作为31种,而在1927年8月至1937年7月间达到113种。值得称赞的是,王亚南和郭大力通力合作,花费10年时间,终于将马克思的巨著《资本论》翻译出来。在以马克思主义为指导进行哲学社会科学研究方面,出现了一系列成果。李达的《社会学大纲》是中国关于马克思主义哲学研究的一个重要成果。艾思奇的《大众哲学》和《哲学与生活》是马克思主义哲学通俗化、大众化的代表性成果。郭沫若和吕振羽是马克思主义史学的开拓者。郭沫若的《中国古代社会研究》第一次论证了中国古代社会也经历了奴隶制和封建制。吕振羽的《史前期中国社会研究》和《中国政治思想史》等是不朽的历史著作。李鼎声的《中国近代史》是第一部把鸦片战争作为中国近代史的开端的著作。

不过,当时错误的"左"倾思想、宗派主义路线在左翼文化运动,尤其是无产阶级文学运动中也反映出来。创造社和太阳社一些成员否认中国革命仍然是资产阶级性质的民主革命,过分夸大中国社会中的资本主义成分,认为社会主义革命高潮已经到来。根据这一分析,他们否认五四以来的新文化运动,认为这个运动是资产阶级领导的反对封建阶级的运动,对于无产阶级"毫无实效"。同时,他们认为大多数文学家都是反革命的,错误地把矛头指向鲁迅、茅盾、叶圣陶、郁达夫等人,尤其是把鲁迅说成"有闲的资产阶级"、"封建余孽"、"二重的反革命"。鲁迅一方面批评他们患有严重的教条主义错误,认为他们"对于中国社会,未曾加以细密的分析,便将在苏维埃政权之下才能运用的方法,来机械地运用了";一方面批评他们患有严重的"左"倾幼稚病和宗派主义错误,认为他们"摆着一种极左倾的凶恶的面貌,好似革命一到,一切非革命者就都得死,令人对革命只抱着恐怖"[①]。

中国共产党认为,文艺界的内部争吵是不利的,必将危害左翼文化运动的健康发展。因此,中共中央提出三点意见,即:一是文化工作者需要团结一致,共同对敌,自己内部不应该争吵不休;二是我们有的同志攻击鲁迅是不对的,要尊重鲁迅,团结在鲁迅的旗帜下;三是要团结左翼文艺界、文化界的同志,准备成立革命的群众组织。根据这一指示,中共中央文化工作委员

---

① 《二心集·上海文艺一瞥》,载《鲁迅全集》第4卷,人民文学出版社1981年版,第297页。

会成员潘汉年、冯雪峰等人同鲁迅及创造社、太阳社主要成员商讨如何团结一致、推动左翼文化发展的问题。1930年2月16日，鲁迅、潘汉年、蒋光慈、李初梨等人在上海集会，一致认为"有将国内左翼作家团结起来，共同运动的必要"。经过一段时间的筹备，于3月2日在上海成立了中国左翼作家联盟（简称"左联"），选举鲁迅、沈端先、冯乃超、钱杏邨、田汉、郑伯奇、洪灵菲七人为常务委员。大会通过的理论纲领，总结了五四新文化运动以来的文学发展经验，明确规定了无产阶级文学运动的阶级性，指出文学要为无产阶级革命服务。大会通过了"左联"的工作方针：吸收国外文学的发展经验，扩大左翼文化运动，建立各种研究组织；帮助新作家进行文学训练，培养和提拔工农作家；研究和学习马克思主义艺术理论和批评理论；出版"左联"的机关刊物及丛书、小丛书等；进行无产阶级文学的创作。

参加"左联"的哲学社会科学工作者朱镜我、李一氓、熊德山、邓初民、吴亮平、王学文等人，根据中国共产党的决定，于5月20日发起成立中国左翼社会科学家联盟（简称"社联"）于上海。大会通过的纲领明确规定，"社联"的主要任务就是宣传和普及马克思主义；用马克思主义观点分析中国社会和世界发展，促进中国革命；反对一切非马克思主义的思想。接着，中国左翼戏剧家联盟（简称"剧联"）、中国左翼新闻记者联盟（简称"记联"）、中国左翼美术家联盟（简称"美联"）等一系列文化团体相继成立。在此基础上，中国左翼文化界总同盟（简称"文总"）于10月成立，作为集中统一领导机关。这样，在中国共产党领导下的国统区的文艺大军组织起来了。他们在极其艰苦的条件下，千方百计创办了许多进步刊物，"左联"出版了《萌芽月刊》、《拓荒者》、《巴尔底山》、《前哨》（后改为《文学导报》）、《北斗》、《十字街头》等，"社联"出版了《新思潮》、《社会科学战线》、《书报评论》等，"左联"和"社联"联合出版了《文化斗争》和《世界文化》等。以此为阵地，他们反文化上的"围剿"，文艺运动开展得如火如荼。这正如鲁迅所指出："革命青年的血，却浇灌了革命文学的萌芽，在文学方面，倒比先前更是增加了革命性。"①

与此同时，左翼文化人士同一些资产阶级文人派别进行了论争。

与新月派文学的论争。新月派文学的代表人物是胡适、梁实秋、徐志摩等人。他们因1927年、1928年先后创办新月书店、《新月》月刊而得名。他

---

① 《且介亭杂文·中国文坛上的鬼魅》，载《鲁迅全集》第6卷，人民文学出版社1981年版，第153～154页。

"左联"创办的部分文艺刊物

们的观点主要是:其一,反对把文学当做阶级斗争的工具而否认其本身的价值,声称文学是没有阶级性的。梁实秋即认为:"文学家的心目中并不含有固定的阶级观念,更不含有为某一阶级谋利益的成见。"并说:"文学家不接受任何谁的命令,除了他自己内心的命令;文学家没有任何使命,除了他自己内心对于真善美的要求的使命。"①其二,文学"人性论"。梁实秋认为,无论是资本家还是工人,"他们的人性并没有两样,他们都感到生老病死的无常,他们都有爱的要求,他们都有怜悯与恐怖的情绪,他们都有伦常的观念,他们都企求身心的愉快",因此,人性的根本是不变的。其三,文学天才论。梁实秋认为"文学是少数天才的产物","好的作品永远是少数人的专利品,大多数永远是愚蠢的,永远是与文学无缘的"②。

鲁迅、彭康、冯乃超等人予以反驳。针对新月派的文学无阶级性,冯乃超强调生活在水深火热之中的民众,有反抗的感情,求解放的欲念,如火如荼的革命思想,把这些具体而形象地描述出来,就是文学艺术。③ 鲁迅进一步指出:"文学不借人,也无以表示'性',一用人,而且还在阶级社会里,即断不能免掉所属的阶级性,无需加以'束缚',实乃出于必然。"针对新月派超阶级的"人性论",鲁迅指出,喜怒哀乐的确是人之常情,"然而穷人决无开交易

---

① 梁实秋:《文学与革命》,载《新月》1928 年第 4 期。
② 梁实秋:《文学是有阶级性的吗?》,载《新月》1928 年第 2 卷第 6、7 号合刊。
③ 冯乃超:《冷静的头脑——评驳梁实秋的〈文学与革命〉》,载《创造月刊》第 2 卷 1 期。

所折本的懊恼,煤油大王哪会知道北京拣煤渣老婆子身受的酸辛,饥区的灾民,大约总不会去种兰花,像阔人的老太爷一样,贾府上的焦大,也不爱林妹妹的"①。

左翼文化人士与新月派的论争,是中国文学史上无产阶级文艺思想与资产阶级文艺思想的第一次较量。通过论争,无产阶级文艺思想得到进一步的传播,新月派遭到打击而分化,其中一部分人开始转变立场站到人民大众一边。

与"民族主义文学"的论争。1930年6月,在国民党政府的策划下,潘公展、朱应鹏、王平陵等发起"民族主义文学运动"。他们先后创办《前锋周报》、《前锋月刊》和《文艺月刊》,主张以民族意识代替阶级意识,声称以民族意识为中心的文学运动是当时中国最需要的。他们强调文艺的最高使命,就是民族主义。民族主义就是一方面要恢复和加强"忠孝仁爱,信义和平"的传统道德,一方面要吸收"现代德意志的表现主义"、"意大利的未来主义"和"法兰西的纯粹主义"等"可以利用的""好的"东西。

鲁迅、瞿秋白、茅盾等人对此予以回击。他们根据马克思主义关于民族问题归根结底是一个阶级问题的民族理论学说,指出"民族主义文学"派所讲的民族主义并不是真正的民族意识,恰恰是统治阶级意识的反映,试图建立法西斯专政,本质上是法西斯主义。

左翼人士同"民族主义文学"派的论争,实质上是文化上"围剿"与反"围剿"的斗争。由于"民族主义文学"派提出的"民族主义"是与政治上蒋介石企图建立法西斯专政相适应的,而法西斯主义遭到了全国一致反对。所以"民族主义文学"仅仅渲染一时,就销声匿迹了。

与"自由人"文学和"第三种人"文学的论争。"自由人"文学的代表人物是胡秋原。1931年,自称"自由人"的胡秋原主办《文化评论》,发表《阿狗文艺论》、《勿侵略文艺》等一系列文章,反对文艺为无产阶级革命事业服务,宣扬超阶级的"文艺自由论"。"第三种人"文学的实质与"自由人"文学相同,其代表人物为苏汶。苏汶即杜衡,曾经参加过"左联"。他于1932年发表《关于"文新"与胡秋原的文艺论辩》、《"第三种人"的出路》等一系列文章,声称他自己既不属于右翼也不属于左翼,而是"第三种人",宣传文艺是超阶级的,攻击文艺从属于政治的观点。

---

① 《二心集·"硬译"与"文学的阶级性"》,载《鲁迅全集》第4卷,第204、202页。

针对胡秋原和苏汶的文艺超阶级论,鲁迅、瞿秋白、周扬、冯雪峰等人予以反驳。瞿秋白指出:"每一个文学家,不论他们有意的,无意的,不论他是在动笔,或者是沉默着,他始终是某一阶级的意识形态的代表。在这天罗地网的阶级社会里,你逃不到什么地方去,也做不到什么'第三种人'。"对于苏汶提出的"文艺与政治对立论",瞿秋白指出其实质就是使文艺"脱离无产阶级而自由",但是在阶级社会里,"没有真正的实在的自由。当无产阶级公开地要求文艺的斗争工具的时候,谁要出来大叫'勿侵略文艺',谁就无意之中做了伪善的资产阶级的艺术至上派的'留声机'"①。

中国共产党对"自由人"和"第三种人"并不当作敌对阵营。1932年10月31日,张闻天撰文指出:"在革命的小资产阶级的文学家中间,有不少的文学家固然不愿意做无产阶级的'煽动工具'或'政治的留声机',但是他们同时也不愿意做资产阶级的'煽动工具'或'政治的留声机',他们愿意'真实地''自由地'创造一些'艺术的作品'。""我们的任务不简单在指出在帝国主义国民党的反动文化政策之下,不能有文艺的创造的自由,指出在有阶级的社会中间文艺绝没有超阶级的自由,而且还要去领导这些革命小资产阶级的文学家,为了争取自由而进行反帝国主义与反国民党的斗争。只有这样,才能使小资产阶级的文学家了解到我们所指示的道路的正确,而走到我们的道路上来。"②因此,瞿秋白等人在反驳"自由人"和"第三种人"的超阶级论的同时,努力争取他们。鲁迅发表《论"第三种人"》,瞿秋白发表《文艺的自由和文学家的不自由》、冯雪峰发表《关于"第三种文学"的倾向与理论》等一系列文章,指出在阶级社会里要超然于阶级之外,显然是一种幻想,希望他们改变态度,写出一些能够反映社会现实的作品来。尽管胡秋原、苏汶仍然未改变立场而站到国民党政府一边,但多数人站到人民大众的立场上来。

在上述论战中,产生了一系列文化成果。鲁迅以杂文为投枪,以"横眉冷对千夫指,俯首甘为孺子牛"为精神,率领左翼文化大军奋勇前进。他的杂文是世界文化的宝贵财富。小说方面,茅盾的长篇小说《子夜》和短篇小说《林家铺子》,巴金的《家》等是难得的艺术珍品。报告文学方面,夏衍的《包身工》震撼人心。戏剧方面,曹禺的《雷雨》和《日出》均属上乘之作。正如鲁迅所指出:这些是无产阶级文学运动的成果,而"属于统治阶级的所谓

---

① 易嘉(瞿秋白):《文艺的自由和文学家的不自由》,载《现代》第1卷第6期。
② 《张闻天选集》,人民出版社1985年版,第8,9~10页。

'文艺家',早已腐烂到连所谓'为艺术的艺术'以至'颓废'的作品也不能生产"①。

随着抗日救亡运动的轰轰烈烈开展,文艺界的抗日民族统一战线初步形成。从 1934 年到 1936 年,文艺界出现了两个口号的争论,即周扬、郭沫若等主张"国防文学",鲁迅、胡风、茅盾等主张民族革命战争的大众文学。这种争论在一些具体问题上虽然出现了一些"左"倾和右倾的错误,但在实质上并不是对立的,都是主张文艺如何服务抗战。经过争论,文艺界逐渐在中国共产党的抗日民族统一战线的旗帜下团结起来。1935 年底,"左联"领导者决定左联自动解散,筹备成立以抗日救亡为宗旨的文艺家协会。1936 年 10 月,鲁迅、巴金、林语堂、郭沫若、郑振铎、茅盾等 21 人发表《文艺界同人为团结御侮与言论自由宣言》,号召"全国文学界同人应不分新旧派别,为抗日救国而联合"。这标志着文艺界的抗日民族统一战线初步形成,中国的文化运动自此进入一个新的历史阶段。

本 章 小 结

本章内容包括两个方面:苏维埃革命的兴起与受挫;左翼文化运动。

国民革命失败后,中国共产党走上了以农村包围城市、武装夺取政权的道路,确立了土地革命和武装反抗国民党反动派的方针,发动了起义,创建了红军,建立了农村革命根据地,提出了苏维埃革命的口号。毛泽东在实践中创立了"工农武装割据"的理论。在革命根据地里,中国共产党开展了轰轰烈烈的土地革命和经济建设,建立了中华苏维埃共和国。红军运用正确的战略战术,粉碎了国民党军的多次"围剿"。但是,由于"左"倾路线的推行,中国革命遭到了近乎灭顶的损失,红军不得不进行长征。在长征中,中国共产党召开了遵义会议,挽救了红军和中国革命;反对张国焘分裂主义,中国革命揭开了新的一页。

与此同时,活跃在上海等中心城市的左翼文化大军开展轰轰烈烈的无产阶级文学运动,宣传和研究马克思主义,反对国民党政府文化上的"围剿",同非无产阶级的文化派别展开论战,传播了文化,宣传了革命。

---

① 《二心集·黑暗中国的文艺界的现状》,载《鲁迅全集》第 4 卷,第 285 页。

学 术 综 述

一、南昌起义①

南昌起义研究中存在较大争议的有如下问题：

1. 如何看待使用中国国民党革命委员会旗号的问题。胡松、刘松茂等认为无论是从策略选择，还是从统一战线的需要来看都应肯定。② 金再及、王俊杰认为，这一决策既与投降主义划清界限，又坚持了统一战线中的领导权，有利于重新聚集革命力量。而其错误表现则在于对武汉反共形势估计不足。③ 罗检有认为使用这一旗帜是历史发展阶段的产物。一方面，共产党人建立革命政权并不是在自己选定的历史条件下进行，而其认识水平也不可能脱离当时的历史条件。另一方面，从策略和局部来看，该旗帜起到了缓冲作用，但并未起到战略和全局的积极号召作用。④

2. 南昌起义与南征广东失利。史学界比较一致地认为失利的客观原因是敌强我弱，而对主观原因的认识尚有分歧。一种观点认为主要是指挥机关策略上的失误。如巩健芳认为其具体表现是没有明确的政纲、土地革命不坚决、没有武装群众、没有摧毁旧政权机关。⑤ 第二种观点认为主要是我党在思想认识上的失误。郑传云指出党对武装斗争缺乏足够认识⑥，罗金声认为党对起义队伍的去向问题存在幻想⑦，郭文亮指出，失误是"城市

---

① 相关综述参见姚祥健等：《近十年来南昌起义若干问题研究综述》，《历史教学》1997年第3期；张晓冬：《关于南昌起义几个问题的研究综述》，《北京党史研究》1997年第6期；张晓冬：《十年来有关南昌起义若干问题研究综述》，《学术研究》1997年第12期；徐华佗：《近十年来南昌起义研究综述》，《党的文献》2007年第4期。

② 胡松：《南昌起义、秋收起义、广州起义为何打出不同的旗帜？》，《江西大学学报》1988年第3期；刘松茂：《南昌起义与统一战线》，《江汉论坛》1988年第6期。

③ 金再及、王俊杰：《大革命失败后党对革命旗帜的选择问题》，《党史研究》1987年第3期。

④ 罗检有：《评南昌起义中的中国国民党革命委员会》，《争鸣》1987年第4期。

⑤ 巩健芳：《南昌起义再探》，《史学月刊》1989年第6期。

⑥ 郑传云：《南昌起义军南下行动述评》，《江西社会科学》1987年第2期。

⑦ 罗金声：《南昌起义、秋收起义和广州起义得失异同之比较》，《湖北大学学报》1988年第4期。

中心论"的必然结果①。

3. 南昌起义与土地革命的开展。一种观点是南昌起义是土地革命的开始。王贵安认为,南昌起义是土地革命的第一个实际行动,在南下途中进行了小规模的土地革命。② 朱慈华认为,南昌起义是土地革命的开始,与中国革命历史阶段划分相一致。③ 第二种观点认为当时土地革命并未实施。胡松、林雄辉、胡绳等均持此观点。④

4. 南昌起义的成败问题。传统观点认为起义是失败的。随着研究的深入,有学者认为失败的只是起义军主力,而作为整体的南昌起义并未失败,它探索了中国革命道路与建军方法,是成功的。⑤ 黄振位却认为,从南昌起义占领了南昌城这一视角而言,起义取得了胜利,但就整个过程而言,南昌起义又遭到了失败。⑥

二、秋收起义

相对而言,秋收起义研究中,除了一些史事的辩正外,争论的问题比较少。目前对秋收起义的意义、历史地位认识比较一致,认为它开辟了"工农武装割据、农村包围城市"的正确革命道路,是马克思主义中国化的起点,也充分肯定毛泽东个人的重要作用。⑦

---

① 郭文亮:《对南昌起义部队南下广东战略决策的两点看法》,《教学与研究》1987年第5期。
② 王贵安:《试论南昌起义对中国革命道路的贡献》,《山西师大学报》1988年第3期。
③ 朱慈华:《南昌起义是探索中国革命道路的起点》,《史学月刊》1988年第3期。
④ 胡松:《略论八一南昌起义胜利后成立的中国国民党革命委员会》,《宜春师专学报》1989年第1期;林雄辉:《"土地革命"口号始起南昌起义说不能成立》,《争鸣》1989年第6期;胡绳主编:《中国共产党七十年》,中共党史出版社1991年,第80页。
⑤ 陈学明等:《论南昌起义在探索中国革命道路中的贡献》,《南昌大学学报》1997年第3期;王志成:《八一南昌起义对创建人民军队的贡献》,《江西社会科学》1997年第7期;李维民:《南昌起义是一次胜利的起义,不是失败的起义》,《北京日报》2003年7月28日。
⑥ 黄振位:《南昌暴动与南征的意义》,《广东党史》2007年5月。
⑦ 高民:《秋收起义意义新探》,《石油大学学报》1996年第3期;刘晶芳:《着重规律的探讨 期待研究的深化——"南昌起义、秋收起义、广州起义研究现状与展望"学术座谈会综述》,《中共党史研究》1997年第6期;黄爱国等:《试论秋收起义的意义与特点》,《江西社会科学》2007年第9期;王瀚秋:《纪念秋收起义80周年学术研讨活动综述》,《党史文苑》2007年第10期。

以往,在肯定毛泽东个人作用的同时,对共产国际、湖南省委在起义中的作用认识比较模糊。蒋国海认为,秋收起义的酝酿、计划、发动和进行与共产国际有着密切的关系,其作用是积极的,但秋收起义的失败与共产国际的指导失误分不开。①

对于秋收起义爆发的时间,史学界公认的时间是1927年9月9日。万振凡、王能洪考诸原始材料,认为支持"9月9日说"的两个主要论据都站不住脚,大量史料表明应是9月11日。②

三、土地革命

长期以来,土地革命在革命史和阶级斗争的视角下全然是一场阶级阵线分明的革命运动,但是在历史人类学的视野下,土地革命却并非那么单纯。土地革命中,不同人群的分化与对立呈多元状态,错综复杂的社会矛盾也介入土地革命运动,因此,土地革命并非完全表现为阶级斗争。③

另外,在如下几个问题上尚存在较大争议。

1. 完整的土地革命路线及政策的形成时间。目前,有以下几个说法:1931年春、1930年底和中共六届四中全会前后。④ 邱远猷对以上几个说法均不同意,他认为应该是1947~1948年。⑤

2. 党对富农的政策问题。土地革命中对富农的政策变化较大,出现的问题也较多,这与党对富农的认识直接相关。中共的富农政策有个不断从实践中总结经验并修改和完善的过程。如邱延佳认为,此期中共的富农政策是两头较宽,中间较严,且存在过左的错误倾向。何秉孟也认为此期中共的富农政策不稳定。⑥

---

① 蒋国海:《论共产国际与秋收起义》,《中共党史研究》2007年第5期。

② 万振凡、王能洪:《秋收起义爆发时间新说》,《南昌大学学报》32卷1期,2001年1月。

③ 饶伟新:《论土地革命时期赣南农村的社会矛盾——历史人类学视野下的中国土地革命史研究》,《厦门大学学报》2004年第5期。

④ 高中教科书《中国近现代史》(下),人民教育出版社2003年,第10~11页。

⑤ 邱远猷:《党的"完整的土地革命路线"何时制定——与高中〈中国近现代史〉教科书商榷》,《历史教学》2004年第10期。

⑥ 邱延佳:《略论第二次国内革命战争时期党对富农的政策》,《近代史研究》1982年第2期;何秉孟:《论土地斗争中党对富农的政策》,《近代史研究》1986年第1期。

3. 查田运动①。关于查田运动的原因,有学者认为是中央苏区政府迫于临时中央的压力不得已而为之,是"左"倾错误的表现和结果。②刘洋指出,除上述原因外,查田运动还有现实原因:扩红与筹款。③对查田运动的评价基本有三种意见:基本肯定、基本否定和否定"左"倾错误、肯定毛泽东对查田运动的正确领导。温锐认为,正确评价查田运动,关键在于把握彻底解决土地问题的标准。当年的中央苏区即先后有两个不同标准。而上述争论的双方恰恰以这两个不同的标准来评价查田运动。温锐认为后一个标准实际上是正确土地革命路线的倒退。对于查田运动的目的,有学者认为是"查阶级",是为"彻底消灭封建势力";而有的学者认为是为了贯彻王明"左"倾土地政策。温锐认为后者较有说服力。④

四、长征⑤

1. 关于长征的决策和准备。长期以来,形成三种意见,一种认为中央苏区突围是有充分准备的,如扩红、补充武器弹药、筹集粮食等等。⑥另一种意见认为长征是在基本无准备的情况下仓促做出的决定。⑦再一种意见认为有一定准备,但相当不足,无论是思想准备、战略意图,还是物质准备都

---

① 相关综述参见龙观华:《近二十年中央苏区史若干问题研究综述》,《赣南师范学院学报》2003年第1期。

② 戴向青、余伯流等:《中央革命根据地史稿》,上海人民出版社1986年,第504页。

③ 刘洋:《"扩红"与"筹款"——发动查田运动的现实原因》,《党史研究与教学》2004年第1期。

④ 温锐:《关于中央苏区查田运动研究的几个问题》,《江西师范大学学报》25卷2期,1992年4月。

⑤ 相关研究综述参见龙观华:《近二十年中央苏区史若干问题研究综述》,《赣南师范学院学报》2003年第1期;刘晶芳:《十一届三中全会以来土地革命战争时期党史研究述评(下)》,《党的文献》2003年第5期;齐霁:《近十年来红军长征研究述评》,《教学与研究》2006年第9期;吴晓军、董汉河:《十年来红军长征研究综述(上)》,《十年来红军长征研究综述(下)》,《甘肃社会科学》2006年第3、4期;王继凯:《新世纪以来红军长征研究述评》,《中共党史研究》2006年第5期;郭德宏:《关于红军长征史研究中的若干问题》,《安徽史学》2007年第1期;肖如平、谢庐明:《近十年来中央苏区史研究述评》,《中共党史研究》2007年第2期。

⑥ 冯建新:《遵义会议研究述评》,《教学与研究》1985年第3期;曹敏华:《中央苏区军事史》,厦门大学出版社1999年,第198页。

⑦ 戴向青:《中央革命根据地史稿》,上海人民出版社1986年,第666页。

是如此。① 有些学者还充分肯定了当时中央的决策和措施,但在战略转移的组织和指挥上出了不少问题。② 目前的主流看法是:有准备,但不充分,主要是决策犹豫,缺乏必要的思想动员。③

2. 长征的战略方向和落脚点选择。以往的看法是长征之初就确定到陕北建立抗日根据地,目前这种看法已基本被否定。主流的看法是,北上战略是逐步确定的,最终将陕北作为落脚点有个过程,但对具体过程和内容存在不同见解。④

3. 长征中的重大战役⑤。以往对湘江之战持完全否定意见,认为是王明路线的恶果。近有学者认为不应完全否定,因为它毕竟使红军突破国民党的第一道封锁线,实现了战略转移。⑥ 对于四渡赤水,史学界以往评价甚高,认为是毛泽东用兵如神的代表作。但随着研究的深入,有学者认为应作实事求是的评价。赵晓石认为,四渡赤水战役总体上是成功的,但也有部分失利。⑦ 还有学者对失误的原因进行了探讨。⑧

---

① 牛桂云、韩泰华:《党中央决定长征的时间》,《党史研究资料》1985 年第 4 期;张天荣:《红军长征准备问题研究述评》,载《长征新探》,解放军出版社 1986 年,第 1~36 页;孙厚堂:《论长征的准备工作》,《军事历史研究》2002 年第 4 期;石仲泉:《红军两大主力长征与长征精神》,《党的文献》2005 年第 1 期。

② 顾大全:《试论中央红军长征前的准备工作及其失误》,《贵州社会科学》1990 年第 10 期。

③ 马福生:《红军长征史研究所见与所想》,《军事历史研究》2001 年第 1 期。

④ 杨牧:《红军长征的战略方针与落脚点的改变》,《河南党史月刊》1990 年第 4 期;张宏义:《陕北大本营战略选定是个历史过程》,《南京政治学院学报》1991 年第 1 期;力平:《红军长征史研究的若干问题》,《中共党史研究》1996 年第 5 期;马福生:《红军长征史研究所见与所想》,《军事历史研究》2001 年第 1 期;王鹏:《红军长征的终点是如何确定的》,《中国档案报》2004 年 2 月 27 日;刘放鸣:《关于红军长征北上战略方针确定的几点考证》,《中州学刊》2005 年第 4 期。

⑤ 相关综述参见陈志霞:《关于红军长征中几次重大战役战斗的研究述评》,《军事历史研究》2005 年第 3 期。

⑥ 徐景成、周春华:《对中央红军突破第四道封锁线的管见》,《历史教学》1990 年第 10 期。

⑦ 赵晓石:《生存与危机同在,希望与考验并存:再探遵义会议后的四渡赤水》,《南京政治学院学报》1991 年第 5 期。

⑧ 元江:《试论中央红军四渡赤水中的失误及其原因》,《近代史研究》1990 年第 3 期。

4. 遵义会议是否确立毛泽东在党内军内的领导地位。以往,为突出遵义会议的地位和意义,都说这次会议确立了毛泽东在党内军内的领导地位。1980年代,此一看法遭质疑,因为遵义会议上,毛泽东只是被选为中央政治局常委,党的主要负责人是张闻天,军事主要负责人是周恩来。所以,应该是开始确立毛泽东的领导地位。① 后有学者提出"遵义会议确立的是以张闻天为首的党中央集体领导。毛泽东作为这一集体的一员起了特别重要的作用,但并未成为核心"②。

5. 张国焘"密电"问题。一种意见认为,"武力解决"中央的"密电"存在。③ 另一种意见认为不存在,即使存在,也没有"武力解决"的内容。④ 此问题至今仍是迷雾,因为始终未找到"密电"原件。

参考书目

1. 黄少群、张培林著:《毛泽东的独特创造——"农村包围城市"道路的理论和实践》,河北人民出版社1991年版。

2. 颜广林编著:《土地革命战争初期若干问题》,复旦大学出版社1990年版。

3. 中共中央党史研究室第一研究部编:《红军长征史》,辽宁人民出版社1996年版。

4. 饶良伦著:《土地革命战争时期的左翼文化运动》,黑龙江人民出版社1988年版。

---

① 郭德宏:《关于红军长征史研究中的若干问题》,《安徽史学》2007年第1期。
② 何方:《谈遵义会议确立的党中央领导》,载张培森主编:《张闻天研究文集》第4集,中共党史出版社2002年,第341页。
③ 吕黎平:《对〈关于张国焘要"武力解决"中央密电的质疑〉的回答》,《党史研究资料》1982年第5期;范硕:《红军长征中的"密电事件"揭秘》,《中华儿女》(国内版)2003年第11期至2004年第1期;肖甡:《略论红军长征中的左右两路军——兼议张国焘分裂红军的罪恶行径》,《江西社会科学》2004年第9期。
④ 王年一:《关于张国焘要"武力解决"中央密电的质疑》,《党史研究资料》1981年第12期;蒋健:《"草地密电"真相探究》,《文史精华》2004年第10期;朱玉、王年一:《也谈长征中的"密电"问题——请教范硕同志》,《西北师大学报》2004年第6期。

思 考 题

1. 试述土地革命路线的形成。
2. 试述三次"左"倾路线的异同点。
3. 试述左翼文化运动的成就。

第十二章 抗日战争

第一节 日本入侵 抗日战争的开始

一、日本入侵的逐步扩大

1. 日本侵略中国的根源

日本入侵中国不是偶然的,它是日本对外侵略扩张政策,日中两国综合国力的悬殊差距,以及国际社会的绥靖主义政策等多种根源作用的后果。

日本是位于东亚的一个岛国,由北海道、本州、四国、九州四岛组成,面积37.2万平方公里。在19世纪后半期,日本同东方其他国家一样,都面临着成为西方国家殖民地或半殖民地的危机。但是,1868年日本明治维新运动的发生,使日本扫除了发展资本主义的障碍,摆脱了沦为殖民地半殖民地的危机,并运用世界资本主义的先进生产力装备自己迅速强盛起来。由于日本在发展资本主义的道路上受到了国内原料和市场的限制,导致其走上了向外扩张的道路。

1914年,第一次世界大战爆发,日本以所谓"从中国排除德国的影响"为借口,出兵夺取了原德国在中国山东的特权(即胶州湾租借权)。接着,又以同样的借口,出兵占领了德国在太平洋的属地马绍尔群岛、加罗林群岛等,以及控制了这些岛屿附近的海面。到这时,日本的版图便由37.2万平方公里扩张到68万平方公里,一跃成为东方的一等强国,与美、英、德、意等世界强国并驾齐驱。

1927年4月田中义一出任日本首相后,日本便把对外扩张的政策推向了新的阶段。6月27日至7月7日,日本内阁召开有外务省、陆海军省、参谋本部及有关中国问题的官员参加的东方会议,决定了《对华政策纲领》。纲领认定:满蒙地区特别是东北三省与日本"有重大的利害关系",日本决心负起"特殊的责任","使之成为国内外人士安居的地方"。① 纲领还决定,日本将采取包括使用武力在内的一切手段,来维护并进一步扩张其在满蒙特别是东三省的权益。东方会议后,田中向日本天皇上奏了《对满蒙之积极根本政策》(即《田中奏折》)。其核心是"欲征服支那②,必先征服满蒙;如欲征服世界,必先征服支那"。为"征服满蒙",必须采取"铁血主义"。1931年6月,日本军部制定了以武力侵占东北的《解决满蒙问题方策大纲》,并指令参谋本部和关东军共同拟定作战计划。7月,关东军完成独立作战体制,并制定了《柳条湖计划》。8月3日,关东军司令本庄繁上书日本陆相南次郎,称"露国③五年计划未成,支那统一未达","征服支那全土以及全亚,掌握东半球大陆与美国平分世界"的时机业已成熟,敦促军部早日对东北采取行动。至此,对中国开战,武力解决满蒙的声浪在日本军界甚嚣尘上。进攻我国东北,已势在必行。

在日本奉行对外扩张政策的同时,日本综合国力不断增强,同中国拉开了很大的差距。

政治方面,日本在明治维新后,建立并巩固了地主资产阶级的联合政权,通过一系列改革,确立了中央集权和近代天皇制,其政治组织力和国民的凝聚力均达到相当的程度。反观中国,日本明治元年是中国清朝同治七年,随后又历经光绪、宣统两朝,暮年的封建专制制度顽固地阻碍着中国社会的进步和发展。1911年的辛亥革命推翻了清朝政府,建立起了中华民国,但革命的成果迅速落入北洋军阀集团手中。接着兴起的国民革命打倒了北洋军阀,但又由于国民党右派的叛变,把中国推入十年之久的内战。腐败的政治和动乱的政局,使得一直窥探、觊觎着中国的日本有了对中国动武的背景。

在经济方面,明治维新后的日本采取了开国进取的方针,通过一系列的改革和产业革命,社会经济获得高速发展。就其工业而言,到1930年,工业

---

① 复旦大学历史系中国近代史教研组编:《中国近代对外关系史资料选辑》下卷第一分册,上海人民出版社1977年版,第140、143~144页。
② 支那:日本对中国的蔑称。
③ 露国:日本对前苏联的称呼。

产值在工农业总产值中已占到 71.7%①,初步实现了资本主义工业化。其间,各种工业品产量大幅增长。到 1929 年,日本钢产量为 15.7 万吨,生铁产量为 111 万吨,煤产量为 3440 万吨,发电量为 151 亿度。就农业而言,到 1930 年,日本已使用机械生产。以此为基础,日本的军事工业也大步发展,重炮、坦克、战机、军舰等均能大规模生产。反观中国,由于长期受封建主义压迫和帝国主义剥削,经济发展十分缓慢,到 1930 年,现代工业在国民经济总值中比重不到 10%,各种工业品产量均大大低于日本。到 1931 年,钢产量为 1.5 万吨,不到日本 1929 年年产量的 1/10;生铁产量为 47.8 万吨,不到日本 1929 年年产量的一半;发电量为 41.5 亿度,不及日本 1929 年发电量的 1/3。而农业经济更为落后,农业动力几乎全部依靠人力、畜力。这种工农业基础,使中国军事工业也十分落后。到 1931 年,除能生产轻武器和小口径火炮外,其他大型武器装备均不能制造。

在军事方面,明治维新后的日本,在"富国强兵"政策指导下,大力组建和扩充新式军队。到 1929 年,日本有陆军常设师 17 个,独混旅、骑兵旅 6 个,计 23 万人。有海军 7.8 万人,其中,海陆航空兵 2 万人。此外,日本还有数以百万计的预备役军人和补充兵。日本的这些军队,均受过现代化的军事训练和武士道精神的熏陶,其装备也大大优越于中国军队。反观中国,虽有陆军 200 多万,但多为旧军队改编,海军和空军建设则刚刚起步,均未及进行现代化训练,装备更为落后。

此外,由 1929 年 10 月爆发的整个资本主义世界经济危机,使西方强国相继陷于国内困境,无暇东顾,对日本的侵略采取了绥靖主义,从而助长了日本对中国的侵略。

2. 九一八事变,东北沦陷

1931 年 9 月 18 日晚,日本关东军炸毁了沈阳北面柳条湖村一段铁路,栽赃是中国军队所为。以此为借口,早已准备好的日本军队迅即袭击中国东北最大的军营北大营,接着攻占沈阳城,制造了九一八事变。

日本占领沈阳后,立即向东北全境开战。至 9 月 24 日,日军占领了辽宁省重镇鞍山、抚顺、本溪、四平街、营口、安东、辽阳等城。随后,日军占领吉林省省会吉林,不久,占领吉林全省。10 月 4 日,日军开始向黑龙江推进,遭东北边防军骑兵师长、黑河警备司令马占山部抵抗。11 月 20 日,日

---

① 万峰:《日本资本主义史研究》,湖南人民出版社 1984 年版,第 223 页。

军占领黑龙江省省会齐齐哈尔,随即占领黑龙江全省。待占领黑龙江省后,日军又于1932年1月回头辽西,1月2日,占领锦州。至此,在短短的3个多月时间里,日军即占领东北全境。

日本迅速占领东北全境,一方面决定于日军的战斗力,另一方面应归咎于中国政府的不抵抗政策。

还在1931年7月12日,正在"剿共"前线抚州的蒋介石密电张学良,令其对日军在东北之种种挑衅,须极力忍让,勿生事端,须知"此非对日作战之时"①。8月16日,蒋介石在南昌再电张学良,称"无论日本军队此后如何在东北寻衅,我方应予不抵抗,力避冲突,吾兄万勿逞一时之愤,置国家民族于不顾"②。日本发动九一八事变时,蒋介石再令东北军称:"沈阳日军行动,可作为地方事件,希望避冲突,以免事态扩大,一切对日交涉,听候中央处理可也。"鉴于蒋介石多次指令,东北军政首领张学良只能痛苦地作出不抵抗的选择。就这样,当日军发动九一八事变,向东北全境进攻时,东北境内的14万中国正规军队除马占山部外,其他几乎没有进行抵抗。

3. "一·二八"事变,日本驻兵上海

日本占领东北之后,又于1932年1月28日发动了对上海的进攻。

日本进攻上海的目的,一是转移中国和国际社会对其侵占东北的注意力,迫使中国政府承认日本侵占东北的事实。二是夺取一个新的战略基地,为扩大侵华战争创造有利条件。

1932年1月18日,日本在上海制造了所谓"日本和尚事件"③,以此为借口,于1月28日深夜23时30分向闸北发动进攻。驻守上海的中国军队第19路军违反国民政府的意志,奋起进行抵抗,并赢得上海民众的热烈支助。在此后的整整一个月里,上海抗战给进犯的日军以重大打击。日军大量增援。3月初,中国守军侧背防地被突破,不得不从第一道防线后撤到第二道防线。而这时日军也因伤亡严重,补给困难,不敢再战。3月中旬,经英国公使斡旋,双方停战并举行谈判。5月5日签订《淞沪停战协定》。协

---

① 吴相湘:《第二次中日战争史》上册,台北:综合月刊社1973年版,第84页。
② 王芸生:《六十年来中国与日本》第8卷,读书·生活·新知三联书店1982年版,第236页。
③ 1932年1月18日,在日本特务机关人员指使下,5名日本和尚向上海三友实业社厂内进行操练的工人义勇军投掷石子挑衅,引起冲突发生互殴,事后日本声称有1名和尚受伤。

十九路军在闸北与日军作战

定规定:中国军队在上海地区恢复常态的办法未确定前,留驻于现在位置;日本军队撤退到公共租界和虹口方面之越界筑路,但鉴于须待容纳的日军人数过多,故可暂驻于上述地区的毗连地带,日军撤退地区由中国警察接管;设立一个联合委员会协助执行上述规定。《淞沪停战协定》签订后,上海地区的战争状态暂时消失了,但日本则以此取得了在上海驻军的特权。

《淞沪停战协定》签订后,蒋介石就正式宣布把"攘外必先安内"政策作为基本国策。以此为依据,一方面着力镇压自九一八事变后掀起的抗日民主运动,加紧"围剿"农村革命根据地和红军;一方面对日本进攻仍然实行不抵抗。

4. 日军进占热察,长城以北领土失控

当日本暂时放弃上海战事后,又回过头来以东北为基地向南进犯热河和察哈尔省。

1933年1月,日军侵占了东北通往关内的咽喉——山海关。2月下旬开始向热河省进攻,热河省主席汤玉麟奉国民政府不抵抗令,不战而逃,不到10天,日军即占领热河省会承德。此时,全国舆论纷起,谴责张学良,要求惩办汤玉麟。国民政府决定让张学良辞职,由何应钦兼代北平军分会委员长职。4月,日军攻占长城一线的喜峰口、冷口、古北口。此时,守备长城各口的中国军队都进行了英勇的抵抗。但是,正在指挥国民党军对革命根据地进行第四次"围剿"的蒋介石在《告各将领先清内匪再言抗日电》中声言:如再有"侈言抗日"者,"立斩无赦"。致英勇抵抗的长城各口的守军孤军奋战,均未能取胜。5月上旬,日军从长城一线向冀东发动进攻,占领20余县,同时进攻察东。在这种形势下,国民党军事委员会北平分会代理委员会长何应钦派熊斌与日军代表冈村宁茨于5月31日签订了《塘沽协定》。协定规定:中国军队撤退至延庆、昌平、顺义、通州、香河、宝坻、宁河、芦台所连之线以西以南地区;日军可用飞机或其他方法施行监视撤退,中国方面应予以便利和保护;日军不超过该线进行追击;长城线以南与第一项所定之线以北以东为"非武装地带",担任维持治安之中国警察机关不得由对日本情感敌对者组成。

《塘沽协定》的签订,实际上承认了日本此前所占领的热河、长城以北的所有中国领土。

5. "华北事变",华北名存实亡

《塘沽协定》签订后,日本便加紧了对华北主权的索取,于1935年5月至12月间,制造了一连串旨在索取华北主权的事件,通称"华北事变"。

1935年5月初,亲日的《国权报》社长和《振报》社长在天津日租界被暗杀。日本华北驻屯军即声称,此案"与中国的蓝衣社、宪兵特务队及青洪帮都有秘密关系","系中国排外之举动,若中国政府不加以注意改善,则日方将取自卫行动"。5月中旬,东北义勇军孙永勤部受日伪军压迫由热河境内退入冀东"非武装区"遵化县附近,日本华北驻屯军又以中国官宪援助孙永勤部是"破坏塘沽协定行为",向北平军分会代理委员会长何应钦提出"责问",声称:"今后如再发生如此行为,或得悉将要发生此种行为,日本军将根据条约的规定,采取自认为必要的自卫行动。"6月9日,日本华北驻屯军向何应钦提出了下列苛刻的要求:(1)取消河北省包括铁路党部在内的一切国民党党部;(2)撤退河北的东北军第51军、南京国民政府中央军及宪兵第3团;(3)解散北平军分会政治训练处、蓝衣社、励志社等机关及第25师的学生训练班;(4)撤免河北省主席于学忠及其他所指各官吏;(5)取缔全国一切反日团体及活动。7月6日,何应钦复函日本华北驻屯军司令官梅津美治郎,谓"6月9日酒井参谋长所提各事,均承诺之"。是谓《何梅协定》。

上述纠缠未了之际,又发生了"张北事件"。6月5日,4名没有护照的日本特务机关人员潜入察哈尔境内绘制地图,行至张北县,被当地驻军扣留。察哈尔省主席宋哲元为避免引起事端,下令释放。日方竟以此为借口提出无理要求。6月27日,察省代主席秦德纯与日本关东军驻沈阳特务机关长土肥原贤二签订了《秦土协定》。其主要内容为:(1)向日军道歉,撤换与该事件有关的中国军官,担保日人今后在察省可以自由行动;(2)成立察东非武装区,第29军从该地区全部撤退;(3)中国方面停止向察省移民;(4)解散察省排日机构。

日本在迫使国民党中央势力退出华北的同时,又积极策动华北五省脱离中国实行"自治"。10月22日,在日本策动下,汉奸、反动地主和流氓发动暴动,占领香河县城,成立"县政临时维持会",发表"自治宣言"。11月,日本又唆使滦榆区行政督察专员殷汝耕在通县宣布"脱离中央自治",25日成立"冀东防共自治委员会"(后改称"自治政府"),使冀东22个县脱离中央政府。

由上述一连串事件所组成的"华北事变"发生后,在此期间,日本军队大批开进华北,日本飞机天天在平、津上空转来转去,日本浪人、汉奸仗势横行;国民党军队、国民政府机关纷纷南撤;工厂、商店或停工或外迁,故宫古物装箱南运,高等学校也加紧南迁,整个华北陷于兵荒马乱之中,处于名存实亡的状态。

二、抗日救亡运动的起伏

1. 九一八事变后抗日救亡运动的骤起骤落

日本的武装侵略和国民党政府的不抵抗政策,极大地激发了全国人民的爱国热情,迅速形成波澜起伏的抗日救亡运动。

九一八事变发生后,全国各大、中城市的各个阶层纷纷召开各界抗日救国大会,举行游行请愿。9月23日,南京各界约20万人举行抗日救国大会。26日,上海举行抗日救国大会,参加大会的有800多个团体20多万人,会后举行游行。28日,北平各界召开抗日救国大会,参加大会的有250多个团体约20万人。

与此同时,上海、北平等地的工人纷纷举行反日罢工。9月24日,上海3.5万名码头工人举行反日大罢工,23家日资纱厂工人酝酿同盟罢工,工人纷纷退厂,日本商号的店员和私人雇的佣工也纷纷自动离去。10月初,上海80多万工人组织抗日救国联合会,各厂工人纷起成立抗日义勇军,要求政府发枪抗日。10月中旬,北平工界抗日救国会成立。其他各地的职工也都以发表宣言、向政府请愿、征募爱国捐款、禁售日货等各种形式,开展抗日救亡活动。

全国各城市的爱国工商业者也纷纷抵制日货,拒收日钞,拒绝与日商买办往来,要求政府实行对日经济绝交。

在这个高潮中,最有声色的活动当属青年学生的抗日请愿运动。

1931年9月26日,以刘旋天等51人组成的上海各大学学生代表首赴南京,向国民政府请愿。要求:集中兵力驱逐日军出境,惩办不力外交官员,武装全国学生,不签订丧权辱国条约等。9月26日后,各地学生即络绎不绝地来到南京,到11月底,达1万人以上。这些到达南京的学生,代表祖国各地民众的呼声,向国民党政府请愿改变不抵抗政策,速举兵抗战。蒋介石不得不数次与学生会见,表示"三年之内要恢复失地","本人将率师北上抗日"。蒋介石的抗日表态消息传出,各地学生立即发起"送蒋北上抗日运动"。11月25日,到南京敦促蒋介石出兵抗日的学生达两万多人。26日,万余学生聚集国民政府门前,要求蒋介石签署出兵日期。

12月初,国民党政府明令"禁止学生集队来京请愿",但赴南京请愿示威的学生与日俱增。12月5日,入京的北平大学示威团在南京请愿示威,被军警包围,打伤30多人,逮捕185人。7日,各校学生1.5万人举行示威游行,声援北大学生,抗议国民党当局压迫学生爱国运动。7月,汇集南京的各地学生3万多人,联合举行大示威。示威队伍浩浩荡荡,齐奔国民政府所在地。这时,国民政府出动大批军警,在珍珠桥附近向徒手的学生实行镇压,当场死30多人,伤100多人,被捕100多人,制造了"珍珠桥惨案"。"珍珠桥惨案"后,抗日救亡运动转入低潮。

2. "华北事变"后抗日救亡运动再起再落

"华北事变"发生后,沉寂了4年多的抗日救亡运动又一次高涨。

1935年12月9日,得知冀察政务委员会成立消息后的北平各校几千名学生冲破北平当局军警的层层封锁和阻拦,聚集到新华门前,高呼"打倒日本帝国主义"、"反对华北自治"、"停止内战一致抗日"等口号,向国民政府行政院驻北平办事长官何应钦请愿。学生的要求被拒绝后,立即举行游行示威,并与前往镇压学生救亡运动的军警展开激烈的搏斗。

12月16日,冀察政务委员会准备成立,北平学生1万多人,冲破军警的包围袭击,经过与手持大刀、水龙、皮鞭、木棍的军警的几次搏斗,在天桥会合,举行了有几万人参加的群众集会。集会通过了"不承认冀察政务委员会"、"反对华北任何傀儡组织"、"收复东北失地"等决议案。会后举行了声势浩大的示威游行。北平当局又一次对学生进行镇压,一天中被捕的学生共二三十人,受伤的有300多人,冀察政务委员会被迫延期成立。

"一二·九"运动冲破了国民党政府的严密统治,打击了日本帝国主义侵略中国并吞华北的计划,打击了国民党政府对日妥协的政策,有力地宣传了"停止内战,一致对外"的主张,进一步推动了全国抗日救亡运动的深入发展,推动了全国抗日运动新高潮的到来。"一二·九"运动中的先进青年,后来沿着中国共产党所指引的道路,深入到农村、工厂和革命部队中去,走上了与工农兵群众相结合的道路,其中许多人成了中国革命事业中的骨干。

三、国共两党的抗战准备

1. 中共抗日民族统一战线方针的确立

民族危机的日益加深和抗日民主运动的迭起,要求国内各政党对国内形势和阶级关系的新变动做出科学的分析和估量,并据此制定相应的政策。

1935年12月中下旬,中共中央在陕北瓦窑堡召开政治局会议。会议分析了国内形势和阶级关系的新变化,讨论了中国共产党面临的主要任务,以及完成这一任务应当采取的战略和策略。25日,会议通过了《关于目前政治形势与党的任务决议》。

《决议》指出,"日本帝国主义正准备并吞中国,把全中国从各帝国主义的半殖民地变为日本的殖民地"。在这种形势下,一切不愿当亡国奴,不愿当汉奸卖国贼的中国人的唯一出路,就是"向着日本帝国主义及其走狗卖国贼展开神圣的民族革命战争"。《决议》指出,"中国工人阶级与农民,依然是革命的基本动力;广大的小资产阶级群众,革命的知识分子,是民族革命中最可靠的同盟者";一部分民族资产阶级与军阀有采取同情、或善意中立、或直接参加反日反汉奸卖国贼的可能;在地主买办阶级营垒中间,也不是完全统一的。因此,党的策略路线是组织"反日反卖国贼的民族统一战线"。

瓦窑堡会议实现了中国共产党政治路线的真正转变,为迎接抗日新高潮的到来作了理论上和政治上的准备。

2. 国民党南京国民政府准备抗战

在中国共产党确立抗日民族统一战线策略的同时,国民党的对日政策也开始发生了变化。

1935年11月12日至23日,国民党第五次全国代表大会在南京召开。19日,蒋介石发表对外关系演说,表明了国民政府在日本无止境入侵的背景下可能修改对日政策的新动向。大会接受了蒋介石提出的外交方针,并授权政府,"在不违背方针之下,政府应有进退伸缩之全权,以应此非常时期外交之需要"。

半年后即1936年7月,国民党召开五届二中全会。会上,蒋介石对国民党五全大会确定的外交方针作了解释。蒋介石说:"中央对外交所抱的最低限度,就是保持领土主权的完整,任何国家要来侵扰我们的领土主权,我们绝对不能容忍,我们绝对不订立任何侵害我们领土主权的协定,并绝对不容忍任何侵害我们领土主权的事实。再明白些说,假如有人强迫我们签订承认伪国等损害领土主权的时候,就是我们不能容忍的时候,就是我们最后牺牲的时候。"

国民党第五次全国代表大会后,国民党对日交涉转趋强硬。

1936年3月,国民政府外交部长张群同日本驻华大使有田举行了4次会谈。中方指出,调整中日邦交,最正当之办法,应自东北问题谈起,第一步至少限度,也须先行设法消除妨碍冀察内蒙行政完整之状态,日方不同意,会谈没有结果。9月张群与新任日本驻华大使川越举行了3次会谈。日方要求国民政府"解散一切抗日团体","杜绝一切排日运动",实行"共同防共","华北经济提携"和"减低关税"等,以此作为"对调整邦交具体表示的诚意之确实证据"。对此,中方提出了5条关于调整邦交的希望条款,其中包括取消上海、塘沽两个停战协定,取消冀东伪政权和停止走私等。10月,张群与川越又举行了4次会谈,日方提出"一般防共"和"华北共同防共"两大问题。关于一般防共问题,日方要求"由两国订一协定"。关于华北共同防共问题,日方要求"扩大防共地域",组织"共同防共委员会"等。中方则提出取消上海、塘沽两协定和冀东伪政权。双方距离很大,会谈仍无任何结果。12月,张群与川越又举行了第八次会谈,川越宣读其携来的所谓备忘录,提出种种无理要求。中方予以拒绝,中日交涉停顿。

与此同时,国民政府开始整编全国陆军,构筑陆地国防工事,整理江防、海防要塞,制定国防规划,划分国防区域,为抗战做准备。

3. 西安事变

"华北事变"与国民党承诺停止内战、共同抗日后,国民党的对日政策出现了若干变化。但对中国共产党和红军的内战政策仍然没有改变,而是加紧部署陕甘地区的"剿共"军事。迫使国民党放弃内战政策的是西安事变的发生及其和平解决。

西安事变的发生有着特定的背景及深刻的根源。

日本对中国步步侵略和国民党奉行不抵抗政策所造成的民族危机不断加深,是西安事变发生的重要原因。九一八事变后,日本又相继制造了"一·二八"事变、"华北事变"等,日本的不断入侵和国民党始终奉行不抵抗政策,致使民族危机不断加深。在这种背景下,各种政治、军事事件随时都有发生的可能。

东北军和西北军的特殊处境,也是西安事变发生的重要原因。九一八事变后,张学良及其东北军奉命退出东北迁徙到河北。"华北事变"后,再度迁徙并被推往西北内战前线。此刻,国内各种政治势力抗日主张再起,东北军对红军的崂山战役、榆林战役、直罗镇战役的失败,促使张学良开始寻找停止内战、共同抗日的出路。而西北军,一直是国民党非嫡系部队,在待遇等问题上比国民党嫡系部队差。同时,这支军队被首先推向陕甘"剿共"后,也屡遭失败,由此也开始怀疑国民党的内战政策和寻找出路。

中国共产党对东北军、西北军的统战工作,是推动西安事变发生的又一原因。1936年1月25日,毛泽东、周恩来、叶剑英等红军领导人,联名发出了《致东北军全体将士书》,重申了中共的抗日主张,表示红军愿意同东北军首先联合抗日,提出了"打回老家去"、"中国人不打中国人"等情感口号。同时,中国共产党又释放了在战争中被俘的东北军军官,从东北军内部推进统战工作。这样就促成了1936年2月中共中央联络局局长李克农与东北军第67军军长王以哲、3月初李克农与张学良以及4月9日张学良与中共中央军委副主席周恩来的会谈,并达成了红军与东北军互不侵犯、互相帮助、互派代表等项具体协定。同期,又达成红军与西北军各守原防、互不侵犯、互派代表的协定。到这时,抗日统一战线、停止内战已率先在红军与东北军、西北军间实现。

正是在上述原因的作用下,张学良多次向亲赴西安"督剿"红军的蒋介石陈述停止内战、一致抗日理由。在12月7日"哭谏"失败后,张学良与杨虎城密商,决定扣留蒋介石。正当张学良、杨虎城作出上述决定后,恰逢西安学生1万多人举行"一二·九"运动一周年纪念活动。纪念活动坚定了张学良、杨虎城实施"兵谏"的计划。12月12日晨,张学良所部包围了蒋介石居住的华清池,迅速解除了进行抵抗的蒋介石卫兵的武装,将蒋介石扣留。同时,杨虎城所部控制了西安全城,拘捕了陈诚、蒋鼎文、卫立煌等10多名军政大员。

西安事变的爆发,震惊了全中国和全世界,国内各种力量和世界各国都从各自的阶级、集团或国家的利益出发,对事变作出不同的反应。

事变爆发后,张学良、杨虎城立即通电全国,说明事变的动机完全出于抗日救国,对蒋介石个人"保其安全","促其反省"。同时提出八项主张:(1)改组南京政府,容纳各党派共同负责救国;(2)停止一切内战;(3)立即释放上海被捕的爱国领袖;(4)释放一切政治犯;(5)开放民众爱国运动;(6)保障人民集会、结社一切自由;(7)确定遵守总理遗嘱;(8)立即召开救国会议。从通电所表明的事变动因及其八项主张来看,事变的目的在于迫使国民党的政策转变,不在于危及蒋介石的生命安全,这成为事变和平解决的重要因素。

西安事变的消息传到南京,国民党多数人认为张、杨的行为"违法犯纪"。当日,国民党中央常委会和南京国民政府决议"褫夺张学良本兼各职","交军事委员会严惩"。16日,国民政府下令讨伐西安。此时,宋子文、宋美龄、孔祥熙、冯玉祥等人力主和平营救蒋介石,和平营救派的主张很快在南京政府中占了上风,南京国民政府遂决定了"正面处置严正,营救则多方运用"的原则,和平营救方针的认定,成为西安事变和平解决的重要条件。

中国共产党获悉西安事变后,审时度势,经过反复研究后确定了和平解决事变的方针。12月17日,应张学良邀请的中共代表周恩来等到达西安,迅速与张学良取得了保证蒋介石安全的共同意见。12月19日,中共中央发出《关于西安事变及我们任务的指示》,对西安事变的原因、意见、可能出现的前途及中共和平解决的方针,做了说明和规定。中国共产党关于事变的有关方针是保证事变和平解决的重要因素。

在国际社会方面,除了日本外,多数国家希望事变能和平解决。其中,美国在研究了张、杨通电后,认为事变的中心问题是抗战问题,不在于危及蒋介石生命,完全可以妥协。因此,主张和平解决,并表示愿意担任调解。苏联对西安事变的起因和对张、杨的估计不甚准确,但在解决方式上,主张和平解决。

正是上述多种因素的作用,西安事变终于在蒋介石承诺停止内战、共同抗日的前提下得到和平解决。12月23、24日,宋子文、宋美龄代表蒋介石,与张学良、杨虎城正式谈判,周恩来作为中共中央全权代表参加谈判,并会见了蒋介石。经过两天的谈判,达成六项协议:(1)改组国民党与国民政府,驱逐亲日派,容纳抗日分子;(2)释放上海爱国领袖,释放一切政治犯,保证人民的自由权利;(3)停止"剿共"政策,联合红军抗日;(4)召集各党各界各军的救国会议,决定抗日救国方针;(5)与同情中国抗日的国家建立合作关系;(6)其他救国的具体办法。蒋介石表示同意谈判决定的六项协议,但要求不以签字形式,而以他的人格担保履行六项协议。西安事变遂告和平解决。

西安事变的发动与和平解决,迫使蒋介石放弃自九一八事变以来所奉行的"攘外必先安内"国策,承诺停止"剿共",抗日救国。因而,西安事变成为了时局转换的枢纽。

第二节 全国抗战的实现

一、国民政府宣布自卫抗战和抗日民族统一战线正式形成

1. 国民政府宣布自卫抗战

1937年7月7日上午,驻丰台的日本军队要求通过中国军队驻守的宛平县城到长辛店演习,为中国守军拒绝,日军被迫绕道。夜11时左右,演习的日军以仿佛听到宛平县城方向发枪数响致使一名士兵失踪为借口,提出进宛平城搜索的要求,中国守军以夜深人静、扰乱民宿为理由予以拒绝。正在交涉之际,失踪的日本士兵已归队。但日军蛮横表示:"军队早已动员好了,不能收回成命,即使士兵找到,仍需进城搜索。"于是,早有准备的日军,即向卢沟桥、宛平城及其附近地区发动进攻。驻守卢沟桥的中国驻军终忍无可忍,奋起抵抗,卢沟桥事变因此爆发。

事变发生后,南京国民政府的对日立场发生了根本的变化。7月8日,蒋介石电令第29军军长宋哲元固守宛平城,并全体动员,以备事态扩大。同时,陆续调第26路军、第13军、第50军等部,星夜北上增援。13日,又令宋哲元全力抗战。17日,蒋介石在庐山发表"对日一贯的方针和立场"的讲演(简称"庐山谈话")。"庐山谈话"标志着南京国民政府最后确立了抗战的方针。

7月27日,已完成对平津包围的日军向第29军发出限48小时内撤出北平地区的最后通牒。第29军军长宋哲元予以拒绝,并发出"自卫守土"通电。28日,日军向南苑发动猛烈进攻,第29军英勇抵抗。由于日本装备精良、兵力充分,中国援军尚未进入平津阵地,第29军在孤军奋战中伤亡惨重,副军长佟麟阁、第132师师长赵登禹殉国,南苑失守。同日,日军攻占清

河、沙河。29日,日军攻占卢沟桥,北京随之失守。与此期间,驻守天津的第38师等部亦奋勇抗击日军对天津的进攻,并一度收复火车站等据点。30日,日军援军在大沽口登陆,围攻天津,天津失陷。

紧接卢沟桥事变之后,日军又制造了"八一三事件",发动了对上海的进攻。

8月9日,日军海军陆战队中队长大山勇夫和一名士兵驾驶军用汽车在上海虹桥机场寻衅,被守卫机场的中国卫兵击毙。日军便以此为借口,于13日起事,以租界和黄浦江上的日军舰为据点,向上海闸北、江湾进攻。面对日军制造的新事变和对上海市区的进攻,国民政府于14日发表《国民政府自卫抗战声明书》,并组织了规模空前的淞沪会战。

《国民政府自卫声明书》公告了卢沟桥事变以来事变推演的经过,声明"中国为日本无止境之侵略所逼迫,兹已不得不实行自卫,抵抗暴力"。《国民政府自卫声明书》的发表,标志全国抗战终于实现。

2. 抗日民族统一战线形成

随着抗日战争的发展,中共中央于1937年7月15日,向国民党递送了《中共中央为公布国共合作宣言》,宣言提出了三项目标和四项承诺。三项目标是:"(一)争取中华民族之独立自由与解放。首先须切实地迅速地准备与发动民族革命抗战,以收复失地和恢复领土主权之完整。(二)实现民族政治,召开国民大会,以制定宪法与规定救国方针。(三)实现中国人民之幸福与愉快的生活。首先须切实救济灾荒,安全民生,发展国防经济,解除人民痛苦与改善人民生活。"宣布:"愿在这个总纲领的目标下,与全国同胞手携手地一致努力。"四项承诺是:"一、孙中山先生的三民主义为中国今日之必需,本党愿为其彻底的实现而奋斗。二、取消一切推翻国民党政权的暴力政策及赤化运动,停止以暴力没收地主土地的政策。三、取消现在的苏维埃政府,实行民族政治,以期全国政权之统一。四、取消红军名义及番号,改编为国民革命军,受国民政府军事委员会之统辖,并待命出动,担任抗日前线之职责。"①

《中共中央为公布国共合作宣言》的递交,推动了国共合作和抗日民族统一战线的实现。8月22日,国民政府军事委员会公布了红军改编为国民

---

① 《中共中央为公布国共合作宣言》(1937年7月15日),《周恩来选集》上卷,人民出版社1980年版,第76~77页。

革命军第八路军的命令。25日,中共中央军事委员会发布命令,西北地区的红军改编为国民革命军第八路军,下辖第115、第120、第129师,共4.5万人。9月22日,国民党中央通讯社发表了《中共中央为公布国共合作宣言》。23日,蒋介石发表《对中国共产党宣言的谈话》。谈话虽曲解了中国共产党寻求国共合作的动机,但在事实上承认了中共中央宣言和国共两党的合作抗日。至此,以国共合作为主轴的全国抗日民族统一战线正式建立。10月,原活动在湘、赣、闽、浙、鄂、豫、皖等8省的红军游击队,改编为国民革命军新编第四军,下辖4个支队,近1万人。

二、正面战场的全线抵抗和敌后游击战争的开展

1. 正面战场的全线抵抗

日军占领平津后,即计划"大致以10月上旬为期,在华北与上海两方面发动攻击,务必给予重大打击,造成使敌人屈服的形势"①。据此编组了以8个师团为基干的华北方面军和以5个师团为基干的上海派遣军,同时在华北和华中展开进攻。面对日军的进攻,国民政府军事委员会于8月20日将对日前线分为5个战区,随即展开了正面战场的全线抵抗。其中,大规模的会战有淞沪会战、太原会战、南京保卫战、徐州会战和武汉会战等。

淞沪会战 1937年8月13日,日军以租界和黄浦江上日舰为据地,进攻上海市区的闸北、江湾。国民政府大批军队相继进入上海市区,挫败日军,并向虹口日军海军陆战队司令部推进。8月下旬,日军三个师团,在军舰的掩护下,向金山、吴淞一带进攻,战事中心转移到罗店至月浦一带。在此,中国军队与之展开了激烈争夺战。9月中旬,日军增至10万,中国军队也已增至40万。日军凭借优良装备,于10月初突破中国守军阵地,进入上海市区。中国军队被迫向苏州河南岸转移。其间,为掩护大部队撤退,团副谢晋元率800名官兵,坚守苏州河北岸的四行仓库,孤军奋战四昼夜,歼敌200多人,被誉称为"八百壮士"。10月底,日军又增调10万兵力,并从杭州湾北岸登陆,从西线迂回上海。中国军队腹背受敌,于11月初全线撤退,上海随之失陷,淞沪会战结束。

太原会战 1937年10月,沿京绥铁路西进的日军占领张家口、大同

---

① 日本防卫厅防卫研究所战史室著,田琪之、齐福霖译:《中国事变陆军作战史》第一卷第二分册,中华书局1981年版,第31页。

后,折转同蒲铁路南下,企图一举攻占太原。为阻挡日军,中国军队调集28万兵力,布防在太原北面约50公里处的忻口。在忻口阵地守军的英勇作战和八路军伏击战的配合下,忻口战役挡住了日军沿同蒲铁路南下进攻太原的计划。11月,日军另一部沿正(定)太(原)铁路西进太原,对太原城进行狂轰滥炸,太原中国守军顽强抵抗5天后突围,太原失陷。忻口阵地的中国军队随即撤离阵地。

南京保卫战　日军占领上海后,以10万兵力乘中国军队西撤之机,由京杭公路、京沪铁路和长江三路水陆并进,于1937年11月底,形成东、南、北三面围攻南京的态势。虽国民政府已于11月20日宣布迁都重庆,但保卫南京仍有重大的军事和政治意义,遂调集15万兵力保卫南京。12月7日,日军突破南京外围防线,攻击南京城府阵地,中国守军在缺乏有效掩护状态下,在光华门、通济门、中华门、中山门等各城门与日军展开殊死战斗,甚至在城墙多处被日军炮火轰塌的时刻,中国守军仍在城墙与日军激战。12日,中华门失守,日军蜂拥入城,南京城防被打破。当日夜,中国守军开始撤离南京城。13日,南京陷落。

南京惨案　日军进攻南京后,肆意烧杀淫掠,制造了震惊世界的南京惨案。日军进城后,在全城范围内纵火,中国首府南京城内的华丽建筑、名胜古迹,直至居民住宅,均未幸免。日军进城后,残暴杀戮中国民众,6个星期内,被日军以集体屠杀、活埋、挖心、剖腹、当射击或刺刀靶子及游戏取乐等方式杀害者达30万人以上。日军进城后,疯狂蹂躏、残害中国女性,在南京被占领的3个月内,每天约有1000名各年龄层的妇女遭到强奸,且许多被害女性又被日军以断肢、剖腹、割乳等方式致死。日军进城后,放手抢劫,城内公私财物均遭日军劫掠,仅被掠走的黄金即达6000吨。

徐州会战　日军占领南京后,经过一段时间休整、部署后,于1938年3月开始南北夹击徐州。3月中旬,由北南下的日军先期逼近徐州。中国军队先后调集40万兵力组织徐州会战。其间,以一部布防徐州以北约15公里的台儿庄,以另一部布防徐州南面,阻挡由南北上的日军。3月23日,日军猛攻台儿庄,中国守军浴血固守,先与日军厮杀于台儿庄外,继与突入庄内的日军进行逐房逐屋争夺的巷战,将日军主力吸引在台儿庄附近。此时,投入会战的中国军队完成对台儿庄地区日军的包围,并迅速发起全线反攻,日军伤亡惨重,被迫败退,中国军队取得台儿庄战役重大胜利。随后,为避免与日军主力决战,中国军队主动撤离徐州地区。

武汉会战 1938年6月,日军以35万兵力,溯长江而上和穿越大别山进攻武汉。由于武汉特殊的国防地理位置,以及国民政府宣布迁都重庆后一段时期内,国民党中央机关和国民政府各部门驻留武汉,中国军队决定组织武汉会战。先后参战的中国军队达110万。6月14日,日军攻占安庆,拉开进攻武汉的序幕,随后会战在武汉外围打响。此间,中国军队在各战略要地、长江要塞与日军展开激战,大量消耗日军,迟滞日军战略推进。待10月中旬,日军已在东、东北和东南三面包围武汉后,中国守军主动于24日撤守。25日至27日,武汉三镇相继为日军占领。

在抗战初期的正面战场上,中国军队虽然没有阻挡日军的进攻,但打破了日本速战速决、三个月灭亡中国的迷梦,大量消灭了日军,为沿海沿江工业的内迁、为西南大后方的奠定赢得了宝贵的时间,掩护了敌后抗日根据地的开辟,还极大地鼓舞了全国军民的抗战信心和赢得了世界各国对中国抗战的关注乃至尊敬。全国抗战初期正面战场的失着,在于多数战役为单纯防御作战,不仅造成大量伤亡,且始终处于被动状态。

2. 敌后游击战争的展开

1937年8月初中共中央便强调,在日军大规模进攻的形势下,中国的抗战应该实行"正规战与游击战相配合"①的方针。8月22日至25日,中共中央在陕北洛川召开中央政治局扩大会议,会议确定了八路军的基本任务为坚持独立自主的游击战争,并在有利条件下进行运动战,使游击战争配合正面战场;开辟敌后战场,建立敌后抗日根据地。上海、太原失守后,中共领导人毛泽东于11月12日在延安中国共产党的活动分子会议的报告中指出:"在华北,以国民党为主体的正规战争已经结束,以共产党为主体的游击战争进入主要地位。"②指示八路军在统一战线基本原则下,进一步发挥独立自主精神,放手发动群众,扩大抗日力量,力争使敌占区的大多数乡村成为游击根据地,广泛地发展敌后游击战争,把日军的后方变成他们的前线。

1938年5月,毛泽东发表了《抗日游击战争的战略问题》,系统地论述了抗日游击战争的战略地位、战略原则、游击战与正规战的配合、抗日游击

---

① 洛甫、毛泽东关于国防问题给周恩来、朱德、叶剑英的指示(1937年8月4日),转引军事科学院军事历史研究所著《中国抗日战争史》中卷,解放军出版社1994年版,第54页。

② 毛泽东:《上海太原失陷以后抗日战争的形势和任务》(1937年11月12日),《毛泽东选集》第2卷,人民出版社1991年版,第388页。

战争的根据地、抗日游击战争的战略防御和战略进攻、抗日游击战争向运动战发展、抗日游击战争的指挥关系等问题。

遵照中共中央和毛泽东的指示精神,八路军和新四军在配合正面战场作战的同时,又派遣部队挺进敌后,广泛开展独立自主的游击战争,创建敌后抗日根据地。

从1937年9月到1938年10月,八路军和新四军同日伪军作战1600余次,毙伤日伪军5.4万人。八路军发展到15.6万人,新四军发展到2.5万人。并在广泛的抗日游击战争的基础上,开辟了北岳、冀中、平西、晋西北、晋西南、大青山、冀南、冀北、湘西、茅山等抗日根据地。这一时期的敌后游击战争不仅配合了国民党军队在正面战场上的作战,直接给予了日本以有力的打击,而且初步形成了中国抗战的敌后战场,使战争转为长期化和进入相持阶段起了重要的作用。

三、抗日救亡运动的高涨

从九一八事变到卢沟桥事变间,抗日救亡运动曾两度兴起,但都在国民政府的镇压下停息下来。随着全国抗战的实现,抗日救亡运动有了合法地位。于是,抗日救亡运动空前活跃、沸腾起来,并随着战事的变化一波一波高涨。

在平津保卫战期间,平津战地的民众立即开展各项救亡活动,援助第29军抗战。8日下午,中华民族解放先锋队、华北各界救国联合会、北平各界救国会、北平市学生联合会派出代表,冒着生命危险来到前线慰劳抗日将士。9日清晨7时,北平市学生救国联合会冒雨慰劳守卫北平各城门的第29军官兵。同时,北平各大学学生40余人组成的战地服务团来到长辛店,慰劳长辛店阵地的中国官兵。当北京学联得知前线需要麻袋时,迅即发起捐集万条麻袋运动。战地的工农民众,勇敢地担起了支前的任务,为中国军队运送了大批的枕木、铁板、铁轨、粮食、饲料和燃料等,帮助军队筑路、送情报、抬伤员等。卢沟桥事变发生后,文化界人士也和全国民众一同开展了抗日救亡运动。7月9日,上海文化界人士洪深、胡愈之、周寒梅、周剑方、郑振铎等140余人举行会议,决议成立救国团体,投身救亡事业。

淞沪抗战期间,上海抗日救亡运动得到新发展。

上海抗日民众运动的新发展,首先表现为组织上的大联合。随着全国抗战实现后国民政府对日政策的改变,各抗日救亡团体得以纷纷公开并开展各种救亡活动。1937年7月22日,国民党上海当局邀请了一批社会名流,成立了上海市抗敌后援会。1937年7月28日,由上海戏剧界救亡协会、上海战时文艺协会和上海漫画界救亡协会等组成的上海文化界救亡协会成立,由知名人士蔡元培、潘公展、胡愈之、张志让等83人担任理事。继上海文化界救亡协会成立后,9月12日又成立了上海职业界救亡协会,该协会包括有上海银钱业业余联谊会、上海洋行华员联谊会、工部局华员俱乐部、益友社、蚁社、精武体育会、海关同仁俱乐部等。此外,学生界、教育界、宗教界、妇女界等相继成立了救亡协会。

上海抗日民众运动的新发展,又表现在实现大联合后的上海各抗日救亡团体广泛持久开展的抗日救亡活动。在淞沪抗战中,上海各抗日救亡团体都进行了大量的宣传鼓动和支援前线的工作。仅上海文化界救亡协会就组织了30多个宣传队和40多个慰劳团。同时,上海文化界救亡协会与上海职业界救亡协会、上海学生抗敌后援会等协作,向前线派出多个战地服务团。在九一八事变6周年纪念日,上海文化界救亡协会等40多个抗日救亡团体,组织了3000多人的宣传队,上街开展声势浩大的抗日宣传。上海职业界救亡协会还动员其属下组织,在上海全市开展声势浩大的歌咏活动。戏剧界救亡协会组织了许多演出队,不仅在上海市区演出,还深入郊区和内地演出。与此同时,各抗日救亡团体还积极开展救国募捐、募集慰劳品、救护伤员等活动。其中,自7月底至9月10日,共计募集爱国捐款150余万。9月中旬开始,很快募集肥皂、牙粉、牙刷、牙膏、万金油、红药水、碘酒、急救包、罐头食品等70万包。

武汉会战期间,由于抗日救亡团体的汇聚和第三厅的成立,极大地促进了武汉地区抗日救亡运动的发展,使武汉成为全国抗日救亡运动的中心,并把抗日救亡运动推向极盛。

1937年11月,国民政府西迁后,武汉一度成为全国抗战的战时首都。是时华北、华东战区和沦陷区的抗日救亡团体和民众纷纷汇聚武汉。据统计,到"武汉失守以前,群众救亡团体有七八十个"[①],分布在各个阶层和职业。从而,形成了自九一八事变以来的最强阵容,为鼎沸的抗日救亡民众运动作了组织上的准备。

---

① 武汉市档案馆、八路军武汉办事处旧址纪念馆、武汉图书馆合编:《武汉抗战史料选编》,1985年版,第163页。

鼎沸抗日救亡民众运动首先表现为规模空前的抗日宣传活动。其中，最有声色的是在第三厅组织、指导下于1938年4月7日至13日在武汉举行的为期一周的抗战扩大宣传周。其间，几乎动员了与宣传活动相关的在汉所有机关、政界要人、报社、文化名人、党政军机关工作人员、团体宣传队、歌咏队、剧团、剧院、美术工作者和影剧院等。先后安排了文字宣传日、口头宣传日、歌咏宣传日、美术宣传日、戏剧宣传日、电影宣传日、游行宣传日。通过各种宣传形式、空前的规模宣传了抗战。

鼎沸的抗日救亡运动又表现为由第三厅发起、组织的七七献金活动。七七献金活动由第三厅事先起草计划，蒋介石亲自审批计划并特批1.5万元的活动经费和周密准备后发起。在7月7日至11日的献金活动中，参加献金的机关和人群十分广泛。除在汉的党政军机关及要人均参加了献金活动外，武汉100余万居民中，参加献金的人数在50万人以上，共接受捐款93万元，金银饰物1156件，其他物品77件，现金和实物折款相加计100万元以上。献金活动"不仅在中国历史上为空前，恐怕在世界史上也少有！"①。

鼎沸的抗日救亡运动高潮还表现为武汉各界慰劳前线抗战将士委员会发起的30万封慰问信活动。其间"武汉三镇人民群众、学校工厂、人民团体、机关、广大居民、男女老少，都纷纷写信慰问前方将士，许多信写得非常动人"②。截至10月10日，仅《新华日报》就收到5万余封慰劳信。其他收件处如慰劳总会、第三厅、《大公报》、《扫荡报》、《武汉日报》等处每日信件也是"大批大批地源源而来"。

第三节　抗战相持阶段的战局和政局

一、正面战场的持续作战和敌后战场的成长

1. 正面战场的持续作战

在抗战相持阶段的正面战场上，重大的战事有13次，以下选择性略予介绍。

南昌会战　武汉会战时，日本华中派遣军曾企图攻占南昌，但因日军的

---

① 《民众献金运动》(社论)，《新华日报》1938年7月12日第1版。
② 阳翰笙：《风雨五十年》，人民文学出版社1986年版，第202页。

1个师团在德安西北万家岭遭中国军队沉重打击,未能渡过修水,于是改为武汉会战结束后再进攻南昌。1939年3月17日,日军以3个多师团兵力在空军配合下进攻南昌,中国第九战区和第三战区部队,在外围与市区同日军激战,27日,中国守军终因伤亡过重撤出南昌。4月下旬,中国军队反攻南昌,一度攻克南昌东侧的飞机场和南昌火车站。5月7日,日军在飞机支援下不断反击。9日,中国军队奉命停止反攻,与日军形成对峙。

第一次长沙会战　日军为打击中国第九战区主力,确保对武汉地区的占领,于1939年9月调集4个师团2个旅团共10万人的兵力,从赣北、鄂南、湘北三个方面向长沙发动进攻。中国第九战区以17个军共32个师和3个挺进纵队约24万人的兵力配置在各个阵地,抵抗、消耗日军,挫败其进攻。在赣北,日军企图夺取修水、铜鼓,进逼平江、浏阳,以策应湘北南下日军,但在高安、上富、甘坊等地遭中国军队阻击。在鄂南,日军先后向平江龙门厂、长寿街、献钟等地进攻,以策应湘北南下日军,同样受到中国军队阻击。在湘北,日军连续攻击新墙河,日舰经洞庭湖迂回至汨罗江口以南,在营田等地登陆,突破中国军队阵地后向东南突进,进占汨罗江南岸阵地。27日,中国第九战区调整部署,分别在福临铺、栗板、上杉市、牌楼、三姐桥伏击、侧击日军,日军撤退。10月上旬,中国军队克复上述各地,日军全部退回新墙河以北地区。赣北中国军队也克复修水等地。至此,中国军队恢复原阵地,第一次长沙会战结束。

桂南会战　1939年11月15日,日军为了截断中国桂越国际交通线,集结3个师团和一部分海军陆战队在广东钦州至防城之间的龙门港登陆。24日占领南宁,接着攻下南宁至柳城的军事要地昆仑关。鉴此,中国军队调集4个军14万人的兵力,于12月中旬开始反攻。12月下旬,在三角山等地歼灭日军一个旅团,击毙其旅团长。12月31日,收复昆仑山。1942年2月,中国军队逼近南宁。9月下旬,日军一部进入越南,中国军队乘机发动攻势。10月28日克复龙洲,30日收复南宁。至此,经过1年激烈战斗,日军被全部逐出桂南,会战结束。

中条山会战　1941年5月7日,日军6个师团另两个独立混战旅在航空兵支援下,分四路对位于晋南豫北交界处的中条山中国守军实施攻击。8日,日军占领垣曲。12日,日军东西两路部队在垣曲东北会师,黄河主要渡口都被日军占领,中国第一战区的军队被分割成黄河南、北两部分。随即,日军着力攻击黄河北岸中国军队,中国军队经抵抗后突围,一部退到黄河以南,一部转向吕梁山区。27日会战结束。是役,中国军队阵亡4.2万人,被俘3.5万人,是抗战正面战场中损失最大的一次会战。

第二次长沙会战 第一次长沙会战后,中国第九战区军队与日军隔新墙河对峙于湘北地区。1941年9月中旬,日军4个师团两个独立旅团兵分两路,一路由平江至株洲一线包抄中国第九战区主力部队,另一路沿粤汉路正面攻打长沙。中国第九战区以10个军27万人的兵力,决定采取正面逐次抵抗,将日军诱往长沙东北和东南山地的既设阵地予以杀伤。同时,以7个军的兵力威胁左翼日军的侧翼和后方,使其不能形成对长沙地区的合围。自9月上旬始,日军向长沙附近中国守军各阵地发起攻击,先后占领大云山、强渡新墙河,进逼汨罗江两岸。中国军队一面阻击日军,一面准备于汨罗江以南反击日军。但由于中国军队反攻命令的无线电报被日军窃收并破译,日军遂放弃将主力用于湘北方面的方针,改为在捞刀河以北地区捕捉歼灭中国军队。随后,中国军队在汨罗江两岸的激战中失利。日军在突破中国守军阵地后,向捞刀河南岸转移,直逼长沙。9月底,日军一部自长沙城的东北角进入市区。但受中国第五、第六战区反攻宜昌战役的牵制,日军被迫撤出会战向宜昌方向集结,从而结束作战。

第三次长沙会战 太平洋战争爆发后,中国军队开始着手发动全面攻势,以牵制日军,策应友邦作战。日军为牵制中国军队转移广东,遂决定抽调、集结兵力第三次进攻长沙。中国军队计划在湘北节节阻击,消耗日军兵力,将日军诱往浏阳河、捞刀河之间,集中主力包围歼灭之。12月24日,日军强渡新墙河向南进击,接着强渡捞刀河,于1942年1月1日向长沙猛攻。中国军队预定围歼日军计划落空,仍以一部坚守长沙,利用既设工事,连续打退日军3天的猛攻,同时以主力向日军侧翼及后方交通线反攻。日军发现形势不利,即停止进攻,主动撤退。中国军队遂分路追击和堵击。1月15日,日军退过新墙河,双方恢复原来阵线。第三次长沙会战,共毙伤日军5万余人,俘日军139人,为历次会战所罕见。

浙赣会战 1942年4月18日,美军16架B—15轰炸机从太平洋上的美军航空母舰起飞,轰炸了日本东京、横须贺、横滨、名古屋、神户等城市后,降落于中国浙江省境内空军机场。为解除美军的继续轰炸,日军大本营一方面正式批准进行中途岛战役,另一方面命令日本中国派遣军准备进行浙江作战,摧毁中国的主要航空基地。5月15日,日军以4个师团的兵力从杭州分三路进攻。中国第三战区部队在桐庐、诸暨、新昌等既设阵地进行抵抗后撤退。5月底,日军到达灵山镇、寿昌、龙游一线,准备向衢州攻击。中国军队第三战区按预定计划派一部在衢州,一部位于衢州之北、西、南三面,准备对进攻衢州的日军予以包围攻击。但这时日军南昌方面两个师团的兵力向东运动。第三战区为避免在衢州地区与日军决战,决定以少数部队守备衢州以吸引日军,主力则避开铁路正面,撤至两侧山地截击日军。6月上旬,日军向衢州发起总攻,经4天激战,攻占衢州。6月中旬,连陷江山、玉山、广丰、上饶。7月初陷横峰。至此,日军已打通浙赣铁路,遂转取守势,从事破坏机场,拆迁铁路,夺取物资。日军在占领破坏丽水机场后,于7月上旬又占青田、温州、瑞安。7月上旬以后,中国军队第三战区在浙赣路东段对日军发动局部攻势,先后收复新澄、桐庐、建德、弋阳、横峰。7月底,日军停止浙赣作战。

常德会战 鄂西会战后,日军即聚集重兵准备进攻湘西重镇常德。1943年11月初,日军开始向中国军队防守的第一线阵地展开全面进攻,相继攻占石门、澧县、津市、桃源。随后,对常德展开总攻。中国军队一面在常德外围阵地顽强阻击日军,一面利用常德城郊既设阵地,顽强抵抗。战斗极其残酷,日军未能取得进展并付出重大伤亡。随后,中国第九战区增援部队进入战场,与第六战区部联手对日军实施包围。先后克复慈利、桃源、德山及常德南站,并攻击常德、沅江南日军。这时,日军施放毒气继续猛攻常德,一度占领常德城。但很快又被中国军队收复,并对撤退日军实施贴身追击。先后克复南县、安乡、津市、澧县、公安、松滋、枝江等地,完成恢复战前态势。

在抗日战争战略相持阶段的正面战场上,中国军队在日军多次局部性进攻作战中,多进行了抵抗,并在相机发动的有限度攻势与反击中,取得了一些战役的胜利,从而基本上保持和稳定了原有战线,使得日军在这一阶段没能取得很大进展。这一阶段中国军队正面战场的作战,在战略上掩护和保卫了西南大后方和华北、华中抗日根据地,为西南大后方和华北、华中抗日根据地的建设、发展创造了相对稳定的环境和条件,也为敌后战场的成长创造了条件。这一阶段中国军队正面战场的作战,是抗战初期正面战场的延续,其间,中国军队广大官兵浴血奋战,出现了像张自忠等为国捐躯的将领及士兵,表现了可贵的献身精神。

同时应该指出,抗战相持阶段的正面战场也存在许多局限和失着。首先,除中条山会战外,日军无论胜负,基本上是主动停止进攻撤回原防,这说明中国军队在战场上处于被动态势。在多次会战尤其是在武汉周围地区的几次会战中,中国军队均未能抓住有利战机,给日军以更有力的反击和更大的消耗,各战区也缺乏紧密的配合,不能积极地钳制日军兵力,策应主要方面作战,加大了自己的伤亡和损失。其次,中国军队虽然发动了有限的、局部的攻势作战,但随着战局的变化,为保存实力,逐步转为相持阶段后期的消极。这些局限和失着,反映了中国军政当局在战略战役指导上的严重失误。

2. 敌后战场的成长

抗日战争进入战略相持阶段后,日军采取了确保其占领区域的方针。在这一方针指导下,从1938年底开始,日军即以主要兵力对敌后抗日根据地进行大规模军事进攻和"扫荡"、"清乡"。为了抗击日军,保卫抗日根据地,抗日根据地开展了英勇的反"扫荡"、反"清乡"的军事斗争。据统计,从1938年6月至1944年5月,华北各抗日根据地的八路军对敌作战73 422次,华中各抗日根据地的新四军对敌作战17 534次。其间,具有一定影响和规模的战斗有黄土岭战斗、百团大战等。

黄土岭战斗　1939年10月下旬,日军调集2万余兵力,对晋察冀抗日根据地的北岳区进行冬季大"扫荡"。11月3日,晋察冀军区第一军分区在涞源县雁宿崖伏击、围歼前来"扫荡"的日军,歼灭日军500余人。日军独立混成第二旅中将旅长阿部规秀恼羞成怒,于4日率日军1500余人由涞源急进雁宿崖寻求报复,扑空后追击至黄土岭村。此时,晋察冀军区第一军分区在八路军主力第120师特务团配合下,将日军包围在黄土岭村。随后,经7日下午至8日下午的一昼夜战斗,歼灭阿部规秀在内的日军共900余人。由于阿部规秀在日军将领中以善于运用新战术被誉为"名将之花",因此,阿部规秀被击毙对日军震动很大,并引起日军的一片悲鸣。阿部规秀被击毙,也是抗战以来八路军击毙的日军最高级别的指挥官。战斗结束后,蒋介石曾致电八路军表示祝贺。

百团大战　1940年8月,为粉碎日军对华北敌后抗日根据地频繁"扫荡",争取华北战局有利的发展,并影响全国的抗战形势,八路军总部决定向华北日军占领的交通线和据点发动大规模的破袭战。战役展开后,八路军参战部队逐次增加到105个团,约40万兵力。

战役第一阶段,8月20日至9月10日,进行交通总破袭战,破坏和截断华北日军的全部交通线。经过20天的作战,使正太铁路陷入瘫痪,并切断同蒲路北段和忻县至静乐、汾阳至离石等公路。战役第二个阶段,9月20

日至 10 月初,继续破袭日军交通线,重点攻占交通线两侧和深入到抗日根据地的日军据点。在半个月的时间里,正太、平汉、同蒲、平绥、北宁、白晋、德石各铁路线的日军,均遭到八路军的进攻。战役第三个阶段,10 月 6 日至 12 月 5 日,主要是进行反"扫荡"作战。从 10 月 6 日起,日军调集数万兵力,对晋察冀、晋东南、晋西北等抗日根据地进行报复"扫荡"。抗日根据地军民密切配合,进行了艰苦的反"扫荡"作战,至 12 月 5 日,战役基本结束。在历时 3 个半月的作战中,八路军共进行大小战斗 1824 次,毙伤日伪军 2.58 万人,俘日伪军 1.86 万人,攻克日军据点 2993 个,破坏铁路 470 余公里、公路 1500 余公里和桥梁、车站、隧道等 260 余处,严重破坏了华北日军重要燃料基地井径煤矿。此役沉重打击了日伪军,配合了正面战场的作战,增强了全国军民取得抗战胜利的信心,提高了共产党和八路军的声威。

二、西南大后方的奠定与营建

1. 西南大后方的奠定

随着日本入侵的逐步深入,为策应国民政府中枢的安全,国民政府于 1937 年 10 月 29 日在南京召开国防最高会议,决策全局退却的部署。会议接受蒋介石的提议,决定国民政府迁渝,远离战区。11 月 20 日,国民政府发布《国民政府移驻重庆宣言》,宣布迁都重庆。26 日,国民政府主席林森率国民政府迁抵重庆。伴随着国民政府的西迁,战区工厂、文化教育机构也随之西迁。

抗战前,中国的工业大部集中在东北、华东和长江中下游地区。九一八事变后,东北工业基地落于敌手。全国抗战开始后,沿海沿江工业又面临遭敌摧毁和沦入敌手的危险。为此,国民政府在爱国民族资本家的呼吁下,组织了大规模的工厂内迁。在第一波的内迁工业中,以上海的最多,先后迁移有 152 家。此外,还有天津、南京、郑州、焦作、太原、青岛、济南、苏州、芜湖等地的许多厂矿企业。内迁的工矿企业包括机器五金厂、电器厂、化工厂、造船业、纺织业、文化印刷业、食品业等。其间,有许多工矿企业起初迁往武汉,并有一部分在那里恢复生产。武汉危急时又出现了工业内迁的第二波,主要是由初迁武汉各地工矿企业和武汉本地的工矿企业,迁往的地点多为四川,其次是云南、贵州、广西、湘西等地。到 1940 年 6 月底止,迁入内地各省的民营厂矿共 452 家,技术工人 1.2 万余人,其中迁到四川的 250 家;内迁设备 12 万多吨,其中迁川的约 9 万吨。

抗战前,中国的高等院校绝大部分分布在政治、经济和文化发达地区,尤其集中在北平、上海、天津、南京等大城市。全国抗战开始后,为避免高等院校遭敌破坏,国民政府在指导、组织工业内迁的同时,下令战区各高校内迁。教育部还指导平、津、沪、京等地的一些重要高校西迁西南和西北,建立抗战教育基地。1938年初,国民政府成立了全国战时教育协会,负责战区高校的迁建工作。自1937年到1939年,战区各高校,除燕京、辅仁等教会学校保持中立未动,上海交大等校迁入租界外,其余都迁往西南、西北,或就近迁入山区。如国立北京大学、国立清华大学与私立南开大学,在卢沟桥事变后迁往长沙,联合成立长沙临时大学,1938年又迁至昆明,正式改为国立西南联合大学(简称西南联大);北洋大学、北平大学与北平师范大学,迁至陕西合组西安临时大学,后改名为西北联合大学(简称西北联大);国立中央大学、国立山东大学、私立复旦大学、私立金陵大学、国立武汉大学、国立东北大学等31所高校迁至四川;国立浙江大学先迁浙西天目山,再迁江西、广西,后迁至贵州遵义;国立中山大学迁往滇南澄江,等等。虽高校辗转播迁,仍有半数师生随校迁达。

在工业与高校内迁的同时,战区的许多文化机构及文化名人也内迁西南,并形成两个高潮。第一个高潮是1938年10月广州、武汉失守前后,各地聚集在武汉的文化机构如报社、文艺团体及文化人士,随行政院和军委会机关先后迁到重庆。第二个高潮是1941年12月太平洋战争爆发后,日军先后占领上海英、法租界和香港、澳门,滞留在这些地方的文化人士辗转到达重庆。到1943年上半年,仅在重庆的全国性文艺团体35个,聚集了全国绝大部分优秀文艺工作者。同一时期,商务、中华、世界、大东、开明等大书局先后从上海迁到重庆,恢复营业和出版工作。

国民政府西迁重庆和工业、文化教育机构的内迁西南,为西南大后方的形成奠定了基础。

2. 西南大后方的营建

随着西南大后方的奠定,西南后方经济得到了开发和发展。

在工业方面,受工业内迁、若干战时经济政策、措施的作用,西南后方的工业开发和发展较快。从工厂数量看,1937年,后方只有工厂63家,随后逐步增至1938年的209家,1939年的419家,1940年的571家,1941年的866家,1942年的1 138家,1943年的1 049家。从实缴资本来看,1937年为2 239万元,随后逐步增至1938年的11 775万元,1939年的28 567万元,1940年的37 897万元,1941年的70 998万元,1943年的148 689万元。① 从工业布局来看,四川占有半数的厂家和资金,重庆成为最大的工业中心,其余工业分布于湘、桂、陕、甘、黔、滇等省的主要城市。

在交通运输业方面,由于历史的原因,西南各省交通闭塞。国民政府西迁后,通过筹措交通建设资金和调整战时交通运输管理体制等措施,使交通运输业得到显著发展。公路方面,修建了下关至畹町248公里的路段,得以打通滇缅公路全线。随后,又修通了中印公路,从而改善了西南国际交通。同时,通过改善旧路和修筑新路,形成了以贵阳、重庆为中心的西南公路网。到1943年,西南后方五省通车里程为1.7万多公里,并与西北公路连接起来。水运方面,主要是扩展和开辟长江、嘉陵江等航线,开展水陆联运。到1943年,水运航线达到1.2万多公里。此外,西南后方的空运在抗战期间也有很大发展,继1938年12月开通莫斯科至重庆航线后,1942年4月,中英美合作开辟飞越喜马拉雅山即驼峰的中印航线。航线里程由1937年的267万多公里增至1943年的884万公里。

西南后方经济开发和发展,奠定了长期抗战的物质基础,打破了日本以占领中国经济发达地区迫使中国经济崩溃而败降的幻想。西南后方经济开发与发展,改变了国内生产力不合理的布局,不仅促进了后方的稳定,而且对于西南近代经济基础的形成也有积极意义。

1941年后,西南后方的社会政治、经济中开始出现弊端。

在社会政治方面,一党专制、个人独裁逐步加强。继1939年1月国民党五届五中全会和1941年3月国民党五届八中全会后,国民党在各级政府机关内普遍加强了国民党的组织,加强了国民党在人民团体内的组织与活动,加强了国民党对军队、机关、学校、工厂、群众团体的控制和监视。1942年3月,国民政府又公布了《国家总动员法》,规定:"严行禁止封锁工厂、罢工、怠工及其他妨碍生产之行为";政府于必要时"得对报馆及通讯社之设立,报纸通讯稿及其他印刷物之记载,加以限制、停止或令其为一定之记载";政府"得对人民之言论、出版、著作、通讯、集会、结社加以限制",等等,从而用法律形式限制了人民的民主权利。与此同时,国民党加强了特务统治,发展特务组织。其中,军统特务组织由成立时的4个处2个室,内勤100多人,外勤近2000人,扩充到10个处和10多个与处相等的室、区、组,内勤

---

① 王桧林主编:《中国现代史》上册,高等教育出版社1998年版,第374、375页。

增到 1000 多人,外勤达到 5 万多人。

在社会经济方面,由于长期战争的消耗、日军的封锁,以及国民政府发展后方经济的有些政策、措施是以牺牲民众利益保护官僚资本的利益为前提的,所以,西南后方经济是一方面得到发展,另一方面又存在许多制约经济持续发展的因素,到 1942 年底后,西南后方经济开始衰落。在工业方面,由于"官办"企业资本占大后方全部企业资本总数的 61%,并统治市场、资源、运输等,从而使经营分散、设备落后、实力单薄的民营工业难以生存。1943 年重庆 871 家民营工厂中,停工、减产者即达 270 余家。桂林、昆明等地的民营工厂都濒临绝境。在农业方面,后方的农业在抗战前期是处于时起时伏状态,但随着地主阶级名目繁多的高额地租,政府自 1941 年下半年实行的田赋征实政策及随后推行的征购、征借措施,打击了农民的积极性,影响了农业经济的发展。

在文化方面,为了一党专制、个人独裁的政治需要,自 1941 年后,国民政府在大后方实行文化专制。其主要手段有:垄断文化机构,控制报刊和舆论,鼓吹一个主义、一个政党、一个领袖;对进步文化作品进行压制,仅 1943 年被查禁的书刊即达 500 余种,被删改、扣压、禁发的稿件无以计数;迫害进步文化工作者。

三、敌后抗日根据地的发展与建设

1. 敌后抗日根据地的发展

随着抗战相持阶段的到来,敌后抗日根据地也随之扩大并形成相对稳定的区域。到 1944 年初,形成了陕甘宁、晋察冀、晋绥、晋冀鲁豫、山东、华中、华南等大块区域的敌后抗日根据地。

陕甘宁边区 是在第二次国内革命战争时期的陕北革命根据地的基础上发展起来的。1937 年 9 月,陕北革命根据地改称为陕甘宁边区,并成立了陕甘宁边区政府。陕甘宁边区包括陕西、甘肃、宁夏三省交界的各一部分,北起陕西北部的府谷、横山,南达陕西中部的醇化,西至甘肃的固原、宁夏的豫旺堡,东临黄河,辖 23 个县。面积 12 万平方公里,人口近 200 万。在整个抗日战争时期,陕甘宁边区及其首府延安是中共中央机关所在地,是敌后抗日根据地的总后方。

晋察冀根据地 全国抗战初期,八路军第 115、第 120 师相继开辟了北岳、冀中、平西等抗日游击根据地。1938 年 1 月经第二战区呈报国民政府校准,成立晋察冀边区政府。6月,八路军一个支队进至平北地区开辟游击战争。7月,中共地方组织领导了冀东22县约20万人的武装起义,接着又有唐山7000矿工武装暴动,随后,留下3个支队坚持冀东游击战争,于1940

1939年,周恩来(左四)在皖南泾县新四军军部与新四军将领叶挺(右一)、粟裕(左二)、陈毅(左一)合影

年7月开辟冀东根据地。至1941年初,形成了平北根据地。此后,经过艰苦的对日斗争和各项建设,形成稳定的晋察冀根据地。晋察冀根据地包括山西、河北、察哈尔、热河、辽宁等省各一部分,位于同蒲路以东,正太、德石路以北,北至张家口、多伦、锦州,东临渤海,辖108个县,面积80万平方公里,人口约2500万,是抗日战争时期开辟的第一块稳定的敌后抗日根据地。

晋绥根据地 全国抗战初期,八路军第120师先后开辟了晋西北、晋西南、大青山抗日游击根据地。1940年2月,成立了晋绥游击行政行署。1941年8月,改称晋西北行政公署,统一了晋西北、晋西南抗日游击根据地的政权。同月,成立绥察行政公署,统一了大青山抗日游击根据地政权。1943年11月,晋西北行政公署正式改称晋绥边区行政公署,晋西北和绥远根据地的党政军领导机构进一步统一。抗战胜利时,晋绥抗日根据地辖48个县,面积33万平方公里,人口约322万。该区东起同蒲和平绥铁路,西至黄河,南迄汾离公路,北到包头、百灵庙、武川、陶林一线。

晋冀鲁豫根据地 全国抗战初期,八路军第129师即进入晋东开展游击战争,于1938年4月成立了晋冀豫军区。1939年春,山西南部形成了太岳、晋豫两个抗日根据地。随后，第129师东进纵队进至隆平地区，成立冀南行政委员会，开辟了以南宫为中心的冀南抗日游击根据地。8月，成立冀南行政公署。1939年2月，第115、第344旅由太行进入冀南、鲁西地区开辟抗日游击战争，至1941年春，开辟鲁西根据地，成立了鲁西行政公署和军区。1940年6月，撤销了晋冀鲁军区，成立了太行、太岳军区。1941年7月召开晋冀鲁豫边区临时参议会，选举产生了边区临时参议会和边区政府。1944年6月和1945年3月，八路军第129师两次发起豫北战役，开辟了豫北根据地，并使太行、太岳两区在白晋路南端和道清路南部地区衔接起来。晋冀鲁豫根据地包括山西、河北、河南、山东各一部，北自德石路、正太路，南迄陇海路和新黄河，东连津浦路，面积15万平方公里，辖177个县，人口约2500万。

山东根据地　全国抗战初期，八路军第115、第129师各一部进入山东，开展游击战争，开辟与扩大冀鲁边和湖西地区，建立了冀鲁清河、胶东、鲁西、鲁中、鲁南、湖西、滨海等小块根据地。1939年初，第115师主力进入山东，与八路军山东纵队会合。1940年7月，成立了山东省临时参议会和山东省战时工作推行委员会。年底，第115师入鲁主力部队和山东纵队发展到12万人，并建立了有95个抗日县政府，人口1300万，面积3.6万平方公里的8块根据地。抗战胜利之际，山东省津浦铁路以东、陇海铁路以北广大地区，除铁路沿线外，均为山东根据地区域，辖127个县，面积12.5万平方公里，人口约2420万。

华中根据地　全国抗战初期，新四军即在广泛的游击战争的基础上，开辟了以茅山为中心的抗日根据地。1939年2月，根据中共六届六中全会确定了新四军向南巩固、向东作战、向北发展的战略方针。1940年底，扩大了苏南、皖中根据地，并相继开辟了皖东、豫皖苏、皖东北、苏北根据地。华中抗日根据地位于江滩河汉之间，包括江苏、安徽、湖北省各一部分，以及河南、浙江、湖南等省的一小部分，面积120万平方公里，人口约6000万。

华南根据地　1938年10月，广州失陷后，散布在东江、珠江和琼崖的抗日游击队纷纷拿起武器，组织抗日武装，开展抗日游击战争。至1942年冬，琼崖纵队发展到4个支队4000余人。1943年12月，东江纵队发展到6000余人。华南抗日根据地包括广东中南部和海南岛东北部，面积6万平方公里，人口约600万。

2. 民主政治建设

毛泽东在1940年1月便指出:"在今日,谁能领导人民驱逐日本帝国主义,并实施民主政治,谁就是人民的救星。"①鲜明地把"民主政治"上升到一个崭新的高度加以强调。据此,各抗日根据地极其重视民主政治建设,并采取了以下措施。

首先,从法律上赋予民众民主权利。1939年1月,陕甘宁边区第一届参议会通过的《陕甘宁边区抗战时期施政纲领》规定:"发扬民主政治,采用直接、普遍、平等、不记名的选举制,健全民主集中制的政治机构,增强人民之自治能力";"保障人民言论、出版、集会、结社、信仰、居住、迁徙与通信之自由",等等。

第二,民主选举产生各级政权。在各抗日根据地,作为政权重心的各级抗日民主政权,均通过各级代表会或参议会选举产生。在各根据地的选举条例中,都明确规定:凡居住在根据地的民众年满18岁者,无阶级、职业、男女、宗教、民族、财产、文化程度之区别,都有选举权和被选举权。在陕甘宁边区,由乡代表会代表和区、县、边区参议会选举产生乡、区、县、边区各级政权。其他根据地,多以陕甘宁边区为楷模,选举产生各级政权,从而初步确定了抗日民主政府新体制。

第三,在政权组成成分上,实行"三三制"。由于中国共产党在开辟和建设抗日根据地的特殊作用,因而出现了在选举产生的各级政权中,共产党员以及非党进步人士所占的比重过大,民族资产阶级、开明绅士的代表及不反共的国民党员代表占的比重太小。为了充分体现抗日民主政权的性质,扩大抗日民主政权的阶级基础,调动各抗日阶级层级人士的参政积极性,从1940年下半年起,各抗日根据地相继实行"三三制",即在各级政权中,共产党员占1/3,非党进步人士占1/3,中间势力人士占1/3。

抗日根据地在建设民主政治过程中表现出来的坚定不移的决心和所采取的细致完备的措施,是十分可贵的,是中国共产党在抗日战争时期追求民主政治的一个缩影,也是同一时期西南大后方所望尘莫及的。

3. 抗日经济建设

"经济是社会结构的基础,无论在抗日战争或任何革命过程中,经济始

---

① 《新民主主义论》(1940年1月),《毛泽东选集》第2卷,人民出版社1991年版,第674页。

终是一个重大的问题"①。为此,各抗日根据地均十分重视经济建设,采取了许多措施。

为了恢复和发展农业生产,各根据地分别采取了鼓励垦荒、扩大耕地面积,兴修水利、改善农业基础设施等措施和减租减息等政策,并均取得相当的成效。

在垦荒方面,陕甘宁边区到1945年共增加耕地面积678万亩,比抗战前增长了79.4%。②晋绥和晋冀鲁豫的太行、太岳两区分别扩大耕地55.3万亩和22.5万亩。③而晋察冀边区北岳区第三、第五两个专区1940年就开荒12.7万余亩。在兴修水利方面,各抗日根据地均有成绩。其间,冀中区1940年春修筑堤坝30余处,长260余公里;疏通河道9条,长80余公里,使100多万亩土地及时种上了农作物。北岳区修筑堤坝310多处,开凿渠道2000余条,打井3500余眼,使17万亩土地及时得到灌溉。④

各抗日根据地的减租减息政策,一方面要求地主减租减息,以减轻农民的负担;另一方面要求农民交租交息,保证地主、富农的利益。减租减息的标准,一般是"二五减租"、"一分减息"。"二五减租"是以战前的租额为基础,减少25%;"一分减息"则是年利率不超过10%。减租减息政策的实施,使农民收回了一部分劳动成果,减轻了地主对农民剥削的程度;同时保留了地主的剥削,缓和了阶级矛盾,巩固了抗日民族统一战线,调动了根据地内各阶层的抗日和生产的积极性。

由于上述措施、政策的实施,使各抗日根据地的农业生产得到迅速发展。在陕甘宁边区,1943年的粮食产量达184万余担,除当年总消耗162万石外,可余20万担。而1944年更达200万担,不仅不再需要吃购进粮,而且有余粮输出。⑤而晋绥和晋冀鲁豫的太行、太岳也分别增产粮食16万、30万和11万石。⑥

为了兴办和发展工业生产,各抗日根据地相继推行了发展公营和合作

---

① 林伯渠:《抗战中两条经济路线的斗争》,《解放》第130期(1941年6月)。
② 《陕甘宁边区参议会文献汇辑》,科学出版社1958年版,第283页。
③ 《解放日报》,1945年1月18日第2版。
④ 军事科学院军事历史研究部:《中国抗日战争史》中卷,解放军出版社1994年版,第340页。
⑤ 《陕甘宁边区参议会文献汇辑》,科学出版社1958年版,第284页。
⑥ 《解放日报》,1945年1月18日第2版。

社工业,奖励私营工业等政策。在这些政策指导下,各种性质的工业都得到很快的发展。公营工业方面,陕甘宁抗日根据地1944年底有公营工厂101家,职工26354人。山东抗日根据地1945年春计有公营工厂88家,职工3590人。合作社工业方面,晋察冀豫抗日根据地的太行区,1940年合作总社及各分社便辖有各种小型工厂41个。陕甘宁抗日根据地的生产合作社,由1939年的10个发展到1944初的114个和1945年7月的591个。私营工业方面,陕甘宁抗日根据地的私营织布厂,由1939年的6家发展到1941年的30家;在晋绥抗日根据地,1945年初有油坊700座,煤窑433座。① 在发展工业的同时,抗日民主政府还规定了一系列改善工人待遇、保护工人权利和调整劳资关系的办法。这些政策和措施促进了抗日根据地工业生产的发展。

在发展商业方面,根据中共中央关于商业贸易"对外调剂,对内自由"的方针,各抗日根据地制定的总的商业贸易政策是:对外贸易采取统制主义,即统制对外贸易;对内贸易采取自由主义,即抗日根据地内自由贸易。在对外贸易方面,总的要求是把边区不必需的货物尽管销售出去,把必需品尽量换回来。在抗日根据地内,商业系统有公营、公私合营、私营和合作社商业。他们在公营商业的领导下,分工协作。公营及公私合营的商业的业务范围主要是采购、批发及零销根据地内外各种军需民用必需品,并办理输出业务,它们是商业贸易系统中的骨干。私营商业几乎全部为中小商人,且小商贩占绝大多数。抗日根据地政府允许他们合法经营非违禁商品并赚取适当的利润。

4. 抗日文化教育的发展

在抗日根据地,文化发展的方针是以共产主义思想为指导,发展民族的科学的大众的文化,发展人民大众反帝反封建的文化;教育政策,是以培养抗日战争中急需的干部,提高人民的民族觉醒与文化水准为原则。在上述方针政策的指导下,各抗日根据地的文化教育事业都得到很大发展。

抗日根据地的教育由干部教育和社会教育两个方面组成。干部教育的一条重要途径是通过开办高中等学校及务实干部训练班,培养各级各类干部。其间,在陕甘宁根据地先后开办了中国人民抗日军政大学、陕北公学等20多所干部学校。在晋察冀抗日根据地,先后开办了抗日军政大学第二分

---

① 清庆瑞主编:《抗战时期的经济》,北京出版社1995年版,第515、524、530页。

校、白求恩卫生学校、河北抗战学校、抗战建国学校等。在晋冀鲁豫、晋绥、山东、华中抗日根据地也都开办了类似的学校。

社会教育的主要途径是通过创办各级学校教育来实现。在中小学方面,1936年陕甘宁边区只有小学120所。到1941年秋,发展到1 195所,在校学生38 366人;到1945年春,进一步发展到1 377所,在校学生34 004人。在晋察冀抗日根据地,则迅速发展到1939年的7 000多所,在校学生40多万。在晋冀鲁豫抗日根据地的太行地区,1942年的小学1 237所,在校学生52 885人,到1944年,小学发展为2 530所,在校学生12 556人。在晋绥根据地,到1942年冬,24个县有小学1 546所,在校学生6.34万人。① 在成人教育方面,抗日根据地创造了冬学和识字组等教育形式。1937年,陕甘宁边区有冬学600处,学生1万人;1938年底,识字组有5 834个,组员3.99万人。晋察冀抗日根据地的冬学到1940年达5 379所。②

抗日根据地的教育事业的发展,不仅及时地为边区的抗战和建设输送了大批人才,培养了大批后备力量,同时又极大地促进了边区整个教育事业的发展,提高了边区民众抗日觉悟和文化水平。

四、国共两党的摩擦与调整

1. 国民党的限共政策与中国共产党的应对方针

1939年1月,国民党召开了第五届中央委员会第五次全体会议。会议的中心议题之一,是研讨、制定对中国共产党的方针。这个方针在蒋介石的会议讲话中被解释为"要严正—管束—教训—保育—现在要溶共—不是容共"③。在会议通过的《限制异党活动办法》中则明确解释为"溶共、防共、限共、反共"④。为执行此方针,会议决定成立"防共委员会"。

根据国民党五届五中全会的精神,仅在1939年内,国民党就先后制订了《共党问题处置办法》等秘密文件。上述文件的主要内容是:(1)在政治上,不承认抗日民主政权,不能令其存在;禁止组织群众团体,严令民族解放先锋队、西北青年救国联合会、工人救国会、农民救国会、妇女救国会、全国

---

① 孙培青主编:《中国教育史》,华东师范大学出版社1992年版,第770~771页。
② 黄元起主编:《中国现代史》下册,河南人民出版社1984年版,第117页。
③ 《国民党五届五中全会会议记录》,中国第二历史档案馆藏。
④ 李宗黄等十三委员提案,中国第二历史档案馆藏。

学生联合会等组织解散。(2)在军事上,限制共产党发展,实行军令、军政统一于中央;只准许称十八集团军,第八路军名义不得再沿用,对于十八集团军的编制、补给等,均应遵照中央法令办理,不得私行征募等;十八集团军所设立之军区及其分区,应即撤销。(3)在经济上,对抗日根据地实行封锁,既不发饷,又不准共产党自筹经费。(4)在教育和文化宣传上,规定"教育与训练机关,必须绝对统一于中央"。陕北公学、抗日军政大学或停办或归中央接收。取缔共产党的宣传活动。(5)在对共产党的斗争手段和策略上,规定"指定专人负责策划对共产党之调查工作","搜集各地共产党活动资料,每半月汇编调查专报,密令各级有关机关,协同防止";"加强特务工作,组织特种党团,打入共党组织";在策略上,"中央可示宽大,地方务须谨慎,下级积极斗争";"在分工上,党部负斗争责任,政府处调和地位,军队则为后盾"。

在国民党上述方针指导下,国民党开始制造反共惨案。1939年4月,国民党秦启荣部袭击八路军山东纵队第3支队,残杀八路军指战员400余人,制造了博山惨案。1939年6月,国民党张荫梧部乘八路军与日军作战之机,袭击冀中深县八路军后方机关,残杀八路军指战员400多人,制造了深县惨案。同月,国民党徐永昌部把新四军平江通讯处包围、缴械,新四军参谋涂正坤、通讯处军需吴贺忠当场牺牲,八路军少校副官罗梓铭等干部及家属6人被活埋,制造了平江惨案。11月,国民党地方武装突袭新四军第4支队第8团队驻竹沟的后方留守处和中共河南省委机关,致使新四军伤病员、后方工作人员及抗日军人家属200余人死难,制造了竹沟惨案。

面对国民党的限共方针、政策和国民党军制造的系列反共惨案,中国共产党审时度势,从民族大义出发和国共团结大局出发,提出了斗争与团结的方针。1939年2月,中共中央发出《中央关于河北等地摩擦问题的指示》,强调"对非理进攻,必须反击,决不能轻言让步"[①]。6月,中共中央发出的《中央关于反对投降危险的指示》指出:对于国民党"对共产党的压迫,对八路军、新四军的攻击与摩擦,对边区的挑衅,对抗日民族统一战线与国共合作的破坏等",应进行"适时的、坚决的反抗"。但同时又告诫全党要认识到,

---

① 中央档案馆编:《中共中央文件选集》第11册,中共中央党校出版社1988年版,第23页。

"党的基本任务,仍然是巩固国共合作,继续抗日"。① 7月7日,中共中央发表了《中央为抗战两周年纪念对时局宣言》,鲜明提出了"坚持抗战到底——反对中途妥协!巩固国内团结——反对内部分裂!力求全国进步——反对向后倒退!"②三大政治口号。9月16日,毛泽东在和中央社、《扫荡报》、《新民报》的记者谈话中表示:"大敌当前,国共两党又都有了过去的经验,大家一定要长期合作,一定要避免分裂。"同时指出:"如果欺人太甚,如果实行压迫,那末,共产党就必须用严正的态度对待之。这态度就是:人不犯我,我不犯人;人若犯我,我必犯人。但我们是站在严格的自卫立场上的,任何共产党员不许超过自卫原则。"③

根据上述方针,八路军、新四军在面对国民党军制造的一系列反共惨案时,站在自卫的立场上予以了必要的反击。深县惨案发生后,八路军第120师将国民党张荫梧部3个旅包围全歼。博山惨案发生后,八路军第115师将国民党秦启荣部全歼;当国民党军制造镇原、宁县反共事件时,八路军后方留守处也予以了反击。遗憾的是,国民党却无视中国共产党的立场和情感,而是从其既定的方针出发,制造了更大的摩擦。

2. 国共第一次军事摩擦

1939年11月,国民党军阎锡山部6个军,分三路向晋西决死二纵队和八路军晋西四支队驻地进攻,并摧毁晋西各县的抗日政权和抗日救亡团体,杀害牺盟会干部和八路军后方医院伤病员。与此同时,阎锡山另一部则向晋东南决死一纵队和各县抗日民主政权进攻,杀害共产党人和进步分子500多人,绑架千余人。1939年12月,国民党军胡宗南部背信弃义占据陕甘宁边区的淳化、栒邑(今旬邑)、正宁、宁县、镇原5座县城,并袭击驻合水等地的八路军。1939年11月至1940年1月,国民党军朱怀冰、石友三部先后向冀西和冀南的八路军进攻。

面对国民党军这一大规模的反共军事行动,八路军被迫于1940年元旦开始予以坚决反击。在晋西,决死队和独立支队配合作战,多次打击阎军。

---

① 中央档案馆编:《中共中央文件选集》第11册,中共中央党校出版社1988年版,第72页。

② 中央档案馆编:《中共中央文件选集》第11册,中共中央党校出版社1988年版,第119页。

③ 毛泽东:《和中央社、扫荡报、新民报三记者的谈话》(1939年9月16日),《毛泽东选集》第2卷,人民出版社1991年版,第590页。

在晋西北和晋东南,驻地八路军和决死队合作反击,予阎军以沉重打击。在陕甘宁边区,边区军民一面自卫反击,一面对等地在边区北部占领了 5 座县城,使陕甘宁边区与晋绥根据地连成一片。在冀南,八路军第 129 师采取先礼后兵的方针,先对前来进攻的国民党军朱怀冰部联系谈判,被拒后即展开猛烈反击,歼灭其部万余人,并收复一部分地区。在取得反击胜利的形势下,中共中央急令各冲突地区各军,以国家、民族利益为重,停止追击,并分别与国民党军达成停战协议和分区抗战协议,在军事上击退了国民党军的进攻。

与此同时,中国共产党又在思想理论上回击了国民党的进攻。在 1939 年 5 月蒋介石发表《三民主义之体系及其实行程序》演讲后,一些政客和资产阶级右翼分子在思想理论上展开了对中国共产党的进攻。叶青、陶希圣等群起写文章攻击中国共产党和八路军、新四军。污蔑"共产党违背诺言","陕甘宁边区是封建割据",八路军、新四军游而不击"等,竭力鼓噪"一个主义、一个政党、一个领袖"。

面对国民党思想理论方面的进攻,中共领导人相继发表论文论著予以反击。其间,仅毛泽东便接连发表了《"共产党人"发刊词》、《中国革命和中国共产党》、《新民主主义论》等重要理论著作。指出:"在阶级存在的条件之下,有多少阶级就有多少主义,甚至一个阶级的各集团中还各有各的主义。……既然是数不清的主义,为什么见了共产主义就高叫'收起'呢?"同期,周恩来发表了《三民主义与共产主义》等论文,阐述了三民主义与共产主义的关系。毛泽东等中共领导人的论著论文的发表,彻底击退了国民党思想理论方面的进攻。

鉴于国民党第一次反共高潮的出现和预防国民党反共活动的再次出现,1940 年 3 月,毛泽东作了《目前抗日统一战线中的策略问题》报告,12 月,起草了对党内指示《论政策》,进一步系统阐明了中共在抗日民族统一战线中的策略方针。这一策略方针的核心就是:"发展进步势力,争取中间势力,反对顽固势力。"其中,发展进步势力,就是要在抗日根据地内发展代表无产阶级、农民阶级和城市中下层资产阶级利益的中国共产党的组织,扩大中共领导下的八路军、新四军和抗日根据地;在国统区,尽可能发动工人、农民、青年、妇女等各种群众运动,壮大民主力量。争取中间势力,则要做到尊重中等资产阶级、开明士绅、地方实力派这一部分人的利益;积极主动又慎重地接近这一部分人,启发他们民主、团结的觉悟;且中共要有充分的力量,能在反击斗争中一步一步取得胜利。反对顽固势力,则要求中共善于运用两手政策。一方面,尽可能地争取大地主大资产阶级这一部分人留在抗日民族统一战线里面,团结他们共同抗战;另一方面,要同他们的反共政策、活动作政治思想和军事上的坚决斗争,并在这一斗争中严守"有理、有利、有节"的原则。中国共产党抗日民族统一战线策略方针的提出,是对抗战相持阶段以来国共两党关系新鲜经验教训的总结,反映了民族斗争与阶级斗争错误复杂的客观规律,指导中国共产党正确应对国民党可能制造的新的摩擦。

3. 国共第二次军事摩擦

1940年7月,国民党向中国共产党提出了"中央提示案"。其中心内容是:削减八路军、新四军人数的4/5,并限八路军、新四军得到命令后1个月内,全部集中到冀察及鲁北、晋北,此后不得越境作战。中国共产党拒绝了这个无理要求。10月,国民党以正、副参谋总长何应钦、白崇禧的名义致电八路军、新四军领导人朱德、彭德怀、叶挺、项英,再次限令黄河以南的八路军、新四军1个月内开到指定的作战地区。

在严重的局势下,中共一面强调团结抗战,极力争取形势好转;一面准备应付国民党军的进攻。11月9日,朱德、彭德怀、叶挺、项英致电何应钦、白崇禧,驳斥攻击中伤,婉言拒绝强令华中部队北移的无理要求。但为顾全大局,坚持团结抗战,表示江南正规部队可以北移。11月中旬,叶挺等新四军领导人数次同国民党第三战区负责人商谈新四军北移的路线和部署,但国民党置之不理。

1941年1月4日,新四军军部及皖南部队9000余人从泾县云岭出发北移,次日拂晓到达茂林。6日下午向旌德方向前进时,遭国民党8万多伏兵的包围袭击。新四军将士奋力搏斗,激战7昼夜,终因弹尽粮绝,众寡悬殊,陷于危殆之中。为挽救危局,保全部队,叶挺到国民党军进行停战谈判,被扣押。14日,新四军阵地完全被国民党军占领。全军除约2000人突围外,大部壮烈牺牲。政治部主任袁国平突围中阵亡,副军长项英、参谋长周子昆被叛徒杀害,这就是震惊中外的"皖南事变"。

1月17日,蒋介石以国民政府军事委员会名义,通令宣布新四军为"叛军",取消新四军番号,将叶挺军长交付"军法审判"。

皖南事变发生后,中国共产党同国民党进行了坚决的斗争。1月18日,中共中央发出《关于皖南事变的指示》,决定在各根据地以各种方式向国民党提出严重抗议,揭露他们自抗战以来的倒行逆施。指示八路军、新四军充分提高警觉,做好反击国民党进攻的准备。在国统区则用不同方式动员舆论和群众,为坚持抗战、争取民主而斗争。20日,中共中央革命军事委员会发布重建新四军军部的命令,任命陈毅为代理军长,刘少奇为政治委员,张云逸为副军长,赖传珠为参谋长,邓子恢为政治部主任。同日,中共中央革命军事委员会发言人发表谈话,痛斥国民党军事委员会的命令,提出停止挑衅、取消1月17日反动命令、惩办祸首等12条解决皖南事变的办法。并表示:"我们是珍重合作的,但必须他们也珍重合作。老实说,我们的让步是有限度的,我们让步的阶段已经完结了。他们已经杀了第一刀,这个伤痕是很深重的。"①"时局不论如何黑暗","我们中国共产党和中国人民,不但有责任,而且自问有能力,挺身出来收拾时局"②。23日,新四军代理军长陈毅等通电就职。接着在盐城重建新四军军部,并统一整编新四军各支队为7个师,重新划分各师活动地带。

皖南事变发生后,引起了国内外强烈的反响。盼望着国共合作抗战的全国人民和海外华侨,纷纷通电谴责国民党的行径。国民党中有识之士和各民主党派人士,也纷纷致电国民党中央,要求妥善处理善后。国际反应也对国民党十分不利。其中,苏联各报刊、电台指责国民政府的这一做法,苏联政府向国民政府有关人员暗示,这种反共行为可能会影响苏联对中国的援助。美国政府也主张国共两党继续合作抗日。

中国共产党强烈的反应和国内外强烈反响,使国民党陷入十分孤立和被动的处境。为摆脱这种处境。蒋介石被迫于3月8日国民参政会二届一次会议上表示:皖南事变"不牵涉党派政治","保证……以后决无剿共军事"。

五、沦陷区的殖民地化

1. 日伪政权的建立

日本在中国占领区内建立的第一个比较定型的日伪政权,是1932年初在东北地区建立的"满洲国"。

---

① 《中国共产党中央革命军事委员会发言人对新华社记者的谈话》(1941年1月20日),《毛泽东选集》第2卷,人民出版社1991年版,第776页。

② 《中国共产党中央革命军事委员会发言人对新华社记者的谈话》(1941年1月20日),《毛泽东选集》第2卷,人民出版社1991年版,第774页。

九一八事变后的1931年10月,日本关东军军部就设立了"满洲自治指导部",以汉奸于冲汉为部长,关东军政治部主任中野琥逸为首席顾问,着手筹建"满洲国"。12月,由日本关东军指派日本特务金井章次、中野琥逸等组成"建国委员会",拟定"满洲国"的框架。1932年2月16日,成立"东北最高行政委员会",宣称东北脱离中国而"独立"。3月1日,发表《满洲国建国宣言》,宣布"满洲国"国土为奉天、吉林、黑龙江、热河、东省特别区、蒙古。3月19日,"满洲国"在长春正式建立,改长春为新京,由清朝废帝溥仪为"执政"。

日本在中国占领区内建立的第二个比较定型的日伪政权,是1939年初在内蒙古地区建立的"蒙古联合自治政府"。

1937年卢沟桥事变后,华北地区先后出现了"察南自治政府"、"晋北自治政府"、"蒙古联盟自治政府"等伪政权。10月,关东军拟定《蒙疆方面政治工作指导大纲》,决定建立"蒙疆联合自治委员会"管理上述三个伪政权。随即,"蒙疆联合自治委员会"在张家口建立。1939年9月1日,改称"蒙古联合自治政府"。辖区包括察哈尔、绥远全部和晋北地区。政府主席为德穆楚克。

日本在中国占领区内建立的第三个比较定型的日伪政权,是1940年3月建立的"中华民国国民政府"。

日军占领华北初期,就由日本特务机关在华北一些地方扶植起了一批地方治安维持会。这些维持会在日军军管背景下,起着临时地方政权的作用。在这个过程中,华北日军司令部开始策划在适当的时候建立一个全华北范围的政权。1937年12月13日,南京失陷,华北日军认为南京陷落即是国民政府的溃灭,在这个时刻建立新政权,在政治上具有新陈代谢的意义,遂于第2天即12月14日在北平建立"中华民国临时政府",临时政府行政委员会委员长为王克敏。在华北"中华民国临时政府"建立后不久,1937年12月24日,日本内阁会议决定,在时机成熟时,在华中"建立与华北新政权有联系的新政权"。1938年3月28日,在南京建立"中华民国维新政府",梁鸿志任维新政府行政院长。

华北的"中华民国临时政府"和华中的"中华民国维新政府"先后建立后,日本政府便开始着手将上述两个地方政权统一为"新中央政府"。1939年12月30日,从重庆叛逃的国民党副总裁汪精卫与日本秘密订立《日华新关系调整要纲》,着手建立"新中央政权"。1940年1月23日,由日本华中派遣军参谋长板垣征四部直接参与,汪精卫在青岛同华北"临时政府"行政委员会委员长王克敏、华中"维新政府"行政院长梁鸿志就建立"新中央政府"问题进行协商。以此为基础,汪精卫集团于3月20日在南京召开"中央政治会议",正式组建伪"中华民国国民政府"。汪出任行政院长,陈公博任立法院长,温宗尧任司法院长,梁鸿志任监察院长,王揖唐任考试院长。30日,汪精卫集团成员各就伪职,伪"中华民国国民政府"正式出笼。

日伪政权是日本在中国占领区内,由日本政府和军队一手孵化、炮制出来的。各个伪政权的国策制定、国务活动都受日本政府和军队的控制、支配,各级伪政权机构均由日本人直接或间接主政,是典型的傀儡政权。

2. 日本的殖民经济掠夺

日本在沦陷区的殖民经济掠夺,表现在工矿、农业、金融等各个经济部门。

工矿方面。在东北地区,日本通过原"南满铁路株式会社"和1937年12月成立的"满洲重工业开发株式会社"两个垄断组织,实现了对东北地区重工业的独占。至1945年,日伪资本在东北工业中高达99.15%。在华北、华中地区,日本分别通过"军管理"、"委托经营"和"中日合资"等多种形式,实现了对华北、华中地区各类工业资源的控制和掠夺。其中,"华北开发株式会社"垄断了华北地区的煤、铁、电力等主要企业,"华中振兴株式会社"则控制了华中地区的煤、铁、盐、水电、蚕丝等方面的生产和销售。这两大会社的产品,大部为日本攫取,尤其是煤和铁矿石。据统计,从1939年到1942年,每年对日本及伪满输出的矿石,即分别占当年产量的75.5%、91%、75.3%和82.8%。

农业方面,主要表现为对农业资源和劳力的掠夺。由于沦陷区处在日本军队的占领状态下,日本人便成为沦陷区土地的最大领主,沦陷区农村的土地均受日本方面的支配。一部分土地被日军无代价地用于建筑公路、机场、兵营、仓库、封锁沟等军事用途;一部分为日本的"垦殖会社"及日本移民占有。被日伪掠夺了土地的中国农民,或被驱逐离开世代代劳动、生息的土地,漂泊到异乡,或沦为日本垦殖会社的农奴。日本又以占领者的姿态对沦陷区的农产品进行殖民掠夺。其主要方式是通过统制贸易进行强制性的低价统购。掠夺的产品包括小麦、棉花、稻谷、蚕丝等。掠夺的机构为日本人组成的各种"协会"、"组合"等。其中,华北地区的最大协会为"华北小麦协会"、"华北棉花协会"等。华中地区的最大协会、组合为"华中米谷收买组合"、"华中棉花协会"等。这些协会、组合均在日本军队的保护下在划定地区进行强制性低价统购。

金融方面,日本在中国沦陷区实施了严密的控制与垄断。在东北,日本利用"满洲中央银行"大量发行"满元",用以支持军费开支和维持军工生产。至1941年末,"满洲中央银行"发行"满币"达13.17亿元,比1932年增长8倍。在关内,1937年11月,日本在张家口设立"蒙疆银行",发行"蒙疆券"。1938年3月,在北平设立"中国联合准备银行",发行"联银券"。1939年5月,在上海设立"华兴银行",发行"华兴券"。1941年1月,在南京设立"中央储备银行",发行"中储券"。这些银行发行了大量的没有准备金的伪钞,依靠日军的刺刀维持这些伪钞的信用,借以压榨中国人民的血汗和财富。此外,日军还大量发行根本不具备货币性质的军用票,凭暴力恐怖使其流通于市场。从1938年底到1940年底,军用票发行额为5亿日元。由于滥发纸币,引起沦陷区通货膨胀和物价飞涨。以1936年批发物价指数为100,至1941年,华北上涨到450.2,上海上涨到1099.3。到1945年,上海米价比1941年上涨6300倍。

3. 殖民文化与奴化教育

中国是一个有着几千年传统文化的国家,这种博大精深的传统文化是中华民族生存、发展的精神支柱,是保卫中华民族的精神动力。正是因为如此,以灭亡中国为最终目的的日本,特别重视在中国沦陷区推行殖民文化和奴化教育,为此采取了一系列措施:

第一,垄断中国沦陷区的所有文化机构。在东北,继1932年12月建立名义上属于国通社,实际上直属日本关东军司令部的"满洲国通讯社"后,又于1941年建立了《康德新闻》社、《满洲日日新闻》社、《满洲新闻》社等,从而垄断了东北地区的新闻通讯业。同时,又分别于1937年3月、1941年1月和1941年9月先后建立了满洲图书会社、满洲出版协会和满洲文艺联盟等,垄断了东北地区的图书出版及文化艺术机构和组织。在华北、华中,则先后开办了"大上海广播电台"、"南京广播电台"和"中央广播电台"等50多座广播电台。

第二,进攻、摧毁中国传统思想文化,植入日本思想文化。日本在中国沦陷区内,不仅通过垄断沦陷区新闻通讯业取缔了中国原有的新闻通讯业,而且还收缴焚毁一切表现中国民族意识、民族思想文化的书籍、印刷品和迫害、追捕、杀戮中日进步的文化思想人士。在东北,仅1932年3~7月的5

个月中,焚毁书籍为650万余册。而从1932~1933年的一年间,即有9000余文化教育人士被逮捕、枪杀或逼迫改行。为植入日本思想文化,日本在沦陷区内,鼓吹日中同种同文,军事、政治、经济上应亲善提携,文化上应相互沟通。宣传日本是东亚的强国,亚洲各国尤其中国应"自动地"接受日本的领导,承认日本在建立"东亚新秩序"中的主宰地位,等等。

第三,控制各种文化社团和文化活动。在东北,在日本关东军和"满洲国"的运作下,先后建立起了伪"文艺家协会"、"剧团协会"、"美术家协会"、"乐团协会"、"作家协会"等团体,并在此基础上于1941年9月组建了"满洲文艺联盟"。通过这些文化社团控制一切文化活动,文艺团体的群众性和自由创作精神为日伪直接统辖的"国策文艺"所取代。在华北、华中,除了建立类似于上述文化社团外,还于1940年7月在南京成立了中日文化协会,其宗旨是"沟通中日两国之文化,融洽双方朝野人士之感情,并发扬东方文明以期达到善邻友好之目的"。此外,东北的"协和会"和华北的"新民会"也以很大的力气从事"精神工作"和对青年的"思想训练"。

在推行殖民文化的同时,日本又在沦陷区实行全面的殖民奴化教育,并采取以下措施。

第一,推行日语教育。国语是一个具有鲜明国家和民族意识的语言,汉语被确定为中国国语是中国文化的象征。日本为了达到灭亡中国的目的,在沦陷区大力推行日语教育,以削弱汉语乃至取代汉语。在"满洲国"建立初期,即在中小学添授日语,课时占国语授课时数的1/2。1933年以后,日语授课时数逐步增加。到1937年,则进一步把日语同国语并列,以逐步以日语代替国语。

第二,修改教科书。删除含有民族国家的内容,增添亲日的内容。主要表现在国语、历史和地理教材方面。如《高小国文读本》第一册删除"报国仇"字句;《初中新国语》第二册删除"王冕少年时代"、"战地一日"、"抗战受伤的追忆"、"济南城上"4篇诗文。《初中本国历史》第四册删除"五卅惨案"、"新生活"内容。《初中外国史》下册删除九一八内容。地理教材则篡改日本、中国的国界线,把自近代以来被日本侵占的他国领土都圈定在日本版图内。在"满洲国"教材中,则把中国的国界线划在长城以南,从而完全改变了学生的知识内容。

第四节　抗日战争的胜利

一、抗日战争胜利的条件

抗日战争的胜利,是中国在长期的对日战争中,逐渐改变中日两国战争力量的对比,逐步具备对日反攻、取胜的条件,以及世界反法西斯战争胜利进程的推动下实现的。

日本发动全面侵华战争,是建筑在其军力、经济力和政治组织力都比中国强大这一基础上的。但是,由于日本是一个小国,本土只及中国的1/28,人口不到中国的1/6,国内资源贫乏,因而随着战争的爆发、扩大和长期化,日本赖以发动战争的这一基础发生了变化。

在军力方面,日本军队数量、装备和训练均优势于中国,战争进行期间,日本又进行了扩军和扩大军需装备的生产。但是,随着战争的扩大和长期化,日本在军队数量、军队装备和训练上的优势逐步地消耗和失去。仅在全国抗战初期的1年零3个月时间里,日军在中国战场上的伤亡即达40多万人,损失飞机375架,舰只176艘。此后,其伤亡和消耗逐年增加。虽日本不断征兵扩军,军队数量不断增加(1944年日本走进侵略战争行列的大约有900万人①),但其训练和装备无法得到保证。据统计,全国抗战的前几年,日本的武器生产为逐年增长,但到1944、1945年便明显下降。②

反观中国,战前的中国军队,无论从数量到装备都与日本有很大差距,战争进行期间又付出了惨痛的牺牲和极大的消耗。但是,随着全国抗战的持续,中国军队在数量、装备和训练上的优势逐渐显现出来。在全国抗战初期的1年零3个月时间里,中国军队伤亡上百万,但迅速补充了200万,从军队数量的绝对值上看是增加了100万。随后,中国军队不断增加,到抗战胜利之际,国民政府军队由战前的45个军200多万增加到98个军430多万;中共领导的军队由战前的不足3万增加到120万。中国军队总数超过

---

① 军事科学院军事历史研究部:《中国抗日战争史》下卷,解放军出版社2000年版,第317页。

② 罗焕章、支绍曾:《中华民族的抗日战争》,军事科学出版社1987年版,第460页。

500万。同时,由于战时军备生产、战场缴获及国际援助,中国军队的装备不断改善;由于战争的实践和训练,中国军队的训练也得到提高。

在经济方面,战前的日本具有较强的经济力,并作了长期的战争准备。但一旦战争打响并陷入持久状态,日本的经济准备便逐渐不能适应战争的需要并逐渐走向崩溃。就军费而言,继1931年至1936年间开支50亿日元军费之后,其军费开支逐年递增。1937年为32.7亿日元,1941年为125亿日元,1944年为754.6亿日元,军费在国家财政支出中所占的比重,由1936年的47.7%上升到1941年的75.7%和1944年的87.6%。① 如此连年巨额军费,迫使日本政府只能依靠在国内大量发行公债,增加税收及加紧占领区的掠夺来弥补。同时,由于日本在战前和战时采取了牺牲其他许多经济部门的办法来全力发展军事工业,这就破坏了日本经济的自然结构,触犯了平衡发展的经济规律。这一做法,如果在短期内还看不到其负面影响的话,那么,随着战争的扩大和长期化,必然显示出其对单一军事工业的反作用力,从而导致整个经济体制的解体。这样,日本的整体经济力急速衰退直至走向崩溃。

反观中国,战前的中国经济大大落后于日本,战争中又遭到了极大的破坏,且承担着长期抗战的消耗。但是,由于中国地大物博、经济资源丰富;由于无论是中共领导的敌后抗日根据地,还是国民政府管辖的西南大后方,均制订和实施了一系列正确的战时经济政策和措施,赢得了社会经济的不同程度的发展。而在西南大后方,1938、1939年的农业获得了丰收,粮食和经济作物都有一定程度的增长,商品经济也有明显的发展。工矿交通业,无论是重工业还是轻工业,无论是机器工业还是手工业,都得到了长足的发展,且发展速度超过了第一次欧战时期的"黄金时代"。中国经济实力的增长,无疑增强了中国与日本抗衡的物质力量,创造了抗日战争胜利的必要的经济基础和条件。

在政治组织力方面,战前日本的政治组织力比较强。但由于战争的久拖不决和经济的崩溃,促成了国内政局的不定和政治危机的出现。这种政治危机,首先表现为国内阶级矛盾的激化。由于日本发动这场战争,不仅使中国直接遭受战争灾难,同时也使本国民众承受另一种牺牲。同时,战争改变了日本民众和平时期的生活方式,降低了日本民众生活的水平和质量。

---

① 万峰:《日本资本主义史研究》,湖南人民出版社1984年版,第240页。

且由于物资短缺,市场紧张,通货膨胀,致使实际收入更低。此外,由于自然经济结构和体系被破坏,大量民营企业倒闭,又引起大批民众失业。这些,滋生了日本民众反战心理、反战情绪,导致了许多劳资纠纷和租佃纠纷。1937年,劳资纠纷为2126次,租佃纠纷为6170次。1941~1944年间的租佃纠纷为10648次。政治危机还表现在日本统治层内部的分歧、矛盾的日益尖锐化。战争的长期化及其由此引发的种种问题,日本统治层不曾预料也根本无法解决。在这种背景下,日本内阁反复更迭。从1937年全面侵华战争打响到1941年太平洋爆发,日本有6届内阁相继垮台。1941年太平洋战争爆发到1945年战争结束,又有4次内阁更迭。其更迭的频繁程度为世界史上所少见,政治危机可见一斑。

反观中国,由于抗日战争是一场民族自卫战争,从而使中华民族产生了前所未有的民族凝聚力和强烈的爱国热情。因而在整个抗战期间,全国各族人民,不分阶段阶层,不分党派团体,不论男女老幼,都被迅速动员和组织起来,以各种不同方式投身战争。此外,分布世界各国的华侨,始终与祖国的抗战同呼吸共命运,或捐款捐物,或返回祖国直接参战,把金钱和生命献给了祖国的抗战。由于抗日战争是一场民族自卫战争,使得国共两党虽有摩擦,但一直能团结抗战。其间,国民党始终没有屈服,没有放弃抗战的旗帜。中共在抗战中始终发挥着中流砥柱的作用。以此为基础,国内政局比较稳定,民族团结抗战气氛始终高涨。

连乞丐为支持抗战也捐献乞讨得来的饭钱

世界反法西斯战争的进展也推进了中国抗战胜利进程。

1941年之前,只有中国一个国家对日作战,对世界法西斯作战。1941年6月苏德战争尤其是1941年12月太平洋战争爆发后,形势发生了变化。1941年12月下旬到1942年1月中旬,中、美、英三国两度召开联合军事会议,讨论反法西斯战争的总战略,决定成立中国战区,并签署了由美、英、苏、中 4 国领衔,26 国联署的《联合国家宣言》。至此,世界反法西斯战线形成,中国的抗日战争成为世界反法西斯战争的重要组成部分,世界反法西斯战争的发展也影响着中国的抗日战争的进程。

苏德战争、太平洋战争初期,法西斯德国和日本的军事行动都很得手。然而,战争终于有了转机。这个转机分别是 1942 年 7 月至 1943 年 2 月间的斯大林格勒战役和 1942 年 6 月的中途岛战役。

斯大林格勒战役后,苏联红军在各个战场先后转入反攻。在这一有利战机中,美英盟军迫使北非德军投降和意大利政府投降后,于 1944 年 6 月,在德国北部的诺曼底登陆,开辟了欧洲第二战场。这样,彻底打败德国法西斯,结束欧洲战场已指日可望。

中途岛战役后,美国军队在太平洋战场上转入反攻。1942 年 8 月上旬,美军在所罗门群岛的瓜达尔卡纳尔岛登陆。1943 年 5 月,美军在阿图岛登陆。1944 年初,美军新建造的大量军舰和飞机投入太平洋战场,其中大小航空母舰 100 多艘,飞机几千架,从而取得了太平洋战争的制空、制海权。在这一年中,美军接连在马绍尔群岛、加罗林岛、马利亚纳群岛、塞班岛、菲律宾等地登陆,日军虽顽强抵抗,但无力挽回败局,战争已接近日本本土。

到了 1945 年,世界反法西斯战争的胜负已成定局。在这种背景下,1945 年 2 月 4 日,反法西斯战争的三个主要国家的领导人,即苏联苏维埃人民委员会主席斯大林、美国总统罗斯福、英国首相丘吉尔,在苏联境内的克里米亚半岛的雅尔塔城举行会议。就最后打败德、日法西斯的重大问题进行了讨论,最后发表了《克里米亚声明》,签订了《雅尔塔协定》。《雅尔塔协定》的主体内容是:在德国投降及欧洲战场结束后两个月或三个月内苏联将参加同盟国方面对日作战。

就在雅尔塔会议后不久,1945 年 4 月 5 日,苏联宣布废除在 1941 年 4 月 3 日同日本签订的《苏日中之条约》。4 月 30 日,苏联红军攻占了德国首都柏林。5 月 8 日,德国宣布无条件投降,欧洲战场结束。一等欧洲战场结束,苏联红军开始东调,准备履行参加对日作战的《雅尔塔协定》。

也在雅尔塔会议后不久,美国在太平洋战场上取得了新的进展。1945 年 3 月 16 日,美军夺取了距日本本土仅 1000 公里的硫磺岛。随后经过 62 天的激战,美军攻占距离日本九州只有 500 公里的冲绳岛,并开始对日本本土进行大规模轰炸。为了运用政治手段迫使日本投降,7 月 17 日至 8 月 2

日,美、英、苏三国首脑又会谈于已被占领的德国柏林西南的波茨坦。7月26日,以中、美、英三国名义发表了促令日本投降的《波茨坦公告》。在日本拒绝投降,呼唤继续作战时,苏联红军东调完成,参战日期逼近。也就在这当口,美国抢先苏联出兵一步,于8月6日,在日本广岛扔下了第一颗原子弹,日本伤亡12.95万人。8日,苏联发出对日宣战通牒,正式对日作战。8月9日零时,100多万苏联红军从贝加尔湖到太平洋的总长达4000公里的战线上,三路同时对驻中国东北的日军发起攻击。同日,美国又向日本长崎扔下了一颗原子弹,日本伤亡4.87万人。

至此,日本继续作战计划完全破灭,心理战线彻底崩溃,迫使日本只能选择投降。

二、抗日战争的反攻和胜利

抗日战争的局部反攻先后在正面战场和敌后战场发动。正面战场发动的反攻作战主要有缅北反攻作战和滇西反攻作战。敌后战场的反攻作战则在华北、华中各地。

1. 抗日战争的局部反攻

缅北反攻战役 1943年10月,太平洋战场英美盟军已完全掌握了战争主动权。在此情况下,中国军事当局与盟军联合参谋部协定中国驻印军主力和英美军一部,向缅北推进。1943年10月29日,中国驻印军攻占了胡康河谷的新平洋。12月18日,攻战于邦。1944年1月,攻克太洛。2月,攻占太白家,日军向孟关方面溃退。这为缅北攻势铺平了道路。3月5日,中国驻印军越过原始森林迂回至孟关南面,切断了日军补给线,并协助主力攻克了缅北门户孟关,占领了整个雷多公路的一半。接着,中国驻印军向退守孟拱河谷的日军展开进攻。经两天激战,攻克孟拱。残敌逃往密支那。密支那为缅北第一重镇。5月17日,由中美两国军队组成的突击队开始向日军外围据点攻击。经过两个多月的激烈战斗,8月5日攻克密支那。10月15日,中国驻印军分左右纵队,向印道、杰沙亘瑞古发起攻击。11月上旬,左纵队的一部完成对八莫的包围,并逐渐缩小包围圈,12月15日攻战八莫。日军5000余人除60多人泅水逃脱外,全部被歼。左纵队的另一部向南坎急进。12月3日,与日军遭遇,并对南坎之敌形成包围。1945年1月14日,攻克南坎。而后,中国驻印军向芒友进击,1月27日攻占芒友,与中国远征军会师。3月8日,攻克腊戍。缅北作战胜利结束。

滇西反攻战役　应美国要求，1942年下半年，中国军事委员会军令部提出《中英美联合反攻缅甸方案大纲》，计划中国以15至20个师的兵力从云南方面反攻，另以英美陆军一部配合中国驻印军，以主力由印度方面陆地正面反攻，一部经海上由仰光登陆。在1943年和1944年两年中，先后有中国远征军的5个军接受了美式训练和装备，为日后滇西反攻战役打下了坚实基础。1944年5月，中国远征军强渡怒江，开始反攻。5月11日，远征军一部围攻高黎贡山最北的重要据点北斋公房，而后又以主力迂回袭击、攻占马西关和桥头两地，完全切断北斋公房敌人后方主要的交通线。远征军另一部则一路进击，进抵瓦甸江、江直街以东一线。5月12日，分别由三江口、攀枝花渡河。渡河各部奏效后，正值中国驻印军对密支那展开攻击，日军难以在短期内调动兵力增援滇西，故中国远征军迅速转入攻击。6月1日，攻克腊猛。9月14日，攻战腾冲。11月6日，攻克龙陵。1945年1月27日，与驻印军会师缅北芒友，打通中印公路，中国云南省全境收复。3月，中国驻印军又攻占腊戍，滇西反攻作战胜利结束。

华北敌后战场的反攻作战　与世界反法西斯战场和中国西南部正面战场的反攻相呼应，在日军从华北调出9个师团兵力参加打通大陆交通线的作战之际，华北敌后战场中的山东、晋察冀、晋冀鲁豫等军区八路军主力，自1944年初开始，向日伪军发动了为期1年的大规模反攻作战。其间，山东军区部队共歼灭日军4800人，伪军5.4万人，争取伪军1.1万人反正，收复县城9座，收复国土4万余平方公里，解放人口930万人。晋冀鲁豫边区部队共歼灭日伪军7.6万人，收复县城11座，收复国土6万余平方公里，解放人口500余万。晋察冀军区部队共歼灭日伪军4.5万余人，拔除据点、碉堡1600余处，收复村庄3100余个，解放人口40余万。

华中敌后战场的反攻作战　与华北敌后战场开展局部反攻作战同时，华中新四军也趁日本调出8个师团参加湘桂作战之际，展开了局部反攻。在一年的对日作战中，共歼灭日伪军5万余人，收复国土7400多平方公里，解放人口160余万。

抗日战争的局部反攻作战，大量消耗和牵制了日军，有力地配合了其他战场的作战。同时，抗日战争的局部反攻作战，又极大地提高了中国军队反攻作战能力和作战经验，为日后不久的全面反攻作了铺垫。

2. 敌后战场的全面反攻

1945年春，国民政府军事委员会决定，"开始使用中国战区内所有陆军空军及后勤机构,对在华之日军予以强烈紧密之进攻"。但是,由于国民党正规军队大多偏处西南各省,世界反法西斯战争形势的发展远比国民政府军事委员会的预计快得多,当日本宣布无条件投降时,国民党军的反攻部署还没有就绪。因此,国民政府军事委员会原定的反攻计划未及实施。相反,由于敌后战场早在1944年即转入局部反攻,做好了随时全面反攻的准备。且八路军、新四军所在华北、华中地区具有对日军展开全面反攻的有利战略位置。这样,中国战场的全面反攻的重任历史地落在了中国敌后战场的肩上。

就在苏联红军出兵对日作战的8月9日,中共中央主席毛泽东就苏联对日宣战及时发表了《对日寇的最后一战》声明。10日,日本政府向同盟国发出乞降照会,但日本大本营仍命令各地日军坚持继续作战。为歼灭拒降的日军,中共中央于10日指示各中央局、中央分局和各区党委,"应立即布置动员一切力量,向敌、伪进行广泛的进攻"。同日24时,八路军总司令朱德向各解放区所有武装部队发布第一号命令。紧接着,朱德又于11日8时、9时、10时半、11时、12时和18时,连续发出第2、第3、第4、第5、第6和第7号命令,命令晋察冀、晋绥和山东军区以及在华北之朝鲜义务队,各以一部分兵力向察哈尔、热河、辽宁、吉林等地进攻,配合苏联红军,消灭抗拒的日伪军;命令各解放区部队向本区一切敌占交通要道城镇展开进攻,迫使日伪军无条件投降。

据统计,在敌后战场的全面反攻作战中,共歼灭日伪军35万多人,收复县以上城市250多座,并一度攻入天津、石家庄、上海等大城市,切断了北宁、同蒲、平汉、津浦、正太、陇海、胶济等10条铁路线,取得了反攻作战的重大胜利。

正是在中国军队和反法西斯各国军队的共同反攻战下,日本政府于8月14日决定投降。15日,日本天皇向全国广播《停战诏书》,宣布日本无条件投降。9月2日,在东京湾的美国军舰密苏里号上举行日本投降的签字仪式。日本政府代表重光葵、大本营代表梅津美治郎和盟军代表及中国、苏联、美国、英国、法国、荷兰、澳大利亚、加拿大、新西兰等国代表在日本投降书上签字。9月9日,中国战区日本投降仪式在南京举行,冈村宁茨代表日本大本营、何应钦代表中国政府在日本投降书上签字。至此,中国的抗日战争取得最后胜利。

三、抗日战争胜利的意义

日本的侵华战争,使中国遭受了有史以来任何战争、任何国家都不曾有过的巨大的损失。

据战争结束之际中国赔偿委员会的统计,在全国抗战的 8 年中,中国人口伤亡为 12 784 974 人(其中军人伤亡 3 227 926 人,平民伤亡 9 134 569 人,军人因病死亡 422 479 人)。财产损失 5 591 384 万美元(其中全国公私财产直接损失 3 133 013 万美元,全国公私财产间接损失 2 044 474 万美元,军费损失 416 896 万美元)。① 而据 90 年代的重新调查研究的不完全统计,中国军民伤亡总数达 3500 万人以上②,直接财产损失 1000 亿美元(按 1937 年美元计算),间接经济损失达 5000 亿美元③。

日本的侵华战争,使中华民族蒙受了无法用数字进行统计的民族耻辱和心理伤害。日本侵华战争的目的,是以战争征服中国,使整个中华民族亡国灭种。在战争期间里,日本军的杀戮、占领、掠夺、强奸等等,给中华民族带来至深且巨的民族耻辱和心理、精神伤害,是永远无法消除的。

日本的侵华战争,迟滞了中国自 1912 年以来的现代化进程。第一次世界大战期间,中国民族工业曾一度蓬勃发展。1912 至 1920 年间,中国工业平均每年增长率高达 13.8%。从 1926 年至 1936 年间,中国经济已具备"起飞"的制度基础,在若干方面,已萌露"起飞"的迹象,如果没有日本侵华战争,中国的工业化和现代化的步伐将大大加速。正是日本侵华战争,使中国的工业化和现代化进程中断,迟滞了中国社会的发展。

中国虽付出了如此重大的代价,但却使日本遭受沉重打击。据统计,8 年全面侵华战争中,日军在中国战场上战死 44.7 万人,相当于第二次世界大战期间战死日军总数 113 万的 33%,日本用于中国的战费约 120 亿美元,

---

① 迟景德:《中国对日抗战损失调查史述》,台北:"国史馆"1987 年印行,第 273～274 页。

② 江泽民 1995 年 5 月 9 日在莫斯科伟大卫国战争纪念馆揭幕式上的讲话,《人民日报》1995 年 5 月 10 日第 1 版。

③ 国务院新闻办公室:《中国的人权状况》白皮书,《人民日报》1991 年 11 月 2 日第 2 版。

相当全部战费340亿美元的35%。① 另一统计认为,日军在第二次世界大战中共伤亡195万人,其中在中国战场伤亡133万人,占伤亡总数的70%。② 而且,战争是以中国的胜利和日本的战败投降为结局的。

抗日战争的胜利彻底粉碎了日本灭亡中国的野心,保全了中国的国土,促进了中华民族的觉醒,提高了中国的国际地位。抗日战争的胜利,不仅恢复了卢沟桥事变时的国土,而且收复了九一八事变后为日本占领的东北和热察,以及甲午战争后为日本强割达50年之久的台湾及附近岛屿。抗日战争的胜利,挽救了危亡的中华民族,捍卫了中华民族的尊严与自重,并促进了整个民族的觉悟和团结的程度。抗日战争的胜利,一扫百年来对外战争中屡战屡败的屈辱历史,成为百年来无数次反抗外来侵略战争中第一次取得完全胜利的战争。

抗日战争的胜利,促进了中国共产党和中国革命力量的大发展。全国抗战开始时,中国共产党全国党员4万,中国共产党领导的军队不足5万,完整的革命根据地仅存陕北。通过8年的全国抗战,到抗战结束时,中国共产党全国党员发展到121万,为以前的30倍;中国共产党领导的军队发展到127万人,是以前的25倍,并组建起了200万民兵;且拥有了除陕甘宁以外的大小18个抗日根据地。同时,经过抗日战争的新的实践,中国共产党还在政治上、思想理论上成熟起来。作为政治、思想理论成熟的标志,是在抗日战争时期形成了毛泽东思想。以中国共产党为代表的中国革命力量的大发展不仅成为争取抗日胜利重要的、决定性的因素,而且为中国共产党夺取革命的最后胜利奠定了坚实的基础。

中国抗日战争为世界反法西斯战争做出了重大贡献。中国对日作战最早,时间最长,以九一八事变开始,中国进行了长达14年的反法西斯作战,最大量地消耗了日本的战争力量。中国战场又牵制了大量的日本军队,太平洋战争之前,中国战场单独抵抗着几乎全数的日本军队。据记载,到武汉、广州两个战役结束时,日本投入中国的兵力即达24个师团,约100万人,其本土仅剩1个近卫师团。太平洋战争爆发后,日本的70%陆军和近

---

① 齐世荣:《中国的抗日战争在世界反法西斯战争中的地位和作用》,《红旗》1985年第17期,第7页。

② 军事科学院军事历史研究部:《中国抗日战争史》上卷,解放军出版社2000年版,第9页。

1/3 的海军仍陷在中国战场不能自拔,从而打破了日本"北进"苏联的战略计划和迟缓了太平洋战争的爆发。此外,中国还组建了远征军和驻印军,直接参加了印缅战区对日本南方军的作战,为太平洋战争作出了重要贡献。

本 章 小 结

抗日战争是 20 世纪三、四十年代间,中国为捍卫民族生存与放肆入侵的日本所进行的一场殊死的民族战争。抗日战争是中国近代史中最刻骨铭心的历史篇章。

1931 年 9 月 18 日,日军发动九一八事变,从这时开始,中国打响了世界反法西斯战争的第一枪。1937 年 7 月 7 日,日本发动全面侵华战争,中国全国抗战开始。抗日战争出现两个战场和两个战略基地:以国民党军为主体的正面战场和以中国共产党领导的八路军、新四军为主体的敌后战场,以国民政府控管的西南大后方和以中国共产党领导的敌后抗日根据地。随着战局、政局的发展变化,敌后战场逐渐成长为抗日战争的主战场,中国共产党逐步发展成为夺取抗日战争胜利的决定力量。抗日战争带动了整个中国社会的变化,形成了特定的抗战政治、抗战经济、抗战外交和抗战文化等。在中国逐步具备对日反攻条件和世界反法西斯战争胜利进程的影响下,抗日战争最终取得胜利。抗日战争的胜利,保卫了国家和民族,促进了中国革命和民主力量的发展,为世界反法西斯战争做出了重大贡献,成为近代中国发展的时代枢纽。

抗日战争一直是国内学术界研究的一个热点。在改革开放前,大陆学者多着重中国共产党在抗日战争中的活动的研究,台湾学者则多着重国民党在抗战中的活动的研究。改革开放后,抗日战争史研究成为海峡两岸历史学者尤其是中国近代史学者共同语言最多的一个研究领域。在这种背景下,抗日战争史的成果颇为丰富。

学 术 综 述

抗日战争是中国近代历史中仅有的以中华民族的完全胜利而告结束的民族解放战争,在中国近代历史中占据着重要地位,因而它也是中国近代史研究中的一个重要对象。以下就抗日战争研究中一些重要问题的争议做如下评述。

1. 抗日民族统一战线

关于抗日民族统一战线策略路线形成的标志问题,长期以来,史学界对这个问题一直存在着不同的见解,主要有以下几种:第一种观点把1935年《八一宣言》的发表作为抗日民族统一战线策略路线的形成标志。① 第二种观点把1935年12月的瓦窑堡会议决议作为抗日民族统一战线策略路线的形成标志。② 第三种观点把1937年2月《中共中央给中国国民党三中全会电》的发表作为抗日民族统一战线策略的形成标志。③ 此外还有人把第一、二种观点加以综合,指出《八一宣言》第一次完整地提出了抗日民族统一战线的策略,瓦窑堡会议接受了宣言的指导思想,在全党确定了宣言所提出的策略路线。④

关于共产国际与抗日民族统一战线的关系问题,以谢文为代表的一些学者认为,抗日民族统一战线策略,完全是我党独立自主制定的。⑤ 一些日本与港、台的学者的观点则与此相反,认为抗日民族统一战线的策略是共产国际提出的,中国共产党只是具体执行而已。⑥ 此外有学者认为抗日民族统一战线是在共产国际指导和影响之下,由中国共产党制定的。⑦

2. 第二次国共合作的组织形式、共同纲领

关于第二次国共合作的组织形式问题,传统观点认为这次合作,国共两

---

① 郝晏华:《从秘密谈判到共赴国难》,北京燕山出版社1992年版,第86～87页。
② 刘经宇:《论抗日反蒋与通蒋抗日》,《党史通讯》1987年第7期。
③ 才树祥:《略论抗日民族统一战线策略形成》,《北京财贸学院》1987年第1期。
④ 薛钰:《抗日民族统一战线与第二次国共合作研究述评》,《史学月刊》1995年第4期。
⑤ 谢文:《论中国共产党正确处理与共产国际关系的历史经验》,《近代史研究》1988年第4期。
⑥ 张镇邦等:《国共关系简史》,台湾国立政治大学国际关系研究中心出版,第127页。[日]宇野重昭:《中国共产党——其历史和实况》,日本实业出版社1981年版,第92～93页。
⑦ 黄启钧:《中共驻共产国际代表团与抗日民族统一战线的形成》,《中共党史研究》1988年第6期。鲍静:《论共产国际与中国共产党抗日民族统一战线策略的形成》,《中共党史研究》1988年增刊。李良志:《抗日民族统一战线问题研究述评》,《教学与研究》1986年第4期。

党的共同点是抗日,不存在统一的组织形式。① 近些年来,出现了一些新的观点:有学者认为,第二次国共合作是有统一组织形式的,即国民政府及其军事委员,它得到了中国共产党的同意和拥护。②

关于第二次国共合作的共同纲领问题,传统观点认为,这次合作不存在共同纲领。近年来有学者论证了第二次国共合作有其共同纲领,即"抗日救国"的三民主义。③ 还有学者认为,和中共《抗日救国十大纲领》基本一致的《抗战建国纲领》就是第二次国共合作的共同纲领。④

3. 正面战场和敌后战场的地位和作用

关于正面战场和敌后战场的地位和作用,目前学界尚有分歧。有人明确提出,在中国战场上,对日作战的主要战线就是正面战场。⑤ 认为即使是在战略相持阶段,日军也没有完全放弃正面进攻,在正面战场发生过多次重大战役,其规模远远超出了敌后战场。持不同意见者则认为,两个战场的地位是随着战争的发展而变化的,不是固定不变的。抗日战争防御阶段,正面战场是全国抗战的主要战场。进入相持阶段以后,随着敌后战场的形成及日军打击目标转移,敌后战场便逐步成了主要战场。⑥

4. 敌后战场的战略方针的形成时间

关于敌后战场的战略方针的形成时间问题,过去一般认为"独立自主的山地游击战"或"基本的是游击战,但不放松有利条件下的运动战"是在1937年8月中共洛川会议上提出的。而近年来有人提出这个战略方针的形成有一个过程,早在1935年瓦窑堡会议上即提出游击战争对于战胜日本帝国主义有很大的战略作用。也有人提出不同观点,认为1937年7月,中国共产党的战略方针仍然是为着南京政府战略部署的需要而以正规战为主,直到中共召开六届六中全会,游击战战略方针才为全党接受,而在此前,

---

① 秦野风等:《国共合作的过去与未来》,黑龙江教育出版社1991年版,第207~208页。
② 葛仁钧:《论抗战时期国共关系中的几个问题》,《辽宁大学学报》1988年第6期。
③ 唐培吉、张劲:《第二次国共合作共同纲领试论》,《民国档案》1992年第4期。
④ 沈海波:《论第二次国共合作的共同纲领问题》,《抗日战争研究》1997年第2期。
⑤ 马振犊:《血染辉煌——抗战正面战场写实》,广西师范大学出版社1993年版。
⑥ 张廷贵:《从若干材料看我军在抗战中的主力军作用》,《军事历史》总第17期。

中共党内存在着很大的意见分歧。①

5. 国民党的战略方针

关于国民党的战略方针，一般认为国民党在抗日战争时期的战略方针是"持久消耗战"，但关于国民党的"持久消耗战"与共产党的"持久战"之异同，尚有争论。不同论者认为，两个战略的指导路线有本质区别，在片面抗战路线指导下的"持久消耗战"是一种消极的战略；相同论者则强调，两个战略所依据的客观条件是相同的，战略目的基本一致，因而它们"并不存在根本性的原则区别"。②

6. 国民党与敌后游击战

现在一般认为国民党曾提出过抗日游击战的方针并加以实施。但对于是否存在一个国民党的敌后游击战场还有争议。有人认为国民党军队在敌后"建立了几块游击根据地，也开辟了同正面战场并存的游击战场"，其范围分布在从华北、华东、华中到华南各地，"构成了对日军的严重威胁"，而且这个战场"一直坚持到抗战胜利"。但大多数论者不赞同这样一种观点，认为这与历史实际不符，国民党开展敌后游击战的目的一是为了使正规军作战得到游击战的支援和配合，二是为了限制和破坏中共敌后根据地的发展。这些部队后来有相当部分投敌成了伪军，其余的则撤退到国统区，还有一些游击部队，活动范围狭小，很少抗日作战，因此并不存在一个国民党的敌后战场。

参 考 书 目

1. 中国第二历史档案馆编：《中华民国史档案资料汇编》第五辑第一至第三编，江苏古籍出版社1979～1981年版。

2. 章伯锋、庄建平主编：《抗日战争》，四川大学出版社1997年版。

3. 中央档案馆编：《中共中央文件选集》第十、第十一、第十二册，中共中央党校出版社1985年版。

4.《毛泽东选集》第二卷、第三卷，人民出版社1991年版。

5. 日本防卫厅防卫研究所战史室编撰，天津政协编译委员会译：《日本

---

① 荣维木：《近十年来抗日战争研究述评》，《教学与研究》2005年第8期。
② 陈先初：《关于国民党初期抗战几个问题的再探讨》，《求索》1994年第4期。

军国主义侵华资料长编》(上、下),四川人民出版社1987年版。

6. 吴廷璆主编:《日本史》,南开大学出版社2005年版。

7. 日本防卫厅防卫研究所战史室著,田琪之、齐福霖译:《中国事变陆军作战史》,中华书局1979~1983年版。

8. 军事科学院军事历史研究部著:《中国抗日战争史》(上、中、下卷),解放军出版社2000年版。

9. 张宪文主编:《中国抗日战争史》,南京大学出版社2001年版。

10. 何理著:《中国人民抗日战争史》,上海人民出版社2005年版。

11. 中共党史研究室编:《中流砥柱——中国共产党与全民族抗日战争》(上、中、下),中共党史出版社2005年版。

12. 何应钦著:《日军侵华八年抗战史》,台北:黎明文化事业公司1982年版。

13. 中共党史研究室著:《中国共产党历史》上卷,人民出版社1991年版。

14. 吴相湘编著:《第二次中日战争史》,台北:综合月刊社1974年版。

15. 王向远著:《日本对中国文化侵略》,昆仑出版社2005年版。

16. 陶文钊、杨奎松、王建朗著:《抗日战争时期中国对外关系》,中共党史出版社1995年版。

17. 荣维木著:《抗日战争热点问题聚焦》,河南人民出版社2005年版。

18. 杨青、王旸编:《近十年来抗日战争史研究述评选编》,中共党史出版社2005年版。

思 考 题

1. 试析日本发动侵华战争的根源。
2. 试析1931~1935年间国民政府对日不抵抗的原因。
3. 试述中国共产党抗日民族统一战线方针的理论依据。
4. 怎样理解抗日战争时期"全国全民族团结"?
5. 试析抗日战争期间正面战场与敌后战场的关系。
6. 试析敌后抗日根据地的战略地位。
7. 试析中国共产党应对国民党摩擦的方针。
8. 怎样理解中国共产党是抗日战争的中流砥柱?

9. 试析日本侵华战争对中国造成的损失。
10. 试阐述抗日战争胜利的意义。

第十三章 历史的新转折

第一节 战后的政治局势

一、抗战胜利后国内各派政治力量的走向

1. 国共两党的建国主张

世界反法西斯战争和中国抗日战争胜利之后,苏、美两大国的对立与斗争逐渐构成世界政治的基本格局。美国把中国作为其对抗苏联、称霸亚洲的重要基地。因此,支持以蒋介石为首的国民政府统一中国,消灭中国共产党领导的人民革命力量,是美国对华政策的基点。而从雅尔塔会议中获得中国东北诸多权益的苏联,也希望中国出现以蒋介石为首的统一而避免发生内战。在这样的背景下,自抗战后期就引起人们关注的"建国"问题,成为国民党、共产党和其他党派政治较量的主要内容。

国民党的基本方针是坚持独裁和内战。为此,在军事上,蒋介石一面严令禁止解放区军民收复失地和接受日伪投降;另一方面集中运输力量,将远在大西南、大西北的军队运往华北、华东、华中和东北地区,抢占战略要地和铁路交通线。同时,收编近50万伪军担任守备,抵制人民军队收复国土的行动。美国不仅出动大量的飞机和轮船全力帮助运兵,而且先后提供了10多亿美元的物资装备国民政府军队。

在政治上,蒋介石仍然标榜"召开国大,还政于民",企图在维持1936年由国民党包办选出的国民大会代表的前提下,在1936年《五五宪草》的框架内,维护一党专政的独裁体制。而对于全国各界人民普遍关心和要求的真正民主,则强调维护"革命建国的最高原则三民主义"和"中华民国国民政府的法统"为前提。在"军令政令必须统一"的口号下,蒋介石把矛头对准中国共产党领导的军队和解放区,一方面试图以和平方式迫使共产党"放弃武装,改走合法的道路";另一方面则通过"放手动员作战",消灭共产党的武装。①

在经济上,国民政府通过战后对沦陷区的经济接收,极大地扩充了经济实力。据不完全统计,国民政府战后经济接收总价值在18~20亿美元左右。整个接收过程中"系统紊乱,权责不明,有利相争,遇事推诿,形成无组织状态"②,将国民政府官僚机构的腐败行为暴露无遗。各地接收机构多如牛毛,接收大员们肆无忌惮地盗卖、侵吞各种财产和物资,其行为被收复区人民讥讽为"三洋开泰"(爱东洋、捧西洋、要现洋)和"五子登科"(金子、房子、票子、车子和婊子)。在货币兑换中,法币与伪币实际比价是1:25,但是国民政府却以法币1元兑换伪币200元的比价,对收复区民众的财富进行了一次搜刮。接收变成了"劫收",人民怨声载道,"想中央,盼中央,中央来了更遭殃","天上来,地下来,老百姓活不来"等民谣道出了人民对国民党的失望与愤怒。

中国共产党基本的政治主张是和平、民主、团结。1945年8月13日,毛泽东在延安干部会议上所作的《抗日战争胜利后的时局和我们的方针》重要演讲中明确指出:"从整个形势看来,抗日战争的阶段过去了,新的情况和任务是国内斗争。蒋介石说要'建国',今后就是建什么国的斗争。是建立一个无产阶级领导的人民大众的新民主主义的国家呢,还是建立一个大地主大资产阶级专政的半殖民地半封建的国家?这将是一场很复杂的斗争。"③8月25日,中共中央发表《对目前时局的宣言》,指出:"在中国与全世界,一个新的时期,和平建设的时期,已经来临了。"中国共产党主张"在和平民主团结的基础上,实现全国的统一,建立独立自由与富强的新中国"。要求国民政府立即实施避免内战实现民主的六条紧急措施:1. 承认解放区的民选政府和抗日军队,撤退包围与进攻解放区的军队,以便立即实现和平,避免内战;2. 划定八路军、新四军及华南抗日纵队接受日军投降的地区,并给予

---

① 蒋介石:《苏俄在中国》,台湾中央文物供应社1981年版,第156页。
② 《蒋主席令行政院长宋子文转各部部长议处接收失职人员电》(1945年12月19日),转引自张宪文:《中华民国史》第4卷,南京大学出版社2006年版,第25页。
③ 《毛泽东选集》第4卷,人民出版社1991年版,第1130页。

他们以参加处置日本的一切工作的权利,以昭公允;3.严惩汉奸,解散伪军;4.公平合理地整编军队,办理复员,救济难胞,减轻赋税,以苏民困;5.承认各党派合法地位,取消一切妨碍人民集会、结社、言论、出版自由的法令,取消特务机关,释放爱国政治犯;6.立即召开各党派和无党派代表人物的会议,商讨抗战结束后的各项重大问题,制定民主的施政纲领,结束训政,成立举国一致的民主的联合政府,并筹备自由无拘束的普选的国民大会。针对国民党在新形势下的基本方针,中国共产党决定"针锋相对,寸土必争",以极大的努力避免内战,同时做好自卫战争的准备。在执行这个方针时,要把基点放在自己力量的基础上,即自力更生。中国共产党的主张和要求反映了全国人民的心声,受到了社会各界的普遍欢迎。

2. 民主党派的主张与活动

抗日战争胜利后,面临着中国命运和前途的新选择,代表民族资产阶级、上层小资产阶级的各民主党派认为是实现自己理想和要求的千载难逢的时机。他们纷纷组织团体,发表政见,为建立一个资产阶级民主国家而奔走呼号。

成立于抗战时期的中国民主同盟(简称"民盟")是中间势力的主要代表。1945年8月15日,中国民主同盟提出"民主统一、和平建国"的口号。10月1日,在重庆召开的临时全国代表大会通过了纲领、政治报告、宣言和章程,修订了入盟手续,增选了中央执行委员30多人(连同原有的委员共66人),选出常委18人,张澜继任主席。

"民盟"认为,统一、和平与民主是互为因果的,"政治上有了民主,国家自然有统一与和平。民主的统一与和平才是真正的统一,永久的和平"①。建立真正的民主,当前最重要的是扫清民主的障碍,就要首先解决政治会议、联合政府和国民大会三大问题。此外,并表示中国民主同盟"介于中国两大政党对峙的局面中","保持不偏不倚的谨严态度,不苟同亦不立异",以民主与反民主为评判是非曲直的标准。

抗日战争的胜利和国共两党和谈的氛围,促进了国内政党的活跃,一些新的政党纷纷建立。

1945年10月28日,三民主义同志联合会(简称"民联")在重庆召开第

---

① 中国民主同盟中央文史资料委员会编:《中国民主同盟历史文献》,文史资料出版社1983年版,第74页。

一次全体会员大会,宣布正式成立。会议通过了该会的政治主张、组织总章和大会决议案,选举谭平山、陈铭枢等17人组成中央临时干事会。其成员大多是国民党内资历深、地位高的上层人物,在社会上有广泛影响。"民联"以三民主义和国民党"一大"宣言和决议案为自己的指导思想,主张国内一切民主党派一律处于"合法平等的地位";国民党应该立即结束党治,建立举国一致的联合政府;保障人民身体、行动、居住、迁徙、学术、思想、信仰、言论、出版、集会、结社的基本自由;在经济方面,要求实行"民主主义的计划经济"等。

1945年12月16日,中国民主建国会(简称"民建")在重庆召开成立大会,通过了纲领、宣言、政纲等文件,选举中央理事会和监事会,黄炎培、胡厥文等37人为理事,阎宝航、彭一湖等19人为监事。该会成员以民族工商业资本家为主体,其基本主张是,以"民治、民有、民享"为建国的最高理想;对国共取调和态度,反对内战,主张和平统一;要求通过政治的民主化,以达成军队的国家化;切实保证人民身体、信仰、言论、集会、结社等自由;反对官僚资本无限制膨胀和垄断国民经济等。1946年4月,"民建"总会迁到上海,并陆续在北平、成都、武汉等地建立起分会。

1945年12月下旬,中国人民救国会(简称"救国会")在重庆召开成立大会,通过了政治纲领和组织章程,选举沈钧儒、沙千里等19人为中央执行委员,张志让等14人为特种委员,沈钧儒为主席。"救国会"主张经由反帝反封建的民主革命走向社会主义,建立一个包括各党派及无党无派的各种政治力量在内的联合政府;要求结束一党专政,经过普选产生联合政府,实行中央与地方均权制;保障人民一切自由权利等。

1945年12月30日,中国民主促进会(简称"民进")在上海召开第一次会员大会,宣布"民进"正式成立。大会通过了简章和对时局的宣言,决定暂设理事11人,以马叙伦负责会务。该会成员大多是上海的进步知识分子,包括大学教授、中小学教师、作家、编辑及出版界、文化界人士,还有少数工商界人士,许多人在全国尤其是在上海有相当的声望。1946年1月,"民进"发表《对于时局的宣言》,全面阐述"民进"的基本政治主张。在国内方面,"盼望尽速实现政治的民主与国家的统一",反对用内战方式解决政治问题;要求保障人民群众起码的自由等。

1946年4月15日,中国国民党民主促进会(简称"民促")在广州成立,以李济深为中央理事会主席,其主要成员多数是国民党军界人士,特别是

19路军的骨干。"民促"主张结束党治,建立举国一致的民主联合政府;保障人民的各项民主自由权利;在民主政府之下,任何党派及个人均不得拥有军队,军队必须国家化等。

1946年5月4日,九三学社在重庆召开成立大会,学社的前身是1944年9月成立的民主科学座谈会。会议通过了社章、成立宣言和对时局的主张等文件,选举许德珩、褚辅成等16人组成理事会,卢于道、梁希等8人组成监事会,成员大多是文教、科技界的高级知识分子。学社主张,中国一定要实现"和平团结"和"民主宪政";以政治的民主化,谋军队的国家化;肃清贪污,反对官僚政治;完成国家工业化和农业现代化等。1946年秋,九三学社总社迁往北平,并先后在重庆、上海、南京等地建立了分社。

民主党派的纷纷建立和活动,在中国近代历史上是不多见的政治现象。仅就数量而言,民主党派人数并不多,但却集中了具有较高社会地位和社会影响的知识分子和工商界知名人士,也包括了国民党内一部分主张民主的进步分子。民主党派所追求的资产阶级共和国虽然与中国共产党主张的新民主主义共和国有着本质的区别,但在反对国民党一党专制,要求自由民主等问题上却与中国共产党人有着政治上的共识,从而成为风雨与共的盟友,为推进中国社会的进步作出了贡献。

二、战后建立联合政府的努力和失败

1. 重庆谈判和双十协定

抗日战争胜利后,美国和苏联从其世界战略考虑希望中国避免发生内战,中国社会各阶层人民殷切渴望和平、民主、团结,国际国内的双重因素使国民党统治集团变通其独裁内战方针,以"谈判"为名掩护其既定部署的进行。

1945年8月14日、20日、23日蒋介石接连三次发电报邀请毛泽东到重庆共商"国际国内各种重要问题"。此举是蒋介石以"和平"的姿态应对国际国内舆论,如果毛泽东不响应谈判之约,则可将内战的责任推到共产党身上;如果毛泽东同意到重庆,则可利用谈判进行掩护,为国民党军队占领战略要地争取时间。

8月23日,中共中央政治局召开扩大会议,讨论同国民党进行谈判的问题。会议认为,同国民党进行谈判,争取通过和平途径实现中国的社会政治改革是必要的,也是有可能的。和平民主、休养生息是全国人民利益所在,中国共产党要代表人民的利益和愿望力争和平局面的实现。

8月28日,中国共产党代表毛泽东、周恩来、王若飞在国民政府军委会政治部部长张治中和美国驻华大使赫尔利的陪同下,从延安坐飞机抵达重庆。毛泽东不顾个人安危亲赴重庆,充分证明了中国共产党人力谋和平的真诚,为重庆各界和中外舆论热烈欢迎。

甚感意外的蒋介石匆忙召开紧急会议商讨对策,确定国民党的谈判方针是"对政治之要求予以极度之宽容,而对军事则严格之统一不稍迁就"①。29日,蒋介石拟定谈判三原则:"不得于现在政府法统之外来谈改组政府问题;不得分期或局部解决,必须现时整个解决一切问题;归结于政令、军令之统一,一切问题,必须以此为中心。"②30日,毛泽东移驻上清寺桂园张治中寓所,国共谈判从此开始。其间毛泽东与蒋介石就和平建国问题进行了多次会晤,周恩来、王若飞和国民政府代表王世杰、张群、张治中、邵力子进行具体问题的谈判。

9月2日,毛泽东约见国民政府方面的谈判代表王世杰,对国共两党谈判提出了8项原则性意见。3日,周恩来将中共拟定的11条谈话要点交付国民政府代表,其内容包括:确定和平建国方针;承认各党派合法平等地位并长期合作和平建国;承认解放区政权和抗日部队;重划受降地区,中共应参加受降工作;停止一切武装冲突,令各部队暂留原地待命;拥护蒋介石的领导地位等。8日,国民政府谈判代表根据蒋介石拟定的谈判要点提交了一份《对于中共九月三日提案之答复》。此后,双方围绕着和平建国的基本方针、政治民主化、国民大会、党派合法、地方自治、军队国家化、解放区政权等问题进行了紧张激烈的谈判。

10月10日,国共双方签订《政府与中共代表会谈纪要》即《双十协定》,并公开发表。列入纪要的12个问题,双方达成共识的以"一致认为"、"双方同意"表述,未达成共识的以"××方面提出"、"××方面表示"表述。这次谈判的主要成果,是政府承认了和平建国的基本方针,双方协议"必须共同努力,以和平、民主、团结、统一为基础,并在蒋主席领导之下,长期合作,坚决避免内战,建设独立、自由和富强的新中国,彻底实行三民主义";双方一致认为,"应迅速结束训政,实施宪政,并应先采必要步骤,由国民政府召开

---

① 张秀章:《蒋介石日记揭秘》(下),团结出版社2007年版,第734页。
② 秦孝仪主编:《总统蒋公大事长编初稿》卷5下册,第816页。

政治协商会议,邀集各党派代表及社会贤达协商国是,讨论和平建国方案及召开国民大会各项问题";①解放区军队和政权问题是双方争执的焦点,为了使谈判获得进展,中共多次作出让步,同意在承认解放区政权的前提下,对各级民选政府重新进行人民普选,选出的政府由国民政府加委;同意按照与国民党军队1:6的比例,将军队缩编至24个师;同意将分布在粤、浙、苏南、皖南、皖中、鄂、湘、豫(不包括豫北)八个省区的军队撤至陇海路以北及苏北、皖北解放区。但国民党方面不作任何松动,致使谈判拖延以至于最后也未能达成协议。

重庆谈判期间,毛泽东、周恩来等还同各民主党派负责人、国民党进步人士、社会知名人士、国民党部分高级军政人员进行了接触和交谈,广泛宣传了中国共产党的主张,普遍获得了同情和支持,扩大了政治影响,推动了国共谈判。10月11日,毛泽东由张治中、王若飞陪同返回延安。

《双十协定》的签订,是战后国内和平的曙光初现。这一协定在形式上奠定了和平建国的基础,并为全国人民争取了许多民主权利。同时"采取平等的方式,双方正式签订协定,这是历史上未有过的。……有成议的六条,都是有益于人民的"②。

但是国民政府并未因谈判而丝毫放松内战部署。9月20日,蒋介石给各战区司令长官密电称:"目前与奸党谈判,乃系窥测其要求与目的,以拖延时间,缓和国际视线,俾国军抓紧时机,迅速收复沦陷区中心城市。待国军控制所有战略据点、交通线,将寇军完全受降后,再以有利之优越军事形势与奸党作具体谈判。彼如不能在军令政令统一原则下屈服,即以土匪清剿之。"③在此前后,国民政府军队分别在山西长治地区、河北邯郸地区、绥远集宁等地区向解放区进攻。解放区军队被迫实施自卫,先后发起上党、平汉、绥远等战役,歼灭进犯之敌10万多人,阻滞了政府军向华北乃至向东北的推进。

蒋介石的内战政策严重违背了中国人民的意愿,一场反内战运动的高潮迅速兴起。11月2日,中国民主同盟发言人公开"为四亿五千万老百姓

---

① 《新华日报》(重庆),1945年10月12日。
② 中共中央文献研究室编:《毛泽东年谱》(下),人民出版社、中央文献出版社1993年版,第33页。
③ 军事科学院军事历史研究部编著:《中国人民解放军战史》第3卷,军事科学出版社1987年版,第3页。

请命",提出"当前中国第一件事是停止内战,避免内战,消弭内战。国家一切的问题,都应该用和平的方法来解决。谁要用武力来解决党争问题,谁就负内战的责任,谁要发动内战,谁就是全国的公敌"。① 11月19日,重庆成立陪都各界反内战联合会,要求"内战先停止,是非再付公论"。11月25日晚,昆明西南联大、云南大学师生及部分市民6000余人在西南联大图书馆前的草坪上举行时事晚会,费孝通、钱端升、伍启元、潘大逵教授先后在发言中揭露内战独裁政策,要求建立民主联合政府。省当局出动军队进行干涉,向会场上空发射步枪、机关枪和钢炮进行恐吓。28日,昆明31个大中学校的学生发表《反对内战及抗议美国武装干涉中国内政告全国同胞书》,要求制止内战,实现和平;组织民主的联合政府;切实保障人民的言论、集会、结社、游行、人身自由等。12月1日,大批军警、特务、暴徒分头围攻云南大学、西南联大、昆华高工等学校,肆意向学生大打出手,甚至向校园投掷手榴弹。一天之内,4名主张民主和平的师生惨遭杀害,数十人被炸或被殴成重伤,这就是震惊全国的"一二•一"惨案。

"一二•一"惨案在全国引起巨大反响,重庆、成都、上海等地人民先后举行仪式,追悼死难烈士,抗议当局的暴行,进一步推动了全国范围的反内战运动。

2. 政协会议的召开

《双十协定》签订后,国民政府在政治、军事上的举措背离了人民的意愿,使自己陷于空前的被动局面,也迫使其再次调整以内战控制全国的部署。

面对中国国内的复杂形势,美国政府既顾忌与苏联在中国问题上达成的妥协,又不愿意以过多的人力物力帮助蒋介石打内战,所以决定将公开的"扶蒋反共"改为"调处"国共关系的方针。1945年11月27日,美国总统杜鲁门批准赫尔利辞职,任命前陆军参谋长马歇尔上将为总统特使到中国执行这一使命。12月15日,杜鲁门发表《关于美国对华政策的声明》,赞成中国"召开全国主要政党代表的国民会议,以谋早日解决目前的内争"。12月27日,苏、美、英三国外长莫斯科会议发表关于中国问题的公报,重申"不干涉中国内部事务"的原则,宣称:"在国民政府下,有一统一民主之中国,国民

---

① 中国民主同盟中央文史资料委员会编:《中国民主同盟历史文献》,文史资料出版社1983年版,第102页。

政府各级机构中民主党派之广泛参与以及内部冲突之停止,均属必要。"①

迫于国际国内形势的压力,蒋介石重新走回和谈的轨道,并决定于1946年1月10日召开政治协商会议。12月16日,中国共产党派出以周恩来为首的代表团由延安抵达重庆,准备出席政协会议。

中国共产党认为,停止军事冲突是召开政协的前提。12月27日,中共代表团向国民政府提出立即无条件停战的三项建议。在马歇尔的协助下,经周恩来、董必武、王若飞、叶剑英与张群、邵力子、王世杰等几度磋商,1946年1月5日,双方达成《关于停止国内军事冲突办法的协议》。1月7日,成立由张群、周恩来、马歇尔组成的"三人会议"(或称三人军事小组),会商解决军事冲突及其他有关事项。1月10日,由张群、周恩来签署了《关于停止国内冲突的命令和声明》。当天,双方下达于1月13日午夜生效的停战令。根据停战协定,在北平设立由国民党、共产党、美国三方各一名代表组成的军事调处执行部,下设若干军事调处执行小组,负责监督和分赴各地进行调处。停战令生效前后,尽管争夺战略要点的斗争仍然十分激烈,但就整体而言,全国一度出现了和平的局面,为政协会议的召开提供了必要的前提。

1946年1月10日,政治协商会议在重庆开幕。参加会议的代表共38人,其中国民党8人,共产党7人,青年党5人,民主同盟9人,社会贤达9人。蒋介石代表国民政府致开会辞,他希望与会代表真诚坦白、大公无私、高瞻远瞩,宣布政府即将实施:给人民言论、出版、集会、结社及身体之自由;各政党在法律面前一律平等,并得在法律范围之内公开活动;实行自下而上的普选;释放政治犯等措施。会议代表围绕着政府改组、施政纲领、军事、国民大会、宪法草案五个问题展开了激烈的争辩。

关于政府改组问题,国民党主张在原有国民政府委员基础上增加1/3,即由36人增至48人,并由"主席提请党外人士充任",但国民党要在委员名额中占特定的多数;国民政府委员会没有用人之权;主席对委员会的决议有紧急处置权和相对否定权。这个方案受到各方的反对,中共代表董必武发言说,改组政府要有共同纲领;改组后的政府应为各党派参加的最高权力机关;各党派参加人数不得超过1/3;国府委员会要有用人之权;民盟代表罗隆基提出了改组政府的三个要点,即要有共同纲领,共同决策机关要真能决策,执行机关要真能执行。

---

① 《国际条约集》(1945～1947),世界知识出版社1959年版,第125～126页。

关于施政纲领问题,中共代表团正式提出了《和平建国纲领草案》,国民党代表主张以《抗战建国纲领》和其施政方针为制定施政纲领的依据;民盟代表建议施政纲领可称"和平建国纲领",可以国民党第一次全国代表大会宣言及约法为依据,同时参考中共及其他党派政纲和各界人士的意见。

关于军事问题,军队问题是会议争辩的焦点之一,国民党在"军令政令统一"的方针下,继续坚持首先是"军队国家化",然后再"政治民主化"。中共代表提出了关于军事改革的 12 项建议,强调军队国家化、政治民主化必须同时前进;军队国家化就是要使军队成为人民的军队。青年党代表在发言中强调军队国家化是政治民主化的必要条件,事实上附合了国民党的主张。民盟主张全国所有军队应即脱离任何党派关系,而归属于国家;同时要大量裁减常备军。为此,要立即成立整军计划委员会,由国共两党和其他党派军事人员、非军事人员参加,聘请美国军事专家为顾问。

关于国民大会问题,国民党坚持 1936 年选出的国民大会代表仍然有效,另外"合理增加名额",即在现有 950 名基础上,增选 490 名,其中又有 240 名由国民党指定。这一方案遭到中共、民盟、无党派各代表的强烈反对。中共主张修改国民大会组织法和选举法,重选国大代表;民盟认为国民大会是一政治问题,而非"法统"问题,必须有党派的合法地位,才能有真正的国大。

关于宪法草案问题,国民党坚持以 1936 年 5 月 5 日颁布的、以中央集权制和总统制为核心的《五五宪草》为基础;中共阐明了宪法修改的原则,即不能以法律限制民权自由;中央、地方均权;中央政制采英美国家的国会制度;省为自治单位。民盟反对总统权力过大,主张积极保障人民自由和地方分权。

会议经过 20 多天的争论、协商,最后就上述五个问题达成了协议。在政府改组问题上,国民党被迫承认改组后的国民政府委员会是最高国务机关,对方针政策和高级官员有决策权和任免权;国民党只占委员中的 1/2 特定多数;讨论议案时,须有 2/3 赞成才能通过。在施政纲领问题上,通过了《和平建国纲领》,强调"用政治方法解决政治纠纷,以保持国家之和平发展"。在军事问题上,各方就建军原则、整军原则、整编办法等达成一致协议。关于国民大会问题,决定在保留原代表基础上,增加党派和社会贤达代表 700 名;决定 1946 年 5 月 5 日召开国民大会,规定宪法通过须经 3/4 代表同意。关于宪法草案问题,确定了国会制、内阁制、省自治制的政治制度。

决定成立宪草审议委员会,对《五五宪草》进行修正,以提交国民大会议决。

政协会议是中国近代民主运动史上特殊的一幕,经过中共和民主党派、无党派进步人士和国民党内民主分子的努力,通过了一系列有利于国内和平,有利于人民民主的决议。会议形成的协商精神和政协路线,在中国历史上留下了深远影响。

3. 政协协议履行中的波折

政协通过的五项协议,能否严格遵守和认真履行,是和平、民主、统一局面到来的根本保证,其中又以国共两党的态度最为关键。

1946年1月31日,蒋介石在政协闭幕式上宣称,对于政协协议,"我敢代表政府,先行声明,政府必然十分尊重,一俟完成规定手续以后,即当分别照案实行"①。周恩来也在会上表示,中国共产党"拥护这些协议,并保证这些协议的全部实现,不分地区,不分党派地努力奋斗"②。

2月1日,中共中央向党内发出《关于目前形势与任务的指示》,指出:政协会议通过的协议及其实施,"国民党一党独裁制度即开始破坏,在全国范围内开始了国家民主化……从此中国即走上了和平民主建设的新阶段"。"中国革命的主要斗争形式,目前已由武装斗争转变到非武装的群众的与议会的斗争,国内问题由政治方式来解决。党的全部工作,必须适应这一新形势"。"我党对于新的斗争形式与组织形式,采用得愈迅速愈熟练,便愈能夺取主动权"。③ 同时清醒地认识到,"中国民主化的道路,依然是曲折的,长期的",要求解放区以练兵、减租和生产作为中心工作。同时,实施"向南防御,向北发展"的方针,以极大的精力经营东北根据地。

国民党内顽固坚持独裁专制的一部分人对政协会议和决议极为不满。1946年1月至2月,国民党特务在重庆先后制造了破坏和捣乱会场、殴打政协代表郭沫若、张东荪等人的"沧白堂事件"和"较场口事件",还在重庆、成都、北平、南京等地煽动反苏反共游行,肆意撕毁了确保人民民主自由的承诺。

---

① 秦孝仪主编:《中华民国重要史料初编——对日抗战时期》第7编,《战后中国》(2),中国国民党中央委员会党史委员会1981年版,第246页。

② 《国共谈判文献资料选辑》(1945.8～1947.3)(增订本),江苏人民出版社1984年版,第99页。

③ 中央档案馆编:《中共中央文件选集》第16册,中共中央党校出版社1992年版,第62～66页。

1946年3月1日至17日,国民党召开了六届二中全会。面对国民党内攻击政协协议、要求弹劾出席政协的国民党代表的声音,蒋介石表示对政协协议要"就其荦荦大端,妥筹补救"。会议最后通过的决议中,再次强调"军队国家化,乃和平建国之先决条件",提出宪草修改的五条原则,规定各党派推选的国民政府委员要由国民党中央选任,恢复国民党中央政治委员会,并置于国民政府委员会之上等。这些规定背离了政协会议的基本精神,事实上推翻了政协五项协议,使刚刚开始的民主化进程停顿,和平统一的前景再度渺茫。这次会议也是"国民党战后对中共政策的重要转折,主导战后对共缓和政策的温和派失势……改取对共强硬政策",从而使"大规模内战之重起已无可避免"。①

3月18日,周恩来在重庆召开记者招待会,从改组政府、宪法草案等六个方面批驳了六届二中全会对政协协议的违背,并指出:"政协的一切决议不能动摇或修改,这是由五方面代表起立通过的,应成为中国的民主契约。谁要破坏,谁就是破坏今天中国的民主和平团结统一。"②3月21日,民盟主席张澜对记者发表谈话指出,六届二中全会"违反政协的决议,我们不能不加以重视。如果这些问题不弄清楚,我们同盟为对国民负责计,不愿贸然参加政府"③。

与此同时,内战的炮火在被停战令排除在外的东北地区大起。政府军利用苏联撤军之机,加快了武力消灭东北中共军队的步伐。3月13日,政府军占领沈阳。27日,国共双方达成停战协议,旋即被政府军撕毁。4月18日,政府军猛攻四平,中共军队顽强抵抗一个多月后被迫转移。政府军占领四平后再向北推进,先后占领长春、吉林,进至松花江南岸,中共军队撤往松花江北岸休整,双方形成对峙局面。6月7日,在美国调停下,双方同意休战15天进行谈判。之后,蒋介石又两次宣布延长停战期限,以集中精力准备其在关内的军事行动。

政协协议履行中的波折,尤其是政府不断以武力和专制对协议的破坏行为,在无情地摧残各阶层民众和平愿望的同时,也极大地削弱了人们对政

---

① 汪朝光:《战后国民党对共政策的重要转折》,《历史研究》2001年第4期。
② 《周恩来选集》(上),人民出版社1980年版,第231页。
③ 中国民主同盟中央文史资料委员会编:《中国民主同盟历史文献》,文史资料出版社1983年版,第153页。

府的信任度。

第二节 全面内战的演进

一、内战爆发和政府军的战略进攻

1. 政府军的全面进攻和中共军队的战略防御

1946年6月26日,国民政府军队向中共领导下的中原解放区发动大规模的军事进攻,以此为开端,全国性内战爆发。

内战爆发之际,政府军在军事、经济等方面的实力远远超过中共。在军事方面,政府军拥有一支430万人的军队,其中正规部队248个旅,约200万人,武器装备精良,有45个全部美械装备的现代化师。在经济方面,国民政府统治着全国3/4的地区和2/3以上的人口,控制着全国主要的大城市、重要的交通线和全部现代工矿业。另外,国民政府还得到了美国的大力援助。1946年3月,美国军事顾问团成立;6月,美国移送给国民政府价值近8亿美元的物资;7月,将217艘舰艇赠送给国民政府;8月,将价值8亿多美元的战时物资以1.75亿美元的价格售予国民政府。8月10日,美国宣布退出"调处",进一步鼓励了国民政府的军事行动。凭借着军事上的绝对优势,政府军决定以全面进攻、速战速决的战略方针,集中兵力,由南向北夺取大城市,控制津浦、平汉铁路,在华北地区形成分割包围之势,达到六个月内完全消灭中共军队的目标。政府军参谋总长陈诚甚至乐观地对外宣布:"也许三个月至多五个月便能解决。"①

与国民政府的实力相比,中国共产党明显地处于劣势。中共军队仅有127万人,其中野战军仅61万,大都刚由游击队或地方部队改编而来。装备简陋,基本上是"小米加步枪"。解放区大多处在经济落后的偏僻山区,被分割在10多块区域,大量的封建势力没有肃清,后方还不十分巩固。中共没有任何外援,只能依靠自力更生。

在清醒地估计国际国内形势的基础上,中国共产党确定了以自卫战争粉碎军事进攻,力争恢复国内和平的方针。在思想上理论上,中国共产党反复阐述这是一场关系国家、民族命运、前途的战争,绝对不能表示软弱和退

---

① 《中央日报》,1946年10月18日。

抗战胜利后美国援助国民党军队的各种军事装备

让,而要坚决起来抗争。而"蒋介石虽有美国援助,但是人心不顺,士气不高,经济困难。我们虽无外国援助,但是人心归向,士气高涨,经济亦有办法。因此,我们是能够战胜蒋介石的"①。8月6日,毛泽东在会见美国记者安娜·路易斯·斯特朗时,提出了帝国主义和一切反动派都是纸老虎的著名论断。他说:"决定战争胜败的是人民,而不是一两件新式武器。"历史将证明,代表正义的"小米加步枪"将战胜代表反动的飞机加坦克。在军事上,中共决定采取积极防御的战略方针。在作战原则上一般的是运动战,"若干地方,若干城市的暂时放弃,不但不可避免的,而且是必要的。暂时放弃若干地方若干城市,是为了取得最后胜利";在作战方法上,"集中优势兵力,各个歼灭敌人",面对敌人的进攻,"至少也要三倍于敌的兵力,于适当时机,首先包围歼击敌军的一个旅(或团)",如此"一能全歼,二能速决"②。在政治上,要加强和人民群众的紧密合作,争取一切可能争取的人,结成广泛的革命统一战线。在经济上,作持久打算,十分节省地使用人力资源和物质资源,努力生产,力戒浪费。在财政供给上,既要满足自卫战争的物质需要,也要使人民负担有所减轻。

中原解放区位于鄂豫皖交界处的大别山区,抗战胜利以后,新四军第五师、河南军区部队和八路军南下支队在此汇合,组成以李先念为司令员的中原军区,共有兵力6万余人。停战协定签订后,国共双方就中原地区停战达成多次协议,但政府军的蚕食进攻从来没有停止。中原军区部队被压迫在

---

① 《毛泽东军事文集》第3卷,军事科学出版社1993年版,第354页。
② 《毛泽东选集》第4卷,人民出版社1991年版,第1197、1198页。

以宣化店为中心、方圆不足百里的狭小地区。由于这里"可北出黄淮平原,以扰中原;南下武汉,以窥两湖。西进随枣,以控制荆、襄;并可切断我平汉路中原之大动脉"①,蒋介石必欲除之而后快。

6月26日拂晓,郑州绥靖公署主任刘峙指挥30万兵力,向中原解放区发起进攻,扬言48小时内歼灭中原解放区部队。为了保存实力,中原军区部队在中央军委的部署下实施突围。以第一纵队第一旅伴装主力向津浦路以东转移,调动政府军尾随;鄂东军区部队就地坚持斗争牵制敌军;主力部队分两路越平汉铁路向西突围,北路由李先念率领进入豫西、陕南地区,成立鄂豫陕军区。其中359旅继续北进,8月底到达陕甘宁边区。南路在王树声率领下进入武当山区,建立鄂西北军区。担任掩护任务的第一旅也在7月下旬进入苏皖解放区。经过两个月的战斗,中原军区部队保存了实力,仍然牵制着大量政府军,对其他解放区的作战起到了重要的战略配合作用。

在华东地区,政府军集结50万人正规军,试图首先迫使华中野战军主力北撤,然后寻机在山东与之决战,达到占领整个华东解放区(包括华中和山东解放区两部分)的目标。7月中旬,华中野战军3万多人在粟裕、谭震林指挥下主动迎击政府军12万多人的进攻。到8月下旬,先后接连七次战役,歼灭政府军一个整编师、六个旅共5万多人,取得"七战七捷"的辉煌战果。9月23日,华中野战军与山东野战军在苏北会合。在先后取得宿(迁)北战役和鲁南战役的胜利后,部队集结山东临沂一带进行休整,正式编组为华东野战军。政府军调集近30万人的兵力,由参谋总长陈诚亲自到徐州督战,发起"鲁南会战",寻求与华东野战军主力决战。2月20~23日,华东野战军发起"莱芜战役",将孤军深入的李仙洲兵团近7万余人全歼,李仙洲被俘。从此,政府军在华东战场无力继续其全面进攻了。

在晋冀鲁豫地区,国共双方争夺的重点在东部的鲁西南和豫北地区、西部的晋南地区。在东部,自1946年8月到1947年1月,郑州绥署、徐州绥署主力与晋冀鲁豫野战军之间先后有陇海路开封—徐州段、定陶、滑县、巨(野)金(乡)鱼(台)、豫皖边等战役,政府军主力被歼灭8万余人。在西部,自1946年11月到1947年1月,政府军胡宗南、阎锡山所部与晋冀鲁豫野战军之间先后有闻喜、同蒲、吕梁、汾(阳)孝(义)等战役,政府军主力2万多人被歼灭。

---

① 台北"国防部史政局"编:《戡乱战史》,第75页。

在晋察冀和东北等地区,政府军的进攻也分别遭到解放区的抵抗。到1947年2月,虽然政府军占领了解放区的一批城镇和领土,但却付出了损失兵力70多万人的代价,拉长了战线,无力继续其全面进攻。

2. 政府军重点进攻的失败

1947年2月以后,政府军将主要兵力集中于陕北和山东两个战场,对解放区实施重点进攻。

陕北解放区及延安,是中共中央所在地,是政府军最重要的进攻目标。蒋介石亲自到西安进行布置,调集以胡宗南集团为主的23万多人的兵力向陕北发起进攻,企图一举消灭西北中共军队主力,或逼其东渡黄河,由华北地区的政府军解决。3月16日,彭德怀率西北野战军进行了7个昼夜的阻击战。19日,中共中央按计划撤出延安。26日,中共中央在清涧枣林沟召开会议,决定中共中央及人民解放军总部留在陕北,由毛泽东、周恩来、任弼时等人组成中央前方工作委员会,转战陕北,领导全国的解放战争;由刘少奇、朱德等人组成中央工作委员会,东渡黄河;由叶剑英、杨尚昆等组成中央后方工作委员会,在晋西北地区统筹后方工作。

胡宗南占领延安后,急于寻找西北野战军主力决战。西北野战军则以"蘑菇"战术与之周旋,主力隐蔽待机歼敌。3月25日～5月2日,先后发动青化砭、羊马河、蟠龙镇三次战役,重创了胡宗南所部主力。西北野战军转战陕北,机动灵活,胡宗南所部虽然在兵力总数上处于绝对优势,但疲于奔命而一无所获,在战略态势上完全处于被动挨打的局面,政府军对陕北的重点进攻受到严重挫败。

在山东战场,政府军于3月初组成陆军总司令部徐州司令部,调集45万人的兵力,在陆军总司令顾祝同和参谋总长陈诚直接指挥下,采用密集靠拢、稳扎稳打、齐头并进的战法,迫使华东野战军退至沂蒙山区进行决战,或被迫北渡黄河,退出整个山东。3月下旬到4月上旬,政府军相继占领了泰安、费县等地,打通了津浦铁路济南至兖州段,并继续向鲁中地区推进。4月下旬,华东野战军先后攻克泰安、宁阳等地,但未能实现歼灭敌有生力量的战略意图。根据中央军委指示,华东野战军将主力隐蔽集结,待机歼敌。5月14日,国民政府五大王牌军之一的整编74师大胆冒进,被华东野战军以五倍的兵力包围在孟良崮地区。15日下午,华东野战军发起总攻,双方展开反复争夺,战况空前激烈。到16日下午5时,整编74师及整编83师一个团共计32000多人被全歼,师长张灵甫被击毙。蒋介石在哀叹这是"最可痛心、最可惋惜的一件事"的同时，立即下令暂停对山东的军事进攻，召集有关将领到南京开会总结沂蒙山战事的经验教训，从而使政府军对山东的重点进攻无形瓦解。虽然6月下旬蒋介石调25万大军再进山东，但已经无法阻挡人民解放军的战略进攻。

从1946年7月到1947年6月，国民政府军队对解放区的全面进攻和重点进攻先后遭到失败，损失兵力90多个旅近80万人，机动兵力更是下降到40个旅，而且在政治、经济等方面面临着日益严重的危机。中共军队保存了实力，积累了经验，而且获得越来越多的民众的同情和支持。

二、人民解放军的战略进攻和政府军的分区防御

1."三军配合，两翼牵制"战略的实施

1947年5月，针对国民政府军队集中陕西、山东两地，形成两头强、中间弱的哑铃状布局，为了改变战争对解放区破坏和消耗的局面，决定实施"三军配合，两翼牵制"的战略计划，部署主力向外线发展，将战争引向国民政府统治区域。

1947年6月30日晚，刘伯承、邓小平率晋冀鲁豫野战军主力4个纵队12万余人，在山东省的临濮集到张秋镇之间突破黄河天险，进入鲁西南地区。随即发起鲁西南战役，在不到1个月时间里，歼敌6万余人。8月7日到月底，刘邓率军南下，先后跨越陇海路，穿过黄泛区，渡过沙河、淮河等，胜利到达大别山区。到11月下旬，初步完成了战略展开。

8月22日晚，陈赓、谢富治率晋冀鲁豫野战军第4、第9纵队在豫晋边渡过黄河，进入豫西地区，在洛阳至陕县间开辟了战场。9月9日，陈毅、粟裕率华东野战军西线兵团及晋冀鲁豫野战军第11纵队在鲁南的沙土集歼敌一个整编师。之后，主力兵分五路越过陇海路南下豫皖苏大平原。到11月中旬，建立起25个县的政权，完成了战略展开。

三路大军挺进中原，相互配合，协同作战，打乱了国民政府军队进攻解放区的既定部署，威胁着国民政府统治区域的战略要地特别是长江防线和武汉、南京。11月下旬，国民政府成立"国防部九江指挥部"，以国防部长白崇禧兼任主任，指挥豫、皖、鄂、湘、赣五省正规军33个旅，对大别山地区的刘邓大军进行围攻。

针对政府军的进攻，刘邓大军以一部坚持大别山区，一部则向平汉路西和淮西挺进。陈谢、陈粟大军则发起对平汉、陇海路的破击战，以策应刘邓

大军。12月30日,三路大军各一部在河南西平、遂平地区会师,政府军对大别山的军事行动彻底失败。从此,三路大军在中原地区开辟的鄂豫皖、豫皖苏、豫陕鄂、桐柏、江汉解放区得以沟通,一个拥有3000多万人口的中原解放区逐渐形成。

在三路大军挺进中原的同时,西北野战军与华东野战军东线兵团则实施"两翼牵制"的战略。8月6日开始,西北野战军围攻榆林,吸引胡宗南部主力北援,以策应陈谢集团南渡黄河。8月20日,在沙家店地区伏击了整编36师主力,从根本上扭转了西北战局。在山东,华野东线兵团进行了胶东保卫战,在打破政府军"九月攻势"后转入了全面反攻。

在北平、天津、保定三角地带,9月上旬,晋察冀野战军发起大清河北战役,以打破这一地区的对峙状态。10月20日,由石家庄北上的政府军第三军主力在清风店地区被包围,军长以下17000多人被全歼。11月12日,晋察冀野战军在经过一周激战后攻克华北重镇石家庄。在东北战场,东北民主联军于9月14日发起秋季攻势,到11月初,解放城市15座,控制了东北地区的大部分铁路。

三军配合、两翼牵制、内外线相结合,构成了人民解放军战略进攻的总形势,也标志着全面内战爆发以来国共双方军事战略的根本转换。从此,兵力分散、后方空虚的政府军被迫由进攻改为防御。

1947年10月10日,中国人民解放军总部颁发了《中国人民解放军宣言》,提出"打倒蒋介石,解放全中国"的口号,宣布了八项基本政策。12月,中共中央在陕北杨家沟召开会议,毛泽东在《目前形势和我们的任务》的报告中,阐明了中国共产党在政治、经济、军事等方面的方针和政策,为夺取全国胜利做了思想和理论方面的准备。

2. 国民政府的"戡乱总动员"和分区防御的失败

1947年6月30日,国民党召开了中常会与中政会联席会议,蒋介石在会上提出实施"戡乱总动员"和"党团组织合并"两项政治决策,以配合其向解放区的军事进攻。7月4日,国民政府第六次国务会议通过了《厉行全国总动员,以戡平共匪叛乱,扫除民主障碍,如期实施宪政,贯彻和平建国方针案》,7月5日,国民政府发布了《全国总动员令》。18日,国民政府颁布《动员戡乱完成宪政实施纲要》,要求各级政府成立"戡乱建国动员委员会",授权其根据"需要"征集所有的人力、财力和各种物资;凡规避或妨碍兵役、力役征雇者,依法惩处;人民的言论、出版、集会、结社、游行、居住、通信等各项自由和权利,随时可以妨碍"戡乱"的名义限制、惩处之。

在"戡乱"的旗号下,国民政府加剧了反共措施。在以最高法院名义下令通缉中共领袖毛泽东后,又决定撤销政治协商会议及其秘书处组织,取消中国共产党的国民大会代表、国民政府委员的保留名额,开除国民参政会中的共产党员参政员,并在全国各地,大肆逮捕共产党员。9月27日,蒋介石在南京召开秘密会议,布置对爱国民主人士的镇压。之后,在南京、北平、上海、汉口、广州、杭州、西安以及东北等地,大批爱国民主人士以"共产党嫌疑"而遭逮捕或杀害。

在军事上,从1947年底到1948年初,国民政府实行"分区防御""总体战"的新战略,改变过去分散兵力的做法,实行集中兵力,以强吃弱,以消灭共产党军队战斗力为目的的联省作战方法;军事、政治、经济三位一体,以军事力量掩护政治,以政治、经济力量配合军事。

但是,人民解放军在各个战场的反攻已势不可挡。东北民主联军发动冬季攻势,将政府军压缩在沈阳、长春、锦州等几个孤立地区;华北人民解放军解放临汾,使太原成为一座孤城;西北野战军发起宜(川)瓦(子街)战役、黄龙山战役、陇东战役,收复了延安;华东山东兵团向胶济路西段、中段进攻,将敌军包围在济南、青岛等几处城市;中原解放军先后发起洛阳、宛西宛东、豫东等战役,攻克洛阳、开封、樊城、襄阳等战略要地。在解放军的强大攻势面前,政府军节节败退,"分区防御"和"总体战"也未能逃脱失败的命运。

7月22日,美国总统特使魏德曼来华考察。在巡行各战区和各大城市包括东北和台湾、与各方人士进行广泛地会见后,8月22日魏德曼在国府委员和部长联席会议上发表讲话。他尖锐地批评了国民政府的腐败无能,要求国民政府"立即改进政治及经济的状况以争取人民群众衷心的、热烈的、至诚的拥护"。9月19日,魏德曼在向杜鲁门提交的报告中,主张美国至少在五年内要继续给国民党援助,但南京政府必须改革。此后一年内,美国向国民政府提供了价值7亿多美元的军事援助,派遣军事顾问5000多人,试图挽救国民政府的危机。

第三节　南京政府的败退

一、国民大会的召开和国民政府区域的统治危机

1. "制宪"国民大会和"行宪"国民大会的召开

国民政府向中共发动全面军事进攻后,又公然违反政协协议,不顾中共和其他民主党派的反对,强行决定提前召开国民大会。1946年11月15日,国民大会在南京召开,由于中共和民盟的抵制,应到代表2050人中实到仅1381名,其中国民党代表占85%。这次会议的主题是制定宪法,所以称"制宪国大"。12月25日,国民大会正式通过由蒋介石提交讨论的《中华民国宪法》,并定于1947年1月1日由国民政府公布,12月25日施行。

《中华民国宪法》共有14章175条,分总则、人民之权利义务、国民大会、总统、行政、立法、司法、考试、监察、中央与地方权限、地方制度、选举、罢免、创制、否决权、基本国策(包括国防、外交、国民经济、社会安全、教育文化及边疆地区等)、宪法的施行及修改等。宪法规定:"中华民国基于三民主义,为民有民治民享之民主共和国",实行国会制、责任内阁制;规定行政院为国家最高行政机关,对国家最高立法机构立法院负责;总统依法公布法律、发布命令,须经行政院院长副署;总统发布紧急命令时,须于一个月内提交立法院追认。立法院不同意,紧急命令立即失效;参照西方国家宪法中的一些相关条文,详细罗列了人民享有的权利和应尽的义务等。

国民大会的召开和宪法的通过遭到了中共和民盟等团体的反对。中国共产党声明:"我们及全国民主人士决不会承认它为合法为有效……只有把它当做袁世凯的天坛宪法和曹锟贿选宪法一样看待……人民也决不会承认它的。"① 民盟也声明此次国民大会是"违背了政治协商决议的程序与精神而召集的一种制宪会议";"这次公布的宪法,不但不能促进中国的宪政,且为中国的真宪政真民主的前途上增加了一个障碍"。②

---

① 中央档案馆:《中共中央文件选集》第16册,中共中央党校出版社1982年版,第359～360页。
② 中国民主同盟中央文史资料委员会编:《中国民主同盟历史文献》,文史资料出版社1983年版,第258、277页。

1947年3月15日,国民党召开六届三中全会,决定改组国民政府,"还政于民",做好行宪准备。4月17日,国民党中常会和国防最高委员会联席会议,根据蒋介石的提名,选任了国府委员和五院院长。国民政府委员共29位,其中国民党17席,青年党4席,民社党4席,社会贤达4席。国民政府主席蒋介石,副主席孙科兼立法院长,行政院院长张群,司法院院长居正,监察院院长于右任,考试院院长戴传贤。这个标榜容纳了"民主党派"和"社会贤达"的"多党政府"一经成立,就引起了国民党左派人士和民主党派的同声反对。民主建国会发表声明说,"只有重新恢复政协的精神和原则,组织全国统一的真正民主的联合政府",才能"彻底施行和平建国纲领"①。

1947年6月以后,在南京先后成立了以张厉生为首的"选举总事务所"和以孙科为首的"国民大会筹备委员会"以及国民党中央选举指导委员会,全力准备"行宪国大"的召开。11月,国大代表选举开始,由于国民党内部的派系纷争,国民党与青年党、民社党的争斗,使选举工作障碍重重,以至于不少民众因厌倦而弃选。到1948年1月15日为止,在选出的1000多名代表中,国民党占总额的77.3%。

1948年3月29日,"行宪"国民大会正式开幕,出席代表共1679人。由于选举中的遗留问题没有解决,一些落选代表以绝食、示威方式进行抗议,甚至有抬棺冲击会场者。在听取了政治、军事、财政、外交等方面的报告后,会议进入主要议程——总统和副总统的选举。在设法取消了宪法对总统权力的限制后,蒋介石以高票当选为总统,而李宗仁、孙科、程潜、于右任等6位副总统的参选人则陷入了一场混乱的争夺中。李宗仁凭借桂系的实力和美国的暗中支持,早早打出了"肃清贪污、改革政治、实行民生主义、铲除豪门资本"的竞选口号收买人心。蒋介石先是要求李宗仁放弃竞选,后又全力支持孙科与之对抗。在经过四次投票后,李宗仁以微弱多数取得了副总统职位。5月中下旬,蒋介石、李宗仁就任总统、副总统,以孙科为首的立法院、以翁文灏为首的行政院先后组成。至此,国民党在形式上完成了由"训政"到"宪政"的交替,但这种明为"制宪"、实为"违宪"的举动加剧了与广大人民群众的对立,也激化了其内部矛盾,无可挽回地走向覆亡之路。

2. 经济危机和社会危机的加剧

---

① 《民主建国会对于政府改组的声明》(1947年4月22日),《民主革命时期的民主党派》,湖南人民出版社1986年版,第459页。

战后急剧膨胀的国家资本在国民经济中取得了绝对的垄断地位,通过组建大型、特大型企业,国营工业产值在工业总产值中的比重大大提高,其中重工业产品、矿产品等在全部总产量中的比重超过70%。在金融方面,到1946年年底,国家资本的"四行二局"存款总额占全国银行存款总额的90%以上。1946年11月国民政府宣布成立"中央合作金库",将金融垄断体系渗入到国民政府统治的所有城乡。以宋子文、孔祥熙为代表的政府官员利用特权操纵物价,囤积倒卖紧缺物资,走私外货,积累起巨额财富,极大地败坏了正常的经济秩序,对经济危机的发展起到了推波助澜的作用。

由于内战导致军费开支的激增,每年成倍增长的赤字造成国民政府无法克服的财政危机。1946年财政赤字46 978亿元,是上年的4倍多;1947年财政赤字293 295亿元,是上年的6倍多;1948年前7个月赤字,是上年全年的14倍多。为了弥补赤字,增加收入,国民政府被迫大量举借内外债,增加各种苛捐杂税,实施通货膨胀政策等。1945年8月,法币发行量为5 569亿元;1946年法币增发额为26 942亿元;到1948年8月前,法币增发额达3 415 737亿元;法币总量由发行时的14亿元增至6 636 946亿元。恶性通货膨胀引起市场物价的恶性上涨,上海批发物价1947年底比上年上涨14倍多,1948年8月比上年上涨了近60倍。1948年8月19日,蒋介石宣布再次进行"币制改革",发行金圆券,以1元金圆券兑换300万元法币,规定物价冻结在1948年8月19日的水平。这次改革虽然使政府收回了大量金、银、外币,但未能挽救财政和货币危机。到1949年5月,金圆券发行量从原定限额的20亿元达到679 458亿元,上海批发物价则上涨了644万多倍。1949年7月,阎锡山内阁在广州发行"银圆券",但鲜有接受,无法流通,迅即结束。随着金融制度特别是货币制度的破产,国民党统治区域的经济也全面崩溃。

随着内战的扩大和经济形势的恶化,社会各阶层广大民众都生活在动荡和困苦之中,各种形式的反内战、反独裁斗争此起彼伏。1947年5月,上海、南京、苏州、杭州等地5000多学生在南京举行"反饥饿、反内战、反迫害"的联合请愿大游行,结果惨遭镇压。全国各地学生纷纷响应,形成了影响广泛的五二〇运动的高潮。1948年4月,北大、清华等10所大学的学生、教职员、医师等要求合理待遇而举行罢课、罢教、罢职、罢工、罢研、罢诊,震动了全国。5、6月间,各界民众又掀起了"反美扶日"运动,10多万人签名响应,北平437位大学教师联名向司徒雷登发出抗议书。代表中间阶层的民主党派也纷纷站到反美反蒋的行列。1948年元旦,国民党内的民主促进会、三民主义同志联合会、中国民主革命同盟等在香港组成中国国民党革命委员会,宣布联合中共及其他民主党派,推翻蒋介石的统治。被国民政府宣布为"非法团体"而被迫解散的中国民主同盟也于当月在香港重建领导机关,恢复活动并公开宣布,主张以人民的武装粉碎国民党独裁政权,拥护土地改革,与中国共产党和其他民主党派合作。

社会各阶层日益广泛的反蒋斗争,与人民解放军的军事作战相呼应,使国民党政权陷入空前的孤立之中。

二、国共军事决战和国民党退守台湾

1. 国共军事决战

1948年秋,国共两党的力量对比发生了显著变化。国民党军队用于第一线的军队只有170多万人,而且被分割牵制在东北、华北、华东、中原和西北五个战场上,被迫由"全面防御"转为"重点防御"。人民解放军达到280万人,机动兵力超过国民党军队,作战经验和能力有了很大提高。

9月,中共中央政治局召开扩大会议,决定从1946年7月算起,用大约五年左右时间从根本上打倒国民党的统治,而1948年则是五年胜利中关键的一年。会议在军事、政治、经济、党的建设等方面作了部署,为实施战略决战奠定了基础。

9月12日至11月2日,东北野战军打响了战略决战的第一个战役——辽沈战役。东北是人民解放军数量超过国民党军队的唯一战场,而且后方巩固;敌军被分割包围在长春、沈阳、锦州三个互不相连的地区,补给困难,处于撤、守不定的犹豫状态。9月12日,东北野战军在北宁路发起攻势,迅速包围锦州。10月2日,蒋介石飞赴沈阳,部署和组织增援。14日,东北野战军总攻锦州并于次日攻克。17日,长春守军曾泽生率第60军起义,19日第7军投诚,21日,郑洞国率部放下武器,长春和平解放。10月12日,蒋介石又赴沈阳,命令增援锦州的东进兵团和西进兵团继续对进,以重占锦州。东北野战军以一部在黑山、大虎山阻击西进兵团,主力自锦州回师,完成了对西进兵团的合围。到28日,全歼该兵团10万人,其中包括号称"五大主力"的新一军和新六军,俘兵团司令官廖耀湘。11月1日,东北野战军对沈阳发起进攻并于次日占领之。9日,锦西等地国民党军队从海上逃跑,东北全境解放。辽沈战役,国民党东北"剿总"瓦解,军队被歼47.2万余人。人民解放军增加到 310 万人，从质量到数量上都对国民党军队形成了明显的优势。

战略决战的第二个战役是淮海战役。这次战役以徐州为中心，东到江苏海州，西至河南商丘，北起山东临城，南达安徽蚌埠。1948 年 9～10 月，人民解放军先后攻克了济南、郑州、开封等战略要地，对徐州形成了夹击之势。为确保南京的门户——徐州，国民党军队制定了《徐蚌会战计划》，集中 80 万精锐部队分布在津浦路徐州到蚌埠段，寻机与中共军队决战，必要时撤到淮河南岸以确保南京。中共成立了由刘伯承、陈毅、邓小平、粟裕、谭震林组成的总前委，以邓小平为书记，统一指挥华东、中原野战军，力求在淮河以北歼灭敌军主力。1948 年 11 月 6 日，淮海战役第一阶段打响，8 日，第三绥靖区副司令官何基沣、张克侠率 2 万多人起义。到 22 日，华东野战军在碾庄圩地区歼灭黄百韬兵团约 10 万人，兵团司令官黄百韬被击毙。23 日至 12 月 15 日，中原野战军及华东野战军一部在宿县双堆集地区包围并歼灭了自确山东援的黄维兵团 12 万人，兵团司令官黄维被俘。12 月 16 日至 1949 年 1 月 10 日，华东野战军及中原野战军在永城县陈官庄地区将徐州"剿总"副总司令杜聿明率领的三个兵团包围。之后，发起强大的政治攻势，敦促杜聿明率部投降。1 月 6 日，华东野战军对杜聿明发起总攻，到 10 日全歼邱清泉、李弥两个兵团约 20 万人，俘杜聿明，击毙邱清泉，仅李弥等少数人逃脱。淮海战役，国民党徐州"剿总"瓦解，军队被歼 55.5 万人，长江以北的华东、中原地区基本被中共所控制，南京政府统治的中心失去了屏障。

淮海战役进行期间，国民党军华北"剿总"傅作义集团拒绝了南撤的要求，决定固守平津，收缩兵力，在张家口到塘沽一线布防，保证其西撤或南逃的通路。中共集中东北野战军和华北军区部队于 1948 年 11 月 29 日发起平津战役，到 12 月上旬，将傅作义部主力包围在张家口、新保安地区，切断了傅部西撤的通道。12 月 21 日，完成了对平、津、塘国民党军队的包围，切断了傅部由海上南逃的通道。1949 年 1 月 15 日，人民解放军攻克天津，歼敌 13 万余人，生俘天津警备司令陈长捷。在中国共产党耐心工作和民主人士的敦促下，傅作义终于同中共达成《关于和平解决北平问题的协议》。1 月 31 日，人民解放军进驻北平城，北平宣告和平解放。此役，国民党华北"剿总"瓦解，军队被歼或被改编 52 万人，华北与东北解放区完全连成一片。

2. 国民党在大陆统治的结束

到 1948 年底，国民党政权在军事、政治、经济等各方面都处于无可挽救的颓势。从维护在华利益出发,美国拒绝了进一步援蒋的要求,主张更换新的领导人。华中"剿总"司令官白崇禧等借机逼蒋下台,以实现桂系的一统天下。12月下旬,白崇禧两次电告蒋介石,要求停止国共战争,邀请美、英、苏三国共同斡旋和平,并通过不同途径,力劝蒋介石下野。

1949年元旦,蒋介石在新年文告中,表示愿意与中共商讨恢复和平的具体方法,但却提出维持旧宪法、旧军队、旧政府等一些中共不可能接受的前提条件。1月14日,中共中央主席毛泽东发表《关于时局的声明》,提出了和平谈判的八项条件:惩办战争罪犯;废除伪宪法;废除伪法统;依据民主原则改编一切反动军队;没收官僚资本;改革土地制度;废除卖国条约;召开没有反动分子参加的政治协商会议,成立民主联合政府,接收南京国民党反动政府及其所属各级政府的一切权力。

1月21日,内外交困的蒋介石发表"引退"文告,宣布下野,由副总统李宗仁代行总统职权。蒋介石在下野前任命陈诚为台湾省政府主席,蒋经国为台湾省党部主任,朱绍良为福建省政府主席兼福州绥靖公署主任,汤恩伯为京沪杭警备总司令。同时,下令将中央银行国库中价值3.7亿美元的黄金、白银和外汇移存台湾,将中央、中国银行存在美国的外汇,化整为零存入私人户头。21日下午,蒋介石返回溪口,继续遥控南京政府。

李宗仁上台,表示愿意以中共所提八条为基础进行和谈。3月下旬,南京政府指定张治中、黄绍竑、章士钊、李蒸、刘斐为和谈代表,以张治中为首席代表。中共以周恩来、林伯渠、叶剑英、李维汉、聂荣臻组成代表团,以周恩来为首席代表。4月1日,双方在北平进行和谈。对中共代表团提出的《国内和平协定》,南京方面提出40多条修改意见,中共方面拒绝了"就地停战"、"划江而治"的要求。15日,中共代表团提出最后修正案,并指出以20日为最后签字期限。16日,南京政府代表团派黄绍竑携带修正案返南京请示,李宗仁、何应钦等遂送蒋介石裁决。20日,李宗仁致电张治中等,表示拒绝接受协定修正案,国共和谈彻底破裂。

在南京政府拒绝在和平协定上签字之后,中国人民解放军按照既定部署发起了渡江战役。4月20日夜,人民解放军中路集团首先渡江,迅速突破安庆、芜湖间防线。4月21日晚,东路集团、西路集团分别从镇江、江阴间和贵池、湖口间强渡。4月22日,人民解放军突破了近千里的江防阵地,登上南岸,并争取江阴要塞守军起义,控制江阴炮台,封锁了长江。4月20日上午,英国军舰"紫石英"号由上海驶入镇江以东人民解放军防线,双方发生激烈炮战,"紫石英"号中弹搁浅。次日,三艘英舰前来救援,再次与人民解放军炮战,英舰受重创后驶去。此后,双方谈判未果,"紫石英"于7月30日晚遁去。

4月23日凌晨,李宗仁坐飞机离开南京飞往桂林,南京政府部分机关转移广州,各机关人员纷纷撤退。当夜,人民解放军占领南京。之后,乘胜追击,5月初先后攻占苏州、杭州,将中国最大城市上海包围。5月12日,人民解放军集中8个军的兵力对上海发起进攻,到27日下午上海全部解放。在此之前,蒋介石离开家乡奉化溪口,5月25日飞抵台湾高雄。

6月3日,阎锡山在广州继任行政院长。7月16日,蒋介石主持在广州成立国民党中央非常委员会,自任主席,从幕后走上前台指挥残余军事力量负隅顽抗。此时,国民党军队尚有200多万人,分布在西南、西北、华南、华中部分地区,分别隶属于白崇禧、张群、陈诚、胡宗南主持的军政长官公署。10月8日,国民党中央非常委员会决定政府各机关由广州迁往重庆。李宗仁拒绝赴渝并于11月20日乘专机去香港后赴美国就医。11月27日,国民党中央常务委员会议决,政府暂移成都。12月7日决定政府迁台北,10日,蒋介石乘飞机前往台北。

南京、上海解放后,人民解放军迅速展开了向全国进军的行动。彭德怀率第一野战军进军西北,先后解放西安、兰州、银川。9月下旬,国民党新疆警备总司令陶峙岳、新疆省政府主席包尔汉宣布起义。刘伯承、邓小平和贺龙率第二野战军和第四野战军一部进军西南,11月30日解放西南最大城市重庆。12月27日,成都解放。第三野战军在渡江战役后迅速控制了江苏、浙江、安徽、江西大部分地区。7月下旬由浙江进入福建,8月17日占领福州,10月17日占领厦门,24日发起金门战斗,因渡船被毁而失利。第四野战军渡江以后先后占领武汉三镇,华中军政长官公署兼河南省政府主席、第19兵团司令官张轸率所部2万多人起义。8月4日,湖南省政府主席程潜、第1兵团司令官陈明仁在长沙宣布起义。9月,第四野战军与白崇禧所属部队在衡阳、宝庆一线展开激战。10月上旬,白崇禧部失利向广西撤退。12月初,第四野战军取得广西诸战役胜利,白崇禧集团部分兵力退往桂越边境。1950年3~5月,人民解放军先后攻占了国民党军残余占领的西昌、海南岛与舟山群岛等地。至此,中国内地除西藏地区外,已全部解放。

三、中国共产党建立新政权的准备

1. 解放区政权建设的扩大与完善

在人民解放军不断取得军事胜利的同时,中国共产党领导下的解放区日益扩大和巩固,政权建设进入一个新阶段。

1947年7月17日,刘少奇在河北省平山县西柏坡村主持召开了全国土地会议,总结了自《五四指示》颁布以来解放区土地改革的成绩和经验,制订了一个彻底变革中国土地制度的《中国土地法大纲》,并于10月10日正式颁布。11月开始,土地改革运动在各解放区全面展开,并且随着解放战争的胜利而向新解放区推广。到1948年秋,在1亿人口的解放区完成了土地制度的根本变革,实现了"耕者有其田"。政治上、经济上获得解放的广大贫苦农民,极大地焕发了努力生产和支援革命战争的积极性,解放区内社会秩序稳定,生产得到恢复和发展。人民解放军不仅有了可靠的后方,而且有了兵员补充的不断来源。自卫战争以来,晋冀鲁豫解放区先后有148万人参军参战;山东解放区先后有59万青年入伍,700万民工随军支前,为夺取战争的胜利做出了重大的贡献。

在城市政策方面,1948年4月5日,人民解放军占领豫西重镇洛阳,毛泽东在给前线指挥部的电报中从9个方面系统地阐明了城市政策。其中包括极谨慎地清理国民党统治机构;没收官僚资本要有明确的界限;禁止农民团体进城捉拿和斗争地主;不要轻易提出增加工资减少工时的口号;不要忙于组织城市人民进行民主改革和生活改善的斗争;有计划地处理大城市的粮食和燃料问题;妥善地清理和登记国民党员和三青团员;严禁破坏任何公私生产资料和浪费生活资料;市委书记和市长必须委派懂政策有能力的人担任等。[①]

1948年5月,中共中央决定将晋察冀和晋冀鲁豫解放区合并,成立新的华北解放区。8月,在石家庄召开了华北临时人民代表大会,通过了《华北解放区施政方针》、《华北人民政府组织大纲》、《村县(市)人民政府组织条例》等文件,选举董必武等27人为华北人民政府委员会委员。9月26日,华北人民政府正式成立,董必武为政府主席,薄一波为第一副主席,蓝公武为第二副主席,杨秀峰为第三副主席。下设民政部、教育部、财政部、工商部、农业部、公营企业部、交通部、卫生部、公安部、司法部、财政经济委员会、水利委员会、人民法院、人民监察院、华北银行等机构。华北人民政府的建立和在施政方面的实践,为日后中央人民政府的建立奠定了基础,提供了经

---

① 《毛泽东选集》第4卷,人民出版社1991年版,第1323～1324页。

验。

1948年12月1日,由原解放区的华北银行、北海银行、西北农民银行合并而成的中国人民银行在石家庄宣告成立,并从即日起发行人民币。这标志着解放区金融的统一,人民币成为各解放区的统一货币,以后成为新中国的本位币。

2. 中共七届二中全会的召开

1949年3月5日到13日,中共中央在河北省平山县西柏坡村召开了七届二中全会,围绕着争取全国胜利和组建新中国的问题做出了重大决策。

关于夺取全国胜利的问题,会议通过了毛泽东所提出的消灭国民党残余军事力量的三种方式,即以战斗解决的天津式和以和平谈判为主的北平式和绥远式。

关于中国共产党工作重心的转移问题,会议决定,党的工作重心由乡村转移到城市,开始由城市领导乡村的时期。因此,必须以极大的努力去学会管理城市和建设城市,将恢复和发展城市中的生产作为中心任务。

关于革命胜利后中国社会矛盾问题,会议指出,革命胜利后中国还存在两种基本的矛盾:国内是工人阶级和资产阶级的矛盾,国外是中国和帝国主义国家的矛盾。工人阶级领导的国家政权不是可以削弱,而是必须强化。

关于经济政策问题,会议从中国社会经济的现状出发,决定没收官僚资本归人民共和国所有,使之成为国营经济并在整个国民经济中居领导地位;谨慎地、逐步地而又积极地引导个体农业和手工业向现代化和集体化方向发展;尽可能地利用私人资本主义经济的积极性,对其不利于国计民生的消极作用进行限制。社会主义性质的国营经济、半社会主义性质的合作社经济、私人资本主义、个体经济、国家资本主义经济构成了新民主主义的经济形态,也就是人民共和国的主要经济成分。

关于中国共产党自身建设,会议强调务必保持"谦虚、谨慎、不骄、不躁的作风"和艰苦奋斗的作风。

中共七届二中全会确立了革命胜利后建设新民主主义社会的蓝图,对于夺取全国胜利和新中国建设具有重大的指导作用。

1949年6月30日,毛泽东发表了《论人民民主专政》一文,对人民共和国的性质、各个阶级的地位和相互关系、发展前途等问题做出了详细论述。文章总结了中国近百年革命的历史经验,阐明了人民共和国建立的必然性,提出了人民民主专政这一科学概念。人民,在现阶段,包括工人阶级、农民阶级、城市小资产阶级和民族资产阶级。其中工人阶级是领导力量,工农联盟是基础力量,民族资产阶级是重要力量,但不能在国家政权中占主要地位。对人民内部的民主方面和对反动派的专政方面,互相结合起来,就是人民民主专政。人民民主专政的国家必须有步骤地解决国家工业化的问题,使中国"稳步地由农业国进到工业国,由新民主主义社会进到社会主义和共产主义社会"①。

毛泽东对人民民主专政理论的阐述,为新中国的建立提供了理论和政策基础。

第四节　中华人民共和国成立

一、各民主党派响应中国共产党召开新政协的号召

1948年4月,中共中央颁布"五一"劳动节口号,号召"各民主党派、各人民团体、各社会贤达迅速召开政治协商会议讨论并实现召集人民代表大会,成立民主联合政府"。各民主党派、人民团体和爱国民主人士纷纷发表通电或声明,响应中共中央的号召。

毛泽东等中共领导人在北平西苑机场迎接前来解放区的各界知名人士,左起:沈钧儒、朱德、董必武、李济深、陈其瑗、郭沫若、黄炎培、毛泽东、林伯渠、马叙伦。

---

① 《毛泽东选集》第4卷,第1476页。

5月5日,中国国民党革命委员会领导人李济深、何香凝,中国民主同盟领导人沈钧儒、章伯钧,中国民主促进会领导人马叙伦、王绍鏊,致公党领导人陈其尤,中国农工民主党领导人彭泽民,中国人民救国会领导人李章达,中国国民党民主促进会领导人蔡廷锴,三民主义同志联合会领导人谭平山,无党派人士郭沫若联名发表通电,指出中共"五一"号召"适合人民时势之要求,尤符合同人等之本旨。……事关国家民族前途,至为重要。全国人士自宜迅速集中意志,研讨办法,以期根绝反动派,实现民主"①。同日,他们又致电毛泽东,表示拥护中共中央"五一"口号。8月1日,毛泽东复电各民主党派负责人,表示对各民主党派领导人赞同中国共产党的主张,"并热心促其实现,极为钦佩";提出"关于召集此项会议的时机、地点、何人召集、参加会议者的范围以及会议应讨论的问题等项,希望诸先生及全国各界民主人士共同研讨……"②。

在香港的各民主党派中央机关也纷纷发表宣言或声明,拥护中共"五一"口号。5月,三民主义同志联合会发表宣言,表示"衷心地一致地赞同这个正确的号召,而且积极地督促蒋管区的同志们共同行动来促其实现,并保证其顺利成功";中共所号召的新政协,"应该是一切有群众的、代表人民利益的各民主党派、人民团体,以至于社会贤达及爱国分子的'新政协'。只有这样代表人民的'新政协',才能够取得全国人民的拥护"。6月25日,中国国民党革命委员会发表响应中共"五一"号召的声明,认为新政协"能够本着人民大众的意志,以解决国是"。希望蒋管区各界人士特别是各级政府、军队中的人士认清形势,站到民主革命阵营方面来。6月14日中国民主同盟为展开新政协运动发表声明,指出:"通过新政协会议以解决国是,即是今日救国建国的唯一正确途径,本盟愿号召全国人民,吁请各民主友党、民主团体,共同为迅速实现新政协而努力。"中国民主促进会也发表响应"五一"号召的宣言,称"五一"号召是"近百年来中国革命史的结晶,是今后中国政治运动舵向的指标,中国的民主人士及民主党派要团结在这口号的周围,形成坚固的爱国民主统一战线"。7月31日,民进中央理事会第四次会议通过

---

① 中国民主同盟中央文史资料委员会编:《中国民主同盟历史文献》,文史资料出版社1983年版,第418页。
② 中共中央文献研究室编:《毛泽东年谱》(下),人民出版社、中央文献出版社1993年版,第329页。

《拟提出政治协商会议之行动公约及政治纲领》。6月9日致公党发表宣言,代表"深切关怀祖国、期望新的中国早日产生"的海外侨胞完全同意中共的号召。该党主席陈其尤发表《新政治协商的意义与任务》一文,称新政协"完全是真正地符合了、代表了全国人民意志的,我们更须使它一切任务和步骤得到彻底实行的保证,以完成建立真正民主的联合政府这个全国人民奋斗的总目标"。台湾民主自治同盟于5月7日发表响应中共"五一"号召告台湾同胞书,认为中共的这个号召,"正切合全国人民的目前的要求,也正切合台湾全体人民的愿望"。起来响应这个号召,准备参加政协会议、人民代表大会和民主联合政府,台湾人民才能由美蒋联合统治的痛苦中解放出来。1949年1月,九三学社也在北平发表了拥护新政协的宣言。[1]

香港各界人士积极响应中共"五一"号召。6月4日,冯裕芳、柳亚子、章乃器、朱蕴山、胡愈之等123人,联名发表声明,对中共"五一"号召热烈赞同,认为,新政协召开之后,中国历史将会翻开灿烂的一页,一个统一的真正属于人民的新国家将建立起来。何香凝、刘王立明等联合香港妇女界232人发表宣言,称赞"五一"号召反映了全国人民和全体妇女的要求。滞留在国民党统治区域的民主同盟主席张澜,民建领导人黄炎培、胡厥文通过各种形式表明自己对"五一"号召的拥护。

1948年8月起,在中国共产党的邀请和组织下,在香港的各民主党派负责人分批前往东北解放区。到1949年1月,各民主党派负责人和无党派人士沈钧儒、谭平山、章伯钧、蔡廷锴、王绍鏊、高崇民、朱学范、李济深、马叙伦、郭沫若、彭泽民、李德全、章乃器、沙千里、沈雁冰、陈其尤等先后到达了哈尔滨,在国民党统治区域的民主党派人士则经由北平到达河北省平山县。1月22日,为"充满着蓬勃向上的精神"的解放区和人民解放军势不可挡的胜利而"充分欣慰"的民主党派及无党派民主爱国人士55人联名发表《对时局的意见》,拥护毛泽东1月14日的声明,表示召开新政协会议,建立民主联合政府,"愿在中共领导下献其绵薄,共策进行"[2]。

---

[1] 《民主革命时期的民主党派》,湖南人民出版社1986年版,第135、137、148、362、512、652、654、686、687页。

[2] 中国民主同盟中央文史资料委员会编:《中国民主同盟历史文献》,文史资料出版社1983年版,第505页。

二、中国人民政治协商会议的召开和新中国的建立

1949年6月15日,新政协筹备会第一次全体会议在北平中南海勤政殿开幕,毛泽东在开幕式上讲话,他说:"中国人民将会看见,中国的命运一经操在人民自己的手里,中国就将如太阳升起在东方那样,以自己的辉煌的光焰普照大地,迅速地荡涤反动政府留下来的污泥浊水,治好战争的创伤,建设起一个崭新的强盛的名副其实的人民民主共和国。"①会议选出毛泽东、朱德、李济深等21人组成筹备会常务委员会,常委会推选毛泽东为主任,周恩来、李济深、沈钧儒、郭沫若、陈叔通为副主任,李维汉为秘书长(后因病改为林伯渠)。在常委会下设6个小组,分别进行下列各项筹备工作:拟定参加新政协的单位及其代表名额;起草新政协组织条例;起草共同纲领;拟定新中国政府方案;起草宣言;拟定国旗、国歌及国徽方案。各小组经过3个月的努力工作,圆满完成了任务。9月17日,在北平召开了新政协筹备第二次全体会议,会议决定把即将召开的新政协改称为"中国人民政治协商会议",通过了相应的文件。

1949年9月21日,中国人民政治协商会议第一届全体会议在北京中南海开幕,出席会议的代表共662人,代表着中国共产党、各民主党派、各人民团体、人民解放军、各地区、各民族以及国外华侨。会议宣布,它执行全国人民代表大会的职权。毛泽东在开幕词中庄严宣告:"占人类总数四分之一的中国人民从此站立起来了";"我们的民族将再也不是一个被人侮辱的民族了";"随着经济建设的高潮的到来,不可避免地将要出现一个文化建设的高潮。中国人被人认为不文明的时代已经过去了,我们将以一个具有高度文化的民族出现于世界"。②

会议通过了《中国人民政治协商会议组织法》、《中华人民共和国中央人民政府组织法》、《中国人民政治协商会议共同纲领》(以下简称《共同纲领》)、《中国人民政治协商会议第一届全体会议宣言》等文件,决定以北平为首都,改北平为北京,采用公元纪年,暂定以《义勇军进行曲》为国歌,以五星红旗为国旗等。

---

① 中共中央文献研究室编:《毛泽东年谱》(下),人民出版社、中央文献出版社1993年版,第517页。

② 《毛泽东选集》第5卷,人民出版社1977年版,第5~6页。

具有宪法性质的《共同纲领》共7章60条,其中规定:中华人民共和国的性质是"新民主主义即人民民主主义的国家,实行工人阶级领导的、以工农联盟为基础的、团结各民主阶级和国内各民族的人民民主专政"的制度;国家政权属于人民,人民行使国家政权的机关为各级人民代表大会和各级人民政府,各级人民代表大会由人民用普选方法产生。国家最高政权机关为全国人民代表大会。全国人民代表大会闭会期间,中央人民政府为行使国家政权的最高机关。《共同纲领》规定了各族人民的各项民主自由权利,规定了各种经济成分的性质及相互间的关系,规定了外交政策、民族政策、文化教育政策等基本政策。同时还规定:中国人民政治协商会议为人民民主统一战线的组织形式,在普选的人民代表大会召开前,由中国人民政治协商会议的全体会议执行全国人民代表大会的职权。

会议选举了中央人民政府委员会,毛泽东当选为中央人民政府主席,朱德、刘少奇、宋庆龄、李济深、张澜、高岗为副主席,周恩来等56人为中央人民政府委员。会议还选出180人组成中国人民政治协商会议全国委员会,推举毛泽东为中国人民政治协商会议主席,周恩来、李济深、沈钧儒、郭沫若、陈叔通为副主席。

10月1日下午2时,中央人民政府委员会在北京中南海勤政殿举行第一次会议,宣布中央人民政府全体委员、主席、副主席就职。推选林伯渠为中央人民政府委员会秘书长,任命:周恩来为政务院总理,毛泽东为中央人民政府革命军事委员会主席,朱德为中国人民解放军总司令,沈钧儒为最高人民法院院长,罗荣桓为最高人民检察署检察长。会议向全世界宣告,中华人民共和国中央人民政府是中国唯一的合法政府。

10月1日下午3时,北京市各界群众30万人,在天安门广场举行隆重的开国大典。毛泽东在天安门城楼上庄严宣告中华人民共和国中央人民政府正式成立,并按动电钮升起了第一面五星红旗。大会举行了阅兵式,中国人民解放军总司令朱德检阅了陆海空军部队。

中华人民共和国的成立,结束了国民党在大陆20多年的统治,结束了近代以来半殖民地半封建社会的惨痛历史。中国历史进入了一个人民群众当家做主的新时代,中华民族的发展进入了一个新的纪元。

本 章 小 结

抗日战争胜利后,中国社会发展处在一个新的、重大的转折关头。中国国际地位的提高,国内各阶层民众对和平、民主、统一的渴望而形成的强大舆论,使中国出现了一个和平建国的大好机遇。在国际因素的影响下,在将近一年相对和平的环境中,国民党、共产党和各民主党派都力图使中国朝着自己希望的方向发展,并且在政治、经济、文化等各方面争取越来越多的理解和支持。但是,国民党坚持独裁的本质、美国对蒋介石的支持重新将中国拖入内战的泥潭中,这种倒行逆施不仅使中国丧失了发展机遇,也成为国民党政权崩溃的致命原因。中国共产党凭借着人民群众的支持和灵活机动的军事战略战术,由弱转强,战胜了数量、装备、外援都要大大超过自己的国民党军队。各民主党派则在资产阶级共和国的幻想破灭后,走上了与中国共产党合作的道路。中华人民共和国的成立,是新民主主义革命的胜利成果,是近百年来中国人民争取国家独立、民族解放斗争的胜利成果,同时也是中华民族发展史上新纪元的开端。

学 术 综 述

重庆谈判是抗战结束后中国政治生活中的重大事件。关于重庆谈判的国际背景,众多学者都认识到美苏对促成重庆谈判的作用。但二者在多大程度上影响了国共的决策及孰轻孰重等问题,却存在有不同的看法。杨奎松认为,"共产党之同意与蒋谈判,并非决定于蒋介石,而是决定于美国。同样,蒋介石之希望与中共谈判,也并非取决于中共,而是蒋相信中共背后站着的是苏联"[1]。章百家强调中苏条约的重要性,认为8月14日中苏条约的签订,"在蒋介石看来,有可能按照他的条件实现政治解决的机会已经到来"[2]。张盛发认为毛泽东去重庆谈判"主要是斯大林施加压力的结果"[3]。田玄则不同意此看法,认为"中共更关注的实际上是美国的态度和反应,而不是苏联的态度和反应"[4]。

---

[1] 杨奎松:《失去的机会?——抗战前后国共谈判实录》,广西师范大学出版社1992年版,第200页。
[2] 章百家:《对重庆谈判一些问题的探讨》,《近代史研究》1993年第5期。
[3] 张盛发:《从消极冷漠到积极支持——论1945-1949年斯大林对中国革命的立场和态度》,《世界历史》1999年第6期。
[4] 田玄:《战后中共"和平、民主、团结"总方针的确定及转变》,《近代史研究》2000年第4期。

关于重庆谈判的动机,传统观点认为蒋介石的意图是在政治上争取主动,同时利用谈判为发动内战作时间上的准备。不少学者对此提出不同的见解:陈瑞峰认为,蒋介石确实想谈,"重庆谈判首先是解决问题,然后才是一个准备内战的烟幕"①。黄友岚也认为,早在1946年共产国际解散时,蒋介石就有用"和平方式"统一中国的意图,战后重庆谈判有其必然的逻辑性。②

学界普遍认为重庆谈判的中心问题是中共军队与解放区政权问题,但这两个问题解决的程度如何却有不同的见解。张波引用周恩来的话,指出重庆谈判"承认了中共领导的人民军队的地位与数目",没有达成协议的只是地区和政权问题。③ 汪朝光则认为重庆谈判"并未解决军队和地盘这两个最根本的问题",从而为国共内战埋下了伏笔。④ 重庆谈判期间,国内政局的特点是边谈边打,谈谈打打。对此,传统的观点认为国民党的军事行动表明其没有和平诚意。章百家则认为,国共双方在谈判期间的军事行动,"一方面是为了直接向对手施加压力,好在谈判桌上讨价还价;另一方面,又是为下一个阶段的斗争,无论是和平的或是战争的,作出战略上的准备"⑤。对重庆谈判结果的评价,学术界意见不一。黄友岚认为"解决了一些问题,但主要问题未获解决,国共双方均不满意"⑥。章百家认为重庆谈判"对毛泽东可以说是一个重大胜利,而对蒋介石却几乎是个彻底的失败"⑦。邓野则认为"重庆谈判以不了而了之。它留给历史的痕迹,主要是毛与蒋这两位难得相见却又时时相关的对手,作最后的见面"⑧。言外之意,重庆谈判并无多少积极影响和意义。

政协会议是重庆谈判后国共两党在政治上的继续较量。汪朝光认为,

---

① 陈瑞峰:《蒋介石重庆谈判动机新论》,《广西党校学报》1991年第1期。
② 黄友岚:《抗战胜利后的国共重庆谈判述论》,《近代史研究》1985年第2期。
③ 张波:《试述解放战争时期的国共关系》,《吉林师范学院学报》1993年第4期。
④ 汪朝光:《战与和的变奏——重庆谈判至政协会议期间的中国时局演变》,《近代史研究》2002年第1期。
⑤ 章百家:《对重庆谈判一些问题的探讨》,《近代史研究》1993年第5期。
⑥ 黄友岚:《抗战胜利后的国共重庆谈判述论》,《近代史研究》1985年第2期。
⑦ 章百家:《对重庆谈判一些问题的探讨》,《近代史研究》1993年第5期。
⑧ 邓野:《一九四四年至一九四六年国共力量的"平衡"与政策》,《中国社会科学》1993年第3期。

1946年早春，由于政协会议的召开及其通过的各项决议，中国出现了难得的一次民主化进程。但国民党囿于由一党独尊的"训政"而一党主导的"宪政"的统治理念和自身执政的既得利益，终至民主之门重又闭上。① 邓野认为，重庆谈判后国民党在召开政协会议的态度上较为积极主动。相反，中共则认为政协过早召开于己不利，采取的方针是"拖"②。多数学者认为政协会议虽取得了一些成果，但关键的军事问题和东北问题未能解决，政协仅是国共政争的一段插曲。

关于国民党政权在大陆失败的原因，一直以来是学界争论的焦点。传统的观点将国民党的失败简单地归因于政治上的反动。随着研究视野的不断拓展，学者们开始从更广阔的层面探讨国民党失败的原因，形成了经济崩溃说、政治合法性危机说、内部腐败说、派系斗争说、农村动员失败说、军事失利说等多种说法。

李黎明认为"国统区财政经济的危机和总崩溃，不仅打破了人民群众和民族资产阶级对国民党的幻想，推动他们起来为生存而斗争，而且还加剧了国民党的军事危机和政治危机"。"大大加速了国民党在中国内地的败亡"③。潘广辉等认为国民党未能制定和实施正确的土地政策、经济接受中的腐败、金圆券改革失败及"官倒"盛行等构成了国民党失败的重要因素。④

许纪霖、陈达凯、吴贤辉等从现代化理论的视角，提出国民党政治体制"合法性危机说"。他们认为，南京政权面临来自外国列强、地方势力和民间社会三方面的挑战，来不及实现制度创新，厉行政治、经济、农村等各方面改革以满足社会各阶层的愿望和要求，只得向专制体制回归，于是丧失现代化导向，发生"合法性危机"，最终被以中共为代表的自下而上兴起的革命力量

---

① 汪朝光：《1946年早春中国民主化进程的顿挫——以政协会议及国共关系为中心的研究》，《历史研究》2000年第6期。

② 邓野：《联合政府与一党训政：1944～1946年间国共政争》，社会科学文献出版社2003年版，第260～261页。

③ 李黎明：《国民党统治区财政经济的总崩溃与国民党在大陆的败亡》，《齐鲁学刊》1997年第5期。

④ 潘广辉、张风梅：《国民党政权在大陆失败的经济政策因素》，《理论学刊》2003年第1期。

所击败。①

一些研究者将国民党最终失败归因于党内腐败。陈明明认为国民党政权腐败的政治根源有三：一是清党和向旧军阀妥协，丧失了革命精神和活力；二是删除三民主义中的革命成分，失去了抗御腐败的思想武器；三是国民党政权政治体制在设计和程序上的弊端，缺乏制衡机制。② 赵永如将国民党的失败与战后接收中的腐败直接联系起来，认为"接收中大规模的贪赃枉法现象，成为国民党在战后由声望高峰迅速跌入声望低谷的一个重要因素，也为国民党在内战中的迅速失败埋下了社会根源"③。

有的学者将国民党的失败归结为内部的派系斗争。卢毅认为国民党的分崩离析加速了自身的失败。而关键时候，地方实力派如桂系的落井下石更是对南京政权的覆亡起了"釜底抽薪"的作用。④ 李正治引用蒋介石的话说："党内不能团结一致，同志之间，派系分歧，利害摩擦，违反党纪，败坏党德，以致整个的党，形成一片散沙，最后共党乘机一击，遂致全盘瓦解。"⑤

还有学者认为国民党的失败在于失去广大农村和农民。孔凡岭指出，国民党在大陆统治的迅速崩溃，农村问题、特别是农民的土地问题未解决具有决定意义。⑥ 金冲及也强调中共土地改革对赢得民心，最终打倒国民党的重要性。他引用毛泽东的话说："有了土地改革这个胜利，才有了打倒蒋介石的胜利。"⑦

汪朝光认为，国民党在内战中迅速失败，固然有着诸多政治、经济、外交与社会层面之因素，但最直接的原因是军事战略战术的失利。"当我们论及

---

① 文松：《十余年来南京国民党政权失败原因研究综述》，《历史教学》2001年第9期。

② 陈明明：《论南京国民政府腐败的政治根源》，《南京师大学报》1997年第3期。

③ 赵永如：《腐败丢掉民心——抗战胜利后国民党对日伪占领区的接收》，《百年潮》2000年第4期。

④ 卢毅：《试论国民党派系斗争的嬗变及其历史作用》，《青海社会科学》2000年第3期。

⑤ 李正治：《国民党的腐败与南京政权的覆灭》，《鞍山师范学院学报》1997年第1期。

⑥ 孔凡岭：《中国国情与农民土地问题——兼谈国民党在大陆统治的失败原因》，《齐鲁学刊》1991年第4期。

⑦ 金冲及：《转折年代：中国的1947年》，生活·读书·新知三联书店2002年版，第395—396页。

国民党军从战略到战术,从指挥到作战,从前方到后方,屡屡犯着同样的错误而不知或不能改正时,我们实际上已经可以判断这场战争最后的胜利者究属何方。"①

参考书目

1. 毛泽东著:《毛泽东选集》第四卷,人民出版社1991年版。
2. 张宪文著:《中华民国史》第四卷,南京大学出版社2006年版。
3. 中共中央党史研究室编:《中国共产党历史》第一卷下册,中共党史出版社2002年版。
4. 军事科学院军事历史研究部编:《中国人民解放军战史》第三卷,军事科学出版社1987年版。
5. 金冲及著:《转折年代:中国的1947年》,生活·读书·新知三联书店2002年版。
6. 许涤新、吴承明主编:《中国资本主义发展史》第3卷,人民出版社1993年版。
7. 资中筠著:《美国对华政策的缘起和发展》(1945~1950),重庆出版社1987年版。

思考题

1. 试述抗日战争胜利后国内各派政治力量的建国主张。
2. 试评全面内战爆发之际国共两党的军事战略。
3. 试析经济危机与国民党政权崩溃的关系。
4. 试析抗日战争胜利后美国的对华政策。
5. 试述中华人民共和国成立的历史意义。

---

① 汪朝光:《全面内战初期国民党军事失利原因之辨析》,《民国档案》2005年第1期。

后　　记

迄至目前，有关中国近代史和现代史的高校历史专业教材已为数甚多，在此情况下编写一部新教材确有不小的难度。如果缺乏一定的新意，就根本不会有任何价值。为了力求有所创新，河南大学出版社总编辑马小泉教授与本书主编多次进行商议，拟订了编写本教材的基本原则，大致包括如下几个方面：

1. 按时间顺序，以历史发展的阶段性特征为纲安排章节，每一章节均兼顾这一时期的政治发展和重大事件、社会经济发展和思想文化的演变。与其他相关教材相比较，本教材增加了大量有关经济变迁、思想文化发展和社会转型等方面的内容。

2. 既注意历史新知识的增补、传授，也注重新理论、新观点、新方法的介绍，史实的叙述尽量精炼，减少篇幅，学术研究的介绍则加大篇幅，不仅向学生讲授什么是近代史，同时也引导学生学习怎样认识近代史。这是本教材编写者希望能够达到的一个主要目标。

3. 每章正文后列本章小结、学术综述、参考书目和思考题，目的是开阔学生视野，促使学生将课内学习与课外学习有机结合，激发学生的思考和研究兴趣。每章小结的内容着重从前后历史联系的角度，阐述本章内容在近代历史中的地位。学术研究综述主要帮助学生了解史学界新近研究动态，尤其侧重于不同学术观点的介绍。

本教材的编写提纲最初由刘伟教授拟订，随后曾寄给桑兵教授、王笛教授、杨奎松教授、王奇生研究员等许多近代史学界同仁征求意见。感谢他们提出的宝贵意见与建议，我们又反复对提纲进行了修改和完善。

特别需要感谢的是，本教材的各位撰写者大多是在百忙之中积极承担此项工作，耗费了不少的时间和精力，令我们颇为感动。

由于作者较多，而且大多分处各地，诸事繁忙，所以各章初稿提交时间不一。加上后来由我邀请数位博士生补写部分章节的学术综述，延误了起初所定的出版时间。在此，应向各位作者和出版社表示歉意。

本教材各章作者及所在单位情况如下：

第一章：吴琦（华中师范大学）

第二章：萧致治（武汉大学）

第三章：李英铨（华中师范大学）

第四章：苏中立（华中师范大学）

第五章：刘伟（华中师范大学）

第六章：刘伟（华中师范大学）

第七章：李育民（湖南师范大学）

第八章：周兴梁（中山大学）

第九章：洪振强（华中师范大学）

第十章：江沛（南开大学）

第十一章：张皓（北京师范大学）

第十二章：黄华文（华中师范大学）

第十三章：徐有礼（郑州大学）

朱 英
2008 年 12 月 10 日